Thomas Künneth

Android 11

Das Praxisbuch für App-Entwickler

Liebe Leserin, lieber Leser,

Sie haben sich für Android entschieden, den Marktführer unter den Plattformen für mobile Endgeräte. Viele Hersteller, Konsumenten und Entwickler setzen auf dieses offene Betriebssystem, das mit einer leistungsfähigen Entwicklungsplattform daherkommt. Wenn Sie Android-Apps entwickeln, bedienen Sie einen großen und heterogenen Markt mit Geräten verschiedener Typen und Hersteller, auf denen nicht wenige Android-Versionen zugleich im Einsatz sind.

Dieses Buch hilft Ihnen beim Einstieg in den lukrativen Markt der Android-App-Entwicklung. Es führt Sie zunächst in die Arbeit mit der Entwicklungsumgebung Android Studio ein und macht Sie mit den grundlegenden Konzepten der Android-Entwicklung vertraut. Und dann nehmen Sie Fahrt auf: Projekt für Projekt zeigt Ihnen unser Autor Thomas Künneth, wie Sie die vielfältigen Möglichkeiten der App-Entwicklung beherrschen. Sie loten Hardware-Features, Software-Gimmicks und Programmierschnittstellen anhand von praktischen Beispielen aus. Danach ist Ihnen der Zugriff auf Datenbanken ebenso geläufig wie der Umgang mit dem Bewegungssensor.

Alles ist in überschaubaren App-Projekten organisiert, die Sie auch unabhängig voneinander bearbeiten können – einige allgemeine Konzepte vorausgesetzt, die zu Beginn des Buches behandelt werden. Das macht es Ihnen leicht, sich auf diejenigen Techniken zu konzentrieren, die Sie gerade benötigen. Den Sourcecode zu den über 80 Beispiel-Apps finden Sie unter *http://www.rheinwerk-verlag.de/4891* bei den Materialien zum Buch.

Dieses Buch wurde mit großer Sorgfalt geschrieben, geprüft und produziert. Sollte dennoch einmal etwas nicht so funktionieren, wie Sie es erwarten, freue ich mich, wenn Sie sich mit mir in Verbindung setzen. Ihre Kritik und konstruktiven Anregungen sind uns jederzeit herzlich willkommen!

Viel Spaß beim Entwickeln Ihrer Android-Apps wünscht Ihnen

Ihre Anne Scheibe
Lektorat Rheinwerk Computing

anne.scheibe@rheinwerk-verlag.de
www.rheinwerk-verlag.de
Rheinwerk Verlag · Rheinwerkallee 4 · 53227 Bonn

Auf einen Blick

TEIL I Grundlagen

1	Android – eine offene, mobile Plattform	21
2	Hallo Android!	49
3	Von der Idee zur Veröffentlichung	83

TEIL II Elementare Anwendungsbausteine

4	Wichtige Grundbausteine von Apps	117
5	Benutzeroberflächen	183
6	Multitasking	263

TEIL III Gerätefunktionen nutzen

7	Telefonieren und surfen	315
8	Sensoren, GPS und Bluetooth	361

TEIL IV Dateien und Datenbanken

9	Dateien lesen, schreiben und drucken	419
10	Datenbanken	451

TEIL V Multimedia und Produktivität

11	Multimedia	483
12	Kontakte und Organizer	535

Impressum

Wir hoffen, dass Sie Freude an diesem Buch haben und sich Ihre Erwartungen erfüllen. Ihre Anregungen und Kommentare sind uns jederzeit willkommen. Bitte bewerten Sie doch das Buch auf unserer Website unter **www.rheinwerk-verlag.de/feedback**.

An diesem Buch haben viele mitgewirkt, insbesondere:

Lektorat Anne Scheibe
Korrektorat Monika Paff, Langenfeld
Herstellung Melanie Zinsler
Typografie und Layout Vera Brauner
Einbandgestaltung Julia Schuster
Coverbild Shutterstock: 242174266 © A Aleksii
Satz Typographie & Computer, Krefeld
Druck Beltz Grafische Betriebe, Bad Langensalza

Dieses Buch wurde gesetzt aus der TheAntiquaB (9,35/13,7 pt) in FrameMaker.
Gedruckt wurde es auf chlorfrei gebleichtem Offsetpapier (90 g/m²).
Hergestellt in Deutschland.

Das vorliegende Werk ist in all seinen Teilen urheberrechtlich geschützt. Alle Rechte vorbehalten, insbesondere das Recht der Übersetzung, des Vortrags, der Reproduktion, der Vervielfältigung auf fotomechanischen oder anderen Wegen und der Speicherung in elektronischen Medien.

Ungeachtet der Sorgfalt, die auf die Erstellung von Text, Abbildungen und Programmen verwendet wurde, können weder Verlag noch Autor, Herausgeber oder Übersetzer für mögliche Fehler und deren Folgen eine juristische Verantwortung oder irgendeine Haftung übernehmen.

Die in diesem Werk wiedergegebenen Gebrauchsnamen, Handelsnamen, Warenbezeichnungen usw. können auch ohne besondere Kennzeichnung Marken sein und als solche den gesetzlichen Bestimmungen unterliegen.

Bibliografische Information der Deutschen Nationalbibliothek:
Die Deutsche Nationalbibliothek verzeichnet diese Publikation in der Deutschen Nationalbibliografie; detaillierte bibliografische Daten sind im Internet über *http://dnb.dnb.de* abrufbar.

ISBN 978-3-8362-7003-8

6., aktualisierte Auflage 2021
© Rheinwerk Verlag, Bonn 2021

Informationen zu unserem Verlag und Kontaktmöglichkeiten finden Sie auf unserer Verlagswebsite **www.rheinwerk-verlag.de**. Dort können Sie sich auch umfassend über unser aktuelles Programm informieren und unsere Bücher und E-Books bestellen.

Inhalt

Vorwort 15

TEIL I Grundlagen

1 Android – eine offene, mobile Plattform 21

1.1 Entstehung 21
    1.1.1 Open Handset Alliance 22
    1.1.2 Android, Inc. 22
    1.1.3 Evolution einer Plattform 23

1.2 Systemarchitektur 27
    1.2.1 Überblick 27
    1.2.2 Application Framework 31
    1.2.3 AndroidX und Jetpack 32

1.3 Entwicklungswerkzeuge 33
    1.3.1 Android Studio und Android SDK installieren 34
    1.3.2 Die ersten Schritte mit Android Studio 35
    1.3.3 Das erste Projekt 40

1.4 Zusammenfassung 47

2 Hallo Android! 49

2.1 Android-Projekte 49
    2.1.1 Projekte anlegen 50
    2.1.2 Projektstruktur 55
    2.1.3 Bibliotheken 60

2.2 Benutzeroberfläche 61
    2.2.1 Grafiken 61
    2.2.2 Texte 64
    2.2.3 Views 67
    2.2.4 Oberflächenbeschreibungen 68

2.3	Programmlogik und -ablauf	71
	2.3.1 Activities	71
	2.3.2 Benutzereingaben	75
	2.3.3 Der letzte Schliff	77
2.4	Zusammenfassung	81

3   Von der Idee zur Veröffentlichung 83

3.1	Konzept und Realisierung	83
	3.1.1 Konzeption	84
	3.1.2 Fachlogik	85
	3.1.3 Benutzeroberfläche	89
3.2	Vom Programm zum Produkt	96
	3.2.1 Protokollierung	96
	3.2.2 Fehler suchen und finden	101
	3.2.3 Debuggen auf echter Hardware	103
3.3	Anwendungen verteilen	105
	3.3.1 Die App vorbereiten	106
	3.3.2 Apps in Google Play einstellen	111
	3.3.3 Alternative Märkte und Ad-hoc-Verteilung	113
3.4	Zusammenfassung	114

TEIL II   Elementare Anwendungsbausteine

4   Wichtige Grundbausteine von Apps 117

4.1	Was sind Activities?	117
	4.1.1 Struktur von Apps	117
	4.1.2 Lebenszyklus von Activities	125
4.2	Kommunikation zwischen Anwendungsbausteinen	133
	4.2.1 Intents	134
	4.2.2 Kommunikation zwischen Activities	135
	4.2.3 Broadcast Receiver	140

4.3	Fragmente		145
	4.3.1	Grundlagen	145
	4.3.2	Ein Fragment in eine Activity einbetten	148
	4.3.3	Mehrspaltenlayouts	153
4.4	Berechtigungen		161
	4.4.1	Normale und gefährliche Berechtigungen	161
	4.4.2	Tipps und Tricks zu Berechtigungen	166
4.5	Navigation		169
	4.5.1	Jetpack Navigation	169
	4.5.2	Die Klasse »BottomNavigationView«	176
4.6	Zusammenfassung		181

5 Benutzeroberflächen 183

5.1	Views und ViewGroups		183
	5.1.1	Views	184
	5.1.2	Positionierung von Bedienelementen mit ViewGroups	191
	5.1.3	Alternative Layouts	198
5.2	Vorgefertigte Bausteine für Oberflächen		206
	5.2.1	Listen darstellen mit ListFragment	206
	5.2.2	Programmeinstellungen mit dem PreferencesFragment	211
	5.2.3	Dialoge	217
	5.2.4	Menüs und Action Bar	222
5.3	Nachrichten und Hinweise		231
	5.3.1	Toast und Snackbar	231
	5.3.2	Benachrichtigungen	236
	5.3.3	App Shortcuts	241
5.4	Trennung von Oberfläche und Logik		246
	5.4.1	Bedienelemente ohne »findViewById()«	246
	5.4.2	Android Architecture Components	250
5.5	Dark Mode		257
	5.5.1	Das DayNight-Theme	257
	5.5.2	Dark Mode in eigenen Themes	261
5.6	Zusammenfassung		261

6 Multitasking — 263

6.1 Leichtgewichtige Nebenläufigkeit — 264
- 6.1.1 Java-Erbe — 264
- 6.1.2 Der Main- oder UI-Thread — 269
- 6.1.3 Koroutinen — 274

6.2 Services — 278
- 6.2.1 Gestartete Services — 279
- 6.2.2 Gebundene Services — 286

6.3 Regelmäßige Arbeiten — 298
- 6.3.1 JobScheduler — 299
- 6.3.2 WorkManager — 303

6.4 Mehrere Apps gleichzeitig nutzen — 306
- 6.4.1 Zwei-App-Darstellung — 306
- 6.4.2 Beliebig positionierbare Fenster — 311

6.5 Zusammenfassung — 311

TEIL III Gerätefunktionen nutzen

7 Telefonieren und surfen — 315

7.1 Telefonieren — 315
- 7.1.1 Anrufe tätigen und SMS versenden — 315
- 7.1.2 Auf eingehende Anrufe reagieren — 319

7.2 Telefon- und Netzstatus — 323
- 7.2.1 Systemeinstellungen auslesen — 323
- 7.2.2 Netzwerkinformationen anzeigen — 324
- 7.2.3 Carrier Services — 327

7.3 Das Call Log — 330
- 7.3.1 Entgangene Anrufe ermitteln — 330
- 7.3.2 Änderungen vornehmen und erkennen — 334

7.4 Webseiten mit WebView anzeigen — 337
- 7.4.1 Einen einfachen Webbrowser programmieren — 337
- 7.4.2 JavaScript nutzen — 342

7.5	**Webservices nutzen**	348
	7.5.1 Auf Webinhalte zugreifen	349
	7.5.2 Senden von Daten	356
7.6	**Zusammenfassung**	359

8 Sensoren, GPS und Bluetooth 361

8.1	**Sensoren**	361
	8.1.1 Die Klasse »SensorManager«	362
	8.1.2 Dynamische Sensoren und Trigger	367
	8.1.3 Ein Schrittzähler	371
8.2	**GPS und ortsbezogene Dienste**	376
	8.2.1 Den aktuellen Standort ermitteln	376
	8.2.2 Positionen auf einer Karte anzeigen	382
8.3	**Bluetooth**	390
	8.3.1 Geräte finden und koppeln	390
	8.3.2 Daten senden und empfangen	395
	8.3.3 Bluetooth Low Energy	404
8.4	**Authentifizierung durch biometrische Merkmale**	409
	8.4.1 Fingerabdrucksensor im Emulator einrichten	410
	8.4.2 Jetpack Biometric	412
8.5	**Zusammenfassung**	415

TEIL IV   Dateien und Datenbanken

9 Dateien lesen, schreiben und drucken 419

9.1	**Grundlegende Dateioperationen**	419
	9.1.1 Dateien lesen und schreiben	420
	9.1.2 Mit Verzeichnissen arbeiten	428
9.2	**Externe Speichermedien**	431
	9.2.1 Mit externem Speicher arbeiten	431
	9.2.2 Storage Manager	435

9.3	Drucken		439
	9.3.1	Druckgrundlagen	439
	9.3.2	Eigene Dokumenttypen drucken	443
9.4	Zusammenfassung		449

10   Datenbanken   451

10.1	Erste Schritte mit SQLite		451
	10.1.1	Einstieg in SQLite	452
	10.1.2	SQLite in Apps nutzen	455
10.2	Fortgeschrittene Operationen		460
	10.2.1	Klickverlauf mit SELECT ermitteln	460
	10.2.2	Daten mit UPDATE ändern und mit DELETE löschen	467
10.3	Implementierung eines eigenen Content Providers		469
	10.3.1	Auf einen Content Provider zugreifen	470
	10.3.2	Die Klasse »android.content.ContentProvider«	474
10.4	Zusammenfassung		480

TEIL V   Multimedia und Produktivität

11   Multimedia   483

11.1	Audio		483
	11.1.1	Audio aufnehmen und abspielen	483
	11.1.2	Effekte	492
11.2	Sprachverarbeitung		498
	11.2.1	Sprachsynthese	498
	11.2.2	Spracherkennung	504
11.3	Fotos und Video		508
	11.3.1	Vorhandene Funktionen nutzen	508
	11.3.2	Die eigene Kamera-App	517
	11.3.3	Videos drehen	528
11.4	Zusammenfassung		533

12　Kontakte und Organizer ... 535

12.1　Kontakte ... 535
　12.1.1　Emulator konfigurieren ... 535
　12.1.2　Eine einfache Kontaktliste ausgeben ... 537
　12.1.3　Weitere Kontaktdaten ausgeben ... 540
　12.1.4　Geburtstage hinzufügen und aktualisieren ... 543

12.2　Kalender und Termine ... 547
　12.2.1　Termine anlegen und auslesen ... 547
　12.2.2　Alarme und Timer ... 550
　12.2.3　Die Klasse »CalendarContract« ... 555

12.3　Zusammenfassung ... 557

Anhang ... 559

A　Einführung in Kotlin ... 561

B　Jetpack Compose ... 593

C　Häufig benötigte Codebausteine ... 607

D　Literaturverzeichnis ... 615

E　Die Begleitmaterialien ... 617

Index ... 621

Für Moni

Vorwort

Als die Deutsche Telekom Anfang 2009 das Google G1 vorstellte, war die Neugier groß. Ein Handy des Suchmaschinenprimus ließ auf eine enge Integration seiner Dienste und damit auf viele spannende, neue Möglichkeiten hoffen. Das erste Android-Smartphone konnte die vielleicht zu hoch gesteckten Erwartungen allerdings nicht erfüllen. Sein Hauptkonkurrent, Apples iPhone, war seit seiner Einführung akribisch und zielstrebig weiterentwickelt worden. Dagegen hatte der Neuling aus Mountain View zunächst keine Chance. Es bedurfte mehrerer Versionen (die in schneller Folge erschienen), bis Android halbwegs aufschließen konnte.

Seitdem ist viel passiert. Android und iOS teilen den Markt für Smartphones faktisch unter sich auf. Microsoft hatte noch versucht, mit dem sehr gelungenen System *Windows Phone* eine attraktive Alternative zu bieten, musste sich letztlich aber der übermächtigen Konkurrenz geschlagen geben. Bei Tablets hat Apple deutlich die Nase vorn. Auch Windows wird in dieser Geräteklasse gerne und oft verwendet. Android hingegen tut sich eher schwer. Zwar hat Google im Laufe der Jahre viele interessante Funktionen in Android eingebaut, die die Plattform nicht nur fit für Tablets machen, sondern sogar einen Desktop-Modus mit Maus und verschiebbaren Fenstern ermöglichen – wirklich durchgesetzt hat sich das allerdings nie. Ob es daran liegt, dass Google die Ausgestaltung des Marktsegments in den letzten Jahren praktisch ausschließlich den Partnern überlassen hat, muss Spekulation bleiben. Immerhin bietet Googles zweites Betriebssystem Chrome OS die Möglichkeit, Android-Apps auszuführen, und bietet sogar den angesprochenen Desktop-Modus.

Die Frage, warum Android so populär geworden ist, lässt sich schnell beantworten: Google hat von Anfang an auf Offenheit gesetzt. Jeder war und ist eingeladen, an der Entwicklung mitzuwirken. Hardwarehersteller können Produkte auf Basis der quelloffenen Software entwickeln. Und interessierten Programmierern steht mit dem *Android Software Development Kit* und mit *Android Studio* ein leistungsfähiges Gespann zur Entwicklung von Apps zur Verfügung. Dennoch gibt es für Einsteiger in diese faszinierende Welt vieles zu beachten, denn Android bietet schier unendliche Möglichkeiten.

Und mit jeder Plattformversion kommen neue Funktionen hinzu. Um diese sicher nutzen zu können, müssen Sie als Entwickler mit einer Reihe von Mechanismen und Konzepten vertraut sein. Dieses Wissen möchte ich Ihnen mit dem vorliegenden Buch gerne vermitteln – aber nicht in Form einer theoretischen Abhandlung. In vielen kleinen, in sich geschlossenen, praxisnahen Beispielen lernen Sie die souveräne Nutzung der Android-Programmierschnittstellen kennen.

Aufbau des Buches

Das Buch ist in fünf Teile gegliedert. In Teil I, »Grundlagen«, stelle ich Ihnen Android und seine Entwicklerwerkzeuge vor und begleite Sie Schritt für Schritt auf dem Weg zu Ihrer ersten App. Außerdem lernen Sie Google Play als wichtige digitale Vertriebsplattform kennen.

Teil II, »Elementare Anwendungsbausteine«, beschäftigt sich mit Komponenten, die in nahezu jeder App vorhanden sind. Hierzu gehört natürlich die Benutzeroberfläche. Auch das Multitasking und wie dieses in Android umgesetzt wird, beschreibe ich in diesem Teil ausführlich.

In Teil III, »Gerätefunktionen nutzen«, greifen Sie auf telefoniebezogene Funktionen zu, lernen die Sensoren eines Android-Geräts kennen und nutzen biometrische Merkmale für die Authentifizierung.

Teil IV, »Dateien und Datenbanken«, befasst sich nicht nur mit Speicherung und Abfrage von Daten, sondern zeigt Ihnen außerdem, wie Sie Drucker ansteuern.

Schließlich nutzen Sie in Teil V, »Multimedia und Produktivität«, das Mikrofon eines Android-Geräts, um Geräusche aufzunehmen. Ferner erstellen Sie mit der eingebauten Kamera Fotos und Videos, und Sie legen Kontakte und Termine an.

Jedes Kapitel ist in sich abgeschlossen und beschäftigt sich mit genau einem Themenkomplex. Wenn Sie schon etwas Erfahrung mit Android haben, müssen Sie das Buch also nicht von Deckel zu Deckel durcharbeiten, sondern können sich gezielt einen Aspekt herausgreifen, der Sie besonders interessiert. Neulingen möchte ich die ersten drei Kapitel als Einstieg ans Herz legen, denn dort lernen Sie die Bestandteile von Googles offener Plattform für mobile Geräte kennen, installieren alle benötigten Komponenten und schreiben dann Ihre erste App.

Im Anhang finden Sie eine kompakte Einführung in die Programmiersprache Kotlin, das Literaturverzeichnis sowie wichtige Informationen zur Nutzung der *Begleitmaterialien*. Außerdem stelle ich Ihnen *Jetpack Compose* vor. Diese Bibliothek wird den Bau von Benutzeroberflächen radikal verändern. Zum Zeitpunkt der Drucklegung hat Google aber noch so intensiv daran gearbeitet, dass die umfassende Verwendung im Buch nicht sinnvoll wäre. Zu oft und zu fundamental haben sich Programmierschnittstellen und Konzepte geändert. Deshalb muss die umfassende Darstellung leider einer Folgeauflage vorbehalten bleiben.

Programmierkenntnisse

Um die Beispiele nachvollziehen zu können, müssen Sie kein Kotlin-Profi sein, allerdings sollten Sie diese Programmiersprache und ihre Klassenbibliothek zumindest in Grundzügen beherrschen. Eine kompakte Einführung finden Sie in Anhang A. Das Literaturverzeichnis in Anhang D enthält empfehlenswerte Bücher für den Einstieg in Kotlin.

Unterstützte Android-Versionen

Dieses Buch beleuchtet die Anwendungsentwicklung unter Android 11 (API-Level 30). Meine Beispiele sind für diese Zielplattform optimiert. Dennoch sind alle Apps ab Android 9 (API-Level 28) lauffähig, sofern frühere Plattformen die gezeigten Funktionen unterstützen.

> **Schnelle Versionswechsel**
> Google aktualisiert Android Studio, das Android SDK und Jetpack sehr häufig und regelmäßig. Deshalb sind Versionsangaben in Listings und im Fließtext möglicherweise nicht mehr auf dem allerneuesten Stand, wenn Sie das Buch lesen. Die Begleitmaterialien auf *https://www.rheinwerk-verlag.de/android-11_4891/* und das Repository unter *https://github.com/tkuenneth/begleitmaterialien-zu-android-11* werden aber in regelmäßigen Abständen aktualisiert.

Danksagung

Dieses Buch wäre ohne die freundliche Unterstützung vieler Menschen nicht möglich gewesen. Ihnen allen gebührt mein tief empfundener Dank. Dazu gehören die Mitarbeiterinnen und Mitarbeiter des Rheinwerk Verlags, insbesondere meine Lektorin Anne Scheibe. Für stets offene Ohren und freundliche wie professionelle Unterstützung bedanke ich mich herzlich.

Ein besonderer Dank gebührt den Leserinnen und Lesern der früheren Auflagen dieses Buches für interessante Fragen und Diskussionen, Anregungen, Hinweise, Verbesserungsvorschläge sowie konstruktive Kritik.

Vielen Dank sage ich auch Robert Bräutigam, Fabian Fünfgelder, Joel Lacour, Fuad Nagiyev, Frank Prechtel, Wolfram Rittmeyer, Nils Vinmann und Alexander Zeitz. Sie haben das Manuskript gelesen und somit geholfen, die eine oder andere Kante zu glätten und auch den einen oder anderen Fehler auszumerzen.

Meinen Eltern Rudolf und Gertraud Künneth und meinem Bruder Andreas Künneth danke ich für alles, was sie mir mit auf den Weg gegeben haben. Ohne sie wäre vieles nicht möglich. Der allergrößte Dank aber gebührt meiner Ehefrau Moni für das unermessliche Glück, das sie mir seit vielen Jahren jeden Tag aufs Neue schenkt, für ihre Liebe, ihre Unterstützung und ihre Geduld. Ihr widme ich dieses Buch.

Thomas Künneth

TEIL I
Grundlagen

Kapitel 1
Android – eine offene, mobile Plattform

Was genau ist Android eigentlich? Wie ist die Plattform entstanden? Und aus welchen Bausteinen und Schichten besteht sie? Dieses Kapitel macht Sie mit wichtigen Grundlagen vertraut.

Die Anwendungsentwicklung für Android macht – Sie werden mir nach der Lektüre dieses Buches sicherlich zustimmen – großen Spaß. Zum einen, weil diese Plattform unglaublich viele Möglichkeiten bietet. Unzählige Programmierschnittstellen und Funktionen warten darauf, erkundet und genutzt zu werden. Zum anderen ist die Entwicklungsumgebung, also der Werkzeugkasten des Programmierers, äußerst komfortabel. Routinetätigkeiten gehen deshalb reibungslos von der Hand.

Allerdings müssen Sie als Entwickler die angebotenen Möglichkeiten auch zu nutzen wissen. Dies betrifft nicht nur die Bedienung der Werkzeuge, sondern auch das Wissen um die Zusammenhänge zwischen den einzelnen Bausteinen und Schichten der Plattform. In diesem Kapitel zeige ich Ihnen deshalb unter anderem, wie Android aufgebaut ist und aus welchen Funktionsgruppen und Schichten das System besteht. Zunächst möchte ich Ihnen kurz die Entstehung der Plattform erläutern.

1.1 Entstehung

Am 12. November 2007 kündigte Google die Verfügbarkeit einer Vorschauversion des Android *Software Development Kits* (*SDK*) an.[1] Entwickler konnten damit zum ersten Mal Programme für eine bis dahin völlig unbekannte Plattform schreiben und in einem Emulator ausprobieren. Das erste Gerät, das durch T-Mobile vertriebene G1, stand Kunden in Deutschland allerdings erst über ein Jahr später zur Verfügung. In der Zwischenzeit hatte Google das System zur ersten halbwegs endanwendertauglichen Version 1.1 weiterentwickelt.

---

1 *http://android-developers.blogspot.com/2007/11/posted-by-jason-chen-android-advocate.html*

1.1.1 Open Handset Alliance

Eine Woche vor der Veröffentlichung der Android-SDK-Vorschau war die *Open Handset Alliance (OHA)* erstmals an die Öffentlichkeit getreten. Dieses von Google angeführte Konsortium bestand damals aus 34 Firmen, unter anderem Halbleiter- und Mobiltelefonherstellern, Netzbetreibern und Softwarefirmen. Die Allianz hatte ihre Absicht verkündet, mit Android die erste wirklich offene Plattform für mobile Geräte zu schaffen. Die in der Pressemitteilung vom 5. November 2007[2] formulierten Ziele waren unter anderem:

- eine deutliche Verbesserung der Benutzerfreundlichkeit und des Benutzererlebnisses von mobilen Geräten und Diensten
- die kostengünstigere Entwicklung und Verteilung innovativer Produkte
- eine schnellere Markteinführung von Produkten und Diensten

Nach Ansicht der OHA ließ sich dies am besten durch eine auf Offenheit und Flexibilität gründende Zusammenarbeit von Entwicklern, Herstellern und Betreibern erreichen, deshalb wurden praktisch alle Teile des Android-Softwarestapels als Open Source veröffentlicht. Zudem hatten Gerätebauer und Netzanbieter von Anfang an die Möglichkeit, die Plattform anzupassen und zu erweitern. Auch Entwickler profitieren von diesem Ansatz, weil sie Alternativen zu Kernkomponenten, beispielsweise zum mitgelieferten Webbrowser, anbieten können. Letzteres war übrigens auf dem iPhone lange Zeit nicht möglich.

Während die Anzahl der Android-basierten Geräte 2009 noch recht überschaubar war, kündigten ein Jahr später zahlreiche Hersteller entsprechende Produkte an und lieferten diese auch aus. Die kontinuierlich wachsende Bedeutung der Plattform spiegelt sich auch in der Mitgliederzahl der OHA wider: Inzwischen sind es weit über 80. In den Folgejahren stieg die Anzahl der auf den Markt gebrachten Smartphones und Tablets sprunghaft an. Mittlerweile dominiert Android den Markt.

1.1.2 Android, Inc.

Die Pressemitteilung der OHA beendete zunächst Spekulationen der Medien, Google könne die Einführung eines eigenen Mobiltelefons planen. Dass Google am Markt für mobile Kommunikation stark interessiert war, war zuvor schon häufiger thematisiert worden.

Im Juli 2005 hatte Google ein kleines Start-up-Unternehmen namens *Android, Inc.* mit Sitz im kalifornischen Palo Alto übernommen. Außer den Namen einiger Mitarbeiter war zu diesem Zeitpunkt sehr wenig über die Firma bekannt; sie hatte stets im Verborgenen gearbeitet. Die Vermutung, man entwickle ein Betriebssystem für mo-

---

2 *www.openhandsetalliance.com/press_110507.html*

bile Geräte, wurde auch nach dem Kauf nicht kommentiert. Die offizielle Sprachregelung war, dass Android, Inc. der talentierten Ingenieure und der entwickelten Technologie wegen übernommen worden sei.

In der Tat brachten die Silicon-Valley-Veteranen Andy Rubin, Richard Miner, Nick Sears, Chris White und ihre Kollegen sehr viel Erfahrung mit. Rubin beispielsweise hatte schon in den 1990ern an *Magic Cap*, einem Betriebssystem für mobile Geräte mit grafischer Benutzeroberfläche, gearbeitet. Auch seine Firma *Danger, Inc.* produzierte mobile Geräte. Das erstmals 2002 erschienene *Hiptop* war ein Telefon mit Organizer-Fähigkeiten.

Nach dem Kauf von Android, Inc. arbeitete man bei Google in aller Stille weiter – woran, ist seit der Pressemitteilung der OHA bekannt.

1.1.3 Evolution einer Plattform

Zwischen der Ende 2007 veröffentlichten Vorschau des Android SDK und der im G1 eingesetzten Version lagen noch einmal viele Monate Entwicklungsarbeit. Google war bewusst frühzeitig auf interessierte Programmierer zugegangen, um deren Rückmeldungen in die Plattform einarbeiten zu können. Und natürlich, um Appetit auf Android zu machen. Zudem hatte man 2008 zum ersten Mal einen Entwicklerwettbewerb gestartet und ein hohes Preisgeld ausgelobt. Google nutzte den Kontakt zu den Finalisten des Wettbewerbs, um weitere Fehler im Android SDK zu beheben und um die Programmierschnittstellen zu verfeinern. Ein direkter Vergleich der ersten Android-Version mit dem damals verfügbaren iPhone-Betriebssystem fiel zugunsten des Apple-Produkts aus. Dies ist nicht verwunderlich, hatte der kalifornische Computerbauer sein edles Smartphone doch schon viele Monate vorher veröffentlicht und daher ausreichend Zeit für die Detailpflege gehabt.

Seitdem ist viel Zeit vergangen. Praktisch alle einstigen Branchengrößen haben die Segel gestrichen, wurden aufgekauft oder in immer kleiner werdende Nischen gedrängt. Google arbeitet nach wie vor mit beachtlichem Tempo an der Plattform. Dabei werden regelmäßig Fehler beseitigt, die mitgelieferten Anwendungen verbessert und unzählige neue Funktionen eingeführt. Darüber hinaus wurden mit *Wear OS by Google* (ursprünglich Android Wear), *Android Auto* und dessen Nachfolger *Android Automotive*, sowie *Android TV* völlig neue Einsatzbereiche für das Betriebssystem erschlossen.

In der Vergangenheit lagen zwischen zwei Releases oft nur wenige Monate Entwicklungszeit. Mittlerweile erscheint im Durchschnitt einmal pro Jahr eine neue Hauptversion. Während Endanwender üblicherweise die Versionsnummer interessiert, ist für Sie als Entwickler der sogenannte *API-Level* wichtig: eine Zahl, die bei jeder Änderung an den Programmierschnittstellen hochgezählt wird. Die erste öffentliche Android-Version hatte den API-Level 1. Jede Android-Version hat einen ganz bestimmten, eindeutigen API-Level. Durch Abfragen des API-Levels kann Ihre App prüfen, ob ein bestimmtes Feature auf dem ausführenden Gerät zur Verfügung steht.

Frühe Versionen

Das erste große Update *Cupcake* (Android 1.5) führte unter anderem das sogenannte *Input Method Framework* ein und ermöglichte damit erstmals Geräte ohne Hardwaretastatur. Ferner fand schon zu diesem Zeitpunkt eine Spracherkennungsfunktion ihren Weg auf die Plattform. *Donut* (Android 1.6) unterstützte Geräte mit unterschiedlichen Anzeigegrößen und Auflösungen. Auch erweiterte Google die Plattform um eine Sprachsynthesesoftware für Deutsch, Italienisch, Englisch, Französisch und Spanisch. Obendrein hatten Entwickler erstmals Zugriff auf eine Gestenerkennung und konnten die systemweite Schnellsuche um Inhalte ihrer Anwendungen erweitern.

Unter dem Namen *Eclair* wurden die Versionen 2.0, 2.0.1 und 2.1 zusammengefasst. Mit Android 2.0 hielt eine vollständig neue Programmierschnittstelle für den Zugriff auf Kontakt- und Kontendaten Einzug. Gleichzeitig wurden die bisherigen Klassen für veraltet erklärt. Für den Anwender entstand der große Vorteil, sein Mobiltelefon auch mit anderen Diensten, beispielsweise Facebook, synchronisieren zu können. Android 2.1 führte die bei Endanwendern eine Zeit lang sehr beliebten *Live Wallpaper* ein. Mittlerweile hat die Begeisterung darüber deutlich nachgelassen, vermutlich weil solche animierten Hintergründe bei unachtsamer Programmierung zu regelrechten Stromfressern werden konnten.

Mit *Froyo* (Version 2.2) bekam Android eine zentrale Schnittstelle für das Sichern und Wiederherstellen von Anwendungsdaten. Sie war zu Beginn recht aufwendig zu benutzen, doch mittlerweile müssen Sie als Entwickler kaum noch etwas dafür tun (und was, das beschreibe ich in Kapitel 9, »Dateien lesen, schreiben und drucken«). *Gingerbread* (Android 2.3) enthält einen vollständigen SIP-Stapel (Session Initiation Protocol) und bindet VoIP-gestützte Internettelefonie in die Plattform ein. Dazu kam ein Download-Manager, den alle Apps nutzen können. Außerdem wurden die Kamera-Unterstützung erweitert und die Geschwindigkeit des Systems verbessert.

Einmal Tablet und wieder zurück

Honeycomb (Android 3.0, 3.1 und 3.2) wurde speziell für Tablets entwickelt. Google hat die Plattform hierzu um zahlreiche Konzepte erweitert, beispielsweise ermöglichen *Fragmente* die Wiederverwendung von Teilfunktionen einer *Activity* (Activities gehören zu den zentralen Bausteinen von Apps). Die *Action Bar* löste nicht nur die bislang bekannten klassischen Menüs ab, sondern führte auch eine einheitliche Navigation innerhalb von Anwendungen ein. Außerdem entfiel mit Honeycomb die Notwendigkeit der klassischen Hardware-Schaltflächen: Die *System Bar* kombinierte virtuelle Knöpfe mit Benachrichtigungen.

Ice Cream Sandwich (Version 4.0) führte die zwei seit Android 3 existierenden Entwicklungslinien für Smartphones und Tablets wieder zusammen. Dadurch profitierten ab jetzt alle Geräteklassen von den weiter oben angesprochenen neuen Funktionen. Die Plattform sowie die mitgelieferten Anwendungen wurden weiter poliert und noch bedienungsfreundlicher gestaltet. Außerdem wurde endlich der Zugriff auf Kalendereinträge möglich.

Auf seiner Entwicklerkonferenz *I/O 2012* stellte Google die Android-Version 4.1 vor. Das Hauptaugenmerk dieses *Jelly Bean* getauften Releases galt der Steigerung der Geschwindigkeit. Durch eine neue Sprachsuche machte Google *Siri*, dem Speech Interpretation and Recognition Interface von Apple, Konkurrenz: *Google Now* sollte dem Nutzer situationsbezogene Information bieten. Die Technologie wurde in den darauffolgenden Jahren zu dem *Google Assistant* weiterentwickelt.

Auch die Systemversionen 4.2 und 4.3 heißen Jelly Bean. Version 4.2 bot einen Mehrbenutzermodus für Tablets, eine Art Bildschirmschoner namens *Daydream* (wurde mittlerweile in »Bildschirmschoner« umbenannt) und einen Panoramamodus, bei Version 4.3 ging es um Optimierungen »unter der Haube« und um die Aktualisierung verwendeter Technologien und Protokolle. Android 4.4 (*KitKat*) konnte den Ressourcenverbrauch des Systems drastisch reduzieren. Googles Ziel war die Verbesserung der Lauffähigkeit auf Geräten im unteren Leistungsspektrum, vor allem bei wenig Arbeitsspeicher. Darüber hinaus hielten ein neuer Vollbildmodus, eine Schnittstelle für den Zugriff auf Cloud-Speicherdienste sowie eine systemweite Druckfunktion Einzug.

Android-Versionen 5 bis 10

Android 5 (*Lollipop*, API-Level 21) war ein äußerst ambitioniertes Release. Die nach wie vor gültige Designsprache *Material Design* setzt auf eine Papier-und-Tinte-Metapher, kräftige Farben und schöne Typografie. Das System wurde 64-Bit-fähig und funktionierte auch für Geräte mit mehr als 4 GB Arbeitsspeicher. Die neue *Android Runtime (ART)* übersetzte Java-Anwendungen schon während der Installation in Maschinensprache, was in vielen Situationen zu besserer Performance führte und zudem die Nutzung vieler moderner Konzepte des Linux-Kerns ermöglichte. Die im März 2015 veröffentlichte Version 5.1 (API-Level 22) unterstützte endlich einen zweiten Slot für SIM-Karten. Bis dahin hatten die Gerätehersteller selbst für die Integration einer zweiten SIM-Karte sorgen müssen. Ebenfalls neu war die Sprachübertragung in verbesserter Qualität (*HD Voice*), sofern ein Mobiltelefon diese vorsah. Ein verbesserter Geräteschutz, Stabilitätsverbesserungen sowie die Verwaltung von Bluetooth- und WLAN-Geräten über die *Quick Settings* rundeten dieses Service-Release ab.

Android 6 (*Marshmallow*) brachte ein neues Berechtigungssystem. Es erlaubte Benutzern, Apps den Zugriff auf bestimmte Ressourcen nach Belieben zu gewähren und wieder zu entziehen. Ausführliche Hinweise hierzu finden Sie in Kapitel 4, »Wichtige Grundbausteine von Apps«. Neben der nativen Unterstützung von Fingerabdruckscannern kamen unter anderem der Standby-Modus *Doze* und *Google Now on Tap* sowie die Nutzbarkeit von SD-Karten als interner Speicher hinzu.

Android 7 (*Nougat*) führte unter anderem die gleichzeitige Benutzung von zwei Apps auf dem Bildschirm ein, ferner ein überarbeitetes Benachrichtigungscenter, zahlreiche *Java-8*-Features, eine zusätzliche 3D-Grafik-Bibliothek sowie die Unterstützung von Virtual-Reality-Anwendungen. Android 7.1 brachte Unterstützung für runde Icons sowie *App Shortcuts*.

Mit Android 8 *Oreo* (API-Level 26) änderte Google den Umgang mit Hintergrund-Apps. Ziel war, dass sich die Plattform flüssiger anfühlt und weniger Strom verbraucht. Was Sie als Entwickler beachten müssen, damit sich Ihre App vorbildlich verhält, erkläre ich in Kapitel 6, »Multitasking«. *Benachrichtigungskanäle* sollen dem Benutzer helfen, sich besser in der Flut an *Benachrichtigungen* zurechtzufinden. Den gekonnten Umgang mit Notifications zeige ich Ihnen in Kapitel 5, »Benutzeroberflächen«. Android 8.1 (API-Level 27) enthielt zusätzlich Programmierschnittstellen für neuronale Netze und unterstützte *Shared Memory*.

Pie (API-Level 28) hatte sich zum Ziel gesetzt, sinnvolle Einsatzgebiete für maschinelles Lernen zu erschließen. Die beiden Funktionen *Automatische Helligkeit* und *Intelligenter Akku* sollten mithilfe von künstlicher Intelligenz zu einer längeren Nutzungsdauer des Geräts führen. Aus Entwicklersicht interessant waren die Unterstützung von Aussparungen im Bildschirm (Display Cutout) sowie ein einheitlicher Dialog für die Authentifizierung anhand biometrischer Merkmale.

Mit Android 10 (API-Level 29) verabschiedete sich Google von der Tradition, Plattform-Versionen den Namen einer Süßspeise zu geben. Project Mainline ermöglichte die Aktualisierung von wichtigen Systemkomponenten über den Play Store. Für Programmierer sehr interessant war die Unterstützung von faltbaren Geräten sowie ein systemweiter Dunkelmodus. Wie Sie diesen in Ihren Apps verwenden, zeige ich in Kapitel 5, »Benutzeroberflächen«.

Android 11

Unter anderem erweitert Android 11 (API-Level 30) das Berechtigungssystem um die Möglichkeit, den Zugriff auf eine Funktion nur einmal zu erlauben. Die mit Android 10 als Vorschau eingeführten *Chat Bubbles* gelten nun als fertig. Auch der *Scoped Storage* (ebenfalls seit Android 10 verfügbar) wird nun obligatorisch. Zudem gibt es bessere Unterstützung für sogenannte *Waterfall Displays* (die Anzeigen reichen bis ganz an den Rand), Sensoren zum Ermitteln des Neigungswinkels der Anzeigen von faltbaren Geräten sowie Verbesserungen der Privatsphäre.

Googles vor allem in der Anfangszeit beängstigend hohes Entwicklungstempo hat aus Android eine stabile und anwenderfreundliche Plattform gemacht. Ein Kernproblem konnte allerdings lange Zeit nicht zufriedenstellend gelöst werden: Es dauerte immer mehrere Monate, bis Gerätehersteller ihren Kunden aktuelle Android-Versionen zur Verfügung stellten. Nicht wenige Modelle wurden nie aktualisiert. Das ab Android 8 enthaltene *Project Treble* sollte dieses Problem lösen. Es trennte die sogenannte *Vendor Implementation* – hardwarespezifische Software, die direkt von den SoC(System on a chip)-Herstellern geliefert wird – von Betriebssystem und Framework durch eine neue, standardisierte Herstellerschnittstelle ab. Früher mussten Hersteller bei einem Android-Update auch diese unterste Schicht mitliefern, da sie fest mit Android verwoben war. Dies war nun nicht mehr nötig. Selbst wenn es von den SoC-Produzenten keine neue Software gab, konnte auf solchen Geräten dennoch eine neue Android-Version aufgespielt werden. Sie setzte einfach auf dem vorhandenen *Vendor Interface* auf. Damit das klappte, musste ein Gerät freilich einmal Android 8 mit Project Treble erhalten haben. Gleiches gilt für Project Mainline in Android 10.

Auch wenn mehr Geräte in den Genuss neuer Android-Versionen kommen als früher, lohnt es sich, regelmäßig auf der Seite *https://developer.android.com/about/dashboards/index.html* den aktuellen Verbreitungsgrad der verschiedenen Android-Versionen zu prüfen. Denn erst ab einer bestimmten Anzahl von potenziellen Nutzern lohnt sich die Verwendung neuer Programmierschnittstellen und Funktionen. Google drängt Entwickler deshalb zur Nutzung der Komponentensammlung Jetpack. Was es damit auf sich hat, erfahren Sie im folgenden Abschnitt.

1.2 Systemarchitektur

Vielleicht fragen Sie sich, was das Wort *Plattform* im Zusammenhang mit Android bedeutet. Handelt es sich nicht einfach um ein Betriebssystem für mobile Geräte, für das Sie Programme in Java oder Kotlin schreiben?

1.2.1 Überblick

Aus der Sicht des Endanwenders bildet Android eine mittlerweile sehr große Gruppe von mobilen und stationären Geräten, beispielsweise Smartphones, Tablets, Medienabspielgeräten, TV-Settop-Boxen und Armbanduhren. Zahlreiche Hersteller bieten Modelle in unterschiedlichsten Ausstattungsvarianten an. Neben preisgünstigen Einsteigerprodukten finden sich im Hochpreissegment Geräte mit viel Arbeitsspeicher, großen, auflösungsstarken Bildschirmen und hoher Prozessorleistung. Auf all solchen Produkten können Versionen von Android laufen. Dennoch ist Android nicht nur ein Betriebssystem, weil zu Android standardmäßig noch mehr gehört, beispielsweise ein Anwendungsstarter mit Unterstützung für Widgets, eine Kontaktdatenbank, eine Uhr mit Weckfunktion, ein Browser und ein E-Mail-Client. Und natürlich der *Play Store* zum Kaufen und Herunterladen von Apps.

Android und Java

Ebenfalls ein Bestandteil von Android, allerdings für den Endanwender nicht sichtbar, ist die Laufzeitumgebung ART (*Android Runtime*). Sie bildet den Rahmen für die Ausführung aller Programme, die der Benutzer auf einem Android-System startet. Dies betrifft die weiter oben genannten Standardanwendungen, aber auch selbst geschriebene Programme, von denen die meisten in Java entwickelt wurden. Wenn Sie mit dieser Technologie bereits Erfahrung haben, fragen Sie sich vielleicht, ob Android für die Ausführung der Programme dann nicht eine virtuelle Maschine enthalten müsste, denn schließlich wird Java-Code üblicherweise in Bytecode umgewandelt.

Android hatte von der ersten Version an eine virtuelle Maschine an Bord. Allerdings hat diese *Dalvik* genannte Komponente nie den Bytecode verstanden, der vom Standard-Java-Compiler erzeugt wird, weil Dalvik seinen eigenen Befehlssatz hat. Auch die *registerbasierte* Architektur weicht von einer klassischen Java Virtual Machine ab, die einen *Kellerautomaten* realisiert. Dennoch war `javac` lange Zeit der erste Schritt vom Quelltext hin zur ausführbaren App. Der erzeugte Bytecode wurde von dem Tool `dx` in ein *Dalvik Executable* (*.dex*) genanntes Format umgewandelt, das von Dalvik verstanden wird. Hierin liegt der Hauptgrund, warum Android-Entwickler immer recht lange auf die Nutzung neuer Java-Sprachfeatures in ihren Apps warten mussten. Beispielsweise führten die beliebten *Lambda*-Ausdrücke zu neuen Konstrukten im Bytecode, die `dx` kennen und zu sinnvollen Dalvik-Anweisungen umformen musste.

Dalvik wurde erst mit Android 5 vollständig abgelöst. Schon in Android 4.4 war der Nachfolger ART enthalten und konnte auf Wunsch aktiviert werden. Seit Android 5, Lollipop, werden Apps schon während der Installation in Maschinensprache übersetzt. Android Nougat allerdings stellte ART wieder einen Just-in-time-Compiler zur Seite (Dalvik besaß zeitweise auch einen). Dieser nutzt *Code Profiling*, um das Laufzeitverhalten einer App kontinuierlich zu verbessern. Hierzu wird mithilfe von Profilen entschieden, wann welche Teile des Codes übersetzt werden: Schlüsselfunktionen einer App werden so schnell wie möglich abgearbeitet.

Eine Zeit lang hat Google eine andere Strategie bei der Umwandlung von Java-Quellcode in *.dex*-Dateien verfolgt. An die Stelle von `javac` und `dx` trat der neue Compiler *Jack*. Mit ihm kam der sehnlichst erwartete Support für eine ganze Reihe von Java-8-Sprachfeatures, unter anderem für Lambda-Ausdrücke, Methodenreferenzen und Typannotationen. Diese waren sogar unter älteren Android-Versionen nutzbar, Default- und statische Interface-Methoden sowie wiederholbare Annotationen hingegen nur ab API-Level 24. Jack musste in der Datei *build.gradle* aktiviert werden. Unglücklicherweise ließen sich Tools von Drittanbietern nicht gut in die neue Toolkette integrieren. Mit Android Studio 3 wurde Jack deshalb abgelöst.

Erweiterungen der Syntax waren aber nur ein Teil der Neuerungen von Java 8. Auch die Standardklassenbibliothek hat eine Vielzahl neuer Pakete und Klassen erhalten, unter anderem `java.util.stream` und `java.util.function`. Dass diese auch unter Android verwendet werden können, hat mit einem fundamentalen Wechsel zu tun: Bis einschließlich Android 6 basierte die Klassenbibliothek der Plattform in weiten Teilen auf Code des Open-Source-Projekts *Apache Harmony* der *Apache Software Foundation*. Ziel dieses im Mai 2005 angekündigten und im November 2011 beendeten Projekts war die Schaffung einer frei verfügbaren, quelloffenen Java-Implementierung einschließlich Compiler und virtueller Maschine. Die Notwendigkeit hierfür ist schon frühzeitig, nämlich mit der Veröffentlichung von Java als Open Source Ende 2006, entfallen. Daher hat Harmony für Android nie große Bedeutung erlangt – außer eben durch die Nutzung seiner Klassenbibliothek durch Android.

Harmony war als Implementierung von Java 5 und 6 gedacht. Konsequenterweise fehlen alle Klassen und Pakete, die Sun und Oracle erst mit späteren Java-Versionen hinzugefügt haben. Google hatte zwar an einigen Stellen »nachgebessert«. Für die Nutzung des Java-7-Features *try-with-resources* ist beispielsweise das Interface `java.lang.AutoCloseable` nötig, das seit API-Level 19 enthalten ist. Andere Neuigkeiten hingegen wurden nie übernommen. Ab Android 7 wird deshalb die Bibliothek des *OpenJDK* verwendet.

Kotlin

Seit Android Studio 3.0 (2017) mussten Apps nicht mehr zwingend in Java geschrieben werden. Die Entwicklungsumgebung bot ab dieser Version offiziell Unterstützung für die Programmiersprache *Kotlin*. Diese wurde nicht speziell für Android entwickelt. Vielmehr hat sie den Anspruch, eine moderne, schlanke Alternative zu Java zu sein. Erfinder der Sprache ist die in Sankt Petersburg ansässige Firma *JetBrains*. Von ihr stammt auch die Basis von Android Studio, *IntelliJ IDEA*. Auf seiner Entwicklerkonferenz I/O 2019 hatte Google bekannt gegeben, dass Kotlin die primäre Sprache für die Android-App-Entwicklung werden soll. Seitdem wurde viel Arbeit in die Anpassung der vorhandenen Programmierschnittstellen und Bibliotheken an die modernen Sprachfeatures gesteckt. Vereinfacht ausgedrückt geht in Kotlin vieles eleganter und einfacher als mit Java.

Auch wenn man weiterhin Apps in Java schreiben kann, sollten neue Projekte auf jeden Fall mit Kotlin realisiert werden. Dieses Buch trägt dem Rechnung. Alle Beispiele sind in dieser Programmiersprache geschrieben. Falls Sie noch keinen Kontakt zu Kotlin hatten, empfehle ich eine Einführung in Kotlin als begleitende Lektüre. Anhang A stellt Ihnen die wichtigsten Konzepte und Sprachkonstrukte kompakt vor. Buch-Vorschläge entnehmen Sie bitte der Literaturliste in Anhang D.

Schichten

Das Fundament der in Abbildung 1.1 dargestellten Low-Level-Systemarchitektur von Android[3] bildet ein Linux-Kern. Er kümmert sich um die Prozesssteuerung, die Spei-

---

3 *https://source.android.com/devices/architecture*

cherverwaltung, die Netzwerkkommunikation sowie um das Thema Sicherheit. Die Peripherie (Audio, Kamera, Kommunikation etc.) ist über entsprechende Kerneltreiber angebunden. Über diesem Fundament liegt eine *Hardwareabstraktionsschicht* (engl. *Hardware Abstraction Layer*, HAL). Sie wird von Android-Systemdiensten beim Zugriff auf die Gerätetreiberschicht aufgerufen und kapselt gerätespezifische Implementierungen.

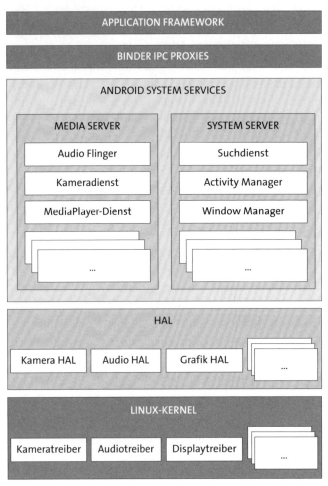

Abbildung 1.1 Schematische Darstellung der Systemarchitektur

Systemdienste fungieren als Bindeglieder zwischen der Framework-Schicht und der Hardware. Android kennt zwei Gruppen von Systemdiensten, *System* und *Media*. Beispielsweise kümmert sich der *Activity Manager* um die Verwaltung von Activities, einem der zentralen Anwendungsbausteine. Der *Camera Service* koordiniert Zugriffe auf die Kamerahardware.

Binder IPC ist ein leichtgewichtiges Kommunikationsmittel über Prozessgrenzen hinweg. Die Framework-Schicht verwendet es, um mit Systemdiensten zu kommunizieren, und auch die Nutzung durch Anwendungen ist möglich und sinnvoll. Anwendungen kommunizieren mit dem System ausschließlich über die im folgenden Abschnitt vorgestellte Framework-Schicht.

1.2.2 Application Framework

Mithilfe des *Application Frameworks* lassen sich äußerst komfortable, ästhetische und leicht bedienbare mobile Anwendungen mit großem Funktionsumfang erstellen. Sie haben Zugriff auf die Gerätehardware, zum Beispiel Kamera, Netzwerk und Sensoren, und auch das Lesen und Schreiben von Kontaktdaten oder Terminen ist bequem möglich. Ein ausgefeiltes, einfach zu handhabendes Rechtesystem steuert hierbei, was ein Programm tun darf. Leider fordern viele Apps nach wie vor zu viele Berechtigungen an. Dies erzeugt Unmut bei den Benutzern, weil sie sich ausspioniert und beobachtet fühlen. Versuchen Sie deshalb bitte, Ihre Apps zu fokussieren. Es ist nachvollziehbar, dass eine Kameraanwendung Zugriff auf die passende Hardware haben muss. Aber braucht ein Taschenrechner eine Standortbestimmung oder Zugriff auf das Telefonbuch?

Eines der Kernkonzepte des Application Frameworks ist, dass Anwendungen ihre Funktionen veröffentlichen, also anderen Programmen verfügbar machen können. Da Anwendungen von Drittanbietern den Android-Standardanwendungen gleichgestellt sind, kann der Benutzer sehr leicht den Webbrowser, den E-Mail-Client oder den Mediaplayer austauschen. Auch das Ersetzen von einzelnen Programmfunktionen (beispielsweise das Verfassen einer SMS) ist möglich. Selbstverständlich können Programme umgekehrt auch Funktionen anderer Anwendungen anfordern. Auch dies wird über das bereits erwähnte Rechtesystem gesteuert.

Kernbestandteile des Application Frameworks sind unter anderem:

- *Views*: Sie bilden die Basis für alle Benutzeroberflächen. Android bietet zahlreiche Standardbedienelemente, wie etwa Textfelder, Schaltflächen, Ankreuzfelder und Listen. Bestehende Views können durch sogenannte *Themes* und *Styles* nahezu beliebig angepasst werden. Auch vollständig eigenentwickelte Views sind realisierbar.
- *Content Provider*: Sie gestatten Anwendungen den Zugriff auf Daten anderer Programme. Auch das Bereitstellen der eigenen Anwendungsdaten ist auf diese Weise leicht möglich.
- *Resource Manager*: Er gewährt Zugriff auf lokalisierte Zeichenketten, auf Grafiken und auf Layoutdateien.

- *Notification Manager*: Er bietet Anwendungen den Zugriff auf die Android-Statuszeile. Mit ihm können auch kleine Pop-up-Nachrichten erzeugt werden.
- *Activity Manager*: Er steuert den Lebenszyklus einer Anwendung.

Alle hier aufgeführten Bestandteile werden in den folgenden Kapiteln ausführlich vorgestellt.

1.2.3 AndroidX und Jetpack

Vor allem in den frühen Jahren sind unzählig viele Geräte mit Android auf den Markt gekommen. Deren Hersteller haben sich mit dem Update auf neue Versionen aber immer schwergetan. Und selbst heute dauert es oft mehrere Monate, bis ein Gerät aktualisiert wird. Die Folge war, dass es sehr lange gedauert hat, bis neue Features von den Entwicklern auch wirklich verwendet wurden. Gerade im Bereich Sicherheit ist das natürlich eigentlich eine Katastrophe. Aber verständlich. Denn um die Funktion einer App auf neuen und alten Geräten sicherzustellen, musste man mit aufwendigen und fehleranfälligen `if`-Abfragen prüfen, ob das Smartphone oder Tablet die gewünschte API überhaupt anbietet.

Google hat deshalb schon 2011 begonnen, Kompatibilitätsbibliotheken zur Verfügung zu stellen. Der Entwickler nutzt deren Klassen und Methoden, statt direkt die Android-API zu nutzen. Ist ein Feature (beispielsweise Fragmente oder Laufzeit-Berechtigungen) in einer Plattform-Version vorhanden, wird deren Implementierung genutzt, sonst ein möglichst kompatibler Nachbau. Eigentlich also eine sehr gute Idee. Unglücklicherweise hat Google bei der Namensgebung der Bibliotheken immer mal wieder geschludert: Für Entwickler war oft nicht klar, wann welche Version verwendet werden musste.

Das auf Googles Hausmesse I/O 2018 vorgestellte AndroidX ist sozusagen ein Neustart dieses Konzepts, ein sogenanntes *Refactoring*. Alle Bibliotheken folgen nun einer einheitlichen Namensgebung, sind semantisch versioniert und unabhängig voneinander aktualisierbar. Kombiniert mit Nutzungsempfehlungen (Best Practices) und (Architektur-)Dokumentation wird daraus Jetpack – wenn Sie so möchten, ein Marketingname. Jetpack-Komponenten lassen sich grob in vier Gruppen einteilen:

1. *Foundation* enthält unter anderem Android KTX (Sprachunterstützung für Kotlin) und AppCompat (Support unterschiedlicher Plattform-Versionen).
2. *Architecture* beinhaltet beispielsweise WorkManager (Hintergrundverarbeitung) und Data Binding.
3. *Behavior* bietet unter anderem CameraX (eine vereinfachte Schnittstelle zu Kameras), Notifications, Permissions und Preferences (Einstellungsseiten für Apps).
4. *UI* schließlich enthält unter anderem Fragment und Layout.

Außer den genannten Komponenten gibt es eine ganze Reihe weiterer. Im Gegensatz zu den alten Support-Bibliotheken bietet Jetpack also deutlich mehr Features und ist viel mehr als nur ein Satz an Kompatibilitätsbibliotheken. Aber bedeutet dies, dass Sie sich um Plattformfunktionen überhaupt nicht mehr kümmern müssen? In der Tat stehen Sie als Entwickler vor der Entscheidung, entweder direkt auf die Plattform zuzugreifen (und dann ggf. Versionsweichen einzubauen) oder stattdessen die Komponenten von Jetpack zu nutzen.

Die Verwendung von externen Komponenten ist immer mit Aufwand verbunden – und sei es nur ein erhöhter Pflegeaufwand für die Datei *build.gradle*. Hinzu kommt, dass Google Jetpack viel regelmäßiger aktualisiert als die Plattform. Nicht selten ändert sich dabei die API. In so einem Fall haben Sie nur die Wahl, mitzuziehen oder zunächst auf einem dann alten Bibliotheksstand zu verharren und die Änderungen später nachzuholen. Je länger Sie warten, umso umfangreicher können die Anpassungen ausfallen. Besonders deutlich zeigt sich dies bei *Jetpack Compose*. Diese Bibliothek wird, wenn sie stabil ist, den Bau von Oberflächen unter Android radikal verändern. Einen Vorgeschmack darauf gebe ich Ihnen in Anhang B. Noch kann ich deren Einsatz nicht mit gutem Gewissen empfehlen.

Meiner Ansicht nach ist für ein Verständnis von Jetpack das Wissen um die korrespondierenden nativen APIs zwingend erforderlich. Im weiteren Verlauf dieses Buches werden Sie deshalb beide Welten ausführlich kennenlernen. Im nächsten Abschnitt möchte ich Sie mit den Entwicklungswerkzeugen bekannt machen. Wie Sie bald sehen werden, sorgen diese für eine komfortable und effiziente Programmierarbeit.

1.3 Entwicklungswerkzeuge

Das *Android Software Development Kit* (*Android SDK*) bildet die Grundlage für die App-Entwicklung. Es ist in Versionen für Windows, Linux und macOS erhältlich. Früher musste das SDK separat heruntergeladen und installiert werden. Das ist seit geraumer Zeit nicht mehr nötig, weil es beim Einrichten von *Android Studio* (einer eigenen Entwicklungsumgebung, die auf der *IntelliJ IDEA Community Edition* der Firma JetBrains basiert) mit auf die Platte wandert. Gleiches gilt für das Java Development Kit. Schon seit Android Studio 2.2 ist *OpenJDK* enthalten. Entsprechend einfach gestaltet sich das Aufsetzen der Entwicklungsumgebung.

> **Hinweis**
>
> Ich verwende in diesem Buch Android Studio 4.1. Andere Versionen können in Bezug auf Aussehen oder Funktionen unter Umständen deutlich abweichen, zumal Google an seiner Software kontinuierlich Verbesserungen und Erweiterungen vornimmt. Gelegentlich fallen aber auch Features weg oder wandern an eine andere Stelle.

1.3.1 Android Studio und Android SDK installieren

Um Android Studio sowie das Android SDK auf Ihrem Rechner zu installieren, laden Sie bitte die Software unter *https://developer.android.com/studio* herunter. Sie liegt dort in Versionen für Windows, Linux und macOS bereit. Die Website erkennt das Betriebssystem Ihres Entwicklungsrechners und schlägt die passende Datei zum Download vor. Wie es nach der Installation weitergeht, erfahren Sie in Abschnitt 1.3.2, »Die ersten Schritte mit Android Studio«.

Installation unter Windows

Die Version für Windows enthält die IDE und das Android SDK. Der Name des Archivs beginnt mit *android-studio-ide*. Starten Sie das Setup mit einem Doppelklick auf die *.exe*-Datei, und folgen Sie den Anweisungen am Bildschirm. Das Android SDK wird standardmäßig im Verzeichnis *AppData\Local\Android\sdk* im Heimatverzeichnis des angemeldeten Benutzers installiert.

Möglicherweise werden Sie während der Installation darüber informiert, dass Systemabbilder im Android-Emulator mit dem *Intel Hardware Accelerated Execution Manager* (HAXM) hardwarebeschleunigt ausgeführt werden können. Mehr dazu finden Sie in Abschnitt 1.3.2, »Die ersten Schritte mit Android Studio«.

Installation unter macOS

Öffnen Sie die heruntergeladene *.dmg*-Datei mit einem Doppelklick, und ziehen Sie Android Studio innerhalb dieses Fensters auf das APPLICATIONS-Symbol. Schließen Sie nach dem Kopiervorgang das Finder-Fenster, werfen Sie die *.dmg*-Datei aus, und starten Sie danach die Anwendung aus dem *Programme*-Ordner. Bitte folgen Sie den Anweisungen des Setup-Assistenten. Dabei werden die noch fehlenden SDK-Tools sowie gegebenenfalls weitere Komponenten nachgeladen. Je nach Geschwindigkeit Ihrer Internetverbindung kann dies eine geraume Zeit dauern. Das Android SDK wird standardmäßig im Verzeichnis *Library/Android/sdk* im Heimatverzeichnis des angemeldeten Benutzers abgelegt. Findet die Setup-Routine in einem anderen Verzeichnis SDK-Tools aus einer früheren Installation, können diese aktualisiert werden.

Möglicherweise werden Sie während der Installation darüber informiert, dass Systemabbilder im Android-Emulator mit dem *Intel Hardware Accelerated Execution Manager* (HAXM) hardwarebeschleunigt ausgeführt werden können. Weitere Information hierzu finden Sie in Abschnitt 1.3.2, »Die ersten Schritte mit Android Studio«.

Installation unter Linux

Entpacken Sie die heruntergeladene *.zip*-Datei mit unzip. Es bietet sich an, das entstandene Verzeichnis *android-studio* nach */opt* zu verschieben. Hierfür sind Admin-

Rechte nötig (`sudo mv ./android-studio /opt`). Starten Sie nun die Anwendung mit dem Skript `android-studio/bin/studio.sh`, und folgen Sie den Anweisungen des Setup-Assistenten. Dabei werden die noch fehlenden SDK-Tools sowie gegebenenfalls weitere Komponenten nachgeladen. Je nach Geschwindigkeit Ihrer Internetverbindung kann dies leider eine geraume Zeit dauern. Das Android SDK wird standardmäßig im Verzeichnis *Android/Sdk* im Heimatverzeichnis des angemeldeten Benutzers abgelegt. Falls Sie ein Ubuntu-Linux mit 64 Bit verwenden, müssen Sie möglicherweise einige fehlende 32-Bit-Bibliotheken nachinstallieren:

```
sudo apt-get install libc6:i386 libncurses5:i386 libstdc++6:i386 lib32z1 libbz2-1.0:i386
```

Falls Sie ein 64 Bit Fedora betreiben, lautet das Kommando:

```
sudo yum install zlib.i686 ncurses-libs.i686 bzip2-libs.i686
```

Um Android Studio aus jedem Verzeichnis heraus starten zu können, bietet es sich an, die Umgebungsvariable PATH um */opt/android-studio/bin* (bzw. den absoluten Zugriffspfad auf das Verzeichnis *android-studio*) zu erweitern. Sofern Sie eine Desktop-Umgebung wie *Gnome* oder *KDE* verwenden, können Sie stattdessen ein Icon auf dem Desktop ablegen.

Möglicherweise werden Sie während der Installation darüber informiert, dass Systemabbilder im Android-Emulator mit der Virtualisierungssoftware *Kernel Based Virtual Machine* (KVM) hardwarebeschleunigt ausgeführt werden können. Weitere Informationen hierzu finden Sie im folgenden Abschnitt.

1.3.2 Die ersten Schritte mit Android Studio

Nach Abschluss der Installation sehen Sie den Willkommensbildschirm aus Abbildung 1.2, der immer dann erscheint, wenn in der IDE kein Projekt geöffnet ist. In ihm können Sie ein neues Projekt anlegen, ein vorhandenes öffnen, Code aus einem Versionsverwaltungssystem auschecken, Projekte aus anderen IDEs importieren sowie zahlreiche Einstellungen vornehmen.

Im linken Bereich erscheint später eine Liste der kürzlich geöffneten Projekte. Sie ist noch leer und deshalb nicht zu sehen. Unten rechts befinden sich zwei Klapplisten, CONFIGURE und GET HELP.

Klicken Sie bitte zuerst auf CONFIGURE, dann auf DEFAULT PROJECT STRUCTURE. Es öffnet sich der gleichnamige, in Abbildung 1.3 gezeigte Dialog. Mit ihm legen Sie fest, welche JDK- und welche Android-SDK-Versionen für ein Projekt verwendet werden. Zum jetzigen Zeitpunkt möchten Sie keine Änderungen vornehmen. Schließen Sie den Dialog deshalb mit CANCEL. Bitte merken Sie sich aber die ANDROID SDK LOCATION, wir werden sie gleich noch brauchen.

Klicken Sie nun auf CONFIGURE • SDK MANAGER.

1   Android – eine offene, mobile Plattform

Abbildung 1.2 Der Android-Studio-Willkommensbildschirm

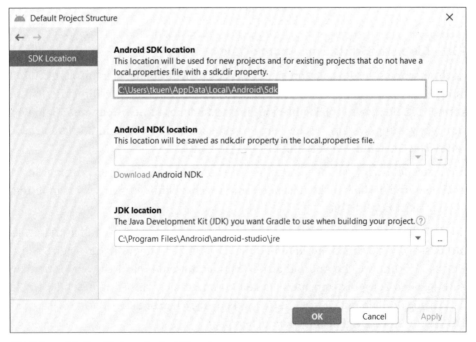

Abbildung 1.3 Der Dialog »Project Structure«

Android SDK Manager

Der *Android SDK Manager*, siehe Abbildung 1.4, verwaltet alle Komponenten, die Sie für die Entwicklung von Apps benötigen. Mit ihm laden Sie Plattformversionen, Systemabbilder für den Emulator, Dokumentationen, Beispielprogramme und Treiber herunter. Auf den Registerkarten SDK PLATFORMS und SDK TOOLS bietet der SDK Manager alle zum Download bereitstehenden Pakete an. Setzen Sie ein Häkchen vor dem betreffenden Eintrag, um es herunterzuladen. Bereits vorhandene Pakete können durch Entfernen ihres Häkchens gelöscht werden. Weitere Informationen bietet die Tabellenspalte STATUS. Neben INSTALLED und NOT INSTALLED kann dort PARTIALLY INSTALLED zu lesen sein. In diesem Fall sollten Sie durch Setzen des Häkchens vor SHOW PACKAGE DETAILS alle abhängigen Pakete einblenden und prüfen, welche weiteren Komponenten Sie installieren können.

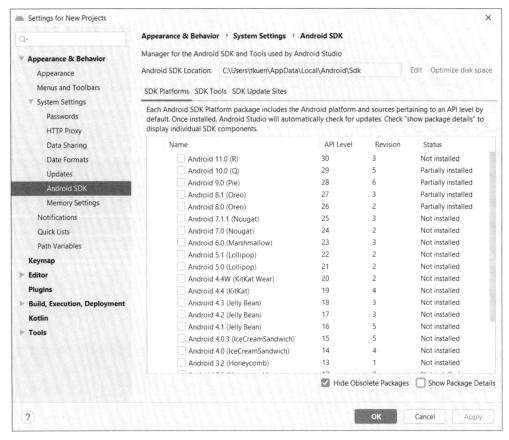

Abbildung 1.4 Der Android SDK Manager

Ist für ein Paket ein Update verfügbar (UPDATE AVAILABLE), kennt das zugehörige Ankreuzfeld einen dritten Zustand, der durch einen Strich symbolisiert wird. Klicken

Sie einmal, um das Häkchen zu setzen, ein zweites Mal, um das Paket zu entfernen, und ein drittes Mal, um die aktuelle Version beizubehalten. OK führt die von Ihnen gemachten Änderungen durch. CANCEL schließt den SDK Manager, ohne eine Aktion auszuführen.

Sicher fragen Sie sich, welche der vielen Pakete Sie überhaupt benötigen. Dieses Buch beschreibt die Anwendungsentwicklung für Android 11. Alle Beispiele verwenden deshalb, sofern nicht ausdrücklich anders angegeben, den sogenannten *API-Level* 30. Was es damit auf sich hat, erkläre ich Ihnen etwas später im Detail.

Zu jeder Plattformversion gehört eine ganze Reihe von Paketen. Welche dies sein können, ist beispielhaft in Abbildung 1.5 dargestellt.

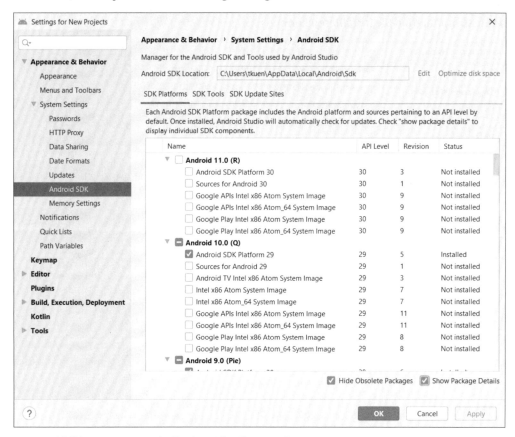

Abbildung 1.5 Bestandteile einer Plattformversion

Auf jeden Fall installieren sollten Sie die SDK-Plattform sowie ein oder mehrere Systemabbilder für den Android-Emulator. Praktischerweise können fehlende Images übrigens auch innerhalb von Android Studio nachgeladen werden. Äußerst nützlich für das Debuggen kann der Download der Plattform-Sources sein. Während der Fehlersuche sehen Sie dann auf Quelltextebene, was in den Tiefen von Android vor sich geht. Allerdings sind die Quelltexte für eine Plattform nicht immer sofort verfügbar. In so einem Fall lohnt es, einfach einige Zeit später noch einmal nachzusehen.

Neben mindestens einer Android-Plattform (um meine Beispiele ausprobieren zu können, muss dies eben API-Level 30 sein) benötigen Sie auf jeden Fall die ANDROID SDK TOOLS, ANDROID SDK PLATFORM-TOOLS sowie die ANDROID SDK BUILD TOOLS. Diese wurden automatisch heruntergeladen und sollten stets einen aktuellen Stand haben. Um dies zu überprüfen, wechseln Sie auf die Registerkarte SDK TOOLS.

> **Tipp**
>
> Damit Sie per Kommandozeile (also in der Eingabeaufforderung, einer Shell und im Android-Studio-Werkzeugfenster TERMINAL) auf die Tools zugreifen können, fügen Sie die Unterordner *tools* und *platform-tools* des Android-SDK-Verzeichnisses (Sie erinnern sich, wir haben es uns im Dialog DEFAULT PROJECT STRUCTURE angesehen) dem Standardsuchpfad hinzu. Hierzu erweitern Sie die Umgebungsvariable PATH entsprechend. Auf meinem System sind dies *C:\Users\tkuen\AppData\Local\Android\sdk\tools* und *C:\Users\tkuen\AppData\Local\Android\sdk\platform-tools*.
>
> Sofern Sie auch den Emulator über die Kommandozeile starten möchten, fügen Sie PATH das SDK-Unterverzeichnis *emulator* hinzu. Wichtig hierbei ist, dass Sie es vor allen anderen Android SDK-bezogenen Verzeichnissen einfügen.

Die Registerkarte SDK TOOLS bietet einige betriebssystemspezifische Pakete zum Download an, unter anderem den Android-Emulator, sowie (für Windows und für macOS) den Intel x86 Emulator Accelerator – dazu gleich mehr. Ferner steht eine ganze Reihe von Zusatzbibliotheken zur Verfügung. Hier müssen Sie zunächst nichts nachinstallieren.

Systemabbilder

Damit Sie Ihre selbst geschriebenen Apps testen können, steht Ihnen ein Emulator zur Verfügung, der unterschiedliche Gerätetypen nachbilden kann. Beim Start wird ihm ein Systemabbild übergeben, das eine Android-Plattform mit Betriebssystem und vorinstallierten Programmen wie Browser, Kalender und Uhr enthält. Solche Abbilder stehen unter Umständen in Versionen für zwei Hardwarearchitekturen zur Verfügung. Sie erkennen den Systemtyp leicht anhand der Spalte ABI im AVD Manager (mehr hierzu etwas später), beispielsweise x86 bzw. x86_64 für Intel und ARM64-V8A für ARM. Lange Zeit basierte echte Android-Hardware ausschließlich auf ARM-Architekturen. Erst nach und nach kamen Intel-basierte Geräte auf den Markt, konnten sich aber nie durchsetzen.

Der Vorteil von Intel-Systemabbildern während der App-Entwicklung ist, dass der Android-Emulator auf Virtualisierungstechnologie zurückgreifen kann, um Code direkt vom Mikroprozessor des Entwicklungsrechners ausführen zu lassen. Der ARM-Befehlssatz hingegen muss vollständig durch Software nachgebildet werden, was die Emulation langsam macht. Ob Sie ein x86- oder x86_64-Abbild verwenden, hat übrigens vor allem Auswirkungen auf das simulierte Gerät. Von den Geschwindigkeitsvorteilen profitieren Sie bei beiden. Im Internet wird der x86-Variante geringfügig mehr Performance unterstellt. Ich habe es nicht nachgemessen. Auf der sicheren Seite sind Sie, wenn Sie im AVD Manager ein Systemabbild auf der Registerkarte RECOMMENDED auswählen.

Unter Windows und macOS setzt Google auf den *Hardware Accelerated Execution Manager* (HAXM) von Intel. Sofern dieser nicht automatisch während der Installation heruntergeladen wurde, sollten Sie das nun nachholen. Nach dem Download finden Sie die Setup-Dateien unter *extras\intel\Hardware_Accelerated_Execution_Manager* im Android-SDK-Verzeichnis. Ob der Hypervisor installiert und einsatzbereit ist, können Sie überprüfen, indem Sie in der Eingabeaufforderung bzw. in einer Shell das Skript `silent_install` mit der Option -v aufrufen.

Unter Linux kommt die *Kernel Based Virtual Machine* (KVM) zum Einsatz. Google bietet kein Paket zum Download an. Welche Komponenten Sie mit dem Paketmanager Ihres Systems herunterladen und installieren müssen, hängt von der eingesetzten Linux-Distribution ab und kann an dieser Stelle nicht weiter vertieft werden.

Beim Einsatz eines Hypervisors müssen Sie einige Punkte beachten, beispielsweise muss die Hardware Ihres Entwicklungsrechners grundsätzlich Virtualisierung unterstützen. Unter Windows und macOS ist dies Intels Virtualisierungstechnologie VT-x, unter Linux steht auch AMD-V zur Verfügung. Ferner muss die Technologie im BIOS aktiviert sein. Der gleichzeitige Betrieb von HAXM und anderen Produkten ist möglicherweise eingeschränkt oder überhaupt nicht möglich. Prüfen Sie deshalb vor dem Start einer anderen Virtualisierungslösung, ob diese mit HAXM kompatibel ist, um Abstürze zu vermeiden.

Nachdem Sie alle gewünschten Pakete heruntergeladen und installiert haben, beenden Sie den SDK Manager.

1.3.3 Das erste Projekt

Klicken Sie im Willkommensbildschirm von Android Studio auf START A NEW ANDROID STUDIO PROJECT. Es öffnet sich der in Abbildung 1.6 gezeigte Assistent CREATE NEW PROJECT. Wählen Sie BASIC ACTIVITY aus, und klicken Sie anschließend auf NEXT. Auf der nun angezeigten Seite CONFIGURE YOUR PROJECT können der Name der Anwendung sowie der Ablageort des Projekts eingegeben werden. Schließen Sie den Dialog mit FINISH. Android Studio wird nun eine Reihe von Vorarbeiten durchführen und danach sein Hauptfenster öffnen, das Sie in Abbildung 1.7 dargestellt sehen.

1.3 Entwicklungswerkzeuge

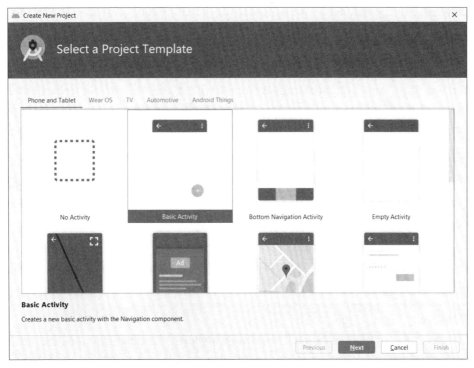

Abbildung 1.6 Der Assistent »Create New Project«

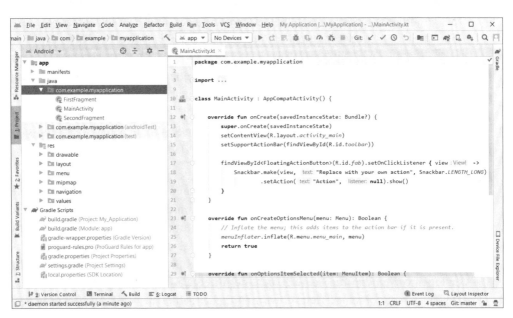

Abbildung 1.7 Das Android-Studio-Hauptfenster

Erscheint stattdessen der Hinweis, dass dringend empfohlen wird, *Gradle* oder *Android Gradle Plugin* auf eine aktuellere Version zu aktualisieren, kommen Sie diesem Vorschlag nach, und klicken Sie auf UPDATE.

Android Studio nutzt für den Bau von Projekten, also für das Übersetzen und Paketieren von Apps, das Automatisierungssystem *Gradle*. Damit dieses Tool weiß, welche Aktionen auszuführen sind, wird an zentraler Stelle – in Dateien mit dem Namen *build.gradle* – eine ganze Reihe von Abhängigkeiten definiert. Beispielsweise ist hier hinterlegt, ob zusätzliche Bibliotheken einzubinden sind und – falls erforderlich – welche Versionen benötigt werden.

Auch die Version der *Android SDK Build Tools* ist hier eingetragen. Findet *Gradle* die gewünschte Version der Build Tools nicht, wird eine entsprechende Fehlermeldung ausgegeben.

Ist dies bei Ihnen der Fall, könnten Sie das fehlende Paket von Hand im SDK Manager herunterladen. Es geht aber auch noch bequemer: Klicken Sie im Fehlerfall einfach den Link INSTALL BUILD TOOLS ... AND SYNC PROJECT an.

> **Hinweis**
>
> Projekte bestehen aus einem oder mehreren Modulen. Die Datei *build.gradle* ist in jedem Modulverzeichnis sowie einmal auf Projektebene vorhanden. Die angesprochene Versionsinformation wird pro Modul abgelegt. Enthält eine App nur ein Modul, lautet dessen Name üblicherweise *app*. Einige Google-Beispiele, die man aus dem Internet herunterladen kann, weichen von diesem bewährten Muster ab. Sie enthalten ein Modul *Application*. Warum Google dies tut, ist leider nicht bekannt.

Fassen wir kurz zusammen: Verwendet eine App eine Version der Build Tools, die noch nicht auf Ihrem Rechner installiert ist, können Sie die neue Versionsnummer in der modulspezifischen Datei *build.gradle* unter `buildToolsVersion` eintragen oder die ältere Version einfach zusätzlich installieren. Fehlende Abhängigkeiten können sich übrigens auch auf andere Elemente der *build.gradle*-Datei beziehen, zum Beispiel eingebundene Bibliotheken oder Plattformversionen.

Fehlen einem Projekt eine oder mehrere Abhängigkeiten, scheint es von Fehlern nur so zu wimmeln. Dabei ist die Behebung immer ganz einfach. Sie folgt stets demselben Muster: Laden Sie der Reihe nach alle fehlenden Komponenten durch Anklicken des entsprechenden Links im *Werkzeugfenster* MESSAGES herunter. Ich betone das deshalb so deutlich, weil meine Beispiele sehr wahrscheinlich ebenfalls Komponenten in Versionen verwenden, die Sie noch nicht heruntergeladen haben. Lassen Sie sich deshalb bitte nicht von einer Vielzahl vermeintlicher Fehler abschrecken: Sie brauchen nur die fehlenden Abhängigkeiten aufzulösen.

Um eine Anwendung zu starten, müssen Sie Android Studio mitteilen, ob Sie ein über USB angeschlossenes Smartphone oder Tablet (wie das funktioniert, besprechen wir später) oder einen Emulator verwenden möchten. Virtuelle Geräte (das Kürzel AVD bedeutet Android Virtual Device) werden mit dem AVD Manager verwaltet. Abbildung 1.8 zeigt, wie Sie ihn öffnen.

Abbildung 1.8 Virtuelle Geräte mit dem AVD Manager verwalten

Der Android Virtual Device Manager zeigt alle virtuellen Geräte als Liste an. Wurde noch keines angelegt, ist diese natürlich leer (Abbildung 1.9).

Abbildung 1.9 Der Android Virtual Device Manager

Klicken Sie auf CREATE VIRTUAL DEVICE, um ein virtuelles Android-Gerät anzulegen. Es öffnet sich die Seite SELECT HARDWARE des Assistenten VIRTUAL DEVICE CONFIGURATION (Abbildung 1.10).

Klicken Sie in der Spalte CATEGORY auf PHONE, und wählen Sie dann ein beliebiges Modell aus. NEXT bringt Sie auf die Seite SYSTEM IMAGE, die in Abbildung 1.11 dargestellt ist.

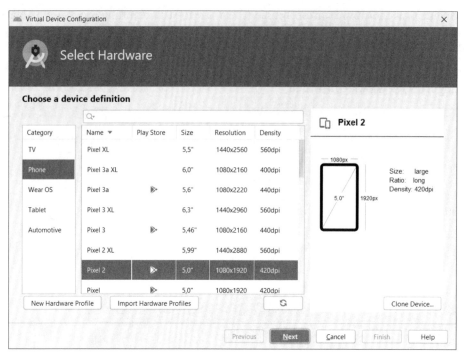

Abbildung 1.10 Der Assistent »Virtual Device Configuration«

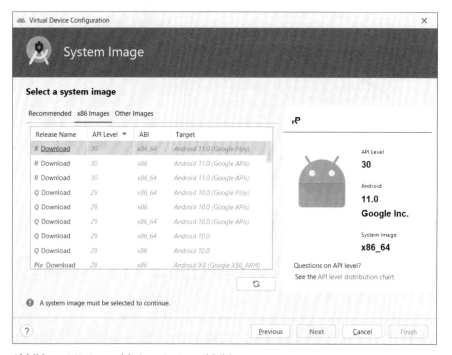

Abbildung 1.11 Auswahl eines Systemabbildes

Hier wählen Sie das Systemabbild aus, das vom Emulator ausgeführt werden soll. Entscheiden Sie sich für das Release R und für eine Architektur (Intel oder ARM). Denken Sie bitte daran, dass Intel-Systemabbilder eine installierte Virtualisierungskomponente (*Intel Hardware Accelerated Execution Manager* oder *Kernel Based Virtual Machine*) benötigen. Klicken Sie auf den gewünschten Link DOWNLOAD, um ein oder mehrere Images herunterzuladen.

Nachdem der Vorgang abgeschlossen wurde, markieren Sie das zu verwendende Abbild und klicken auf NEXT. Sie befinden sich nun auf der Seite ANDROID VIRTUAL DEVICE (AVD), die Sie in Abbildung 1.12 sehen.

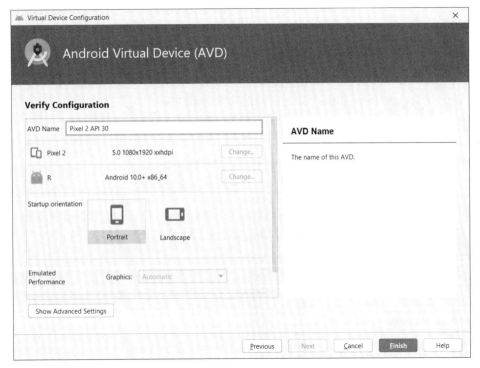

Abbildung 1.12 Ein Android Virtual Device konfigurieren

Auf ihr können Sie das virtuelle Android-Gerät konfigurieren. STARTUP ORIENTATION schaltet zwischen Hochkant- und Quermodus um. EMULATED PERFORMANCE legt die Grafikfähigkeiten des simulierten Geräts fest. Und mit DEVICE FRAME können Sie um das Emulatorfenster die Grafik eines Geräts erscheinen lassen. Klicken Sie auf SHOW ADVANCED SETTINGS, um beispielsweise die simulierten Kameras zu konfigurieren. FINISH schließt den Konfigurationsassistenten.

Der Android Virtual Device Manager zeigt das neu erstellte virtuelle Gerät an (Abbildung 1.13). Sie können dessen Fenster nun schließen.

1   Android – eine offene, mobile Plattform

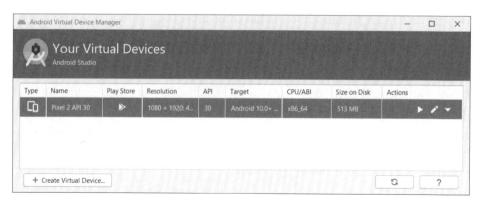

Abbildung 1.13 Liste der angelegten virtuellen Geräte

Selektieren Sie nun, wie in Abbildung 1.14 dargestellt, das Modul APP und Ihr neu angelegtes virtuelles Gerät, und klicken Sie dann auf den grünen Play-Button. Der Emulator startet und führt Ihre erste App aus (Abbildung 1.15).

Abbildung 1.14 Toolbar-Elemente zum Starten einer App

Abbildung 1.15 App im Emulator

1.4 Zusammenfassung

Sie haben in diesem Kapitel sehr viel über die Entstehung von Android und seinen Weg hin zu einer der bedeutendsten mobilen Plattformen erfahren. Ihre neuen Werkzeuge, die Entwicklungsumgebung Android Studio sowie die Komponenten des Android SDK, stehen einsatzbereit zur Verfügung. Im zweiten Kapitel setzen wir auf diesem Fundament auf: Sie werden Ihre erste eigene App entwickeln und dabei einige der wichtigsten Werkzeuge näher kennenlernen.

Kapitel 2
Hallo Android!

Die erste eigene App ist schneller fertig, als Sie vielleicht glauben. Dieses Kapitel führt Sie in leicht nachvollziehbaren Schritten zum Ziel.

Seit vielen Jahrzehnten ist es schöne Tradition, anhand des Beispiels »Hello World!« in eine neue Programmiersprache oder Technologie einzuführen. Dahinter steht die Idee, erste Konzepte und Vorgehensweisen in einem kleinen, überschaubaren Rahmen zu demonstrieren. Google bleibt dieser Tradition treu: Wenn Sie in Android Studio ein neues Projekt anlegen, entsteht eine minimale, aber lauffähige Anwendung, die den Text »Hello World« ausgibt. Im Verlauf dieses Kapitels erweitern Sie diese Anwendung um die Möglichkeit, einen Nutzer namentlich zu begrüßen. Ein Klick auf FERTIG schließt die App.

> **Hinweis**
>
> Sie finden die vollständige Version des Projekts sowie alle weiteren Beispiele auf der Seite *https://www.rheinwerk-verlag.de/android-11_4891/*. Alternativ können Sie auch das Repository unter *https://github.com/tkuenneth/begleitmaterialien-zu-android-11* klonen. Um sich mit den Entwicklungswerkzeugen vertraut zu machen, rate ich Ihnen aber, sich die fertige Fassung erst nach der Lektüre dieses Kapitels anzusehen.

2.1 Android-Projekte

Projekte fassen alle Artefakte einer Android-Anwendung zusammen. Dazu gehören unter anderem Quelltexte, Konfigurationsdateien, Testfälle, aber auch Grafiken, Sounds und Animationen. Natürlich sind Projekte keine Erfindung von Android Studio, sondern bilden eines der Kernkonzepte praktisch aller modernen Entwicklungsumgebungen. Grundsätzlich können Sie mit beliebig vielen Projekten gleichzeitig arbeiten. Projekte werden über die Menüleiste angelegt, (erneut) geöffnet und geschlossen. Ein Android-Studio-Hauptfenster bezieht sich aber stets auf ein Projekt. Wenn Sie ein vorhandenes Projekt öffnen, fragt die IDE normalerweise nach, ob Sie es in einem neuen oder im aktuellen Fenster bearbeiten möchten. Im letzteren Fall wird das aktuelle Projekt geschlossen. Sie können dieses Verhalten übrigens im SETTINGS-

Dialog auf der Seite APPEARANCE & BEHAVIOR • SYSTEM SETTINGS unter PROJECT OPENING ändern.

Projekte können aus einem oder mehreren *Modulen* bestehen. Google nutzt dieses Konzept unter anderem, um Projekte für Smartwatches zu strukturieren. Diese bestehen oft aus einem Teil für das Smartphone oder Tablet sowie einem für das Wearable. »Klassische« Android-Apps kommen üblicherweise mit einem Modul aus. In diesem Fall nennt der Assistent das Modul *app*. Beispiel-Apps von Google verwenden als Modulnamen gelegentlich *Application*.

2.1.1 Projekte anlegen

Um ein neues Projekt anzulegen, wählen Sie in der Menüleiste des Hauptfensters FILE • NEW • NEW PROJECT. Alternativ können Sie im Willkommensbildschirm auf START A NEW ANDROID STUDIO PROJECT klicken. In beiden Fällen öffnet sich der Assistent CREATE NEW PROJECT, der Sie in wenigen Schritten zu einem neuen Android-Projekt führt. Auf der ersten Seite, SELECT A PROJECT TEMPLATE, legen Sie dessen grundlegenden Inhalt fest. Selektieren Sie, wie in Abbildung 2.1 dargestellt, auf der Registerkarte PHONE AND TABLET bitte EMPTY ACTIVITY, und klicken Sie danach auf NEXT.

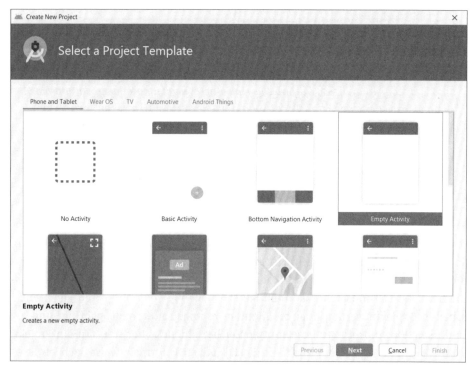

Abbildung 2.1 Projektvorlage auswählen

Auf der nun angezeigten Seite CONFIGURE YOUR PROJECT machen Sie wichtige Angaben zu Ihrer App. Der NAME wird später auf dem Gerät bzw. im Emulator angezeigt. Bitte geben Sie dort »Hallo Android« ein. Bei der Vergabe des PACKAGE NAME müssen Sie sorgfältig vorgehen, vor allem, wenn Sie eine Anwendung in *Google Play* veröffentlichen möchten. Denn der Paketname, den Sie hier eintragen, referenziert *genau eine* App, muss also eindeutig sein. Gelegentlich wird der Package Name deshalb auch *Application ID* genannt. Idealerweise folgen Sie den Namenskonventionen für Kotlin- oder Java-Pakete und tragen in umgekehrter Reihenfolge den Namen einer Ihnen gehörenden Internetdomain ein, gefolgt von einem Punkt und dem Namen der App. Verwenden Sie nur Kleinbuchstaben, und vermeiden Sie Sonderzeichen, insbesondere das Leerzeichen.

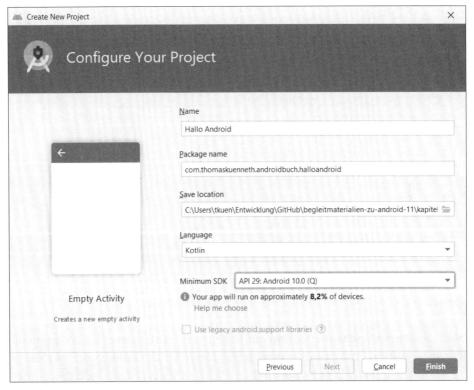

Abbildung 2.2 Das Projekt konfigurieren

Bitte tragen Sie »com.thomaskuenneth.androidbuch.halloandroid« als PACKAGE NAME ein. Unter SAVE LOCATION legen Sie den Speicherort des Projekts fest. Als Programmiersprache verwenden wir Kotlin. Die übrigen Einstellungen können Sie unverändert lassen. Der Dialog sollte in etwa Abbildung 2.2 entsprechen. Mit FINISH schließen Sie den Assistenten. Android Studio wird nun eine Reihe von Dateien anlegen und das neue Projekt einrichten.

Kurzer Rundgang durch Android Studio

Danach sollte das Hauptfenster der IDE in etwa Abbildung 2.3 entsprechen. Es enthält unter anderem eine Menüleiste (unter macOS sowie manchen Linux-Distributionen erscheint diese stattdessen am oberen Bildschirmrand), eine Toolbar, mehrere Editorfenster für die Eingabe von Java- bzw. Kotlin-Quelltexten und anderen Dateiformaten, einen Designer für die Gestaltung der Benutzeroberfläche, eine Statuszeile sowie mehrere Werkzeugfenster.

Beginnt der Name eines solchen Fensters mit einer Ziffer, können Sie es über die Tastatur anzeigen und verbergen. Drücken Sie hierzu die angegebene Zahl zusammen mit der Alt -Taste. Auf dem Mac verwenden Sie cmd .

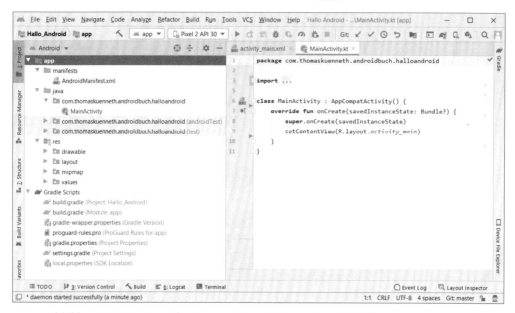

Abbildung 2.3 Das Hauptfenster nach dem Anlegen eines Projekts

Werkzeugfenster erscheinen im unteren, linken oder rechten Bereich des Hauptfensters. Ihre Position lässt sich über den Eintrag MOVE TO des Kontextmenüs steuern, das Sie durch Anklicken des Fenstertitels mit der rechten Maustaste aufrufen. Ein Beispiel ist in Abbildung 2.4 zu sehen. Situationsabhängig kann eine ganze Reihe von zusätzlichen Menüpunkten enthalten sein.

Die Aufteilung des Android-Studio-Hauptfensters lässt sich praktisch nach Belieben den eigenen Bedürfnissen anpassen. Beispielsweise können Sie Werkzeugfenster als schwebende Panels anzeigen lassen (VIEW MODE • FLOAT) oder bei Nichtgebrauch automatisch ausblenden (VIEW MODE • DOCK UNPINNED). Über das WINDOW-Menü übernehmen Sie Ihre Anpassungen als Standard. RESTORE DEFAULT LAYOUT kehrt zu den zuletzt gespeicherten Standardeinstellungen zurück.

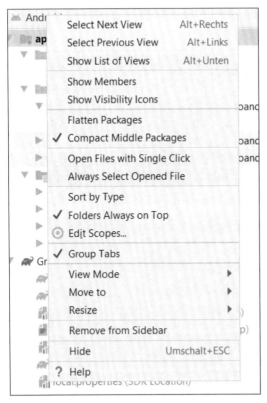

Abbildung 2.4 Kontextmenü eines Werkzeugfensters

Eine Statuszeile am unteren Rand des IDE-Hauptfensters zeigt situationsabhängige Informationen an, beispielsweise die aktuelle Cursorposition oder den Fortschritt eines Build-Vorgangs. Ganz links befindet sich ein Symbol, mit dem Sie drei *Werkzeugfensterbereiche* ein- und ausblenden können. Klicken Sie es mehrere Male an, und achten Sie darauf, wie sich das Android-Studio-Fenster verändert. Lassen Sie sich dabei nicht irritieren, denn sobald Sie mit der Maus über das Symbol fahren, erscheint ein Pop-up-Menü mit allen verfügbaren Werkzeugfenstern. Das ist praktisch, wenn die Werkzeugfensterbereiche nicht sichtbar sind. Innerhalb eines Bereichs können Sie die Reihenfolge der Fenster übrigens per Drag & Drop nach Belieben ändern. Auch das Verschieben in einen anderen Werkzeugfensterbereich ist möglich.

Der Dialog SETTINGS enthält zahlreiche Optionen, um das Aussehen und Verhalten der IDE Ihren Vorstellungen anzupassen. Sie erreichen ihn über FILE • SETTINGS. Unter macOS finden Sie den Menüpunkt unter ANDROID STUDIO. Öffnen Sie den Knoten APPEARANCE & BEHAVIOR, und klicken Sie dann auf APPEARANCE. Wie in Abbildung 2.5 zu sehen, können Sie beispielsweise ein THEME einstellen. DARCULA färbt Android Studio – das Wortspiel lässt es bereits vermuten – dunkel ein. Falls Sie möchten, können Sie die Standardschriften gegen von Ihnen gewählte Fonts austauschen. Setzen

Sie hierzu ein Häkchen vor USE CUSTOM FONT, und wählen Sie in der Klappliste daneben die gewünschte Schrift und Größe aus.

Abbildung 2.5 Der Dialog »Settings«

Klicken Sie im Abschnitt APPEARANCE & BEHAVIOR bitte auf SYSTEM SETTINGS. Unter STARTUP/SHUTDOWN können Sie einstellen, ob beim Start das zuletzt bearbeitete Projekt automatisch geöffnet werden soll. Ist das Häkchen bei REOPEN LAST PROJECT ON STARTUP nicht gesetzt, erscheint der Willkommensbildschirm. Er enthält eine Liste der kürzlich verwendeten Projekte. Das ist praktisch, wenn Sie mit mehreren Projekten im Wechsel arbeiten. Klicken Sie das gewünschte Projekt einfach im Willkommensbildschirm an.

> **Tipp**
> Sie können im Willkommensbildschirm angezeigte Projekte zu Gruppen zusammenfassen. Klicken Sie hierzu im linken Bereich des Fensters mit der rechten Maustaste auf eine freie Stelle, und wählen Sie dann NEW PROJECT GROUP. Danach klicken Sie das Projekt, das Sie einer Gruppe hinzufügen möchten, ebenfalls mit der rechten Maustaste an, und wählen dann die gewünschte Gruppe aus dem Untermenü MOVE TO GROUP aus.

CONFIRM APPLICATION EXIT legt fest, ob eine Rückfrage erscheint, wenn Sie Android Studio durch Anklicken des Fensterschließsymbols oder über die Menüleiste verlassen. Unter PROJECT OPENING können Sie konfigurieren, ob Projekte in einem neuen Android-Studio-Hauptfenster geöffnet werden. Wenn Sie OPEN PROJECT IN THE SAME WINDOW auswählen, schließt die IDE das aktuelle Projekt und öffnet danach das neue. CONFIRM WINDOW TO OPEN PROJECT IN lässt Ihnen in einem entsprechenden Dialog die Wahl. Mit DEFAULT DIRECTORY können Sie das Verzeichnis festlegen, das beim Anlegen von neuen Projekten und dem DATEI ÖFFNEN-Dialog angezeigt wird.

Da Android Studio kontinuierlich weiterentwickelt und von Fehlern befreit wird, empfehle ich Ihnen die gelegentliche Suche nach Aktualisierungen. Sie können dies mit HELP • CHECK FOR UPDATE jederzeit selbst auslösen. Es ist allerdings bequemer, dies der IDE zu überlassen. Öffnen Sie in den Settings den Knoten APPEARANCE & BEHAVIOR • SYSTEM SETTINGS, und klicken Sie dann auf UPDATES. Sofern dies nicht bereits der Fall ist, aktivieren Sie die Option AUTOMATICALLY CHECK UPDATES FOR. In der Klappliste rechts daneben sollten Sie STABLE CHANNEL auswählen. Kanäle legen fest, welche Aktualisierungen eingespielt werden. Der *Stable Channel* enthält nur ausreichend erprobte Änderungen. Die anderen Kanäle liefern Updates schneller aus, allerdings sind diese oftmals noch fehlerbehaftet oder experimentell.

Damit möchte ich unseren kleinen Rundgang durch Android Studio beenden. Im folgenden Abschnitt stelle ich Ihnen die Struktur von Android-Projekten vor.

2.1.2 Projektstruktur

Android-Apps bestehen aus einer ganzen Reihe von Artefakten, die als baumartige Struktur dargestellt werden können. Das Android-Studio-Werkzeugfenster PROJECT bietet hierfür mehrere Sichten an, unter anderem PROJECT, PACKAGES und ANDROID. Sichten wirken als Filter, d. h., nicht jedes Artefakt (eine Datei oder ein Verzeichnis) ist unbedingt in allen Sichten zu sehen.

Die Sicht PROJECT entspricht weitestgehend der Repräsentation auf Ebene des Dateisystems. Sie visualisiert die hierarchische Struktur eines Projekts. PACKAGES gruppiert Dateien analog zu Java-Paketen, soweit dies sinnvoll ist. Diese Sicht werden Sie möglicherweise eher selten verwenden. Am praktischsten für die Entwicklung ist wahrscheinlich die Sicht ANDROID, die in Abbildung 2.6 zu sehen ist. Sie zeigt eine vereinfachte, in Teilen flach geklopfte Projekt-Struktur und gestattet dadurch den schnellen Zugriff auf wichtige Dateien und Verzeichnisse. Thematisch zusammengehörende Artefakte werden nämlich auch dann gemeinsam dargestellt, wenn sie physikalisch in unterschiedlichen Verzeichnissen liegen.

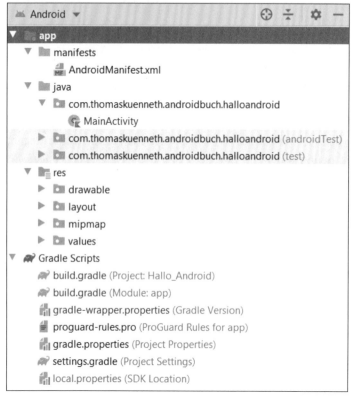

Abbildung 2.6 Die Struktur einer Android-App

Das Werkzeugfenster PROJECT stellt Sichten entweder als Registerkarten oder als Klappliste dar, was Sie mit dem Kommando GROUP TABS im Kontextmenü des Fensters einstellen können. Um es zu öffnen, klicken Sie den Fenstertitel mit der rechten Maustaste an.

Lassen Sie uns nun einen ersten Blick auf wichtige Dateien und Verzeichnisse werfen. Aktivieren Sie hierzu die Sicht ANDROID. Sie sehen zwei Knoten, APP und GRADLE SCRIPTS, von denen Sie bitte den letzteren aufklappen. Die Datei *build.gradle* kommt zweimal vor, die Dateien *gradle.properties*, *settings.gradle* und *local.properties* jeweils einmal. Unter Umständen sehen Sie noch weitere Dateien, zum Beispiel *proguard-*

rules.pro und *gradle-wrapper.properties*. Diese Dateien berühren fortgeschrittene Themen und können fürs Erste außen vor bleiben.

local.properties wird automatisch von Android Studio generiert und sollte nicht von Hand bearbeitet werden. Sie enthält einen Eintrag, der auf das für das Projekt verwendete *Android SDK* verweist. *settings.gradle* listet alle *Module* eines Projekts sowie den Projektnamen auf. Unser Hallo-Android-Projekt besteht aus einem Modul: *app*. Die Datei *settings.gradle* wird aktualisiert, sobald ein Modul hinzugefügt oder gelöscht wird. Viele Apps benötigen nur ein Modul. Mit *gradle.properties* können Sie Einfluss auf den Build-Vorgang nehmen, zum Beispiel indem Sie Variablen setzen.

Wieso ist die Datei *build.gradle* eigentlich mehrfach vorhanden? Eine Version bezieht sich auf das Projekt als Ganzes, und zu jedem Modul gehört eine weitere Ausprägung. Da *Hallo Android* aus einem Modul (*app*) besteht, gibt es *build.gradle* also zweimal. Lassen Sie uns einen Blick auf die Version für das Modul *app* werfen: Ein Doppelklick auf BUILD.GRADLE (MODULE: APP) öffnet die Datei in einem Texteditor. Wie das aussehen kann, sehen Sie in Abbildung 2.7. Bitte nehmen Sie zunächst keine Änderungen vor. Sie können das Editorfenster jederzeit durch Anklicken des Kreuzes auf der Registerkarte oder durch Drücken der Tastenkombination [Strg]+[F4] schließen. Auf dem Mac ist es [cmd]+[W].

```
apply plugin: 'com.android.application'
apply plugin: 'kotlin-android'
apply plugin: 'kotlin-android-extensions'

android {
    compileSdkVersion 30
    buildToolsVersion "30.0.0"

    defaultConfig {
        applicationId "com.thomaskuenneth.androidbuch.halloandroid"
        minSdkVersion 28
        targetSdkVersion 30
        versionCode 1
        versionName "1.0"

        testInstrumentationRunner "androidx.test.runner.AndroidJUnitRunner"
    }

    buildTypes {
        release {
            minifyEnabled false
```

Abbildung 2.7 Die Datei »build.gradle« im Editor von Android Studio

Der Block `android { ... }` enthält Informationen, die Sie beim Anlegen des Projekts eingegeben haben. Beispielsweise entspricht `applicationId` dem PACKAGE NAME. `minSdkVersion` gibt an, welche Android-Version auf einem Gerät mindestens vorhanden sein muss, damit man die App nutzen kann. Ist diese Voraussetzung nicht erfüllt, wird die Installation abgebrochen, und *Google Play* zeigt das Programm in so einem Fall gar nicht erst an. Beispielsweise ist erst ab Android 4.x ein Zugriff auf Kalenderdaten über offizielle Schnittstellen möglich. Eine App, die diese nutzt, ist auf sehr alten Geräten mit *Gingerbread* oder gar *Cupcake* nicht lauffähig. Falls Sie keinen Wert setzen, geht Android davon aus, dass die App ab der ersten Android-Version lauffähig ist. Um potenzielle Probleme zu vermeiden, sollten Sie `minSdkVersion` deshalb auf jeden Fall angeben.

Die `targetSdkVersion` legt fest, gegen welche Android-Version eine App entwickelt, optimiert und getestet wurde. Man könnte auch sagen, unter der sich die App am wohlsten fühlt. Im Laufe der Zeit hat Google immer wieder das Aussehen oder Verhalten von Systembausteinen in einer Weise geändert, die Auswirkungen auf Apps hat. Um Inkompatibilitäten vorzubeugen, werden ältere Apps in einem Kompatibilitätsmodus gefahren. Das Attribut `targetSdkVersion` gibt also an, bis zu welcher Plattformversion dies aus Sicht der App nicht nötig ist.

`minSdkVersion` und `targetSdkVersion` erwarten den sogenannten *API-Level*. Für Android 1.5 (*Cupcake*) war dieser beispielsweise 3, Android 2.x (*Froyo*) hatte API-Level 8, *Lollipop* und *Nougat* entsprechen den API-Levels 21 respektive 24. Android 10 hat den API-Level 29.

> **Tipp**
> Unter *https://developer.android.com/guide/topics/manifest/uses-sdk-element.html* finden Sie eine vollständige Aufstellung aller API-Levels. In der Klasse `android.os.Build.VERSION_CODES` sind entsprechende Konstanten definiert.

Plattformen können mit dem *SDK Manager* installiert und gelöscht werden. Dieses Buch beschreibt die Anwendungsentwicklung mit Android 11. Aus diesem Grund basieren die meisten Beispiele auf *API-Level* 30.

`versionCode` und `versionName` repräsentieren die Versionsnummer Ihrer App. Während `versionCode` eine Zahl ist, die zur Auswertung durch Programmcode dient, enthält das Attribut `versionName` die Versionsnummer in einer für den Anwender verständlichen Form, zum Beispiel 1.2 oder 1.2.3. Google schlägt vor, für die erste veröffentlichte Version einer App `versionCode` auf 1 zu setzen und mit jedem Update beispielsweise um 1 zu erhöhen. Sie sollten stets beide Werte angeben. `compileSdkVersion` und `buildToolsVersion` geben Aufschluss darüber, welche Android-Plattform für die Entwicklung verwendet wurde und welche *Build Tools* eingesetzt wurden. Wenn nach dem Öffnen eines Projekts unerklärlich viele Fehler moniert werden, wurden entweder die Plattform oder die *Build Tools* noch nicht in der »gewünschten« Version heruntergeladen.

Übrigens müssen Sie die Datei *build.gradle* nicht unbedingt in einem Texteditor bearbeiten, um beispielsweise `buildToolsVersion` oder `compileSdkVersion` zu ändern. Das geht viel bequemer über den Dialog PROJECT STRUCTURE. Sie öffnen ihn mit FILE • PROJECT STRUCTURE.

Lassen Sie uns nun einen Blick auf das Modul APP werfen; es enthält die Zweige MANIFESTS, JAVA und RES. Quelltexte werden unter JAVA abgelegt. Das gilt auch dann, wenn Sie Ihre Apps in Kotlin schreiben. `com.thomaskuenneth.androidbuch.halloandroid` erscheint dreimal. Das mag irritieren, vor allem, wenn Sie schon mit anderen Entwicklungsumgebungen gearbeitet haben. Bitte denken Sie daran, dass die Sicht ANDROID eine optimierte und, wenn Sie so möchten, künstliche Sicht auf ein Projekt darstellt. Ein Paket enthält die Klasse `ExampleInstrumentedTest`, ein zweites `ExampleUnitTest` und das dritte schließlich `MainActivity`. Um die Testklassen müssen Sie sich zunächst nicht kümmern. Übrigens können Sie bequem neuen Quelltext hinzufügen, indem Sie ein Paket mit der rechten Maustaste anklicken und NEW • KOTLIN FILE/CLASS wählen.

Der Zweig RES besteht aus mehreren Unterknoten. Beispielsweise enthält VALUES die Datei *strings.xml*. Sie nimmt Texte auf, die später im Quelltext oder in Beschreibungsdateien für die Benutzeroberfläche referenziert werden. Hierzu wird von den Werkzeugen des Android SDK eine Klasse mit Namen R generiert, die Sie allerdings nicht von Hand bearbeiten dürfen. Deshalb ist sie in der Sicht ANDROID auch nicht vorhanden. Im Unterknoten LAYOUT wird die Benutzeroberfläche einer App definiert. Haben Sie noch ein klein wenig Geduld, wir kommen in diesem Kapitel noch dazu. DRAWABLE und MIPMAP enthalten die Grafiken einer App. Das Programm-Icon liegt in MIPMAP, alle anderen in DRAWABLE. Bitmaps können in unterschiedlichen Auflösungen (Pixeldichten) abgelegt werden. Sie landen in Unterverzeichnissen, die einem bestimmten Namensmuster folgen. Mehr dazu etwas später. Für Vektorgrafiken ist das Bereitstellen in unterschiedlichen Größen natürlich nicht nötig. Sie liegen in DRAWABLE.

Der Unterknoten MANIFESTS enthält die Datei *AndroidManifest.xml*. Sie ist die zentrale Beschreibungsdatei einer Anwendung. In ihr werden unter anderem die Bestandteile des Programms aufgeführt. Wie Sie später noch sehen werden, sind dies sogenannte *Activities*, *Services*, *Broadcast Receiver* und *Content Provider*. Die Datei enthält aber auch Informationen darüber, welche Rechte eine App benötigt und welche Hardware sie erwartet.

Bitte öffnen Sie mit einem Doppelklick die Datei *AndroidManifest.xml*, um sich einen ersten Eindruck von ihrer Struktur zu verschaffen. Es gibt ein Wurzelelement `<manifest>` mit einem Kind `<application>`. Android-Apps bestehen neben den weiter oben bereits genannten anderen Bausteinen aus mindestens einer *Activity*. Hierbei handelt es sich stark vereinfacht ausgedrückt um eine Bildschirmseite. Verschiedene Aspekte einer Anwendung, wie Listen, Übersichten, Such- und Eingabemasken, werden als eigene Activities realisiert und als Unterelemente von <application> in *AndroidManifest.xml* eingetragen.

> **Hinweis**
> Wenn Sie einen Blick auf Googles Entwicklerdokumentation zur Manifestdatei werfen, stellen Sie fest, dass es neben <application> eine ganze Reihe Kinder von <manifest> gibt. Das Tag <uses-sdk> gibt beispielsweise die Zielplattform an. Schon seit dem Wechsel von Eclipse auf Android Studio werden diese Angaben aber nicht mehr direkt in das Manifest eingetragen, sondern in *build.gradle* gepflegt. Beim Bauen der Anwendung werden sie dann automatisch in das Manifest übernommen.

2.1.3 Bibliotheken

Bevor Sie im nächsten Abschnitt erste Erweiterungen an *Hallo Android* vornehmen, möchte ich Ihr Augenmerk noch einmal auf die Datei *build.gradle* für das Modul *app* richten. Sie enthält den Abschnitt dependencies { ... } mit Verweisen auf externen Code. Wie das aussehen kann, ist beispielhaft in Listing 2.1 dargestellt.

```
dependencies {
  implementation fileTree(dir: "libs", include: ["*.jar"])
  implementation "org.jetbrains.kotlin:kotlin-stdlib:$kotlin_version"
  ...
  implementation 'androidx.appcompat:appcompat:1.1.0'
  implementation 'androidx.constraintlayout:constraintlayout:1.1.3'
  testImplementation 'junit:junit:4.12'
  androidTestImplementation 'androidx.test.ext:junit:1.1.1'
  ...
}
```

Listing 2.1 Projekt-Abhängigkeiten

fileTree() bindet *.jar*-Dateien im Unterverzeichnis *libs* ein und macht deren Inhalt im Projekt verwendbar. Wenn Sie also eine vorhandene und kompatible Java-Bibliothek in Ihrer App nutzen möchten, müssen Sie diese nur in den Ordner kopieren.

Die Schlüsselwörter implementation, testImplementation und androidTestImplementation legen fest, wie bzw. wann die referenzierten Bibliotheken verwendet werden können. Beispielsweise würden die Bestandteile des Testframeworks JUnit in der fertigen App nur unnötig Platz verbrauchen. Deshalb wird mit testImplementation festgelegt, dass sie nur beim Ausführen von Tests verfügbar sind. Gleiches gilt für sogenannte Instrumentation Tests. Solche Frameworks binden Sie mit androidTestImplementation ein.

Bibliotheken, die immer zur Verfügung stehen sollen, referenzieren Sie mit implementation. Der Projektassistent hat unter anderem org.jetbrains.kotlin:kotlin-stdlib, androidx.appcompat:appcompat und androidx.constraintlayout:constraintlayout eingebunden. kotlin-stdlib ist die Standardklassenbibliothek von Kotlin. Sie ist nötig, um Ihre App in Kotlin schreiben zu können. Die anderen beiden, constraintlayout und appcompat, gehören zu Googles *Jetpack*.

Hinter dem Bibliotheksnamen wird die zu verwendende Versionsnummer angegeben. Dabei sind auch Bereiche möglich. Man könnte beispielsweise durch Hinzufügen des Plus-Zeichens konfigurieren, Version 1.2.3 oder neuer zu verwenden. Das gilt allgemein aber als schlechter Stil, weil sich das Verhalten der App beim Bauen und zur Laufzeit nicht mehr ohne Weiteres reproduzieren lässt. Beides kann ja direkt oder indirekt durch die Version der Bibliothek beeinflusst werden. Besser ist deshalb, stets vollständige Versionsnummern zu verwenden.

> **Hinweis**
> Wo Android Studio bzw. das Build System Gradle nach Bibliotheken sucht, ist in der zweiten, projektweit gültigen Datei *build.gradle* hinterlegt. In den Blöcken buildscript { … } und allprojects { … } befindet sich jeweils ein Unterelement repositories { … }, das üblicherweise die Einträge jcenter() und google() enthält.

In den folgenden Kapiteln werden Sie viele Aspekte von Jetpack und AndroidX kennenlernen. Zunächst kümmern wir uns aber um eine Reihe von Grundlagen. Als Erstes werde ich Ihnen zeigen, wie in Android Grafiken und Texte gespeichert werden und wie man in einer App auf diese zugreift.

2.2 Benutzeroberfläche

Die Benutzeroberfläche ist das Aushängeschild einer Anwendung. Gerade auf mobilen Geräten sollte jede Funktion leicht zugänglich und intuitiv erfassbar sein. Android unterstützt Sie bei der Gestaltung durch eine große Auswahl an Bedienelementen.

2.2.1 Grafiken

Neben Smartphones, deren Bildschirmdiagonalen üblicherweise zwischen 5 und 7 Zoll groß sind, gibt es Tablets, deren Displays bis zu 13 Zoll betragen. Auch die Zahl der horizontal und vertikal darstellbaren Pixel variiert drastisch. Um den durch diese

Vielfalt entstehenden Aufwand für Entwickler in Grenzen zu halten, definiert Android einige Klassen für Bildschirmgrößen und Pixeldichten. Fordert eine App zur Laufzeit eine Grafik an, sucht das System die am besten zur Hardware passende aus. Wie das funktioniert, erkläre ich Ihnen in diesem Abschnitt. Zuvor möchte ich aber noch ein paar Begriffe erklären:

- Die *Bildschirmgröße* wird üblicherweise in Zoll angegeben. Sie beschreibt den Abstand von der linken unteren zur rechten oberen Ecke der Anzeige.
- Das *Seitenverhältnis* (engl. *Aspect Ratio*) entspricht dem Quotienten aus physikalischer Breite und Höhe. Android kennt in diesem Zusammenhang die beiden Resource-Bezeichner `long` und `notLong`. Ob ein Bildschirm lang oder nicht lang ist, hat übrigens nichts mit dessen Ausrichtung zu tun. WVGA (800 × 480 Pixel) und FWVGA (854 × 480 Pixel) sind lang, VGA (640 × 480 Pixel) hingegen nicht. Deshalb bleibt das Seitenverhältnis zur Laufzeit auch stets gleich.
- Die *Auflösung* gibt die Zahl der horizontal und vertikal ansprechbaren physikalischen Pixel an.
- Die *Pixeldichte* schließlich wird in Punkten pro Zoll angegeben und ist letztlich ein Maß für die Größe eines Pixels. Sie errechnet sich aus der Bildschirmgröße und der physikalischen Auflösung.

Wie Sie bereits wissen, legt Android Studio beim Erzeugen eines Projekts das App-Icon in Verzeichnissen ab, die alle mit *mipmap* beginnen. Konkret heißen sie *mipmap-mdpi*, *mipmap-hdpi*, *mipmap-xhdpi*, *mipmap-xxhdpi* und *mipmap-xxxhdpi* und enthalten das Programm-Symbol als Rastergrafik in unterschiedlichen Pixeldichten. Zur Laufzeit der App lädt die Plattform je nach Bildschirmkonfiguration die am besten geeignete Datei aus dem Verzeichnis für *mittlere (-mdpi)*, *hohe (-hdpi)*, *sehr hohe (-xhdpi)*, *sehr, sehr hohe (-xxhdpi)* oder *sehr, sehr, sehr hohe (-xxxhdpi)* Dichte. Das x steht übrigens für das englische »extra«. Hat die Plattform einen API-Level von 26 oder höher, wird (sofern vorhanden) stattdessen die Vektorgrafik im Verzeichnis *mipmap-anydpi-v26* verwendet. Die Dateinamen der Grafiken ohne Erweiterung sind stets gleich, zum Beispiel *ic_launcher.png* und *ic_launcher_round.png* für die Bitmap-App-Icons, die der Projektassistent erstellt hat.

Wenn Sie an anderer Stelle Rastergrafiken anzeigen möchten, sollten auch diese in unterschiedlichen Pixeldichten vorliegen. Damit Android sie findet, müssen die Dateien in Verzeichnissen liegen, die mit *drawable* beginnen und mit einem der genannten Suffixe (-mdpi, -xxhdpi ...) enden. Bitte achten Sie darauf, dass der Dateiname stets gleich ist.

Bildschirme mit niedriger Dichte stellen etwa 120 Punkte pro Zoll (engl. *dots per inch* – dpi) dar. Bei mittlerer Dichte sind dies ungefähr 160 dpi, was übrigens den beiden ersten Android-Geräten G1 und Magic entspricht (und deshalb als Basislinie für die Umrechnung gilt). Smartphones oder Tablets mit hoher Pixeldichte lösen ca. 240 dpi auf, bei sehr hoher Dichte sind es 320 dpi. *-xxhdpi* und *-xxxhdpi* entsprechen etwa 480 bzw. 640 dpi.

Vielleicht fragen Sie sich, warum Android diesen Aufwand treibt. Aus Sicht des Anwenders soll die Pixeldichte keine Auswirkung auf die Größe der Benutzeroberfläche haben. Genau das ist bei einer Bitmap aber der Fall. Mit zunehmender Pixeldichte wirkt sie immer kleiner. Um das zu kompensieren, muss sie entweder zur Laufzeit skaliert werden (was zu Qualitätseinbußen führen kann) oder schon in der richtigen Größe vorliegen. Die folgende Tabelle zeigt, welchen Einfluss die Pixeldichte auf Breite und Höhe einer Bitmap hat.

Größe in Pixel	Umrechnungsfaktor	Pixeldichte
36 × 36	0,75	ldpi
48 × 48	1,0	mdpi
72 × 72	1,5	hdpi
96 × 96	2,0	xhdpi
144 × 144	3,0	xxhdpi
192 × 192	4,0	xxxhdpi

Tabelle 2.1 Umrechnungstabelle für Pixeldichten

Bitmaps, die im Verzeichnis *drawable* (also ohne Postfix) abgelegt werden, skaliert das System zur Laufzeit. Android geht in diesem Fall davon aus, dass solche Grafiken für eine mittlere Dichte vorgesehen sind. Eine solche Konvertierung unterbleibt für Dateien im Verzeichnis *drawable-nodpi*.

Um das Erstellen von Layouts zu vereinfachen, kennt Android sogenannte *density-independent pixels*. Diese abstrakte Einheit basiert auf der Pixeldichte des Bildschirms in Relation zu 160 dpi. 160dp entsprechen also immer einem Zoll. Die Formel zur Umrechnung ist sehr einfach:

pixels = dps × (density ÷ 160)

Normalerweise müssen Sie solche Berechnungen in Ihrer App aber gar nicht durchführen. Wichtig ist eigentlich nur, in allen Layouts diese Einheit zu verwenden.

Adaptive Icons

Bevor ich Ihnen im folgenden Abschnitt den Umgang mit Text erkläre, möchte ich noch auf eine Spezialität von Android eingehen, die sogenannten adaptiven Symbole. Ab Android 7.1 konnten Apps kreisrunde Icon-Ressourcen für ihre Programmstarter-Symbole bereitstellen. Auf welchen Geräten diese dann angezeigt wurden, hing von der sogenannten *Device Build Configuration* ab. Tatsächlich waren nur Smartphones der Pixel-Baureihe entsprechend konfiguriert. Wenn ein Programmstarter Icons beim System erfragte, lieferte das Android-Framework entweder ein Icon aus dem Manifestattribut (mehr dazu etwas später) `android:icon` oder `android:roundIcon`.

Mit Oreo hat Google diese Idee zu adaptiven Icons weiterentwickelt. Gerätehersteller können eine Maske definieren, die mit dem eigentlichen Programmsymbol verknüpft wird. Stellen Sie sich das am besten wie eine Form zum Ausstechen von Plätzchen vor – alles außerhalb der Maske fällt weg. Der Vorteil für den Entwickler: Das eigene Icon erscheint stets in der richtigen Form. Damit adaptive Icons funktionieren, müssen Sie Ihr Symbol in zwei Ebenen aufteilen, jeweils eine für Vorder- und Hintergrund. Effekte wie Schlagschatten oder Maskierungen sind leider tabu. Denn diese können unter Umständen durch das System hinzugefügt werden. Dazu gleich mehr.

Traditionell waren Programmstarter-Icons 48 × 48 dp groß. Die beiden Ebenen adaptiver Icons hingegen messen 108 × 108 geräteunabhängige Pixel. Die inneren 72 dp erscheinen innerhalb der vom Gerätehersteller gelieferten Maske. Der sichtbare Bereich kann an bestimmten Punkten auf einen Radius von 33 dp begrenzt werden. Wie viel vom eigentlichen App-Icon zu sehen ist, lässt sich deshalb nicht so ohne Weiteres vorhersagen. Darüber hinaus können das System bzw. der Programmstarter für visuelle Effekte oder Animationen bis zu 18 geräteunabhängige Pixel an allen vier äußeren Rändern verwenden.

```xml
<?xml version="1.0" encoding="utf-8"?>
<adaptive-icon xmlns:android="http://schemas.android.com/apk/res/android">
  <background android:drawable="@drawable/ic_launcher_background" />
  <foreground android:drawable="@drawable/ic_launcher_foreground" />
</adaptive-icon>
```

Listing 2.2 Beschreibungsdatei eines adaptiven Icons

Android Studio unterstützt Sie beim Erstellen von adaptiven Icons mit dem sogenannten Asset Studio. Es generiert eine XML-Datei (siehe Listing 2.2) mit den zwei Tags `<foreground />` und `<background />`. Diese verweisen auf Drawables, die mit dem Attribut `android:drawable` referenziert werden. Wie Sie mit dem Asset Studio ein App-Icon erstellen, zeige ich Ihnen in Abschnitt 3.3.1, »Die App vorbereiten«.

2.2.2 Texte

Bilder und Symbole sind ein wichtiges Gestaltungsmittel. Sinnvoll eingesetzt, helfen sie dem Anwender nicht nur beim Bedienen des Programms, sondern sorgen zudem für ein angenehmes und schönes Äußeres. Dennoch spielen auch Texte eine sehr wichtige Rolle. Sie werden in den unterschiedlichsten Bereichen einer Anwendung eingesetzt:

- als Beschriftungen von Bedienelementen
- für erläuternde Texte, die durch einen Screenreader vorgelesen werden
- für Hinweis- und Statusmeldungen

Die fertige Version von *Hallo Android* soll den Benutzer zunächst begrüßen und ihn nach seinem Namen fragen. Im Anschluss wird ein persönlicher Gruß angezeigt. Nach dem Anklicken einer Schaltfläche beendet sich die App.

Aus dieser Beschreibung ergeben sich die folgenden Texte. Die Bezeichner vor dem jeweiligen Text werden Sie später im Programm wiederfinden:

- welcome – *Guten Tag. Schön, dass Sie mich gestartet haben. Bitte verraten Sie mir Ihren Namen.*
- next – *Weiter*
- hello – *Hallo <Platzhalter>. Ich freue mich, Sie kennenzulernen.*
- finish – *Fertig*

Ein Großteil der Texte wird zur Laufzeit so ausgegeben, wie sie schon während der Programmierung erfasst wurden. Eine kleine Ausnahme bildet die Grußformel, denn sie besteht aus einem konstanten und einem variablen Teil. Letzterer ergibt sich erst, nachdem der Anwender seinen Namen eingetippt hat. Wie Sie gleich sehen werden, ist es in Android sehr einfach, dies zu realisieren. Da Sie Apps in Kotlin schreiben, könnten Sie die auszugebenden Meldungen einfach als Raw String im Quelltext ablegen. Das ist praktisch, weil Sie auf diese Weise die Zeilenumbrüche an der gewünschten Stelle setzen können. Das sähe folgendermaßen aus:

```
message.text = """
    Guten Tag. Schön, dass Sie mich gestartet haben.
    Bitte verraten Sie mir Ihren Namen.
""".trimIndent()
```

Das hat allerdings mehrere Nachteile: Zum einen müssen Sie die aus Gründen der Lesbarkeit eingefügten Leerzeichen am Zeilenanfang mit trimIndent() wieder löschen. Sonst werden sie ebenfalls ausgegeben, was nicht gewünscht ist. Wenn man seinen App-Code auf mehrere Quelltextdateien aufteilt (und das ist bei umfangreicheren Programmen auf jeden Fall eine gute Idee), merkt man oft nicht, wenn man gleiche Texte mehrfach definiert. Das kann die Installationsdatei der App vergrößern und unnötig Speicher kosten. Außerdem wird es auf diese Weise sehr schwer, mehrsprachige Anwendungen zu bauen. Wenn Sie aber eine App über Google Play vertreiben möchten, sollten Sie neben den deutschsprachigen Texten mindestens eine englische Lokalisierung ausliefern. Unter Android werden Texte daher zentral in der Datei *strings.xml* abgelegt. Sie befindet sich im Verzeichnis *values*. Ändern Sie die durch den Projektassistenten angelegte Fassung folgendermaßen ab:

```xml
<?xml version="1.0" encoding="utf-8"?>
<resources>
    <!-- Name der App -->
    <string name="app_name">Hallo Android!</string>
    <!-- Willkommensmeldung -->
    <string name="welcome">
Guten Tag. Schön, dass Sie mich gestartet haben.
Bitte verraten Sie mir Ihren Namen.
    </string>
    <!-- Persönlicher Gruß -->
    <string name="hello">
Hallo %1$s. Ich freue mich, Sie kennenzulernen.
    </string>
    <!-- Beschriftungen für Schaltflächen -->
    <string name="next">Weiter</string>
    <string name="finish">Fertig</string>
</resources>
```

Listing 2.3 »strings.xml«

Das Attribut name des Elements <string> wird später im Quelltext als Bezeichner verwendet. Der Name muss deshalb innerhalb des Projekts eindeutig sein. Ich betone das, weil das Ablegen von Zeichenketten in *strings.xml* nur eine Konvention ist (der Sie unbedingt folgen sollten). Zeichenketten können auch in anders genannten XML-Dateien definiert werden, die unter *res/values* abgelegt wird. Ist Ihnen im Listing die fett gesetzte Zeichenfolge %1$s aufgefallen? Android wird an dieser Stelle den vom Benutzer eingegebenen Namen einfügen. Wie dies funktioniert, zeige ich Ihnen später.

> **Hinweis**
>
> Die Zeilen Hallo %1$s... und Guten Tag. sind nicht eingerückt, weil die führenden Leerzeichen sonst in die App übernommen werden, was in der Regel nicht gewünscht ist.

Vielleicht fragen Sie sich, wie Sie Ihr Programm mehrsprachig ausliefern können, wenn es genau eine zentrale Datei *strings.xml* gibt. Neben dem Verzeichnis *values* kann es lokalisierte Ausprägungen geben, die auf das Minuszeichen und auf ein Sprachkürzel aus zwei Buchstaben enden, zum Beispiel *values-en* oder *values-fr*. Die Datei *strings.xml* in diesen Ordnern enthält Texte in den entsprechenden Sprachen, also auf Englisch oder Französisch. Muss Android auf eine Zeichenkette zugreifen, geht das System vom Speziellen zum Allgemeinen. Ist die Standardsprache also beispielsweise Englisch, wird zuerst versucht, den Text in *values-en/strings.xml* zu finden. Gelingt dies nicht, wird *values/strings.xml* verwendet. In dieser Datei müssen also alle Strings definiert werden, Lokalisierungen hingegen können unvollständig sein. Bei der Erstellung mehrsprachiger Texte unterstützt Sie Android Studio mit dem Translations Editor. Ich werde in einem späteren Kapitel darauf zurückkommen.

Im folgenden Abschnitt stelle ich Ihnen sogenannte *Views* vor. Bei ihnen handelt es sich um die Grundbausteine, aus denen die Benutzeroberfläche einer App zusammengesetzt wird.

2.2.3 Views

Hallo Android besteht auch nach vollständiger Realisierung aus sehr wenigen Bedienelementen, und zwar aus

- einem nicht editierbaren Textfeld, das den Gruß unmittelbar nach dem Programmstart sowie nach Eingabe des Namens darstellt,
- einer Schaltfläche, die je nach Situation mit WEITER oder FERTIG beschriftet ist, und aus
- einem Eingabefeld, das nach dem Anklicken der Schaltfläche WEITER ausgeblendet wird.

Wie die Komponenten auf dem Bildschirm platziert werden sollen, zeigt ein sogenannter *Wireframe*, den Sie in Abbildung 2.8 sehen. Man verwendet solche abstrakten Darstellungen gern, um die logische Struktur einer Bedienoberfläche in das Zentrum des Interesses zu rücken.

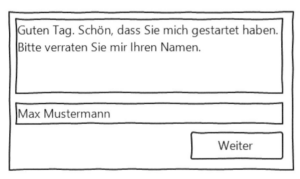

Abbildung 2.8 Prototyp der Benutzeroberfläche von »Hallo Android«

Unter Android sind alle Bedienelemente direkte oder indirekte Unterklassen der Klasse `android.view.View`. Jede View belegt einen rechteckigen Bereich des Bildschirms. Seine Position und Größe wird durch Layouts bestimmt, die wiederum von `android.view.ViewGroup` erben, die ebenfalls ein Kind von View ist. Sie haben üblicherweise keine eigene grafische Repräsentation, sondern sind Container für weitere Views und ViewGroups.

Die Text- und Eingabefelder sowie die Schaltflächen, die in *Hallo Android* verwendet werden, sind also Views. Konkret verwenden wir die Klassen `Button`, `TextView` und `EditText`. Wo sie auf dem Bildschirm positioniert werden und wie groß sie sind, wird hingegen durch die ViewGroup `LinearLayout` festgelegt.

Zur Laufzeit einer Anwendung manifestiert sich ihre Benutzeroberfläche demnach als Objektbaum. Aber nach welcher Regel wird er erzeugt? Wie definieren Sie als Entwickler den Zusammenhang zwischen einem Layout, einem Textfeld und einer Schaltfläche? Sie könnten die Bedienelemente im Code zusammenfügen:

```
val v = ScrollView(context)
val layout = LinearLayout(context)
layout.orientation = LinearLayout.VERTICAL
v.addView(layout)
layout.addView(getCheckBox(context, Locale.GERMANY))
layout.addView(getCheckBox(context, Locale.US))
layout.addView(getCheckBox(context, Locale.FRANCE))
```

Listing 2.4 Beispiel für den programmgesteuerten Bau einer Oberfläche

Allerdings ist dies nicht die typische Vorgehensweise. Die lernen Sie im folgenden Abschnitt kennen.

2.2.4 Oberflächenbeschreibungen

Eine Android-App beschreibt ihre Benutzeroberflächen mittels XML-basierter Layoutdateien, die zur Laufzeit zu Objektbäumen »aufgeblasen« werden. Alle Bedienelemente von *Hallo Android* werden in einen Container des Typs `LinearLayout` gepackt. Seine Kinder erscheinen entweder neben- oder untereinander auf dem Bildschirm. Wie Sie gleich sehen werden, steuert das Attribut `android:orientation` die Laufrichtung. Für die Größe der Views und der ViewGroups gibt es die beiden Attribute der `android:layout_width` und `android:layout_height`.

Oberflächenbeschreibungen werden in *layout*, einem Unterverzeichnis von *res*, gespeichert. Beim Anlegen des Projekts hat der Android-Studio-Projektassistent dort die Datei *activity_main.xml* abgelegt. Öffnen Sie diese mit Doppelklick, und ändern Sie sie entsprechend Listing 2.5 ab. Damit Sie den Quelltext eingeben können, klicken Sie in der oberen rechten Ecke des Editorfensters auf CODE.

```
<?xml version="1.0" encoding="utf-8"?>

<LinearLayout
xmlns:android="http://schemas.android.com/apk/res/android"
    android:layout_width="match_parent"
```

```
        android:layout_height="match_parent"
        android:orientation="vertical">

    <TextView
        android:id="@+id/message"
        android:layout_width="match_parent"
        android:layout_height="wrap_content" />

    <EditText
        android:id="@+id/input"
        android:layout_width="match_parent"
        android:layout_height="wrap_content" />

    <Button
        android:id="@+id/next_finish"
        android:layout_width="wrap_content"
        android:layout_height="wrap_content"
        android:layout_gravity="end" />

</LinearLayout>
```

Listing 2.5 »activity_main.xml«

Die XML-Datei bildet die Hierarchie der Benutzeroberfläche ab. Demzufolge ist `<LinearLayout>` das Wurzelelement. Mein Beispiel enthält die drei Kinder `<TextView>`, `<EditText>` und `<Button>`. Jedes Element hat die bereits kurz angesprochenen Attribute `android:layout_width` und `android:layout_height`. Deren Wert `match_parent` besagt, dass die Komponente die Breite oder Höhe des Elternobjekts erben soll. Der Wert `wrap_content` hingegen bedeutet, dass sich die Größe aus dem Inhalt der View ergibt, beispielsweise aus der Beschriftung einer Schaltfläche. Die Zeile `android:layout_gravity="end"` sorgt dafür, dass die Schaltfläche rechtsbündig angeordnet wird.

> **Tipp**
>
> Anstelle von `match_parent` finden Sie im Internet oft noch die ältere Notation `fill_parent`. Diese wurde schon in Android 2.2 (API-Level 8) von `match_parent` abgelöst. Für welche Variante Sie sich entscheiden, ist nur von Belang, wenn Sie für sehr alte Plattformversionen entwickeln. Denn abgesehen vom Namen sind beide identisch. Ich rate Ihnen trotzdem, `match_parent` zu verwenden.

Ist Ihnen aufgefallen, dass keinem Bedienelement ein Text oder eine Beschriftung zugewiesen wird? Und was bedeuten Zeilen, die mit `android:id="@+id/` beginnen? Wie Sie bereits wissen, erzeugt Android zur Laufzeit einer Anwendung aus den Oberflächenbeschreibungen entsprechende Objektbäume. Zu der in der XML-Datei spezifizierten Schaltfläche gibt es also eine Instanz der Klasse Button. Um auf diese Instanz eine Referenz ermitteln zu können, wird ein Name definiert, beispielsweise next_finish. Wie auch bei *strings.xml* sorgen die Android-Entwicklungswerkzeuge dafür, dass nach Änderungen an Layoutdateien korrespondierende Einträge in der generierten Klasse R vorgenommen werden. Wie Sie diese nutzen, sehen Sie gleich.

Speichern Sie Ihre Eingaben, und wechseln Sie zurück zum grafischen Editor, indem Sie auf die Registerkarte DESIGN klicken. Er sollte in etwa so wie in Abbildung 2.9 aussehen. Machen Sie sich über die angezeigte Warnung keine Gedanken, wir kümmern uns etwas später darum.

Hinweis

In XML-Dateien nutzt Google gern den Underscore als verbindendes Element, zum Beispiel in layout_width, layout_height oder match_parent. Sie sollten zumindest in Layoutdateien diesem Stil folgen. Aus diesem Grund habe ich die ID der Schaltfläche zum Weiterklicken und Beenden der App next_finish genannt. In Kotlin-Quelltexten ist aber die sogenannte *CamelCase*-Schreibweise gebräuchlich, deshalb heißt die Variable der Schaltfläche nextFinish.

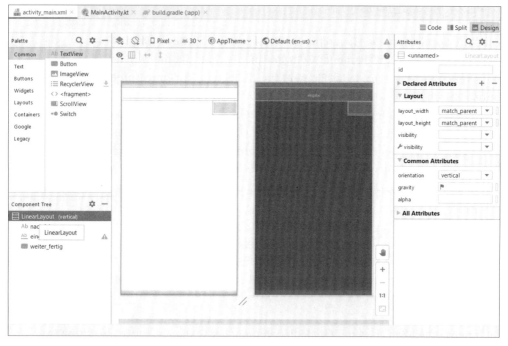

Abbildung 2.9 Erstellen der Benutzeroberfläche im Design-Modus

2.3 Programmlogik und -ablauf

Viele Desktop-Anwendungen sind datei- oder dokumentenzentriert. Egal, ob Textverarbeitung, Tabellenkalkulation oder Layoutprogramm – ihr Aufbau ist stets gleich. Den überwiegenden Teil des Bildschirms oder Fensters belegt ein Arbeitsbereich, der ein Dokument oder einen Teil davon darstellt. Um diesen Bereich herum gruppieren sich Symbolleisten und Paletten, mit deren Werkzeugen die Elemente des Dokuments bearbeitet werden. Das gleichzeitige Darstellen von Werkzeugen und Inhalt ist auf den im Vergleich zu PC- oder Laptop-Monitoren kleinen Bildschirmen mobiler Geräte nur bedingt sinnvoll. Der Benutzer würde kaum etwas erkennen. Als Entwickler sollten Sie Ihre App deshalb in Funktionsblöcke oder Bereiche unterteilen, die genau einen Aspekt Ihres Programms abbilden.

Ein anderes Beispiel: E-Mail-Clients zeigen die wichtigsten Informationen zu eingegangenen Nachrichten häufig in einer Liste an. Neben oder unter der Liste befindet sich ein Lesebereich, der das aktuell ausgewählte Element vollständig anzeigt. Auch dies lässt sich aufgrund des geringe(re)n Platzes auf Smartphones nicht sinnvoll realisieren. Stattdessen zeigen entsprechende Anwendungen dem Nutzer zunächst eine Übersicht, nämlich die Liste der eingegangenen Nachrichten, und verzweigen erst in eine Detailansicht, wenn eine Zeile der Liste angeklickt wird.

Tablet-Bildschirme bieten im Vergleich zu einem Smartphone deutlich mehr Platz für Informationen. Um Benutzeroberflächen für beide Welten entwickeln zu können, hat Google mit Android 3 sogenannte Fragmente eingeführt. Bevor ich Ihnen im nächsten Kapitel zeige, wie Sie damit Benutzeroberflächen für unterschiedliche Bildschirmgrößen anbieten, wollen wir uns den wahrscheinlich wichtigsten Anwendungsbaustein ansehen.

2.3.1 Activities

Unter Android ist das Zerlegen einer App in aufgabenorientierte Teile bzw. Funktionsblöcke ein grundlegendes Architekturmuster. Die gerade eben skizzierten Aufgaben bzw. »Aktivitäten« *E-Mail auswählen* und *E-Mail anzeigen* werden dann zu Bausteinen, die die Plattform *Activities* nennt. Eine Anwendung besteht aus mindestens einer solchen Activity, je nach Funktionsumfang können es aber auch viele mehr sein. Normalerweise ist jeder Activity eine Benutzeroberfläche, also ein Baum bestehend aus Views und ViewGroups, zugeordnet.

Activities bilden demnach die vom Anwender wahrgenommenen Bereiche einer App. Sie können sich gegenseitig aufrufen. Die Vorwärtsnavigation innerhalb einer Anwendung wird auf diese Weise realisiert. Da das System Activities auf einem Stapel ablegt, müssen Sie sich als Entwickler nicht darum kümmern, von wem Ihre Activity aufgerufen wird. Drückt der Benutzer die reale oder eine virtuelle ZURÜCK-Schaltfläche (oder führt die korrespondierende Wischgeste aus), wird automatisch die zuvor angezeigte Activity reaktiviert. Vielleicht fragen Sie sich, aus wie vielen Activities *Hallo Android* besteht. Theoretisch könnten Sie die App in drei Activities unterteilen, die Sie unabhängig voneinander anlegen müssten:

1. Begrüßung anzeigen
2. Namen eingeben
3. personalisierten Gruß anzeigen

Das wäre sinnvoll, wenn die entsprechenden Aufgaben umfangreiche Benutzereingaben oder aufwendige Netzwerkkommunikation erforderten. Dies ist hier nicht der Fall. Da die gesamte Anwendung aus sehr wenigen Bedienelementen besteht, ist es hier zielführender, alle Funktionen in einer Activity abzubilden. Bitte übernehmen Sie die Klasse MainActivity aus der im Folgenden dargestellten ersten Version.

In der Methode onCreate() wird mit setContentView() die Benutzeroberfläche geladen und angezeigt. Danach werden durch den Aufruf der Methode findViewById() zwei Referenzen auf Bedienelemente ermittelt und den Variablen message und nextFinish zugewiesen. setText() setzt die Beschriftung der Schaltfläche sowie des Textfeldes. Hierzu erfahren Sie gleich mehr. Bitte achten Sie darauf, in Ihren Apps findViewById() erst nach setContentView() aufzurufen. Andernfalls drohen Abstürze.

> **Hinweis**
> Etwas später zeige ich Ihnen, wie Sie auf Views zugreifen können, ohne Referenzen auf diese in Instanzvariablen zu halten. Allerdings ist dazu *Magie* nötig. Da ich glaube, dass für ein solides Verständnis der Plattform die Kenntnis möglichst vieler Zusammenhänge wichtig ist, sehen Sie zunächst den klassischen Weg, wie er seit der ersten Android-Version verwendet wird.

```
package com.thomaskuenneth.androidbuch.halloandroid

import android.os.Bundle
import android.widget.Button
import android.widget.TextView
import androidx.appcompat.app.AppCompatActivity

class MainActivity : AppCompatActivity() {

    private lateinit var message: TextView
    private lateinit var nextFinish: Button

    override fun onCreate(savedInstanceState: Bundle?) {
        super.onCreate(savedInstanceState)
```

```
    setContentView(R.layout.activity_main)

    message = findViewById(R.id.message)
    nextFinish = findViewById(R.id.next_finish)

    message.setText(R.string.welcome)
    nextFinish.setText(R.string.next)
  }
}
```

Listing 2.6 Erste Version der Klasse »MainActivity«

Abbildung 2.10 Toolbar-Symbole zum Starten von Apps

Um die Anwendung zu starten, wählen Sie wie in Abbildung 2.10 dargestellt das gewünschte echte oder virtuelle Gerät aus und klicken danach auf den grünen Play-Button.

Abbildung 2.11 Die erste Version von »Hallo Android«

Nach der Installation sollte das Emulator-Fenster bzw. der Bildschirm des echten Geräts in etwa Abbildung 2.11 entsprechen. »In etwa«, weil es ein paar Faktoren gibt, die die Darstellung einer App beeinflussen, zum Beispiel:

- die Plattformversion des Emulators bzw. echten Geräts
- der API-Level in der Datei *build.gradle*
- Bildschirmeinstellungen und Schriftgröße im (simulierten) Gerät

Lassen Sie uns zunächst weiter auf Ihre erste eigene App konzentrieren. Das Textfeld nimmt zwar Eingaben entgegen, das Anklicken der Schaltfläche WEITER löst aber selbstverständlich noch keine Aktion aus. Diese Aktion werden wir im nächsten Abschnitt implementieren. Zuvor möchte ich Sie aber mit einigen Schlüsselstellen des Quelltextes vertraut machen. Ganz wichtig: Jede Activity erbt von der Klasse android.app.Activity oder von spezialisierten Kindklassen. Mein Beispiel verwendet androidx.appcompat.app.AppCompatActivity. Sie stellt eine Reihe von Funktionen zur Verfügung, die dem Original fehlen. Wir werden im weiteren Verlauf des Buches noch ausführlich darauf zu sprechen kommen.

Haben Sie bemerkt, dass die gesamte Programmlogik in der Methode onCreate() liegt? Activities haben einen ausgeklügelten Lebenszyklus, den ich Ihnen in Kapitel 4, »Wichtige Grundbausteine von Apps«, ausführlicher vorstelle. Seine einzelnen Stationen werden durch bestimmte Methoden der Klasse Activity realisiert, die Sie bei Bedarf überschreiben können. Beispielsweise informiert die Plattform eine Activity, kurz bevor sie beendet, unterbrochen oder zerstört wird. Die Methode onCreate() wird immer überschrieben. Sie ist der ideale Ort, um die Benutzeroberfläche aufzubauen und Variablen zu initialisieren. Ganz wichtig ist, mit super.onCreate() die Implementierung der Elternklasse aufzurufen. Sonst wird zur Laufzeit die Ausnahme SuperNotCalledException ausgelöst. Das Laden und Anzeigen der Bedienelemente reduziert sich auf eine Zeile Quelltext:

setContentView(R.layout.activity_main)

Sie sorgt dafür, dass alle Views und ViewGroups, die in der Datei *activity_main.xml* definiert wurden, zu einem Objektbaum entfaltet werden und dieser als Inhaltsbereich der Activity gesetzt wird. Warum ich den Begriff »entfalten« verwende, erkläre ich Ihnen in Kapitel 5, »Benutzeroberflächen«.

Möglicherweise fragen Sie sich, woher die Klasse R stammt. Sie wird von den *Build Tools* automatisch generiert und auf dem aktuellen Stand gehalten. Ihr Zweck ist es, Elemente aus Layout- und anderen XML-Dateien im Java- oder Kotlin-Quelltext verfügbar zu machen. R.layout.activity_main referenziert also die XML-Datei mit Namen *activity_main*.

Der Inhalt des Textfeldes message und die Beschriftung der Schaltfläche nextFinish werden auf sehr ähnliche Weise festgelegt: Zunächst ermitteln wir durch Aufruf der Methode findViewById() eine Referenz auf das gewünschte Objekt. R.id.message und R.id.next_finish verweisen hierbei auf Elemente, die wir ebenfalls in *activity_main.xml* definiert haben. Sehen Sie sich zur Verdeutlichung folgendes Dateifragment an:

```xml
<TextView
  android:id="@+id/message"
  android:layout_width="match_parent"
  android:layout_height="wrap_content" />
...
<Button
  android:id="@+id/next_finish"
  android:layout_width="wrap_content"
  android:layout_height="wrap_content"
  android:layout_gravity="end" />
```

Listing 2.7 Auszug aus der Datei »activity_main.xml«

Durch den Ausdruck android:id="@+id/xyz" entsteht ein Bezeichner, auf den Sie mit R.id.xyz zugreifen können. xyz ist der Name des Bezeichners. @+id/ definiert ihn. Dies funktioniert nicht nur in Layoutdateien, sondern auch für die Definition von Texten, die in der Datei *strings.xml* abgelegt werden. Auch hierzu ein kurzer Auszug:

```xml
<!-- Beschriftungen für Schaltflächen -->
<string name="next">Weiter</string>
<string name="finish">Fertig</string>
```

Listing 2.8 Auszug aus der Datei »strings.xml«

Die Anweisung nextFinish.setText(R.string.next) legt den Text der einzigen Schaltfläche unserer App fest.

2.3.2 Benutzereingaben

Um *Hallo Android* zu komplettieren, müssen wir auf das Anklicken der Schaltfläche nextFinish reagieren. Beim ersten Mal wird das Textfeld input ausgelesen und als persönlicher Gruß in message eingetragen. Anschließend wird das Textfeld ausgeblendet und die Beschriftung der Schaltfläche geändert. Wird diese ein zweites Mal angeklickt, beendet sich die App. Im Folgenden sehen Sie die entsprechend erweiterte Fassung der Klasse MainActivity:

```kotlin
package com.thomaskuenneth.androidbuch.halloandroid

import android.os.Bundle
import android.view.View
import android.widget.Button
import android.widget.EditText
import android.widget.TextView
import androidx.appcompat.app.AppCompatActivity

class MainActivity : AppCompatActivity() {

  private lateinit var message: TextView
  private lateinit var nextFinish: Button
  private lateinit var input: EditText

  private var firstClick = true

  override fun onCreate(savedInstanceState: Bundle?) {
    super.onCreate(savedInstanceState)
    setContentView(R.layout.activity_main)

    message = findViewById(R.id.message)
    nextFinish = findViewById(R.id.next_finish)
    input = findViewById(R.id.input)

    message.setText(R.string.welcome)
    nextFinish.setText(R.string.next)
    nextFinish.setOnClickListener(fun(_: View) {
      if (firstClick) {
        message.text = getString(
          R.string.hello,
          input.text
        )
        input.visibility = View.INVISIBLE
        nextFinish.setText(R.string.finish)
        firstClick = false
      } else {
        finish()
      }
    })
  }
}
```

Listing 2.9 Zweite Fassung der Klasse »MainActivity«

Um auf das Anklicken der Schaltfläche reagieren zu können, wird ein sogenannter *On-ClickListener* registriert. Dieses Interface besteht aus der Methode `onClick()`. Ihr wird nur ein Wert übergeben, nämlich die angeklickte View. Wenn Sie in Ihrem Code nicht weiter damit arbeiten, bietet es sich an, den Unterstrich _ anstelle eines Variablennamens zu verwenden. Die hier vorgestellte Implementierung unter Verwendung einer anonymen Funktion nutzt die `Boolean`-Variable `firstClick`, um die durchzuführenden Aktionen zu bestimmen. `input.visibility = View.INVISIBLE` blendet das Eingabefeld aus. `getString(R.string.hello, input.getText())` liefert den in *strings.xml* definierten persönlichen Gruß und fügt an der Stelle %1$s den vom Benutzer eingetippten Namen ein. Um die App zu beenden, wird die Methode `finish()` der Klasse `Activity` aufgerufen.

> **Hinweis**
> Kotlin bietet vielfach eine schlankere Syntax als Java. Beispielsweise ist es oft möglich, Klammern wegzulassen und Lambda-Ausdrücke unmittelbar anzuschließen. Im weiteren Verlauf des Buches werden Sie mehr und mehr diese kompakten Formen sehen. Für den Einstieg halte ich die konservative Darstellung aber für zielführender.

2.3.3 Der letzte Schliff

In diesem Abschnitt möchte ich Ihnen zeigen, wie Sie *Hallo Android* den letzten Schliff geben. Zum Beispiel kann das System in leeren Eingabefeldern einen Hinweis anzeigen, was der Benutzer eingeben soll. Hierzu fügen Sie in der Datei *strings.xml* die folgende Zeile ein:

```
<string name="firstname_surname">Vorname Nachname</string>
```

Anschließend erweitern Sie in *activity_main.xml* das Element `<EditText>` um das Attribut `android:hint="@string/firstname_surname"`. Damit verschwindet übrigens auch die Warnung, die Sie etwas weiter vorne gesehen haben. Starten Sie die App, um sich das Ergebnis anzusehen. Abbildung 2.12 zeigt das entsprechend abgeänderte Programm.

Schon besser, aber noch nicht perfekt. Drücken Sie während der Eingabe eines Namens nämlich auf ⏎, wandert der Cursor in die nächste Zeile, und auch die Höhe des Eingabefeldes nimmt zu. Dieses Verhalten lässt sich zum Glück leicht korrigieren. Erweitern Sie hierzu `<EditText>` um die folgenden vier Attribute:

```
android:lines="1"
android:inputType="textCapWords"
android:autofillHints="personName"
android:imeOptions="actionNext"
```

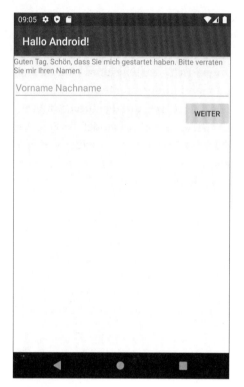

Abbildung 2.12 Leeres Eingabefeld mit Hinweis

Damit begrenzen wir die Eingabe auf eine Zeile, und der erste Buchstabe eines Wortes wird automatisch in einen Großbuchstaben umgewandelt. Ferner teilen wir dem *Autofill framework* von Android mit, dass hier Personennamen (Vorname und Nachname) eingegeben werden. Schließlich löst das Drücken von ⏎ bzw. das Anklicken des korrespondierenden Symbols auf der virtuellen Gerätetastatur eine Aktion aus. Um auf diese reagieren zu können, müssen wir in der Activity ebenfalls eine Kleinigkeit hinzufügen. Unter die Zeile input = findViewById(R.id.input) gehören die folgenden Zeilen:

```
input.setOnEditorActionListener(fun(_, _, _): Boolean {
  if (nextFinish.isEnabled) {
    nextFinish.performClick()
  }
  return true
})
```

Listing 2.10 Einen Button im Code auslösen

Das Interface TextView.OnEditorActionListener definiert eine Methode, onEditorAction(). Sie erhält als Argumente die betroffene TextView, eine ID, die die ausgelöste

Aktion repräsentiert, sowie ein `KeyEvent` oder `null`. Der Aufruf der Methode `performClick()` simuliert das Antippen der Schaltfläche WEITER. Dadurch wird der Code ausgeführt, den wir in der Methode `onClick()` der Klasse `OnClickListener` implementiert haben. Alternativ hätten wir diesen Code auch in eine eigene Methode auslagern und diese an beiden Stellen aufrufen können. Aber Sie wissen nun, wie Sie das Antippen einer Komponente simulieren können. Übrigens prüft `isEnabled`, ob die Schaltfläche aktiv oder inaktiv ist. Das werden wir gleich noch brauchen.

Schließlich wollen wir noch dafür sorgen, dass die Bedienelemente nicht mehr an den Rändern der Anzeige kleben. Eine kurze Anweisung schiebt zwischen ihnen und dem Rand einen kleinen leeren Bereich ein. Fügen Sie dem XML-Tag `<LinearLayout>` einfach das Attribut `android:padding="10dp"` hinzu. *Padding* wirkt nach innen. Das `LinearLayout` ist eine Komponente, die weitere Elemente enthält. Diese werden in horizontaler oder vertikaler Richtung angeordnet. Mit `android:padding` legen Sie fest, wie nahe die Schaltfläche, das Textfeld und die Eingabezeile der oberen, unteren, linken und rechten Begrenzung kommen können.

Im Gegensatz dazu wirkt *Margin* nach außen. Hiermit können Sie einen Bereich um die Begrenzung einer Komponente herum definieren. Auch hierzu ein Beispiel: Fügen Sie dem XML-Tag `<Button>` das Attribut `android:layout_marginTop="16dp"` hinzu, wird die Schaltfläche deutlich nach unten abgesetzt. Sie haben einen oberen Rand definiert, der gegen die untere Begrenzung der Eingabezeile wirkt. Werte, die auf `dp` enden, geben übrigens geräteunabhängige Pixelgrößen an. Sie beziehen die Auflösung der Anzeige eines Geräts mit ein.

> **Tipp**
> Wenn nach dem Einfügen von Kotlin-Codeschnipseln Teile des Quelltextes mit roten Schlangenlinien unterkringelt werden, liegt das sehr häufig an fehlenden import-Anweisungen. Um diese einzufügen, klicken Sie die angemeckerte Klasse an und drücken danach ⸢Alt⸥+⸢↵⸥. Wiederholen Sie dies für alle nicht erkannten Klassen.

Fällt Ihnen noch ein Defizit der gegenwärtigen Version auf? Solange der Benutzer keinen Namen eingetippt hat, sollte die Schaltfläche WEITER nicht anwählbar sein. Das lässt sich mithilfe eines sogenannten *TextWatchers* leicht realisieren. Dazu fügen Sie in der Methode `onCreate()` vor dem Ende des Methodenrumpfes, also vor ihrer schließenden geschweiften Klammer, das folgende Quelltextfragment ein:

```
input.doAfterTextChanged {
    nextFinish.isEnabled = it?.isNotEmpty() ?: false
}
nextFinish.isEnabled = false
```

Listing 2.11 Auf Texteingaben reagieren

Jedes Mal, wenn ein Zeichen eingegeben oder gelöscht wird, ruft Android unsere Implementierung von doAfterTextChanged auf. Diese ist sehr einfach gehalten: Nur wenn der Name mindestens ein Zeichen lang ist, kann die Schaltfläche WEITER angeklickt werden. doAfterTextChanged ist eine Erweiterungsfunktion für android.widget.TextView. Sie gehört zu der Jetpack-Komponente *Android KTX*. Sie wird der modulspezifischen *build.gradle*-Datei in dependencies { ... } hinzugefügt:

```
implementation 'androidx.core:core-ktx:1.3.1'
```

Ferner müssen Sie in android { ... } die Zeile

```
kotlinOptions { jvmTarget = "1.8" }
```

eintragen. Als kleine Übung können Sie versuchen, die Prüfroutine so zu erweitern, dass Vor- und Nachname vorhanden sein müssen. Prüfen Sie der Einfachheit halber, ob der eingegebene Text ein Leerzeichen enthält, das nicht am Anfang und nicht am Ende steht.

Abbildung 2.13 Die fertige App »Hallo Android«

Damit haben Sie Ihre erste eigene Anwendung fast fertiggestellt. Es gibt nur noch eine kleine Unvollkommenheit: Die Schaltfläche FERTIG befindet sich gegenüber der Schaltfläche WEITER etwas näher am oberen Bildschirmrand. Der Grund dafür ist, dass die Grußfloskel meistens in eine Zeile passt, der Begrüßungstext aber zwei Zeilen benötigt. Beheben Sie dieses Malheur, indem Sie in der Layoutdatei innerhalb des <TextView />-Tags, zum Beispiel unterhalb von android:id="@+id/message", die Zeile android:lines="2" einfügen. Abbildung 2.13 zeigt die fertige App *Hallo Android*.

2.4 Zusammenfassung

Sie haben in diesem Kapitel mithilfe des Projektassistenten ein neues Projekt angelegt und zu einer vollständigen App mit Benutzerinteraktion erweitert. Dabei haben Sie Layoutdateien kennengelernt und erste Erfahrungen mit dem quelltextunabhängigen Speichern von Texten gesammelt. In den folgenden Kapiteln vertiefen Sie dieses Wissen.

Kapitel 3
Von der Idee zur Veröffentlichung

Sie haben eine tolle Idee für eine App und würden am liebsten gleich loslegen? Ein bisschen Planung erleichtert nicht nur die Implementierung, sondern sorgt auch für zufriedene Nutzer. Warum das so ist, zeige ich Ihnen in diesem Kapitel.

Sie kennen das sicher: Sie haben eine Idee und möchten diese am liebsten sofort in die Tat umsetzen. Die Entwicklungsumgebung ist schnell gestartet. Erste Ergebnisse lassen sich unter Android in kurzer Zeit erzielen, wie das Beispiel im vorherigen Kapitel zeigt. Zunächst klappt das Erweitern eines so begonnenen Projekts noch recht gut. Irgendwann werden Sie aber feststellen, dass die Struktur der Anwendung nicht mehr so recht nachvollziehbar ist. Dann wird es auch zunehmend schwer, Änderungen durchzuführen und neue Funktionen einzubauen. In ein so aus dem Ruder gelaufenes Programm schleichen sich auch mehr und mehr Fehler ein. Und mancher Bug lässt sich nicht mehr entfernen, ohne die gesamte Konstruktion ins Wanken zu bringen.

Natürlich möchte ich Ihnen mit diesem Schreckensszenario nicht die Lust am Programmieren nehmen. Im Gegenteil, ganz gleich, ob Sie eine App nur für sich entwickeln oder in Google Play anbieten wollen – die Beschäftigung mit Googles mobiler Plattform soll Spaß machen. Deshalb ist es wichtig, die Stationen im Entstehungsprozess einer Anwendung zu kennen. Wenn Sie alle Schritte abgearbeitet und gedanklich mit einem Häkchen versehen haben, können Sie sicher sein, nichts Wesentliches vergessen zu haben. Vor allem aber lässt sich Ihr Programm so auch in Zukunft problemlos erweitern.

3.1 Konzept und Realisierung

Bevor Sie mit der Implementierung einer App beginnen, sollten Sie sich darüber im Klaren sein, was das Programm leisten soll und aus welchen Bausteinen oder Funktionsbereichen es bestehen wird. Widerstehen Sie der Versuchung, sich mit einer vagen Idee zufriedenzugeben. Sonst kann es leicht passieren, dass Sie Dinge implementieren, die schon im System vorhanden sind.

Wie Sie bereits wissen, bestehen Android-Anwendungen, zumindest aus der Sicht des Benutzers, aus Abfolgen von Aktivitäten, zum Beispiel *SMS eingeben*, *Kontakt auswählen*, *Foto aufnehmen* oder *Wähltastatur zeigen*. In der Konzeptionsphase legen Sie unter anderem fest, welche Aktivitäten Sie programmieren müssen und welche der bereits vorhandenen Sie gegebenenfalls einbinden können.

3.1.1 Konzeption

Für eine App ein Konzept zu schreiben, bedeutet keineswegs zwangsläufig, umfangreiche Dokumente zu erstellen. Beginnen Sie damit, den Zweck des Programms in wenigen Sätzen zu beschreiben. Wählen Sie die Formulierung so, dass jemand, der in Google Play zufällig über die Anwendung stolpert, Lust bekommt, sie herunterzuladen und auszuprobieren. Das könnte folgendermaßen aussehen:

Zeigt eine nach Kalendermonaten sortierte Liste der zwölf Sternzeichen an. Das Antippen eines Tierkreiszeichens führt zu dem entsprechenden Eintrag in der Wikipedia.

Diese beiden Sätze, ergänzt durch zwei Screenshots, genügen dem Google-Play-Besucher, um zu entscheiden, ob er die App herunterladen möchte oder nicht. Wer kein Interesse an Astrologie hat, wird dies wahrscheinlich nicht tun. Auch für Sie als Entwickler sind die zwei Sätze ausreichend, denn sie beschreiben den vollständigen Funktionsumfang des Programms. Als Nächstes leiten Sie aus dieser Beschreibung seine groben Funktionsblöcke ab. Diese sind:

1. Leere Liste bereitstellen
2. Liste mit Inhalt füllen
3. Webbrowser aufrufen

Da Listenansichten eine Kernfunktionalität der Android-Plattform sind, müssen Sie sich während der Konzeptphase nicht weiter um den ersten Punkt kümmern. Er wird erst im Verlauf der Implementierung interessant. Das Gleiche gilt für das Öffnen des Browsers. Der Inhalt der Liste hingegen repräsentiert die »Fachlichkeit« der App. Sie müssen deshalb die folgenden zwei Fragen beantworten:

1. Was soll dargestellt werden?
2. Wie kommt es zustande?

An dieser Stelle ist es verführerisch, in Benutzeroberflächen zu denken, diese sind aber erst später an der Reihe. Dass ein Listenelement also vielleicht das Symbol eines Sternzeichens enthält und dessen Namen ausgibt, spielt zunächst noch keine Rolle. Die Liste enthält alle existierenden Tierkreiszeichen, also genau zwölf. Diese sind nach Kalendermonaten in aufsteigender Reihenfolge sortiert. Tierkreiszeichen decken einen Datumsbereich ab, sie haben demnach ein Start- und ein Enddatum. Das aktuelle Sternzeichen lässt sich ermitteln, indem man prüft, in welchem Bereich das aktuelle Datum liegt.

3.1.2 Fachlogik

Bitte öffnen Sie mein Beispielprojekt *Tierkreiszeichen* (die App ist in Abbildung 3.1 zu sehen) in Android Studio, und klicken Sie in der Menüleiste auf BUILD • MAKE PROJECT. Wie Sie bereits wissen, können Sie mit R.string auf die Einträge der Datei *strings.xml* zugreifen.

Abbildung 3.1 Die App »Tierkreiszeichen«

Auf ganz ähnliche Weise referenzieren Sie Grafiken. So entspricht z. B. R.drawable.leo der Datei *res\drawable\leo.png*. Wir werden uns beides zunutze machen, um den Tierkreis zusammenzusetzen.

Bitte sehen Sie sich hierzu die folgende Klasse an:

```
package com.thomaskuenneth.androidbuch.tierkreiszeichen

import android.content.Context

class Tierkreiszeichen(
  val tag: Int, val monat: Int, private val tierkreiszeichen: Int
) {

  fun getName(context: Context): String {
    return context.getString(tierkreiszeichen)
  }

  val idForDrawable: Int
    get() = when (tierkreiszeichen) {
      R.string.aquarius -> R.drawable.aquarius
      R.string.aries -> R.drawable.aries
      R.string.cancer -> R.drawable.cancer
      R.string.capricornus -> R.drawable.capricornus
      R.string.gemini -> R.drawable.gemini
      R.string.leo -> R.drawable.leo
      R.string.libra -> R.drawable.libra
      R.string.pisces -> R.drawable.pisces
      R.string.sagittarius -> R.drawable.sagittarius
      R.string.scorpius -> R.drawable.scorpius
      R.string.taurus -> R.drawable.taurus
      R.string.virgo -> R.drawable.virgo
      else -> R.mipmap.ic_launcher
    }
}
```

Listing 3.1 Die Klasse »Tierkreiszeichen«

Zur Laufzeit der App existiert für jedes Tierkreiszeichen eine Instanz dieser Klasse. Die Instanzen werden in der Datei *Zodiak.kt*, die ich Ihnen gleich vorstelle, erzeugt. Jedes Tierkreiszeichen speichert den Tag, an dem es beginnt, sowie eine eindeutige Zahl, die das Sternzeichen repräsentiert. Hierfür verwende ich Konstanten aus R.string. Bitte sehen Sie sich die Datei *strings.xml* an, sie weist jedem Tierkreiszeichen einen eindeutigen Namen zu:

```
<string name="aries">Widder</string>
<string name="taurus">Stier</string>
<string name="gemini">Zwillinge</string>
```

```xml
<string name="cancer">Krebs</string>
<string name="leo">Löwe</string>
<string name="virgo">Jungfrau</string>
<string name="libra">Waage</string>
<string name="scorpius">Skorpion</string>
<string name="sagittarius">Schütze</string>
<string name="capricornus">Steinbock</string>
<string name="aquarius">Wassermann</string>
<string name="pisces">Fische</string>
```

Listing 3.2 Auszug aus »strings.xml«

Die Methode getName() der Klasse Tierkreiszeichen liefert den Namen eines Sternzeichens im Klartext. Aus dem eindeutigen numerischen Wert, der durch Auslesen der Variablen tierkreiszeichen ermittelt wird, lässt sich mit der Methode getString() der in *strings.xml* eingetragene zugehörige Text auslesen. Auf sehr ähnliche Weise funktioniert die Eigenschaft idForDrawable: Ihr Getter liefert für jedes Sternzeichen eine Referenz auf eine *.png*-Datei, indem in einem when-Block der jeweils passende R.drawable-Wert ermittelt und zurückgeliefert wird. Ein Tierkreiszeichen speichert nur den Tag und den Monat, an dem es beginnt. Vorgänger- und Nachfolgerbeziehungen werden in der Datei *Zodiak.kt* abgebildet. Sie ist in Listing 3.3 zu sehen:

```kotlin
package com.thomaskuenneth.androidbuch.tierkreiszeichen

import android.util.SparseArray
import java.util.*

private val tierkreis = createSparseArray()

private fun createSparseArray(): SparseArray<Tierkreiszeichen> {
  val a = SparseArray<Tierkreiszeichen>()
  a.put(Calendar.JANUARY, Tierkreiszeichen(
      21, Calendar.JANUARY, R.string.aquarius)
  )
  a.put(Calendar.FEBRUARY, Tierkreiszeichen(
      20, Calendar.FEBRUARY, R.string.pisces)
  )
  a.put(Calendar.MARCH, Tierkreiszeichen(
      21, Calendar.MARCH, R.string.aries)
  )
  a.put(Calendar.APRIL, Tierkreiszeichen(
      21, Calendar.APRIL, R.string.taurus)
```

```
    )
    a.put(Calendar.MAY, Tierkreiszeichen(
        22, Calendar.MAY, R.string.gemini)
    )
    a.put(Calendar.JUNE, Tierkreiszeichen(
        22, Calendar.JUNE, R.string.cancer)
    )
    a.put(Calendar.JULY, Tierkreiszeichen(
        24, Calendar.JULY, R.string.leo)
    )
    a.put(Calendar.AUGUST, Tierkreiszeichen(
        24, Calendar.AUGUST, R.string.virgo)
    )
    a.put(Calendar.SEPTEMBER, Tierkreiszeichen(
        24, Calendar.SEPTEMBER, R.string.libra)
    )
    a.put(Calendar.OCTOBER, Tierkreiszeichen(
        24, Calendar.OCTOBER, R.string.scorpius)
    )
    a.put(Calendar.NOVEMBER, Tierkreiszeichen(
        23, Calendar.NOVEMBER, R.string.sagittarius)
    )
    a.put(Calendar.DECEMBER, Tierkreiszeichen(
        22, Calendar.DECEMBER, R.string.capricornus)
    )
    return a
}

fun getTierkreiszeichenFuerMonat(
    monat: Int
): Tierkreiszeichen = tierkreis.get(monat)
```

Listing 3.3 Die Datei »Zodiak.kt«

Die private Funktion createSparseArray() legt die zwölf Tierkreiszeichen in einem SparseArray ab. Diese Klasse mappt Zahlen (Int) auf Objekte, im konkreten Fall Tierkreiszeichen. Es können also Schlüssel-Wert-Paare gespeichert werden. SparseArray wurde mit der Intention entwickelt, speichersparender zu sein als die von Java bekannte HashMap. Der Schlüssel ist der Monat, in dem ein Sternzeichen beginnt. Damit kann durch Aufruf von getTierkreiszeichenFuerMonat() das gewünschte Tierkreiszeichen einfach ermittelt werden. Im nächsten Abschnitt zeige ich Ihnen, wie Sie diese Funktion in eine Benutzeroberfläche integrieren.

3.1.3 Benutzeroberfläche

Bevor Sie mit der Programmierung der Benutzeroberfläche beginnen, sollten Sie das Konzeptdokument um eine entsprechende Beschreibung erweitern. Hierbei geht es nicht um eine möglichst genaue Vorwegnahme des späteren Bildschirminhalts. Überlegen Sie sich stattdessen, welche Informationen Sie anzeigen möchten, in welcher Beziehung sie zueinanderstehen und wie sie logisch angeordnet werden.

Der Benutzer der App *Tierkreiszeichen* möchte sicher wissen, wann ein Sternzeichen beginnt und wann es endet. Außer dem Namen erwartet er noch ein Bild oder Symbol desselben. Mit diesen Informationen können Sie eine logische Darstellung der GUI entwerfen. Hierfür haben Sie zahlreiche Möglichkeiten. Neben speziellen Wireframe-Editoren gibt es Bibliotheken für gängige Visualisierungsprogramme, wie etwa Microsofts Visio oder das auf dem Mac verbreitete OmniGraffle. Auch einfache Strichzeichnungen, sogenannte Scribbles, sind ein geeignetes Mittel. Welche Variante Sie wählen, ist letztlich eine Frage des persönlichen Geschmacks. Abbildung 3.2 zeigt einen Wireframe der Hauptansicht. Systembestandteile, beispielsweise die Statuszeile sowie der Anwendungsname, wurden bewusst weggelassen.

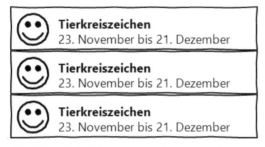

Abbildung 3.2 Wireframe der Listenansicht

Android stellt mit `ListView` eine Komponente zur Verfügung, die auch mehrzeilige Elemente und Grafiken problemlos darstellen kann. Wie sie zusammengesetzt und in der App verwendet wird, zeige ich im Folgenden. Bitte sehen Sie sich zunächst die Datei *icon_text_text.xml* im Verzeichnis *res\layout* an. In ihr wird der Aufbau **eines** Listenelements definiert. Jede Zeile der `ListView` unserer Tierkreiszeichen-App wird aus den Elementen dieser Layoutdatei zusammengesetzt. Der etwas sperrige Name beschreibt übrigens ihren Inhalt: ein Icon sowie zwei Textzeilen.

```xml
<?xml version="1.0" encoding="utf-8"?>
<androidx.constraintlayout.widget.ConstraintLayout
    xmlns:android="http://schemas.android.com/apk/res/android"
    xmlns:app="http://schemas.android.com/apk/res-auto"
    android:layout_width="match_parent"
    android:layout_height="wrap_content"
    android:padding="8dp">
```

```xml
<ImageView
    android:id="@+id/icon"
    android:layout_width="wrap_content"
    android:layout_height="wrap_content"
    android:contentDescription="@string/hint"
    app:tint="?attr/colorAccent"
    app:layout_constraintBottom_toBottomOf="parent"
    app:layout_constraintStart_toStartOf="parent"
    app:layout_constraintTop_toTopOf="parent" />

<TextView
    android:id="@+id/text1"
    android:layout_width="0dp"
    android:layout_height="wrap_content"
    android:layout_marginStart="8dp"
    android:textAppearance="?android:attr/textAppearanceMedium"
    app:layout_constraintBottom_toTopOf="@id/text2"
    app:layout_constraintEnd_toEndOf="parent"
    app:layout_constraintStart_toEndOf="@id/icon"
    app:layout_constraintTop_toBottomOf="@id/text2" />

<TextView
    android:id="@+id/text2"
    android:layout_width="0dp"
    android:layout_height="wrap_content"
    android:layout_marginStart="8dp"
    android:textAppearance="?android:attr/textAppearanceSmall"
    app:layout_constraintBottom_toBottomOf="parent"
    app:layout_constraintEnd_toEndOf="parent"
    app:layout_constraintStart_toEndOf="@id/icon"
    app:layout_constraintTop_toBottomOf="@id/text1" />

</androidx.constraintlayout.widget.ConstraintLayout>
```

Listing 3.4 Die Datei »icon_text_text.xml«

Layoutdateien bilden stets baumartige Strukturen. Ein Wurzelelement enthält ein oder mehrere Kinder. Diese können entweder für sich stehen (Schaltflächen, Eingabefelder etc.) oder wiederum die Wurzel von Teilbäumen darstellen. Der Dateiname *icon_text_text.xml* beschreibt in gewisser Weise den Aufbau des Layouts, nämlich ein Bild (ImageView) und zwei Textzeilen (TextView). Die Grafiken der Tierkreiszeichen sind einfarbig, ihr Hintergrund ist transparent. Um die Farbe zu setzen, verwende ich den folgenden Ausdruck:

`app:tint="?attr/colorAccent"`

Er besagt, dass sich Android die Farbe aus einem sogenannten *Theme* holt. Sie können sich `colorAccent` als eine Art Variable vorstellen. Sie wird in der Datei *res/values/styles.xml* gesetzt.

ConstraintLayouts beschreiben die Lage und die Größe von Views in Form von Abhängigkeiten oder Beschränkungen zu anderen Bedienelementen. `app:layout_constraintBottom_toBottomOf` bedeutet, dass sich der untere Rand einer View an dem einer anderen orientiert. Das Attribut `app:layout_constraintStart_toEndOf` legt fest, dass eine Komponente sich an das Ende einer anderen anschließt. Die Grafik ist deshalb durch den oberen, unteren und linken Rand des ConstraintLayouts (`parent`) beschränkt. Neben dem Bild erscheinen zwei Textzeilen, deren Schrift unterschiedlich groß ist. Die Schriftgröße setzen Sie folgendermaßen:

`android:textAppearance="?android:attr/textAppearanceMedium"`

oder

`android:textAppearance="?android:attr/textAppearanceSmall"`

Vielleicht ist Ihnen aufgefallen, dass die beiden TextViews verkettet sind. Die erste verweist mit `app:layout_constraintBottom_toTopOf` und `app:layout_constraintTop_toBottomOf` auf die zweite. Diese wiederum referenziert mit `app:layout_constraintTop_toBottomOf` auf die erste und mit `app:layout_constraintEnd_toEndOf="parent"` auf das `ConstraintLayout`. Ketten werden verwendet, um mehrere Elemente als Gruppe zu zentrieren, hier vertikal. Solche Oberflächenbeschreibungen sind zugegebenermaßen nicht ganz leicht zu lesen. Allerdings steht in Android Studio ein mächtiger visueller Editor zur Verfügung, mit dem sich Bedienelemente sehr einfach erstellen lassen. Wir werden etwas später darauf zurückkommen.

> **Hinweis**
>
> Ist Ihnen aufgefallen, dass ich in meiner Beschreibung von *links* und *rechts* gesprochen habe, im Code aber Elemente wie ...Start... und ...End... verwendet werden? Im europäischen und amerikanischen Kulturraum sind wir gewohnt, von links nach rechts zu lesen. Andere Sprachen »denken« aber in umgekehrter Richtung. In solchen Sprachräumen lebende Nutzer orientieren sich deshalb von rechts kommend nach links. Bei der Beschreibung von Oberflächen trägt Android dem Rechnung, indem von »echten« Positionen (links oder rechts) abstrahiert und stattdessen Abhängigkeiten (Start und Ende) verwendet werden können. Ich rate Ihnen, wann immer möglich diese allgemeineren Positionsangaben in Ihren Layoutdateien zu verwenden.

Wie aus *icon_text_text.xml* zur Laufzeit der App ein Objektbaum wird, zeige ich Ihnen gleich. Zunächst aber möchte ich kurz demonstrieren, mit wie wenig Aufwand sich unter Android mithilfe der Klasse ListView eine Listenanzeige bauen lässt. Sehen Sie sich hierzu bitte das folgende Listing an:

```
package com.thomaskuenneth.androidbuch.tierkreiszeichen

import android.content.Intent
import android.net.Uri
import android.os.Bundle
import android.widget.AdapterView
import android.widget.ListView
import androidx.appcompat.app.AppCompatActivity

class MainActivity : AppCompatActivity() {

  private lateinit var adapter: TierkreiszeichenAdapter

  override fun onCreate(savedInstanceState: Bundle?) {
    super.onCreate(savedInstanceState)
    setContentView(R.layout.activity_main)
    adapter = TierkreiszeichenAdapter(this)
    val liste = findViewById<ListView>(R.id.liste)
    liste.adapter = adapter
    liste.onItemClickListener
            = AdapterView.OnItemClickListener { _, _, position, _ ->
      val zeichen = adapter.getItem(position) as Tierkreiszeichen
      val url = getString(R.string.wikipedia_url, zeichen.getName(this))
      // eine Webseite anzeigen
      val viewIntent = Intent(
        "android.intent.action.VIEW",
        Uri.parse(url)
      )
      startActivity(viewIntent)
    }
  }
}
```

Listing 3.5 Die Klasse »MainActivity«

Welche Daten eine Liste anzeigt, wird durch sogenannte *Adapter* gesteuert. Android stellt hierfür einige fertige Klassen bereit. Sie können beispielsweise mit android.widget.ArrayAdapter<String> **String-Arrays oder mit** android.widget.SimpleCursorAdapter Tabellenzeilen einer Datenbank so umwandeln, dass eine ListView sie darstellen kann. Die ListView greift über die Methoden des Interface `android.widget.ListAdapter` auf einen Adapter und die durch ihn bereitgestellten Daten zu. Um zu verstehen, wie das Zusammenspiel funktioniert, werden wir in diesem Beispiel keine fertige Klasse verwenden, sondern einen eigenen Adapter schreiben. Die App erzeugt hierzu ein Objekt des Typs TierkreiszeichenAdapter und setzt es mit

```
val liste = findViewById<ListView>(R.id.liste)
liste.adapter = adapter
```

Damit das klappt, muss in der Layoutdatei *activity_main.xml* mit `<ListView android:id="@+id/liste" ... />` eine ListView definiert werden. Sie ist das einzige Kindelement dieses ConstraintLayouts. Um auf das Antippen eines Eintrags zu reagieren, wird ein sogenannter OnItemClickListener registriert (`liste.onItemClickListener = ...`). Das Interface definiert die Methode onItemClick(). Ihr werden drei Argumente übergeben: die View, die das angeklickte Element enthält, das angeklickte Element selbst sowie eine ID der korrespondierenden Zeile. Die Beispielimplementierung nutzt dies, um den eingebauten Webbrowser mit einer bestimmten URL zu starten. Ausführliche Informationen zu sogenannten *Intents* finden Sie in Kapitel 4, »Wichtige Grundbausteine von Apps«.

Lassen Sie uns nun einen Blick auf die Adapterimplementierung werfen:

```
package com.thomaskuenneth.androidbuch.tierkreiszeichen

import android.content.Context
import android.view.*
import android.widget.*
import java.text.*
import java.util.*
import kotlin.collections.ArrayList

class TierkreiszeichenAdapter(context: Context) : BaseAdapter() {

  private val inflater = LayoutInflater.from(context)
  private val zodiak = ArrayList<Tierkreiszeichen>()
  private val cal = Calendar.getInstance()

  // Legt fest, in welchem Format das Datum ausgegeben wird
  private val df = SimpleDateFormat(
    context.getString(R.string.format_string),
    Locale.US
  )
```

```kotlin
init {
  // Tierkreiszeichen für alle Monate ermitteln
  for (monat in Calendar.JANUARY..Calendar.DECEMBER) {
    val zeichen = getTierkreiszeichenFuerMonat(monat)
    zodiak.add(zeichen)
  }
}

override fun getCount(): Int {
  return zodiak.size
}

override fun getItem(position: Int): Any {
  return zodiak[position]
}

override fun getItemId(position: Int): Long {
  return position.toLong()
}

override fun getView(
  position: Int,
  convertView: View?, parent: ViewGroup
): View {
  var currentPosition = position
  val view: View
  val holder: ViewHolder
  // falls nötig, convertView bauen
  if (convertView == null) {
    // Layoutdatei entfalten
    view = inflater.inflate(
      R.layout.icon_text_text,
      parent, false
    )
    // Holder erzeugen
    holder = ViewHolder()
    holder.name = view.findViewById(R.id.text1)
    holder.datumsbereich = view.findViewById(R.id.text2)
    holder.icon = view.findViewById(R.id.icon)
    view.tag = holder
  } else {
    // Holder bereits vorhanden
    holder = convertView.tag as ViewHolder
```

```
      view = convertView
    }
    var zeichen = getItem(currentPosition) as Tierkreiszeichen
    // Name und Symbol
    holder.name.text = zeichen.getName(parent.context)
    holder.icon.setImageResource(zeichen.idForDrawable)
    // Erster Tag des Tierkreiszeichens
    cal.set(Calendar.DAY_OF_MONTH, zeichen.tag)
    cal.set(Calendar.MONTH, zeichen.monat)
    val datum1 = df.format(cal.time)
    // Den letzten Tag des Tierkreiszeichens ermitteln
    if (++currentPosition >= count) {
      currentPosition = 0
    }
    zeichen = getItem(currentPosition) as Tierkreiszeichen
    cal.set(Calendar.DAY_OF_MONTH, zeichen.tag - 1)
    cal.set(Calendar.MONTH, zeichen.monat)
    val datum2 = df.format(cal.time)
    holder.datumsbereich.text = parent.context.getString(
      R.string.interval, datum1, datum2
    )
    return view
  }
}

private class ViewHolder {
  lateinit var name: TextView
  lateinit var datumsbereich: TextView
  lateinit var icon: ImageView
}
```

Listing 3.6 Die Datei »TierkreiszeichenAdapter.kt«

TierkreiszeichenAdapter leitet von android.widget.BaseAdapter ab. Sie könnten prinzipiell das ListAdapter-Interface auch direkt implementieren, allerdings müssten Sie sich dann um Benachrichtigungen bei Änderungen selbst kümmern. In einem Initialisierungsblock werden die Tierkreiszeichen in einer ArrayList abgelegt und aufsteigend nach Monaten sortiert. Die überschriebene Methode getCount() liefert die Länge der Liste und damit die Zahl der insgesamt anzeigbaren Zeilen. getItem() liefert das Element an einer bestimmten Position. Beide gehören übrigens zu android.widget.Adapter, von dem widerum ListAdapter ableitet.

Die Methode getView() baut aus den Daten des Modells (also einem Tierkreiszeichen) einen Eintrag zusammen und stellt ihn in Gestalt einer View-Instanz zur Verfügung.

Aus Effizienzgründen puffert Android eine gewisse Menge solcher Objekte. Im Fall der erstmaligen Verwendung ist der Parameter `convertView` gleich `null`. Dann wird mithilfe eines `LayoutInflator` aus einer XML-Datei (*icon_text_text.xml*) ein entsprechender Komponentenbaum erzeugt. Diesem wird mit `view.tag = holder` ein sogenannter (mit `holder = ViewHolder()` erzeugter) `ViewHolder` übergeben. Er fungiert als eine Art Platzhalter, um später einfach und effizient auf die Elemente des Baumes zugreifen zu können. Dies ist nötig, um die beiden Textzeilen sowie die Grafik mit den Werten für eine Listenzeile füllen zu können. Der Aufruf von `findViewById()` für jedes der drei Objekte wäre wesentlich kostspieliger, zumal dies ja für jedes angezeigte Listenelement geschieht. War die an `getView()` übergebene `convertView` nicht `null`, kann mit `holder = convertView.tag as ViewHolder` der früher bereits erzeugte ViewHolder ermittelt und dann weiter verwendet werden.

Haben Sie sich über die Zeilen nach `if (++currentPosition >= count) {` gewundert? Für jedes Tierkreiszeichen speichere ich, wann es beginnt, nicht jedoch, wann es endet. Da alle Tierkreiszeichen in der Abfolge der Kalendermonate angezeigt werden, muss ich nur auf das nächste Element in der Liste zugreifen und dessen Starttag ermitteln. Natürlich könnte man den letzten Tag und den Folgemonat auch in der Klasse `Tierkreiszeichen` selbst ablegen.

Lassen Sie mich kurz zusammenfassen. Ein Adapter besteht aus zwei logischen Blöcken, nämlich einem Modell, das die anzuzeigenden Daten enthält, sowie einer Umwandlungslogik, die aus diesen Informationen einen Mini-Komponentenbaum bastelt. Im folgenden Abschnitt zeige ich Ihnen, wie Sie Ihr Programm mit Debug-Ausgaben versehen und wie Sie es auf die Veröffentlichung in Google Play vorbereiten.

3.2 Vom Programm zum Produkt

Eine Idee in Quelltext umzusetzen, ist für viele Entwickler der interessanteste Teil des Programmierens. Das Erstellen von Tests hingegen, das Suchen und Beheben von Fehlern wird oftmals als eher unangenehme Pflicht angesehen. Wenn Sie Ihre App anderen Personen zugänglich machen möchten, ist eine gewissenhafte Kontrolle aber unerlässlich, sonst droht harsche Kritik. Ein Blick auf die Kommentare in Google Play offenbart, wie viel die Käufer bzw. Nutzer von den Programmierern erwarten.

3.2.1 Protokollierung

Allein schon aus Platzgründen kann dieses Buch leider keine Anleitung für das Schreiben von sauberem Code enthalten. Auch wie man Tests entwirft und einsetzt, lesen Sie bei Bedarf in entsprechender Spezialliteratur nach. In Anhang D finden Sie eine

Lektüreliste. Aber wie Android Sie beim Aufspüren von Problemen unterstützt und wie Sie Ihre Apps auf echter Hardware und im Emulator testen, zeige ich Ihnen in diesem sowie dem folgenden Abschnitt.

Kotlin-Entwickler verwenden zur schnellen Analyse oder Protokollierung gern die Funktion println(), die natürlich auch unter Android funktioniert. Um das auszuprobieren, legen Sie mit dem Android-Studio-Projektassistenten ein neues Projekt namens *DebugDemo* an. Verwenden Sie am besten die Ihnen bereits bekannte Vorlage EMPTY ACTIVITY. Nach dem Anlegen des Projekts fügen Sie vor der schließenden Klammer des Methodenrumpfes von onCreate() dieses Quelltextfragment ein:

```
var fakultaet = 1
println("0! = $fakultaet")
for (i in 1..5) {
  fakultaet *= i
  println("$i! = $fakultaet")
}
```

Listing 3.7 Berechnung und Ausgabe der Fakultät

Wenn Sie die App im Emulator oder auf echter Hardware ausführen, sehen Sie die berechneten Fakultäten zunächst nicht. Sie werden aber im Werkzeugfenster LOGCAT ausgegeben. Es ist in Abbildung 3.3 dargestellt. Falls es nicht geöffnet ist, können Sie es durch Anklicken seines Namens oder über das Pop-up am linken Rand der Statuszeile sichtbar machen.

Abbildung 3.3 Das Werkzeugfenster »Logcat«

Das Fenster besteht aus einer ganzen Reihe von Symbolen am linken Rand (beispielsweise eine Kamera zum Anfertigen eines Screenshots) sowie mehreren Klapplisten am oberen Rand. Im größten Bereich erscheinen Hinweis-, Warn- und Fehlermeldungen. Woher die anzuzeigenden Daten kommen, stellen Sie mit den beiden Klapplisten in der linken oberen Ecke ein. Die erste wählt das Android-Gerät aus, die zweite (rechts neben ihr) den zu beobachtenden Prozess. Die zuletzt gestartete App ist voreingestellt. LOGCAT sammelt Protokollausgaben des Systems und aller Anwendungen. Es liegt auf der Hand, dass eine solche Darstellung recht schnell unübersichtlich wird. Aus diesem Grund lassen sich Ausgaben beispielsweise nach Prozess-ID, Loglevel oder Paketnamen filtern. Zusätzlich zu den eingebauten Filterkriterien (zum Beispiel SHOW ONLY SELECTED APPLICATION) können Sie eigene erstellen. Öffnen Sie hierzu die Aufklappliste in der rechten oberen Ecke des Werkzeugfensters, und wählen Sie EDIT FILTER CONFIGURATION. Sie sehen den in Abbildung 3.4 dargestellten Dialog CREATE NEW LOGCAT FILTER.

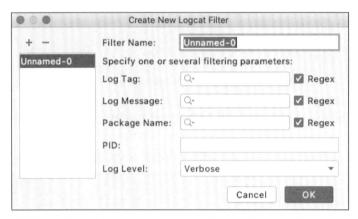

Abbildung 3.4 Dialog zum Anlegen und Bearbeiten von Filtern

Um die Ausgabe auf Meldungen zu beschränken, die ein bestimmtes Projekt betreffen, können Sie in PACKAGE NAME den korrespondierenden Paketnamen eintragen, aber das kann Android Studio auch schon »out of the box«. Spannender sind spezielle Filter, die die Anzeige radikal reduzieren. Wenn Sie in das Feld LOG MESSAGE beispielsweise den Text »!=« eintragen, so werden nur noch Ausgaben angezeigt, die diese Zeichenkette enthalten. Oder Sie könnten als LOG TAG »System.out« eintragen. Das Ergebnis ist in Abbildung 3.5 zu sehen.

Haben Sie in Abbildung 3.3 und Abbildung 3.5 die unscheinbare Klappliste entdeckt, in der VERBOSE ausgewählt war? Sie enthält die Stufen (*Loglevel*) *verbose*, *debug*, *info*, *warn*, *error* und *assert*, die in gängigen Frameworks verwendet werden, um die Wichtigkeit bzw. den Schweregrad eines Protokolleintrags zu bestimmen. Die Idee ist, für entsprechende Ausgaben nicht mit `println()` zu arbeiten, sondern mit speziellen Logging-Methoden.

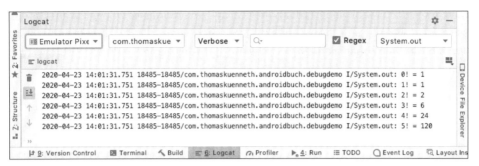

Abbildung 3.5 Logmeldungen der App »DebugDemo«

Android stellt mit der Klasse `android.util.Log` eine besonders einfach zu handhabende Variante zur Verfügung. Deren statische Methoden `v()`, `d()`, `i()`, `w()` und `e()` repräsentieren die oben genannten Loglevels. Neben dem auszugebenden Text erwarten sie ein sogenanntes *Tag*. Es kennzeichnet die Quelle des Protokolleintrags, also im Allgemeinen die Klasse oder Activity.

```
val TAG = MainActivity::class.simpleName
```

Anstelle von `MainActivity` verwenden Sie natürlich den Namen Ihrer Klasse. Übernehmen Sie nun die folgenden Anweisungen in Ihre Activity, und starten Sie danach die App. Bitte denken Sie daran, die Liste der Imports um `android.util.Log` zu erweitern.

```
Log.v(TAG, "ausführliche Protokollierung, nicht in Produktion verwenden")
Log.d(TAG, "Debug-Ausgaben")
Log.i(TAG, "Informationen")
Log.w(TAG, "Warnungen")
Log.e(TAG, "Fehler")
```

Listing 3.8 Erzeugen von Protokolleinträgen

Bitte achten Sie auch darauf, dass kein eigener Filter verwendet wird (SHOW ONLY SELECTED APPLICATION ist aktiv) und dass als Loglevel VERBOSE ausgewählt ist. In diesem Fall sind alle fünf Ausgaben im Bereich LOGCAT zu sehen. Wählen Sie nun ein Element aus der Aufklappliste aus, um Einträge mit niedrigerer Priorität auszublenden. Haben Sie beispielsweise INFO aktiviert, dann sind Aufrufe, die durch die Methoden `v()` (verbose) und `d()` (debug) erzeugt wurden, nicht zu sehen. Ein Klick auf VERBOSE zeigt wieder alle Zeilen an. Sie sollten überlegen, welche Meldungen Ihrer App vor allem für die Entwicklung relevant sind. Diese können Sie den Methoden `v()` und `d()` übergeben. Für Warnungen und Fehler sind `w()` und `e()` gedacht.

Ob ein bestimmter Loglevel in Verbindung mit einem TAG überhaupt protokolliert wird, können Sie mithilfe der Methode `isLoggable()` abfragen. Der Standardlevel jedes Tags ist INFO. Jeder gleich- oder höherwertige Level wird also geloggt. Wenn Sie das folgende Codefragment Ihrem Projekt hinzufügen, sehen Sie die korrespondierende Ausgabe deshalb zunächst nicht, selbst wenn Sie in der Klappliste VERBOSE eingestellt haben.

```
if (Log.isLoggable(TAG, Log.DEBUG)) {
    Log.d(TAG, "noch eine Debug-Ausgabe")
}
```

Listing 3.9 Steuerung einer Logausgabe

Sie können dieses Verhalten ändern, indem Sie im Werkzeugfenster TERMINAL den Befehl `adb shell setprop log.tag.<IHR_TAG> <LEVEL>` ausführen, zum Beispiel `adb shell setprop log.tag.MainActivity VERBOSE`. Aufrufe von `d()` und `v()` sollten Sie deshalb auf jeden Fall mit `isLoggable()` klammern.

> **Tipp**
>
> Manchmal scheinen Logausgaben bei mehrfachen Programmstarts nicht angezeigt zu werden. Der Grund hierfür liegt im Lebenszyklus von Activities. Deren Methode `onCreate()` wird nicht immer aufgerufen, und zwar ganz bewusst. Wenn Sie also in dieser Methode loggen, kann es durchaus passieren, dass der Code nicht immer durchlaufen wird. Sie können dies ganz leicht erzwingen, indem Sie im Emulator einfach auf den Startbildschirm wechseln. Die Klasse `MainActivity` meines Beispielprojekts *DebugDemo* ruft die Methode `finish()` auf, und dies beendet eine Activity.

Wenn Sie in Ihrem Code eine Exception gefangen haben, müssen Sie übrigens nicht mühselig einen passenden String zusammensetzen, sondern können sie als zusätzlichen Parameter an die Ihnen bereits bekannten fünf Methoden übergeben. Auch hierzu ein Beispiel:

```
val s: String? = null
try {
  Log.d(TAG, "s ist ${s!!.length} Zeichen lang")
} catch (e: NullPointerException) {
  Log.e(TAG, "Es ist ein Fehler aufgetreten.", e)
} finally {
  Log.d(TAG, "s ist $s")
}
```

Listing 3.10 Ausgeben eines Stacktrace im Fehlerfall

Da der nullbare String s mit `null` initialisiert wurde, ist eine `NullPointerException` unausweichlich. Sie wird aufgrund des `catch (e: NullPointerException)` gefangen und mittels e() als Fehler protokolliert. Klicken Sie einen Link im Stacktrace an, um zur korrespondierenden Zeile im Quelltext zu navigieren.

3.2.2 Fehler suchen und finden

Protokolldateien sind ein wichtiges Hilfsmittel bei der Analyse von Anwendungsproblemen. Allerdings können und sollen sie die klassische Fehlersuche mit dem Debugger nicht ersetzen. Wie Sie Bugs auf Quelltextebene zu Leibe rücken, zeige ich Ihnen nun am Beispiel des Projekts *FibonacciDemo*. Die *Fibonacci-Folge* ist eine unendliche Folge von Zahlen, bei der sich die jeweils folgende Zahl durch Addition ihrer beiden Vorgänger ergibt. Für n größer oder gleich 2 gilt demnach: fib(n) = fib(n - 1) + fib(n - 2). Für die beiden Spezialfälle 0 und 1 wurde fib(0) = 0 und fib(1) = 1 festgelegt. Der Aufruf fib(5) ergibt also 5. Im Folgenden finden Sie eine Implementierung des Algorithmus. Es handelt sich um eine – Sie ahnen es sicher – fehlerhafte Version.

```
package com.thomaskuenneth.androidbuch.fibonaccidemo

import android.os.Bundle
import android.util.Log
import androidx.appcompat.app.AppCompatActivity

val TAG = FibonacciDemoActivity::class.simpleName
class FibonacciDemoActivity : AppCompatActivity() {

  override fun onCreate(savedInstanceState: Bundle?) {
    super.onCreate(savedInstanceState)
    setContentView(R.layout.activity_main)
    Log.i(TAG, "fib(5) = " + fib(5))
  }

  private fun fib(n: Int): Int {
    Log.i(TAG, "n=$n")
    return when (n) {
      0 -> 1
      1 -> 1
      else -> fib(n - 1) + fib(n - 2)
    }
  }
}
```

Listing 3.11 Die Klasse »FibonacciDemoActivity«

Starten Sie die App, um zu sehen, zu welchem Ergebnis sie kommt. Denken Sie daran, dass der berechnete Wert nicht direkt im Emulator angezeigt wird, sondern im Werkzeugfenster LOGCAT. Leider ist dort eine 8 zu lesen. Lassen Sie uns deshalb mithilfe der Einzelschritt-Abarbeitung herausfinden, was passiert. Setzen Sie als Erstes einen *Line Breakpoint* in der Zeile `return when (n) {` der Methode `fib()`, indem Sie im Randbereich des Editorfensters in dieser Zeile mit der linken Maustaste klicken. Wenn der Haltepunkt angelegt wurde, erscheint an der entsprechenden Position ein ausgefüllter roter Kreis. Berühren Sie ihn mit der Maus, um den in Abbildung 3.6 dargestellten Tooltip einzublenden. Die angezeigte Zeilennummer kann bei Ihnen geringfügig abweichen.

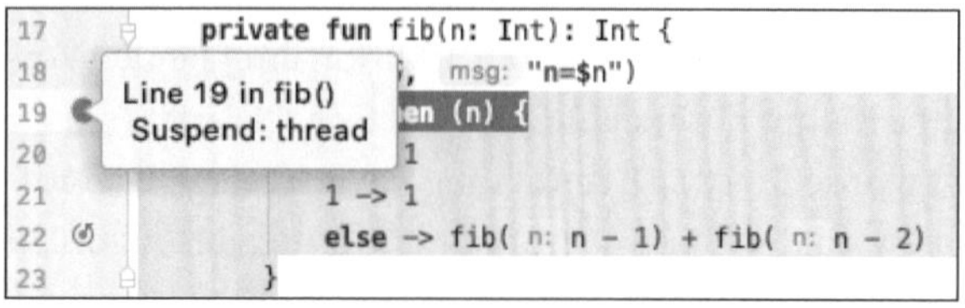

```
17          private fun fib(n: Int): Int {
18                  , msg: "n=$n")
19   ● Line 19 in fib()   en (n) {
20     Suspend: thread     1
21                  1 -> 1
22   ⊘            else -> fib( n: n - 1) + fib( n: n - 2)
23          }
```

Abbildung 3.6 Ein Haltepunkt in der Methode »fib()«

Jetzt können Sie die App debuggen. Klicken Sie hierzu in der Menüleiste auf RUN • DEBUG APP. Nach kurzer Zeit öffnet Android Studio das Werkzeugfenster DEBUG und hält die Programmausführung in der Zeile mit dem Haltepunkt an. Die Möglichkeiten, die der Debugger bietet, sind viel zu umfassend, um sie in diesem Buch mehr als nur andeuten zu können. Ein paar wichtige Handgriffe möchte ich Ihnen aber auf jeden Fall nahebringen. Sie können sich zum Beispiel sehr einfach den aktuellen Wert einer Variablen anzeigen lassen, indem Sie die Maus im Editorfenster auf den Variablennamen bewegen. Nach dem ersten Halt ist n gleich 5. Dies ist in Abbildung 3.7 zu sehen.

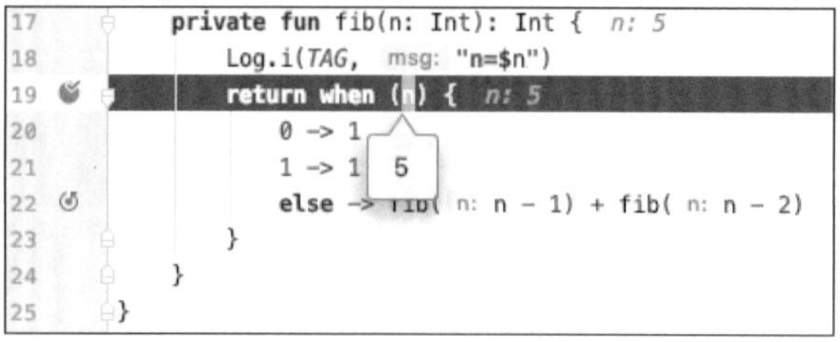

```
17          private fun fib(n: Int): Int {  n: 5
18                  Log.i(TAG,  msg: "n=$n")
19   ●          return when (n) { n: 5
20                  0 -> 1
21                  1 -> 1    5
22   ⊘            else -> fib( n: n - 1) + fib( n: n - 2)
23              }
24          }
25   }
```

Abbildung 3.7 Android Studio nach dem Start des Debug-Vorgangs

Das Werkzeugfenster DEBUG enthält die Registerkarten DEBUGGER und CONSOLE. Auf der Konsole werden Statusmeldungen der SDK-Tools ausgegeben. Beispielsweise sehen Sie hier, was geschieht, während eine App installiert wird. Auch Log-Ausgaben erscheinen hier, zusätzlich natürlich im Ihnen bereits bekannten Werkzeugfenster LOGCAT. Die Steuerung des Debuggers erfolgt mithilfe von Symbolen am linken (Programmablauf) und oberen (Einzelschrittverarbeitung) Rand des Werkzeugfensters. Die wichtigsten Symbole sind in Tabelle 3.1 zu sehen.

Symbol	Funktion
▶	Resume Program
‖	Pause Program
■	Stop
↷	Step Over
↓	Step Into

Tabelle 3.1 Wichtige Symbole des Debuggers

Klicken Sie auf STEP OVER oder drücken Sie [F8], um die nächste Anweisung auszuführen. Dies ist else -> fib(n - 1) + fib(n - 2). Mit RESUME PROGRAM ([F9]) lassen Sie das Programm bis zum Erreichen des nächsten Haltepunkts ohne Unterbrechung weiterlaufen. Wiederholen Sie die Schritte mit STEP OVER und RESUME so lange, bis n den Wert 1 hat. Nun führt Sie ein STEP OVER in die Zeile 1 -> 1. Dies ist erwartetes Verhalten, deshalb können Sie die App mit RESUME fortsetzen. Da 0 die letzte zu verarbeitende Zahl ist, müsste der Fehler jetzt auftreten. Nachdem das Programm durch den Debugger angehalten wurde, führt ein STEP OVER zur Zeile 0 -> 1. Es wird also 1 zurückgegeben. Das ist aber natürlich falsch, denn fib(0) muss 0 ergeben. Beenden Sie den Debug-Vorgang, indem Sie das Symbol STOP anklicken. Korrigieren Sie die fehlerhafte Zeile, und starten Sie die App erneut. In LOGCAT wird nun der richtige Wert 5 angezeigt.

Wenn Sie die Situation, in der ein Fehler auftritt, eingrenzen können, reduzieren *bedingte Haltepunkte* den Aufwand beim Debuggen erheblich. Nehmen wir an, Sie wussten, dass Sie das Problem am besten untersuchen können, wenn n den Wert 0 hat. Dann ist es unnötig, bis zum Eintreten dieser Konstellation dem Programmablauf schrittweise zu folgen. Bewegen Sie den Mauszeiger im Kotlin-Editor über das Breakpoint-Symbol, und drücken Sie die rechte Maustaste. Geben Sie im daraufhin erscheinenden Pop-up bei CONDITION den Ausdruck n == 0 ein, schließen Sie es mit DONE, und starten Sie den Debug-Vorgang nun erneut. Die Programmausführung wird erst angehalten, wenn die formulierte Bedingung erfüllt ist.

3.2.3 Debuggen auf echter Hardware

Wenn Sie ein Android-Smartphone oder -Tablet besitzen, können Sie die eben vorgestellte App direkt auf diesem Gerät debuggen. Gerade Programme, die Sie an andere weitergeben möchten, sollten Sie solchen Tests unterziehen.

Unter Windows müssen Sie vor der erstmaligen Nutzung des Geräts am USB-Port Ihres Rechners möglicherweise einen aktualisierten Treiber installieren. Welcher dies ist, können Sie hoffentlich der Dokumentation zu Ihrem Smartphone oder Tablet entnehmen.

Nun müssen Sie auf dem Gerät das *USB-Debugging* aktivieren. Öffnen Sie hierzu die EINSTELLUNGEN, wählen Sie zuerst SYSTEM und danach ENTWICKLEROPTIONEN. Sollten diese nicht angezeigt werden, müssen Sie sie erst freischalten. Dies gilt übrigens auch für den Emulator. Auf der Seite SYSTEM finden Sie ÜBER DAS TELEFON. Wechseln Sie bitte dorthin, und tippen Sie dann BUILD-NUMMER siebenmal an. Aktivieren Sie, wie in Abbildung 3.8 dargestellt, USB-DEBUGGING.

Wenn Sie möchten, können Sie mit AKTIV LASSEN konfigurieren, dass die Anzeige des Geräts nicht in den Ruhezustand versetzt wird. Kehren Sie danach zum Startbildschirm zurück. Bitte beachten Sie, dass die Texte je nach Modell leicht abweichen können.

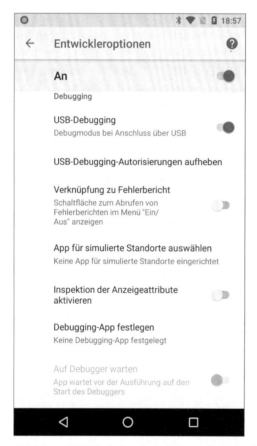

Abbildung 3.8 Die Seite »Entwickleroptionen« der Android-Einstellungen

Wählen Sie nun, wie in Abbildung 3.9 dargestellt, Ihr Gerät aus, und starten Sie danach den Debug-Vorgang mit RUN • DEBUG APP.

Abbildung 3.9 Wählen Sie hier das Gerät aus, das Sie verwenden wollen.

Zum Schluss noch ein Tipp: Die Höhe des Werkzeugfensters DEBUG hat Einfluss auf die Anzahl der Symbole, die am linken Rand angezeigt werden. Falls nicht alle sichtbar sind, erscheinen zwei nach rechts weisende spitze Pfeile (⟫). Bewegen Sie den Mauszeiger auf dieses Symbol, öffnet sich ein Pop-up mit den verdeckten Funktionen. Wie dies aussehen kann, ist in Abbildung 3.10 dargestellt.

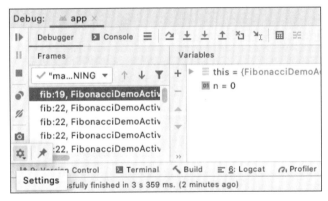

Abbildung 3.10 Pop-up mit verdeckten Symbolen

Damit verlassen wir den Bereich der Fehlersuche. Im folgenden Abschnitt zeige ich Ihnen, wie Sie Ihre fertige App verteilen und in *Google Play* einem riesigen Publikum vorstellen.

3.3 Anwendungen verteilen

Wenn Sie die eigentliche Entwicklung Ihres Programms abgeschlossen haben und die App alle Tests erfolgreich durchlaufen hat, können Sie die Veröffentlichung bzw. Verteilung vorbereiten.

3.3.1 Die App vorbereiten

Jede App hat ein Icon, das in Google Play neben dem Programm- und Herstellernamen angezeigt wird. Nach dem Herunterladen und Installieren tippt der Nutzer auf dieses Symbol, um die Anwendung zu starten. Das Icon ist also Ihre Visitenkarte. Entsprechend viel Aufwand sollten Sie in seine Gestaltung investieren. Das mag zunächst übertrieben wirken, aber die Kommentare in Google Play enthalten unzählige Beschwerden über unästhetische Grafik.

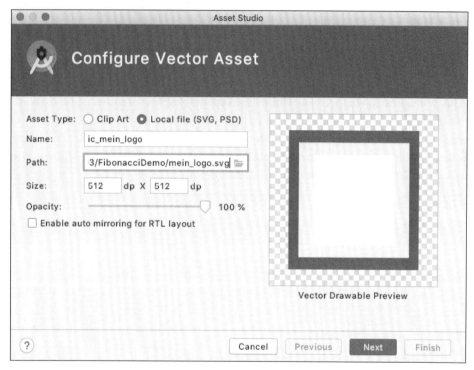

Abbildung 3.11 Das Asset Studio

Als Erstes erstellen Sie Ihr Logo, am besten mit einem Vektorzeichenprogramm wie dem freien Inkscape. Das hat den Vorteil, dass Sie es jederzeit in Bitmaps beliebiger Größe und Pixeldichte konvertieren können. Android kennt zwar Vektorgrafiken, allerdings keine *.svg*-Dateien (*Scalable Vector Graphics*), sondern ein eigenes, *Vector Drawable* genanntes Format (*.xml*). Immerhin können Sie Android Studio für die Umwandlung verwenden. Klicken Sie hierzu im Werkzeugfenster PROJECT den Knoten RES mit der rechten Maustaste an, und wählen Sie dann NEW • VECTOR ASSET. Daraufhin öffnet sich das in Abbildung 3.11 dargestellte Fenster ASSET STUDIO. Markieren Sie LOCAL FILE (SVG, PSD). Jetzt können Sie mit dem Ordner-Symbol ( ) eine *.psd*- oder *.svg*-Datei importieren. Nach dem Schließen des Assistenten mit FINISH finden Sie die konvertierte Datei unter *res\drawable*.

Hinweis

Leider kann Android Studio .svg-Dateien manchmal nur unvollständig oder überhaupt nicht importieren. In so einem Fall enthält die Grafik nicht unterstützte Elemente. Zum Glück finden sich im Internet viele Tools für die Umwandlung, sowohl online als auch zum Herunterladen.

Um ein Vector Drawable als App-Icon verwenden zu können, sind noch ein paar Eingaben erforderlich. Diese sehen wir uns nun an. Mit Android 8.0 hat Google adaptive Launcher-Symbole eingeführt. Die Idee war, auf unterschiedlichen Gerätemodellen verschiedene Formen (zum Beispiel Kreise oder abgerundete Quadrate) anzeigen zu können.

Um Ihrem Projekt ein solches Icon hinzuzufügen, klicken Sie im Werkzeugfenster PROJECT den Knoten RES mit der rechten Maustaste an und wählen dann NEW • IMAGE ASSET. Daraufhin öffnet sich das in Abbildung 3.12 dargestellte Fenster.

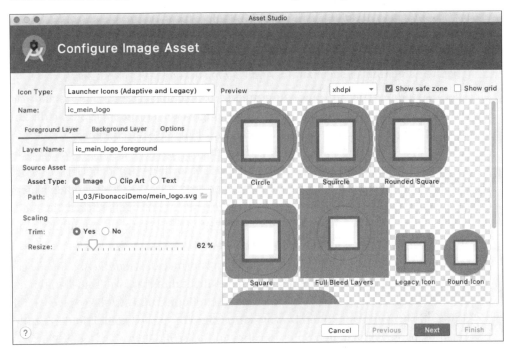

Abbildung 3.12 Ein App-Icon erstellen

Mit ICON TYPE legen Sie die Art des zu erstellenden Icons fest. Um moderne und ältere Geräte zu unterstützen, sollten Sie LAUNCHER ICONS (ADAPTIVE AND LEGACY) auswählen. Adaptive Icons bestehen aus Vorder- und Hintergrundebenen. Sie werden auf den Registerkarten FOREGROUND LAYER und BACKGROUND LAYER konfiguriert. Unter OPTIONS können Sie das Erstellen von Icons für ältere Geräte sowie den Play

Store beeinflussen. Deaktivieren Sie hier eine Icon-Art (beispielsweise GOOGLE PLAY STORE ICON), erscheint sie (natürlich) nicht mehr in der Vorschau. Geben Sie bei NAME den Bezeichner an, mit dem Sie die Grafik in der Manifestdatei, die ich gleich erklären werde, ansprechen möchten, zum Beispiel »ic_mein_logo«. NEXT bringt Sie auf die zweite Seite des Assistenten; hier sehen Sie, welche Artefakte generiert und wo diese gespeichert werden. Mit FINISH beenden Sie den Assistenten.

Der Name des Programmstarter-Icons ohne Dateiendung wird als Wert des Attributs android:icon in die Manifestdatei (*AndroidManifest.xml*) eingetragen. android:icon= "@mipmap/ic_mein_logo" repräsentiert somit alle Dateien, die mit dem Asset Studio generiert wurden, wenn Sie im Feld NAME »ic_mein_logo« eingegeben haben. Das runde Icon setzen Sie mit android:roundIcon=.

Damit sich Kunden über Ihr Programm informieren können, sollten Sie den Aufbau einer kleinen Seite im Internet in Erwägung ziehen. Entsprechende Hosting-Angebote kosten nur wenig Geld. Neben der Möglichkeit, Werbung für Ihr Produkt zu machen, ist dies der ideale Ort für Frequently Asked Questions sowie Tipps und Tricks. Die *Google Play Console*, die ich Ihnen später vorstelle, sieht die Eingabe von Kontaktdaten wie Website und E-Mail-Adresse ohnehin vor. Jetzt haben Sie fast alle Stationen auf dem Weg zum fertigen Produkt absolviert. Sie müssen Ihr Programm nur noch digital signieren und als sogenanntes *Application Package* (APK) exportieren.

Hierbei handelt es sich um eine komprimierte Installationsdatei, die alle Bestandteile einer App, also Klassen, Ressourcen sowie sonstige Artefakte, bündelt. Sie hat die Endung *.apk*. Sobald Sie eine Anwendung aus der IDE heraus starten, generiert Android Studio automatisch ein solches Archiv und signiert es mit einem speziellen Entwicklerzertifikat. Hierfür werden Tools des Android SDK sowie des JDK benötigt. All das ist für Sie als Programmierer völlig transparent und läuft, wie Sie bereits gesehen haben, ohne weiteres Zutun ab. Um ein verteilbares Archiv zu erzeugen, klicken Sie in der Menüleiste auf BUILD • GENERATE SIGNED BUNDLE / APK. Sie sehen daraufhin den in Abbildung 3.13 dargestellten gleichnamigen Dialog.

Dieser bewirbt ein alternatives Veröffentlichungsformat, das *Android App Bundle* genannt wird. Solche Dateien können und sollen nicht direkt auf Android-Geräten installiert werden. Sie dienen vielmehr als Beschreibung und Artefakt-Speicher für Stores, die bei einer konkreten Download-Anfrage ein speziell konfektioniertes APK generieren und bereitstellen. Sofern Sie Ihre App ausschließlich über Google Play vertreiben möchten, sollten Sie deshalb auf dieses Format setzen.

In beiden Fällen müssen Sie auf der Folgeseite (Abbildung 3.14) des Assistenten bei KEY STORE PATH den Pfad zu einem bereits vorhandenen Schlüsselbund angeben oder durch Klicken auf CREATE NEW einen solchen erzeugen. Im dann erscheinenden Dialog NEW KEY STORE tragen Sie bei KEY STORE PATH den gewünschten absoluten Dateinamen (einschließlich Pfad) ein, beispielsweise *C:\Users\tkuen\OneDrive\Dokumente\Android-Keyring*.

Abbildung 3.13 Der Dialog »Generate Signed Bundle or APK«

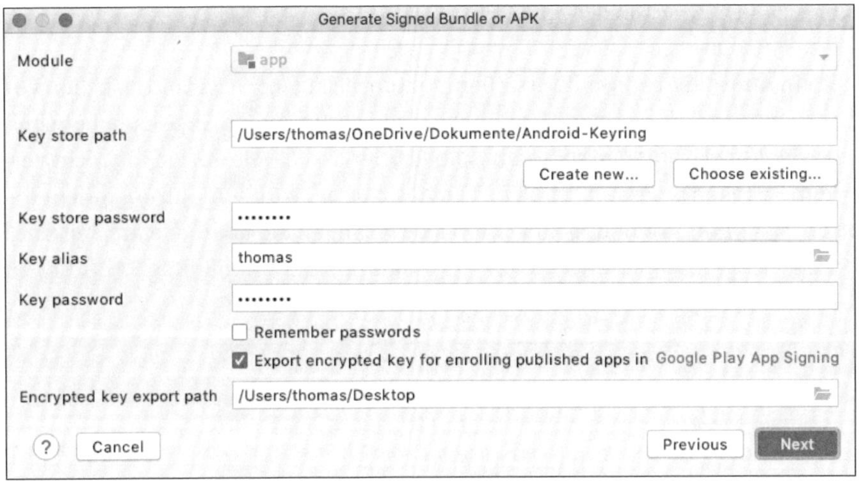

Abbildung 3.14 Den zu verwendenden Schlüsselbund auswählen (Android App Bundle)

Vergeben Sie anschließend ein Passwort, um den Zugriff auf den Keystore abzusichern. Des Weiteren müssen Sie einige Daten zu dem Schlüssel eintragen, mit dem Ihre App später signiert werden soll. Hierzu gehören ein weiteres Passwort, die Gültigkeitsdauer in Jahren sowie einige Angaben zu Ihnen oder Ihrer Firma. Bitte achten Sie darauf, dass Ihr Schlüsselbund mindestens 25 Jahre gültig ist[1]. Nachdem Sie auf OK geklickt haben, werden der Pfad zu dem Schlüsselbund, der KEY ALIAS sowie die beiden Passwörter in den Dialog GENERATE SIGNED BUNDLE OR APK übernommen. Hatten Sie stattdessen CHOOSE EXISTING angeklickt, müssen Sie die Werte selbst eintragen.

---

1 *https://developer.android.com/studio/publish/app-signing*

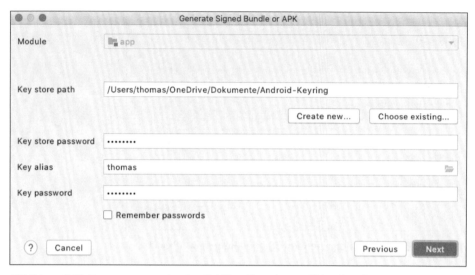

Abbildung 3.15 Den zu verwendenden Schlüsselbund auswählen (APK)

Wenn Sie ein Android App Bundle erstellen, sollten Sie auf jeden Fall ein Häkchen vor EXPORT ENCRYPTED KEY ... setzen und in der Zeile darunter den Exportpfad einstellen. Dieser Schlüssel ist für den späteren Upload unerlässlich. Sie dürfen ihn nicht verlieren. Beim Erstellen eines APK ist beides nicht sichtbar. In diesem Fall entspricht die Seite des Assistenten Abbildung 3.15. Mit NEXT gelangen Sie auf die letzte Seite des Assistenten. Sie ist in Abbildung 3.16 (bei App Bundles) bzw. Abbildung 3.17 (APK) zu sehen.

Abbildung 3.16 Build-Variante auswählen (Android App Bundle)

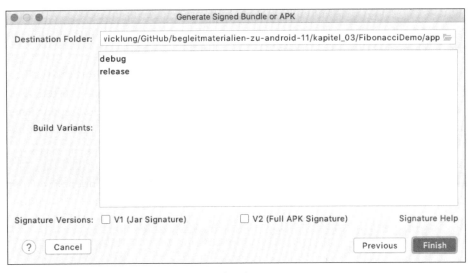

Abbildung 3.17 Build-Variante auswählen (APK)

Sie können das Verzeichnis auswählen, in dem das Application Package bzw. das Android App Bundle abgelegt werden soll. Als BUILD TYPE lassen Sie RELEASE eingestellt. Achten Sie beim Erstellen eines APK darauf, dass mindestens V1 (JAR SIGNATURE) mit einem Häkchen versehen wurde. V2 (FULL APK SIGNATURE) wurde mit Android 7.0 eingeführt. Als Vorteile werden schnellere Installationszeiten sowie ein besserer Schutz gegen Manipulationen an der Installationsdatei aufgeführt. Falls es beim Hochladen eines auf diese Weise signierten APKs zu Fehlermeldungen kommt, nutzen Sie bitte V1 (JAR SIGNATURE). FINISH schließt den Vorgang ab.

> **Hinweis**
> Es ist sehr wichtig, Keystore und Schlüssel sicher zu verwahren und die darin enthaltenen Passwörter nicht preiszugeben. Andernfalls könnten Dritte Apps in Ihrem Namen verbreiten.

3.3.2 Apps in Google Play einstellen

Die von Google favorisierte Distributionsform von Apps ist die Verteilung über *Google Play*. Auf den meisten Android-Smartphones ist eine entsprechende Anwendung (*Play Store*) vorinstalliert. Sie erlaubt das Auswählen, Herunterladen und gegebenenfalls Bezahlen von Programmen. Gleich nach der Registrierung unter *https://play.google.com/apps/publish*, für die eine einmalige Gebühr von derzeit 25 US$ zu entrichten ist, können Sie in der *Google Play Console* (Abbildung 3.18) Apps einstellen. In ihr geben Sie die Beschreibung ein, die der Besucher beim Stöbern im Anwendungskatalog sieht. Sie können Bildschirmfotos und Videoclips hinterlegen, gegebenenfalls den Preis Ihres Programms ändern und Neuerungen gegenüber der letzten Version erfassen.

Regelmäßige Aktualisierungen gehören übrigens zum guten Ton. Natürlich sollten Sie Ihre Nutzer nicht jedem zweiten Tag eine neue Version vor die Nase setzen. Aber zügige Fehlerbeseitigungen sind Pflicht. Und sinnvolle Erweiterungen freuen sicher auch viele Anwender. Ganz wichtig ist aber, bei Verfügbarkeit einer neuen Android-Version genau zu prüfen, ob sich Ihre App in allen Belangen noch wie gewünscht verhält. Außerdem aktualisiert Google gelegentlich die Anforderungen an die `targetSdk-Version` bei neuen Apps sowie App-Updates. Informationen hierzu finden Sie auf der Seite *https://support.google.com/googleplay/android-developer/answer/113469#targetsdk*.

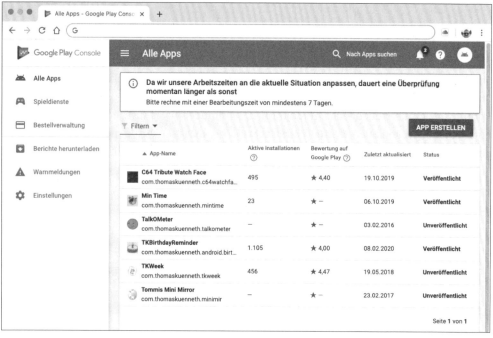

Abbildung 3.18 Die Google Play Console

Der Verkauf von Programmen kann im Idealfall zu erklecklichen Einnahmen führen. Leider bleiben aber auch unzählige exzellente Apps weitgehend unbeachtet. Im Hinblick auf immer wieder auftauchende Geschichten à la »Vom Tellerwäscher zum Millionär« möchte ich Ihnen deshalb ans Herz legen, mit nicht zu hohen Erwartungen ins Rennen zu gehen. Ob und wie gut sich eine Anwendung verkauft, ist von vielen Faktoren abhängig, die sich nur schwer kalkulieren lassen. Bitte prüfen Sie aber dennoch, wie Sie in steuerlicher oder abgabetechnischer Hinsicht mit solchen Einnahmen umzugehen haben.

> **Tipp**
> Sofern Sie für Ihre App eine eigene Website betreiben, sollten Sie überlegen, wie Sie diese für Suchmaschinen optimieren können. Das Internet bietet reichlich Tipps und Tricks zu diesem Thema. Eine weitere Möglichkeit ist, gezielt Werbung für die App zu schalten, was freilich mit Kosten verbunden ist.

Ein letzter, wichtiger Punkt: Die Nutzung vieler Funktionen (beispielsweise SMS senden, auf Peripherie zugreifen oder eine Nummer ohne Benutzerinteraktion wählen) muss in Form von Berechtigungen angefordert werden. Vor Android 6 wurden diese während der Installation eines Programms angezeigt, sodass der Nutzer im Vorfeld schon sah, was eine App tun möchte. Allerdings konnte der Anwender nicht gezielt Berechtigungen erteilen oder verwehren, es gab nur »ganz oder gar nicht«. Mittlerweile können Berechtigungen zur Laufzeit angefragt werden. Wie das funktioniert, erfahren Sie in Kapitel 4, »Wichtige Grundbausteine von Apps«.

Prüfen Sie auf jeden Fall sorgfältig, welche Berechtigungen Ihre App benötigt. Die Anwender reagieren mit harscher Kritik, wenn sich ein Programm ihrer Meinung nach zu viele oder nicht gerechtfertigte Zugriffsmöglichkeiten einräumen möchte, ganz egal, ob das zur Installations- oder zur Laufzeit geschieht.

Warum Google Play nicht die einzige Vertriebsplattform für Ihre Software ist und wie Sie sich zusätzliche Einnahmequellen erschließen können, beschreibe ich im folgenden Abschnitt.

3.3.3 Alternative Märkte und Ad-hoc-Verteilung

Android steht als offene Plattform jedem Gerätehersteller zur Verfügung. Allerdings sind nicht alle Komponenten Bestandteil des Open-Source-Pakets. Deren Bereitstellung knüpft der Suchmaschinenprimus an bestimmte Bedingungen, die kleinere Hersteller möglicherweise nicht erfüllen. Aber auch gesetzliche Auflagen können Anbieter von wichtigen Teilen des Android-Stapels abschneiden. Beispielsweise darf das chinesische Unternehmen HUAWEI die Google Play Services nicht nutzen. Somit steht Google Play auf dessen Geräten nicht zur Verfügung.

Hersteller hatten schon früher aus der Not eine Tugend gemacht und alternative Softwareportale inklusive App für das mobile Gerät geschaffen. Auch Netzwerkbetreiber erhofften sich in solchen »Läden« eine lukrative Einnahmequelle. In diesem Zusammenhang hat sich der Begriff *Secondary Market* etabliert. Er fasst alle Angebote jenseits des Google-Pendants zusammen. Grundsätzlich wären solche alternativen Programmkataloge für Sie als Entwickler als zusätzliche Vertriebsplattform für Ihr Produkt interessant. Allerdings dürfte Ihnen ab einer bestimmten Anzahl zu beliefernder Stores ein logistisches Problem drohen – mit jeder neuen Programmversion müssten Sie Ihr Angebot in jedem einzelnen App Store aktualisieren. Langfristig als Alternative zu Google Play etablieren konnte sich nur Amazons App Store. Informationen zu Amazons Angeboten für Entwickler finden Sie unter *https://developer.amazon.com/de/apps-and-games*.

Wenn Sie wie weiter oben beschrieben eine Internetpräsenz für Ihre App aufgesetzt haben, kann die signierte Installationsdatei auch dort bereitgestellt und unmittelbar im Browser des Smartphones heruntergeladen werden. Das geht ganz einfach mithilfe des üblichen `<a href="">...</a>`. Allerdings müssen Nutzer dies unter Apps und Benachrichtigungen • Spezieller App-Zugriff • Installieren unbekannter Apps freigeschaltet haben.

Auch unter Android Studio ist die Installation fremder Anwendungen möglich. Schließen Sie hierzu das Gerät mit dem USB-Kabel an Ihren Rechner an, und öffnen Sie das Werkzeugfenster Terminal. Geben Sie einfach folgendes Kommando ein:

```
adb install <Installationsdatei>
```

3.4 Zusammenfassung

In diesem Kapitel habe ich Ihnen gezeigt, wie Sie Ihre eigene App von der Idee zum fertigen Produkt entwickeln. Dabei ist die Konzeptionsphase genauso wichtig wie das Programmieren. Ein strukturiertes Vorgehen hilft Ihnen nicht nur, Fehler zu vermeiden, sondern zahlt sich auch aus, wenn es um das Veröffentlichen in Google Play geht.

TEIL II

Elementare Anwendungsbausteine

Kapitel 4
Wichtige Grundbausteine von Apps

In diesem Kapitel lernen Sie drei wichtige Bausteine von Android-Apps genauer kennen: Activities, Broadcast Receiver und Fragmente. Fragmente und Activities strukturieren die App für den Anwender sichtbar, Broadcast Receiver arbeiten hinter den Kulissen.

Die Bildschirme von Smartphones sind im Vergleich zu den Anzeigen von Notebooks oder Desktop-Systemen klein. Beim Bau von Apps müssen Sie sich deshalb überlegen, welche Informationen Sie dem Benutzer zu welchem Zeitpunkt präsentieren. Tablets wiederum bieten genügend Platz für die gleichzeitige Darstellung von Dokumentbereichen, Symbol- und Werkzeugleisten sowie Menüs. Die Herausforderung für Sie als Entwickler besteht darin, jeden Formfaktor so gut wie möglich zu unterstützen. Das Bewegen innerhalb des Programms, die Navigation, sollte für Ihre Anwender dabei logisch und in sich schlüssig sein, damit diese Ihr Werk nicht frustriert zur Seite legen. Android fördert die saubere Strukturierung einer App durch Activities und Fragmente.

4.1 Was sind Activities?

In den ersten drei Kapiteln haben Sie schon kurz Bekanntschaft mit Activities gemacht. Diese in sich geschlossenen Komponenten beinhalten in der Regel eine Benutzeroberfläche und repräsentieren Aktionen wie *Anruf tätigen*, *SMS senden*, *Termindetails bearbeiten* oder *Monatskalender anzeigen*. Jeder Activity steht ein Bereich für ihre Bedienelemente zur Verfügung, der normalerweise den Bildschirm ausfüllt. Er kann aber auch kleiner sein und über anderen schweben.

4.1.1 Struktur von Apps

Eine App besteht häufig aus mehreren Activities. In welcher Reihenfolge diese aufgerufen werden, kann von Aktionen des Benutzers abhängen – wenn er beispielsweise einen Befehl in der Action Bar antippt – oder durch die Programmlogik vorgegeben sein. Wird in einer Activity eine Liste von Kontakten angezeigt, so führt das Antippen eines Listenelements zur Detailansicht. Hier navigiert der Anwender nicht bewusst zu einer anderen »Seite«, sondern das Programm tut dies für ihn. Jede App sollte eine

Hauptaktivität haben, die beim ersten Programmstart aufgerufen wird. Oftmals handelt es sich hierbei um eine Art Menü- oder Auswahlseite, die zu den eigentlichen Modulen oder Unterseiten verzweigt.

Der Fluss innerhalb einer App und über Anwendungsgrenzen hinweg entsteht also unter anderem durch das Starten von Folgeaktivitäten. Die zu diesem Zeitpunkt ausgeführte Activity wird vom System angehalten und auf einen Stapel, den sogenannten *Back Stack*, gelegt. Drückt der Benutzer die ZURÜCK-Schaltfläche (mit der Einführung von Android 3 wurde sie »virtualisiert« und erscheint als Element der *System Bar*), führt die entsprechende Wischgeste aus oder wird die aktive Activity auf eine andere Weise beendet, entfernt das System sie von diesem Stapel und reaktiviert die »darunterliegende«. Ausführliche Informationen dazu finden Sie in Abschnitt 4.1.2, »Lebenszyklus von Activities«.

Manifestdatei

Zu jeder Android-App gehört mindestens eine Beschreibungsdatei mit dem Namen *AndroidManifest.xml*, die eine Liste der Komponenten enthält, aus denen das Programm besteht. Außerdem werden in ihr die benötigten Berechtigungen, etwaige Anforderungen an die Hardware sowie bestimmte zusätzlich verwendete Bibliotheken vermerkt. Früher mussten Sie in dieser Datei auch Angaben zur mindestens nötigen oder gewünschten Android-Version machen. Seit dem Wechsel auf Android Studio und Gradle wird diese Information stattdessen in der Datei *build.gradle* eingetragen (siehe Abschnitt 2.1.2, »Projektstruktur«). Während des Build-Vorgangs entsteht automatisch das fertige Manifest.

Projekte können aus einem oder mehreren Modulen bestehen. Zu jedem Modul gehört eine *build.gradle*-Datei. Auch das Manifest ist in jedem Modul vorhanden. Hierzu ein Beispiel: Beim Anlegen von *Hallo Android* in Kapitel 2 wurde vom Projektassistenten im Projektverzeichnis *Hallo_Android* das Modul *app* erzeugt. Die modulspezifische *build.gradle*-Datei befindet sich unter ...*Hallo_Android**app*. Die Manifestdatei *AndroidManifest.xml* finden Sie im Verzeichnis ...*Hallo_Android**app**src**main*. Sie ist in Listing 4.1 zu sehen.

```
<?xml version="1.0" encoding="utf-8"?>
<manifest xmlns:android="http://schemas.android.com/apk/res/android"
    package="com.thomaskuenneth.androidbuch.halloandroid">
    <application
        android:allowBackup="false"
        android:icon="@mipmap/ic_launcher"
        android:label="@string/app_name"
        android:roundIcon="@mipmap/ic_launcher_round"
        android:supportsRtl="true"
        android:theme="@style/AppTheme">
```

```xml
    <activity android:name=".MainActivity">
      <intent-filter>
        <action android:name="android.intent.action.MAIN" />
        <category android:name="android.intent.category.LAUNCHER" />
      </intent-filter>
    </activity>
  </application>
</manifest>
```

Listing 4.1 Die Datei »AndroidManifest.xml«

Das Attribut package erhält seinen Wert aus dem Feld PACKAGE NAME des Assistenten zum Anlegen von Projekten. Die zum Tag <application /> gehörenden Attribute android:icon, android:roundIcon sowie android:label legen Anwendungssymbol und Titel fest. android:theme beeinflusst das Aussehen der App. Der Wert referenziert einen Eintrag in der Datei *styles.xml* im Unterverzeichnis *res/values*. Dort wird festgelegt, dass die App ein von Theme.AppCompat.Light.DarkActionBar abgeleitetes, eigenes Theme nutzt.

Für jede Activity enthält das Manifest ein Element <activity />, dessen zwingend vorhandenes Attribut android:name den Klassennamen beinhaltet. Haben Sie den führenden Punkt vor MainActivity bemerkt? Er ist ein Hinweis auf einen fehlenden Paketteil. In so einem Fall wird der Inhalt des Attributs package eingefügt. Auch Activities können einen Titel haben, der üblicherweise in der *Action Bar* im oberen Bereich des Bildschirms erscheint. Sie setzen ihn mit android:label, er darf aber, wie in meinem Beispiel, auch fehlen. Gleiches gilt für das Icon: Sind Icon oder Label nicht vorhanden, greift Android auf die gleichnamigen Attribute des <application />-Tags zurück.

Mehr über die Bedeutung von android:allowBackup erfahren Sie in Kapitel 9, »Dateien lesen, schreiben und drucken«. Auch die ausführliche Erläuterung des Elements <intent-filter /> muss noch etwas warten. Fürs Erste soll der Hinweis genügen, dass Sie auf diese Weise eine Activity zur Hauptaktivität machen, die sich über den Programmstarter oder eine Verknüpfung auf dem Home Screen aufrufen lässt.

Trennung von Programmlogik und Ressourcen

Das Element <application /> meiner Beispiel-Manifestdatei enthält das Attribut android:label. Dessen Wert ist die Zeichenkette @string/app_name. Die Datei *strings.xml* im Verzeichnis *res/values* enthält Schlüssel-Wert-Paare, die einem Bezeichner eine Zeichenkette zuordnen. Der Wert des Attributs android:label ergibt sich also aus dem Schlüssel app_name, der in *strings.xml* eingetragen wurde. Beim Anlegen eines Projekts wird der im Projektassistenten eingetragene Name der App übernommen.

Die Speicherung von Texten an einem zentralen Ort hat mehrere Vorteile, beispielsweise werden identische Textteile leichter entdeckt, als wenn diese in den Quelltexten der Klassen verborgen sind. Damit lässt sich – wenn auch in eher bescheidenem Umfang – Speicherplatz sparen. Außerdem macht die Trennung von Daten und Programmlogik die Internationalisierung, also die Übersetzung einer App in verschiedene Sprachen, viel einfacher.

Hierzu wird für jede zu unterstützende Sprache im Ordner *res* ein Verzeichnis angelegt, dessen Name mit *values-* beginnt und mit dem ISO-Sprachschlüssel endet. Für Deutsch ist dieser Schlüssel *de*, das Verzeichnis muss also *values-de* heißen. Jeder dieser Ordner erhält eine eigene Version von *strings.xml*, deren Bezeichner stets gleich sind. Die Texte hingegen liegen in den jeweiligen Sprachen vor. Texte in der Standardsprache verbleiben in *values*; für *Hallo Android* wurde Deutsch als Standardsprache verwendet. Zur Erinnerung zeigt Listing 4.2 nochmals einen kurzen Auszug:

```
<?xml version="1.0" encoding="utf-8"?>
<resources>
    ...
    <!-- Willkommensmeldung -->
    <string name="welcome">
Guten Tag. Schön, dass Sie mich gestartet haben.
Bitte verraten Sie mir Ihren Namen.
    </string>
    ...
```

Listing 4.2 Auszug aus der Datei »strings.xml« des Projekts »Hallo_Android«

Um eine App ins Englische zu übersetzen, müssen Sie im Verzeichnis *res* den Ordner *values-en* anlegen. Anschließend erzeugen Sie in diesem eine lokalisierte Version der Datei *strings.xml*. Hierbei unterstützt Android Studio Sie: Klicken Sie im Werkzeugfenster PROJECT die Datei *strings.xml* mit der rechten Maustaste an, und wählen Sie dann OPEN TRANSLATIONS EDITOR.

Der *Translations Editor* ist in Abbildung 4.1 zu sehen. Sein Globussymbol öffnet ein Pop-up, in dem Sie die gewünschte Sprache auswählen können: Klicken Sie auf ENGLISH (EN). Einträge, für die Sie noch keine Übersetzung hinterlegt haben, erscheinen in roter Schrift. Falls eine Zeichenkette nicht übersetzt werden kann, setzen Sie in der korrespondierenden Zeile ein Häkchen bei UNTRANSLATABLE. Die entsprechende Tabellenspalte ist unter Umständen so schmal, dass Sie nur UNT... lesen können. Ziehen Sie sich die Spalten einfach in die gewünschte Breite.

Bei Projekten, die Sie nicht weitergeben müssen, lohnt sich der Aufwand, Texte zu übersetzen, sehr wahrscheinlich nicht. In diesem Fall können Sie mit genau einer Version von *strings.xml* arbeiten und diese im Verzeichnis *values* belassen. Planen Sie hingegen eine Veröffentlichung in Google Play, rate ich Ihnen, als Standardsprache auf Englisch zu setzen, denn auf diese Weise maximieren Sie die Zahl potenzieller Nutzer. Tragen Sie hierzu in die Datei *values/strings.xml* stets englische Texte ein, und fügen Sie in *values-de/strings.xml* entsprechende deutsche Übersetzungen hinzu.

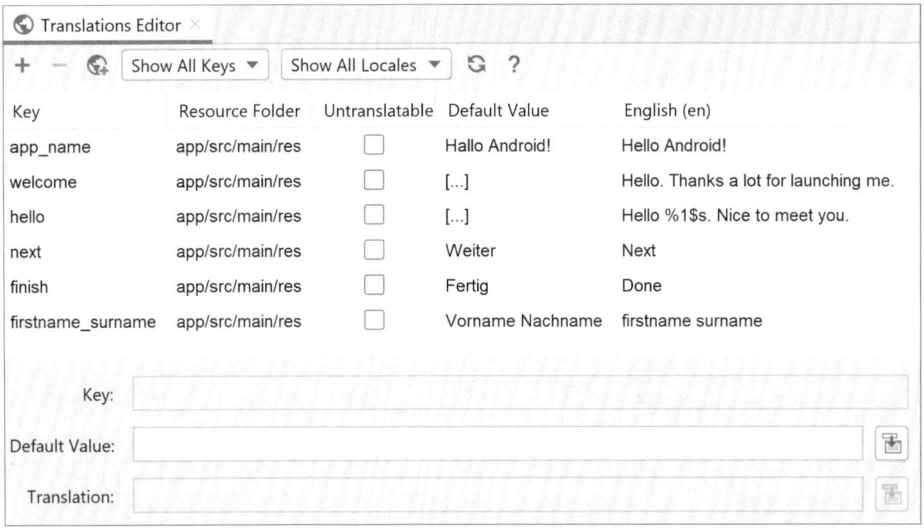

Key	Resource Folder	Untranslatable	Default Value	English (en)
app_name	app/src/main/res	☐	Hallo Android!	Hello Android!
welcome	app/src/main/res	☐	[...]	Hello. Thanks a lot for launching me.
hello	app/src/main/res	☐	[...]	Hello %1$s. Nice to meet you.
next	app/src/main/res	☐	Weiter	Next
finish	app/src/main/res	☐	Fertig	Done
firstname_surname	app/src/main/res	☐	Vorname Nachname	firstname surname

Abbildung 4.1 Der Translations Editor

Grundsätzlich gilt: Wenn für die aktuell eingestellte Systemsprache eine Datei *strings.xml* existiert und diese den benötigten Bezeichner enthält, wird der ihm zugeordnete Text verwendet. Andernfalls greift Android auf *strings.xml* in *values* zu. Das bedeutet: Alle referenzierten Bezeichner müssen sich für die Standardsprache auflösen lassen. Gelingt dies nicht, wirft die App zur Laufzeit einen Fehler. Lokalisierungen, also Übersetzungen in andere Sprachen, müssen hingegen nicht vollständig vorliegen.

Übrigens können Sie bequem testen, ob Ihr Programm die erwarteten Texte ausgibt. Gehen Sie im Emulator oder einem echten Gerät in den EINSTELLUNGEN auf die Seite SYSTEM • SPRACHEN UND EINGABE • SPRACHEN. Fügen Sie dann eine neue Sprache hinzu, und schieben Sie diese ganz nach oben (Abbildung 4.2).

Die Werte der Manifestattribute `android:icon` und `android:roundIcon` werden auf ganz ähnliche Weise aufgelöst. Wie Sie bereits wissen, enthält der Ordner *res* mehrere Unterverzeichnisse, die mit *drawable* oder *mipmap* beginnen. *.png-*, *.jpg-* und *.gif*-Bitmaps sowie Vektorgrafiken, die dorthin kopiert werden, sind über `@mipmap/<xyzz>` (Launcher-Icon) und `@drawable/<xyz>` (alle übrigen) erreichbar. `<xyz>` ist der Dateiname ohne Erweiterung.

Abbildung 4.2 Die bevorzugte Sprache auswählen

Auf Ressourcen zugreifen

Android stellt zahlreiche Methoden zur Verfügung, um auf Ressourcen zuzugreifen. Die folgende Activity zeigt einige Beispiele. Sie gehört zu dem Projekt *ZugriffAufRessourcen*.

```
package com.thomaskuenneth.androidbuch.zugriffaufressourcen

import android.os.Bundle
import android.widget.TextView
import androidx.appcompat.app.AppCompatActivity
import java.util.*

class ZugriffAufRessourcenActivity : AppCompatActivity() {
  override fun onCreate(savedInstanceState: Bundle?) {
    super.onCreate(savedInstanceState)
    setContentView(R.layout.activity_main)
    val view = findViewById<TextView>(R.id.textview)
```

```
    view.append("getString(R.string.app_name): "
        + getString(R.string.app_name))
    val cal: Calendar = Calendar.getInstance()
    view.append("\n\n" + getString(R.string.datum,
        "Heute ist der",
        cal.get(Calendar.DAY_OF_YEAR),
        cal.get(Calendar.YEAR)))
    val b1 = resources.getBoolean(R.bool.bool1)
    val b2 = resources.getBoolean(R.bool.bool2)
    view.append("\n\nb1=$b1, b2=$b2")
    view.append("\n\nadams=${resources.getInteger(R.integer.adams)}")
    view.setTextColor(resources.getColor(R.color.eine_farbe, theme))
  }
}
```

Listing 4.3 Die Klasse »ZugriffAufRessourcenActivity«

Die Activity gibt vier Zeilen aus, nämlich den Namen der App, den aktuellen Tag des Jahres (nebst Jahr), zwei `Boolean`-Werte und eine Zahl vom Format `Int`. Damit Ihre App funktioniert, müssen Sie die Ressourcen Ihres Programms erweitern. Fügen Sie in *strings.xml* diese Zeile ein:

```
<string name="datum">%1$s %2$d. Tag des Jahres %3$d</string>
```

Zur Laufzeit der App wird daraus zum Beispiel der Text »Heute ist der 117. Tag des Jahres 2020«. Ich habe einen Teil des auszugebenden Strings im Quelltext belassen, um Ihnen die Nachvollziehbarkeit zu erleichtern. In Ihrer App würden Sie auch den Text »Heute ist der« auslagern. Dem Bezeichner `datum` in *strings.xml* wird ein Text mit drei Platzhaltern zugewiesen. Die Ziffern 1, 2 und 3 hinter Prozentzeichen geben die Reihenfolge an, in der sie beim Aufruf der Methode `getString(R.string.datum, ...)` mit Inhalten gefüllt werden. Die Buchstaben `s` und `d` hinter Dollarzeichen kennzeichnen den Typ; `s` steht für String und `d` für Dezimalzahl.

Auf diese Weise können Sie Texte mit Werten anreichern, die erst zur Laufzeit bekannt sind. Übrigens müssen Sie bei der Übersetzung in andere Sprachen nicht auf die Reihenfolge der Platzhalter achten, weil Sie durch die Angabe der Ziffer ja festlegen, auf welchen Parameter in `getString()` Sie sich beziehen. Das ist nicht nur bei Monats- und Jahresangaben sehr praktisch.

Der dritte `view.append()`-Aufruf fügt dem Textfeld zwei `Boolean`-Werte hinzu, die mit dem Ausdruck `resources.getBoolean()` ermittelt werden. Aber woher kommen die beiden Bezeichner `bool1` und `bool2`? Falls Sie das Projekt nicht aus den Begleitmaterialien übernommen haben, erzeugen Sie im Ordner *res/values* die Datei *diverses.xml*, und fügen Sie die folgenden Zeilen ein:

```xml
<?xml version="1.0" encoding="utf-8"?>
<resources>
  <bool name="bool1">true</bool>
  <bool name="bool2">false</bool>
</resources>
```

Listing 4.4 »diverses.xml«

Sogenannte *einfache Ressourcen* werden über ihr name-Attribut referenziert. Neben Boolean-Werten gibt es unter anderem Farben und Integer. Die folgende Zeile weist dem Bezeichner adams die Zahl 42 zu:

```xml
<integer name="adams">42</integer>
```

Der Zugriff in Kotlin ähnelt dem Auslesen von boolean-Werten:

```
view.append("\n\nadams=${resources.getInteger(R.integer.adams)}")
```

Um eine Farbe zu definieren, verwenden Sie das XML-Tag <color />. Das folgende Beispiel weist dem Bezeichner eine_farbe den Hexadezimalwert ff123456 zu. Das erste Byte (ff) legt den Alpha-Wert, also die Deckkraft, fest. ff (= 255) bedeutet »vollständig undurchsichtig«. Die nachfolgenden Werte 12, 34 und 56 geben jeweils den Rot-, Grün- und Blauanteil an.

```xml
<color name="eine_farbe">#ff123456</color>
```

Sie können adams und eine_farbe in einer XML-Datei mit frei wählbarem Namen ablegen; ich habe der Einfachheit halber *diverses.xml* verwendet. Übrigens zeigt Android Studio im Texteditor am linken Rand eine Vorschau der Farbe, was in Abbildung 4.3 zu sehen ist.

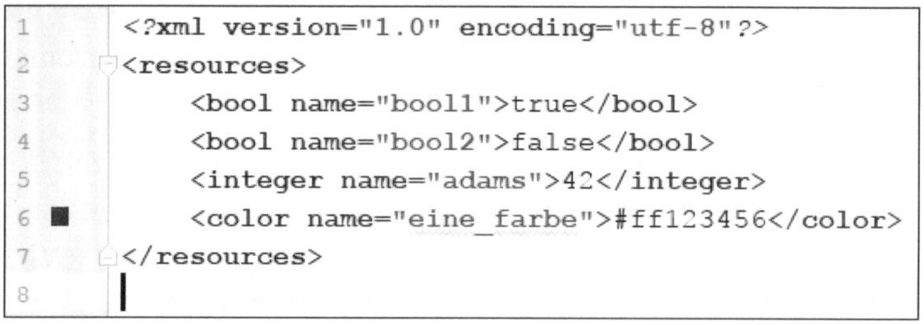

```
1  <?xml version="1.0" encoding="utf-8"?>
2  <resources>
3      <bool name="bool1">true</bool>
4      <bool name="bool2">false</bool>
5      <integer name="adams">42</integer>
6      <color name="eine_farbe">#ff123456</color>
7  </resources>
8
```

Abbildung 4.3 Farbdefinition mit Vorschau

Und so setzen Sie die Schriftfarbe eines Textfeldes auf den gerade eben definierten Wert:

```
view.setTextColor(resources.getColor(R.color.eine_farbe, theme))
```

Activities spiegeln für den Anwender die Funktionen Ihrer App wider. Ob ein Programm einfach zu bedienen ist, hängt gerade auf Smartphones nicht nur von der Ausgestaltung der Bedienoberfläche ab, sondern auch von seiner Navigierbarkeit: Wie schnell und intuitiv gelingt dem Benutzer das, was er mit der App erledigen wollte? Activity und davon abgeleitete Klassen versuchen, Sie als Entwickler beim Bau von einfach zu bedienenden Apps zu unterstützen. Im folgenden Abschnitt stelle ich Ihnen die Struktur und den Lebenszyklus von Activities ausführlicher vor.

4.1.2 Lebenszyklus von Activities

Activities werden sowohl vom System als auch von anderen Activities aufgerufen. Damit dies funktioniert, müssen Sie die Activities Ihrer App in der Manifestdatei eintragen. Jede Aktivität erhält ein eigenes <activity />-Element, dessen Attribut android:name auf den in der Regel voll qualifizierten Klassennamen verweist. Dieses Attribut muss zwingend vorhanden sein. Fehlt der Paketteil des Klassennamens (beginnt der Eintrag also mit einem Punkt), wird das im Attribut package eingetragene Paket substituiert.

Jede App sollte eine Hauptaktivität definieren, die beispielsweise beim Antippen des Programm-Icons im Anwendungsstarter aufgerufen wird. In der Manifestdatei fügen Sie ihr deshalb ein <intent-filter />-Element hinzu, dessen Kindelement <action /> die Activity als Haupteinstiegspunkt in die Anwendung kennzeichnet. <category /> sorgt dafür, dass die Activity im Programmstarter angezeigt wird. Der Assistent zum Anlegen von Projekten tut dies automatisch, außer Sie selektieren NO ACTIVITY. In diesem Fall wird dem Projekt gar keine Activity hinzugefügt.

```
<intent-filter>
  <action android:name="android.intent.action.MAIN" />
  <category android:name="android.intent.category.LAUNCHER" />
</intent-filter>
```

Die generierten Klassen sind recht einfach gehalten, demonstrieren aber die grundlegenden Vorgehensweisen beim Bau des ausgewählten Activity-Typs. Die Minimalvariante EMPTY ACTIVITY zeigt eine Oberfläche an, die in der Layoutdatei *activity_main.xml* definiert wird. Die Kotlin-Klasse sieht folgendermaßen aus:

```
package com.thomaskuenneth.androidbuch.test

import androidx.appcompat.app.AppCompatActivity
import android.os.Bundle

class MainActivity : AppCompatActivity() {
  override fun onCreate(savedInstanceState: Bundle?) {
```

```
    super.onCreate(savedInstanceState)
    setContentView(R.layout.activity_main)
  }
}
```

Listing 4.5 Vom Projektassistenten angelegte Klasse »MainActivity«

Activities leiten von `android.app.Activity` oder deren Kindern ab. Eines dieser Kinder ist die Klasse `androidx.appcompat.app.AppCompatActivity`. Sie ist nicht Bestandteil der Android-Klassenbibliothek, sondern gehört zu der Jetpack-Komponente *Appcompat*. Google stellt mit Jetpack eine Sammlung von Bibliotheken zur Verfügung, die eine Art Schale um die Klassenbibliothek bilden. Anstatt direkt auf Standardklassen zuzugreifen, können Apps Varianten dieser Klassen verwenden. Diese prüfen, ob eine bestimmte Funktion von der Plattform des Geräts zur Laufzeit angeboten wird. Wenn ja, wird diese genutzt (abgesehen von wenigen Ausnahmen, zum Beispiel Fragmente). Falls nicht, stellt die Bibliothek einen »Nachbau« zur Verfügung. Der Vorteil: Apps werden wesentlich unabhängiger von der Plattformversion und können trotzdem neue Funktionen nutzen. Der Nachteil ist, dass die Bibliothek mit jeder App ausgeliefert wird.

Lassen Sie uns wieder den Activities zuwenden. Die Methode `onCreate()` wird von praktisch jeder selbst geschriebenen Activity überschrieben. Android ruft sie während der Initialisierungsphase einer Aktivität auf, und sie erledigt normalerweise folgende Aufgaben:

1. Aufrufen der gleichnamigen Elternmethode
2. Initialisieren von Instanzvariablen
3. Setzen der Benutzeroberfläche
4. Wiederherstellen eines gespeicherten Zustands

Der Aufruf von `super.onCreate()` ist obligatorisch; unterbleibt er, wird zur Laufzeit eine `SuperNotCalledException` ausgelöst. Das Setzen der Benutzeroberfläche erfolgt typischerweise durch die Anweisung `setContentView()`. Der übergebene Parameter, zum Beispiel `R.layout.activity_main`, referenziert ein sogenanntes Layout. Es wird in einer gleichnamigen XML-Datei (beispielsweise *activity_main.xml*) gespeichert. Ausführliche Hinweise zum Bau der Benutzeroberfläche finden Sie in Kapitel 5, »Benutzeroberflächen«.

Einige Kindklassen von `Activity` setzen selbst ein Layout. Dies ist zum Beispiel bei `ListActivity` der Fall. Dann dürfen Sie `setContentView()` natürlich nicht aufrufen. Wie Sie solche Activities mit Daten füllen, entnehmen Sie bitte Googles Entwicklerdokumentation.

Zustand speichern und wiederherstellen

Das Wiederherstellen eines gespeicherten Zustands ist praktisch, um »Wiederanlaufzeiten« einer Activity zu optimieren. Wie Sie im folgenden Abschnitt noch ausführlicher sehen werden, startet und stoppt Android Activities unter bestimmten Umständen automatisch. Ein Grund ist der Orientierungswechsel, also das Drehen des Geräts vom Hochkant- in das Querformat (oder umgekehrt).

In so einem Fall beendet Android die laufende Activity und startet sie im Anschluss daran wieder. Was sich im ersten Moment vielleicht absurd anhört, ist durchaus praktisch. Denn oft möchte man die Benutzeroberfläche in Abhängigkeit von der Haltung des Geräts anordnen.

Um den Neustart zu beschleunigen, kann man beim Beenden einer Activity gewisse Daten, den sogenannten *Instance State*, in einem Zwischenspeicher ablegen, der bei einem erneuten Start übergeben wird. Wie das funktioniert, zeigt das Projekt *InstanceStateDemo*. Der an onCreate() übergebene Parameter savedInstanceState verweist auf diesen Zwischenspeicher. Er hat den Typ android.os.Bundle und sammelt Schlüssel-Wert-Paare. Als Schlüssel werden Strings verwendet. Werte können unter anderem primitive Datentypen sowie deren Felder sein, aber auch Datentypen, die das Interface android.os.Parcelable implementieren.

```
package com.thomaskuenneth.androidbuch.instancestatedemo

import android.os.Bundle
import android.util.Log
import androidx.appcompat.app.AppCompatActivity

private val TAG = InstanceStateDemoActivity::class.simpleName
class InstanceStateDemoActivity : AppCompatActivity() {

  override fun onCreate(savedInstanceState: Bundle?) {
    super.onCreate(savedInstanceState)
    setContentView(R.layout.activity_main)
    if (savedInstanceState == null) {
      Log.d(TAG, "savedInstanceState war null")
    } else {
      val time = System.currentTimeMillis() - savedInstanceState
          .getLong(TAG)
      Log.d(TAG, "wurde vor $time Millisekunden beendet")
    }
  }

  override fun onSaveInstanceState(outState: Bundle) {
```

```
        super.onSaveInstanceState(outState)
        outState.putLong(TAG, System.currentTimeMillis())
    }

    override fun onRestoreInstanceState(savedInstanceState: Bundle) {
        super.onRestoreInstanceState(savedInstanceState)
        Log.d(TAG, "onRestoreInstanceState()")
    }
}
```

Listing 4.6 Die Klasse »InstanceStateDemoActivity«

Wenn Sie die App starten, wird zunächst nur der Text »savedInstanceState war null« in LOGCAT ausgegeben. Ändern Sie nun die Orientierung des Emulators, indem Sie die Symbole ⟲ oder ⟳ der Emulator-Steuerleiste anklicken. Android beendet daraufhin die Activity und startet sie neu. Da dieses Mal die `Bundle`-Referenz nicht mehr `null` ist, ändert sich die Konsolenausgabe: Die App gibt in Millisekunden die Zeit aus, die seit dem letzten Beenden vergangen ist.

Um Daten beim Beenden Ihrer Activity in einem Bundle abzulegen, überschreiben Sie die Methode `onSaveInstanceState()` und nutzen die `put...()`-Methoden der übergebenen `Bundle`-Referenz. Innerhalb von `onCreate()` verwenden Sie korrespondierende `get...()`-Aufrufe, um Daten wieder auszulesen. Beachten Sie hierbei aber, dass die Referenz `null` sein kann. Um `NullPointerException`s zu vermeiden, müssen Sie Zugriffe auf das Bundle in jedem Fall mit einer entsprechenden `if`-Abfrage versehen. Welche Daten sollten Sie für einen erneuten Wiederanlauf sichern? Inhalte oder Status von Bedienelementen, beispielsweise Eingaben in Textfelder, werden automatisch durch das System wiederhergestellt. Sie müssen sie also nicht speichern. Damit das klappt, rufen Sie in Ihrer Implementierung von `onSaveInstanceState()` als Erstes die Elternmethode auf.

Sehr praktisch ist der hier vorgestellte Mechanismus für Werte, deren Berechnung oder Ermittlung zeitaufwendig ist, was unter anderem bei Webservice-Aufrufen der Fall sein kann. Allerdings – und diese Einschränkung ist sehr wichtig – dürfen Sie damit nur transiente Daten ablegen. Android garantiert nämlich nicht, dass `onSaveInstanceState()` immer aufgerufen wird. Der richtige Ort für das Persistieren von **Nutzdaten** ist hingegen die Methode `onPause()` (die Sie gleich kennenlernen werden). Als Faustregel gilt: Alles, was Sie in Dateien oder Datenbanken ablegen, sind wichtige Nutzdaten.

Sie können das Wiederherstellen eines früheren Zustands übrigens aus `onCreate()` auslagern, indem Sie die Methode `onRestoreInstanceState()` überschreiben. Diese wird nach der Abarbeitung von `onStart()` aufgerufen. Allerdings nur, wenn auch on-

Create() aufgerufen wurde. Ein solches Refactoring dient also nur der Strukturierung Ihres Codes. Sofern Sie nicht sehr viele Daten wiederherstellen müssen oder die Wiederherstellungslogik an Kindklassen delegieren möchten, lohnt der Aufwand vermutlich nicht. Wenn Sie sie überschreiben, denken Sie bitte daran, mit super.onRestoreInstanceState() die Elternimplementierung aufzurufen.

Wichtige Callback-Methoden

Mit onCreate() und onSaveInstanceState() kennen Sie bereits zwei sehr wichtige Activity-Methoden. Die Klasse ActivityLifecycleDemoActivity des Projekts *ActivityLifecycleDemo* stellt Ihnen einige weitere vor. Die App (Abbildung 4.4) hat eine einfache Benutzeroberfläche, zwei Schaltflächen und ein Textfeld, das nach dem ersten Start die Meldung »Ich habe die laufende Nummer 1« anzeigt. Zu diesem Zeitpunkt wurden der Reihe nach die Methoden onCreate(), onStart() und onResume() abgearbeitet. Entsprechende Meldungen sehen Sie im LOGCAT. Denken Sie daran, dass Sie dessen Textflut sehr schön mit Filtern bändigen können. Legen Sie am besten einen mit dem Wert »ActivityLifecycleDemoActivity« im Feld LOG TAG an.

```
package com.thomaskuenneth.androidbuch.activitylifecycledemo

import android.content.Intent
import android.os.Bundle
import android.util.Log
import android.widget.Button
import android.widget.TextView
import androidx.appcompat.app.AppCompatActivity

private val TAG = ActivityLifecycleDemoActivity::class.simpleName
private var zaehler = 1
class ActivityLifecycleDemoActivity : AppCompatActivity() {

  private var lokalerZaehler = zaehler++

  override fun onCreate(savedInstanceState: Bundle?) {
    super.onCreate(savedInstanceState)
    log("onCreate")
    setContentView(R.layout.activity_main)
    val tv: TextView = findViewById(R.id.textview)
    tv.text = getString(R.string.msg, lokalerZaehler)
    val buttonNew: Button = findViewById(R.id.id_new)
    buttonNew.setOnClickListener {
      val i = Intent(this,
```

```
            ActivityLifecycleDemoActivity::class.java)
        startActivity(i)
    }
    val buttonFinish: Button = findViewById(R.id.id_finish)
    buttonFinish.setOnClickListener { finish() }
}

override fun onStart() {
    super.onStart()
    log("onStart")
}

override fun onRestart() {
    super.onRestart()
    log("onRestart")
}

override fun onResume() {
    super.onResume()
    log("onResume")
}

override fun onPause() {
    super.onPause()
    log("onPause")
}

override fun onDestroy() {
    super.onDestroy()
    log("onDestroy")
}

private fun log(methodName: String) {
    Log.d(TAG, "$methodName() #$lokalerZaehler")
}
}
```

Listing 4.7 Die Klasse »ActivityLifecycleDemoActivity«

Klicken Sie nun auf NEUE ACTIVITY. Nach einer kurzen Animation erscheint ActivityLifecycleDemoActivity erneut, und dieses Mal wird im Textfeld die Meldung »Ich habe die laufende Nummer 2« ausgegeben. Ein Blick in LOGCAT zeigt, dass die Methode onPause() **vor** den drei Methoden onCreate(), onStart() und onResume() der

»neuen« Aktivität durchlaufen wurde. Drücken Sie nun die ZURÜCK-Schaltfläche des Emulators bzw. Geräts. Wie erwartet ist wieder die erste Activity zu sehen. Neben deren Methoden onRestart(), onStart() und onResume() hat Android zusätzlich die Methoden onPause() und onDestroy() der beendeten Aktivität durchlaufen.

Abbildung 4.4 Die Beispielanwendung »ActivityLifecycleDemo«

Android verwaltet Activities auf einem Stapel, dem sogenannten *Back Stack*. Die obenauf liegende Aktivität ist aktiv, wird also gerade vom Benutzer bedient. Durch Drücken der (virtuellen) ZURÜCK-Schaltfläche bzw. durch Auslösen der Wischgeste wird sie vom Stapel entfernt, und die Activity, die zuletzt vor ihr auf den Back Stack gelegt wurde, läuft wieder an. Der Stapel arbeitet also nach dem klassischen Prinzip »last in, first out«.

Sie können eine Activity beenden, indem Sie deren Methode finish() aufrufen. Die Entwicklerdokumentation rät dazu, dies nach Möglichkeit nicht zu tun, da der Anwender erwartet, ZURÜCK drücken oder anklicken zu müssen, um zur vorhergehenden Aktivität zurückzukehren. Es gibt allerdings gute Gründe dafür, die Methode in bestimmten Situationen zu nutzen. Denken Sie beispielsweise an Activities, in denen der Benutzer neue Daten eingibt oder bestehende Daten verändert: In diesem Fall müssen Sie dem Anwender sogar die Wahl lassen, Änderungen zu übernehmen oder zu verwerfen. Dies wird üblicherweise mit den Schaltflächen FERTIG und ABBRECHEN realisiert.

Im Grunde kennen Activities drei Zustände:

- Die Activity ist im Vordergrund und wird durch den Anwender aktiv genutzt. Google nennt diesen Status *resumed* oder *running*.
- Die Activity ist noch sichtbar, befindet sich aber nicht mehr im Vordergrund oder hat nicht den Fokus. Das ist beispielsweise der Fall, wenn sie (teilweise) von einem Dialog oder einer anderen Activity verdeckt wird. Dieser Zustand wird *paused* genannt.
- Die Activity befindet sich im Hintergrund. Sie wird vollständig von einer anderen bedeckt und gilt deshalb als *stopped*.

Pausierende und gestoppte Aktivitäten verbleiben vollständig im Speicher, behalten also den Zustand ihrer Klassen- und Instanzvariablen. Eine Activity im Zustand *paused* ist weiterhin an den Fenstermanager angebunden und ist zum Teil sichtbar. Deshalb wird sie vom System nur in Notsituationen zerstört, beispielsweise wenn der Arbeitsspeicher sehr knapp wird. Activities mit dem Status *stopped* hingegen wurden bereits vom Fenstermanager abgekoppelt. Ihr Speicher wird deshalb freigegeben, wenn er anderweitig benötigt wird.

Der vollständige Lebenszyklus einer Activity ist in Abbildung 4.5 zu sehen. Er beginnt mit dem ersten Aufruf von onCreate() und endet mit einem einmaligen Aufruf von onDestroy(). Grundsätzlich sichtbar ist die Activity zwischen den Aufrufen von onStart() und onStop(). Die Activity muss sich aber nicht zwangsläufig im Vordergrund befinden. Ressourcen, die für die Interaktion mit dem Anwender nötig sind, werden hier zugeteilt bzw. freigegeben.

Zwischen den Aufrufen von onResume() und onPause() befindet sich die Aktivität im Vordergrund und hat die Aufmerksamkeit des Benutzers. Deshalb eignen sich beide Methoden eigentlich gut dafür, Animationen oder Sound-Untermalung zu starten bzw. zu beenden. Dennoch sollten Sie davon Abstand nehmen, ungefragt mit der Wiedergabe von Musik, Tönen oder Videos zu beginnen. Bereiten Sie alles vor, aber lassen Sie dem Anwender die Chance, den Zeitpunkt selbst zu wählen. Was Sie hingegen auch ungefragt tun können (und sollten): Die Ausführung der Methode onPause() ist genau der richtige Zeitpunkt, um wichtige Daten Ihrer App zu sichern. In Abschnitt 6.4, »Mehrere Apps gleichzeitig nutzen«, komme ich noch einmal auf den Lebenszyklus von Activities zurück

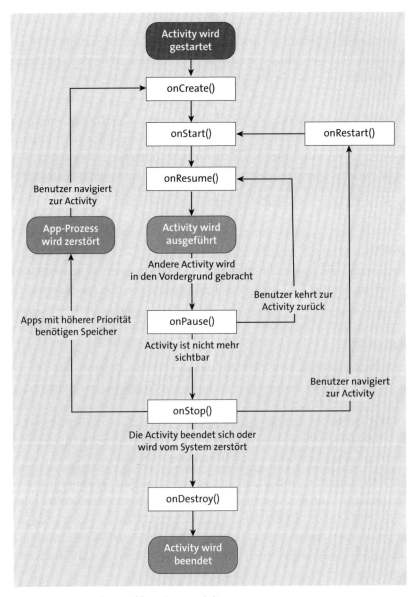

Abbildung 4.5 Lebenszyklus einer Activity

4.2 Kommunikation zwischen Anwendungsbausteinen

Aus der Sicht des Benutzers repräsentieren Activities die Funktionen einer App. Technisch gesehen handelt es sich bei diesen Grundbausteinen um klassische Komponenten, denn Activities haben einen Zustand und können, wie Sie in diesem Abschnitt sehen werden, Nachrichten senden und empfangen.

4.2.1 Intents

Nachrichten werden in sogenannten *Intents* gekapselt. Android nutzt diese Boten aber nicht nur für die lose Kopplung von Activities, sondern auch für den Datenaustausch zwischen den anderen elementaren Anwendungsbausteinen *Service* und *Broadcast Receiver*.

Intents binden die Komponenten einer oder mehrerer Apps zur Laufzeit. Sie sind passive Datenstrukturen, die entweder die abstrakte Beschreibung einer auszuführenden Operation enthalten oder über ein eingetretenes Ereignis informieren. Auf welche Weise sie zugestellt werden, hängt von der Art der Komponente ab. Entsprechende Beschreibungen finden Sie deshalb in den Abschnitten zu den jeweiligen Komponenten.

Aufbau von Intents

Intent-Objekte übermitteln ihren »Empfängern«, welche Aktionen diese ausführen sollen, und liefern die hierfür benötigten Daten zum Teil gleich mit. Die sogenannte Kategorie hingegen wird durch Android selbst ausgewertet, denn sie beschreibt, welche Komponenten ein Intent behandeln bzw. erhalten können und wie diese gegebenenfalls zu starten sind.

Sie können den Empfänger eines Intents unmittelbar angeben, indem Sie den *Komponentennamen* setzen. Dieser besteht aus dem voll qualifizierten Klassennamen der Zielkomponente (eine Activity, ein Service oder ein Broadcast Receiver) und dem Paketnamen der App, die diese Komponente enthält. Sie finden diesen zum Beispiel im Attribut package der Manifestdatei. Beachten Sie, dass der Paketname der Anwendung und das Paket der Komponente keineswegs identisch sein müssen.

Intents, die die Zielkomponente mit einem Komponentennamen benennen, werden *explizite Intents* genannt. Da Paket- und Klasseninformationen den Entwicklern fremder Apps normalerweise nicht bekannt sind, werden solche Intents üblicherweise für den anwendungsinternen Nachrichtenaustausch verwendet. *Implizite Intents* hingegen nennen kein Ziel – der Komponentenname bleibt leer. Sie werden üblicherweise verwendet, um Komponenten anderer Apps zu aktivieren.

Vielleicht fragen Sie sich, wie der Empfänger ermittelt wird? Das System muss herausfinden, welche Komponenten am besten für die Behandlung bzw. Auswertung des Intents geeignet sind. Das können einzelne Activities oder Services sein, die die gewünschte Aktion ausführen. Die bestmöglichen Empfänger können aber auch Broadcast Receiver sein. Diese reagieren auf das Ereignis, das mit dem Intent beschrieben wurde. Hierzu wird der Inhalt eines Intents mit sogenannten *Intent-Filtern* verglichen.

Inhalt von Intents und Intent-Filtern

Intent-Filter werden in der Manifestdatei eingetragen und beschreiben, auf welche impliziten Intents eine Komponente reagieren möchte bzw. welche sie empfangen kann. Hierzu wird jedes Wurzelelement einer Komponente (wie etwa <activity />) mit dem Kindelement <intent-filter /> versehen. Werden keine Intent-Filter angegeben, kann die Komponente nur explizite Intents empfangen. Implizite Intents werden zugestellt, sofern ihre Eigenschaften zu den Filterkriterien passen, die von den Kindern des Elements <intent-filter /> angegeben werden.

Das Element <action /> muss mindestens einmal vorhanden sein; es speichert die Aktion, die ein empfangenes Intent auslösen soll. Beispiele hierfür sind *Anruf tätigen*, *Fehlerbericht senden*, *Suche im Web durchführen* und *Verknüpfung anlegen*. Die Klasse Intent enthält Konstanten für diese und viele weitere Aktionen. Die Namen dieser Konstanten beginnen mit dem Präfix ACTION_.

Um eine dieser Actions in der Manifestdatei anzugeben (weil Ihre Activity, Ihr Service oder Broadcast Receiver darauf reagieren soll), wird dem Attribut android:name des Elements <action /> die Zeichenkette android.intent.action., gefolgt vom Konstantennamen der Action ohne das Präfix ACTION_, zugewiesen. Hierzu zwei Beispiele: Möchten Sie, dass eine Ihrer Komponenten auf die Action ACTION_MAIN reagiert, weisen Sie android:name den Wert android.intent.action.MAIN zu. ACTION_WEB_SEARCH wird zu android.intent.action.WEB_SEARCH. Wie Sie Intents, die solche Aktionen auslösen, an Activities oder Broadcast Receiver übermitteln, zeige ich Ihnen in den folgenden Abschnitten. Ausführliche Informationen zu Services finden Sie in Kapitel 6, »Multitasking«.

Die Kategorien eines Intents legen fest, an welche Arten von Komponenten es übermittelt werden kann. Die Klasse Intent enthält Konstanten, die einige vordefinierte Kategorien repräsentieren. Beispielsweise bedeutet CATEGORY_BROWSABLE, dass eine Aktivität vom Webbrowser aufgerufen werden kann, um bestimmte Inhalte anzuzeigen.

Wenn eine Ihrer Activities diese Fähigkeit besitzt und Sie diese anderen Apps zur Verfügung stellen möchten, erweitern Sie das Element <intent-filter /> in der Manifestdatei um <category /> und weisen dessen Attribut android:name den Wert android.intent.category.BROWSABLE zu. Auch hier wird einem Präfix (android.intent.category.) der abschließende Teil eines Konstantennamens (in diesem Fall ohne CATEGORY_) hinzugefügt.

4.2.2 Kommunikation zwischen Activities

Activities repräsentieren die für den Benutzer sichtbaren Teile einer App. Indem er durch die verschiedenen Bereiche der Anwendung navigiert, startet und beendet der Benutzer unbewusst Activities, je nach Komplexität des Programms eine ganze Reihe. Diese Activities rufen ihren jeweiligen Nachfolger auf, indem sie an die Methode `startActivity()` ein Intent übergeben, das diesen Nachfolger näher beschreibt. Das Intent kann eine namentlich bekannte Activity sein. Solche expliziten Intents enthalten den Ihnen bereits bekannten Komponentennamen.

Tipp

Die Begleitmaterialien zum Buch enthalten das Projekt *LeeresProjekt*. Es ist ein Rumpfprojekt mit der Activity-Klasse `MainActivity` und einigen Layoutdateien, unter anderem *activity_main.xml*. Es eignet sich hervorragend als »Umgebung« für Quelltextfragmente.

Um die Activity `SimpleActivity` zu starten, fügen Sie der aufrufenden Aktivität die folgenden Zeilen hinzu:

```
val intent = Intent(this, SimpleActivity::class.java)
startActivity(intent)
```

Denken Sie daran, dass Sie jede Activity, die Sie mit `startActivity()` aufrufen möchten, in die Manifestdatei eintragen müssen. Android Studio erledigt dies für Sie, wenn Sie die neue Activity über FILE • NEW • ACTIVITY anlegen.

Bei impliziten Intents ist der konkrete Klassenname nicht bekannt. Das System sucht stattdessen anhand der *Action* die am besten geeignete Activity aus. Diese kann auch zu einer fremden App gehören.

Parameter übergeben

Mit dem folgenden Quelltextfragment können Sie im Android-Adressbuch einen neuen Kontakt anlegen.

```
val intent = Intent(Intent.ACTION_INSERT,
    ContactsContract.Contacts.CONTENT_URI)
intent.putExtra("finishActivityOnSaveCompleted", true)
intent.putExtra(ContactsContract.Intents.Insert.NAME,
    "Max Mustermann")
intent.putExtra(ContactsContract.Intents.Insert.PHONE,
    "+49 (123) 45 67 89")
intent.putExtra(ContactsContract.Intents.Insert.PHONE_TYPE,
    ContactsContract.CommonDataKinds.Phone.TYPE_WORK)
startActivity(intent)
```

Listing 4.8 Einen neuen Kontakt anlegen

Das Beispiel belegt den Namen und die geschäftliche Rufnummer des anzulegenden Kontakts vor. Wie dies zur Laufzeit aussieht, ist in Abbildung 4.6 dargestellt. Wenn Sie das Codefragment im Emulator ausführen, werden Sie möglicherweise darauf hingewiesen, dass der angelegte Kontakt nur lokal gespeichert und nicht synchronisiert wird. Stimmen Sie in diesem Fall einfach der lokalen Speicherung zu.

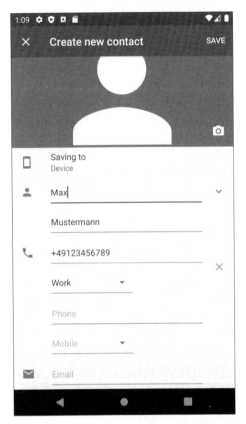

Abbildung 4.6 Einen neuen Kontakt anlegen

Dem Intent wird die Action ACTION_INSERT zugewiesen. Der zweite Parameter des Konstruktoraufrufes legt fest, auf welchem Datenbestand die Aktion ausgeführt werden soll. Die im Beispiel übergebene Konstante verweist auf die zentrale Kontaktdatenbank. Alternativ ist übrigens auch die folgende Schreibweise möglich:

```
val intent = Intent(Intent.ACTION_INSERT)
intent.data = ContactsContract.Contacts.CONTENT_URI
```

Mit der Methode putExtra() können Sie einem Intent beliebig viele Nutzdaten übergeben. Was diese bewirken und wie sie ausgewertet werden, ist letztlich von der Activity abhängig, die das Intent empfängt. In der Android-Dokumentation finden Sie entsprechende Beschreibungen bei den ACTION_-Konstanten der Klasse Intent.

Vielleicht fragen Sie sich, ob auf diese Weise auch mehrere Rufnummern übergeben werden können. Immerhin wurde in den Extras schon ein Wert für ContactsContract.Intents.Insert.PHONE eingetragen. Jedes weitere putExtra() wird deshalb den bereits vorhandenen Wert überschreiben. Android sieht in solchen Fällen vor, eine Liste von android.content.ContentValues-Instanzen zu übergeben:

```
val data = ArrayList<ContentValues>()
...
intent.putParcelableArrayListExtra(
    ContactsContract.Intents.Insert.DATA, data)
```

Listing 4.9 Mehrere zusammengesetzte Werte übergeben

Die Werte eines ContentValues sind von den zu übergebenden Daten abhängig. Im Fall einer privaten sowie einer Mobilfunktelefonnummer sieht dies folgendermaßen aus:

```
val v1 = ContentValues()
v1.put(ContactsContract.Contacts.Data.MIMETYPE,
    ContactsContract.CommonDataKinds.Phone.CONTENT_ITEM_TYPE)
v1.put(ContactsContract.CommonDataKinds.Phone.NUMBER, "123")
v1.put(ContactsContract.CommonDataKinds.Phone.TYPE,
    ContactsContract.CommonDataKinds.Phone.TYPE_HOME)
data.add(v1)
val v2 = ContentValues()
v2.put(ContactsContract.Contacts.Data.MIMETYPE,
    ContactsContract.CommonDataKinds.Phone.CONTENT_ITEM_TYPE)
v2.put(ContactsContract.CommonDataKinds.Phone.NUMBER, "456")
v2.put(ContactsContract.CommonDataKinds.Phone.TYPE,
    ContactsContract.CommonDataKinds.Phone.TYPE_MOBILE)
data.add(v2)
```

Listing 4.10 »ContentValues« füllen

Wenn Sie im Quelltext Ihrer Activity unmittelbar nach dem Aufruf der Methode startActivity() eine Ausgabe mittels Log.d() hinzufügen, stellen Sie fest, dass Android nicht auf die Beendigung der nachgestarteten Activity wartet, obwohl dies aber unter Umständen gewünscht ist, damit das Ergebnis ausgewertet werden kann. In diesem Fall verwenden Sie anstelle von startActivity() die Methode startActivityForResult() – sie sorgt dafür, dass Ihre App zur richtigen Zeit benachrichtigt wird.

Rückgabewerte

Für Rückgabewerte ist die Methode onActivityResult() zuständig. Sie erhält als einen ihrer Parameter den sogenannten *Request Code*. Hierbei handelt es sich um einen

Wert, den Sie beliebig vergeben können. Es bietet sich an, in der aufrufenden Klasse eine entsprechende Konstante zu definieren, zum Beispiel:

```
private val requestCodeInsertContact = 1234
```

Auf diese Weise können Sie sicherstellen, dass der Request Code innerhalb Ihrer Anwendung eindeutig ist. Sie kennzeichnen mit dem Request Code, wer eine Activity gestartet hat, und übergeben den Request Code als Parameter beim Aufruf von startActivityForResult().

```
val intent = Intent()
...
startActivityForResult(intent, requestCodeInsertContact)
```

Die Implementierung von onActivityResult() kann dann so aussehen:

```
override fun onActivityResult(requestCode: Int,
            resultCode: Int, data: Intent?) {
  super.onActivityResult(requestCode, resultCode, data)
  if (requestCode == requestCodeInsertContact) {
    if (resultCode == Activity.RESULT_OK) {
      if (data != null) {
        val i = Intent(Intent.ACTION_VIEW,
           data.data)
        startActivity(i)
      }
    }
  }
}
```

Listing 4.11 Implementierung der Methode »onActivityResult()«

Bitte rufen Sie stets mit super.onActivityResult() die Implementierung der Elternklasse auf. Denn die nun beendete Activity könnte von ihr gestartet worden sein. In diesem Fall ist es natürlich wichtig, sie darüber zu informieren. Anschließend prüfen Sie, ob der Request Code dem von Ihnen definierten Wert entspricht. Dann war Ihre Activity der Aufrufer, und Sie können die Rückantwort der beendeten Aktivität auswerten. Auch hierfür verwendet Android Intents. Beispielsweise liefert die Activity zum Anlegen von Kontakten einen Uniform Resource Identifier, der den neuen Eintrag kennzeichnet. Mein Beispiel verwendet diese Referenz, um den Datensatz anzuzeigen. Denken Sie daran, vor Zugriffen das Intent auf null zu prüfen, weil Activities nicht zwingend eine Nachricht zurückliefern müssen.

Neben dem Intent signalisiert auch der *Result Code* das Ergebnis einer Activity, wobei üblicherweise RESULT_OK bedeutet, dass alles in Ordnung ist, wenn beispielsweise ein neuer Kontakt angelegt oder eine Änderung gespeichert wurde. Activities setzen den Rückgabewert durch Aufruf der Methode `setResult()`.

> **Hinweis**
>
> In den Android-Versionen ab API-Level 14 gibt es ein Problem in der Kontakte-App, das unter Umständen die automatische Rückkehr zur aufrufenden Activity verhindert. Mit Android 4.0.3 (API-Level 15) hat Google hierfür eine Umgehungsmöglichkeit eingebaut. Es handelt sich um die folgende von mir bisher nicht weiter erklärte Zeile:
>
> `intent.putExtra("finishActivityOnSaveCompleted", true)`
>
> Fügen Sie diese Anweisung einfach Ihrem Code zum Befüllen der Extras beim Anlegen und Bearbeiten von Kontakten hinzu.

Im nächsten Abschnitt stelle ich Ihnen einen weiteren wichtigen Anwendungsbaustein vor.

4.2.3 Broadcast Receiver

Broadcast Receiver sind Komponenten, die auf systemweit versandte Nachrichten reagieren. Android verschickt solche Mitteilungen zum Beispiel, wenn der Batteriestand niedrig ist oder der Bildschirm ausgeschaltet wurde. Auch für normale Apps kann es interessant sein, solche *Broadcasts* zu initiieren. Denken Sie an ein Programm für Dateitransfers: Dieses möchte bestimmt darüber informieren, dass eine Übertragung abgeschlossen wurde, egal, ob erfolgreich oder mit Fehler.

Broadcast Receiver haben keine eigene Bedienoberfläche, können aber Benachrichtigungen in der Statuszeile hinterlassen. Generell fungieren sie allerdings eher als Schnittstellen zu anderen Komponenten. Insofern sollten Ihre Broadcast Receiver so wenig Logik wie möglich enthalten und diese möglichst an Activities oder Services delegieren. Übrigens kann Android diese Bausteine unabhängig von anderen Komponenten einer App aktivieren.

Broadcast Receiver implementieren

Die Klasse `BootCompletedReceiver` aus meinem Beispielprojekt *BroadcastReceiver-Demo* implementiert einen einfachen Broadcast Receiver, der nach jedem Systemstart eine Benachrichtigung in der Statuszeile hinterlässt. Broadcast Receiver leiten von der Klasse `android.content.BroadcastReceiver` ab. Sie müssen die Methode `onReceive()` überschreiben, die aufgerufen wird, sobald der Receiver eine Nachricht empfängt. Die Methode erhält zwei Parameter: Der Kontext (`android.content.Context`) wird verwendet, um auf Systemressourcen oder Benutzereinstellungen zuzugreifen. Ein Intent beschreibt die übermittelte Nachricht. Beide Werte können null sein.

Die Ausführung von onReceive() erfolgt auf dem *Mainthread*, sofern nicht zum Beispiel über registerReceiver() ausdrücklich ein anderer angegeben wurde. Die Verarbeitung der Methode darf nicht sehr viel Zeit in Anspruch nehmen, denn nach zehn Sekunden kann Android den zugehörigen Prozess blockieren und beenden. Beachten Sie auch, dass das Receiver-Objekt nach dem Verlassen von onReceive() aus dem Speicher entfernt werden kann. Asynchron gestartete Operationen sollten ihm deshalb keine Ergebnisse übermitteln. Ausführliche Hinweise zur Kommunikation mit Services finden Sie in Kapitel 6, »Multitasking«.

Intent-Filter, die in der Manifestdatei eingetragen oder im Code mittels registerReceiver() gesetzt werden, legen fest, welche Intents an einen Receiver übermittelt werden sollen. Trotzdem ist es bewährte Praxis, ausdrücklich auf alle erwarteten Aktionen zu prüfen, wie im folgenden Listing zu sehen ist.

```
package com.thomaskuenneth.androidbuch.broadcastreceiverdemo

import android.app.NotificationChannel
import android.app.NotificationManager
import android.content.*
import androidx.core.app.NotificationCompat
import androidx.core.app.NotificationManagerCompat
import java.text.DateFormat
import java.util.*

private val ID = 42
private val CHANNEL_ID = "BCR_01"
class BootCompletedReceiver : BroadcastReceiver() {

  override fun onReceive(context: Context?, intent: Intent?) {
    if (intent == null || context == null) return
    if (Intent.ACTION_BOOT_COMPLETED == intent.action) {
      // Benachrichtigung zusammenbauen
      val msg = DateFormat.getDateTimeInstance().format(Date())
      val builder = NotificationCompat.Builder(context, CHANNEL_ID)
      builder.setSmallIcon(
        R.mipmap.ic_launcher
      ).setContentTitle(
        context.getString(R.string.app_name)
      ).setContentText(msg).setWhen(System.currentTimeMillis())
      val notification = builder.build()
      val manager = NotificationManagerCompat.from(context)
      // Kanal anlegen
      val channel = NotificationChannel(
        CHANNEL_ID,
```

```
            context.getString(R.string.app_name),
            NotificationManager.IMPORTANCE_DEFAULT
        )
        manager.createNotificationChannel(channel)
        // anzeigen
        manager.notify(ID, notification)
    }
  }
}
```

Listing 4.12 Die Klasse »BootCompletedReceiver«

Mein Beispiel zeigt eine Benachrichtigung in der Statuszeile an. Hierzu wird als Erstes mit `NotificationCompat.Builder()` ein Objekt erzeugt, das für den Bau der eigentlichen Benachrichtigung verwendet wird. Sie können in beliebiger Reihenfolge `set…()`-Aufrufe aneinanderreihen. Damit Android eine Benachrichtigung auch wirklich darstellt, müssen Sie mindestens ein kleines Icon (`setSmallIcon()`), einen Titel (`setContentTitle()`) und einen Text angeben, der den Inhalt beschreibt (`setContentText()`). `builder.build()` generiert die `Notification`-Instanz. Die Anzeige übernimmt `NotificationManagerCompat`. Sie ermitteln die Referenz auf ein solches Objekt durch Aufruf seiner statischen Methode `from()`.

Seit Android 8 muss jede Benachrichtigung einem Benachrichtigungskanal zugeordnet werden. Dieser wird mit der `NotificationManagerCompat`-Methode `createNotificationChannel()` angelegt. Dem Konstruktor der Klasse `NotificationChannel` werden eine Kanal-ID, ein Klartextname sowie die Dringlichkeit übergeben. Weitere Werte, zum Beispiel Farbe, Sound und Vibrationsmuster, können Sie bei Bedarf über entsprechende `set...()`-Methoden konfigurieren. Da ich nicht direkt die Klassen der Plattform, sondern die Jetpack-Komponente *Notifications* verwende, muss ich mich übrigens nicht darum kümmern, ob auf dem ausführenden Gerät Kanäle überhaupt vorhanden sind. Die `NotificationManagerCompat`-Methode `notify()` setzt schließlich die Benachrichtigung ab.

Broadcast Receiver in der Manifestdatei definieren

Damit Android den Broadcast Receiver über einen abgeschlossenen Systemstart informiert, muss die zugehörige App die Berechtigung `android.permission.RECEIVE_BOOT_COMPLETED` anfordern. Dies geschieht mit einem entsprechenden `<uses-permission />`-Element in der Manifestdatei. `RECEIVE_BOOT_COMPLETED` ist eine sogenannte *normale Berechtigung*, was bedeutet, dass sie ohne ausdrückliche Zustimmung des Anwenders gewährt wird. Ausführliche Informationen zu Berechtigungen finden Sie in Abschnitt 4.4, »Berechtigungen«. Der Manifesteintrag für den Receiver sieht folgendermaßen aus:

```xml
<receiver android:name=".BootCompletedReceiver">
    <intent-filter>
        <action android:name="android.intent.action.BOOT_COMPLETED" />
    </intent-filter>
</receiver>
```

Listing 4.13 Einen »Broadcast Receiver« definieren

Das Element `<receiver />` kann zahlreiche Attribute erhalten. Ein paar davon werden Sie praktisch immer verwenden, andere hingegen eher selten. `android:name` verweist auf die voll qualifizierte Klasse, die den Receiver implementiert. Ist der Paketname leer (beginnt der Eintrag also mit einem Punkt, auf den der Klassenname folgt), wird als Paket dasjenige verwendet, das im `<manifest />`-Element spezifiziert ist. Dieses Attribut müssen Sie setzen.

`android:enabled` legt fest, ob ein Receiver vom System instanziiert werden kann (standardmäßig ist das der Fall). `android:exported` regelt, ob ein Receiver Nachrichten von Quellen erhalten kann, die außerhalb der eigenen App liegen. `false` legt fest, dass nur App-interne Komponenten Mitteilungen an den Receiver senden können. Der Standardwert hängt davon ab, ob ein Receiver Intent-Filter enthält. Ist dies nämlich nicht der Fall, kann er ausschließlich von Intents aufgerufen werden, die den exakten Klassennamen angeben. Dies impliziert, dass der Receiver nur für die anwendungsinterne Kommunikation vorgesehen ist, und deshalb ist in diesem Fall der Standardwert `false`. Das Vorhandensein von Intent-Filtern hingegen deutet darauf hin, dass ein Receiver Nachrichten des Systems oder von anderen Apps verarbeiten soll, daher ist in diesem Fall der Standardwert `true`.

Mit `android:icon` und `android:label` schließlich können Sie einem Broadcast Receiver individuelle Symbole und Bezeichnungen zuweisen. Fehlen die Attribute, werden stattdessen die korrespondierenden Einträge der App ausgewertet.

Sie haben gerade eben das Attribut `android:exported` kennengelernt, mit dem Sie die Nutzbarkeit von Receivern durch App-fremde Komponenten steuern können. Berechtigungen sind eine weitere Möglichkeit, den Zugriff auf Receiver zu regeln. `android:permission` erhält den Namen einer Berechtigung, die Broadcaster haben müssen, um einem Receiver eine Nachricht senden zu können. Wird dieses Attribut nicht gesetzt, so gelten die Berechtigungen, die innerhalb des `<application />`-Elements gesetzt wurden. Wurde keines der beiden Attribute gesetzt, ist ein Broadcast Receiver nicht durch eine Berechtigung geschützt.

Das Attribut `android:process` enthält den Namen eines Prozesses, in dem ein Broadcast Receiver ausgeführt werden sollte. Normalerweise laufen alle Komponenten einer App in ihrem Standardprozess, der den Namen des App-Packages trägt. Mit dem gleichnamigen Attribut des `<application />`-Elements kann für alle Komponenten ein alternativer Standardprozess gesetzt werden. Da alle Bausteine einer App das Attribut angeben können, lässt sich die Anwendung auf mehrere Prozesse verteilen. Wenn sich Komponenten mehrerer Apps einen Prozess teilen, spart dies Ressourcen. (Die Ausführung in einem bestimmten Prozess ist natürlich nur möglich, wenn der Broadcast Receiver eine entsprechende Berechtigung hat.)

Broadcast Receiver testen

Damit Apps dem Anwender keine ungewollten Aktionen unterschieben können, liefert Android Intents mit der Action ACTION_BOOT_COMPLETED erst aus, nachdem die Hauptaktivität mindestens einmal gestartet wurde. Sie müssen das Projekt deshalb auf dem Emulator oder einem echten Gerät installieren und starten. Erst dann können Sie einen Neustart auslösen. Nach Abschluss des Bootvorgangs erscheint die Benachrichtigung in der Statusleiste. Wie dies aussehen kann, zeigt Abbildung 4.7. Um den Emulator neu zu starten, klicken und halten Sie den virtuellen Power-Button (⏻), bis am rechten Bildschirmrand ein Panel eingeblendet wird – ganz wie auf echten Geräten.

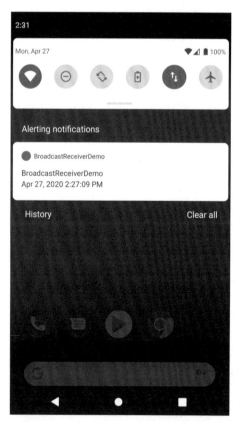

Abbildung 4.7 Die Benachrichtigung der App »BroadcastReceiverDemo«

Im nächsten Abschnitt stelle ich Ihnen einen weiteren Grundbaustein für Android-Apps vor. *Fragmente* haben mit Android-Version 3.0 zunächst auf Tablets Einzug gehalten und stehen seit *Ice Cream Sandwich* auch auf Smartphones zur Verfügung.

4.3 Fragmente

Wie Sie wissen, strukturieren Activities eine Anwendung. Aufgrund der ihnen zugrunde liegenden Idee, nur genau so viel anzuzeigen oder abzufragen, wie zum Erledigen einer ganz bestimmten Aufgabe nötig ist, lassen sie sich hervorragend wiederverwenden. Ich habe Ihnen dies im vorherigen Abschnitt anhand der Eingabe und späteren Darstellung eines Kontakts demonstriert. Im Gegensatz zu Smartphones bieten Tablets sehr viel Anzeigeplatz. Die auf kleinen Bildschirmen notwendige Trennung zwischen Übersicht und Detaildarstellung ist hier nicht mehr nötig, aus Sicht des Benutzers sogar störend.

4.3.1 Grundlagen

Hierzu ein Beispiel: Viele Android-Apps enthalten eine Hauptaktivität, die ihre Funktionen oder Module als Menü (oftmals in Gestalt einer scrollbaren Liste) anbietet. Das Antippen einer Funktion startet eine neue Activity, die die gewünschte Operation ausführt. Tippt der Anwender auf ZURÜCK oder führt die entsprechende Wischgeste aus, erscheint wieder die Übersichtsseite.

Auf Geräten mit großem Display ist diese zeitliche Abfolge vollkommen unnötig. Es bietet sich an, stattdessen die Modulauswahl am linken Rand des Bildschirms ständig sichtbar zu lassen. Der Benutzer kann jederzeit eine neue Funktion auswählen, ohne das aktuell ausgeführte Modul explizit »verlassen« zu müssen. Dabei ist es natürlich wünschenswert, Fachlogik und Oberflächenbeschreibungen wiederverwenden zu können. Tatsächlich gibt es mit `android.app.ActivityGroup` eine Klasse, die mehrere eingebettete Activities anzeigen und ausführen kann. Allerdings hat Google diese schon mit API-Level 13 für veraltet erklärt. Entwickler sollen stattdessen die mit *Honeycomb* eingeführten Fragmente nutzen.

Fragmente sind Komponenten mit eigener Benutzeroberfläche und eigenem Lebenszyklus. Sie sind Bausteine innerhalb von Activities. Sie werden wie Views und ViewGroups entweder in Layoutdateien definiert oder per Code erzeugt. Fragmente werden stets im Kontext einer Activity ausgeführt und können nicht losgelöst von ihr verwendet werden. Wird also eine Activity gestoppt, so halten auch ihre Fragmente an, und das Zerstören einer Activity führt auch zur Zerstörung ihrer Fragmente.

Ein Beispielfragment

Die Klasse `TestFragment1` des Projekts *FragmentDemo1* stellt Ihnen den grundsätzlichen Aufbau von Fragmenten vor. Die App ist in Abbildung 4.8 zu sehen. Google hat mit API-Level 28 (Android 9) die Basisklasse `android.app.Fragment` für veraltet erklärt und rät stattdessen zur Nutzung der Jetpack-Komponente *Fragments*. Alle weiteren Apps in diesem Kapitel tun dies. Fragmente leiten von der Basisklasse `androidx.fragment.app.Fragment` oder einer ihrer Kinder ab.

`androidx.fragment.app.ListFragment` zeigt scrollbare Listen an. Und mit `androidx.fragment.app.DialogFragment` können Sie Dialoge darstellen. Wir werden uns beide Klassen später genauer ansehen. `TestFragment1` überschreibt nur eine Methode. `onStart()` ruft die Implementierung der Elternklasse auf (das ist wichtig, damit deren Code ebenfalls ausgeführt wird) und setzt dann den Text einer `TextView`. Analog zu Activities nutzt Android die Methode, um mitzuteilen, dass ein Fragment für den Benutzer sichtbar wird.

```
package com.thomaskuenneth.androidbuch.fragmentdemo1

import android.widget.TextView
import androidx.fragment.app.Fragment

class TestFragment1 : Fragment(R.layout.fragment_layout) {

  override fun onStart() {
    super.onStart()
    val textview = view as TextView
    textview.text = getString(R.string.text1)
  }
}
```

Listing 4.14 Die Klasse »TestFragment1«

Dem Konstruktor der Elternklasse wird nur ein Parameter übergeben: `R.layout.fragment_layout`. Damit teilen Sie `Fragment` mit, welche Layoutdatei entfaltet werden soll. In meinem Beispiel ist dies *fragment_layout.xml*. Das Layout definiert als einziges Bedienelement eine `TextView`:

```
<?xml version="1.0" encoding="utf-8"?>
<TextView xmlns:android="http://schemas.android.com/apk/res/android"
  android:layout_width="wrap_content"
  android:layout_height="wrap_content" />
```

Listing 4.15 »fragment_layout.xml«

Sind für das Erzeugen des Komponentenbaums mehr Vorarbeiten nötig, können Sie stattdessen den parameterlosen Konstruktor Fragment() aufrufen und die Methode onCreateView() überschreiben. Das zeige ich Ihnen etwas später. Um etwaige zusätzliche Ressourcen, die Sie dort reserviert haben, wieder freizugeben, überschreiben Sie gegebenenfalls die Methode onDestroyView(). Sofern Sie nur eine XML-Datei entfaltet haben oder wie in meinem Beispiel der Elternklasse die Arbeit überlassen, ist dies natürlich nicht nötig.

Abbildung 4.8 Die App »FragmentDemo1«

Übrigens müssen Fragmente nicht unbedingt eine Benutzeroberfläche haben. Sie können sich das beispielsweise zunutze machen, um Daten nachzuladen oder Berechnungen auszuführen. In so einem Fall liefert Ihre Implementierung von onCreateView() einfach den Wert null. Die Basisklasse androidx.fragment.app.Fragment tut dies, außer ihr wird im Konstruktor die ID eines Layouts übergeben, denn dann wird ja dieses entfaltet.

4.3.2 Ein Fragment in eine Activity einbetten

Um zu verstehen, wie ein Fragment einer Activity zugeordnet wird, sehen Sie sich bitte die Klasse `FragmentDemo1Activity` an. Sie leitet von `androidx.appcompat.app.AppCompatActivity` ab.

```
package com.thomaskuenneth.androidbuch.fragmentdemo1

import android.os.Bundle
import android.widget.TextView
import androidx.appcompat.app.AppCompatActivity

class FragmentDemo1Activity : AppCompatActivity() {
  override fun onCreate(savedInstanceState: Bundle?) {
    super.onCreate(savedInstanceState)
    setContentView(R.layout.activity_main)
    val view = findViewById<TextView>(R.id.textview)
    view.text = getString(R.string.text2)
  }
}
```

Listing 4.16 Die Klasse »FragmentDemo1Activity«

Die Benutzeroberfläche der Activity wird mittels `setContentView()` aus der Layoutdatei *activity_main.xml* entfaltet und angezeigt. Außerdem gibt die App in einer Textkomponente die Meldung »Ich bin eine Activity« aus. Das Layout ist folgendermaßen aufgebaut:

```
<?xml version="1.0" encoding="utf-8"?>
<LinearLayout xmlns:android="http://schemas.android.com/apk/res/android"
  android:layout_width="match_parent"
  android:layout_height="match_parent"
  android:orientation="vertical">

  <TextView
    android:id="@+id/textview"
    android:layout_width="wrap_content"
    android:layout_height="wrap_content" />

  <fragment
    android:id="@+id/fragment"
    android:name=
      "com.thomaskuenneth.androidbuch.fragmentdemo1.TestFragment1"
```

```
        android:layout_width="wrap_content"
        android:layout_height="wrap_content" />
</LinearLayout>
```

Listing 4.17 »activity_main.xml«

Die Datei *activity_main.xml* ordnet in einem `LinearLayout` eine `TextView` oberhalb eines Fragments an. Die beiden Elemente erhalten die IDs `fragment` und `textview`. Das Attribut `android:name` des `<fragment />`-Elements legt fest, welche Klasse das hier definierte Fragment implementiert. Hierzu wird der voll qualifizierte Klassenname angegeben.

Lebenszyklus von Fragmenten

Im Gegensatz zu Activities, Services oder Broadcast Receivern werden Fragmente nicht in die Manifestdatei eingetragen. Fragmente verbinden Sie mit einer Activity, indem Sie sie in die Benutzeroberfläche der Activity integrieren. Dies geschieht, wie Sie gesehen haben, normalerweise deklarativ in Layoutdateien. Insofern verhalten sich Fragmente in diesem Punkt analog zu »normalen« Bedienelementen, die ich Ihnen in Kapitel 5, »Benutzeroberflächen«, ausführlich vorstellen werde. Im Gegensatz zu den normalen Bedienelementen haben Fragmente ein bestimmtes Verhalten – sie implementieren »Fachlogik«, was sie zu Grundbausteinen von Apps macht.

Der Lebenszyklus von Fragmenten ist eng mit dem von Activities verknüpft. Abbildung 4.9 zeigt Ihnen, welche Methoden eines Fragments aufgerufen werden, wenn sich die Activity in den Zuständen *Erzeugt*, *Gestartet*, *Fortgesetzt*, *Pausiert*, *Gestoppt* und *Zerstört* befindet. Beispielsweise wird `onAttach()` aufgerufen, wenn ein Fragment an eine Activity oder einen Kontext angehängt wurde. Ihr folgt `onCreate()`. Prinzipiell können Sie diese Methode überschreiben, um erste Initialisierungen vorzunehmen. Allerdings muss die zugeordnete Activity zu diesem Zeitpunkt nicht vollständig initialisiert sein. Aus diesem Grund steht `onActivityCreated()` zur Verfügung. Sie wird erst nach der vollständigen Abarbeitung der Activity-Methode `onCreate()` aufgerufen. Leider hat Google sie aber für veraltet erklärt. Eine Alternative ist `onViewCreated()`. Sie wird unmittelbar nach `onCreateView()`, aber vor dem Wiederherstellen eines gespeicherten Zustands aufgerufen.

Auch am Ende des Lebenszyklus eines Fragments werden zahlreiche *Callbacks* durchlaufen. `onPause()` signalisiert, dass ein Fragment nicht mehr mit dem Benutzer interagiert, zum Beispiel weil die gleichnamige Activity-Methode aufgerufen wurde. Nach `onStop()` ist ein Fragment nicht mehr für den Anwender sichtbar. Abschließende Aufräumarbeiten sollten Sie in `onDestroy()` durchführen. `onDetach()` kündigt die Abkopplung eines Fragments von der ihm zugeordneten Activity an. Bitte beachten Sie, dass alle Callbacks ihre Arbeit stets so schnell wie möglich abschließen sollten. Aufwendige Operationen wie Netzwerkzugriffe gehören in separate Threads.

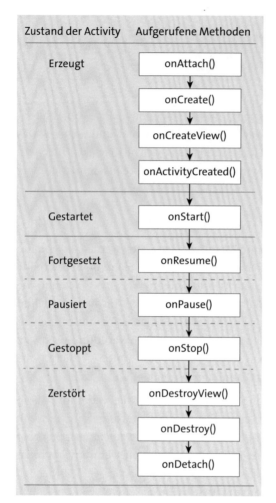

Abbildung 4.9 Zustand einer Activity und dabei aufgerufene Fragmentmethoden

Es gibt noch eine weitere Verzahnung zwischen diesen beiden Grundbausteinen: Fragmente können nämlich in den Zurück-Stapel von Activities integriert werden. Wie das geht, zeige ich Ihnen im folgenden Abschnitt.

Fragment-Transaktionen

Wenn ein Fragment nicht immer sichtbar ist, sondern nur unter bestimmten Umständen angezeigt wird, ist es für eine durchgängige Bedienung wichtig, dass der Anwender das Fragment auf eine ihm vertraute Weise wieder ausblenden kann. Hierzu hat Google das Konzept der *Fragment-Transaktionen* eingeführt. Sie können (im Prinzip beliebig viele) Fragmente zur Laufzeit Activities hinzufügen und wieder von ihnen entfernen. Diese Operationen werden zu logischen Schritten zusammengefasst. Jeder dieser Schritte wiederum kann auf den Zurück-Stapel gepackt werden.

Abbildung 4.10 Die App »FragmentDemo2«

Vielleicht fragen Sie sich, wozu das nötig ist. Nehmen Sie an, das Anklicken einer Schaltfläche führt dazu, dass eine Activity drei zusätzliche Fragmente anzeigt. Drückt der Anwender die ZURÜCK-Schaltfläche, möchte er sehr wahrscheinlich nicht jedes Fragment einzeln schließen, sondern alle drei auf einmal. Das geht mithilfe der Fragment-Transaktionen mit ganz wenigen Zeilen Code. Wie, das zeige ich Ihnen anhand des Projekts *FragmentDemo2* (Abbildung 4.10), dessen Hauptklasse FragmentDemo2Activity in Listing 4.18 zu sehen ist.

Der grundsätzliche Aufbau einer Activity ist Ihnen mittlerweile bekannt: In der Methode onCreate() wird die Benutzeroberfläche mit setContentView() erzeugt und angezeigt. Durch das Registrieren eines View.OnClickListener mit setOnClickListener() können wir beim Anklicken der Schaltfläche HINZUFÜGEN einem LinearLayout, das über R.id.ll angesprochen wird, nach Belieben Fragmente hinzufügen.

Hierzu greift die App mit supportFragmentManager auf ein Objekt des Typs androidx.fragment.app.FragmentManager zu. Wir beginnen durch Aufruf dessen Methode beginTransaction() eine Fragment-Transaktion (androidx.fragment.app.FragmentTransaction) und fügen ihr mit add() drei Fragmente hinzu. addToBackStack() sorgt dafür, dass der Inhalt der Transaktion »in einem Rutsch« vom Zurück-Stapel entfernt wird. Sie können hier auf Wunsch einen Namen übergeben, der den Zustand des Stapels benennt, oder, wie in meinem Beispiel, einfach null. commit() schließt die Transaktion ab.

```
package com.thomaskuenneth.androidbuch.fragmentdemo2

import android.os.Bundle
import android.view.LayoutInflater
import android.view.*
import android.widget.Button
import androidx.appcompat.app.AppCompatActivity
import androidx.fragment.app.*

class FragmentDemo2Activity : AppCompatActivity() {
  override fun onCreate(savedInstanceState: Bundle?) {
    super.onCreate(savedInstanceState)
    setContentView(R.layout.activity_main)
    val button = findViewById<Button>(R.id.button)
    button.setOnClickListener {
      val ft = supportFragmentManager.beginTransaction()
      for (i in 0..2) {
        val fragment = EinfachesFragment()
        ft.add(R.id.ll, fragment)
      }
      ft.addToBackStack(null)
      ft.commit()
    }
  }
}

class EinfachesFragment : Fragment() {
  override fun onCreateView(
    inflater: LayoutInflater, container: ViewGroup?,
    savedInstanceState: Bundle?
  ): View {
    return inflater.inflate(
      R.layout.einfaches_fragment,
      container, false
    )
  }
}
```

Listing 4.18 Die Klasse »FragmentDemo2Activity«

Die drei Fragmente werden durch die Klasse EinfachesFragment realisiert. Ihre einzige selbst implementierte Methode onCreateView() entfaltet durch Aufruf von inflate() der übergebenen LayoutInflater-Instanz den Inhalt der Layoutdatei *einfaches_fragment.xml*. Statt onCreateView() zu implementieren, könnten Sie den Konstruktor der Elternklasse Fragment mit R.layout.einfaches_fragment aufrufen.

»So ganz nebenbei« haben Sie gelernt, wie man einer Activity Fragmente per Code hinzufügen kann. Für das Entfernen und Austauschen von Fragmenten gibt es die Methoden remove() und replace(). Dass Sie remove() nicht selbst aufrufen mussten, liegt daran, dass Android Ihnen beim Drücken bzw. Antippen der Zurück-Schaltfläche (oder natürlich mit der entsprechenden Wischgeste) die gesamte Arbeit abnimmt.

4.3.3 Mehrspaltenlayouts

In diesem Abschnitt zeige ich Ihnen, wie Sie mit Fragmenten Benutzeroberflächen gestalten, die den auf dem Bildschirm zur Verfügung stehenden Platz optimal nutzen. Das Projekt *FragmentDemo3* demonstriert dies anhand einer klassischen Master-Detail-Ansicht. Der Anwender wählt aus einer Liste ein Element aus und sieht anschließend dessen Details. Auf Smartphones werden beide Teile, also Liste und Detailansicht, in einer eigenen Activity dargestellt. Auf Tablets oder Smartphones im Quermodus passen hingegen beide zusammen auf den Bildschirm. Die Verteilung von Fragmenten auf Activities ist in Abbildung 4.11 zu sehen.

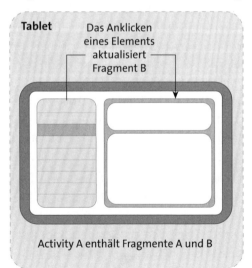
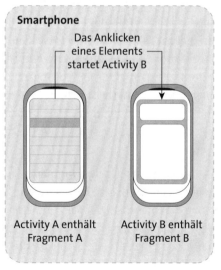

Abbildung 4.11 Verteilung von Fragmenten auf Activities

Die Hauptaktivität FragmentDemo3Activity der App ist in Listing 4.19 dargestellt. Sie zeigt nur mit setContentView() die Benutzeroberfläche an.

```kotlin
package com.thomaskuenneth.androidbuch.fragmentdemo3

import android.os.Bundle
import androidx.appcompat.app.AppCompatActivity

class FragmentDemo3Activity : AppCompatActivity() {
  override fun onCreate(savedInstanceState: Bundle?) {
    super.onCreate(savedInstanceState)
    setContentView(R.layout.fragmentdemo3)
  }
}
```

Listing 4.19 Die Klasse »FragmentDemo3Activity«

Die Klasse `AuswahlFragment` (siehe Listing 4.20) ist da schon spannender. Sie leitet von `androidx.fragment.app.ListFragment` ab und kümmert sich um das Anzeigen einer Auswahlliste. Hierzu wird in der Methode `onCreate()` eine Liste mit drei Elementen erzeugt und als `ArrayAdapter` an das `ListFragment` mit `listAdapter = ArrayAdapter( ... )` übergeben. `requireContext()` stellt sicher, dass ein Kotext gesetzt ist. Andernfalls wird eine Ausnahme geworfen. Wird ein Listenelement angetippt, erscheint eine passende Detailansicht. Hierzu habe ich `onListItemClick()` überschrieben. Der zuletzt ausgewählte Eintrag wird in `onSaveInstanceState()` mit `putInt()` gespeichert und in `onViewCreated()` mit `getInt()` wiederhergestellt.

Das Anzeigen der Details-Seite (`DetailsFragment`) geschieht in der privaten Methode `showDetails()`. Falls das Fragment nicht in der Hauptaktivität angezeigt werden kann (in diesem Fall hat `twoColumnMode` den Wert `false`), erscheint es in einer eigenen mit `startActivity()` gestarteten Activity, nämlich der `DetailsActivity`. Um sie kümmern wir uns etwas später. Die Prüfung, ob der Zweispaltenmodus (also die Anzeige in der Hauptaktivität) aktiv ist, erfolgt in `onViewStateRestored()` mittels `findViewById()`. Damit das Details-Fragment eingebunden werden kann, muss es im Layout ein Element mit der ID `container` geben. Hierfür kann beispielsweise ein `FrameLayout` verwendet werden.

Die In-place-Anzeige des Fragments (`twoColumnMode` hat den Wert `true`) besteht aus folgenden Schritten: Als Erstes wird mit `findFragmentById()` geprüft, ob es aktuell zu sehen ist. Ist dies nicht der Fall, wird eine neue Instanz erzeugt. Außerdem übergebe ich dem Fragment den Index des Listenelement-Eintrags, den der Benutzer angeklickt hat. Er wird in `DetailsFragment` für die Anzeige verwendet. `replace()` ersetzt das aktuell angezeigte Fragment durch das eben instanziierte. Dies findet innerhalb einer Fragment-Transaktionsklammer (`beginTransaction()` und `commit()`) statt. `setTransition()` sorgt für einen plattformkonformen Übergang.

> **Tipp**
>
> Sie können mit listView.choiceMode = ... festlegen, wie viele Elemente gleichzeitig selektiert werden können. Wenn nur die Listenansicht zu sehen ist, sollte überhaupt kein Eintrag als markiert erscheinen (CHOICE_MODE_NONE). Stellt die App hingegen Auswahl und Details dar, ist es sinnvoll, genau einen (CHOICE_MODE_SINGLE) zu selektieren, nämlich den Eintrag, der die Details repräsentiert. Hierfür ist die Methode setItemChecked() zuständig.

```kotlin
package com.thomaskuenneth.androidbuch.fragmentdemo3

import android.content.Intent
import android.os.Bundle
import android.view.*
import android.widget.*
import androidx.fragment.app.*

private const val STR_LAST_SELECTED = "lastSelected"
class AuswahlFragment : ListFragment() {

  private var twoColumnMode = false
  private var lastSelected = 0

  override fun onCreate(savedInstanceState: Bundle?) {
    super.onCreate(savedInstanceState)
    listAdapter = ArrayAdapter(
      requireContext(),
      android.R.layout.simple_list_item_activated_1,
      arrayOf("eins", "zwei", "drei")
    )
  }

  override fun onViewCreated(view: View, savedInstanceState: Bundle?) {
    super.onViewCreated(view, savedInstanceState)
    if (savedInstanceState != null) {
      lastSelected = savedInstanceState.getInt(STR_LAST_SELECTED, 0)
    }
  }

  override fun onListItemClick(l: ListView, v: View,
                               position: Int, id: Long) {
    showDetails(position)
  }
```

```kotlin
    override fun onSaveInstanceState(outState: Bundle) {
      super.onSaveInstanceState(outState)
      outState.putInt(STR_LAST_SELECTED, lastSelected)
    }

    override fun onViewStateRestored(savedInstanceState: Bundle?) {
      super.onViewStateRestored(savedInstanceState)
      activity?.run {
        twoColumnMode =
            findViewById<ViewGroup>(R.id.container) != null
        if (twoColumnMode) {
          listView.choiceMode = ListView.CHOICE_MODE_SINGLE
          showDetails(lastSelected)
        } else {
          listView.choiceMode = ListView.CHOICE_MODE_NONE
        }
      }
    }

    private fun showDetails(index: Int) {
      lastSelected = index
      if (twoColumnMode) {
        listView.setItemChecked(index, true)
        fragmentManager?.run {
          var details =
              findFragmentById(R.id.container) as DetailsFragment?
          if (details?.getIndex() ?: -1 != index) {
            // neues Fragment passend zum selektierten
            // Eintrag erzeugen und anzeigen
            details = DetailsFragment()
            val args = Bundle()
            args.putInt(INDEX, index)
            details.arguments = args
            beginTransaction()
              .replace(R.id.container, details)
              // einen Übergang darstellen
              .setTransition(FragmentTransaction.TRANSIT_FRAGMENT_FADE)
              .commit()
          }
        }
      } else {
        val intent = Intent()
        intent.setClass(requireActivity(),
```

```
            DetailsActivity::class.java)
    intent.putExtra(INDEX, index)
    startActivity(intent)
   }
  }
}
```

Listing 4.20 Die Klasse »AuswahlFragment«

Die Klasse DetailsFragment ist wieder sehr einfach gehalten. In onCreateView() wird die Oberfläche erzeugt, sofern das Fragment in einem Layout enthalten ist. In diesem Fall ist der Methodenparameter container ungleich null. Was es anzeigt, ergibt sich aus einem Wert, der dem Fragment in der Eigenschaft arguments (android.os.Bundle) übergeben wird. Es handelt sich dabei um den Index des angeklickten Listenelements. Er bestimmt, welches »Detail« angezeigt werden soll.

```
package com.thomaskuenneth.androidbuch.fragmentdemo3

import android.os.Bundle
import android.view.*
import android.widget.*
import androidx.fragment.app.Fragment

const val INDEX = "index"
class DetailsFragment : Fragment() {

  override fun onCreateView(inflater: LayoutInflater,
              container: ViewGroup?, savedInstanceState: Bundle?
  ): View? {
    container?.let {
      val text = TextView(context)
      text.text = getString(R.string.template, 1 + getIndex())
      val scroller = ScrollView(context)
      scroller.addView(text)
      return scroller
    }
    return null
  }

  fun getIndex(): Int {
    return arguments?.getInt(INDEX, 0) ?: -1
  }
}
```

Listing 4.21 Die Klasse »DetailsFragment«

Die Benutzeroberfläche der Hauptaktivität FragmentDemo3Activity wird in der Layoutdatei *fragmentdemo3.xml* definiert und sieht so aus:

```xml
<?xml version="1.0" encoding="utf-8"?>
<LinearLayout xmlns:android="http://schemas.android.com/apk/res/android"
  android:layout_width="match_parent"
  android:layout_height="match_parent"
  android:baselineAligned="false"
  android:orientation="horizontal"
  android:weightSum="1.0">
  <fragment
    android:id="@+id/auswahl"
    class="com.thomaskuenneth.androidbuch.fragmentdemo3.AuswahlFragment"
    android:layout_width="0dp"
    android:layout_height="match_parent"
    android:layout_weight="0.2" />
  <FrameLayout
    android:id="@+id/container"
    android:layout_width="0dp"
    android:layout_height="match_parent"
    android:layout_weight="0.8"
    android:background="?android:attr/detailsElementBackground">
  </FrameLayout>
</LinearLayout>
```

Listing 4.22 Die Layoutdatei »fragmentdemo3.xml«

Ein LinearLayout ordnet ein Fragment sowie ein FrameLayout horizontal an. Letzteres nimmt die Detailansicht auf. Auf diese Weise entsteht ein Zweispaltenlayout, das wunderbar auf Tablets zugeschnitten ist. Mit den Attributen android:weightSum und android:layout_weight können Sie übrigens die Größe (in meinem Fall die Breite) der beiden Kindelemente steuern. Die Summe der layout_weight-Werte aller Kinder muss dem Wert in weightSum entsprechen. Um den Hintergrund für Detailelemente so zu setzen, wie ihn auch Android darstellt, setzen Sie das Attribut android:background auf ?android:attr/detailsElementBackground.

Aber was geschieht eigentlich auf Smartphones? Müsste das Layout dort nicht eher wie in Listing 4.23 aussehen? Bei kleinen Bildschirmen ist doch gar kein Platz, um das FrameLayout und mit ihm das DetailsFragment zu beherbergen ...

```xml
<?xml version="1.0" encoding="utf-8"?>
<FrameLayout xmlns:android="http://schemas.android.com/apk/res/android"
  android:layout_width="match_parent"
  android:layout_height="match_parent">
```

```xml
<fragment
  android:id="@+id/auswahl"
  class="com.thomaskuenneth.androidbuch.fragmentdemo3.AuswahlFragment"
  android:layout_width="match_parent"
  android:layout_height="match_parent" />
</FrameLayout>
```

Listing 4.23 Die Datei »fragmentdemo3.xml« (alternative Version)

Tatsächlich kommen beide Varianten in der App zum Einsatz, weil Android einen Mechanismus kennt, der je nach Bildschirmgröße und -format unterschiedliche Layoutdateien nutzt. Diesen Mechanismus sehen wir uns in Kapitel 5, »Benutzeroberflächen«, ausführlicher an. Fürs Erste müssen Sie nur wissen, dass alle Varianten den gleichen Dateinamen haben, aber in unterschiedlichen Verzeichnissen abgelegt werden. Das Zweispaltenlayout gehört in den Ordner *layout-land*. Hierhin gehören Layouts, die im Quermodus angezeigt werden sollen. Die Variante, die als Wurzelelement ein `FrameLayout` enthält, landet im »normalen« *layout*-Verzeichnis.

Fassen wir den bisherigen Stand kurz zusammen: Die Hauptaktivität lädt »nur« die Oberfläche, die sich im Hochkant- und Quermodus unterscheidet. Im ersten Fall wird nur ein `AuswahlFragment` sichtbar, im TwoColumnMode sind Auswahl und Details zu sehen. Die Klasse `AuswahlFragment` stellt eine Liste mit den drei Einträgen EINS, ZWEI und DREI dar. Im TwoColumnMode wird die zuletzt selektierte Zeile farbig hervorgehoben, und beim Drehen des Geräts wird dieser Wert als *Instance State* zwischengespeichert. Von zentraler Bedeutung ist `showDetails()`, denn diese Methode der Klasse `AuswahlFragment` kümmert sich um das Anzeigen der Details, entweder eingebettet in die aktuelle Activity oder in einer neu gestarteten. Hierfür wird der `FragmentManager` genutzt, den Sie in Abschnitt 4.3.2, »Ein Fragment in eine Activity einbetten«, kennengelernt haben.

Die letzte Klasse, die ich Ihnen vorstellen möchte, ist `DetailsActivity` (siehe Listing 4.24). Sie wird in der Methode `showDetails()` von `AuswahlFragment` gestartet, wenn der Bildschirm kein Zweispaltenlayout ermöglicht. Dann muss die Detailansicht in einer eigenen Activity angezeigt werden.

```kotlin
package com.thomaskuenneth.androidbuch.fragmentdemo3

import android.content.res.Configuration
import android.os.Bundle
import androidx.appcompat.app.AppCompatActivity

class DetailsActivity : AppCompatActivity() {

  override fun onCreate(savedInstanceState: Bundle?) {
```

```
      super.onCreate(savedInstanceState)
      if (resources.configuration.orientation
        == Configuration.ORIENTATION_LANDSCAPE
      ) {
        finish()
      }
      if (savedInstanceState == null) {
        val details = DetailsFragment()
        details.arguments = intent.extras
        supportFragmentManager.beginTransaction()
          .add(android.R.id.content, details).commit()
      }
    }
  }
}
```

Listing 4.24 Die Klasse »DetailsActivity«

Der Ausdruck

```
resources.configuration.orientation == Configuration.ORIENTATION_LANDSCAPE
```

prüft, ob sich die Activity tatsächlich darstellen muss oder sich wieder mit `finish()` beenden kann. Letzteres ist der Fall, wenn Sie im Emulator oder auf einem echten Gerät durch Drehen in den Quermodus wechseln. Wie dies aussehen kann, ist in Abbildung 4.12 dargestellt.

Abbildung 4.12 Die App »FragmentDemo3« im Quermodus

Im folgenden Abschnitt beschäftigen wir uns mit einem weiteren wichtigen Baustein von Apps, den *Berechtigungen*. Diese kommen ins Spiel, wenn Ihre App auf Systemressourcen, zum Beispiel die Kamera oder das Mikrofon, zugreifen oder Benutzerdaten wie Kontakte und Termine verarbeiten möchte.

4.4 Berechtigungen

Android-Apps werden immer in einer *Sandbox* ausgeführt. Innerhalb dieses geschützten Bereichs können sie sich frei entfalten. Möchte eine App aber andere Systemkomponenten nutzen oder auf fremde Anwendungen, deren Bausteine und Daten zugreifen, muss sie hierfür eine entsprechende *Berechtigung* besitzen.

4.4.1 Normale und gefährliche Berechtigungen

Android unterscheidet zwischen *normalen* und *gefährlichen Berechtigungen*. Erstere finden Verwendung, wenn eine App zwar auf Daten oder Ressourcen außerhalb der eigenen Sandbox zugreift, dies aber keinen nennenswerten Einfluss auf die Privatsphäre des Benutzers oder die Integrität anderer Apps hat. Beispiele für normale Berechtigungen sind etwa Zugriff auf das Internet, Setzen der Zeitzone, Setzen eines Wallpapers sowie Benachrichtigung über den Abschluss des Boot-Vorgangs (Abschnitt 4.2.3, »Broadcast Receiver«).

Fordert eine App eine normale Berechtigung an, gewährt das System diese automatisch. Gefährliche Berechtigungen hingegen müssen vom Anwender ausdrücklich gewährt oder verweigert werden. Vorher ist die Nutzung der entsprechenden Funktion nicht möglich. Beispiele für gefährliche Berechtigungen sind der lesende oder schreibende Zugriff auf Kontakt- und Kalenderdaten, die Nutzung von Kamera oder Mikrofon, das Versenden und Empfangen von SMS sowie in vielen Fällen das Laden und Speichern von Dateien.

Berechtigungen deklarieren

Apps müssen in der Manifestdatei sowohl normale als auch gefährliche Berechtigungen anfordern. Wie ein entsprechender Eintrag aussieht, zeigt Listing 4.25. Es gehört zu dem Beispielprojekt *PermissionDemo*. Jede Berechtigung erhält ihr eigenes <uses-permission ... />-Tag. Achten Sie bitte darauf, sie an der richtigen Stelle einzufügen, als Kinder von <manifest ... />.

> **Hinweis**
> Auch Activities und Services können Berechtigungen definieren. Diese haben aber eine andere Bedeutung und funktionieren anders. Hinweise hierzu finden Sie in Abschnitt 6.2, »Services«.

Bis einschließlich Android 5 wurden Berechtigungen während der Installation abgefragt. Der Benutzer musste entscheiden, ob er sie in Gänze akzeptieren wollte, und falls nicht, so wurde die App nicht installiert. Ein selektives Zustimmen oder Ablehnen war ebenso wenig möglich wie das nachträgliche Entziehen oder Gewähren einer Berechtigung.

```xml
<?xml version="1.0" encoding="utf-8"?>
<manifest xmlns:android="http://schemas.android.com/apk/res/android"
  package="com.thomaskuenneth.androidbuch.permissiondemo">
  <uses-permission
    android:name="android.permission.READ_PHONE_NUMBERS" />
  <application
    ...
    <activity android:name=".MainActivity">
      ..
    </activity>
  </application>
</manifest>
```

Listing 4.25 Eine »Berechtigung« anfordern

Dies hat sich 2015 mit der Einführung von *Marshmallow* glücklicherweise geändert. Die sogenannten *Runtime Permissions* geben Anwendern viel Kontrolle darüber, was eine App darf. Ein entsprechendes Programmiermodell sorgt dafür, dass Berechtigungsabfragen erst zur Laufzeit erfolgen. Apps müssen hierfür als targetSdkVersion in der Datei *build.gradle* des Moduls *app* mindestens 23 eintragen. Andernfalls werden die Rechte weiterhin während der Installation abgefragt. Bitte denken Sie aber daran, dass Google bei Uploads in den Play Store die targetSdkVersion prüft. Apps mit zu niedrigem API-Level können Sie weder neu einstellen noch aktualisieren. Weitere Infos hierzu finden Sie in Abschnitt 3.3.2, »Apps in Google Play einstellen«. Das nachträgliche Entziehen oder Gewähren von Rechten über die EINSTELLUNGEN funktioniert ab Android 6 übrigens unabhängig von der targetSdkVersion. Ein sorgfältiges Behandeln von Rückgabewerten und Ausnahmen wäre also auch bei niedrigerer targetSdkVersion Pflicht.

Berechtigungen prüfen und anfordern

Runtime Permissions bedeuten für Entwickler etwas zusätzliche Arbeit. Bitte sehen Sie sich hierzu Listing 4.26 an. Es demonstriert den Umgang mit ihnen, indem es in der Methode getLine1Number() die Telefonnummer eines Geräts ermittelt. Sie wird nur aufgerufen, wenn die App die nötige Berechtigung hat. Trotzdem ist die Behandlung der sonst geworfenen SecurityException nötig, weil sonst die in Android Studio eingebaute statische Codeanalyse (zu Recht) meckert.

In onCreate() wird die Benutzeroberfläche wie üblich mit setContentView() geladen und angezeigt sowie für eine Schaltfläche ein OnClickListener registriert. Dieser ruft die private Methode requestPermission() auf. Spannendes geschieht in onStart(): Als Erstes wird mit checkSelfPermission() geprüft, ob die App aktuell Telefonnummern auslesen darf. Ist dies der Fall, ruft mein Beispiel die Methode outputLine1Number() auf, in der die primäre Telefonnummer ermittelt und ausgegeben wird. Hat die App hingegen keine Berechtigung, diese Nummer auszulesen, fordert sie diese durch Aufrufen meiner privaten Methode requestPermission() an. Unter Umständen tut sie das aber nicht sofort, denn Google sieht vor, dass eine App den Benutzer über den Grund, weshalb sie ein bestimmtes Recht haben möchte, informieren soll, wenn er ihr die Berechtigung schon einmal verweigert hat.

```kotlin
package com.thomaskuenneth.androidbuch.permissiondemo

import android.Manifest
import android.content.pm.PackageManager
import android.os.Bundle
import android.telephony.TelephonyManager
import android.util.Log
import android.view.View
import android.widget.*
import androidx.appcompat.app.AppCompatActivity

private const val REQUEST_READ_PHONE_NUMBER = 123
private val TAG = PermissionDemoActivity::class.simpleName
class PermissionDemoActivity : AppCompatActivity() {

    private lateinit var tv: TextView
    private lateinit var bt: Button

    override fun onCreate(savedInstanceState: Bundle?) {
        super.onCreate(savedInstanceState)
        setContentView(R.layout.activity_main)
        tv = findViewById(R.id.tv)
        bt = findViewById(R.id.bt)
        bt.setOnClickListener { requestPermission() }
    }

    override fun onStart() {
        super.onStart()
        bt.visibility = View.GONE
        if (checkSelfPermission(Manifest.permission.READ_PHONE_NUMBERS)
                != PackageManager.PERMISSION_GRANTED) {
            if (shouldShowRequestPermissionRationale(
```

```kotlin
            Manifest.permission.READ_PHONE_NUMBERS)) {
      tv.setText(R.string.explain1)
      bt.visibility = View.VISIBLE
    } else {
      requestPermission()
    }
  } else {
    outputLine1Number()
  }
}

override fun onRequestPermissionsResult(requestCode: Int,
                    permissions: Array<String>,
                    grantResults: IntArray) {
  super.onRequestPermissionsResult(requestCode, permissions,
                                   grantResults)
  if (requestCode == REQUEST_READ_PHONE_NUMBER) {
    bt.visibility = View.GONE
    if (grantResults.isNotEmpty() && grantResults[0]
        == PackageManager.PERMISSION_GRANTED) {
      outputLine1Number()
    } else {
      tv.setText(R.string.explain2)
    }
  }
}

private fun requestPermission() {
  requestPermissions(arrayOf(
      Manifest.permission.READ_PHONE_NUMBERS),
      REQUEST_READ_PHONE_NUMBER)
}

private fun outputLine1Number() {
  tv.text = getString(R.string.template,
      getLine1Number())
}

private fun getLine1Number(): String {
  var result = "???"
  getSystemService(TelephonyManager::class.java)?.run {
    try {
      result = line1Number
    } catch (ex: SecurityException) {
```

```
      Log.e(TAG, "getLine1Number()", ex)
    }
  }
  return result
  }
}
```

Listing 4.26 Die Klasse »PermissionDemoActivity«

Hierfür ist die Methode shouldShowRequestPermissionRationale() zuständig. Liefert sie true, blendet *PermissionDemo* die Schaltfläche VERSTANDEN ein und zeigt den Hinweis »Bitte gewähren Sie der App die Berechtigung« an. Abbildung 4.13 zeigt die App, nachdem die Schaltfläche VERSTANDEN angeklickt wurde (im Hintergrund sind Button und Text zu sehen). Nach dem ersten Ablehnen einer Berechtigungsanfrage wird hingegen nur »Die Berechtigung wurde verweigert« ausgegeben.

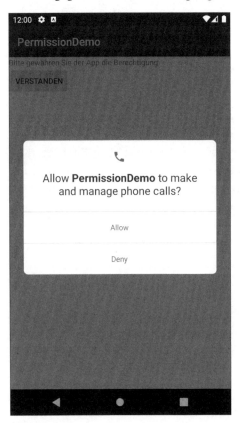

Abbildung 4.13 Die App nach dem Anklicken von »Verstanden«

Wie sich eine App verhält, wenn der Anwender eine Berechtigung verweigert, ist davon abhängig, wie zentral das Recht für ihr Funktionieren ist. Berührt es nur eine

Funktion, müssen Sie nur diese temporär stilllegen. Ist hingegen ohne die Berechtigung der Betrieb der App nicht möglich, sollte die Info an den Benutzer wie in *PermissionDemo* entsprechend deutlich ausfallen.

Auf Rechtevergaben reagieren

Eine Methode meines Beispiels habe ich bislang noch nicht besprochen, nämlich onRequestPermissionsResult(). Sie wird von Android aufgerufen, nachdem meine private Methode requestPermission() folgende Anweisung ausgeführt hat:

```
requestPermissions(arrayOf(
    Manifest.permission.READ_PHONE_NUMBERS),
    REQUEST_READ_PHONE_NUMBER)
```

Hierbei handelt es sich um das Pendant zum <uses-permission /\>-Tag in der Manifestdatei. requestPermissions() **muss** vor dem Auslesen der Telefonnummer aufgerufen werden, wenn checkSelfPermission() ergeben hat, dass die App die Berechtigung aktuell nicht hat. Bis einschließlich Android 10 bot der Berechtigungsdialog übrigens ein VERWEIGERN UND NICHT MEHR FRAGEN. Android 11 sieht das wiederholte Anfordern von denselben Berechtigungen als schlechten Stil an und verwehrt diese nach dem zweiten Versuch.

Sicher ist Ihnen aufgefallen, dass der Abfragedialog vage von »Telefonanrufe tätigen und verwalten« schreibt, obwohl die App doch ganz genau eine Berechtigung, android.permission.READ_PHONE_NUMBERS, anfordert. Android fasst Berechtigungen zu sogenannten *Berechtigungsgruppen* zusammen. Möchte eine App eine bestimmte Berechtigung erhalten, zeigt das System die Meldung, die zu derjenigen Gruppe passt, der eine Berechtigung zugeordnet ist. Das bedeutet, dass kein Meldungsdialog mehr erscheint, wenn eine andere Berechtigung angefordert wird, die zu derselben Gruppe gehört. Bitte denken Sie auch daran, dass normale Berechtigungen grundsätzlich ohne Benutzerinteraktion gewährt werden.

4.4.2 Tipps und Tricks zu Berechtigungen

Die Methode shouldShowRequestPermissionRationale() steuert also, ob eine App die Nutzung einer Berechtigung erklären sollte. Hat der Anwender ein Recht endgültig entzogen, so liefert sie false. Wenn eine Geräterichtlinie einer App verbietet, eine Berechtigung zu erhalten, wird ebenfalls false zurückgegeben.

Für Tests ist es sehr praktisch, Berechtigungen über die Kommandozeile steuern zu können. Das folgende Kommando entzieht *PermissionDemo* die Berechtigung, die Telefonnummer auszulesen. Sie können das Kommando zum Beispiel im Werkzeugfenster-Terminal eingeben.

```
adb shell pm revoke com.thomaskuenneth.androidbuch.permissiondemo android.per-
mission.READ_PHONE_NUMBERS
```

Das Schlüsselwort grant gewährt die Berechtigung.

Anwender erhalten über die in Abbildung 4.14 dargestellte Einstellungsseite APP-INFO Zugriff auf Berechtigungen.

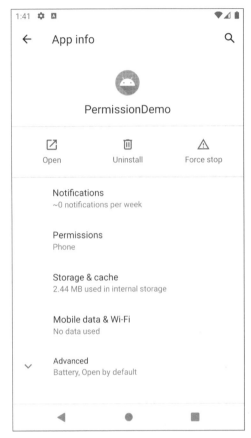

Abbildung 4.14 Die Einstellungsseite »App-Info«

Falls Sie diese Seite aus einer Activity Ihrer App heraus anzeigen möchten, sind nur wenige Zeilen Code nötig:

```
val intent = android.content.Intent()
intent.action = android.provider.Settings.ACTION_APPLICATION_DETAILS_SETTINGS
val uri = android.net.Uri.fromParts("package", packageName, null)
intent.data = uri
startActivity(intent)
```

Listing 4.27 Einstellungsseite »App-Info« aufrufen

Ein Klick auf BERECHTIGUNGEN öffnet die Seite mit den Berechtigungen, die von einer App angefordert werden. In Abbildung 4.15 ist diese Seite zu sehen.

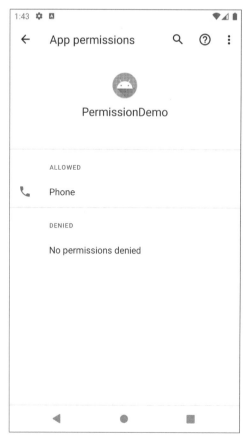

Abbildung 4.15 Die Einstellungsseite »App-Berechtigungen«

Berechtigungen und der Lebenszyklus von Activities

Vielleicht fragen Sie sich, ob es »den besten Zeitpunkt« für das Prüfen und Anfordern von Berechtigungen gibt. Wie Sie wissen, sollten Sie Berechtigungen nur dann anfordern, wenn sie für das Ausführen einer bestimmten Aktion erforderlich sind. Aber was bedeutet das? Activities durchlaufen einen komplexen Lebenszyklus einschließlich einer ganzen Reihe von *Callbacks*, also Methoden, die Sie bei Bedarf überschreiben können.

onCreate() wird von praktisch jeder Activity überschrieben. Theoretisch können Sie also dort Ihre Berechtigungsprüfungen machen. Allerdings wird diese Methode nicht immer aufgerufen, sondern nur, wenn die Activity noch nie gestartet oder nach einem früheren Lauf zerstört wurde. Deshalb bietet sich onStart() als Alternative an. Hierbei kann es aber zu einem unerwarteten Effekt kommen. Wenn Sie mit request-

Permissions() den systemweiten Berechtigungsdialog öffnen und der Benutzer während dessen Anzeige das Gerät dreht, also einen Orientierungswechsel vornimmt, wird wieder onStart() aufgerufen. Und damit wieder der Berechtigungsdialog. Android 7 und alle folgenden Versionen ignorieren den zweiten, unnötigen requestPermissions()-Aufruf, aber unter Android 6 erscheint der Dialog tatsächlich mehrmals. Mir ist keine Empfehlung von Google bekannt, wie man damit am besten umgehen sollte. Auf der sicheren Seite sind Sie, wenn Sie in Ihrer App speichern, dass gerade die Antwort auf eine Berechtigungsanfrage aussteht. Hierfür bieten sich die *Shared Preferences* an, die ich Ihnen in Abschnitt 5.2, »Vorgefertigte Bausteine für Oberflächen«, vorstelle. Da das Problem aber eine recht alte Version betrifft und auch eher selten auftreten dürfte, können Sie es wahrscheinlich auch ignorieren.

4.5 Navigation

Sie haben Intents als Boten zwischen den Grundbausteinen von Apps kennengelernt. Mit startActivity() und startActivityForResult() werden beispielsweise nach einem Buttonklick Ihre und ggf. fremde Activities angezeigt. Man nennt den Wechsel von Activity zu Activity *Navigation*. Aber auch innerhalb einer Activity kann Navigation stattfinden, beispielsweise beim Anzeigen und Entfernen von Fragmenten. Bislang habe ich jede Navigation ausprogrammiert. Das funktioniert in einfachen Beispielen wunderbar. Sobald eine App aber etwas komplexer wird, muss man mehr Aufwand treiben.

4.5.1 Jetpack Navigation

Jetpack Navigation besteht aus Bibliotheken, einem Gradle-Plugin und Werkzeugen innerhalb von Android Studio. Zentrales Element ist der *Navigation Graph*. Dieser neue Ressourcetyp (eine XML-Datei) bündelt alle für die Navigation erforderlichen Informationen. Er wird ab Android Studio 3.3 im *Navigation Editor* bearbeitet. Sie können Projekten einen Navigation Graph hinzufügen, indem Sie im Werkzeugfenster PROJECT den Knoten res mit der rechten Maustaste anklicken und NEW • ANDROID RESOURCE FILE auswählen. Der Dialog NEW RESOURCE FILE ist in Abbildung 4.16 zu sehen. Sofern sie nicht bereits vorhanden sind, werden beim Anlegen die erforderlichen Bibliotheken in der modulspezifischen *build.gradle*-Datei eingetragen. Dies sind:

```
implementation 'androidx.navigation:navigation-fragment-ktx:2.3.0'
implementation 'androidx.navigation:navigation-ui-ktx:2.3.0'
```

Wenn Sie bei der Navigation sichere Argumente verwenden möchten (wir kommen gleich darauf zurück), tragen Sie zusätzlich die Zeile

```
apply plugin: "androidx.navigation.safeargs.kotlin"
```

ein, am besten nach

```
apply plugin: 'kotlin-android-extensions'
```

Und noch eine Sache sollten Sie prüfen und ggf. ergänzen. In der *build.gradle*-Datei des Projekts muss im Block `dependencies {` die Zeile

```
classpath "androidx.navigation:navigation-safe-args-gradle-plugin:2.3.0"
```

stehen.

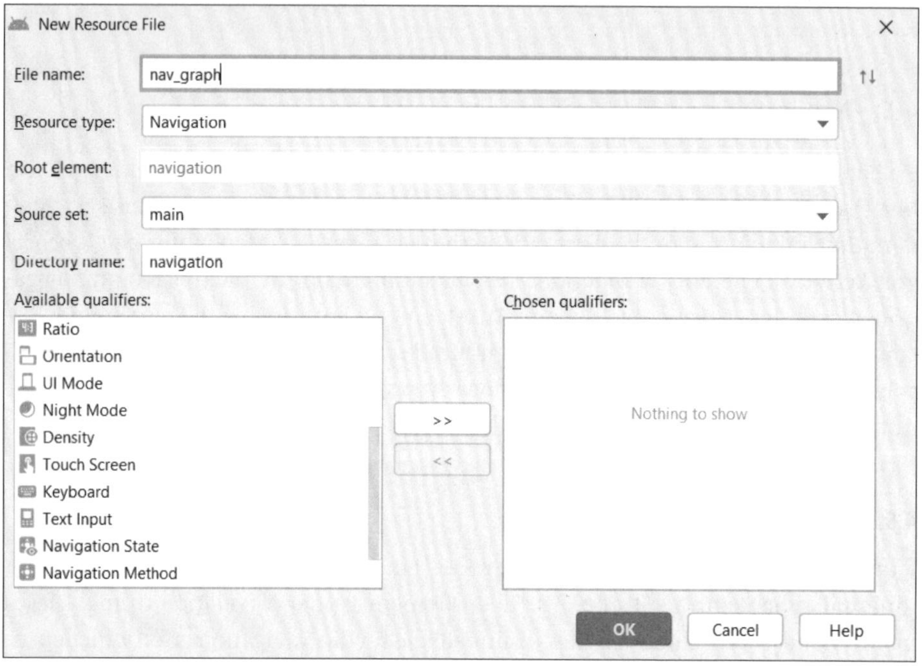

Abbildung 4.16 Einen Navigation Graph anlegen

Der Navigation Graph enthält Ziele und Aktionen. *Ziele* sind die Orte, zu denen man navigieren kann. Das können Activities oder Fragmente sein. *Aktionen* repräsentieren die Pfade, auf denen sich der Benutzer in der App bewegt. Ziele werden also über Aktionen miteinander verbunden. Damit das funktioniert, sind einige weitere Puzzleteile erforderlich. Der *Navigation Controller* (`NavController`) steuert die Navigation innerhalb eines *Navigation Host*. Das Interface `androidx.navigation.NavHost` wird von der Klasse `androidx.navigation.fragment.NavHostFragment` implementiert. Es definiert die Methode `getNavController()`. Apps instanziieren den Controller also üblicherweise nicht selbst, sondern erhalten ihn von einem Host oder über Hilfsmethoden der Klasse `Navigation`.

> **Hinweis**
>
> Normalerweise werden Navigation Graphen aus XML-Dateien entfaltet. Bei Bedarf können sie aber auch programmatisch erzeugt werden. Das ist dann praktisch, wenn sich die möglichen Navigationspfade aus Aufrufen von Webservices oder anderen entfernten Quellen ergeben.

Auch wenn Activities Navigationsziele sein können, wurde Jetpack Navigation doch für die Verwendung mit Fragmenten konzipiert. Mein Beispiel *NavigationDemo1* (Abbildung 4.17) zeigt, wie Sie von einem Hauptfragment aus ein untergeordnetes Fragment als Ziel ansteuern.

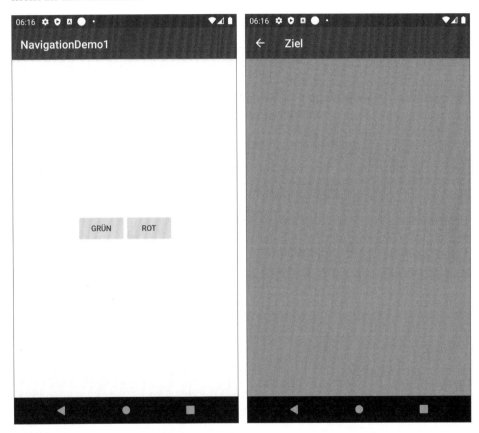

Abbildung 4.17 Die App »NavigationDemo1«

Listing 4.28 zeigt die von der Haupt-Activity NavigationDemo1Activity geladene Layoutdatei *activity_main.xml*. Sie ist sehr einfach gehalten. Das einzige Kind des Wurzelelements ConstraintLayout ist eine FragmentContainerView. Diese Klasse leitet von FrameLayout ab. Sie wurde speziell für das Einbetten von Fragmenten entwickelt. Mit dem Attribut android:name geben Sie das Fragment an, hier ein NavHostFragment.

Wenn Sie möchten, können Sie mit `android:tag` ein Tag definieren, um das Fragment mit `findFragmentByTag()` finden zu können.

```xml
<?xml version="1.0" encoding="utf-8"?>
<androidx.constraintlayout.widget.ConstraintLayout
    xmlns:android="http://schemas.android.com/apk/res/android"
   xmlns:app="http://schemas.android.com/apk/res-auto"
   xmlns:tools="http://schemas.android.com/tools"
   android:layout_width="match_parent"
   android:layout_height="match_parent"
   tools:context=".NavigationDemo1Activity">

    <androidx.fragment.app.FragmentContainerView
       android:id="@+id/nav_host_fragment"
       android:name="androidx.navigation.fragment.NavHostFragment"
       android:layout_width="0dp"
       android:layout_height="0dp"
       app:defaultNavHost="true"
       app:layout_constraintBottom_toBottomOf="parent"
       app:layout_constraintLeft_toLeftOf="parent"
       app:layout_constraintRight_toRightOf="parent"
       app:layout_constraintTop_toTopOf="parent"
       app:navGraph="@navigation/nav_graph" />

</androidx.constraintlayout.widget.ConstraintLayout>
```

Listing 4.28 Die Datei »activity_main.xml«

Mit dem Attribut `app:navGraph` geben Sie den Navigation Graph, den das `NavHostFragment` verwenden soll, an. In meinem Beispiel ist das die Datei *nav_graph.xml*. Navigation Graphen werden unter *res/navigation* abgelegt. `app:defaultNavHost` steuert, ob der Navigation Host auf das Antippen der ZURÜCK-Schaltfläche reagieren soll.

Der Navigation Graph

Navigation Graphen werden in Android Studio mit dem *Navigation Editor* bearbeitet. Er ist in Abbildung 4.18 zu sehen. Mein Beispiel enthält zwei Ziele, die Fragmente `ChildFragment` und `MainFragment`. Das Haus-Symbol zeigt an, dass `MainFragment` der Einstiegspunkt ist, also als Erstes angezeigt wird. Wenn Sie den Editor auf Textdarstellung umschalten, sehen Sie im Tag `<navigation>` das Attribut `app:startDestination`.

Für jedes Ziel kann eine Reihe von Eigenschaften festgelegt werden. Die ID wird verwendet, um zu diesem Ziel zu navigieren. Entsprechender Code könnte folgendermaßen aussehen:

```
findNavController().navigate(R.id.childFragment)
```

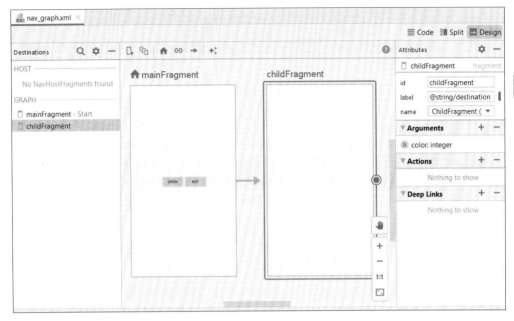

Abbildung 4.18 Der Navigation Editor

In meinem Beispiel finden Sie aber eine etwas andere Form, weil ich das Gradle-Plugin androidx.navigation.safeargs.kotlin verwende. Dazu kommen wir gleich. LABEL legt den Titel fest, der in der Action Bar angezeigt wird. NAME gibt die Klasse des Fragments an. Die Pfeile, die in den Modi SPLIT und DESIGN des Navigation Editors zu sehen sind, heißen *Aktionen*. Eine Aktion definiert einen Navigationspfad, den Weg von einem Ziel zu einem anderen. *NavigationDemo1* hat nur eine Aktion, nämlich von mainFragment zu childFragment. Um den Weg zurück (Antippen der ZURÜCK-Schaltfläche) kümmert sich der Navigation Host. Auch Aktionen haben einige Eigenschaften, wichtig sind insbesondere ID und DESTINATION. Darüber hinaus können Sie verschiedene Animationen festlegen und Standardwerte für Argumente angeben.

Sichere Argumente

Jedes Ziel kann ein oder mehrere Argumente erwarten. Ein Argument hat einen Namen und einen Typ. Außerdem legen Sie fest, ob das Argument vorhanden sein muss. Listing 4.29 zeigt die Definition des Arguments color in XML. Es nimmt ganze Zahlen auf. Meine Klasse ChildFragment interpretiert diese als Farbe und setzt den Hintergrund entsprechend.

```
<fragment
    ...
    <argument
```

```
            android:name="color"
            app:argType="integer"
            app:nullable="false" />
</fragment>
```

Listing 4.29 Auszug aus der Datei »nav_graph.xml«

Das Gradle-Plugin `androidx.navigation.safeargs.kotlin` generiert aus den Zielen, Aktionen und Argumenten des Navigation Graphs Klassen, die Sie bei der Navigation unterstützen. In Listing 4.30 sehen Sie zweimal den Aufruf `MainFragmentDirections.mainToChildFragment()`. Je nachdem, welcher Button angeklickt wurde, wird der Funktion ein anderer Farbwert übergeben. Das Ergebnis ist ein Objekt, das das Interface `androidx.navigation.NavDirections` implementiert. Es wird an `findNavController().navigate()` übergeben.

```
package com.thomaskuenneth.androidbuch.navigationdemo1

import android.graphics.Color
import android.os.Bundle
import android.view.View
import android.widget.Button
import androidx.fragment.app.Fragment
import androidx.navigation.fragment.findNavController

class MainFragment : Fragment(R.layout.fragment_main) {

  override fun onViewCreated(view: View, savedInstanceState: Bundle?) {
    view.findViewById<Button>(R.id.b1)?.setOnClickListener {
      val action =
        MainFragmentDirections.mainToChildFragment(Color.GREEN)
      findNavController().navigate(action)
    }
    view.findViewById<Button>(R.id.b2)?.setOnClickListener {
      val action =
        MainFragmentDirections.mainToChildFragment(Color.RED)
      findNavController().navigate(action)
    }
  }
}
```

Listing 4.30 Die Klasse »MainFragment«

Die Verwendung von sicheren Argumenten in Zielen zeigt Listing 4.31. `ChildFragmentArgs` ist ebenfalls eine generierte Klasse. Sie gestattet den komfortablen typsicheren

Zugriff auf die übergebenen Argumente. args ist aufgrund des by eine delegierte Eigenschaft und wird erst beim Zugriff initialisiert.

```
package com.thomaskuenneth.androidbuch.navigationdemo1

import android.os.Bundle
import android.view.View
import androidx.fragment.app.Fragment
import androidx.navigation.fragment.navArgs

class ChildFragment : Fragment(R.layout.fragment_child) {

  val args: ChildFragmentArgs by navArgs()

  override fun onViewCreated(view: View, savedInstanceState: Bundle?) {
    view.setBackgroundColor(args.color)
  }
}
```

Listing 4.31 Die Klasse »ChildFragment«

Sie haben es fast geschafft. Allerdings möchte ich Ihnen noch kurz die Klasse NavigationDemo1Activity (Listing 4.32) zeigen. Damit die Action Bar den bekannten Pfeil am linken Rand anzeigt wenn nicht das Hauptfragment zu sehen ist, ist nämlich ein bisschen Konfigurationsarbeit nötig. Sie müssen der Methode setupActionBarWithNavController() drei Objekte übergeben:

1. eine AppCompatActivity (this)
2. einen NavController (navHostFragment.navController)
3. eine AppBarConfiguration

AppBarConfiguration.Builder erhält die IDs aller Ziele, die Einstiege in die Navigation bilden. Anders formuliert: Bei diesen Zielen ist kein Pfeil zu sehen, bei allen anderen schon. In meinem Beispiel trifft dies nur auf R.id.mainFragment zu.

```
package com.thomaskuenneth.androidbuch.navigationdemo1

import android.os.Bundle
import androidx.appcompat.app.AppCompatActivity
import androidx.navigation.NavController
import androidx.navigation.fragment.NavHostFragment
import androidx.navigation.ui.AppBarConfiguration
import androidx.navigation.ui.NavigationUI
```

```kotlin
class NavigationDemo1Activity : AppCompatActivity() {

  private lateinit var navController: NavController
  private lateinit var appBarConfiguration: AppBarConfiguration

  override fun onCreate(savedInstanceState: Bundle?) {
    super.onCreate(savedInstanceState)
    setContentView(R.layout.activity_main)
    val navHostFragment =
      supportFragmentManager.findFragmentById(R.id.nav_host_fragment)
        as NavHostFragment
    navController = navHostFragment.navController
    appBarConfiguration = AppBarConfiguration.Builder(
      setOf(R.id.mainFragment)
    ).build()
    NavigationUI.setupActionBarWithNavController(this, navController,
                                                appBarConfiguration)
  }

  override fun onSupportNavigateUp(): Boolean {
    return NavigationUI.navigateUp(navController, appBarConfiguration)
  }
}
```

Listing 4.32 Die Klasse »NavigationDemo1Activity«

Außerdem müssen Sie die Methode onSupportNavigateUp() wie gezeigt implementieren. NavigationUI.navigateUp() delegiert die Behandlung des Navigationspfeils ⬅ an den Navigation Controller.

Wie Sie gesehen haben, lassen sich mit Jetpack Navigation sehr bequem Sprünge innerhalb Ihrer App realisieren. Im folgenden Abschnitt stelle ich Ihnen die Klasse BottomNavigationView vor. Sie setzt ein sehr wichtiges Interaktionsmuster um, das Umschalten zwischen gleichberechtigten Seiten durch eine Leiste am unteren Bildschirmrand.

4.5.2 Die Klasse »BottomNavigationView«

com.google.android.material.bottomnavigation.BottomNavigationView gehört zu Googles *Material Components*. Diese Bibliothek erweitert die Standard-Widgets von Android um einige zusätzliche UI-Elemente, die ebenfalls die Designsprache *Material Design* umsetzen. Sie muss mit der Zeile

```
implementation 'com.google.android.material:material:1.1.0'
```

in der modulspezifischen *build.gradle*-Datei referenziert werden. Damit alle Komponenten richtig funktionieren, ist es wichtig, eigene Activitites von `AppCompatActivity` abzuleiten und ein Theme der Material Components zu verwenden. Hierfür reicht es üblicherweise, in der Datei *styles.xml* im Verzeichnis *res/values* die Zeile

```
<style name="AppTheme"
       parent="Theme.AppCompat.Light.DarkActionBar">
```

folgendermaßen zu ändern:

```
<style name="AppTheme"
       parent="Theme.MaterialComponents.DayNight.DarkActionBar">
```

Durch die Verwendung eines DayNight-Themes machen Sie Ihre App auch gleich für den Dark Mode fit.

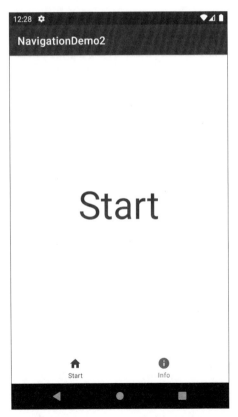

Abbildung 4.19 Die App »NavigationDemo2«

In meinem Beispiel *NavigationDemo2* (Abbildung 4.19) zeige ich Ihnen, wie Sie mit der Klasse `BottomNavigationView` zwischen mehreren primären Zielen umschalten. Lassen Sie uns als Erstes einen Blick auf die Layoutdatei in Listing 4.33 werfen. Ein `ConstraintLayout` enthält zwei Kinder, eine `TextView` sowie die `BottomNavigationView`. Aus Gründen der Einfachheit repräsentiert die `TextView` die Seiten der App. Ich erkläre Ihnen gleich, was damit gemeint ist.

```xml
<?xml version="1.0" encoding="utf-8"?>
<androidx.constraintlayout.widget.ConstraintLayout xmlns:android="http://
schemas.android.com/apk/res/android"
  xmlns:app="http://schemas.android.com/apk/res-auto"
  android:layout_width="match_parent"
  android:layout_height="match_parent">

  <TextView
    android:id="@+id/textview"
    android:layout_width="match_parent"
    android:layout_height="0dp"
    android:gravity="center"
    android:textColor="@color/colorPrimary"
    android:textSize="32pt"
    app:layout_constraintBottom_toTopOf="@+id/bottom_navigation"
    app:layout_constraintEnd_toEndOf="parent"
    app:layout_constraintStart_toStartOf="parent"
    app:layout_constraintTop_toTopOf="parent" />

  <com.google.android.material.bottomnavigation.BottomNavigationView
    android:id="@+id/bottom_navigation"
    android:layout_width="match_parent"
    android:layout_height="wrap_content"
    app:layout_constraintBottom_toBottomOf="parent"
    app:layout_constraintEnd_toEndOf="parent"
    app:layout_constraintStart_toStartOf="parent"
    app:menu="@menu/bottom_navigation_menu" />

</androidx.constraintlayout.widget.ConstraintLayout>
```

Listing 4.33 Die Layoutdatei der App »NavigationDemo2«

Das Attribut `app:menu` der `BottomNavigationView` referenziert eine XML-Datei, die unter res/menu abgelegt wird. In Abschnitt 5.2.4, »Menüs und Action Bar«, stelle ich Ihnen das Konzept von Menüs ausführlicher vor. Fürs Erste ist wichtig, dass in dieser Datei (Listing 4.34) die umschaltbaren Seiten der App definiert werden, und zwar in `<item />`-

Tags. android:id ordnet jeder Seite eine ID zu. android:icon legt das anzuzeigende Symbol fest, und android:title enthält den Namen der Seite. android:enabled legt fest, ob eine Seite angeklickt werden kann.

```xml
<?xml version="1.0" encoding="utf-8"?>
<menu xmlns:android="http://schemas.android.com/apk/res/android">
  <item
    android:id="@+id/page_home"
    android:enabled="true"
    android:icon="@drawable/ic_baseline_home_24"
    android:title="@string/home"/>
  <item
    android:id="@+id/page_info"
    android:enabled="true"
    android:icon="@drawable/ic_baseline_info_24"
    android:title="@string/info"/>
</menu>
```

Listing 4.34 Die Datei »bottom_navigation_menu.xml«

Die Klasse NavigationDemo2Activity (Listing 4.35) lädt die Layoutdatei *activity_main.xml* mit setContentView(R.layout.activity_main). findViewById<BottomNavigationView>(R.id.bottom_navigation)

liefert die Referenz auf ein BottomNavigationView-Objekt. Um informiert zu werden, wenn der Benutzer eine andere Seite anwählt, registrieren Sie mit setOnNavigationItemSelectedListener() einen OnNavigationItemSelectedListener. Dessen Methode onNavigationItemSelected() erhält eine MenuItem-Instanz. Sie muss true liefern, wenn das übergebene Menüelement als ausgewähltes Element angezeigt werden soll, sonst false.

```
package com.thomaskuenneth.androidbuch.navigationdemo2

import android.os.Bundle
import android.widget.TextView
import androidx.appcompat.app.AppCompatActivity
import com.google.android.material.bottomnavigation.BottomNavigationView

class NavigationDemo2Activity : AppCompatActivity() {

  override fun onCreate(savedInstanceState: Bundle?) {
    super.onCreate(savedInstanceState)
    setContentView(R.layout.activity_main)
    val textview = findViewById<TextView>(R.id.textview)
```

```
    val bottomNavigationView =
        findViewById<BottomNavigationView>(R.id.bottom_navigation)
    bottomNavigationView.setOnNavigationItemSelectedListener { item ->
      when (item.itemId) {
        R.id.page_home -> {
          textview.text = getString(R.string.home)
          true
        }
        R.id.page_info -> {
          textview.text = getString(R.string.info)
          true
        }
        else -> false
      }
    }
    bottomNavigationView.selectedItemId = R.id.page_home
  }
}
```

Listing 4.35 Die Klasse »NavigationDemo2Activity«

Mein Beispiel simuliert einen Seitenwechsel, indem mit `textview.text - getString( ... )` ein anderer Text angezeigt wird. Was Sie in Ihrer App tun müssen, hängt davon ab, wie Sie die darzustellenden Seiten implementieren. Sind es Fragmente, können Sie wie in den Beispielen dieses Kapitels gezeigt den `FragmentManager` nutzen, um sie ein- und auszublenden. Eine andere Möglichkeit beschreibe ich in Abschnitt 5.1.1, »Views«. Am praktischsten ist aber wahrscheinlich, Jetpack Navigation zu verwenden. Dann müssen Sie nur einen Navigation Graph erstellen, der die Seiten als Ziele enthält (aber keine Aktionen), und Ihrem Layout ein `NavHostFragment` hinzufügen.

Abbildung 4.20 BottomNavigationView mit eingefärbtem Hintergrund

Zum Schluss noch zwei Tipps. Mit `labelVisibilityMode` können Sie steuern, wann Navigationselemente Texte anzeigen. Fügen Sie in der Layoutdatei dem Tag `<BottomNavigationView>` beispielsweise den Ausdruck `app:labelVisibilityMode="unlabeled"` hinzu, sind nur noch die Symbole zu sehen. Ist Ihnen ein farbiger Hintergrund lieber, können Sie ihn mit

`style="@style/Widget.MaterialComponents.BottomNavigationView.Colored"`

aktivieren (Abbildung 4.20).

4.6 Zusammenfassung

Sie haben in diesem Kapitel wichtige Bausteine von Apps kennengelernt und gesehen, wie diese mithilfe von *Intents* miteinander kommunizieren. Android kennt – neben den für den Benutzer sichtbaren Activities – *Broadcast Receiver*, die auch dann auf Nachrichten reagieren können, wenn eine App gar nicht aktiv ist. Mit *Fragmenten* stehen Ihnen Komponenten zur Verfügung, mit denen Sie Ihr Programm so strukturieren können, dass die Bedienoberfläche sowohl auf Smartphones als auch auf Tablets den vorhandenen Raum optimal ausnutzt. Auch Berechtigungen sind zentrale Anwendungsbausteine. Die mit Android 6 eingeführten *Runtime Permissions* nehmen unmittelbar Einfluss auf den Programmablauf, indem sie unter bestimmten Umständen Systemdialoge anzeigen und vom Benutzer Entscheidungen einfordern.

Kapitel 5
Benutzeroberflächen

Die Bedienoberfläche ist das Aushängeschild einer App. Gerade auf mobilen Geräten ist es wichtig, dem Anwender die Nutzung eines Programms so einfach wie möglich zu machen. Welche Möglichkeiten Android hier bietet, zeige ich Ihnen in diesem Kapitel.

Android stellt Ihnen eine ganze Reihe von Bedienelementen zur Verfügung, mit denen Sie die Benutzeroberfläche Ihrer App gestalten können. Diese Komponenten werden während der Entwicklung in XML-Dateien definiert. Zur Laufzeit macht die Plattform daraus Objektbäume.

5.1 Views und ViewGroups

Sie kennen solche Layoutbeschreibungen schon aus den vorherigen Kapiteln. Entsprechende Dateien werden in Unterverzeichnissen von *res* abgelegt. Ihre Namen beginnen mit *layout*. Die folgende, recht einfach gehaltene Datei *widgetdemo.xml* gehört zu dem gleichnamigen Beispielprojekt.

```xml
<?xml version="1.0" encoding="utf-8"?>
<LinearLayout xmlns:android="http://schemas.android.com/apk/res/android"
  android:layout_width="match_parent"
  android:layout_height="match_parent"
  android:orientation="vertical"
  android:padding="6dp">
  <EditText
    android:id="@+id/textfield"
    android:layout_width="match_parent"
    android:layout_height="wrap_content"
    android:hint="@string/hint"
    android:imeOptions="actionGo"
    android:importantForAutofill="no"
    android:inputType="textNoSuggestions"
    android:lines="1" />
  <Button
    android:id="@+id/apply"
```

```xml
        android:layout_width="wrap_content"
        android:layout_height="wrap_content"
        android:text="@string/apply" />
    <FrameLayout
        android:id="@+id/frame"
        android:layout_width="wrap_content"
        android:layout_height="wrap_content" />
</LinearLayout>
```

Listing 5.1 Die Datei »widgetdemo.xml« des Projekts »WidgetDemo«

Der Ausdruck `android:imeOptions="actionGo"` sorgt dafür, dass auf Geräten mit physikalischer Tastatur durch Drücken der Eingabetaste eine Aktion ausgelöst wird. Virtuelle Keyboards zeigen eine spezielle »Go«-Schaltfläche an. Programmseitig müssen Sie zusätzlich mit `setOnEditorActionListener()` einen `OnEditorActionListener` (Sie haben ihn schon in Abschnitt 2.3.3 kennengelernt) registrieren und dessen Methode `onEditorAction()` implementieren. Das lässt sich elegant mit einem Lambda-Ausdruck umsetzen (Listing 5.2). Der Ausdruck `android:inputType="textNoSuggestions"` sorgt dafür, dass für das Eingabefeld keine Vorschläge gemacht werden. Da Sie hier absolute Klassennamen eintippen werden, würden diese ins Leere laufen.

Sicher ist Ihnen aufgefallen, dass die vier Elemente `LinearLayout`, `FrameLayout`, `Button` und `EditText` einige gemeinsame Attribute haben. `android:layout_width` und `android:layout_height` sind überall vorhanden. `android:id` fehlt nur in `LinearLayout`. IDs werden benötigt, um sich innerhalb einer Klasse, zum Beispiel einer Activity, auf eine View oder eine ViewGroup beziehen zu können – vielleicht weil Sie die Farbe setzen, einen Status abfragen oder einen Text ändern wollen. In meinem Beispiel ist das für `LinearLayout` aber nicht nötig.

Zu jedem XML-Element gibt es ein Pendant in der Android-Klassenbibliothek. Instanzen dieser Klassen bilden zur Laufzeit einer App einen Objektbaum, der die Benutzeroberfläche repräsentiert. Die XML-Attribute werden hierbei auf Instanzvariablen abgebildet. Das System nimmt Ihnen die Arbeit des Entfaltens praktisch vollständig ab. Häufig müssen Sie nur die Methode `setContentView()` aufrufen.

5.1.1 Views

Die Basisklasse aller Bedienelemente ist `android.view.View`. Die Benutzeroberfläche einer App besteht also aus einer oder mehreren Views oder von ihr abgeleiteten Klassen. `View` fasst die Eigenschaften und Methoden zusammen, die mindestens nötig sind, um an einer bestimmten Position ein rechteckiges Element mit vorgegebener Größe darzustellen. Beispielsweise wird `onDraw()` aufgerufen, wenn sich die Komponente zeichnen soll. Views sind also für ihr Rendering selbst verantwortlich. Ebenso kümmern sie sich um die Bearbeitung von Tastatur-, Touch- und Trackball-Ereignissen.

Eigenschaften von Views

Wenn die Benutzeroberfläche in einer XML-Datei deklariert und erst zur Laufzeit zu einem Objektbaum entfaltet wird, muss es einer App möglich sein, Referenzen auf spezifische Komponenten zu ermitteln. Dies ist beispielsweise nötig, um auf Benutzeraktionen zu reagieren. Denken Sie an das Anklicken einer Schaltfläche oder an unmittelbare Reaktionen auf Eingaben in ein Textfeld. Activities enthalten hierfür die Methode findViewById(). Der ihr übergebene Wert entspricht üblicherweise einer Konstante aus R.id. Diese wiederum bezieht ihre Informationen aus den Attributen android:id der XML-Dateien. Das Eingabefeld meines Beispiels ist über seine ID textfield erreichbar. Die Klasse WidgetDemoActivity, die Sie gleich kennenlernen werden, greift mit der Anweisung

val e = findViewById<EditText>(R.id.textfield)

auf textfield zu.

> **Hinweis**
>
> Sie werden im Internet viele Beispiele finden, in denen der von findViewById() zurückgegebene Wert gecastet wird. Erst in *Oreo* hat Google ihn generisch gemacht (<T extends View> T). Damit wird der Cast unnötig. Sofern Sie in Ihren Projekten compileSdkVersion auf einen Wert größer oder gleich 26 setzen, können (und sollten) Sie ihn problemlos weglassen. Das hat übrigens keine Auswirkungen auf die Lauffähigkeit unter älteren Plattformversionen (sofern alle anderen Voraussetzungen erfüllt sind).

Sie können Views zusätzlich zu diesen IDs ein *Tag* zuweisen. Tags werden nicht für die Identifizierung von Views verwendet, sondern dienen als eine Art Speicher für Zusatzinformationen. Anstatt solche Daten in einer gesonderten Struktur abzulegen, können Sie diese (oder gegebenenfalls eine Referenz auf sie) direkt in der View ablegen. In Kapitel 3 nutzt die Methode getView() der Klasse TierkreiszeichenAdapter Tags, um Referenzen auf ViewHolder zu speichern.

Views sind Rechtecke. Ihre Positionen werden durch ihre linken oberen Ecken bestimmt. Die Werte entsprechen Pixeln. Sie können sie mit getLeft() und getTop() abfragen. Da Views Hierarchien abbilden, werden Koordinaten stets relativ zur Elternkomponente angegeben, nicht als absolute Werte. Die Größe einer View ergibt sich aus den Dimensionen Breite und Höhe. Tatsächlich gehören sogar zwei solcher Paare zu einer View: Das erste Paar gibt an, wie groß innerhalb ihres Elternobjekts die View sein möchte. Die beiden Dimensionen lassen sich mit getMeasuredWidth() und getMeasuredHeight() abfragen.

Das zweite Paar gibt die tatsächliche Größe einer View auf dem Bildschirm an, und zwar nach dem Layoutvorgang, aber vor dem Zeichnen. Die Werte des zweiten Paares werden von den beiden Methoden getWidth() und getHeight() geliefert. Die beiden Paare können, müssen aber nicht unterschiedlich sein. Die Größe einer View wird auch durch das sogenannte *Padding* beeinflusst. Die Pixelwerte des Paddings geben an, wie weit der Inhalt einer View von ihrem oberen, unteren, linken und rechten Ende entfernt sein soll. Das Padding können Sie mit der Methode setPadding() setzen und mit getPaddingLeft(), getPaddingTop(), getPaddingRight() und getPaddingBottom() abfragen. Das Konzept von Rändern wird übrigens in den sogenannten *ViewGroups* umgesetzt, die ich Ihnen im folgenden Abschnitt ausführlich vorstelle.

Komponenten programmatisch erzeugen

Die App *WidgetDemo*, die Sie in Abbildung 5.1 sehen, besteht im Wesentlichen aus einem Eingabefeld und einer Schaltfläche. Geben Sie den voll qualifizierten Klassennamen eines Bedienelements (zum Beispiel android.widget.AnalogClock, android.widget.RatingBar oder android.widget.DatePicker) ein, und klicken Sie anschließend auf Übernehmen. Das Programm instanziiert das entsprechende Objekt und fügt es in den Komponentenbaum ein, der aus der XML-Datei *widgetdemo.xml* entfaltet wurde. Wie dies funktioniert, zeigt Listing 5.2.

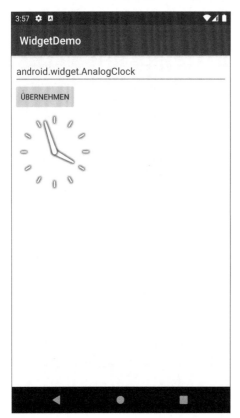

Abbildung 5.1 Die App »WidgetDemo«

Wie üblich lädt der Aufruf von setContentView() die Benutzeroberfläche und stellt sie dar. Mit findViewById() ermitteln wir Referenzen auf Objekte, die wir im weiteren Programmverlauf noch benötigen, zum Beispiel um für die Schaltfläche ÜBERNEHMEN einen OnClickListener und das Eingabefeld einen OnEditorActionListener zu registrieren.

```kotlin
package com.thomaskuenneth.androidbuch.widgetdemo

import android.content.Context
import android.os.Bundle
import android.util.Log
import android.view.*
import android.widget.*
import androidx.appcompat.app.AppCompatActivity

private val TAG = WidgetDemoActivity::class.simpleName
class WidgetDemoActivity : AppCompatActivity() {

  private lateinit var frame: FrameLayout
  private lateinit var textfield: EditText
  private lateinit var apply: Button

  override fun onCreate(savedInstanceState: Bundle?) {
    super.onCreate(savedInstanceState)
    setContentView(R.layout.widgetdemo)
    val params = ViewGroup.LayoutParams(
        ViewGroup.LayoutParams.MATCH_PARENT,
        ViewGroup.LayoutParams.WRAP_CONTENT)
    frame = findViewById(R.id.frame)
    textfield = findViewById(R.id.textfield)
    apply = findViewById(R.id.apply)
    apply.setOnClickListener {
      val name = textfield.text.toString()
      try {
        val c = Class.forName(name)
        val o = c.getDeclaredConstructor(Context::class.java)
            .newInstance(this)
        if (o is View) {
          frame.removeAllViews()
          frame.addView(o, params)
          frame.forceLayout()
        }
      } catch (tr: Throwable) {
        val str = getString(R.string.error, name)
        Toast.makeText(this, str, Toast.LENGTH_LONG).show()
```

```
            Log.e(TAG, "Fehler beim Instanzieren von $name", tr)
        }
    }
    textfield.setOnEditorActionListener { _, _, _ ->
        apply.performClick()
        true
    }
  }
}
```

Listing 5.2 Die Klasse »WidgetDemoActivity«

Das Erzeugen einer View aus dem voll qualifizierten Klassennamen geschieht mittels Reflection. Zunächst wird mit `Class.forName()` eine `Class`-Instanz ermittelt. Diese brauchen wir, um mit `getDeclaredConstructor()` einen geeigneten (parameterlosen) Konstruktor zu erhalten. `newInstance()` erzeugt das gewünschte Objekt. Vor dessen Verwendung prüft `if (o is View)`, ob der eingegebene Klassenname tatsächlich eine View war. Andernfalls würde ja das Hinzufügen zu einem Komponentenbaum nicht funktionieren. Falls ein Fehler auftritt, zeigt die App mit `Toast.makeText()` ein kleines Infotäfelchen an. Weitere Informationen hierzu erhalten Sie in Abschnitt 5.3, »Nachrichten und Hinweise«.

Wir müssen noch klären, was es mit der View namens `FrameLayout` auf sich hat, denn nach dem Start der App ist von ihr zunächst nichts zu sehen. `FrameLayout` ist ein Kind der Klasse `android.view.ViewGroup`. Solche Container nehmen weitere Bedienelemente auf. Zunächst wird mit der Anweisung

```
val f = findViewById<FrameLayout>(R.id.frame)
```

eine Referenz auf die Komponente ermittelt. Anschließend können Sie mit `addView()` Views oder ViewGroups hinzufügen oder mit `removeAllViews()` entfernen. Auf diese Weise ist problemlos das Mischen von deklarativ und programmatisch erstellten Oberflächen möglich.

Ist Ihnen aufgefallen, dass bei `addView()` ein Objekt des Typs `android.view.ViewGroup.LayoutParams` übergeben wurde? Wie auch bei per XML deklarierten Oberflächen müssen Sie beim Hinzufügen einer View bestimmte Werte zwingend angeben, nämlich Breite und Höhe. Dies geschieht mit `LayoutParams`-Objekten. Der Aufruf der Methode `forceLayout()` erzwingt das erneute Anordnen der Bedienelemente. Das ist nötig, damit die hinzugefügte Komponente korrekt angezeigt wird.

Auf Benutzeraktionen reagieren

Die Idee, mithilfe von sogenannten *Listenern* auf Benutzeraktionen zu reagieren, wird in vielen UI-Frameworks umgesetzt. Bedienelemente bieten an, Referenzen von Objekten, die entweder bestimmte Interfaces implementieren oder von bestimmten Basisklassen ableiten, bei sich zu registrieren. Tritt ein festgelegtes Ereignis ein oder löst der Benutzer eine bestimmte Aktion aus, ruft die Komponente eine Methode der ihr übergebenen Objekte auf. Welche Listener ein Bedienelement anbieten, entnehmen Sie bitte Googles Entwicklerdokumentation. Der in Listing 5.3 gezeigte OnClick-Listener steht zum Beispiel auch bei Ankreuzfeldern (android.widget.CheckBox) zur Verfügung. Wird der Button status angeklickt, wird die Boolean-Eigenschaft isChecked (sie gehört, wie Sie gleich sehen werden, zu einer CheckBox) negiert.

```
val status = findViewById<Button>(R.id.status)
status.setOnClickListener { checkbox.isChecked = !checkbox.isChecked }
```

Listing 5.3 Auf das Anklicken einer Schaltfläche per »Listener« reagieren

Bei der Wahl des Listeners müssen Sie allerdings genau überlegen, was Sie in Ihrer App erreichen möchten. Hierzu ein Beispiel: Das in Abbildung 5.2 gezeigte Programm *ListenerDemo* gibt in einem Textfeld den Status einer CheckBox aus.

Abbildung 5.2 Die App »ListenerDemo«

Das Anklicken einer Schaltfläche kehrt diesen Status um. Wie in Listing 5.4 zu sehen ist, registriert die Klasse einen `OnClickListener`, der die Meldung beim Anklicken der `CheckBox` mit folgender Anweisung aktualisiert:

```
textview.text = checkbox.isChecked.toString()
```

Die Schaltfläche STATUS UMKEHREN kehrt den aktuellen Zustand des Ankreuzfeldes mit dem Code aus Listing 5.3 um. Wenn Sie nach dem Start der App im Emulator oder auf einem realen Gerät die Funktion der Schaltfläche und des Ankreuzfeldes testen, fällt auf, dass beim Anklicken der `CheckBox` die Meldung korrekt aktualisiert wird. STATUS UMKEHREN hingegen setzt zwar das Ankreuzfeld richtig (aus *angekreuzt* wird *nicht angekreuzt* und umgekehrt), allerdings ändert sich die Meldung des Textfeldes nicht. Sie zeigt einen anderen Wert an, als die `CheckBox` tatsächlich hat. Das ist natürlich unschön.

```kotlin
package com.thomaskuenneth.androidbuch.listenerdemo

import android.os.Bundle
import android.widget.Button
import android.widget.CheckBox
import android.widget.TextView
import androidx.appcompat.app.AppCompatActivity

class ListenerDemoActivity : AppCompatActivity() {
  override fun onCreate(savedInstanceState: Bundle?) {
    super.onCreate(savedInstanceState)
    setContentView(R.layout.activity_main)
    val textview = findViewById<TextView>(R.id.textview)
    val checkbox = findViewById<CheckBox>(R.id.checkbox)
    checkbox.setOnClickListener {
      textview.text = checkbox.isChecked.toString()
    }
    val status = findViewById<Button>(R.id.status)
    status.setOnClickListener {
      checkbox.isChecked = !checkbox.isChecked
    }
  }
}
```

Listing 5.4 Die Klasse »ListenerDemoActivity«

Eine schnelle Umgehung dieses Problems wäre, die Anweisung

```
textview.text = checkbox.isChecked.toString()
```

in den Listener der Schaltfläche zu kopieren. Das ist aber unsauber, weil Sie nach Möglichkeit Code nicht duplizieren sollten. Lassen Sie uns stattdessen überlegen, was der Grund für das Fehlverhalten ist. Den Status mit der Eigenschaft isChecked zu setzen, ist ganz sicher das richtige Vorgehen. Vielleicht ist aber der OnClickListener die falsche Wahl, denn er reagiert »nur« auf das Anklicken bzw. Antippen der Komponente. Aber das passiert beim Setzen durch Code ja nicht. Deshalb kennt Android einen OnCheckedChangeListener. Er reagiert auf Statuswechsel. *Warum* dieser erfolgt, ist der Plattform beim Aufrufen des Listeners egal.

Bitte kommentieren Sie die Anweisung checkbox.setOnClickListener { ... } aus, und fügen Sie stattdessen folgendes Codeschnipsel ein:

```
checkbox.setOnCheckedChangeListener { _, isChecked ->
  textview.text = isChecked.toString()
}
```

Listing 5.5 Auf das Setzen bzw. Entfernen von Häkchen reagieren

Der erste Parameter enthält die Komponente, deren Status sich geändert hat (entspricht also checkbox). Da wir nicht weiter darauf zugreifen müssen, habe ich _ als Variablennamen verwendet. Nach dieser Änderung führt das Anklicken der Schaltfläche zur Aktualisierung des Textfeldes, weil aufgrund der Zustandsänderung der OnCheckedChangeListener aufgerufen wird.

Im folgenden Abschnitt stelle ich Ihnen die sogenannten *ViewGroups* ausführlicher vor. Wie viele andere UI-Frameworks ordnet Android Bedienelemente auf Grundlage von Regeln an, die in *Layouts* implementiert wurden. Diese Klassen leiten von android.view.ViewGroup ab.

5.1.2 Positionierung von Bedienelementen mit ViewGroups

ViewGroups sind Container, können also weitere Views und ViewGroups enthalten. In Ihren Apps verwenden Sie normalerweise nicht diese Basisklasse, sondern abgeleitete Implementierungen wie die Ihnen bereits bekannten Klassen LinearLayout oder das (sehr einfache) FrameLayout.

FrameLayout

In der App *WidgetDemo* dieses Kapitels habe ich in der zugehörigen Layoutdatei ein FrameLayout definiert, um eine zur Laufzeit erzeugte Komponente in den Objektbaum einhängen zu können. Das ist auch der Haupteinsatzbereich dieser Klasse. FrameLayouts enthalten normalerweise nur ein Element, auch wenn sowohl programmatisch mittels addView() als auch in der Layoutdatei mehrere Views hinzugefügt werden können. Dann werden sie in der Reihenfolge, in der sie hinzugefügt wurden, gezeichnet. Die Größe des Elements bei `"wrap_content"` entspricht dem größten Kindelement. Deren Positionen lassen sich mit `android:layout_gravity` kontrollieren. Sehen Sie sich bitte die Layoutdatei *framelayout_demo.xml* an.

```xml
<?xml version="1.0" encoding="utf-8"?>
<FrameLayout xmlns:android="http://schemas.android.com/apk/res/android"
  android:layout_width="match_parent"
  android:layout_height="match_parent"
  android:background="@android:color/darker_gray">
  <View
    android:layout_width="40dp"
    android:layout_height="40dp"
    android:layout_gravity="top|start"
    android:background="#ffff00" />
  <TextView
    android:layout_width="wrap_content"
    android:layout_height="wrap_content"
    android:layout_gravity="center"
    android:background="@android:color/white"
    android:text="@string/hello"
    android:textColor="@android:color/black" />
</FrameLayout>
```

Listing 5.6 »framelayout_demo.xml«

Die `TextView` erscheint am weitesten vorn. `android:textColor` bestimmt ihre Farbe (schwarz). Android definiert eine Reihe von Farben, auf die Sie mit `@android:color/` zugreifen können. Ihr Hintergrund ist weiß. Der Wert `center` ihres Attributs `android:layout_gravity` zentriert sie. Die mittlere Komponente, eine `View`, erscheint als solides gelbes Rechteck, weil ich mit dem Ausdruck `android:background="#ffff00"` die Hintergrundfarbe auf Gelb gesetzt habe (vereinfacht ausgedrückt besteht die Klasse `View` ausschließlich aus einem Hintergrund). Dem Hashzeichen folgen drei hexadezimale Zahlen, die die Rot-, Grün- und Blauanteile der zu verwendenden Farbe repräsentieren.

`android:layout_gravity="top|start"` sorgt dafür, dass das Element in der linken (genauer gesagt am Beginn der Leserichtung befindlichen) oberen Ecke von `FrameLayout` gezeichnet wird. Die Größe der View habe ich als sogenannte *density-independent pixels* angegeben. Die Einheit `dp` abstrahiert von der Pixeldichte des verwendeten Bildschirms. Auf diese Weise passen sich Ihre Apps besser an unterschiedliche Anzeigen an. Ausführliche Informationen hierzu finden Sie in Abschnitt 2.2.1, »Grafiken«.

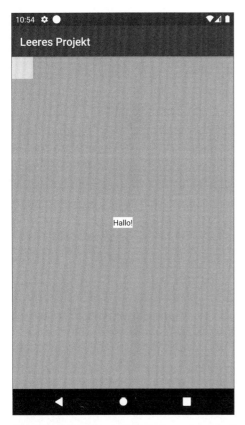

Abbildung 5.3 Die entfaltete Layoutdatei »framelayout_demo.xml«

Abbildung 5.3 zeigt die entfaltete Layoutdatei. Um sie selbst auszuprobieren, verwenden Sie am besten das Projekt *LeeresProjekt* aus Kapitel 4, »Wichtige Grundbausteine von Apps«. Es enthält bereits diese sowie die beiden folgenden Layoutdateien. Sie müssen nur noch in onCreate() den Text R.layout.activity_main durch R.layout.framelayout_demo ersetzen. Außerdem müssen für dieses und die folgenden Beispiele in der Datei *strings.xml* die folgenden Zeilen vorhanden sein. Die Version in den Begleitmaterialien enthält sie bereits.

```
<string name="hello">Hallo!</string>
<string name="ok">OK</string>
<string name="cancel">Abbruch</string>
<string name="hint">Bitte Text eingeben</string>
```

LinearLayout

LinearLayout ist ein sehr häufig verwendetes Layout, nicht nur in Beispielen und Tutorials. Es ist einfach zu verstehen und lässt sich flexibel einsetzen. Die Klasse ordnet Kinder neben- oder untereinander an. Sie können deren Ausrichtung mit android:gravity kontrollieren.

Abbildung 5.4 Die entfaltete Layoutdatei »linearlayout_demo.xml«

Die in Abbildung 5.4 dargestellte Datei *linearlayout_demo.xml* zeigt im entfalteten Zustand zwei Schaltflächen und ein Eingabefeld. Mit dem Attribut android:orientation steuern Sie, ob Kindelemente spalten- (horizontal) oder zeilenweise (vertical) angeordnet werden. Der Ausdruck android:gravity="end" führt dazu, dass die beiden Schaltflächen des Beispiels zum rechten Rand hin (genauer: zum Ende der Leserichtung hin) ausgerichtet werden.

```
<?xml version="1.0" encoding="utf-8"?>
<LinearLayout xmlns:android="http://schemas.android.com/apk/res/android"
  android:layout_width="match_parent"
  android:layout_height="match_parent"
  android:orientation="vertical"
  android:padding="8dp">
  <EditText
    android:layout_width="match_parent"
```

```xml
        android:layout_height="0dp"
        android:layout_weight="1.0"
        android:hint="@string/hint"
        android:importantForAutofill="no"
        android:inputType="text" />
    <LinearLayout
        style="?android:attr/buttonBarButtonStyle"
        android:layout_width="match_parent"
        android:layout_height="wrap_content"
        android:gravity="end"
        android:orientation="horizontal">
        <Button
            style="?android:attr/buttonBarButtonStyle"
            android:layout_width="wrap_content"
            android:layout_height="wrap_content"
            android:text="@string/cancel" />
        <Button
            style="?android:attr/buttonBarButtonStyle"
            android:layout_width="wrap_content"
            android:layout_height="wrap_content"
            android:text="@string/ok" />
    </LinearLayout>
</LinearLayout>
```

Listing 5.7 »linearlayout_demo.xml«

Mit dem Attribut `android:layout_weight` können Sie die Größen der Kinder dem freien Platz entsprechend verteilen. Wie das funktioniert, zeige ich Ihnen in meinem Beispiel *FragmentDemo3* in Kapitel 4. Auch in *linearlayout_demo.xml* kommt `android:layout_weight` vor, aber nur einmal. Was kann denn da verteilt werden? Die Komponente `EditText` soll möglichst hoch werden, aber noch genügend Platz für das untergeordnete `LinearLayout` und seine zwei Schaltflächen lassen. Das geht einfach mit `android:layout_height="0dp"` und `android:layout_weight="1.0"`.

Oberflächen mit dem Layout Inspector analysieren

Wie Sie gesehen haben, können Sie durch das Schachteln von LinearLayouts mit geringem Aufwand die Benutzeroberfläche Ihrer App gestalten. Allerdings belegen jede View und jede ViewGroup Speicher. Zudem ist das Entfalten von komplexen Komponentengeflechten aufwendig, verbraucht also Rechenleistung. Auch wenn moderne Smartphones und Tablets eine beachtliche Leistungsfähigkeit erreicht haben, ist effiziente Programmierung weiterhin sehr wichtig. Android Studio enthält deshalb den *Layout Inspector*. Er hilft Ihnen beim Analysieren Ihrer Benutzeroberflächen. Sie starten ihn über TOOLS • LAYOUT INSPECTOR. Da sich der Layout Inspector mit einem Prozess auf dem Gerät oder Emulator verbinden möchte, sollten Sie die gewünschte App vorher mit RUN • RUN 'APP' öffnen. Alternativ können Sie in der Klappliste am oberen Rand seines Fensters einen Prozess auswählen. Ihr Titel entspricht entweder dem Namen des Prozesses oder SELECT PROCESS.

Abbildung 5.5 zeigt, aus wie vielen Objekten die Oberfläche einer App zur Laufzeit besteht. Neben den Views aus der Datei *linearlayout_demo.xml* sind Komponenten der Plattform (zum Beispiel `DecorView`) sowie die Action Bar zu sehen. Der Layout Inspector besteht aus drei Bereichen. COMPONENT TREE zeigt die vollständige Benutzeroberfläche als baumartige Struktur. Klicken Sie ein Element mit der linken Maustaste an, werden dessen Eigenschaften in der Sicht ATTRIBUTES aufgelistet. Dies funktioniert auch im mittleren, zoom- und verschiebbaren Bereich. Er stellt die Oberfläche dar. Ein Rechtsklick öffnet ein Kontextmenü, mit dem Sie Teile des Komponentenbaums ein- und ausblenden. Mit LOAD OVERLAY ([]) können Sie eine Schablone laden und über die Oberflächenvorschau legen, um den aktuellen Stad mit UI-Mockups zu vergleichen.

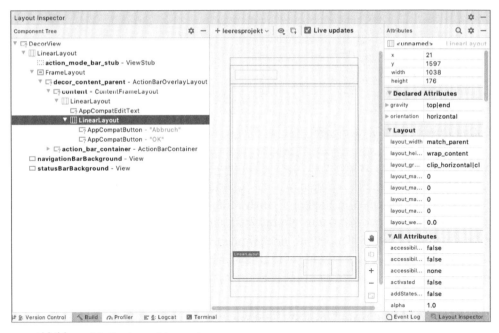

Abbildung 5.5 Der Layout Inspector

Haben Sie bemerkt, dass Abbildung 5.5 die Klassen `AppCompatButton` und `AppCompatEditText` enthält, obwohl ich in der Layoutdatei doch `Button` und `EditText` verwende? Die Activity des Projekts *LeeresProjekt* leitet von `androidx.appcompat.app.AppCompatActivity` ab. Sie gehört zur Jetpack-Komponente *Appcompat*. Deren Verwendung führt dazu, dass beim Entfalten von Layoutdateien spezialisierte Versionen der Basisklassen instanziiert werden. Auf ihre Apps hat dies normalerweise keinen Einfluss.

Achten Sie aber darauf, bei Typprüfungen nicht die abgeleiteten, sondern die Klassen des Frameworks (beispielsweise android.widget.Button) zu verwenden.

RelativeLayout

Das RelativeLayout kann nicht nur nebeneinanderliegende Schaltflächen ohne zusätzlichen Container anordnen. Die vollständige Benutzeroberfläche des Beispiels aus dem vorherigen Abschnitt ist damit intuitiv und effizient umsetzbar. Denken Sie daran, dass die Datei *relativelayout_demo.xml* im Projekt *LeeresProjekt* schon vorhanden ist und Sie das Layout nur mit setContentView(R.layout.relativelayout_demo) anzeigen müssen.

```xml
<?xml version="1.0" encoding="utf-8"?>
<RelativeLayout xmlns:android="http://schemas.android.com/apk/res/android"
    style="?android:attr/buttonBarButtonStyle"
    android:layout_width="match_parent"
    android:layout_height="match_parent"
    android:padding="8dp">
    <Button
        android:id="@+id/button_ok"
        style="?android:attr/buttonBarButtonStyle"
        android:layout_width="wrap_content"
        android:layout_height="wrap_content"
        android:layout_alignParentEnd="true"
        android:layout_alignParentBottom="true"
        android:text="@string/ok" />
    <Button
        android:id="@+id/button_cancel"
        style="?android:attr/buttonBarButtonStyle"
        android:layout_width="wrap_content"
        android:layout_height="wrap_content"
        android:layout_alignParentBottom="true"
        android:layout_toStartOf="@id/button_ok"
        android:text="@string/cancel" />
    <EditText
        android:layout_width="match_parent"
        android:layout_height="match_parent"
        android:layout_above="@id/button_ok"
        android:hint="@string/hint"
        android:importantForAutofill="no"
        android:inputType="text" />
</RelativeLayout>
```

Listing 5.8 »relativelayout_demo.xml«

Die Grundidee von `RelativeLayout` ist, die Position von Komponenten in Abhängigkeit zu anderen Elementen zu beschreiben. Beispielsweise sorgt `android:layout_toStartOf="@id/button_ok"` dafür, dass die Schaltfläche ABBRUCH in Leserichtung vor (also links neben) OK platziert wird. Ähnliches gilt für `android:layout_above="@id/button_ok"`. Dieser Ausdruck positioniert das Eingabefeld über den beiden Schaltflächen.

`android:layout_alignParentBottom="true"` legt fest, dass ein Kind am unteren Rand der Elternkomponente auszurichten ist. Um meinen OK-Button in Leserichtung am Ende (also am rechten Rand) zu positionieren, verwende ich `android:layout_alignParentEnd="true"`. Vielleicht fragen Sie sich, warum ich die Benutzeroberfläche von unten nach oben und von rechts nach links beschreibe. Wäre es nicht einfacher, mit `EditText` zu beginnen und im Anschluss daran die beiden Schaltflächen zu definieren? Grundsätzlich ist dies möglich, allerdings kann Android dann nicht ohne Weiteres berechnen, wie hoch das Eingabefeld werden darf. Oftmals müssen Sie etwas tüfteln, bis Sie das gewünschte Ergebnis mit `RelativeLayout` erreichen. Meiner Meinung nach ist die geringere Anzahl von Objekten zur Laufzeit diese Mühe aber wert.

5.1.3 Alternative Layouts

Die ersten verfügbaren Android-Telefone, das *G1* und das *Magic*, besaßen ein 3,2-Zoll-Display, das aus heutiger Sicht mickrige 320 × 480 Pixel auflöste. Drehte der Benutzer das Gerät oder öffnete er die Hardwaretastatur des G1, wechselte das Seitenverhältnis vom Hochkant- ins Querformat. Diese Funktionalität ist selbstverständlich auch in der aktuellen Android-Version noch enthalten, schließlich profitieren auch Tablets von solchen Orientierungswechseln.

Ihre Apps können mit *alternativen Ressourcen* darauf reagieren. Ich habe sie in Abschnitt 4.3.3, »Mehrspaltenlayouts«, bereits verwendet, bin Ihnen aber eine ausführliche Erklärung schuldig geblieben. Das hole ich nun nach. Die Kernidee ist, Benutzeroberflächen bei Bedarf in unterschiedlichen Ausprägungen zur Verfügung zu stellen. Hierzu ein Beispiel: Android beinhaltet das Bedienelement `DatePicker`, mit dem sich sehr schnell eine App bauen lässt, die die Anzahl der Tage zwischen zwei Datumsangaben berechnet. Das Beispielprojekt *Datumsdifferenz* ist in Abbildung 5.6 dargestellt.

Die Klasse `DatumsdifferenzActivity` leitet von `AppCompatActivity` ab. Sie enthält unter anderem zwei mit `Calendar.getInstance()` erzeugte Objekte des Typs `java.util.Calendar`. Die Objekte dienen als Modell für zwei `android.widget.DatePicker`. In `onCreate()` wird die Benutzeroberfläche geladen und mit `setContentView()` angezeigt. Die beiden `init()`-Aufrufe aktualisieren die `DatePicker`-Anzeigen. Warum ich als letzten Parameter null übergebe, erkläre ich etwas später.

Abbildung 5.6 Die App »Datumsdifferenz«

Klickt der Anwender auf die Schaltfläche BERECHNEN, überträgt die Methode updateCalendarFromDatePicker() das Datum eines Pickers zurück in das korrespondierende Modell-Objekt. Die Methode berechnen() ermittelt die Datumsdifferenz. Hierzu wird das Startdatum so lange hochgezählt, bis es dem Enddatum entspricht. Damit das klappt, muss das Enddatum dem Startdatum entsprechen oder später sein. Ist das nicht der Fall, vertauscht mein Code die beiden Werte. Aus Performancesicht ist der Algorithmus natürlich verbesserungsfähig, dafür kommt er prima mit Schaltjahren zurecht.

```
package com.thomaskuenneth.androidbuch.datumsdifferenz

import java.util.Calendar
import android.os.Bundle
import android.widget.Button
import android.widget.DatePicker
import android.widget.TextView
import androidx.appcompat.app.AppCompatActivity
```

```kotlin
class DatumsdifferenzActivity : AppCompatActivity() {

  private var cal1 = Calendar.getInstance()
  private var cal2 = Calendar.getInstance()

  private lateinit var tv: TextView
  private lateinit var dp1: DatePicker
  private lateinit var dp2: DatePicker

  override fun onCreate(savedInstanceState: Bundle?) {
    super.onCreate(savedInstanceState)
    setContentView(R.layout.datumsdifferenz)
    dp1 = findViewById(R.id.date1)
    dp1.init(cal1.get(Calendar.YEAR),
        cal1.get(Calendar.MONTH),
        cal1.get(Calendar.DAY_OF_MONTH),
        null)
    dp2 = findVicwById(R.id.datc2)
    dp2.init(cal2.get(Calendar.YEAR),
        cal2.get(Calendar.MONTH),
        cal2.get(Calendar.DAY_OF_MONTH),
        null)
    tv = findViewById(R.id.textview_result)
    val b = findViewById<Button>(R.id.button_calc)
    b.setOnClickListener { berechnen() }
    berechnen()
  }

  private fun berechnen() {
    updateCalendarFromDatePicker(cal1, dp1)
    updateCalendarFromDatePicker(cal2, dp2)
    if (cal2.before(cal1)) {
      val temp = cal1
      cal1 = cal2
      cal2 = temp
    }
    var days = 0
    while (cal1[Calendar.YEAR] != cal2[Calendar.YEAR]
        || cal1[Calendar.MONTH] != cal2[Calendar.MONTH]
        || cal1[Calendar.DAY_OF_MONTH]
      != cal2[Calendar.DAY_OF_MONTH]) {
      days += 1
```

```
        cal1.add(Calendar.DAY_OF_YEAR, 1)
      }
      tv.text = getString(R.string.template, days)
    }

    private fun updateCalendarFromDatePicker(cal: Calendar,
                            dp: DatePicker) {
      cal[Calendar.YEAR] = dp.year
      cal[Calendar.MONTH] = dp.month
      cal[Calendar.DAY_OF_MONTH] = dp.dayOfMonth
    }
}
```
Listing 5.9 Die Klasse »DatumsdifferenzActivity«

Listing 5.10 zeigt die Layoutdatei *datumsdifferenz.xml*. In einem vertikalen LinearLayout werden zwei DatePicker sowie ein RelativeLayout mit einem Button und einer TextView verteilt. Das Aussehen der Datumsauswahl ist konfigurierbar. Sie schalten mit android:datePickerMode= zwischen einer Kalenderblattdarstellung (calendar) und der Anzeige von Schaltflächen zum Blättern zwischen Tag, Monat und Jahr (spinner) um. android:calendarViewShown="false" ist nötig, um den in dieser Anzeigevariante sonst erscheinenden Monatskalender auszublenden.

```xml
<?xml version="1.0" encoding="utf-8"?>
<LinearLayout xmlns:android="http://schemas.android.com/apk/res/android"
  android:layout_width="match_parent"
  android:layout_height="match_parent"
  android:gravity="center"
  android:orientation="vertical">
  <DatePicker
    android:id="@+id/date1"
    android:layout_width="wrap_content"
    android:layout_height="wrap_content"
    android:calendarViewShown="false"
    android:datePickerMode="spinner" />
  <DatePicker
    android:id="@+id/date2"
    android:layout_width="wrap_content"
    android:layout_height="wrap_content"
    android:calendarViewShown="false"
    android:datePickerMode="spinner" />
  <RelativeLayout
    android:layout_width="match_parent"
```

```xml
        android:layout_height="wrap_content">
    <Button
      android:id="@+id/button_calc"
      android:layout_width="wrap_content"
      android:layout_height="wrap_content"
      android:layout_marginStart="16dp"
      android:text="@string/calc" />
    <TextView
      android:id="@+id/textview_result"
      android:layout_width="wrap_content"
      android:layout_height="wrap_content"
      android:layout_alignBaseline="@id/button_calc"
      android:layout_marginStart="16dp"
      android:layout_toEndOf="@id/button_calc" />
  </RelativeLayout>
</LinearLayout>
```

Listing 5.10 Die Layoutdatei »datumsdifferenz.xml«

Wenn Sie die App im Emulator starten, bringen Sie ihn bitte in den Quermodus, indem Sie eine der beiden Schaltflächen ⬦ oder ⬦ der Steuerleiste anklicken. Wie Sie in Abbildung 5.7 sehen, ist das Ergebnis sehr unbefriedigend, da die Benutzeroberfläche nicht mehr vollständig dargestellt wird.

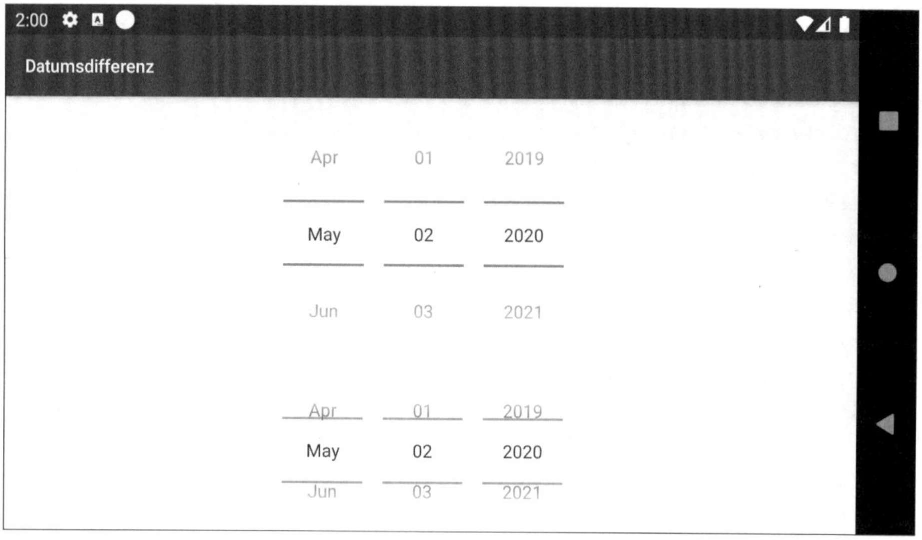

Abbildung 5.7 Die App »Datumsdifferenz« im Quermodus

Um dies zu korrigieren, legen Sie im Werkzeugfenster PROJECT unterhalb von *res* das Verzeichnis *layout-land* an. Es nimmt Layoutdateien auf, die angezeigt werden, wenn das Gerät in den *Landscape*-Modus gebracht wird. Erzeugen Sie in diesem Ordner eine Datei mit dem Namen *datumsdifferenz.xml*, und übernehmen Sie die folgenden Zeilen. Ein Rechtsklick auf *res* öffnet ein Kontextmenü, das die beiden Befehle NEW • FILE und NEW • DIRECTORY enthält. Das Projekt *Datumsdifferenz* in den Begleitmaterialien enthält das alternative Layout bereits.

```xml
<?xml version="1.0" encoding="utf-8"?>
<RelativeLayout xmlns:android="http://schemas.android.com/apk/res/android"
  android:layout_width="match_parent"
  android:layout_height="wrap_content">
  <DatePicker
    android:id="@+id/date1"
    android:layout_width="wrap_content"
    android:layout_height="wrap_content"
    android:layout_alignParentStart="true"
    android:layout_alignParentTop="true"
    android:calendarViewShown="false"
    android:datePickerMode="spinner" />
  <DatePicker
    android:id="@+id/date2"
    android:layout_width="wrap_content"
    android:layout_height="wrap_content"
    android:layout_alignParentTop="true"
    android:layout_marginStart="16dp"
    android:layout_toEndOf="@id/date1"
    android:calendarViewShown="false"
    android:datePickerMode="spinner" />
  <Button
    android:id="@+id/button_calc"
    android:layout_width="wrap_content"
    android:layout_height="wrap_content"
    android:layout_alignParentStart="true"
    android:layout_below="@id/date2"
    android:text="@string/calc" />
  <TextView
    android:id="@+id/textview_result"
    android:layout_width="wrap_content"
    android:layout_height="wrap_content"
    android:layout_alignBaseline="@id/button_calc"
    android:layout_marginStart="16dp"
    android:layout_toEndOf="@id/button_calc" />
</RelativeLayout>
```

Listing 5.11 »datumsdifferenz.xml« für den Landscape-Modus

Haben Sie den Unterschied bemerkt? Die alternative Variante ist kompakter, weil sie nur ein RelativeLayout enthält. Die beiden DatePicker werden durch layout_align-ParentStart und layout_toEndOf in Leserichtung nebeneinander angeordnet. Darunter (layout_below) kommen Button und TextView. Der Name der Layoutdatei ist für den Porträt- und Landschaftsmodus gleich (*datumsdifferenz.xml*). Und das ist auch nötig, weil dieser Name die Grundlage für eine Konstante in der automatisch generierten Klasse R.layout bildet. Diese Konstante wiederum verwenden Sie beispielsweise in setContentView(). Entscheidend ist, ob Sie die Layoutdatei unter *layout-land* oder *layout* ablegen. Layouts, die ausdrücklich für den Hochkantmodus entworfen wurden, deponieren Sie in *layout-port*. Android sucht im Ordner *layout*, wenn das angeforderte Layout in keinem der genannten Spezialverzeichnisse gefunden wird.

Die Komponente DatePicker kann Ihre App bei einer Änderung des Datums über einen *Callback* informieren. Das ist praktisch, wenn Sie die Datumsdifferenz nicht nur beim Anklicken der Schaltfläche BERECHNEN ermitteln möchten. Bitte sehen Sie sich Listing 5.12 an.

```
val cb = DatePicker.OnDateChangedListener() { _, _, _, _ -> berechnen() }
dp1 = findViewById(R.id.date1)
dp1.init(
  cal1.get(Calendar.YEAR),
  cal1.get(Calendar.MONTH),
  cal1.get(Calendar.DAY_OF_MONTH),
  cb
)
dp2 = findViewById(R.id.date2)
dp2.init(
  cal2.get(Calendar.YEAR),
  cal2.get(Calendar.MONTH),
  cal2.get(Calendar.DAY_OF_MONTH),
  cb
)
```

Listing 5.12 Auf Datumsänderungen reagieren

Sie müssen nur das Interface DatePicker.OnDateChangedListener implementieren und als letzten Parameter der DatePicker-Methode init() übergeben. Die ersten drei Werte repräsentieren das vom Picker anzuzeigende Datum. Das Interface enthält die Methode onDateChanged(). Ihr wird der Picker, der den Callback ausgelöst hat, sowie das eingestellte Datum bestehend aus Jahr, Monat (Achtung: wie bei Calendar von 0 bis 11) und Tag übergeben. Da ich in meiner berechnen()-Methode die Werte aus den DatePicker-Objekten auslese, kann ich die Methodenparameter mit _ kennzeichnen. Sie werden nicht verwendet.

Layouts auf Basis der Bildschirmgröße

Neben den *layout*-Suffixen *-land* und *-port* kennt Android eine Reihe weiterer. Einige davon basieren auf der Idee, die App definieren zu lassen, wie viel Platz sie in horizontaler oder vertikaler Richtung mindestens benötigt. Die Größenangaben beziehen sich dabei nicht auf den physikalischen Bildschirm, sondern auf den Bereich, der der Activity tatsächlich zur Verfügung steht. Ob ein Layout für eine bestimmte Bildschirmkonfiguration verwendet wird, ergibt sich aus dem Namen des Verzeichnisses, in dem sich die Layoutdatei befindet. Der Name beginnt wie gewohnt mit *layout-*, gefolgt von einem der Suffixe aus Tabelle 5.1.

Bildschirmkonfiguration	Suffix	Bedeutung
kleinstmögliche Breite	sw...dp	Breite in geräteunabhängigen Punkten, die mindestens zur Verfügung stehen muss; das Drehen des Bildschirms hat keine Auswirkung.
zur Verfügung stehende Breite	w...dp	Breite in geräteunabhängigen Punkten, die mindestens vorhanden sein muss, damit diese Ressource verwendet wird; dieser Qualifier bietet sich bei der Definition von Mehrspaltenlayouts an.
zur Verfügung stehende Höhe	h...dp	Höhe in geräteunabhängigen Pixeln, die mindestens vorhanden sein muss, damit diese Ressource verwendet wird.

Tabelle 5.1 Zuordnung von Bildschirmkonfigurationen und Layoutdateien

Beispielsweise wird ein Layout, das Sie unter *res/layout-w200dp* abgelegt haben, immer dann verwendet, wenn einer Activity horizontal mindestens 200 geräteunabhängige Punkte für die Darstellung zur Verfügung stehen. Werte für gängige Gerätegrößen sind:

- 320 dp für gängige Smartphones
- 480 dp für kleine Tablets
- 600 dp für 7-Zoll-Tablets
- 720 dp für 10-Zoll-Tablets

Mit dem Attribut `android:requiresSmallestWidthDp` des Tags `<supports-screens />` können Sie in der Manifestdatei die kleinstmögliche Breite in geräteunabhängigen Pixeln eintragen, die einer Activity zur Verfügung stehen muss. Ihre App wird dann nur auf Geräten zum Download angeboten, die diese Anforderung erfüllen. Besser ist es natürlich, wenn Ihr Programm ohne solche Einschränkungen funktioniert.

5.2 Vorgefertigte Bausteine für Oberflächen

In meinem Beispiel *Tierkreiszeichen* (Kapitel 3, »Von der Idee zur Veröffentlichung«) haben Sie die Klasse `android.widget.ListView` kennengelernt. Mit ihr ist es sehr einfach, Listen (bildschirmfüllend) anzuzeigen. Aber wie gehen Sie vor, wenn Sie außer der Liste noch andere Informationen darstellen möchten? Natürlich ist es problemlos möglich, alle benötigten UI-Komponenten in einem eigenen Layout zusammenzufassen. Allerdings lassen sich diese *anderen Informationen* dann nicht ohne Weiteres als Block an anderer Stelle in Ihrer App wiederverwenden.

Mehrere Activities gleichzeitig darzustellen, ist zwar technisch nach wie vor möglich, von Google aber nicht gewünscht. Stattdessen sollten Sie die Teile Ihrer Oberflächen, die Sie wiederverwenden möchten, mit Fragmenten realisieren. Diese können Sie ganz nach Bedarf alleine oder kombiniert mit anderen Fragmenten darstellen. Die grundsätzliche Funktionsweise von Fragmenten habe ich Ihnen in Kapitel 4, »Wichtige Grundbausteine von Apps«, gezeigt. Jetzt sehen wir uns einige spezialisierte Ableitungen der Basisklasse an.

5.2.1 Listen darstellen mit ListFragment

Beginnen möchte ich mit `androidx.fragment.app.ListFragment`. Das Beispielprojekt *MiniContacts* (Abbildung 5.8) verwendet diese Klasse, um eine Liste mit den Namen Ihrer Kontakte anzuzeigen. Wenn Sie ein Listenelement antippen, stellt die Standard-Kontakte-App Details zu der Person dar. Die Klasse `MainActivity` ist nur für das Laden und Anzeigen der Benutzeroberfläche zuständig. In der Layoutdatei (*activity_main.xml*) befindet sich genau ein Element, nämlich mein `MiniContactsFragment` (Listing 5.13). Wir werden uns den Code gleich ausführlich ansehen. Damit das Auslesen der Kontaktdaten klappt, muss in der Manifestdatei die Berechtigung `android.permission.READ_CONTACTS` definiert und zur Laufzeit angefordert und genehmigt werden. Hierfür sind die Methoden `handlePermissions()` und `onRequestPermissionsResult()` zuständig. Ausführliche Informationen zu Berechtigungen finden Sie in Abschnitt 4.4, »Berechtigungen«.

`MiniContactsFragment` leitet von `androidx.fragment.app.ListFragment` ab. Diese Klasse beinhaltet eine ListView, die ihre Elemente als scrollbare, vertikale Liste anzeigt. Sie bezieht die darzustellenden Informationen von *Adaptern*, die das Interface `android.widget.ListAdapter` implementieren. Der `SimpleCursorAdapter` greift auf Daten eines sogenannten Cursors zu und stellt sie der ListView zur Verfügung. Der Cursor wiederum holt sich seine Informationen von einem *Content Provider*. Fürs Erste können Sie sich darunter eine Datenbank vorstellen, die aus Tabellen mit Zeilen und Spalten besteht. Ein Cursor zeigt immer auf eine Zeile einer bestimmten Tabelle. Weiterführende Informationen zu Content Providern finden Sie in Kapitel 10, »Datenbanken«.

Abbildung 5.8 Die App »MiniContacts«

Daten, die sich ändern können oder von einer App-fremden Komponente stammen (Datenbank, Webservice ...), werden üblicherweise mithilfe von *Loadern* bereitgestellt. Diese laden die anzuzeigenden Informationen (in diesem Beispiel Ihre Kontakte) und stellen sie nach Verfügbarkeit zum Anzeigen bereit. Hierzu implementiert MiniContactsFragment die drei Methoden onCreateLoader(), onLoadFinished() und onLoaderReset() des AndroidX-Interfaces LoaderManager.LoaderCallbacks. Bei den wenigen statischen Daten in meiner Tierkreiszeichen-App ist das hingegen nicht nötig.

> **Hinweis**
>
> Bitte beachten Sie, dass es das LoaderCallbacks-Interface auch als android.app.LoaderManager.LoaderCallbacks gibt, das zur Android-Standardklassenbibliothek gehört. Mit API-Level 28 hat Google es für veraltet erklärt und rät zur Nutzung von AndroidX – wie in meinem Beispiel.

Der Aufruf LoaderManager.getInstance(this).initLoader() in meiner privaten Methode load() bereitet einen Loader vor. Bei Bedarf wird ein neuer Loader erzeugt oder ein bereits vorhandener wiederverwendet. Im ersten Fall wird onCreateLoader() aufgerufen. Meine Implementierung instanziiert dann für den Zugriff auf die Kontaktdatenbank ein Objekt des Typs androidx.loader.content.CursorLoader und gibt es zurück. Die Methode onLoadFinished() wird aufgerufen, wenn das Laden der Daten abgeschlossen ist. adapter.swapCursor(data) stellt dem CursorAdapter die Daten zur Verfügung. Er reicht sie je nach Bedarf an die ListView weiter. onLoaderReset() kommt zum Zuge, wenn die Daten des Loaders ungültig werden. Dann sorgt adapter.swapCursor(null) dafür, dass unser SimpleCursorAdapter und die ListView geleert werden.

```kotlin
package com.thomaskuenneth.androidbuch.minicontacts

import android.Manifest
import android.content.Intent
import android.content.pm.PackageManager
import android.database.Cursor
import android.os.Bundle
import android.provider.ContactsContract
import android.view.View
import android.widget.ListView
import android.widget.SimpleCursorAdapter
import androidx.fragment.app.ListFragment
import androidx.loader.app.LoaderManager
import androidx.loader.content.CursorLoader
import androidx.loader.content.Loader

private const val REQUEST_READ_CONTACTS = 123
class MiniContactsFragment : ListFragment(),
        LoaderManager.LoaderCallbacks<Cursor> {

  private val projection = arrayOf(
    ContactsContract.Contacts._ID,
    ContactsContract.Contacts.LOOKUP_KEY,
    ContactsContract.Contacts.DISPLAY_NAME
  )
  private val selection = "((" +
      ContactsContract.Contacts.DISPLAY_NAME + " NOTNULL) AND (" +
      ContactsContract.Contacts.DISPLAY_NAME + " != '' ))"

  private lateinit var adapter: SimpleCursorAdapter

  override fun onViewCreated(view: View, savedInstanceState: Bundle?) {
    super.onViewCreated(view, savedInstanceState)
    handlePermissions()
  }
```

```kotlin
override fun onRequestPermissionsResult(
  requestCode: Int,
  permissions: Array<String>,
  grantResults: IntArray
) {
  when (requestCode) {
    REQUEST_READ_CONTACTS -> {
      if (grantResults.isNotEmpty()
        && grantResults[0] ==
        PackageManager.PERMISSION_GRANTED
      ) {
        load()
      } else {
        setEmptyText(context?.getString(R.string.no_permission))
      }
    }
  }
}

override fun onCreateLoader(
  id: Int,
  args: Bundle?
): Loader<Cursor> {
  return CursorLoader(
    requireContext(),
    ContactsContract.Contacts.CONTENT_URI,
    projection, selection, null, null
  )
}

// Wird aufgerufen, wenn ein Loader mit dem Laden fertig ist
override fun onLoadFinished(
  loader: Loader<Cursor>,
  data: Cursor?
) {
  adapter.swapCursor(data)
}

// Wird aufgerufen, wenn die Daten eines Loaders ungültig
// geworden sind
override fun onLoaderReset(loader: Loader<Cursor>) {
  adapter.swapCursor(null)
}
```

```kotlin
    override fun onListItemClick(l: ListView, v: View,
                                 position: Int, id: Long) {
      val intent = Intent(Intent.ACTION_VIEW)
      val c = listView.getItemAtPosition(position) as Cursor
      val uri = ContactsContract.Contacts.getLookupUri(
        c.getLong(0), c.getString(1)
      )
      intent.data = uri
      startActivity(intent)
    }

    private fun handlePermissions() {
      if (context?.checkSelfPermission(Manifest.permission.READ_CONTACTS)
        != PackageManager.PERMISSION_GRANTED
      ) {
        requestPermissions(
          arrayOf(Manifest.permission.READ_CONTACTS),
          REQUEST_READ_CONTACTS
        )
      } else {
        load()
      }
    }

    private fun load() {
      // Welche Spalte wird in welcher View angezeigt?
      val fromColumns =
        arrayOf(ContactsContract.Contacts.DISPLAY_NAME)
      val toViews = intArrayOf(android.R.id.text1)
      adapter = SimpleCursorAdapter(
        context,
        android.R.layout.simple_list_item_1, null,
        fromColumns, toViews, 0
      )
      listAdapter = adapter
      setEmptyText(context?.getString(R.string.no_contacts))
      // Loader initialisieren
      LoaderManager.getInstance(this).initLoader(0, null, this)
    }
}
```

Listing 5.13 Die Klasse »MiniContactsFragment«

Um auf das Antippen eines Listenelements zu reagieren, müssen Sie nur die Methode `onListItemClick()` überschreiben. Das Anzeigen von Kontaktdaten habe ich Ihnen schon einmal kurz gezeigt: Hierzu erzeugen Sie ein *Intent* mit der Aktion `ACTION_VIEW` und lösen es mit `startActivity()` aus. Der gewünschte Kontakt wird als `Uri` übermittelt. Der Ausdruck

`ContactsContract.Contacts.getLookupUri(c.getLong(0), c.getString(1))`

greift auf Daten zu, die durch den `CursorAdapter` bereitgestellt werden. Ein `Cursor` beschreibt eine Ergebniszeile und ist spaltenweise organisiert. Welche Elemente er enthält, habe ich mit dem String-Array `projection` definiert. `selection` legt fest, *wie* nach Kontakten gesucht werden soll.

Ist Ihnen aufgefallen, dass in `projection` mehr Werte angefordert werden, als letztlich in der Liste zu sehen sind? Adapter bereiten die eingehenden Daten für die Anzeige auf. Der zweite Parameter des `SimpleCursorAdapter`-Konstruktors erhält hierfür die ID eines Layouts, das jeweils für ein Listenelement verwendet wird. `android.R.layout.simple_list_item_1` ist ein sehr einfaches, einzeiliges Layout. Da es zur Plattform gehört, finden Sie in den Dateien meines Beispiels keine dazu passende XML-Datei. Mit den Arrays `fromColumns` und `toViews` lege ich fest, dass der Wert `DISPLAY_NAME` in einer `TextView` mit der ID `android.R.id.text1` angezeigt werden soll. Je nachdem, welches Layout Sie als Listenelement verwenden, stehen in `toViews` natürlich andere Werte: die IDs der Views, die Inhalte des Cursors anzeigen sollen.

> **Hinweis**
>
> Mein Beispiel *Tierkreiszeichen* aus Kapitel 3, »Von der Idee zur Veröffentlichung«, nutzt einen eigenen Adapter, weil ich Ihnen dessen Funktionsweise (zum Beispiel `ViewHolder` und Wiederverwendung mit `convertView`) nahebringen möchte. Wenn die fertigen Implementierungen zu Ihrer App passen, müssen Sie sich die Mühe, einen eigenen zu implementieren, natürlich nicht machen.

Übrigens können Sie mit `setEmptyText()` einen Text festlegen, der erscheint, wenn es keine anzuzeigenden Listenelemente gibt. Noch ein Tipp: Bis Sie einen Adapter setzen (in meinem Beispiel ist dies die Zeile `listAdapter = adapter`), blendet `ListFragment` eine Fortschrittsanzeige ein. Sie verschwindet nach einem Aufruf von `setListShown(true)`. Das Setzen eines Adapters erledigt das aber für Sie, sodass Sie diese Methode eigentlich nicht aufrufen müssen.

5.2.2 Programmeinstellungen mit dem PreferencesFragment

Nahezu jede App lässt sich durch den Benutzer anpassen. Wie Android Sie beim Bau solcher Einstellungsseiten unterstützt, zeige ich Ihnen anhand des Programms *PreferencesDemo*. Die App besteht aus den drei Klassen `PreferencesDemoActivity` (das ist die Hauptaktivität), `SettingsFragment` (die eigentlichen Einstellungen) und `SettingsActivity` (Abbildung 5.9). Sie zeigt, wie Sie ein Fragment in eine Activity ohne

Layoutdatei einbetten. Die Hauptaktivität enthält nur die Schaltfläche EINSTELLUNGEN sowie ein Textfeld, das den gegenwärtigen Status der Einstellungen enthält. Ein Klick auf diese Schaltfläche öffnet die Einstellungsseite, die aktiv bleibt, bis Sie sie mit ZURÜCK (oder der entsprechenden Wischgeste) beenden. Nun aktualisiert PreferencesDemoActivity das Textfeld mit den gegebenenfalls geänderten Einstellungen.

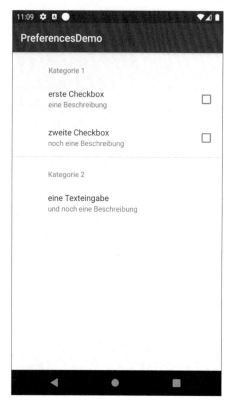

Abbildung 5.9 Die Einstellungsseite der App »PreferencesDemo«

Einstellungsseiten gibt es in Android seit der ersten Version. Mit API-Level 29 hat Google aber das Plattform-Paket android.preference für veraltet erklärt und empfiehlt stattdessen die Verwendung der Jetpack-Komponente *Preference*. Um sie in Ihrem Projekt nutzen zu können, fügen Sie der modulspezifischen Datei *build.gradle* folgende Zeile hinzu:

```
implementation "androidx.preference:preference:1.1.1"
```

Darüber hinaus gibt es mit androidx.preference:preference-ktx noch ein paar Kotlin-spezifische Erweiterungen, die unter anderem den Umgang mit PreferenceGroup vereinfachen. Für normale Einstellungsseiten werden Sie diese zusätzliche Bibliothek wahrscheinlich nicht benötigen. Die wichtigste Klasse ist androidx.preference.PreferenceFragmentCompat. Ihre Nutzung ist sehr einfach: Leiten Sie Ihr Einstellungsfragment davon ab, und laden Sie deren Benutzeroberfläche aus einer XML-Datei (Listing 5.14).

```
package com.thomaskuenneth.androidbuch.preferencesdemo

import android.os.Bundle
import androidx.preference.PreferenceFragmentCompat

class SettingsFragment : PreferenceFragmentCompat() {

  override fun onCreatePreferences(savedInstanceState: Bundle?,
                                   rootKey: String?) {
    addPreferencesFromResource(R.xml.preferences)
  }
}
```

Listing 5.14 Die Klasse »SettingsFragment«

Hierfür müssen Sie die Methode onCreatePreferences() implementieren. Sie wird während der Abarbeitung von onCreate() aufgerufen und stellt die Einstellungen für ein Fragment zur Verfügung: Rufen Sie entweder direkt die Methode setPreferenceScreen() auf oder wie in meinem Beispiel addPreferencesFromResource(). Sie lädt die Einstellungsseite aus einer XML-Datei (*preferences.xml*), die sich in *res/xml* befinden muss.

Jede Einstellungsseite hat das Wurzelelement <PreferencesScreen />. Mit dem Element <PreferenceCategory /> können Sie Ihre Einstellungen in Rubriken oder Kategorien unterteilen. Neben den hier gezeigten <EditTextPreference /> und <CheckBoxPreference /> kennt Android zahlreiche weitere Elemente, die entweder direkt auf klassische Bedienelemente abgebildet werden oder beim Anklicken Dialoge öffnen. Dies ist auch bei <EditTextPreference /> der Fall. Der Titel dieses Dialogs wird mit dem Attribut android:dialogTitle festgelegt. Die Attribute android:title und android:summary geben den angezeigten Text sowie eine Beschreibung an. Möchten Sie, dass anstelle der Zusammenfassung der gespeicherte Wert zu sehen ist, dann setzen Sie app:useSimpleSummaryProvider auf true. Damit Android Studio das Präfix app: auflösen kann, müssen Sie unter Umständen im Tag <PreferenceScreen ... > händisch das Attribut xmlns:app="http://schemas.android.com/apk/res-auto" hinzufügen.

> **Tipp**
>
> Mit android:icon können Sie für Kategorien und einzelne Einstellungen Symbole anzeigen. Wenn Sie der freie Platz bei nicht vorhandenen Icons stört, lässt er sich mit app:iconSpaceReserved="false" entfernen.

Um im Programm auf die Einstellungen zugreifen zu können, müssen alle <...Preference />-Tags das Attribut android:key enthalten. Die vollständige Fassung von *preferences.xml* sieht so aus:

```xml
<?xml version="1.0" encoding="utf-8"?>
<PreferenceScreen
    xmlns:android="http://schemas.android.com/apk/res/android">
    <PreferenceCategory android:title="@string/cat1">
        <CheckBoxPreference
            android:key="checkbox_1"
            android:summary="@string/summary_cb1"
            android:title="@string/title_cb1" />
        <CheckBoxPreference
            android:key="checkbox_2"
            android:summary="@string/summary_cb2"
            android:title="@string/title_cb2" />
    </PreferenceCategory>
    <PreferenceCategory android:title="@string/cat2">
        <EditTextPreference
            android:dialogTitle="@string/dialog_title_et1"
            android:key="edittext_1"
            android:summary="@string/summary_et1"
            android:title="@string/title_et1" />
    </PreferenceCategory>
</PreferenceScreen>
```

Listing 5.15 Die Datei »preferences.xml«

Die Klasse SettingsActivity nutzt den FragmentManager, um als einzigen Inhalt das Fragment SettingsFragment anzuzeigen. Dies geschieht innerhalb einer *FragmentTransaktion*:

```kotlin
package com.thomaskuenneth.androidbuch.preferencesdemo

import android.os.Bundle
import androidx.appcompat.app.AppCompatActivity

class SettingsActivity : AppCompatActivity() {
    override fun onCreate(savedInstanceState: Bundle?) {
        super.onCreate(savedInstanceState)
        supportFragmentManager.beginTransaction()
            .replace(android.R.id.content, SettingsFragment())
```

```
      .commit()
  }
}
```
Listing 5.16 Die Klasse »SettingsActivity«

Zuerst wird durch Zugriff auf supportFragmentManager (die Activity leitet von AppCompatActivity ab) der zuständige Fragment Manager ermittelt. beginTransaction() beginnt eine neue Transaktion. replace() zeigt das Fragment anstelle des gegebenenfalls aktuell dargestellten an. android.R.id.content bezieht sich hierbei auf das Wurzelelement der View-Hierarchie. Es wird also der komplette Bereich unterhalb der Action Bar ausgetauscht. Die Methode commit() beendet die Transaktion.

Die Hauptaktivität PreferencesDemoActivity registriert einen OnClickListener, um beim Anklicken der Schaltfläche EINSTELLUNGEN mit startActivityForResult() die Activity SettingsActivity zu starten. Nach deren Ende (onActivityResult()) werden die Einstellungen ausgelesen und in einem Textfeld angezeigt. Der vollständige Quelltext sieht so aus:

```
package com.thomaskuenneth.androidbuch.preferencesdemo

import android.content.Intent
import android.os.Bundle
import android.widget.*
import androidx.appcompat.app.AppCompatActivity
import androidx.preference.PreferenceManager

private const val REQUEST_SETTINGS = 1234
class PreferencesDemoActivity : AppCompatActivity() {

  private lateinit var textview: TextView

  override fun onCreate(savedInstanceState: Bundle?) {
    super.onCreate(savedInstanceState)
    setContentView(R.layout.activity_main)
    findViewById<Button>(R.id.button).setOnClickListener {
      val intent = Intent(
        this,
        SettingsActivity::class.java
      )
      startActivityForResult(intent, REQUEST_SETTINGS)
    }
    textview = findViewById(R.id.textview)
    updateTextView()
```

```kotlin
    }

    override fun onActivityResult(
        requestCode: Int,
        resultCode: Int, data: Intent?
    ) {
        super.onActivityResult(requestCode, resultCode, data)
        if (REQUEST_SETTINGS == requestCode) {
            updateTextView()
        }
    }

    private fun updateTextView() {
        val prefs = PreferenceManager
            .getDefaultSharedPreferences(this)
        val cb1 = if (prefs.contains("checkbox_1"))
            prefs.getBoolean("checkbox_1", false).toString()
        else
            getString(R.string.not_set)
        val cb2 = if (prefs.contains("checkbox_2"))
            prefs.getBoolean("checkbox_2", false).toString()
        else
            getString(R.string.not_set)
        val et1 = prefs.getString("edittext_1", null)
                ?: getString(R.string.not_set)
        textview.text = getString(R.string.template, cb1, cb2, et1)
    }
}
```

Listing 5.17 Die Klasse »PreferencesDemoActivity«

Um auf Einstellungen zuzugreifen, nutzen Sie die statische Methode `getDefault-SharedPreferences()` der Klasse `androidx.preference.PreferenceManager`. Einzelne Werte lesen Sie beispielsweise mit `getBoolean()` oder `getString()` aus. Der jeweils als erster Parameter übergebene String entspricht dabei dem Wert, den Sie im Attribut `android:key` des korrespondierenden Elements in der XML-Datei mit den Einstellungen (zum Beispiel *preferences.xml*) angegeben haben. Der zweite Parameter wird von der get…()-Methode zurückgeliefert, wenn der angefragte Schlüssel nicht vorhanden ist. In diesem Fall wird er aber nicht angelegt. Ist Ihnen aufgefallen, dass ich mit `contains()` prüfe, ob ein Schlüssel vorhanden ist? Das ist praktisch, wenn Sie den Benutzer zum Beispiel mit einem Hinweis wie »Nicht gesetzt« darüber informieren möchten.

Übrigens hat das *nicht vorhanden Sein* eines Schlüssels bestimmte Konsequenzen: Die Benutzeroberfläche der Einstellungsseite wird durch Auslesen der *Shared Prefe-*

rences initialisiert. Ein Ankreuzfeld erhält also ein Häkchen, wenn der korrespondierende `Boolean`-Wert `true` war, was bei nicht vorhandenen Schlüsseln natürlich nicht der Fall ist. Um ein Auseinanderlaufen von Code und Oberfläche zu vermeiden, können Sie in der XML-Datei Default-Werte eintragen. Hierfür gibt es das Attribut `android:defaultValue`. Allerdings pflegen Sie Standardwerte dann an zwei Stellen, nämlich in XML und in den `get…()`-Aufrufen. Um das zu umgehen, bietet es sich an, mit `contains()` prüfen, ob ein Schlüssel vorhanden ist. Falls nicht, speichern Sie den von Ihnen gewünschten Startwert. Das Speichern eines Wertes funktioniert so:

```
val e = prefs.edit()
e.putBoolean("checkbox_1", false)
e.putBoolean("checkbox_2", false)
e.putString("edittext_1", "")
e.apply()
```

Listing 5.18 Einstellungen programmatisch speichern

e ist die Referenz auf ein Objekt des Typs `SharedPreferences.Editor`. Dessen Methoden `putBoolean()` und `putString()` weisen einem Schlüssel Werte des jeweiligen Typs zu. Die Änderungen werden aber erst in den Einstellungsspeicher zurückgeschrieben, wenn Sie die Methode `apply()` aufrufen. Der Editor wirkt also wie ein Puffer.

5.2.3 Dialoge

Wenn der Benutzer ein `<EditTextPreference />`-Element (um genau zu sein, die daraus erzeugte GUI-Komponente) anklickt, öffnet sich ein kleines Fenster mit einer Überschrift, einem Eingabefeld sowie zwei Schaltflächen. Solche *modalen Dialoge* werden über der aktuellen Activity angezeigt. Sie erhalten den Fokus und nehmen alle Eingaben entgegen. Der Anwender wird also in seiner Tätigkeit unterbrochen. Deshalb sollten Dialoge stets in enger Beziehung zu der gegenwärtigen Aktivität stehen. Beispiele sind Aufforderungen zur Eingabe von Benutzername und Passwort, Fortschrittsanzeigen oder Hinweise und Fehlermeldungen. Anhand des in Abbildung 5.10 dargestellten Projekts *DialogDemo* zeige ich Ihnen, wie Sie Dialoge in eigenen Programmen einsetzen.

Die beiden Schaltflächen ALERTDIALOG und DATEPICKERDIALOG öffnen jeweils einen Dialog. Die Klasse `android.app.DatePickerDialog` ermöglicht dem Benutzer die Auswahl eines Datums. Android kombiniert hierzu die View `android.widget.DatePicker` mit zwei Schaltflächen zum Übernehmen der Eingabe bzw. zum Abbrechen des Vorgangs. Damit das System das ausgewählte Datum an Ihre Activity oder Ihr Fragment übermitteln kann, registrieren Sie einen `OnDateSetListener`. Ein solches Objekt wird dem Konstruktor von `DatePickerDialog` übergeben. `android.app.AlertDialog` ist die Elternklasse von `DatePickerDialog`. Sie ist bestens geeignet, um Warn- oder Hinweisdialoge zu realisieren, denn sie ermöglicht Dialoge mit bis zu drei Schaltflächen, einer Überschrift und einer Nachricht.

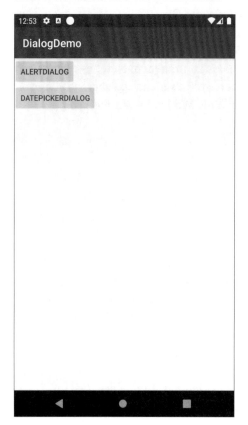

Abbildung 5.10 Die App »DialogDemo«

In frühen Android-Versionen wurden Dialoge durch Aufruf der Activity-Methoden onCreateDialog(), onPrepareDialog() und showDialog() gebaut, vorbereitet und angezeigt. Mit der Einführung von Fragmenten hat Google diese Vorgehensweise allerdings für veraltet erklärt. Seitdem werden Dialoge in Fragmente eingebettet. Wie dies funktioniert, zeige ich Ihnen zunächst am Beispiel der Datumsauswahl. Sehen Sie sich hierzu die Klasse DatePickerFragment an.

```
package com.thomaskuenneth.androidbuch.dialogdemo

import android.app.DatePickerDialog
import android.app.DatePickerDialog.OnDateSetListener
import android.app.Dialog
import android.content.Context
import android.os.Bundle
import androidx.fragment.app.DialogFragment
```

```kotlin
import java.util.*

class DatePickerFragment : DialogFragment() {

  private lateinit var listener: OnDateSetListener

  override fun onAttach(context: Context) {
    super.onAttach(context)
    if (context is OnDateSetListener) {
      listener = context
    }
  }

  override fun onCreateDialog(savedInstanceState: Bundle?): Dialog {
    // das aktuelle Datum als Voreinstellung nehmen
    val c = Calendar.getInstance()
    val year = c.get(Calendar.YEAR)
    val month = c.get(Calendar.MONTH)
    val day = c.get(Calendar.DAY_OF_MONTH)
    // einen DatePickerDialog erzeugen und zurückliefern
    return DatePickerDialog(
      requireContext(),
      listener, year, month, day
    )
  }

  companion object {
    val TAG = DatePickerFragment::class.simpleName
  }
}
```

Listing 5.19 Die Klasse »DatePickerFragment«

Die Elternklasse ist androidx.fragment.app.DialogFragment. In der Methode onCreateDialog() wird ein Objekt des Typs android.app.Dialog erzeugt. In meinem Beispiel ist das eine DatePickerDialog-Instanz. Dem Konstruktor werden der Eltern-Kontext (requireContext()), das aktuelle Datum sowie ein Objekt des Typs DatePickerDialog.OnDateSetListener übergeben. Die einzige Methode dieses Interface, onDateSet(), wird aufgerufen, wenn im Dialog ein Datum ausgewählt wird. Die zugehörige Variable wird in onAttach() gesetzt. Warum das so gemacht wird (die Prüfung mit is mag zunächst ungewöhnlich erscheinen) und wofür die in einem companion object definierte Konstante TAG benötigt wird, erkläre ich Ihnen gleich. Sie wird ja in DatePickerFragment selbst nicht genutzt. Zuvor sehen wir uns aber noch die Klasse AlertFragment an:

```kotlin
package com.thomaskuenneth.androidbuch.dialogdemo

import android.app.Dialog
import android.content.Context
import android.content.DialogInterface
import android.os.Bundle
import androidx.appcompat.app.AlertDialog
import androidx.fragment.app.DialogFragment

class AlertFragment : DialogFragment() {

  private lateinit var listener: DialogInterface.OnClickListener

  override fun onAttach(context: Context) {
    super.onAttach(context)
    if (context is DialogInterface.OnClickListener) {
      listener = context
    }
  }

  override fun onCreateDialog(savedInstanceState: Bundle?): Dialog {
    // Builder instanziieren
    val builder = AlertDialog.Builder(requireContext())
    // Builder konfigurieren
    builder.setTitle(R.string.app_name)
    builder.setMessage(R.string.message)
    builder.setCancelable(false)
    builder.setPositiveButton(R.string.close, listener)
    // AlertDialog erzeugen und zurückliefern
    return builder.create()
  }

  companion object {
    val TAG = AlertFragment::class.simpleName
  }
}
```

Listing 5.20 Die Klasse »AlertFragment«

Auch sie leitet von androidx.fragment.app.DialogFragment ab, definiert in einem companion object eine Konstante TAG und implementiert die Methoden onAttach() und onCreateDialog(). Der AlertDialog wird mithilfe eines Builders erzeugt. Dieser sieht unter anderem das Setzen des Titels und einer Nachricht bzw. eines Hinweistextes vor. Mit builder.setPositiveButton() legen Sie fest, was beim Anklicken der »positiven«, bestätigenden Schaltfläche passiert. Eine »negative« Schaltfläche entspräche dann VERWERFEN oder ABBRUCH. Die Referenz auf ein Objekt des Typs DialogInterface.OnClickListener wird analog zur Implementierung in DatePickerFragment in der Methode onAttach() gesetzt. Auch dieses Interface definiert genau eine Methode, nämlich onClick(). Wie die beiden Fragmente in der App genutzt werden, zeige ich Ihnen nun anhand der Klasse DialogDemoActivity:

```
package com.thomaskuenneth.androidbuch.dialogdemo

import android.app.DatePickerDialog
import android.content.DialogInterface
import android.os.Bundle
import android.widget.*
import androidx.appcompat.app.AppCompatActivity

class DialogDemoActivity : AppCompatActivity(),
    DatePickerDialog.OnDateSetListener,
    DialogInterface.OnClickListener {

  private lateinit var datePickerFragment: DatePickerFragment
  private lateinit var alertFragment: AlertFragment
  private lateinit var textview: TextView

  override fun onCreate(savedInstanceState: Bundle?) {
    super.onCreate(savedInstanceState)
    setContentView(R.layout.activity_main)
    textview = findViewById(R.id.textview)
    // DatePicker
    datePickerFragment = DatePickerFragment()
    val buttonDatePicker = findViewById<Button>(R.id.button_datepicker)
    buttonDatePicker.setOnClickListener {
      datePickerFragment.show(supportFragmentManager,
          DatePickerFragment.TAG)
    }
    // Alert
    alertFragment = AlertFragment()
    val buttonAlert = findViewById<Button>(R.id.button_alert)
    buttonAlert.setOnClickListener {
      alertFragment.show(supportFragmentManager,
          AlertFragment.TAG)
    }
  }

  override fun onDateSet(view: DatePicker?,
```

```
            year: Int, monthOfYear: Int, dayOfMonth: Int) {
    textview.text = getString(R.string.button_datepicker)
  }

  override fun onClick(dialog: DialogInterface?, which: Int) {
    textview.text = getString(R.string.button_alert)
  }
}
```

Listing 5.21 Die Klasse »DialogDemoActivity«

Die Klasse `DialogDemoActivity` leitet von `AppCompatActivity` ab. Sie implementiert die Interfaces `DatePickerDialog.OnDateSetListener` (hierzu gehört die Methode `onDateSet()`) und `DialogInterface.OnClickListener` (`onClick()`). In `onCreate()` wird, wie üblich, die Benutzeroberfläche geladen und angezeigt. Auch die beiden Fragmente `DatePickerFragment` und `AlertFragment` werden hier instanziiert. Ein Aufruf ihrer Methode `show()` zeigt sie an. Dies geschieht beim Anklicken der korrespondierenden Schaltfläche, wobei die Konstante `TAG` übergeben wird.

Vielleicht fragen Sie sich nun, warum die Activity zwei Interfaces implementiert, von denen jeweils eines in der Fragmentmethode `onAttach()` mit `is` geprüft wird. Dies geschieht ja, Sie erinnern sich, in `AlertFragment` und `DatePickerFragment`. In beiden Fällen möchte das Fragment eine Information an die Activity weitergeben, in die es eingebettet ist. Google empfiehlt für diese Art der Kommunikation die Definition eines Interface. Bei `AlertDialog` und `DatePickerDialog` bietet es sich an, die bereits vorhandenen Interfaces zu nutzen. Wenn Sie eigene Fragmente entwerfen, sollten Sie hierfür ein passendes Interface definieren.

Um Daten an ein bereits erzeugtes und in eine Activity eingebettetes Fragment zu übermitteln, definieren Sie ein Interface, welches das Fragment implementiert. Die Activity kann dann einfach die Methode dieses Interface aufrufen und die Parameter übergeben. Sie ermitteln ein eingebettetes Fragment mit `supportFragmentManager.findFragmentById()` oder `findFragmentByTag()`. Liefern diese Aufrufe `null`, erzeugen Sie das Fragment und übergeben die gewünschten Daten mit `setArguments()`. Das Fragment greift mit `getArguments()` auf sie zu. Kotlin-typisch geht beides auch einfach mit `arguments`.

5.2.4 Menüs und Action Bar

Menüs präsentieren dem Benutzer Funktionen und Aktionen, die er zu einem bestimmten Zeitpunkt ausführen kann. Klassische Desktop-Systeme kennen neben einer Menüleiste sogenannte Kontextmenüs, die geöffnet werden, wenn der Benutzer ein Objekt mit der rechten Maustaste anklickt.

Das Optionsmenü

Bis einschließlich Android 2.x wurde das sogenannte *Optionsmenü* durch Drücken einer speziellen Hardwaretaste geöffnet. Seitdem gewährt ein Symbol in der *Action Bar* Zugriff darauf. Das Optionsmenü ist prinzipiell mit einer klassischen Menüleiste vergleichbar, sollte aber weitaus weniger Elemente enthalten und nur solche Funktionen anbieten, die für die aktuelle Activity sinnvoll sind. Üblicherweise kann der Benutzer eine Einstellungsseite aufrufen oder sich Informationen über die App anzeigen lassen. Wenn eine Activity ein Optionsmenü anbieten möchte, muss sie die Methode on-CreateOptionsMenu() überschreiben.

Abbildung 5.11 Die App »MenuDemo« mit geöffnetem Menü

Eine typische Implementierung finden Sie in der Klasse MenuDemoActivity meiner Beispiel-App *MenuDemo*, die in Abbildung 5.11 dargestellt ist.

```
package com.thomaskuenneth.androidbuch.menudemo

import android.os.Bundle
import android.view.Menu
import android.view.MenuItem
```

```kotlin
import android.widget.TextView
import androidx.appcompat.app.AppCompatActivity

class MenuDemoActivity : AppCompatActivity() {

  private lateinit var tv: TextView

  override fun onCreate(savedInstanceState: Bundle?) {
    super.onCreate(savedInstanceState)
    setContentView(R.layout.activity_main)
    tv = findViewById(R.id.textview)
  }

  override fun onCreateOptionsMenu(menu: Menu?): Boolean {
    menuInflater.inflate(R.menu.optionsmenu, menu)
    return super.onCreateOptionsMenu(menu)
  }

  override fun onOptionsItemSelected(item: MenuItem): Boolean {
    return when (item.itemId) {
      R.id.item1, R.id.item2, R.id.item3 -> {
        tv.text = item.title
        true
      }
      else -> super.onOptionsItemSelected(item)
    }
  }

  override fun onPrepareOptionsMenu(menu: Menu?): Boolean {
    tv.text = getString(R.string.app_name)
    return super.onPrepareOptionsMenu(menu)
  }
}
```

Listing 5.22 Die Klasse »MenuDemoActivity«

Der Code in der Methode `onCreateOptionsMenu()` entfaltet mit einem `MenuInflater` (auf ihn verweist `menuInflater` der Elternklasse `AppCompatActivity`) ein Menü, dessen Elemente in der Datei *optionsmenu.xml* definiert wurden. Sie wird unter *res/menu* abgelegt und hat den folgenden Aufbau:

```xml
<?xml version="1.0" encoding="utf-8"?>
<menu xmlns:android="http://schemas.android.com/apk/res/android"
  xmlns:app="http://schemas.android.com/apk/res-auto">
```

```xml
<item
    android:id="@+id/item1"
    android:title="@string/item1" />
<item
    android:id="@+id/item2"
    android:title="@string/item2" />
<item
    android:id="@+id/item3"
    android:icon="@mipmap/ic_launcher"
    android:title="@string/item3"
    app:showAsAction="always" />
</menu>
```

Listing 5.23 Die Datei »optionsmenu.xml«

Elemente haben einen Titel, der üblicherweise in *strings.xml* eingetragen und über `android:title="@string/..."` referenziert wird. Damit Sie auf das Anklicken eines Menüeintrags reagieren können, sollten Sie jedem Element mit `android:id` eine ID zuweisen. Bitte achten Sie darauf, mit `super.onCreateOptionsMenu()` auch die Elternklasse aufzurufen, falls diese ebenfalls zum Menü beitragen möchte.

Die auszuführenden Aktionen implementieren Sie in der Methode `onOptionsItemSelected()`. Ihr wird das ausgewählte Menüelements als `MenuItem`-Instanz übergeben. Die Methode liefert `true`, wenn Ihre Activity auf das Anklicken dieses Elements reagiert hat. Andernfalls sollten Sie die Methode der Elternklasse aufrufen und deren Ergebnis zurückliefern. `onCreateOptionsMenu()` wird nur einmal aufgerufen. Das erzeugte Menü bleibt bis zur Zerstörung der Activity verfügbar. Wenn Sie Änderungen an Einträgen vornehmen möchten, können Sie die Methode `onPrepareOptionsMenu()` überschreiben. Android ruft sie jedes Mal vor dem Anzeigen des Optionsmenüs auf. Um das Erzeugen des Menüs zu erzwingen, rufen Sie `invalidateOptionsMenu()` auf.

Möchten Sie, dass wichtige Einträge ständig sichtbar sind, können Sie dies mit dem Ausdruck `android:showAsAction="always"` steuern. In diesem Fall erscheint ein Eintrag nicht innerhalb des Menüs, sondern als Icon in der *Action Bar* (zu ihr kommen wir ein bisschen später). Das müssen Sie natürlich mit `android:icon` auch setzen. Soll Android abhängig vom in der Action Bar verfügbaren Platz entscheiden, so verwenden Sie anstelle von `always` den Wert `ifRoom`.

Kontextmenüs

Android kennt das von Desktop-Systemen vertraute Konzept der Kontextmenüs. Statt eines Klicks auf die rechte Maustaste löst unter Android das lange Antippen (Tippen und Halten) eines Elements dieses Menü aus. Besonders gern werden ListViews mit Kontextmenüs versehen, aber auch andere Bedienelemente können mit solchen situationsbezogenen Menüs verknüpft werden. Nutzen Sie die Activity-Methode registerForContextMenu(), um eine View mit einem Menü zu koppeln. Der Bau der Menüs verläuft analog zu Optionsmenüs; nur die Methodennamen sind andere: Sie brauchen nur onCreateContextMenu() und onContextItemSelected() zu überschreiben und in der bereits bekannten Weise zu implementieren. Wie dies funktioniert, ist in der Klasse ContextMenuActivity (Listing 5.24) meiner Beispiel-App *ContextMenuDemo* zu sehen.

```
package com.thomaskuenneth.androidbuch.contextmenudemo

import android.os.Bundle
import android.view.ContextMenu
import android.view.ContextMenu.ContextMenuInfo
import android.view.MenuItem
import android.view.View
import android.widget.*
import androidx.appcompat.app.AppCompatActivity

class ContextMenuDemoActivity : AppCompatActivity() {

  private lateinit var tv: TextView

  override fun onCreate(savedInstanceState: Bundle?) {
    super.onCreate(savedInstanceState)
    setContentView(R.layout.activity_main)
    val button = findViewById<Button>(R.id.button)
    registerForContextMenu(button)
    tv = findViewById(R.id.textview)
  }

  override fun onCreateContextMenu(menu: ContextMenu?, v: View?,
                  menuInfo: ContextMenuInfo?) {
    super.onCreateContextMenu(menu, v, menuInfo)
    menuInflater.inflate(R.menu.contextmenu, menu)
  }

  override fun onContextItemSelected(item: MenuItem): Boolean {
    return when (item.itemId) {
      R.id.item1, R.id.item2 -> {
        tv.text = item.title
        true
      }
      else -> super.onContextItemSelected(item)
```

            }
        }
    }

Listing 5.24 Die Klasse »ContextMenuDemoActivity«

onCreate() lädt auf gewohnte Weise die Benutzeroberfläche und zeigt sie an. Die Methode registerForContextMenu() verbindet die Schaltfläche TIPPEN UND HALTEN mit dem Kontextmenü. In onCreateContextMenu() wird mit der MenuInflater-Instanz der Elternklasse AppCompatActivity (menuInflater) durch Aufruf der Methode inflate() das Menü aus der Datei *contextmenu.xml* entfaltet. Auch wenn sich das Kontextmenü auf ein Element Ihrer Benutzeroberfläche bezieht, sollten Sie mit super.onCreateContextMenu() die Elternimplementierung aufrufen. Der Methode onContextItemSelected() wird eine MenuItem-Instanz übergeben, die das ausgewählte Menüelement repräsentiert. Wenn Sie darauf reagieren, muss Ihre Implementierung true liefern, sonst den Rückgabewert der Elternmethode.

Nach dem Start der App öffnen Sie das Menü, indem Sie die Schaltfläche antippen und halten. Wenn Sie einen Menübefehl auswählen, erscheint dessen Name unterhalb der Schaltfläche. Die App mit geöffnetem Kontextmenü ist in Abbildung 5.12 zu sehen.

Abbildung 5.12 Die App »ContextMenuDemo«

Schon seit *Honeycomb* gibt es die *Action Bar* am oberen Rand von Activities. Sie ersetzt die in ganz frühen Android-Versionen verwendete Titelzeile. Im Unterschied zu ihrem Vorgänger kann die Action Bar Funktionen übernehmen, die den Werkzeugleisten unter Windows, macOS und Linux ähneln. Außerdem gewährt sie ja den Zugang zum Optionsmenü.

Action Bar

Mein Beispiel *ActionBarDemo* zeigt, wie Sie die Funktionen der Action Bar nutzen. Die App ist in Abbildung 5.13 zu sehen. Bitte werfen Sie nun einen Blick auf die Klasse ActionBarDemoActivity in Listing 5.25.

Abbildung 5.13 Die App »ActionBarDemo«

Die Vorgehensweise zum Anzeigen eines Menüs kennen Sie bereits: Sie überschreiben die Methode onCreateOptionsMenu() und entfalten mithilfe eines MenuInflator die gewünschte XML-Datei. In meinem Beispiel ist dies *menu.xml*. Bitte denken Sie daran, mit super.onCreateOptionsMenu() auch die Elternimplementierung aufzurufen. In onOptionsItemSelected() reagieren Sie auf das Antippen eines Menübefehls. Meine

Trivial-Implementierung übernimmt nur den Menütitel in ein Textfeld. Mit true signalisieren Sie, dass Ihr Code die Menübehandlung abgeschlossen hat. Wurde ein Ihnen unbekanntes Element ausgelöst, sollten Sie mit super.onOptionsItemSelected() die Elternimplementierung aufrufen. Mein Code spart sich das. Die Bedeutung von android.R.id.home erkläre ich gleich. Toast.makeText() zeigt ein kleines Infotäfelchen an. Weitere Informationen hierzu erhalten Sie in Abschnitt 5.3, »Nachrichten und Hinweise«.

```
package com.thomaskuenneth.androidbuch.actionbardemo

import android.os.Bundle
import android.view.*
import android.widget.TextView
import android.widget.Toast
import androidx.appcompat.app.AppCompatActivity

class ActionBarDemoActivity : AppCompatActivity() {

  private lateinit var textview: TextView

  override fun onCreate(savedInstanceState: Bundle?) {
    super.onCreate(savedInstanceState)
    setContentView(R.layout.activity_main)
    textview = findViewById(R.id.textview)
  }

  override fun onStart() {
    super.onStart()
    supportActionBar?.setDisplayHomeAsUpEnabled(true)
  }

  override fun onCreateOptionsMenu(menu: Menu?): Boolean {
    menuInflater.inflate(R.menu.menu, menu)
    return super.onCreateOptionsMenu(menu)
  }

  override fun onOptionsItemSelected(item: MenuItem): Boolean {
    if (android.R.id.home == item.itemId) {
      Toast.makeText(this, R.string.app_name,
          Toast.LENGTH_LONG).show()
    } else {
      textview.text = item.title
    }
```

```
        return true
    }
}
```

Listing 5.25 Die Klasse »ActionBarDemoActivity«

Ist Ihnen aufgefallen, dass das Heute-Symbol ständig angezeigt wird? Ich habe es, wie im vorherigen Abschnitt, mit `android:showAsAction` als sogenanntes *Action Item* definiert.

```
<item
  android:id="@+id/menu_today"
  android:icon="@android:drawable/ic_menu_today"
  android:title="@string/today"
  app:showAsAction="ifRoom|withText" />
```

Listing 5.26 Auszug aus »menu.xml«

Wie Sie wissen, legt der Wert `ifRoom` fest, dass der Befehl in das Menü ausgelagert werden kann, wenn nicht genügend Platz im permanent sichtbaren Bereich der Action Bar zur Verfügung steht. Beim Wert `always` unterbleibt dies. Durch das Entfernen von `withText` erscheint nur das Symbol ohne begleitende Beschriftung. Die Beschriftung eines Symbols wird auch bei vorhandenem `withText` weggelassen, wenn nicht genügend Platz zur Verfügung steht. Dies ist bei meinem Beispiel im Porträtmodus der Fall. Wenn Sie den Emulator oder ein reales Gerät in den Quermodus bringen, erscheint die Beschriftung.

Hinweis

Android stellt über `@android:drawable` etliche Icons zur Verfügung. Es ist verlockend, diese (wie in meinem Beispiel) in eigenen Apps zu verwenden. Google rät davon allerdings ab, weil diese möglicherweise nicht gut zum restlichen Look passen. Android Studio stellt im Asset Studio eine ganze Reihe von Material Design Icons zur Verfügung. Sie finden sie auch online unter *https://material.io/resources/icons/?style=baseline*.

Statt eines *Action Items* kann die Action Bar auch Widgets enthalten. Das kann praktisch sein, um beispielsweise ein Suchfeld im ständigen Zugriff zu haben. Solche *Action Views* werden mit dem Attribut `android:actionViewLayout` versehen, dessen Wert eine Layoutressource referenziert. Alternativ kann mit `android:actionViewClass` der Klassenname des zu verwendenden Widgets festgelegt werden. Damit das Element in der Action Bar erscheint, müssen Sie das Ihnen bereits bekannte Attribut `android:showAsAction` auf `"ifRoom|collapseActionView"` setzen. Steht nicht genügend

Platz zur Verfügung, erscheint das Element im normalen Menü. In diesem Fall verhält es sich allerdings wie ein normales Menüelement, zeigt also kein Widget an.

Um die Action Bar zu konfigurieren, greifen Sie mit `supportActionBar?` auf ein Objekt des Typs `androidx.appcompat.app.ActionBar` zu. Da die Konfiguration frühzeitig erfolgen muss, bietet es sich an, wie in meinem Beispiel die Methode `onStart()` zu überschreiben. Bitte denken Sie aber daran, mit `super.onStart()` die Implementierung der Elternklasse aufzurufen. Für Apps mit verschachtelten Seiten oder festgelegten Activity-Folgen kann es sinnvoll sein, zur nächsthöheren Ebene zurückzugehen. Die ActionBar-Methode `setDisplayHomeAsUpEnabled()` zeigt einen kleinen nach links weisenden Pfeil an (`true`) oder blendet ihn aus (`false`). Um auf das Antippen zu reagieren, prüfen Sie in `onOptionsItemSelected()` einfach auf `android.R.id.home == item.itemId`. Die Navigation sieht dann so aus (ersetzen Sie `StartActivity` einfach durch den Namen der Activity, die aufgerufen werden soll):

```
val intent = Intent(this, StartActivity::class.java)
intent.addFlags(Intent.FLAG_ACTIVITY_CLEAR_TOP)
startActivity(intent)
```

Falls Ihre Activity keine Menüs verwendet, wäre es natürlich schade, nur für die Navigation die Methode `onOptionsItemSelected()` überschreiben zu müssen. In diesem Fall können Sie stattdessen in der Manifestdatei eine Activity als Elternaktivität kennzeichnen, die beim Anklicken des Pfeils aufgerufen wird. Fügen Sie dem `<activity />`-Tag einfach das mit API-Level 16 eingeführte Attribut `android:parentActivityName` hinzu, dessen Wert ein voll qualifizierter Klassenname ist.

5.3 Nachrichten und Hinweise

Nachrichten und Hinweise spielen in Android seit der ersten Version eine wichtige Rolle. An den Implementierungen feilt Google in fast jedem Release. Insbesondere Benachrichtigungen (Notifications) sind in keinem anderen Betriebssystem so konsequent und benutzerfreundlich umgesetzt. Welche Möglichkeiten Ihnen zur Verfügung stehen, sehen wir uns in diesem Abschnitt an.

5.3.1 Toast und Snackbar

Manchmal möchte man dem Benutzer eine Information geben, ohne ihn aus seinem Arbeitsfluss herauszureißen. Beispiele hierfür sind Meldungen wie »Speichern erfolgreich« oder »Verbindung hergestellt«. Weil man davon ausgeht, dass solche Aktionen klappen, muss man das nicht an prominenter Stelle anzeigen. Und es macht auch nichts, wenn der Anwender den Hinweis nicht wahrnimmt (was bei Fehlermeldungen natürlich problematisch wäre). Hierfür bietet Android Toasts und Snackbars an.

Diese Infotäfelchen zeigen unaufdringlich Text an und verschwinden nach einer bestimmten Zeit automatisch wieder vom Bildschirm.

Für Toasts ist die Klasse android.widget.Toast zuständig. Sie ist seit der ersten Plattform-Version vorhanden. Die statische Methode makeText() erzeugt eine Toast-Instanz. Deren Methode show() zeigt sie an. Sie können die Anzeigedauer auf kurz (LENGTH_SHORT) oder lang (LENGTH_LONG) stellen. Bis einschließlich Android 10 ist es möglich, die Position auf dem Bildschirm zu beeinflussen (setGravity()) und einen Rand zu definieren (setMargin()). Ab Android 11 sind diese Methoden für Apps mit API-Level 30 oder neuer als targetSdkVersion funktionslos.

Ebenfalls nicht mehr verwenden sollten Sie setView(). Damit war es möglich, anstelle von einfachem Text eigene Views darzustellen. Ab Android 11 gilt sie aber als veraltet. Dafür ist addCallback() hinzugekommen. Das Interface Toast.Callback definiert die beiden Methoden onToastHidden() und onToastShown(). Sie werden aufgerufen, wenn ein Toast aus- bzw. eingeblendet wird. Wie das funktioniert, zeigt mein Beispiel *ToastDemo* (Abbildung 5.14).

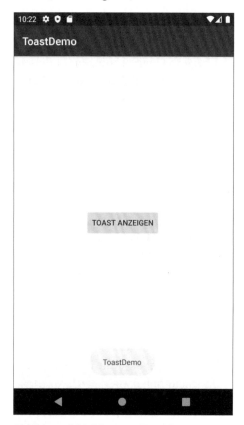

Abbildung 5.14 Die App »ToastDemo«

Dessen Klasse ToastDemoActivity ist im folgenden Listing zu sehen. In der Methode onCreate() wird mit setContentView() die Benutzeroberfläche geladen und angezeigt. setOnClickListener() fügt einen Listener hinzu, der beim Anklicken des Buttons TOAST ANZEIGEN mit Toast.makeText() ein Toast erzeugt und mit show() anzeigt. Solange das Toast zu sehen ist, soll die Schaltfläche nicht noch einmal angeklickt werden können. Das lässt sich sehr einfach mit button.isEnabled und Toast.Callback erreichen. Dessen Methoden onToastHidden() und onToastShown() müssen nur den Button-Status entsprechend setzen. Da addCallback() und das Interface aber erst ab Android 11 zur Verfügung stehen, muss die App anhand des Wertes Build.VERSION.SDK_INT prüfen, ob das der Fall ist. Unter älteren Android-Versionen kann der Button also mehrfach hintereinander geklickt werden. Die Plattform zeigt das Infotäfelchen dann entsprechend oft an.

```kotlin
package com.thomaskuenneth.androidbuch.toastdemo

import android.os.*
import android.widget.*
import android.widget.Toast.Callback
import androidx.appcompat.app.AppCompatActivity

class ToastDemoActivity : AppCompatActivity() {

  override fun onCreate(savedInstanceState: Bundle?) {
    super.onCreate(savedInstanceState)
    setContentView(R.layout.activity_main)
    val button = findViewById<Button>(R.id.button)
    button.setOnClickListener {
      val toast = Toast.makeText(this, R.string.app_name,
                      Toast.LENGTH_LONG)
      if (Build.VERSION.SDK_INT >= Build.VERSION_CODES.R) {
        toast.addCallback(object : Callback() {
          override fun onToastHidden() {
            button.isEnabled = true
          }

          override fun onToastShown() {
            button.isEnabled = false
          }
        })
      }
      toast.show()
    }
```

```
        button.isEnabled = true
    }
}
```
Listing 5.27 Die Klasse »ToastDemoActivity«

Toasts sind sehr praktisch, um kurze Textmeldungen anzuzeigen. Manchmal möchte man neben der Botschaft aber auch eine Aktion unterbringen. Hat der Benutzer beispielsweise eine E-Mail in den Papierkorb verschoben, wäre es praktisch, dies mit einem Klick auf WIDERRUFEN rückgängig machen zu können. Das ist mit Snackbars sehr einfach möglich.

Snackbar

Snackbars funktionieren wie Toasts: Erzeugen Sie mit Snackbar.make() eine Instanz und rufen deren Methode show() auf, um die Snackbar anzuzeigen (Abbildung 5.15). Mit setAction() können Sie eine Aktion definieren, die beim Anklicken ausgeführt wird. Wie das funktioniert, zeigt mein Beispiel *SnackbarDemo*. Dessen Hauptklasse SnackbarDemoActivity ist in Listing 5.28 zu sehen.

Abbildung 5.15 Die App »SnackbarDemo«

com.google.android.material.snackbar.Snackbar gehört zu Googles *Material Components*. Sie haben die Bibliothek in Abschnitt 4.5, »Navigation«, bereits kennengelernt. Dort beschreibe ich Ihnen, wie Sie sie Ihren Projekten hinzufügen.

```
package com.thomaskuenneth.androidbuch.snackbardemo

import android.os.Bundle
import android.widget.*
import androidx.appcompat.app.AppCompatActivity
import com.google.android.material.snackbar.Snackbar

class SnackbarDemoActivity : AppCompatActivity() {

  private var count = 0

  override fun onCreate(savedInstanceState: Bundle?) {
    super.onCreate(savedInstanceState)
    setContentView(R.layout.activity_main)
    val button = findViewById<Button>(R.id.button)
    val info = findViewById<TextView>(R.id.info)
    button.setOnClickListener {
      val snackbar = Snackbar.make(button,
                    R.string.info, Snackbar.LENGTH_LONG)
      snackbar.setAction(R.string.action) {
        info.text = getString(R.string.template, ++count)
      }
      snackbar.addCallback(object : Snackbar.Callback() {
        override fun onShown(sb: Snackbar?) {
          button.isEnabled = false
        }

        override fun onDismissed(transientBottomBar: Snackbar?,
                    event: Int) {
          button.isEnabled = true
        }
      })
      snackbar.show()
    }
  }
}
```

Listing 5.28 Die Klasse »SnackbarDemoActivity«

Außer LENGTH_SHORT und LENGTH_LONG kennt Snackbar noch einen dritten Wert für die Anzeigedauer: LENGTH_INDEFINITE. In diesem Fall bleibt sie so lange sichtbar, bis sie verworfen, ihre Aktion angeklickt oder eine andere Snackbar angezeigt wird. Das Verwerfen funktioniert mit einer Wischgeste oder mittels Code (dismiss()). Wie bei Toasts können Sie sich informieren lassen, wenn eine Snackbar angezeigt oder verworfen wird. Die Methode addCallback() erhält ein Objekt des Typs Snackbar.Callback.

> **Hinweis**
>
> Ist Ihnen aufgefallen, dass die Schaltfläche SNACKBAR ANZEIGEN irgendwie anders aussieht? Material Components bringen einen eigenen ViewInflater mit, der beispielsweise <Button ... />-Einträge in Layoutdateien zu Instanzen der Klasse com.google.android.material.button.MaterialButton entfaltet.

Mit Toast und Snackbar ist es sehr einfach, dem Anwender kurze Textnachrichten anzuzeigen. Android kann aber noch viel mehr. In Abschnitt 4.2.3, »Broadcast Receiver«, habe ich Ihnen schon einen ersten Einblick in Benachrichtigungen gegeben. Der nächste vertieft dies.

5.3.2 Benachrichtigungen

Benachrichtigungen gehörten von Anfang an zu den wichtigsten Funktionen in Android. Sie erinnern, informieren oder stellen situationsabhängige Inhalte dar. Google hat die kleinen Infohäppchen im Laufe der Jahre konsequent erweitert. Benachrichtigungen sind schon lange keine reinen Anzeigetäfelchen mehr, sondern können Schaltflächen zum Auslösen von Aktionen enthalten. Vieles lässt sich direkt erledigen, ohne erst eine App aufrufen zu müssen. Wie das geht, zeige ich Ihnen anhand der Beispiel-App *NotificationDemo*. Da Benachrichtigungen viele Einstellungsmöglichkeiten bieten, zeige ich Ihnen deren Verwendung nicht in einem langen Listing. Die Version der Klasse NotificationDemoActivity in Listing 5.29 bildet den Einstieg. Sie demonstriert, wie man eine einfache Benachrichtigung erzeugt und anzeigt. Schritt für Schritt kommt dann Code hinzu. Die Begleitmaterialien enthalten die fertige Klasse mit allen Erweiterungen.

NotificationDemo stellt den Button BENACHRICHTIGUNG ANZEIGEN dar. Wird er angeklickt, erscheint eine Benachrichtigung, und die App beendet sich. Alle weiteren Aktionen finden in createAndSendNotification() statt. Dort wird als Erstes mit PendingIntent.getActivity() ein PendingIntent-Objekt erzeugt. Normale Intents beschreiben ja eine Aktion, die *jemand anderes* ausführen soll. Mit einem PendingIntent geben Sie einer anderen App oder dem System die Möglichkeit, Code Ihrer App auszuführen. Bei Benachrichtigungen wird das verwendet, um auf deren Anklicken zu reagieren. getActivity() erzeugt ein PendingIntent zum Starten einer Activity, getBroadcast() eines zum Aufrufen eines Broadcast Receivers.

Das `PendingIntent` wird mit `setContentIntent()` an ein Objekt des Typs `NotificationCompat.Builder` übergeben. Der Builder konfiguriert und erstellt (`builder.build()`) eine Benachrichtigung. Er bietet zahlreiche `set...()`-Methoden an, um diese zu konfigurieren. `setContentTitle()` (Überschrift), `setContentText()` (Text der Benachrichtigung) und `setSmallIcon()` sollten Sie auf jeden Fall setzen. `setPriority()` legt fest, wie wichtig eine Benachrichtigung ist, also wie sehr der Benutzer durch sie in seiner Arbeit gestört werden darf. Da das seit Android 8 durch den sogenannten *Benachrichtigungskanal* gesteuert wird (dazu gleich mehr), müssen Sie die Methode nur dann aufrufen, wenn Sie ältere Plattformen unterstützen möchten. `setAutoCancel()` steuert, ob eine Benachrichtigung nach dem Antippen automatisch geschlossen wird. Bei `false` müssen Sie dies mit der `NotificationManagerCompat`-Methode `cancel()` selbst erledigen.

```kotlin
package com.thomaskuenneth.androidbuch.notificationdemo

import android.app.NotificationChannel
import android.app.NotificationManager
import android.app.PendingIntent
import android.content.Intent
import android.os.Bundle
import android.widget.*
import androidx.appcompat.app.AppCompatActivity
import androidx.core.app.NotificationCompat
import androidx.core.app.NotificationManagerCompat

private const val NOTIFICATION_ID = 42
private const val CHANNEL_ID = "channel01"
private const val RESULT_KEY = "resultKey"
class NotificationDemoActivity : AppCompatActivity() {

  override fun onCreate(savedInstanceState: Bundle?) {
    super.onCreate(savedInstanceState)
    setContentView(R.layout.activity_main)
    findViewById<Button>(R.id.button).setOnClickListener {
      createAndSendNotification()
      finish()
    }
  }

  private fun createAndSendNotification() {
    val pendingIntent = PendingIntent.getActivity(this, 0,
      Intent(this, NotificationDemoActivity::class.java),
      PendingIntent.FLAG_UPDATE_CURRENT
```

```
  )
  val builder = NotificationCompat.Builder(this, CHANNEL_ID)
    .setContentTitle(getString(R.string.app_name))
    .setContentText(getString(R.string.notification_text))
    .setSmallIcon(R.mipmap.ic_launcher_round)
    .setPriority(NotificationCompat.PRIORITY_DEFAULT)
    .setContentIntent(pendingIntent)
    .setAutoCancel(false)
  val manager = NotificationManagerCompat.from(this)
  val channel = NotificationChannel(CHANNEL_ID,
    getString(R.string.channel_name),
    NotificationManager.IMPORTANCE_DEFAULT
  )
  manager.createNotificationChannel(channel)
  manager.notify(NOTIFICATION_ID, builder.build())
  }
}
```

Listing 5.29 Die Klasse »NotificationDemoActivity«

Benachrichtigungskanäle bündeln Benachrichtigungen, die thematisch zusammengehören. Wenn Ihre App beispielsweise mehrere Konten verwaltet, könnten Sie für jedes Konto einen eigenen Kanal erstellen. Das ist praktisch, weil ein Kanal Auswirkungen auf das Anzeigen einer zu ihm gehörenden Benachrichtigung hat. So legt das Attribut importance fest, wie wichtig sie ist (und damit, *wie* Android die Benachrichtigung anzeigt). Sie können unter anderem Sounds und Vibrationsmuster festlegen, die Anzeige auf dem Sperrbildschirm konfigurieren oder das Verhalten bei *Bitte nicht stören* einstellen.

Das Anlegen eines Kanals geschieht üblicherweise in onCreate() oder einer daraus aufgerufenen Methode. Erzeugen Sie eine NotificationChannel-Instanz und konfigurieren diese, zum Beispiel mit setVibrationPattern() oder setLightColor(). Nun können Sie das Objekt der Methode createNotificationChannel() einer NotificationManagerCompat-Instanz übergeben. Sie wird mit NotificationManagerCompat.from() instanziiert.

> **Hinweis**
>
> Das wiederholte Anlegen eines Kanals ist gemäß Googles Dokumentation unproblematisch. Bitte beachten Sie aber, dass die meisten Kanaleigenschaften nach dem Aufruf von createNotificationChannel() nicht mehr programmatisch geändert werden können, sondern nur noch durch den Anwender. Möchten Sie Änderungen vornehmen, müssen Sie den Kanal mit deleteNotificationChannel() löschen und danach neu anlegen.

Als letzten Schritt zeigen Sie mit der `NotificationManagerCompat`-Methode `notify()` die Benachrichtigung schließlich an. Sie ist in Abbildung 5.16 zu sehen.

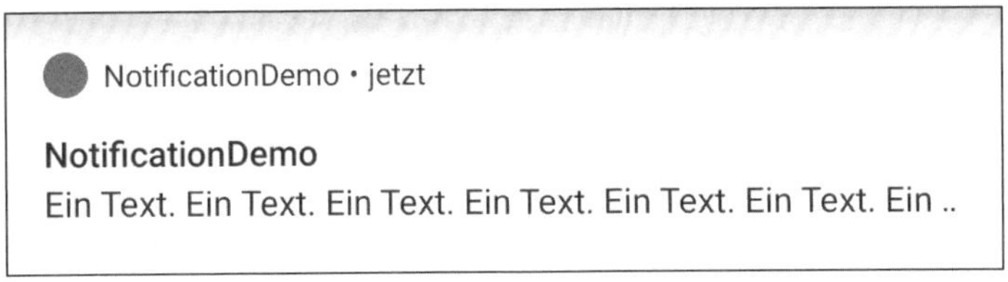

> ● NotificationDemo • jetzt
>
> **NotificationDemo**
> Ein Text. Ein Text. Ein Text. Ein Text. Ein Text. Ein Text. Ein ..

Abbildung 5.16 Eine einfache Benachrichtigung

Mit `NotificationCompat.BigTextStyle` lassen sich großformatige Benachrichtigungen, die viel Text enthalten, erzeugen. Fügen Sie das Codefragment einfach der Builder-Kette hinzu (in meinem Beispiel ist die Zeile nach `setAutoCancel()` ein guter Ort dafür):

```
// BigTextStyle
.setStyle(
  NotificationCompat.BigTextStyle()
    .bigText(getString(R.string.notification_text))
)
```

Normalerweise können Benutzer eine Benachrichtigung durch eine Wischgeste verwerfen. Das ist bei Benachrichtigungen, die einen laufenden Vorgang (Download, Wiedergabe eines Musikstücks ...) repräsentieren, natürlich ungünstig. Mit `setOngoing(true)` können Sie dies verhindern.

Aktionen

Mit der Methode `addAction()` können Sie eine Benachrichtigung dazu befähigen, auf Benutzereingaben zu reagieren. Ihr wird eine `NotificationCompat.Action`-Instanz übergeben, die Sie ganz einfach mit einem `NotificationCompat.Action.Builder` erzeugen. Neben einem Icon und dem anzuzeigenden Text erhält dieser ein `PendingIntent`. Es repräsentiert die auszuführende Aktion und den Empfänger.

```
// Aktion mit PendingIntent
val actionBuilder = NotificationCompat.Action.Builder(
  R.mipmap.ic_launcher,
  "Eine Aktion",
  pendingIntent)
builder.addAction(actionBuilder.build())
```

Listing 5.30 Eine Aktion definieren

Möchten Sie, dass der Anwender direkt in einer Benachrichtigung Eingaben machen kann, fügen Sie dem Action.Builder mit addRemoteInput() eine androidx.core.app.RemoteInput-Instanz hinzu (bitte denken Sie an die entsprechende import-Anweisung). Ein RemoteInput wird, Sie ahnen es sicher, mit einem Builder erzeugt:

```
// Eingaben machen
val remoteInput = RemoteInput.Builder(RESULT_KEY)
  .setLabel(getString(R.string.reply))
  .build()
actionBuilder.addRemoteInput(remoteInput)
```

Listing 5.31 Eingaben in Benachrichtigungen erlauben

RESULT_KEY ist ein String, mit dem wir später die Eingabe wiederfinden. Ich komme gleich darauf zurück. Vorher möchte ich Ihnen noch zeigen, wie der Nutzer Antworten aus einer Liste mit vorgefertigten Texten auswählen kann. Fügen Sie der Builder-Kette am besten nach setLabel() die folgende Zeile hinzu:

```
.setChoices(resources.getStringArray(R.array.choices))
```

In meinem Beispiel sind die Texte in der Datei *res/choices.xml* gespeichert. Sie ist in Listing 5.32 dargestellt.

```xml
<?xml version="1.0" encoding="utf-8"?>
<resources>
    <string-array name="choices">
        <item>#1</item>
        <item>#2</item>
        <item>#3</item>
    </string-array>
</resources>
```

Listing 5.32 Die Datei »choices.xml«

Wie eine solche Benachrichtigung aussieht, zeigt Abbildung 5.17.

Aber was passiert eigentlich mit der Antwort? Activities können mit getIntent() (oder einfacher: intent) abfragen, ob ihnen ein Intent übergeben wurde. In diesem Fall rufe ich die private Methode getMessageText() auf.

```
// Wurde ein Intent empfangen?
intent?.let {
  // Dann verarbeiten
  getMessageText(it)?.let { text ->
    findViewById<TextView>(R.id.textview).text = text
```

```
        NotificationManagerCompat.from(this).cancel(NOTIFICATION_ID)
    }
}
```

Listing 5.33 Antworttext anzeigen

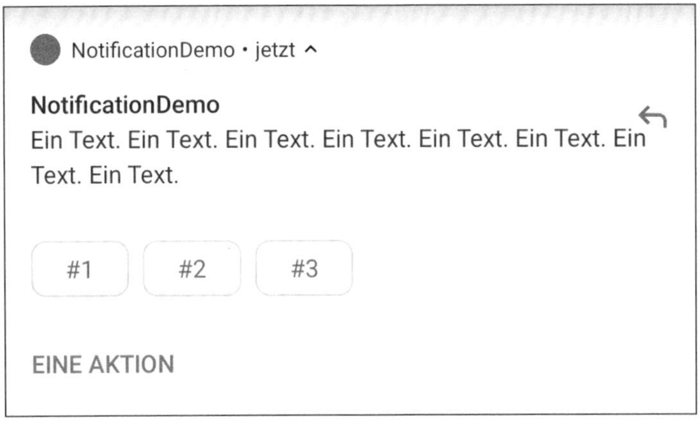

Abbildung 5.17 Eine Benachrichtigung mit vorgefertigten Antworten

Wenn diese einen Wert ungleich null liefert, übertrage ich den Text in eine TextView. getMessageText() wiederum ruft die RemoteInput-Methode getResultsFromIntent() auf und wertet das gelieferte Bundle aus. Hierzu greift sie mit getCharSequence() auf einen Eintrag zu, der über den Schlüssel RESULT_KEY identifiziert wird. Diesen haben wir beim Erzeugen des RemoteInput.Builder-Objekts übergeben.

```
private fun getMessageText(intent: Intent): CharSequence? =
    RemoteInput.getResultsFromIntent(intent)?.getCharSequence(RESULT_KEY)
```

Listing 5.34 Den Antworttext ermitteln

Haben Sie sich in Listing 5.33 über die Zeile

NotificationManagerCompat.from(this).cancel(NOTIFICATION_ID)

gewundert? Beim Versenden von Antworten erscheint in der Benachrichtigung eine Fortschrittsanzeige. Um sie verschwinden zu lassen, müssen Sie die Benachrichtigung mit cancel() abbrechen oder mit notify() aktualisieren.

5.3.3 App Shortcuts

Mit *App Shortcuts* können Benutzer direkt vom Homescreen aus zu bestimmten Bereichen Ihrer App navigieren. Die Sprungziele erscheinen nach Tippen und Halten des Programm-Icons (sofern der verwendete Programmstarter dies unterstützt). Jeder

Shortcut repräsentiert ein Intent, das eine bestimmte Aktion innerhalb der App auslöst, zum Beispiel das Senden einer Nachricht oder das Anzeigen einer geografischen Position in einer Karten-App.

Abbildung 5.18 Die App »AppShortcutDemo«

Man unterscheidet zwischen *statischen* und *dynamischen* Shortcuts. Erstere repräsentieren »fest verdrahtete« Sprungziele. Stellen Sie sich eine App zum Umrechnen von Einheiten vor. Üblicherweise enthält deren Einstiegsseite Symbole oder Links, die zur Strecken-, Temperatur- und Gewichtsumrechnung führen. App Shortcuts bringen den Benutzer direkt vom Homescreen aus zum gewünschten Modul. Dynamische Shortcuts können auf Benutzereinstellungen, den aktuellen Standort, das aktuelle Datum oder die gegenwärtige Uhrzeit reagieren. Sie werden programmatisch erzeugt.

Wie, das zeige ich Ihnen anhand der Beispiel-App *AppShortcutDemo* (Abbildung 5.18). Sie legt zwei Shortcuts an und gibt nach dem Anklicken je nach Art des Shortcuts den Text »statisch« oder die Webadresse des Rheinwerk Verlags aus. Statische App Shortcuts werden in einer XML-Datei im Verzeichnis *res/xml* eingetragen. Ihr Name kann, abgesehen von der Endung, beliebig vergeben werden. Listing 5.35 zeigt die Datei *shortcuts.xml* meiner Beispiel-App.

```xml
<?xml version="1.0" encoding="utf-8"?>
<shortcuts xmlns:android="http://schemas.android.com/apk/res/android">
  <shortcut
    android:enabled="true"
    android:icon="@drawable/ic_save"
    android:shortcutId="static1"
    android:shortcutShortLabel="@string/static_shortcut">
    <intent
      android:action=
        "com.thomaskuenneth.androidbuch.appshortcutdemo.AppShortcut"
      android:targetClass=
        "com.thomaskuenneth.androidbuch.appshortcutdemo.AppShortcutActivity"
      android:targetPackage=
        "com.thomaskuenneth.androidbuch.appshortcutdemo" />
    <categories android:name="android.shortcut.conversation" />
  </shortcut>
</shortcuts>
```

Listing 5.35 Die Datei »shortcuts.xml«

Jeder statische Shortcut wird durch ein korrespondierendes `<shortcut />`-Element repräsentiert. Shortcuts enthalten üblicherweise ein Icon, eine kurze und eine lange Beschreibung sowie eine eindeutige Kennung. Aus Platzgründen habe ich die lange Beschreibung hier weggelassen. Das `<categories />`-Element ist in dieser Form obligatorisch. `<intent />` schließlich legt das Ziel des Shortcuts fest. Wie die App auf einen Shortcut reagiert, zeige ich Ihnen gleich. Lassen Sie uns vorher noch einen kurzen Blick auf die Manifestdatei werfen (siehe Listing 5.36). Sie folgt im Wesentlichen dem Ihnen vertrauten Muster.

```xml
<?xml version="1.0" encoding="utf-8"?>
<manifest xmlns:android="http://schemas.android.com/apk/res/android"
  package="com.thomaskuenneth.androidbuch.appshortcutdemo">
  <application
    ...
    android:theme="@style/AppTheme">
    <activity android:name=".AppShortcutActivity">
      <intent-filter>
        <action android:name="android.intent.action.MAIN" />
        <category android:name="android.intent.category.LAUNCHER" />
      </intent-filter>
      <meta-data
```

```
            android:name="android.app.shortcuts"
            android:resource="@xml/shortcuts" />
    </activity>
  </application>
</manifest>
```

Listing 5.36 Die Manifestdatei von »AppShortcutDemo«

Es gibt allerdings eine wichtige Erweiterung: Ein `<meta-data />`-Element referenziert die XML-Datei, die die Beschreibung der statischen Shortcuts enthält. Wichtig ist, es der Hauptaktivität zuzuordnen. Diese ist leicht am *Intent-Filter* mit der Aktion `android.intent.action.MAIN` und der Kategorie `android.intent.category.LAUNCHER` zu erkennen. Eine App kann übrigens maximal fünf statische und dynamische Shortcuts gleichzeitig bereitstellen. Allerdings können Anwender diese kopieren und als eine Art Verknüpfung auf dem Homescreen ablegen. Die Zahl solcher *Pinned Shortcuts* ist nicht limitiert.

Die Hauptklasse `AppShortcutActivity` ist in Listing 5.37 zu sehen. Sie zeigt, wie Sie auf das Aktivieren von Shortcuts reagieren und wie Sie dynamische Shortcuts registrieren. In `onCreate()` wird nur die Benutzeroberfläche geladen und angezeigt. Die eigentliche Arbeit findet in `onStart()` statt. Zunächst wird mit `ACTION == intent?.action` geprüft, ob der Activity ein passendes Intent zugestellt wurde. Dies geschieht zum Beispiel beim Antippen des statischen Shortcuts, weil ich in der Datei *shortcuts.xml* mit `android:targetClass` diese Klasse als Ziel angegeben habe. Das dort definierte Intent hat die nur von meiner App verwendete Aktion `com.thomaskuenneth.androidbuch.appshortcutdemo.AppShortcut`.

```
package com.thomaskuenneth.androidbuch.appshortcutdemo

import android.content.Intent
import android.content.pm.ShortcutInfo
import android.content.pm.ShortcutManager
import android.graphics.drawable.Icon
import android.net.Uri
import android.os.Bundle
import android.widget.TextView
import androidx.appcompat.app.AppCompatActivity
import java.util.*

private const val ACTION =
    "com.thomaskuenneth.androidbuch.appshortcutdemo.AppShortcut"
private const val ID = "dynamic1"
class AppShortcutActivity : AppCompatActivity() {
```

```kotlin
  private lateinit var textview: TextView

  override fun onCreate(savedInstanceState: Bundle?) {
    super.onCreate(savedInstanceState)
    setContentView(R.layout.activity_main)
    textview = findViewById(R.id.textview)
  }

  override fun onStart() {
    super.onStart()
    var message = getString(R.string.app_name)
    if (ACTION == intent?.action) {
      val uri = intent.data
      message = uri?.toString() ?: getString(R.string.txt_static)
    }
    // dynamischer Shortcut
    val shortcutIntent = Intent(this, AppShortcutActivity::class.java)
    shortcutIntent.action = ACTION
    shortcutIntent.data = Uri.parse("https://www.rheinwerk-verlag.de/")
    getSystemService(ShortcutManager::class.java)?.let {
      val shortcut = ShortcutInfo.Builder(this,
          ID)
          .setShortLabel(getString(R.string.dynamic_shortcut))
          .setIcon(Icon.createWithResource(this,
              R.drawable.ic_cloud))
          .setIntent(shortcutIntent)
          .build()
      it.dynamicShortcuts = Collections.singletonList(shortcut)
    }
    textview.text = message
  }
}
```

Listing 5.37 Die Klasse »AppShortcutActivity«

Nur wenn die Aktion des an die Activity übergebenen Intents mit der Konstante AC-TION übereinstimmt (deren Wert entspricht dem aus *shortcuts.xml*), wird ein Text ausgegeben. Diese Prüfung ist erforderlich, weil Intents nicht nur beim Antippen von Shortcuts gefeuert werden, sondern auch aus vielen weiteren möglichen Gründen.

Dynamische Shortcuts werden mit einem ShortcutInfo.Builder erzeugt. Analog zu statischen Shortcuts können Sie unter anderem ein Icon (setIcon()), eine kurze Beschreibung (setShortLabel()) sowie ein Intent (setIntent()) setzen. Die ShortcutManager-Methode setDynamicShortcuts() registriert alle dynamischen Shortcuts einer

App »in einem Rutsch«. Darüber hinaus können Sie einzelne Shortcuts aktualisieren, deaktivieren oder entfernen. Ein Objekt dieses Typs erhalten Sie mit `getSystemService()`.

5.4 Trennung von Oberfläche und Logik

So unterschiedlich alle bisherigen Beispiele im Hinblick auf ihre Funktion auch sind. Das Laden, Anzeigen und Verwenden der Benutzeroberfläche folgt stets demselben Muster:

- Das Layout für eine Activity wird in einer XML-Datei definiert.
- Die Oberfläche wird mit `setContentView()` geladen.
- Um Bedienelemente verwenden und auf Benutzerinteraktionen reagieren zu können, wird mit `findViewById()` eine Referenz auf das Objekt ermittelt.

Um überall in einer Activity Zugriff auf UI-Komponenten zu haben, werden die Referenzen auf sie traditionell in Instanzvariablen abgelegt. In Kotlin sieht eine entsprechende Deklaration so aus:

```
private lateinit var bt: Button
```

Vor dem Zugriff (beispielsweise `bt.setOnClickListener { ... }`) muss sie durch die Zuweisung `bt = findViewById( ... )` initialisiert worden sein, sonst hagelt es zur Laufzeit Ausnahmen. Sie könnten zwar mit `isInitialized` prüfen, ob das der Fall ist, allerdings sollten Sie das nur in Ausnahmefällen tun, weil Ihr Code sonst schnell unübersichtlich wird. Zum Glück gibt es mittlerweile mehrere Möglichkeiten, wie Sie auf `findViewById()` ganz verzichten können. Diese sehen wir uns in den folgenden Abschnitten genauer an.

5.4.1 Bedienelemente ohne »findViewById()«

Die *Kotlin Android Extensions* sind ein Gradle-Plugin von JetBrains und werden mit der Zeile

```
apply plugin: 'kotlin-android-extensions'
```

in der modulspezifischen *build.gradle*-Datei aktiviert. Danach haben Sie über deren ID direkten Zugriff auf alle Elemente eines Layouts. Wie das funktioniert, zeige ich Ihnen anhand des Beispiels *WidgetDemoKAE*. Es handelt sich um das Projekt *WidgetDemo* aus Abschnitt 5.1.1, »Views«, nur eben ohne Instanzvariablen und `findViewById()`. Die Layoutdatei *widgetdemo.xml* ist in Listing 5.1 am Anfang des Kapitels zu sehen. Die minimal geänderte Hauptklasse `WidgetDemoKAEActivity` zeigt Listing 5.38.

```kotlin
package com.thomaskuenneth.androidbuch.widgetdemokae

import android.content.Context
import android.os.Bundle
import android.util.Log
import android.view.*
import android.widget.*
import androidx.appcompat.app.AppCompatActivity
import kotlinx.android.synthetic.main.widgetdemo.*

private val TAG = WidgetDemoKAEActivity::class.simpleName
class WidgetDemoKAEActivity: AppCompatActivity() {

  override fun onCreate(savedInstanceState: Bundle?) {
    super.onCreate(savedInstanceState)
    setContentView(R.layout.widgetdemo)
    val params = ViewGroup.LayoutParams(
      ViewGroup.LayoutParams.MATCH_PARENT,
      ViewGroup.LayoutParams.WRAP_CONTENT)
    apply.setOnClickListener {
      val name = textfield.text.toString()
      try {
        val c = Class.forName(name)
        val o = c.getDeclaredConstructor(Context::class.java)
          .newInstance(this)
        if (o is View) {
          frame.removeAllViews()
          frame.addView(o, params)
          frame.forceLayout()
        }
      } catch (tr: Throwable) {
        val str = getString(R.string.error, name)
        Toast.makeText(this, str, Toast.LENGTH_LONG).show()
        Log.e(TAG, "Fehler beim Instanzieren von $name", tr)
      }
    }
    textfield.setOnEditorActionListener { _, _, _ ->
      apply.performClick()
      true
    }
  }
}
```

Listing 5.38 Die Klasse »WidgetDemoKAEActivity«

Wie Sie sehen, kann auf die Variablen `apply`, `frame` und `textfield` zugegriffen werden, ohne sie deklariert und mit `findViewById()` initialisiert zu haben. Solche *synthetischen Eigenschaften* werden von den Kotlin Android Extensions zur Verfügung gestellt und mit der Zeile

```
import kotlinx.android.synthetic.main.<Name des Layouts>.*
```

importiert. Alle Beispiele in den folgenden Kapiteln nutzen, sofern es sinnvoll ist, diesen äußerst praktischen Mechanismus. Wie bei jeder Magie gibt es aber auch hier ein paar Aspekte, die Sie in Erinnerung behalten sollten. Achten Sie darauf, die richtige Eigenschaft zu importieren, wenn Sie in unterschiedlichen Layouts den gleichen Namen (ID) verwenden. Der Name des Layouts ist Bestandteil der `import`-Anweisung, lässt sich also leicht prüfen. Das Gradle-Plugin generiert gar keine Eigenschaften, sondern wandelt den vorhandenen Code beim Build *nur* um. Aus `apply.setOnClickListener { ... }` wird folgender Java-Code:

```
((Button)this._$_findCachedViewById(id.apply))
  .setOnClickListener((OnClickListener)(new OnClickListener() {
    ...
```

Die Referenzen werden also in einem Cache gehalten. Das ist zwar eigentlich ein Implementierungsdetail und könnte sich ändern, hat auf Ihren Code aber möglicherweise Auswirkungen. Wenn Sie nämlich Teile der Oberfläche neu entfalten, sind die gecachten Referenzen nicht mehr gültig, und Sie sollten ihn mit `clearFindViewByIdCache()` leeren.

Ein letzter Punkt: Rein formal sind die synthetischen Eigenschaften eine JetBrains-Erfindung und damit keine offizielle Android-Technologie. Im folgenden Abschnitt zeige ich Ihnen deshalb noch Googles Vorschlag, wie Sie `findViewById()` loswerden können.

View Binding

Auch bei *View Binding* werden Klassen generiert. Sie müssen das in der modulspezifischen *build.gradle*-Datei aktivieren:

```
android {
  ...
  buildFeatures {
    ...
    viewBinding = true
    ...
  }
}
```

Listing 5.39 View Binding aktivieren (ab Android Studio 4.0)

Listing 5.39 zeigt das Vorgehen ab Android Studio 4.0. In früheren Versionen (ab 3.6) sah das noch folgendermaßen aus (falls Sie im Internet auf entsprechende Beispiele stoßen):

```
android {
  viewBinding {
    enabled = true
  }
}
```

Listing 5.40 View Binding in älteren Android-Studio-Versionen aktivieren

Listing 5.41 zeigt die Klasse `WidgetDemoViewBindingActivity` meines Projekts *WidgetDemoViewBinding*. In der Methode `onCreate()` wird mit `WidgetdemoBinding.inflate()` ein `WidgetdemoBinding`-Objekt erzeugt. Die Eigenschaften `apply`, `frame` und `textfield` dieser generierten Klasse repräsentieren die Elemente mit der entsprechenden ID in der Layoutdatei *widgetdemo.xml*. `root` ist die Wurzel des Komponentenbaums. Sie wird an `setContentView()` übergeben.

```
package com.thomaskuenneth.androidbuch.widgetdemoviewbinding

import android.content.Context
import android.os.Bundle
import android.util.Log
import android.view.*
import android.widget.Toast
import androidx.appcompat.app.AppCompatActivity
import com.thomaskuenneth.androidbuch.widgetdemoviewbinding.databinding.Widget
demoBinding

private val TAG = WidgetDemoViewBindingActivity::class.simpleName
class WidgetDemoViewBindingActivity : AppCompatActivity() {

  override fun onCreate(savedInstanceState: Bundle?) {
    super.onCreate(savedInstanceState)
    val binding = WidgetdemoBinding.inflate(layoutInflater)
    setContentView(binding.root)
    val params = ViewGroup.LayoutParams(
        ViewGroup.LayoutParams.MATCH_PARENT,
        ViewGroup.LayoutParams.WRAP_CONTENT)
    binding.apply.setOnClickListener {
      val name = binding.textfield.text.toString()
      try {
        val c = Class.forName(name)
```

```
            val o = c.getDeclaredConstructor(Context::class.java)
                .newInstance(this)
            if (o is View) {
              binding.frame.removeAllViews()
              binding.frame.addView(o, params)
              binding.frame.forceLayout()
            }
          } catch (tr: Throwable) {
            val str = getString(R.string.error, name)
            Toast.makeText(this, str, Toast.LENGTH_LONG).show()
            Log.e(TAG, "Fehler beim Instanzieren von $name", tr)
          }
        }
      }
      binding.textfield.setOnEditorActionListener { _, _, _ ->
        binding.apply.performClick()
        true
      }
    }
  }
}
```

Listing 5.41 Die Klasse »WidgetDemoViewBindingActivity«

Wenn Sie den Komponentenbaum bereits auf andere Weise entfaltet haben, können Sie trotzdem View Binding nutzen, um auf `findViewById()` zu verzichten. Übergeben Sie dessen Wurzel einfach an `<Name des Layouts>Binding.bind()`. Die Methode liefert ein Objekt, auf das Sie wie nach einem `inflate()` zugreifen. Für jedes Layout in Ihrem Projekt entsteht eine Klasse, deren Name dem Schema `<Name des Layouts>Binding` folgt. Der erste Buchstabe wird großgeschrieben, Unterstriche entfallen.

Zweifellos wird Ihr Code mit synthetischen Eigenschaften und View Binding kürzer und weniger fehleranfällig. Für größere Projekte reicht das aber möglicherweise nicht aus, um sie langfristig wartbar zu halten. Wie Sie das erreichen, zeige ich Ihnen im nächsten Abschnitt.

5.4.2 Android Architecture Components

Die Struktur einer Android App lässt sich mit wenigen Sätzen beschreiben: Activities bilden die fachlichen Funktionseinheiten. Sie kommunizieren mit Intents. Wie Sie in Kapitel 6, »Multitasking«, noch sehen werden, kümmern sich Services um Hintergrundaktivitäten. Broadcast Receiver reagieren auf Systemereignisse, und Content Provider (über sie erfahren Sie in Kapitel 10, »Datenbanken«, mehr) ermöglichen den Zugriff auf tabellenartige Daten. Die Benutzeroberfläche wird zur Entwicklungszeit als baumartige Struktur definiert. Android macht dann zur Laufzeit einen Objektbaum daraus. Das klingt recht einfach, führt aber schon bei kleinen Apps (und die Beispiele dieses Buches sind klein) zu einer ganzen Menge Quelltext.

Sieht man sich den Code mit der Brille des Softwarearchitekten an, fällt auf, dass Activities Domänenobjekte (Variablen mit fachlichem Inhalt), Geschäftslogik (Methoden, die etwas berechnen) und UI-bezogene Funktionen (zum Beispiel Setzen von Farben und Texten) enthält. Je nach Zweck der App werden außerdem Lifecycle-Methoden überschrieben, zum Beispiel um eine Hintergrundverarbeitung zu initialisieren oder zu beenden. Man sagt deshalb, Benutzeroberfläche und Activities sind stark gekoppelt.

Für Beispiele ist das prima. Sie möchten den betreffenden Code möglichst *am Stück* sehen und sich nicht durch viele Dateien oder Klassen wühlen. Aber: Versuchen Sie einmal, sich vorzustellen, wie mein Code aussehen würde, wenn Stück für Stück UI-Komponenten hinzukommen oder die Geschäftslogik signifikant erweitert wird. Die Erfahrung zeigt, dass so etwas zunächst ganz gut funktioniert. Irgendwann wird der Quelltext dann aber unübersichtlich, es schleichen sich Fehler ein, die zunächst noch geflickt oder umgangen werden können. Nach mehreren Jahren gelingt auch das nicht mehr so richtig ...

LiveData und ViewModel

Eine enge Kopplung ist kein Android-spezifisches Problem. Viele andere UI-Frameworks haben oder hatten ihre Probleme damit. Aufbrechen lässt sie sich mit *Entwurfsmustern*. *MVC* (Model View Controller), *MVP* (Model View Presenter) und *MVVM* (Model View ViewModel) sorgen für eine Trennung der Zuständigkeiten und damit für bessere Wartbarkeit. Entwickler hätten von der ersten Android-Version an eines dieser Muster verwenden können. Das wurde von Google aber viele Jahre lang nicht propagiert. Erst auf der Entwicklerkonferenz I/O 2017 hat man die *Android Architecture Components* vorgestellt. Sie bestehen aus mehreren Bausteinen, unter anderem *Lifecycle*, *LiveData* und *ViewModel*. Um diese in Ihren Apps zu verwenden, tragen Sie sie in der modulspezifischen *build.gradle*-Datei im Block dependencies { ... } ein:

```
implementation "android.arch.lifecycle:extensions:1.1.1"
implementation "androidx.lifecycle:lifecycle-livedata-ktx:2.2.0"
implementation "androidx.lifecycle:lifecycle-viewmodel-ktx:2.2.0"
implementation "androidx.fragment:fragment-ktx:1.2.5"
```

Wie Sie die Komponenten verwenden, zeige ich Ihnen anhand meiner App *StopWatchDemo*. Sie implementiert eine Stoppuhr mit den zwei Buttons START bzw. STOP und RESET (Abbildung 5.19). Ihre Zeitanzeige sollte sich aktualisieren, wenn sich die seit dem Beginn der Messung vergangene Zeit ändert. Hierfür bietet sich das Entwurfsmuster *Observer* an. Es wird eingesetzt, wenn eine Komponente über Änderungen an einem anderen Objekt informiert werden möchte. LiveData implementiert dieses Muster. Das Besondere an LiveData ist, dass solche Objekte den Lebenszyklus anderer App-Komponenten kennen und darauf reagieren. Konkret werden Änderungen nur dann publiziert, wenn Fragmente oder Activities sichtbar und aktiv sind. Ist die Zeitanzeige meiner Stoppuhr nicht zu sehen, muss die App auch nicht versuchen, den aktualisierten Wert anzuzeigen. Wie das funktioniert, sehen Sie etwas später.

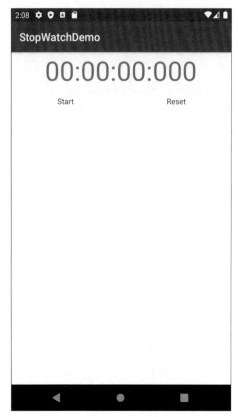

Abbildung 5.19 Die App »StopWatchDemo«

ViewModels liefern die Daten für Bedienelemente. Sie überleben Konfigurationsänderungen und sind vom Lebenszyklus von Activities und Fragmenten unabhängig. Idealerweise nutzen ViewModels keine Klassen des Android Frameworks. Keinesfalls aber dürfen sie App-Bausteine referenzieren. Das würde nämlich bedeuten, dass unter Umständen der Speicher von zerstörten Activities nicht freigegeben werden kann. Eigene Modelle leiten von androidx.lifecycle.ViewModel ab (Listing 5.42).

```
package com.thomaskuenneth.androidbuch.stopwatchdemo

import androidx.lifecycle.MutableLiveData
import androidx.lifecycle.ViewModel
```

```kotlin
class StopWatchDemoViewModel : ViewModel() {
    val running = MutableLiveData(false)
    val diff = MutableLiveData(0L)
    val started = MutableLiveData(0L)
}
```

Listing 5.42 Die Klasse »StopWatchDemoViewModel«

StopWatchDemoViewModel enthält drei Werte. running gibt an, ob die Stoppuhr gerade läuft. started speichert, wann mit der Messung begonnen wurde. Hierfür verwende ich System.currentTimeMillis(). diff enthält die Differenz zwischen started und der aktuellen Zeit. Das Modell speichert die Daten nicht direkt, sondern packt sie in androidx.lifecycle.MutableLiveData-Container. Warum, wird nach einem Blick auf die Klasse StopWatchDemoActivity (Listing 5.43) deutlich.

```kotlin
package com.thomaskuenneth.androidbuch.stopwatchdemo

import android.os.Bundle
import androidx.activity.viewModels
import androidx.appcompat.app.AppCompatActivity
import kotlinx.android.synthetic.main.activity_main.*
import java.text.SimpleDateFormat
import java.util.*

class StopWatchDemoActivity : AppCompatActivity() {

  private val dateFormat = SimpleDateFormat(
    "HH:mm:ss:SSS",
    Locale.US
  )

  init {
    dateFormat.timeZone = TimeZone.getTimeZone("UTC")
  }

  private val model: StopWatchDemoViewModel by viewModels()

  override fun onCreate(savedInstanceState: Bundle?) {
    super.onCreate(savedInstanceState)
    setContentView(R.layout.activity_main)
    val observer = StopWatchDemoLifecycleObserver(model)
    model.running.observe(this, { running: Boolean? ->
      running?.let {
        startStop.setText(if (it) R.string.stop else R.string.start)
```

```
            reset.isEnabled = !it
        }
    })
    model.diff.observe(this) { diff: Long? ->
        diff?.let {
            time.text = dateFormat.format(Date(it))
        }
    }
    startStop.setOnClickListener {
        model.running.value?.let { running ->
            if (running) {
                observer.stop()
            } else {
                observer.scheduleAtFixedRate()
            }
            model.running.value = !running
        }
    }
    reset.setOnClickListener { model.diff.setValue(0L) }
    lifecycle.addObserver(observer)
  }
}
```

Listing 5.43 Die Klasse »StopWatchDemoActivity«

StopWatchDemoActivity überschreibt nur die Methode onCreate(). Neben dem Laden und Anzeigen der Benutzeroberfläche finden folgende Aktionen statt:

- Registrieren von Callbacks bei Änderungen am ViewModel
- LifecycleObserver mit addObserver() erzeugen und aktivieren

Die Referenz auf das ViewModel wird bei der Initialisierung der Variable model mit StopWatchDemoViewModel by viewModels() ermittelt. Damit das funktioniert, muss wie weiter oben gezeigt in der *build.gradle*-Datei die Abhängigkeit androidx.fragment:fragment-ktx eingetragen werden. Änderungen am Datenmodell haben üblicherweise Auswirkungen auf die Benutzeroberfläche. Wechselt beispielsweise der Wert running von false auf true, muss unter anderem die Schaltfläche RESET deaktiviert werden. Ändert sich der Wert von diff, wird die Zeitanzeige aktualisiert. Hierzu wird mit observe() ein Callback registriert. Beim Aufruf erhält dieser den aktuellen Wert aus dem Modell.

LifecycleObserver und LifecycleOwner

StopWatchDemo nutzt java.util.Timer und java.util.TimerTask, um die seit dem Beginn der Messung verstrichene Zeit zu aktualisieren. Ohne die Architecture Components würde sich der Code hierfür vermutlich in den Activity-Methoden `onResume()` und `onPause()` befinden. Aus Gründen der Wartbarkeit ist es zielführend, ihn in eigene Klassen zu verlagern. Möglich macht dies ein weiterer Bestandteil der Architecture Components. *Lifecycle* hält den lebenszyklus-bezogenen Zustand einer Komponente und erlaubt anderen Objekten, diesen zu beobachten und auf Zustandsänderungen zu reagieren. Es gilt: Komponenten, die an Lebenszyklusänderungen interessiert sind, implementieren das Interface `LifecycleObserver`. Klassen, die einen Lebenszyklus haben, implementieren `LifecycleOwner`.

Die Methode `addObserver()` gehört zu der abstrakten Klasse `androidx.lifecycle.Lifecycle`. Ein Objekt dieses Typs wird von der Methode `getLifecycle()` (in Kotlin einfach `lifecycle`) geliefert, die einzige Methode des Interface `androidx.lifecycle.LifecycleOwner`. Es wird von der Klasse `androidx.appcompat.app.AppCompatActivity` implementiert. Apps, die nicht auf `AppCompatActivity` aufbauen können oder möchten, implementieren das Interface `LifecycleOwner` und liefern über `getLifecycle()` eine eigene `Lifecycle`-Instanz.

> **Tipp**
> Es hat sich gezeigt, dass die Activity-Lifecycle-Methoden recht schnell unübersichtlich werden, wenn mehrere Komponenten initialisiert und freigegeben werden müssen. Ganz im Sinne der Trennung von Abhängigkeiten sollten Sie in solchen Fällen die Architecture Components verwenden und für jede Komponente einen eigenen `LifecycleObserver` spendieren.

Aber warum spielt der Lebenszyklus eigentlich eine so wichtige Rolle? Wie Sie wissen, sind Android-Apps kein monolithischer Block-Code, der einmal geladen und danach bis zum Programmende im Speicher gehalten wird. Apps bestehen aus Bausteinen, die zwar üblicherweise durch den Benutzer aufgerufen, danach aber vom System verwaltet werden. Wie lange eine Activity im Speicher verbleibt, lässt sich nicht vorhersagen. Konfigurationsänderungen und Speichermangel führen zu ihrer Zerstörung und (falls nötig) erneuten Erzeugung. Bereits eingegebene Daten dürfen dabei natürlich nicht verloren gehen. Deshalb sind ViewModels vom Lebenszyklus von Activities und Fragmenten unabhängig.

Die Klasse `StopWatchDemoLifecycleObserver` ist in Listing 5.44 zu sehen. `LifecycleObserver` werden (zum Beispiel in Activities) mit `addObserver()` hinzugefügt. Sie enthalten mit der Annotation `@OnLifecycleEvent` versehene Methoden. Diese werden aufgerufen, wenn ein `LifecycleOwner` (eine Activity oder ein Fragment) aufgrund eines Ereignisses einen bestimmten Zustand (`ON_RESUME` oder `ON_PAUSE`) erreicht.

```
package com.thomaskuenneth.androidbuch.stopwatchdemo
```

```
import androidx.lifecycle.Lifecycle
```

```kotlin
import androidx.lifecycle.LifecycleObserver
import androidx.lifecycle.OnLifecycleEvent
import java.util.*

class StopWatchDemoLifecycleObserver
  internal constructor(private val model: StopWatchDemoViewModel)
  : LifecycleObserver {

  private lateinit var timer: Timer
  private lateinit var timerTask: TimerTask

  @OnLifecycleEvent(Lifecycle.Event.ON_RESUME)
  fun startTimer() {
    timer = Timer()
    val running = model.running.value ?: false
    if (running) {
      scheduleAtFixedRate()
    }
  }

  @OnLifecycleEvent(Lifecycle.Event.ON_PAUSE)
  fun stopTimer() {
    timer.cancel()
  }

  fun stop() {
    timerTask.cancel()
  }

  fun scheduleAtFixedRate() {
    val now = System.currentTimeMillis()
    val diff = model.diff.value ?: now
    model.started.value = now - diff
    timerTask = object : TimerTask() {
      override fun run() {
        model.started.value?.let {
          model.diff.postValue(System.currentTimeMillis() - it)
        }
      }
    }
    timer.scheduleAtFixedRate(timerTask, 0, 200)
  }
}
```

Listing 5.44 Die Klasse »StopWatchDemoLifecycleObserver«

Wird die Activity `StopWatchDemoActivity` fortgesetzt, wird ein Objekt des Typs `java.util.Timer` erzeugt. Es wird verwendet, um nach Anklicken des Startknopfs mit `scheduleAtFixedRate()` alle 200 Millisekunden mithilfe einer `TimerTask` den Wert `diff` des ViewModels mit `postValue()` zu aktualisieren.

> **Hinweis**
> `postValue()` sorgt dafür, dass die Aktualisierung auf dem Mainthread stattfindet. Warum das wichtig ist, erkläre ich Ihnen in Kapitel 6, »Multitasking«.

Um auf das ViewModel zugreifen zu können, wird dem `StopWatchDemoLifecycleObserver`-Konstruktor eine Referenz auf `StopWatchDemoViewModel` übergeben. Beim Pausieren der Activity wird die Methode `stopTimer()` aufgerufen. Sie beendet den `Timer` mit `cancel()`.

5.5 Dark Mode

Mit Android 10 hat Google einen systemweiten Dunkelmodus eingeführt. System UI und Apps werden auf Wunsch (ab Android 11 auch zeitgesteuert) dunkel dargestellt. Je nach Displaytechnologie lässt sich mit dem Dark Mode einiges an Strom sparen. Außerdem wird die Bedienung bei wenig Licht erleichtert. Schließlich empfinden viele einen dunklen Hintergrund als augenschonend. Neu sind dunkle Oberflächen in Android aber nicht. Insbesondere die frühen Versionen enthielten viele schwarze, blaue und graue Elemente.

5.5.1 Das DayNight-Theme

Damit Ihre App das dunkle Design gut unterstützt, sollte sie auf einem `DayNight`-Theme basieren. Es wird in der Manifestdatei mit dem Attribut `android:theme="@style/..."` festgelegt. Die Definition des Themes befindet sich üblicherweise in der Datei *res/values/styles.xml*.

```
<resources>
  <style name="AppTheme"
         parent="Theme.AppCompat.DayNight.DarkActionBar">
    <item name="colorPrimary">@color/colorPrimary</item>
    <item name="colorPrimaryDark">@color/colorPrimaryDark</item>
    <item name="colorAccent">@color/colorAccent</item>
    <item name="myOwnColor">@color/myOwnColor</item>
  </style>
</resources>
```

Listing 5.45 Die Datei »styles.xml«

Mein Beispiel leitet von `Theme.AppCompat.DayNight` ab. Wenn Sie die Material Components verwenden, können Sie stattdessen `Theme.MaterialComponents.DayNight` verwenden. Wichtig ist, nach Möglichkeit keine hartkodierten Farben und Icons speziell für helle Designs vorzusehen, sondern vorhandene Theme-Attribute und für den Dark Mode geeignete Ressourcen zu verwenden. `textColorPrimary` ist eine Allzwecktextfarbe. In hellen Designs erscheint sie fast schwarz, im Dunkelmodus hingegen fast weiß. `colorControlNormal` ist gut als Allzweckfarbe für Icons geeignet. Wie Sie beide verwenden, ist in Listing 5.46 zu sehen. Die Layoutdatei gehört zu meinem Beispiel *DarkModeDemo*.

```xml
<?xml version="1.0" encoding="utf-8"?>
<androidx.constraintlayout.widget.ConstraintLayout
    xmlns:android="http://schemas.android.com/apk/res/android"
    ...
    tools:context=".DarkModeDemoActivity">

    <TextView
        android:id="@+id/textview1"
        android:layout_width="wrap_content"
        android:layout_height="wrap_content"
        android:layout_marginTop="8dp"
        android:text="@string/hello"
        android:textColor="?attr/myOwnColor"
        android:textSize="16pt"
        app:layout_constraintEnd_toEndOf="parent"
        app:layout_constraintHorizontal_bias="0.5"
        app:layout_constraintStart_toStartOf="parent"
        app:layout_constraintTop_toTopOf="parent" />

    <ImageView
        android:id="@+id/imageview"
        android:layout_width="wrap_content"
        android:layout_height="wrap_content"
        android:layout_marginTop="16dp"
        android:contentDescription="@null"
        android:src="@drawable/ic_android_black_24dp"
        app:layout_constraintEnd_toEndOf="parent"
        app:layout_constraintStart_toStartOf="parent"
        app:layout_constraintTop_toBottomOf="@+id/textview1"
        app:srcCompat="@android:drawable/sym_def_app_icon"
        app:tint="?attr/colorControlNormal" />

    <TextView
```

```
    android:id="@+id/textview2"
    android:layout_width="wrap_content"
    android:layout_height="wrap_content"
    android:layout_marginTop="32dp"
    android:text="@string/hello"
    android:textColor="?android:attr/textColorPrimary"
    android:textSize="16pt"
    app:layout_constraintEnd_toEndOf="parent"
    app:layout_constraintStart_toStartOf="parent"
    app:layout_constraintTop_toBottomOf="@+id/imageview" />

</androidx.constraintlayout.widget.ConstraintLayout>
```

Listing 5.46 Verwendung von »colorControlNormal« und »textColorPrimary«

Die App stellt zweimal den Text »Hallo Android« sowie ein Icon dar. In Abbildung 5.20 sind die Unterschiede bei der Hintergrund- und Iconfarbe sowie dem zweiten Text gut zu erkennen. Auf Papier nicht so schön zu sehen sind hingegen die verschiedenen Farben des ersten Textes. Dessen Farbe wird mit `android:textColor="?attr/myOwnColor"` gesetzt. Bei aktiviertem Dunkelmodus ist das Grün, sonst Rot.

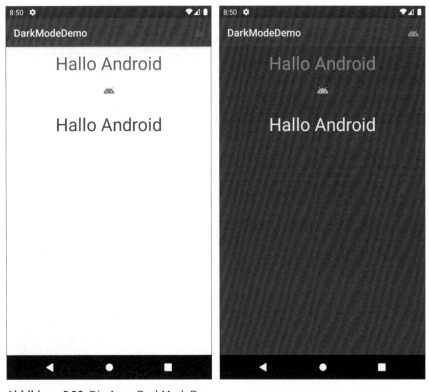

Abbildung 5.20 Die App »DarkModeDemo«

Die Definition erfolgt in mehreren Stufen. Zuerst wird das Attribut in der Datei *attr.xml* (Listing 5.47) eingetragen. Sie befindet sich im Verzeichnis *res/values*. Möglicherweise müssen Sie die Datei erst anlegen. Klicken Sie hierzu im Werkzeugfenster PROJECT auf den Knoten VALUES und wählen dann NEW • FILE.

```xml
<?xml version="1.0" encoding="utf-8"?>
<resources>
  <attr name="myOwnColor" format="reference|color" />
</resources>
```

Listing 5.47 Die Datei »attr.xml«

Attribute haben einen Namen und ein Format. Mit Letzterem legen Sie den Wertebereich und den Typ fest. Nun können wir dem Attribut einen Wert zuweisen. Da es sich um eine Farbe handelt, tragen wir die Definition in die Datei *colors.xml* ein. Sie wurde vom Assistenten zum Anlegen neuer Projekte unter *values* abgelegt.

```xml
<?xml version="1.0" encoding="utf-8"?>
<resources>
  <color name="colorPrimary">#6200EE</color>
  <color name="colorPrimaryDark">#3700B3</color>
  <color name="colorAccent">#03DAC5</color>
  <color name="myOwnColor">#ff0000</color>
</resources>
```

Listing 5.48 Die Datei »colors.xml«

In Listing 5.48 setze ich den Wert von `myOwnColor` auf #ff0000. Das entspricht der Farbe Rot. Damit im Dunkelmodus Grün erscheint, muss es hierfür natürlich ebenfalls eine Definition geben. Wie unter Android üblich, greift hier das Konzept der alternativen Ressourcen. Konkret wird eine zweite Version der Datei *colors.xml* im Verzeichnis *res/values-night* abgelegt. Da es nicht automatisch erzeugt wird, müssen Sie es von Hand anlegen. Klicken Sie mit der rechten Maustaste auf den Knoten RES und wählen dann FILE • DIRECTORY.

Wenn Sie wie in meinem Beispiel Vektorgrafiken als Icons im Optionsmenü verwenden, können Sie auch deren Farbe an den Dunkelmodus anpassen. Hierzu müssen Sie nur in der *.xml*-Datei der Grafik das Attribut `android:tint="@color/ ... "` einfügen (Listing 5.49).

```xml
<vector xmlns:android="http://schemas.android.com/apk/res/android"
    android:width="24dp"
    android:height="24dp"
    android:tint="@color/myOwnColor"
    android:viewportWidth="24"
```

```
        android:viewportHeight="24">
    <path
        android:fillColor="#FF000000"
        android:pathData=" ... " />
</vector>
```

Listing 5.49 Vektorgrafik, die sich an den Dunkelmodus anpasst

5.5.2 Dark Mode in eigenen Themes

Wenn das Theme Ihrer App nicht von `DayNight` ableitet, können Sie das dunkle Design trotzdem unterstützen. Diese *Force Dark* genannte Funktion wird mit `android:forceDarkAllowed="true"` im Theme der App oder Activity aktiviert. Alle hellen System- und AndroidX-Designs, zum Beispiel `Theme.Material.Light`, setzen es. Bei der Verwendung von dunklen Designs (beispielsweise `Theme.Material`) wird Force Dark hingegen nicht aktiv. Ist die Funktion eingeschaltet, analysiert Android vor dem Zeichnen jede View und wendet den Dunkelmodus an, sofern das in der Layoutdatei mit `android:forceDarkAllowed` oder im Code nicht mit `forceDarkAllowed = ...` deaktiviert wird.

5.6 Zusammenfassung

Sie haben in diesem Kapitel viele Komponenten der Android-Klassenbibliothek und Jetpack kennengelernt, die für den Bau von Benutzeroberflächen wichtig sind. Sie können nun souverän mit Views und ViewGroups umgehen, Toasts, Snackbars und Benachrichtigungen anzeigen und Bildschirmseiten gestalten, die sich auf unterschiedlichsten Anzeigegrößen »gut« anfühlen.

Im nächsten Kapitel stelle ich Ihnen Bausteine von Apps vor, die im Gegensatz zu Bedienelementen im Verborgenen wirken.

Kapitel 6
Multitasking

Smartphones und Tablets sind Multitalente. Während Sie im Internet surfen, können Sie nebenbei Musik hören oder sich Videoclips ansehen. In diesem Kapitel zeige ich Ihnen, wie Sie Ihre Apps fit fürs Multitasking machen.

Die Zeiten, in denen ein Computer mehrere Programme nur nacheinander ausführen konnte, sind zum Glück schon sehr lange vorbei; moderne Desktop-Systeme sind multitaskingfähig und können also mehrere Anwendungen gleichzeitig ausführen. Wenn eine Maschine nur einen Mikroprozessor oder Kern enthält, ist das natürlich eigentlich gar nicht möglich, denn auch der Chip kann ja normalerweise nur ein Maschinenprogramm ausführen. Betriebssysteme greifen deshalb zu einem Trick: Sie führen ein Programm eine gewisse Zeit lang aus und ziehen dann die Kontrolle wieder an sich. Nun kommt ein anderes Programm an die Reihe, und dieses Spiel wiederholt sich ständig. Auch wenn also nur stets ein Programm ausgeführt wird, entsteht für den Nutzer der Eindruck einer parallelen Abarbeitung.

Auch von Betriebssystemen für Smartphones erwartet man, dass sie Multitasking unterstützen. Aber warum eigentlich? Ihr kleiner Bildschirm macht die gleichzeitige Nutzung von mehreren Anwendungen auf geteilter Benutzeroberfläche unpraktisch, und ein eingehender Anruf unterbricht ohnehin die aktuelle Tätigkeit. Sinnvolle Einsatzgebiete für eine parallele Abarbeitung von Aufgaben gibt es dennoch freilich viele, zum Beispiel das Abspielen von Audiotracks oder das Herunterladen von Dateien.

Android ist multitaskingfähig. Das Fundament hierfür bildet der eingesetzte Betriebssystemkern. Linux bietet sogenanntes *präemptives Multitasking*. Das bedeutet, dass Prozesse, die zu viel Rechenzeit beanspruchen, nicht das ganze System ausbremsen können, da nach einer gewissen Zeit der Kern die Kontrolle wieder an sich zieht. Wie Sie bereits wissen, wird jede Android-App als eigener Linux-Prozess ausgeführt. Ein Fehler in einer App kann die Funktion des Smartphones oder Tablets also (theoretisch) nicht beeinträchtigen.

6.1 Leichtgewichtige Nebenläufigkeit

Auch innerhalb eines Programms kann die quasiparallele (ab hier parallele) Ausführung von Aufgaben sehr nützlich sein, zum Beispiel bei Spielen. Das Bewegen einer Figur ist von Eingaben des Benutzers abhängig, Gegner oder bewegliche Hindernisse müssen aber »von allein« ihre Position ändern können. Ein anderes Beispiel: Nehmen Sie an, das Anklicken einer Schaltfläche löst eine komplizierte Berechnung aus, die mehrere Minuten in Anspruch nimmt. Natürlich erwartet der Benutzer, dass er das Programm währenddessen weiter bedienen oder zumindest die aktuelle Tätigkeit unterbrechen kann.

6.1.1 Java-Erbe

Auch wenn Apps mittlerweile in Kotlin entwickelt werden, ist es wichtig, sich bewusst zu machen, dass vieles in Android noch fest mit Java verbunden ist. Dazu gehört der Umgang mit Nebenläufigkeit. Java (und damit Android) kennt mit sogenannten *Threads* (dt. Fäden) ein Instrument zur Realisierung von *leichtgewichtigen Prozessen*. Mit solchen Fäden kann ein Programm mehrere Tätigkeiten gleichzeitig abarbeiten. Die Klasse java.lang.Thread sowie das Interface java.lang.Runnable bilden die Grundlage für die Nutzung von Threads. Das Beispielprojekt *ThreadDemo1* zeigt, wie Threads erzeugt und gestartet werden. Die erste Version der Klasse ThreadDemo1Activity (siehe Listing 6.1) zeige ich Ihnen gleich. Wir werden sie im weiteren Verlauf um ein paar Methoden erweitern. Die Begleitmaterialien enthalten die vollständige Fassung.

Alle Anweisungen, die in einem eigenen Thread abgearbeitet werden sollen, packen Sie in die Methode run() einer Klasse, die das Interface Runnable implementiert. Als Lambda-Ausdruck sieht dies folgendermaßen aus:

```
val r = Runnable { Log.d(TAG, "run()-Methode wurde aufgerufen") }
```

Mit diesem Code wird eine Debug-Nachricht ausgegeben. Die Klasse bzw. der Lambda-Ausdruck ist übrigens **nicht** der Thread. Der Thread entsteht durch den Ausdruck val t = Thread(r). Mit t.start() beginnt seine Ausführung, und sie endet, wenn alle Anweisungen innerhalb des run()-Methodenrumpfes abgearbeitet wurden. Sie können den Status eines Threads mit t.isAlive abfragen. Natürlich wird man für einige wenige Anweisungen, die zudem schnell abgearbeitet werden können (wie beispielsweise eine Ausgabe in LOGCAT), keinen eigenen Thread starten. Dagegen ist der Einsatz eines Threads bei länger andauernden Berechnungen sinnvoll.

```
package com.thomaskuenneth.androidbuch.threaddemo1

import android.os.Bundle
```

```kotlin
import android.util.Log
import androidx.appcompat.app.AppCompatActivity

private val TAG = ThreadDemo1Activity::class.simpleName
class ThreadDemo1Activity : AppCompatActivity() {
  override fun onCreate(savedInstanceState: Bundle?) {
    super.onCreate(savedInstanceState)
    setContentView(R.layout.activity_main)
    val r = Runnable { Log.d(TAG,
                           "run()-Methode wurde aufgerufen") }
    val t = Thread(r)
    t.start()
    Log.d(TAG, "Thread wurde gestartet")
    Log.d(TAG, "t.isAlive(): ${t.isAlive}")
  }
}
```

Listing 6.1 Erste Version der Klasse »ThreadDemo1Activity«

Das folgende Quelltextfragment (siehe Listing 6.2) berechnet Fibonacci-Zahlen. Bitte fügen Sie es der Klasse ThreadDemo1Activity am besten nach der Methode onCreate() hinzu.

```kotlin
private fun fibRunner(num: Int): Runnable {
  return object : Runnable {
    override fun run() {
      val result = fib(num)
      Log.d(TAG, "fib($num) = $result")
    }

    private fun fib(n: Int): Int {
      return when (n) {
        0 -> 0
        1 -> 1
        else -> {
          Thread.yield()
          fib(n - 1) + fib(n - 2)
        }
      }
    }
  }
}
```

Listing 6.2 Die Methode »fibRunner()«

Um das Codefragment auszuprobieren, fügen Sie nach der Anweisung

`Log.d(TAG, "Thread wurde gestartet")`

die folgenden zwei Zeilen hinzu:

```
val fib = Thread(fibRunner(20))
fib.start()
```

`Thread.yield()` gibt Rechenzeit an andere, parallel ablaufende Threads ab. Dies zumindest **gelegentlich** zu tun, ist auch unter präemptivem Multitasking eine gute Idee. Wie lange ein Thread mit dieser Methode anhält, ist aber nicht definiert, und deshalb ist sie ungeeignet, wenn Sie die Abarbeitung für eine bestimmte Dauer unterbrechen möchten, wie zum Beispiel bei Spielen, die Positionsänderungen von Gegnern oder beweglichen Hindernissen alle *n* Sekunden vorsehen. Für solche Zwecke bietet die Klasse Thread die Methode `sleep()`. Wenn Sie das Quelltextfragment in Listing 6.3 mit der Anweisung

`Thread(bewegeGegner1()).start()`

starten, erscheint alle drei Sekunden eine Meldung in LOGCAT:

```
private fun bewegeGegner1(): Runnable {
  return Runnable {
    while (true) {
      Log.i(TAG, "bewege Gegner 1")
      try {
        Thread.sleep(3000)
      } catch (e: InterruptedException) {
        Log.e(TAG, "sleepTester()", e)
      }
    }
  }
}
```

Listing 6.3 Die Methode »bewegeGegner1()«

Ist Ihnen die Zeile `while (true) {` aufgefallen? Threads werden beendet, wenn alle Anweisungen in `run()` abgearbeitet wurden. Die while-Bedingung ist aber immer erfüllt, und auch der Schleifenrumpf enthält keine weiteren Abbruchgründe. Die Schleife wird also nie verlassen. Das kann in ganz seltenen Ausnahmesituationen so gewollt sein. Üblicherweise ist es aber schlicht falsch. Wie Sie richtig vorgehen, zeige ich Ihnen im folgenden Abschnitt.

> **Tipp**
>
> Sie können eine App in Android Studio beenden, indem Sie im Werkzeugfenster Logcat das Symbol ■ Terminate Application anklicken. In der Toolbar am oberen Rand des Hauptfensters sowie im Menü Run heißt es Stop 'app'.

Threads beenden

Die Klasse Thread beinhaltet die Methode stop(). Allerdings hat sich im Laufe der Zeit herausgestellt, dass ihre Verwendung aus unterschiedlichen Gründen unsicher ist, weshalb sie nicht verwendet werden soll. Technisch Interessierte finden eine ausführliche Abhandlung des Problems im Artikel *Java Thread Primitive Deprecation*.[1] Zur Lösung des eigentlichen Problems, also des Stoppens von Threads, gibt es mehrere Ansätze, jeder mit spezifischen Vor- und Nachteilen. Beispielsweise ist es möglich, auf das Auslösen einer InterruptedException mit dem Verlassen ihrer Thread-Schleife zu reagieren. Die Methode interrupt() der Klasse Thread löst eine solche Ausnahme aus. Sie können die Schleife aber auch mit einer Abbruchbedingung versehen, die von außen gesteuert wird. In der Regel ist dies eine Instanzvariable des Typs Boolean. Listing 6.4 zeigt eine mögliche Umsetzung. Fügen Sie den Code einfach an geeigneter Stelle in der Klasse ThreadDemo1Activity ein.

```
@Volatile
private var keepRunning = false

override fun onStart() {
  super.onStart()
  // Thread erzeugen
  val t = Thread(bewegeGegner2())
  keepRunning = true
  // Thread starten
  t.start()
}

override fun onPause() {
  super.onPause()
  keepRunning = false
}

private fun bewegeGegner2() = Runnable {
  while (keepRunning) {
```

---

1 *https://docs.oracle.com/javase/8/docs/technotes/guides/concurrency/threadPrimitiveDeprecation.html*

```
        Log.i(TAG, "bewege Gegner 2")
        try {
          Thread.sleep(3000)
        } catch (e: InterruptedException) {
          Log.e(TAG, "sleepTester()", e)
        }
      }
    }
}
```

Listing 6.4 Beenden eines Threads durch eine Abbruchbedingung

In Java bewirkt das Schlüsselwort volatile einen sogenannten *Cache Flush*. Dieser ist wichtig, weil das Java-Speichermodell sonst nicht gewährleistet, dass andere Threads den aktuellen Zustand der Variablen sehen. Das wiederum **könnte** dazu führen, dass der Thread sich niemals beendet, obwohl ein anderer Thread die Variable keepRunning auf false gesetzt hat. Die Kotlin-Annotation @Volatile kennzeichnet die Eigenschaft entsprechend.

Ich habe das Erzeugen und Starten des Threads in der Methode onStart() realisiert, die nach onCreate() aufgerufen wird. Wenn Sie durch Drücken der Home-Schaltfläche die Activity beendeten, würde aber ohne weitere Vorkehrungen dennoch weiterhin alle drei Sekunden die Meldung »bewege Gegner 2« in LOGCAT erscheinen, denn das bloße Verlassen einer Activity führt nicht zum Stopp zusätzlich gestarteter Threads. Allerdings kann Android diese zum Beispiel bei Speichermangel jederzeit terminieren. Um den Thread beim Verlassen der Activity zu beenden, muss nur die Variable keepRunning auf false gesetzt werden. Dies geschieht in der von mir überschriebenen Methode onPause() in Listing 6.4.

> **Hinweis**
>
> Das Beenden von Threads beim Verlassen einer Activity ist bewährte Praxis. Hintergrundaktivitäten werden unter Android mit sogenannten *Services* oder der Jetpack-Komponente *WorkManager* realisiert. In Abschnitt 6.2 und in Abschnitt 6.3 lernen Sie diese Grundbausteine kennen.

Threads bieten viele Möglichkeiten und geben dem Entwickler ein mächtiges Werkzeug an die Hand. Beispielsweise können Sie jedem Thread eine individuelle Priorität zuweisen und mehrere Threads zu Gruppen zusammenfassen. Allerdings erfordert insbesondere der Zugriff auf gemeinsame Ressourcen einiges an Disziplin und die Kenntnis der Funktionsweise von synchronized. Die entsprechende Funktion der Kotlin-Standardbibliothek wurde aber mittlerweile für veraltet erklärt. Sie sollte nicht mehr verwendet werden. Eine Alternative zeige ich Ihnen in Abschnitt 6.1.3, »Koroutinen«.

6.1.2 Der Main- oder UI-Thread

Jedem Thread kann ein Name zugewiesen werden. Die Anweisung Log.d(TAG, Thread.currentThread().name) gibt den Namen des aktuellen Threads in LOGCAT aus. Sofern die App diese Anweisung nicht in einem anderen Thread ausführt, ist dies der sogenannte *Mainthread* (*Haupt-Thread*). In ihm wird nicht nur Ihre Programmlogik ausgeführt, sondern beispielsweise auch das Zeichnen der Benutzeroberfläche. Aus diesem Grund wird er auch *UI-Thread* genannt.

Welche Konsequenzen dies hat, möchte ich Ihnen anhand des Beispiels *ThreadDemo2* zeigen. Nach dem Öffnen der App (sie ist in Abbildung 6.1 zu sehen) können Sie nach Belieben Häkchen vor BERECHNUNG MIT SLEEP() setzen und entfernen. Der aktuelle Status (TRUE oder FALSE) wird unterhalb des Ankreuzfeldes angezeigt. Die Schaltfläche BERECHNUNG STARTEN simuliert eine länger andauernde Tätigkeit. Stellen Sie bitte sicher, dass BERECHNUNG MIT SLEEP() angehakt ist, und starten Sie dann die Berechnung. Nun geschieht etwas Unerwartetes: Die CheckBox reagiert nicht mehr auf Benutzereingaben. Erst nachdem die »Berechnung« abgeschlossen wurde, verhält sich die App wieder wie gewünscht.

Abbildung 6.1 Die App »ThreadDemo2«

Der Grund für ihr scheinbar merkwürdiges Verhalten liegt in der Art meiner Simulation begründet, weil bei angehakter CheckBox der **aktuelle** Thread (also die App) ungefähr drei Sekunden lang schlafen geschickt wird. Dies ist in Listing 6.5 zu sehen.

```
package com.thomaskuenneth.androidbuch.threaddemo2

import android.os.Bundle
import android.util.Log
import android.widget.*
import androidx.appcompat.app.AppCompatActivity

private val TAG = ThreadDemo2Activity::class.simpleName
class ThreadDemo2Activity : AppCompatActivity() {
  override fun onCreate(savedInstanceState: Bundle?) {
    super.onCreate(savedInstanceState)
    setContentView(R.layout.activity_main)
    Log.d(TAG, Thread.currentThread().name)
    val tv = findViewById<TextView>(R.id.textview)
    val checkbox = findViewById<CheckBox>(R.id.checkbox)
    checkbox.setOnCheckedChangeListener { _,
        isChecked: Boolean -> tv.text = isChecked.toString() }
    checkbox.isChecked = true
    val button = findViewById<Button>(R.id.button)
    button.setOnClickListener {
      // --- Beginn Experimente ---
      tv.text = getString(R.string.begin)
      if (checkbox.isChecked) {
        try {
          Thread.sleep(3500)
        } catch (e: InterruptedException) {
          Log.e(TAG, "sleep()", e)
        }
      } else {
        while (true) { }
      }
      tv.text = getString(R.string.end)
      // --- Ende Experimente ---
    }
  }
}
```

Listing 6.5 Erste Version der Klasse »ThreadDemo2Activity«

Starten Sie die Berechnung hingegen ohne Häkchen vor BERECHNUNG MIT SLEEP() und versuchen ein paarmal, die Checkbox anzutippen, erscheint nach einer gewissen Zeit der unter Android-Entwicklern gefürchtete Hinweis *Application not responding* (ANR). Der Dialog ist in Abbildung 6.2 zu sehen. Auf diese Weise informiert das System den Benutzer, dass eine Anwendung nicht mehr reagiert, und bietet an, diese zu schließen oder weiter auf eine Reaktion zu warten.

Abbildung 6.2 Frage, ob eine nicht reagierende App beendet werden soll

Praktisch alle UI Frameworks (egal, ob unter Windows, Linux, macOS oder iOS) sind, wie der GUI-Teil von Android, single-threaded. Das bedeutet, dass der Mainthread für die Zustellung von allen Ereignissen an Widgets, aber auch für die Kommunikation Ihrer App mit den Bedienelementen zuständig ist. Was passiert, wenn der UI-Thread blockiert wird, können Sie in meinem Beispiel *ThreadDemo2* sehr leicht nachvollziehen. Um das Problem zu lösen, lagern wir die lang dauernde Berechnung in einen eigenen Thread aus. Ersetzen Sie die ursprüngliche Fassung (also alles zwischen den Kommentaren Beginn Experimente und Ende Experimente) durch die Implementierung in Listing 6.6. Dieses Mal habe ich die Nennung des Interface und der implementierten Methode weggelassen.

```
Thread {
  try {
    Thread.sleep(10000)
  } catch (e: InterruptedException) {
    Log.e(TAG, "sleep()", e)
  }
}.start()
```

Listing 6.6 Das Anklicken der Schaltfläche startet einen neuen Thread.

Testen Sie die App nun erneut. Sie verhält sich auch während der »Berechnung« normal. Allerdings gibt die ursprüngliche Version der App aus Listing 6.5 zu Beginn und am Ende der Berechnung einen Text aus. Dies tut die gerade eben vorgestellte Variante nicht mehr.

Handler

Fügen Sie deshalb die folgenden beiden Zeilen vor bzw. nach dem `try-catch`-Block aus Listing 6.6 ein, starten Sie das Programm, und klicken Sie anschließend auf BERECHNUNG STARTEN.

```
tv.text = getString(R.string.begin)
tv.text = getString(R.string.end)
```

Die App stürzt ab, und Android zeigt dem Benutzer einen Hinweis, dass *ThreadDemo2* unerwartet beendet wurde. Die Ursache des Problems ist in LOGCAT nachzulesen: Es wurde eine `CalledFromWrongThreadException` geworfen. Deren Nachricht lautet: »Only the original thread that created a view hierarchy can touch its views.« Bei dem »original thread« handelt es sich um den Main- bzw. UI-Thread. »touch its views« bezieht sich auf den Versuch, mit `tv.text =` den anzuzeigenden Text zu setzen. Es muss also eine Möglichkeit geben, Anweisungen explizit auf **diesem** Thread auszuführen. Die folgende Implementierung (siehe Listing 6.7) zeigt, wie Sie richtig vorgehen:

```
val h = android.os.Handler(Looper.getMainLooper())
thread {
  try {
    h.post { tv.text = getString(R.string.begin) }
    Thread.sleep(10000)
    h.post { tv.text = getString(R.string.end) }
  } catch (e: InterruptedException) {
    Log.e(TAG, "sleep()", e)
  }
}
```

Listing 6.7 Kommunikation mit dem UI-Thread über Handler

Als Erstes instanziieren Sie ein Objekt des Typs android.os.Handler. Damit können Sie Nachrichten (zum Beispiel in Gestalt eines Runnables) an die Warteschlange eines Threads senden. Diese wird durch eine android.os.Looper-Instanz repräsentiert. Ist Ihnen aufgefallen, dass ich durch die Verwendung von thread den Aufruf von start() weglassen konnte? Kotlin ist einfach wunderbar kompakt. Damit das klappt, müssen Sie aber die folgende Zeile hinzufügen:

```
import kotlin.concurrent.thread
```

Nicht jeder Thread hat automatisch eine Warteschlange. Um sie zu erzeugen und zu starten, müssen Sie zuerst Looper.prepare() und danach Looper.loop() aufrufen. Ein mit Looper.getMainLooper() erzeugter Handler nutzt die Warteschlange des Mainthreads. Das ist nötig, weil wir Text ausgeben möchten. Änderungen an der Oberfläche müssen auf dem Mainthread stattfinden. Für eigene Threads brauchen Sie prepare() und loop() aber, wenn Sie über Handler mit ihm kommunizieren möchten.

Den Looper eines Threads können Sie mit Looper.myLooper() ermitteln. Der eigentliche Nachrichtenversand erfolgt durch Aufruf der Handler-Methode post(). Sie müssen also lediglich die auszuführende Aktion (zum Beispiel tv.text = getString(R.string.begin)) in eine Runnable-Instanz packen und sie an post() übergeben.

In Android gibt es einige weitere Möglichkeiten, um mit dem UI-Thread zu kommunizieren, zum Beispiel bietet die Klasse Activity die Methode runOnUiThread() an. Auch ihr müssen Sie nur ein Runnable übergeben, was dann so aussehen kann (siehe Listing 6.8):

```
thread {
  try {
    Thread.sleep(10000)
  } catch (e: InterruptedException) {
    Log.e(TAG, "sleep()", e)
  }
  runOnUiThread { tv.text = getString(R.string.end) }
}
tv.text = getString(R.string.begin)
```

Listing 6.8 Verwendung der Methode »runOnUiThread()«

runOnUiThread() ist äußerst nützlich, wenn Sie in einem Hintergrund-Thread die Benutzeroberfläche aktualisieren möchten. Übrigens nutzt die Basisklasse android.app.Activity selbst einen Handler.

6.1.3 Koroutinen

In diesem Abschnitt möchte ich Ihnen Koroutinen als leichtgewichtige Alternative zu Java-Threads vorstellen. Aus Platzgründen kann das leider nur ein kurzer Abriss sein. Wenn Sie sich ausführlicher mit dem Thema befassen möchten, rate ich zu entsprechender weiterführender Literatur. Hinweise hierzu finden Sie im Literaturverzeichnis in Anhang D. Konzeptionell sind Koroutinen ein fester Bestandteil von Kotlin. Allerdings wird fast die gesamte Funktionalität durch eigene Bibliotheken zur Verfügung gestellt. Wenn Sie Koroutinen in Ihrer App verwenden möchten, müssen Sie deshalb die Zeilen

```
implementation "org.jetbrains.kotlinx:kotlinx-coroutines-core:1.3.7"
implementation "org.jetbrains.kotlinx:kotlinx-coroutines-android:1.3.4"
```

im Bereich `dependencies {` der modulspezifischen *build.gradle*-Datei eintragen. Eine sehr einfache Koroutine ist in Listing 6.9 zu sehen. Koroutinen sind Instanzen von unterbrechbaren Berechnungen. In meinem Beispiel ist das der Block nach `launch`. Die Funktion `delay()` verzögert die Abarbeitung der Schleife um zehn Sekunden. Anders als bei `Thread.sleep()` wird der aktuelle Thread dabei aber nicht blockiert. Hinter den Kulissen werden Koroutinen in Teile zerlegt. Jedes dieser Teile wird am Stück abgearbeitet.

```
GlobalScope.launch {
  var i = 0
  while (i < 1000) {
    delay(10000)
    Log.d(TAG, "${i++}")
  }
}
```

Listing 6.9 Eine einfache Koroutine

Koroutinen gehören immer zu einem *CoroutineScope*. Er verwaltet und steuert eine oder mehrere Koroutinen, das heißt, er startet und unterbricht sie und wird bei Fehlern und Abbrüchen informiert. Außerdem legt der Coroutine Scope die Gültigkeit einer Koroutine fest. `GlobalScope`-Koroutinen sind nur bzgl. der Laufzeit der Anwendung eingeschränkt.

> **Hinweis**
>
> Sie können für Ihre App eigene Scopes definieren. Auch die zu Jetpack gehörenden Android Architecture Components tun dies. Der in Listing 6.9 verwendete `GlobalScope` ist in Activities keine gute Wahl, weil er nicht durch deren Lebenszyklus gesteuert wird.

Jede Koroutine wird in einem bestimmten Kontext (CoroutineContext) ausgeführt. Sie können auf ihn mit der CoroutineScope-Eigenschaft coroutineContext zugreifen. Der Kontext setzt sich zusammen aus Standardwerten, dem Elternkontext und Argumenten, die Sie zum Beispiel launch übergeben können. launch ist ein sogenannter *Coroutine Builder*. Solche Funktionen erzeugen und starten Koroutinen. Ich komme gleich darauf zurück. Vorher möchte ich aber kurz ansprechen, *wo* Koroutinen eigentlich ausgeführt werden.

Für ihre Verteilung auf einen oder mehrere Threads sind sogenannte *Coroutine Dispatcher* verantwortlich. Eine mit launch gestartete Koroutine wird standardmäßig mit Dispatchers.Default gemanagt. Das ist prima, solange der Code nicht die UI aktualisieren möchte. Denn sonst passiert, was ich Ihnen in Abschnitt 6.1.2 gezeigt habe: Die App stürzt ab. Aus diesem Grund gibt es Dispatchers.Main. Damit können Sie Ihre Koroutinen auf dem Mainthread ausführen lassen. Wie, zeige ich Ihnen gleich. Dispatchers.IO bietet sich für Datei- oder Netzwerkzugriffe an. Das Beispielprojekt *CoroutineDemo* (Abbildung 6.3) startet nach dem Anklicken von START eine Koroutine, die zwischen einer und zehn Sekunden wartet und zu Beginn sowie am Ende einen Text ausgibt. Listing 6.10 ist ein Auszug der Klasse CoroutineDemoActivity.

Abbildung 6.3 Die App »CoroutineDemo«

Sie können mit withContext(Dispatchers.Main) Code auf dem Mainthread ausführen. Das ist vergleichbar mit runOnUiThread(), nur eben mit Koroutinen. GlobalScope.launch() kennen Sie bereits: Damit wird eine Koroutine gestartet. Sie erzeugt eine Zufallszahl zwischen 1 und 10 und ruft damit die private Funktion pause() auf. Das Schlüsselwort suspend kennzeichnet eine Funktion als unterbrechbar. Solche Funktionen können nur von Koroutinen oder anderen unterbrechbaren Funktionen aufgerufen werden. Sie bilden zusammen mit den Blöcken, die Sie Coroutine Buildern übergeben, die Bausteine für Koroutinen. withContext() und delay() sind ebenfalls unterbrechbare Funktionen.

```
package com.thomaskuenneth.androidbuch.coroutinedemo
...
import kotlinx.coroutines.*

class CoroutineDemoActivity : AppCompatActivity() {
  private lateinit var textview: TextView

  override fun onCreate(savedInstanceState: Bundle?) {
    ...
    textview = findViewById(R.id.textview)
    val button = findViewById<Button>(R.id.button)
    button.setOnClickListener {
      GlobalScope.launch {
        pause((1 + Math.random() * 10).toLong())
      }
      addToBegin("Button geklickt")
    }
  }

  private suspend fun pause(sec: Long) {
    withContext(Dispatchers.Main) {
      addToBegin("Warte $sec Sekunden")
    }
    delay(1000 * sec)
    withContext(Dispatchers.Main) {
      addToBegin("   ---> $sec Sekunden gewartet")
    }
  }

  private fun addToBegin(s: String) {
    var current = textview.text
    ...
```

```
    textview.text = getString(R.string.template, s, current)
  }
}
```

Listing 6.10 Auszug der Klasse »CoroutineDemoActivity«

Wenn Sie die fertige App aus den Begleitmaterialien testen, scheint diese gut zu funktionieren. Sie hat aber (Sie ahnen es sicher) ein Problem. Um herauszufinden, welches, setzen Sie bitte die Wartezeit auf einen fixen Wert (zum Beispiel 15 Sekunden) und fügen der Funktion addToBegin() eine Logausgabe hinzu (am einfachsten ist println(s)). Starten Sie dann die App, klicken Sie den Button START an, und wechseln Sie vor Ablauf der 15 Sekunden auf den Homescreen. Wenn Sie dabei die Ausgaben in LOGCAT beobachten, stellen Sie fest, dass die Koroutine munter weiterarbeitet, also alle Meldungen so ausgibt, als wäre die Activity noch aktiv. Stattdessen sollte die Koroutine aber beendet werden. Bei Threads hatten wir, Sie erinnern sich sicher, ein sehr ähnliches Problem.

GlobalScope.launch liefert eine kotlinx.coroutines.Job-Instanz. Mit diesem Interface können Sie den Zustand einer Koroutine erfragen (isActive, isCancelled, isCompleted), auf ihre Beendigung warten (join()) oder sie abbrechen (cancel()). Wir werden uns das zunutze machen, indem wir onPause() überschreiben und cancel() aufrufen. Allerdings sollten Sie nicht den Job in einer Instanzvariable speichern. Es ist besser, wenn CoroutineDemoActivity das Interface CoroutineScope implementiert. Auf diese Weise wird die Activity nämlich um die CoroutineScope-Extension-Methode cancel() erweitert. Sie bricht alle Koroutinen innerhalb des Scopes ab. Bitte übernehmen Sie die Änderungen aus dem kurzen Quelltextfragment in Listing 6.11, und prüfen Sie das Verhalten der App erneut.

```
class CoroutineDemoActivity : AppCompatActivity(), CoroutineScope {
  ...
  override val coroutineContext = SupervisorJob() + Dispatchers.IO

  override fun onPause() {
    super.onPause()
    cancel(null)
  }

  override fun onCreate(savedInstanceState: Bundle?) {
    ..
    button.setOnClickListener {
      launch {
        pause((1 + Math.random() * 10).toLong())
      }
    ...
```

Listing 6.11 Koroutinen beim Verlassen der App abbrechen

Jobs repräsentieren Koroutinen, die mit `launch` gestartet wurden. Bitte beachten Sie aber, dass nicht jeder Coroutine Builder ein `Job`-Objekt zurück liefert. Jobs können weitere Jobs starten. Bricht die Ausführung eines Kindes ab, führt dies normalerweise auch zum Abbruch der anderen Kinder sowie des Eltern-Jobs. Um das zu verhindern, können Sie (wie in meinem Beispiel) `SupervisorJob` verwenden.

Koroutinen können viel mehr, als ich Ihnen in dieser kurzen Einführung zeigen kann. Auf einen Aspekt bei der Implementierung möchte ich Sie aber unbedingt noch hinweisen. Koroutinen **müssen** sich kooperativ verhalten, indem sie regelmäßig mit `isActive` oder `ensureActive()` prüfen, ob sie noch weiter ausgeführt werden sollen. Zunächst ein Beispiel, wie Sie es nicht machen sollten:

```
val job = GlobalScope.launch {
  var i = 0
  while (true) {
    println("${i++}")
  }
}
Thread.sleep(3000)
job.cancel()
```

Listing 6.12 Eine nicht kooperative Koroutine

Wenn Sie dieses Codefragment ausführen, wird die Schleife trotz `cancel()` nicht verlassen. Zum Glück ist das Problem schnell behoben. Tauschen Sie einfach `true` durch `isActive` aus. Und schon verhält sich die Koroutine vorbildlich. Natürlich sollte ein Schleifendurchlauf trotzdem so schnell wie möglich abgeschlossen sein.

6.2 Services

Activities sind für den Benutzer unmittelbar sichtbar, und er interagiert mit ihnen. Wenn Sie eine App starten, die Musik aus dem Internet streamt, möchten Sie vielleicht zunächst ein Genre wählen und sich dann einen Sender aussuchen. Sobald die Übertragung der Daten begonnen hat, verliert die Benutzeroberfläche bei so einer App an Bedeutung. Es liegt nahe, die Activity zu verlassen, um etwas anderes zu tun, beispielsweise eine E-Mail zu schreiben oder im Web zu surfen. Damit die Musik in so einem Fall nicht abbricht, muss das System eine Möglichkeit bieten, das Streamen im Hintergrund weiter auszuführen.

Services sind Anwendungsbausteine, die ohne Benutzeroberfläche auskommen. Anders als beispielsweise Broadcast Receiver werden sie aber nicht nur beim Eintreten eines Ereignisses aktiviert. Auch sind Services – im Gegensatz zu Broadcast Receivern – gerade für länger andauernde Tätigkeiten gedacht.

6.2.1 Gestartete Services

Der Bau von Activities und Broadcast Receivern folgt sehr ähnlichen Mustern, denn beide müssen ihre Implementierungen von bestimmten Basisklassen ableiten und in der Manifestdatei der App registrieren. Auch Services entstehen auf diese Weise.

Ein einfaches Beispiel

Das Projekt *ServiceDemo1* stellt Ihnen einen sehr einfach gehaltenen Service vor. Die Klasse DemoService gibt standardmäßig alle zehn Sekunden das aktuelle Datum und die Uhrzeit in LOGCAT aus. Einfache Services können Sie von der abstrakten Klasse android.app.Service ableiten. Die Methode onBind() müssen Sie implementieren. Sie liefert entweder null oder eine Instanz des Typs android.os.IBinder. Android unterscheidet zwischen gestarteten und gebundenen Services. Vereinfacht ausgedrückt stellen gebundene Services eine Kommunikationsschnittstelle zur Verfügung. Als **gestarteter** Service tut DemoService dies nicht und liefert deshalb null. Da nur Datum und Uhrzeit ausgegeben werden, ist keine Kommunikation zwischen Aufrufer und Service erforderlich.

Die Methoden onCreate() und onDestroy() repräsentieren wichtige Stationen im Lebenszyklus eines Service. Sie werden vom System aufgerufen. Die Implementierung aus Listing 6.13 startet einen (für das kontinuierliche Ermitteln und Anzeigen von Datum und Uhrzeit verwendeten) Thread. Er ist aktiv, solange die Variable shouldBeRunning den Wert true hat. Das ändert sich, wenn onDestroy() aufgerufen oder der Thread unterbrochen wird. Die Annotation @Volatile bewirkt einen sogenannten Cache Flush. Dieser ist wichtig, weil die Android-Laufzeitumgebung sonst nicht gewährleistet, dass andere Threads den aktuellen Zustand der Variablen sehen. Das wiederum könnte dazu führen, dass der Thread sich niemals beendet, obwohl ein anderer Thread die Variable auf false gesetzt hat.

```
package com.thomaskuenneth.androidbuch.servicedemo1

import android.app.Service
import android.content.Intent
import android.os.IBinder
import android.util.Log
import java.util.*
import kotlin.concurrent.thread

private val TAG = DemoService::class.simpleName
class DemoService : Service() {

    @Volatile
    private var shouldBeRunning = false
```

```kotlin
  override fun onBind(intent: Intent?): IBinder? {
    Log.d(TAG, "onBind()")
    return null
  }

  override fun onCreate() {
    super.onCreate()
    Log.d(TAG, "onCreate()")
    shouldBeRunning = true
    thread {
      while (shouldBeRunning) {
        Log.d(TAG, Date().toString())
        try {
          Thread.sleep(10000)
        } catch (e: InterruptedException) {
          Log.e(TAG, "Thread.sleep()", e)
          shouldBeRunning = false
        }
      }
    }
  }

  override fun onDestroy() {
    super.onDestroy()
    Log.d(TAG, "onDestroy()")
    shouldBeRunning = false
  }
}
```

Listing 6.13 Erste Version der Klasse »DemoService«

Services werden in der Manifestdatei eingetragen. Wie das aussehen kann, ist in Listing 6.14 dargestellt. Das Element `<service />` enthält mindestens das Attribut `android:name`. Ihm wird – analog zu Activities – der Name der Klasse, die den Service implementiert, zugewiesen. `android:label` kann den Klartextnamen des Service enthalten, der dem Benutzer (zum Beispiel auf Seiten der Systemeinstellungen) angezeigt wird. Sofern Sie ihn nicht explizit setzen, »erbt« der Service das Label der App. Dies ist auch bei `android:icon` so. Sie können für den Service ein eigenes Symbol vergeben, müssen das aber nicht tun. Auch hier wird dann das Icon der Anwendung übernommen.

```xml
<?xml version="1.0" encoding="utf-8"?>
<manifest xmlns:android="http://schemas.android.com/apk/res/android"
  package="com.thomaskuenneth.androidbuch.servicedemo1">
```

```xml
<application
   ...
   android:theme="@style/AppTheme">
   <activity android:name=".ServiceDemo1Activity">
      ...
   </activity>
   <service android:name=".DemoService" />
</application>
</manifest>
```

Listing 6.14 Auszug der Manifestdatei des Projekts »ServiceDemo1«

Weitere Attribute steuern die Nutzbarkeit Ihres Service durch Ihre und fremde Apps. `android:enabled` regelt die grundsätzliche Verfügbarkeit. Der Standardwert ist `true`. Sie müssen das Attribut also üblicherweise nicht angeben. `android:permission` ermöglicht die Vergabe von Berechtigungen: Ein potenzieller Servicenutzer muss über die hier festgelegten Rechte verfügen. Wenn Sie dieses Attribut nicht setzen, greift das `android:permission`-Attribut des Elements `<application />`. Haben Sie keines der beiden Attribute gesetzt, ist der Zugriff auf den Service nicht durch eine Berechtigung geschützt.

Bitte beachten Sie den Unterschied zu `<uses-permission />`-Elementen: Diese definieren, welche Berechtigung eine App **erhalten** möchte. Beispielsweise benötigt das Projekt *BroadcastReceiverDemo* aus Kapitel 4 `android.permission.RECEIVE_BOOT_COMPLETED`, um nach dem Ende des Bootvorgangs eine Nachricht anzuzeigen.

Mit `android:exported` steuern Sie die Sichtbarkeit Ihres Service durch andere Apps. Das Attribut `android:process` erzwingt die Ausführung in einem bestimmten Prozess. Dabei gelten dieselben Regeln wie für Activities. Um einen Service gegen den Rest des Systems abzuschotten, setzen Sie `android:isolatedProcess` auf `true`. In diesem Fall läuft der Dienst in einem gesonderten, isolierten Prozess und hat keine eigenen Rechte. Die Kommunikation erfolgt ausschließlich über die Service-API.

Damit ist die Implementierung der ersten Version unseres Service schon abgeschlossen. Um ihn zu starten, rufen Sie innerhalb einer Activity `startService()` auf und übergeben ein Intent, das die gewünschte Komponente beschreibt. Das ist in der Methode `handleButtonClicked()` von Listing 6.15 zu sehen. Solche Intents werden *explizites Intent* genannt. Die Kombination aus Paket und Klasse heißt *Komponentenname*. Sie wird durch die Klasse `ComponentName` repräsentiert. Das Intent zum Starten des Services lässt sich alternativ auch so erzeugen:

```
val intent = Intent()
intent.component =
 android.content.ComponentName(this, DemoService::class.java)
```

Die Methode `handleButtonClicked()` wird aufgerufen, wenn ein Button (das einzige UI-Element der Activity) angeklickt wird. In `onCreate()` ist von `findViewById()` und `setOnClickListener()` aber nichts zu sehen. Wer ruft `handleButtonClicked()` dann eigentlich auf? Sie können in der Layoutdatei festlegen, welche Methode beim Anklicken eines Buttons aufgerufen wird, indem Sie dem `<Button />`-Tag das Attribut `android:onClick="..."` hinzufügen. Der Wert entspricht dem Namen der Methode bzw. Funktion. Deren Signatur muss (abgesehen natürlich vom Namen) so aussehen wie in meinem Listing gezeigt.

```kotlin
package com.thomaskuenneth.androidbuch.servicedemo1

import android.content.Intent
import android.os.Bundle
import android.view.View
import androidx.appcompat.app.AppCompatActivity

class ServiceDemo1Activity : AppCompatActivity() {
  override fun onCreate(savedInstanceState: Bundle?) {
    super.onCreate(savedInstanceState)
    setContentView(R.layout.activity_main)
  }

  fun handleButtonClicked(view: View) {
    val intent = Intent(this, DemoService::class.java)
    startService(intent)
    finish()
  }
}
```

Listing 6.15 Die Klasse »ServiceDemo1Activity«

Wie erreichen Services eine »echte« Hintergrundverarbeitung? Mein Beispiel gibt ja nur Datum und Uhrzeit aus. Die hierfür benötigte Rechenzeit ist vernachlässigbar. Da ich im ersten Abschnitt dieses Kapitels Java-Threads vorgestellt habe, liegt die Vermutung nahe, Services könnten von sich aus auf dieses Hilfsmittel zurückgreifen. Dem ist aber nicht so. Services werden auf dem Mainthread ihrer App oder des Prozesses ausgeführt, der im Attribut `android:process` des `<service />`-Elements angegeben wird. Konsequenterweise müssen Sie als Entwickler lange andauernde oder rechenintensive Tätigkeiten selbstständig in eigene Threads auslagern.

Services bilden »nur« einen Rahmen, um dem System mitzuteilen, dass eine App entweder etwas im Hintergrund ausführen will (selbst dann, wenn der Benutzer gar nicht mehr mit ihr interagiert) oder Teile ihrer Funktionalität anderen Programmen zur Verfügung stellen möchte. Um Nebenläufigkeit in Services zu erreichen, können Sie, wie in meinem Beispiel zu sehen, einfach einen neuen Thread starten. Sie müssen nur sicherstellen, dass er zur richtigen Zeit wieder beendet wird. Bei mir wird dies durch die Prüfung der Variable shouldBeRunning erreicht. Ich setze sie in der Methode onDestroy() auf false. Diese Service-Lifecycle-Methode wird von Android aufgerufen, wenn ein Service zerstört wird.

Beenden von Services

Aber wann werden Services eigentlich beendet oder zerstört? Das ist davon abhängig, ob ein Service gestartet oder gebunden wurde (siehe den folgenden Abschnitt). Der Service DemoService wird von der Activity ServiceDemo1Activity durch Aufruf der Methode startService() gestartet. Sie könnte ihn mit stopService() beenden. Den Services selbst stehen die Methoden stopSelf() und stopSelfResult() zur Verfügung. Benutzer können unter EINSTELLUNGEN • SYSTEM • ERWEITERT • ENTWICKLEROPTIONEN • AKTIVE DIENSTE (im Emulator und auf englischsprachigen Geräten via SETTINGS • SYSTEM • ADVANCED • DEVELOPER OPTIONS • RUNNING SERVICES) die nicht mehr benötigten Services stoppen. Die Einstellungsseite ist in Abbildung 6.4 zu sehen. Wie Sie die Entwickleroptionen aktivieren, lesen Sie in Abschnitt 3.2.3, »Debuggen auf echter Hardware«.

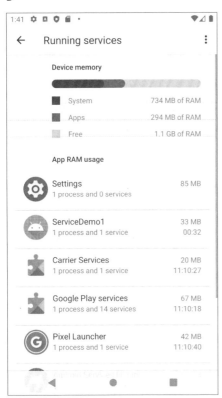

Abbildung 6.4 Die Einstellungsseite »Aktive Dienste«

Und natürlich kann Android selbst einen Service beenden. Dies geschieht zum Beispiel bei knappen Systemressourcen. Außerdem gibt es seit Android 8 Einschränkungen in der Hintergrundverarbeitung, auf die ich später noch ausführlicher zu sprechen komme. Prinzipiell können Services, die mit startService() gestartet wurden, unendlich lange laufen. Sie führen allerdings normalerweise genau eine Operation aus und liefern kein Ergebnis an den Aufrufer. Gestartete Services sollten sich beenden, nachdem die Aufgabe abgearbeitet wurde. Das Hoch- oder Herunterladen von Dateien ist ein Beispiel für solche Operationen. Allerdings stellt Android hierfür bereits einen sehr guten Mechanismus bereit.

Nach startService() ruft das System die Methode onStartCommand() auf. Sie können diese überschreiben, um das ihr übergebene Intent auszuwerten. Es könnte beispielsweise den Namen der zu übertragenden Datei enthalten. Der Rückgabewert von onStartCommand() legt fest, wie Android verfahren soll, wenn das System den Prozess beenden muss, der den Service hostet. Dies ist bei akutem Speichermangel der Fall. START_NOT_STICKY besagt, dass der Service nur im Fall von noch ausstehenden Intents neu gestartet werden soll. Bei START_STICKY startet Android den Service auf jeden Fall neu und ruft onStartCommand() auf. Sofern keine ausstehenden Intents vorhanden sind, wird aber nicht das letzte Intent erneut übergeben, sondern der Wert null. Anders ist es bei START_REDELIVER_INTENT: Hier erhält onStartCommand() immer das letzte Intent. Auf diese Weise kann der Service beispielsweise die Übertragung einer Datei fortsetzen. Die Standardimplementierung in der Klasse Service liefert START_STICKY.

Einschränkungen in der Hintergrundverarbeitung

Seit Oreo schränkt Android die Möglichkeiten von Apps ein, die sich nicht im Vordergrund befinden. Eine App befindet sich im Hintergrund, wenn keine der folgenden Bedingungen zutrifft:

- Mindestens eine ihrer Activities ist sichtbar. Ob sie im Zustand gestartet oder pausiert ist, spielt keine Rolle.
- Sie hat mindestens einen aktuell ausgeführten *Vordergrundservice*.
- Eine andere Vordergrund-App ist mit ihr verbunden, weil sie einen ihrer Services gebunden hat oder einen ihrer Content Provider nutzt.

Vordergrundservices machen durch ein Symbol in der Statuszeile auf sich aufmerksam. Der Anwender sieht also, dass auch nach dem Verlassen einer Activity noch eine Komponente der App ausgeführt wird. Hintergrundservices hingegen sind für den Benutzer nicht präsent. Er merkt also möglicherweise nicht, dass eine Aktivität im Hintergrund viele Daten überträgt oder durch komplizierte Berechnungen den Akku leert.

DemoService zeigt kein Symbol in der Statusleiste an und ist deshalb ein Hintergrundservice. Da sich ServiceDemo1Activity unmittelbar nach dem Start des Service mit finish() beendet, ist die Activity nicht mehr aktiv. Da es auch sonst keine aktiven Komponenten mit Benutzeroberfläche gibt, wird *ServiceDemo1* zu einer Hintergrund-App. Somit wird Android den Service nach kurzer Zeit zerstören. Zum Glück lässt sich das leicht verhindern. Wir müssen den Service nur zu einem Vordergrundservice machen. Ändern Sie hierzu als Erstes den Aufruf von startService() in handleButtonClicked() um in startForegroundService(). Die Methode steht erst ab API-Level 26 zur Verfügung. Falls Ihre App auf älteren Android-Geräten verwendet werden soll (minSdkVersion ist kleiner als 26), prüfen Sie dies folgendermaßen:

```
if (android.os.Build.VERSION.SDK_INT >= android.os.Build.VERSION_CODES.O) {
  startForegroundService(intent)
} else {
  startService(intent)
}
```

Listing 6.16 Einen Vordergrundservice starten

Nun muss in der Manifestdatei die Berechtigung FOREGROUND_SERVICE angefordert werden.

```xml
<?xml version="1.0" encoding="utf-8"?>
<manifest xmlns:android="http://schemas.android.com/apk/res/android"
    package="com.thomaskuenneth.androidbuch.servicedemo1">
  <uses-permission android:name="android.permission.FOREGROUND_SERVICE" />
  <application
    ...
```

Listing 6.17 Berechtigung in der Manifestdatei eintragen

Schließlich fügen Sie der Klasse DemoService den Codeschnipsel in Listing 6.18 hinzu. Da es Vordergrundservices erst seit Android 8 gibt, wird gleich zu Beginn die Plattform-Version abgefragt. Der Methode startForeground() wird eine Benachrichtigung sowie eine ID, die diese kennzeichnet, übergeben. Sie müssen die ID beispielsweise verwenden, um die Benachrichtigung abzubrechen. Hierfür enthält die Klasse NotificationManager die Methode cancel(). Die Benachrichtigung dient dazu, den Anwender über die Präsenz des Vordergrundservice sowie dessen Status zu informieren. Mit setContentIntent() können Sie eine Activity angeben, die beim Antippen der Benachrichtigung angezeigt wird.

```kotlin
override fun onStartCommand(intent: Intent?, flags: Int,
                            startId: Int): Int {
  if (android.os.Build.VERSION.SDK_INT >=
      android.os.Build.VERSION_CODES.O) {
    val channelId = "channelId_1234"
```

```
    val channel = android.app.NotificationChannel(
      channelId,
      getString(R.string.app_name),
      android.app.NotificationManager.IMPORTANCE_DEFAULT
    )
    getSystemService(android.app.NotificationManager::class.java)?.let {
      it.createNotificationChannel(channel)
      val b = android.app.Notification.Builder(
        this,
        channelId
      )
      b.setSmallIcon(R.mipmap.ic_launcher)
        .setContentTitle(getString(R.string.app_name))
        .setContentText(getString(R.string.app_name))
      startForeground(0x1234, b.build())
    }
  }
  return super.onStartCommand(intent, flags, startId)
}
```

Listing 6.18 Aus einem Service einen Vordergrundservice machen

Ich verwende in diesem Beispiel nicht Jetpack *Notifications*, sondern die Klassen der Plattform. Sie erkennen das an dem Paketnamen android.app. Ein Mehrwert von Jetpack ist ja, sich nicht um Unterschiede im Funktionsumfang (Benachrichtigungskanäle kamen mit Android 8 an Bord) kümmern zu müssen. Da auch Vordergrundservices mit dieser Version Einzug hielten, kann ich die entsprechende Abfrage prima nutzen. Anders ausgedrückt: Gibt es Vordergrundservices, müssen Notifications auch Benachrichtigungskanäle verwenden. Im nächsten Abschnitt stelle ich Ihnen die zweite Serviceart vor. Sie kommt ohne Benachrichtigungen aus.

6.2.2 Gebundene Services

Gebundene Dienste stellen eine Schnittstelle zur Verfügung, über die Servicenutzer mit den Diensten kommunizieren. Diese »Clients« können Teil der App sein, zu der auch der Service gehört, aber auch fremde Prozesse dürfen seine Funktionen ansprechen. Ein gebundener Service läuft, solange mindestens ein Client mit ihm verbunden ist. Danach wird er zerstört.

Wie Sie bereits wissen, muss jede von android.app.Service abgeleitete Klasse die Methode onBind() bereitstellen. Sie liefert ein Objekt, das das Interface android.os.IBinder implementiert. IBinder beschreibt ein abstraktes Protokoll für die Kommunikation mit remotefähigen Objekten, die wiederum die Grundlage für den Aufruf von

Funktionen über Prozessgrenzen hinweg bilden, was in der Informatik *Remote Procedure Call* genannt wird.

Die Objekte eines Kotlin-Programms unterliegen normalerweise dem Zugriff und der Kontrolle einer virtuellen Maschine oder Laufzeitumgebung. Möchte ein Objekt eine Methode eines anderen Objekts desselben Programms aufrufen, so ist dies (eine geeignete Sichtbarkeit vorausgesetzt) problemlos möglich. Anders sieht es aus, wenn zwei Apps miteinander kommunizieren sollen. Denn sie werden standardmäßig in jeweils eigenen, streng abgeschotteten Linux-Prozessen mit eigenem Adressraum ausgeführt.

> **Hinweis**
> Die Verteilung von App-Bausteinen auf Prozesse kann in begrenztem Umfang über android:process-Attribute in der Manifestdatei konfiguriert werden.

Es muss also einen Mechanismus geben, der die Information, welche Funktion ausgeführt werden soll, sowie die korrespondierenden Ein- und Ausgabeparameter in geeigneter Weise transportiert.

Die Klasse »android.os.Binder«

Glücklicherweise müssen Sie das Interface IBinder nicht implementieren, sondern können es von der Klasse android.os.Binder ableiten. Das bietet sich an, wenn Ihr Service nur von der eigenen App und nur innerhalb desselben Prozesses angesprochen wird. Das Projekt *ServiceDemo2* zeigt, wie ein solcher lokaler Service aussehen kann. Die Klasse LocalService finden Sie in Listing 6.19. Die Methode onBind() liefert eine Instanz des Typs LocalBinder. Diese Klasse leitet von android.os.Binder ab und enthält die zusätzliche Eigenschaft service. Diese enthält eine Referenz auf das LocalService-Objekt, dessen onBind()-Methode aufgerufen wurde. Die einzige weitere Methode von LocalService (fakultaet()) liefert die Fakultät der ihr übergebenen Zahl n.

```
package com.thomaskuenneth.androidbuch.servicedemo2

import android.app.Service
import android.content.Intent
import android.os.Binder
import android.os.IBinder

class LocalService : Service() {
    private val binder = LocalBinder()

    inner class LocalBinder : Binder() {
        val service = this@LocalService
```

```
    }

    override fun onBind(intent: Intent?): IBinder {
        return binder
    }

    fun fakultaet(n: Int): Int {
        return if (n <= 0) {
            1
        } else n * fakultaet(n - 1)
    }
}
```

Listing 6.19 Die Klasse »LocalService«

Um den Service aufrufen zu können, müssen Sie ihn in der Manifestdatei registrieren. Wie das aussehen kann, ist in Listing 6.20 zu sehen. Da der Service die Klasse Binder nutzt und deshalb nur innerhalb desselben Prozesses wie der Aufrufer verwendet werden kann, setzt er das Attribut android:exported auf false. Für andere Apps ist er damit »tabu«.

```xml
<?xml version="1.0" encoding="utf-8"?>
<manifest xmlns:android="http://schemas.android.com/apk/res/android"
  package="com.thomaskuenneth.androidbuch.servicedemo2">
  <application
    ...
    android:theme="@style/AppTheme">
    <activity android:name=".MainActivity">
      ...
    </activity>
    <service
      android:name=".LocalService"
      android:exported="false" />
  </application>
</manifest>
```

Listing 6.20 Auszug der Manifestdatei des Projekts »ServiceDemo2«

Die Klasse ServiceDemo2Activity (siehe Listing 6.21) realisiert eine Activity mit Eingabezeile, Schaltfläche und Textfeld. Sie verbindet sich mit LocalService und ruft nach dem Anklicken der Schaltfläche BERECHNEN dessen Methode fakultaet() auf. Um die Verbindung zu einem Service herzustellen, müssen Sie die Methode bindService() aufrufen. Ihr wird ein Intent übergeben. Dies geschieht in onStart(). Um ServiceDemo2Activity von LocalService zu trennen, nutze ich unbindService(). Diese Methode wird in onStop() aufgerufen.

In beiden Fällen wird die Referenz auf ein ServiceConnection-Objekt übergeben. Dessen Callback-Methode onServiceConnected() weist den übergebenen IBinder nach einem Cast auf LocalBinder und Zugriff auf dessen Eigenschaft service der ServiceDemo2Activity-Instanzvariablen service zu. Hierbei handelt es sich um den Rückgabewert von onBind() aus LocalService. Bitte beachten Sie, dass ich in onServiceDisconnected() die Variable service (die in der Activity verwendete Referenz auf den Service) auf null setze. Nach dem Trennen der Verbindung darf ein Service nicht mehr verwendet werden.

```kotlin
package com.thomaskuenneth.androidbuch.servicedemo2

import android.content.*
import android.content.Intent
import android.content.ServiceConnection
import android.os.*
import android.view.KeyEvent
import android.widget.*
import androidx.appcompat.app.AppCompatActivity
import com.thomaskuenneth.androidbuch.servicedemo2.LocalService.LocalBinder
import kotlinx.android.synthetic.main.activity_main.*

class ServiceDemo2Activity : AppCompatActivity() {

  private var service: LocalService? = null

  private val connection = object : ServiceConnection {
    override fun onServiceConnected(
      name: ComponentName,
      service: IBinder
    ) {
      val binder = service as LocalBinder
      this@ServiceDemo2Activity.service = binder.service
    }

    override fun onServiceDisconnected(name: ComponentName) {
      this@ServiceDemo2Activity.service = null
    }
  }

  override fun onCreate(savedInstanceState: Bundle?) {
    super.onCreate(savedInstanceState)
    setContentView(R.layout.activity_main)
```

```kotlin
    button.setOnClickListener {
      service?.let {
        try {
          val n =
            edittext.text.toString().toInt()
          val fak = service?.fakultaet(n)
          textview.text = getString(
            R.string.template,
            n, fak
          )
        } catch (e: NumberFormatException) {
          textview.setText(R.string.info)
        }
      }
    }
    edittext.setOnEditorActionListener { _: TextView?,
                                         _: Int, _: KeyEvent? ->
      button.performClick()
      true
    }
  }

  override fun onStart() {
    super.onStart()
    val intent = Intent(this, LocalService::class.java)
    bindService(intent, connection, Context.BIND_AUTO_CREATE)
  }

  override fun onStop() {
    super.onStop()
    service?.let {
      unbindService(connection)
      service = null
    }
  }
}
```

Listing 6.21 Die Klasse »ServiceDemo2Activity«

Die Klassen LocalService, LocalBinder und ServiceDemo2Activity werden auf diese Weise sehr eng miteinander verwoben. Dabei mag der Cast auf LocalBinder in der Methode onServiceConnected() irritieren. Woher soll die Activity wissen, dass tatsächlich eine geeignete IBinder-Implementierung übergeben wurde? Sie müssen sich vergegenwärtigen, dass unser lokaler Service für die ausschließliche Nutzung durch die eigene App konzipiert wurde, die die beteiligten Klassen kennt. Der Vorteil ist ein sehr unkomplizierter Aufruf der eigentlichen Serviceoperation, also der Berechnung der Fakultät:

```
val n = edittext.text.toString().toInt()
val fak = service?.fakultaet(n)
```

Die Kommunikation mit einem Service über Prozessgrenzen hinweg kann auf zweierlei Weise erfolgen. Die meisten Freiheiten bietet die Nutzung von *AIDL*, der *Android Interface Definition Language*. Allerdings rät Google unter anderem aus Komplexitätsgründen von der direkten AIDL-Nutzung für den Bau von Services ab. Trotzdem möchte ich Ihnen ein paar grundlegende Informationen darüber geben: Objekte werden in primitive Einheiten zerlegt und vom Betriebssystem an den Zielprozess übermittelt. Um AIDL zu nutzen, müssen Sie die gewünschte Kommunikationsschnittstelle in einer *.aidl*-Datei ablegen. Die Werkzeuge des Android SDK erzeugen daraus eine abstrakte Klasse, die die von Ihnen definierten Methoden implementiert und sich um die Interprozesskommunikation kümmert. Weiterführende Information finden Sie im Dokument *Android Interface Definition Language (AIDL)*.[2]

Die Klasse »android.os.Messenger«

Auch die Klasse `android.os.Messenger` funktioniert über Prozessgrenzen hinweg. Die Idee ist, in einem Prozess einen `Messenger` zu instanziieren, der einen `Handler` referenziert. Diesem können Nachrichten übermittelt werden. Das `Messenger`-Objekt wird dann einem anderen Prozess übergeben. Um zu demonstrieren, wie Sie dieses zugegebenermaßen nicht ganz leicht verständliche Konzept praktisch umsetzen können, stelle ich Ihnen die beiden Projekte *ServiceDemo3_Service* und *ServiceDemo3* vor. *ServiceDemo3_Service* implementiert den Service, *ServiceDemo3* eine Nutzer-App. Sie ist ohne den Service natürlich nicht lauffähig.

Lassen Sie uns zunächst einen Blick auf den Service (Listing 6.22) werfen. Meine Klasse `RemoteService` ist sehr einfach aufgebaut. Sie leitet von `android.app.Service` ab und implementiert nur `onBind()`. Die hierbei gelieferte Referenz auf eine `IBinder`-Instanz wird aus der Eigenschaft `binder` (genau genommen: der Methode `getBinder()`) eines `Messenger`-Objekts ausgelesen. Diesem Objekt, der Instanzvariablen `messenger`, wurde beim Instanziieren wiederum eine `IncomingHandler`-Instanz übergeben.

```
package com.thomaskuenneth.androidbuch.servicedemo3_service

import android.app.Service
import android.content.Intent
import android.os.*
```

---

2 *https://developer.android.com/guide/components/aidl.html*

```kotlin
import android.util.Log

const val MSG_FACTORIAL_IN = 1
const val MSG_FACTORIAL_OUT = 2
private val TAG = RemoteService::class.simpleName
class RemoteService : Service() {

  private lateinit var messenger: Messenger

  override fun onBind(intent: Intent?): IBinder? {
    messenger = Messenger(IncomingHandler())
    return messenger.binder
  }

  private class IncomingHandler : Handler(Looper.getMainLooper()) {
    override fun handleMessage(msg: Message) {
      when (msg.what) {
        MSG_FACTORIAL_IN -> {
          val n = msg.arg1
          Log.d(TAG, "Eingabe: $n")
          val fak = fakultaet(n)
          val m = msg.replyTo
          val msg2 = Message.obtain(
            null,
            MSG_FACTORIAL_OUT, n, fak
          )
          try {
            m.send(msg2)
          } catch (e: RemoteException) {
            Log.e(TAG, "send()", e)
          }
        }
        else -> super.handleMessage(msg)
      }
    }

    private fun fakultaet(n: Int): Int {
      return if (n <= 0) {
        1
      } else n * fakultaet(n - 1)
    }
  }
}
```

Listing 6.22 Die Klasse »RemoteService«

Die Klasse `IncomingHandler` enthält die eigentliche Kommunikation sowie die Berechnung der Fakultät. Die Implementierung überschreibt die Methode `handleMessage()`. Ihr wird ein `Message`-Objekt übergeben, das eine eingehende Nachricht repräsentiert. Enthält dessen Instanzvariable `what` einen bestimmten Wert (`MSG_FACTORIAL_IN`), wird die Fakultät der Zahl aus `arg1` berechnet. Das Ergebnis wird in Gestalt eines eigenen, neuen `Message`-Objekts (Rückgabewert von `Message.obtain()`) mit `send()` an den Absender der gerade bearbeiteten Nachricht (`val m = msg.replyTo`) übertragen. Die Berechnung der Fakultät wird also in zwei Mitteilungen aufgeteilt. Die beiden Int-Werte `MSG_FACTORIAL_IN` (Berechnung starten) und `MSG_FACTORIAL_OUT` (Ergebnis zurückliefern) müssen auch dem Servicenutzer bekannt sein.

Servicenutzer

Um einen Service aus einer fremden App heraus nutzen zu können, müssen Sie ihn exportieren. Dazu setzen Sie, wie in Listing 6.23 zu sehen, das Attribut `android:exported` auf `true`. Außerdem wird mit `android:permission` eine Berechtigung definiert, die der Servicenutzer angeben muss. Das ist nicht zwingend erforderlich, ist aber bewährte Praxis.

```xml
<?xml version="1.0" encoding="utf-8"?>
<manifest xmlns:android="http://schemas.android.com/apk/res/android"
  package="com.thomaskuenneth.androidbuch.servicedemo3_service">
  <application
    ...
    </activity>
    <service
      android:name=".RemoteService"
      android:exported="true"
      android:permission=
        "com.thomaskuenneth.androidbuch.servicedemo3_service.USE" />
  </application>
</manifest>
```

Listing 6.23 Auszug der Manifestdatei von »ServiceDemo3_Service«

> **Hinweis**
>
> Bitte beachten Sie, dass das Projekt *ServiceDemo3_Service* eigentlich keine Hauptaktivität braucht. Ich habe eine sehr einfache (sie hat keine UI und beendet sich gleich nach dem Start wieder) hinzugefügt, weil es beim Installieren aus Android Studio sonst Probleme geben kann. Um diese zu beheben, müssten Sie mit Run • Edit Configurations den Dialog Run/Debug Configurations öffnen und unter Launch Options den Eintrag Nothing auswählen. Das ist nicht nötig, wenn das Projekt eine Hauptaktivität hat.

Das Projekt *ServiceDemo3* nutzt den Service aus *ServiceDemo3_Service*. Er wird in der Methode onStart() der Klasse ServiceDemo3Activity gebunden, und zwar durch einen Aufruf von bindService(). Hierfür wird ein Intent benötigt. Anders als bei lokalen Services können Sie dieses aber nicht durch Intent(this, RemoteService::class.java) instanziieren. Denn die App kennt die Klasse RemoteService ja gar nicht. Sie gehört nicht zum Projekt. In frühen Android-Versionen war es möglich, bindService() ein *implizites Intent* zu übergeben. Anstelle einer Klasse oder Komponente enthält dieses eine Aktion in Form einer Zeichenkette, beispielsweise den voll qualifizierten Klassennamen. Das System ermittelt Activities, Services oder Broadcast Receiver, die mit dieser Aktion etwas anfangen können, indem es in den Manifestdateien nach *Intent-Filtern* mit dieser Aktion sucht. Das <service />-Element in Listing 6.23 hätte hierzu folgenden Code als Kind enthalten:

```
<intent-filter>
  <action android:name=
    "com.thomaskuenneth.androidbuch.servicedemo3_service.RemoteService" />
</intent-filter>
```

Dies ist seit Android 5 nicht mehr erlaubt. Sie **müssen** bindService() ein explizites Intent mit Komponentennamen übergeben. Andernfalls wird zur Laufzeit eine IllegalArgumentException (»Service Intent must be explicit«) ausgelöst. Aber wie lassen sich Bausteine fremder Apps benennen, für die wir ja keine ::class-Referenzen nutzen können? Hier bietet sich die Variante mit zwei String-Parametern an. Der erste ist der Paketname der App, die den Service enthält, der zweite ist der voll qualifizierte Klassenname. Das ist in der Methode onStart() von Listing 6.24 zu sehen. Auf diese Weise kennt Android das Ziel des Intents, ohne die Intent-Filter aller Apps auf die passende Aktion untersuchen zu müssen.

bindService() erhält als zweiten Parameter die Referenz auf ein ServiceConnection-Objekt (connection), das die beiden Methoden onServiceConnected() und onServiceDisconnected() implementiert. onServiceConnected() erzeugt ein android.os.Messenger-Objekt und weist es der Instanzvariablen service zu. Damit ist in allen Methoden der Activity der Zugriff auf den Service aus *ServiceDemo3_Service* möglich. onServiceDisconnected() setzt die Referenz auf null. Wenn der Benutzer die App verlässt, sollte die Kommunikation mit dem Service ebenfalls gestoppt werden. Hierzu habe ich onStop() überschrieben, und rufe unbindService() auf – allerdings nur, wenn der Service gebunden ist (service?.let {). Damit er die Fakultät einer ihm übergebenen Zahl berechnet, sind nur wenige Zeilen Code nötig. Mit Message.obtain() wird eine neue Nachricht erzeugt, und mit service?.send() wird sie verschickt.

```
package com.thomaskuenneth.androidbuch.servicedemo3

import android.content.ComponentName
```

```kotlin
import android.content.Context
import android.content.Intent
import android.content.ServiceConnection
import android.os.*
import android.util.*
import android.view.*
import android.widget.*
import androidx.appcompat.app.AppCompatActivity

const val MSG_FACTORIAL_IN = 1
const val MSG_FACTORIAL_OUT = 2
private const val PACKAGE =
      "com.thomaskuenneth.androidbuch.servicedemo3_service"
private val TAG = ServiceDemo3Activity::class.simpleName
class ServiceDemo3Activity : AppCompatActivity() {

  private var service: Messenger? = null

  private val connection = object : ServiceConnection {
    override fun onServiceConnected(className: ComponentName,
                  service: IBinder) {
      this@ServiceDemo3Activity.service = Messenger(service)
    }

    override fun onServiceDisconnected(className: ComponentName) {
      service = null
    }
  }

  override fun onCreate(savedInstanceState: Bundle?) {
    super.onCreate(savedInstanceState)
    setContentView(R.layout.activity_main)
    val textview = findViewById<TextView>(R.id.textview)
    val edittext = findViewById<EditText>(R.id.edittext)
    val button = findViewById<Button>(R.id.button)
    val messenger = Messenger(IncomingHandler(this, textview))
    button.setOnClickListener {
      service?.let {
        try {
          val n = edittext.text.toString().toInt()
          val msg = Message.obtain(null,
            MSG_FACTORIAL_IN, n, 0)
          msg.replyTo = messenger
```

```
            it.send(msg)
          } catch (e: NumberFormatException) {
            textview.setText(R.string.info)
          } catch (e: RemoteException) {
            Log.d(TAG, "send()", e)
          }
        }
      }
    }
    edittext.setOnEditorActionListener { _: TextView?,
                                         _: Int, _: KeyEvent? ->
      button.performClick()
      true
    }
  }

  override fun onStart() {
    super.onStart()
    val componentName = ComponentName(PACKAGE,
                                     "${PACKAGE}.RemoteService")
    val intent = Intent()
    intent.component = componentName
    if (!bindService(intent, connection, Context.BIND_AUTO_CREATE)) {
      Log.d(TAG, "bindService() nicht erfolgreich")
      service = null
      finish()
    }
  }

  override fun onStop() {
    super.onStop()
    service?.let {
      unbindService(connection)
      service = null
    }
  }

  private class IncomingHandler(val context: Context,
                                val tv: TextView)
              : Handler(Looper.getMainLooper()) {
    override fun handleMessage(msg: Message) {
      when (msg.what) {
        MSG_FACTORIAL_OUT -> {
          val n = msg.arg1
```

```
            val fakultaet = msg.arg2
            Log.d(TAG, "Fakultaet: $fakultaet")
            tv.text = context.getString(R.string.template,
                n, fakultaet)
          }
          else -> super.handleMessage(msg)
        }
      }
    }
  }
}
```

Listing 6.24 Die Klasse »ServiceDemo3Activity«

Die Klasse `RemoteService` möchte das Ergebnis ihrer Berechnung ebenfalls als Nachricht versenden. Damit das funktioniert, habe ich `msg.replyTo` auf `messenger` gesetzt. Diese lokale Variable referenziert ebenfalls eine `Messenger`-Instanz. Sie enthält einen `Handler`. Wie üblich wird dessen Methode `handleMessage()` überschrieben. Meine Implementierung (die private Klasse `IncomingHandler`) schreibt die Werte aus `arg1` (Zahl, deren Fakultät berechnet werden sollte) und `arg2` (das Ergebnis) in ein Textfeld. Die App *ServiceDemo3* ist in Abbildung 6.5 zu sehen. Damit sie funktioniert, muss in Ihrer Manifestdatei die vom Service geforderte Berechtigung ebenfalls definiert sein. Sonst wird zur Laufzeit eine SecurityException (»Not allowed to bind to service Intent«) geworfen. Hierfür sind sowohl `<permission />` als auch `<uses-permission />` erforderlich. Dies sieht folgendermaßen aus (siehe Listing 6.25):

```
<?xml version="1.0" encoding="utf-8"?>
<manifest xmlns:android="http://schemas.android.com/apk/res/android"
  package="com.thomaskuenneth.androidbuch.servicedemo3">
  <permission android:name=
      "com.thomaskuenneth.androidbuch.servicedemo3_service.USE" />
  <uses-permission android:name=
      "com.thomaskuenneth.androidbuch.servicedemo3_service.USE" />
  <uses-permission android:name=
      "android.permission.QUERY_ALL_PACKAGES" />
  <application
    ...
  </application>
</manifest>
```

Listing 6.25 Auszug aus der Manifestdatei der App »ServiceDemo3«

`QUERY_ALL_PACKAGES` ist erforderlich, weil sonst `bindService()` fehlschlägt. Die Erstellung von remotefähigen Services ist eine nicht ganz einfache Aufgabe, daher sollten

Sie sehr genau prüfen, ob Sie den Aufwand wirklich betreiben müssen oder ob auch ein lokaler Service ausreichend ist.

Abbildung 6.5 Die App »ServiceDemo3«

Im nächsten Abschnitt zeige ich Ihnen, wie Sie Aufgaben vom System im Hintergrund ausführen lassen.

6.3 Regelmäßige Arbeiten

Services bilden einen konzeptionellen Rahmen für die Ausführung vieler unterschiedlicher Hintergrundaktivitäten. Wie entkoppelt diese von der Benutzeroberfläche sind, hängt letztlich von der gewünschten Tätigkeit ab. Das Herunterladen von Dateien oder das Streamen von Audio ist vollständig im Hintergrund möglich. Bei Video kann zwar das Bereitstellen der Daten im Hintergrund erfolgen, aber das Anzeigen ist nur in Verbindung mit einer Activity bzw. einem Fragment sinnvoll.

In den bisher genannten Fällen war der Auslöser der Operation stets eine Aktion des Anwenders. Daneben gibt es aber eine ganze Reihe von Tätigkeiten, die nicht auf ausdrücklichen Befehl des Benutzers hin erfolgen. Denken Sie an das Synchronisieren einer lokalen Datenbank mit einem Server, das Indizieren von Dateien und Verzeichnissen, das Sichern von Statusinformationen, das Aktualisieren der Systemzeit oder das routinemäßige Ausführen von Wartungsarbeiten. All diese Vorgänge wirken sich nicht unmittelbar auf den Anwender oder die Benutzung einer App aus, sind in sich abgeschlossen und können prinzipiell zu jeder beliebigen Zeit ausgeführt werden.

6.3.1 JobScheduler

Für solche *Jobs* (sie werden auch *geplante Services* genannt) hat Google mit Android 5 die *Job-Scheduler-API* eingeführt. Sie basiert auf Services und stellt Ihnen als Entwickler einen einfach handhabbaren Mechanismus zur Verfügung, um das Ausführen von Hintergrundaktionen vom Eintreten bestimmter Bedingungen abhängig zu machen. Wie Sie gleich sehen werden, können Sie einen Job so konfigurieren, dass er beispielsweise nur ausgeführt wird, wenn das Gerät an ein Ladekabel angeschlossen ist, wenn es aktuell nicht verwendet wird oder wenn es mit einem nicht getakteten Netzwerk verbunden ist.

Natürlich lassen sich solche Bedingungen auch mit eigenem Code realisieren, allerdings laufen die Tasks der Apps dann nicht koordiniert ab. Das kann dazu führen, dass energieintensive Aktionen unnötig oft ausgeführt werden. Eine zentrale Steuerung hingegen sorgt dafür, dass vor der Ausführung der anstehenden Jobs eine Funkverbindung auf- und nach Abschluss der Jobs wieder abgebaut wird. Außerdem muss ein Job gar nicht erst gestartet werden, wenn das System weiß, dass die Rahmenbedingungen, die der Job für seine Abarbeitung braucht, ohnehin nicht erfüllt sind.

Die Job-Scheduler-API befreit Sie außerdem von der Eigenentwicklung einer ganzen Reihe weiterer, nicht ganz einfach zu realisierender Mechanismen. Sie sorgt für einen automatischen Wiederanlauf, wenn eine Aufgabe nicht erfolgreich abgeschlossen werden konnte. Sie bietet die regelmäßige Wiederholung eines Jobs an und kann einen automatischen Lauf nach einem Reboot sicherstellen. Auch Zustandsänderungen wie das Verlassen eines Netzwerks werden automatisch erkannt und verarbeitet. Das Erzeugen und Planen von Jobs ist in der App *JobSchedulerDemo* zu sehen. Listing 6.26 zeigt die Hauptaktivität `JobSchedulerDemoActivity`.

```
package com.thomaskuenneth.androidbuch.jobschedulerdemo

import android.app.job.JobInfo
import android.app.job.JobScheduler
import android.content.ComponentName
import android.os.Bundle
import androidx.appcompat.app.AppCompatActivity
import kotlinx.android.synthetic.main.activity_main.*
```

```kotlin
class JobSchedulerDemoActivity : AppCompatActivity() {

  override fun onCreate(savedInstanceState: Bundle?) {
    super.onCreate(savedInstanceState)
    setContentView(R.layout.activity_main)
    getSystemService(JobScheduler::class.java)?.run {
      // ausstehende Jobs anzeigen
      val jobs = allPendingJobs
      val sb = StringBuilder()
      for (info in jobs) {
        sb.append(info.toString() + "\n")
      }
      if (sb.isEmpty()) {
        sb.append(getString(R.string.no_jobs))
      }
      val jobId = 123
      // die Klasse des Jobs
      val service = ComponentName(this@JobSchedulerDemoActivity,
          JobSchedulerDemoService::class.java)
      val jobInfo = JobInfo.Builder(jobId, service)
          // alle 20 Minuten wiederholen
          .setPeriodic(20 * 60 * 10000)
          // nur wenn das Ladekabel angeschlossen ist
          .setRequiresCharging(true)
          .build()
      // die Ausführung planen
      schedule(jobInfo)
      textview.text = sb.toString()
    }
  }
}
```

Listing 6.26 Die Klasse »JobSchedulerDemoActivity«

Jobs werden mit Objekten des Typs android.app.job.JobInfo beschrieben. Sie erzeugen eine solche Instanz, indem Sie zunächst mit JobInfo.Builder(…) einen Builder instanziieren und diesen über seine set…()-Methoden konfigurieren. Diese Aufrufe lassen sich verketten. Sie schließen die Konfiguration mit build() ab. Der Aufruf von setRequiresCharging(true) sorgt dafür, dass ein Job nur dann gestartet wird, wenn das Gerät an ein Ladekabel angeschlossen ist und lädt. setPeriodic() steuert, in welchen Abständen ein Job wiederholt ausgeführt wird. In meinem Beispiel geschieht dies alle 20 Minuten. Sie können diesen Wert nicht beliebig klein setzen. Der minimale Wert lässt sich mit der JobInfo-Methode getMinPeriodMillis() abfragen. Android garantiert übrigens nicht, wann innerhalb dieses Intervalls die Ausführung beginnt, sondern nur, dass es höchstens einmal geschieht.

Bedingungen wirken additiv. Es müssen demnach alle erfüllt sein, damit ein Job gestartet wird. Allerdings gibt es eine Ausnahme: Wenn Sie setOverrideDeadline() aufrufen, erfolgt die Abarbeitung in jedem Fall. Die Methode lässt sich aber nicht mit setPeriodic() kombinieren. Die Klasse android.app.job.JobScheduler ist für die Verwaltung von Jobs zuständig. Mit getSystemService(JobScheduler::class.java) ermitteln Sie die Referenz auf ein zentrales JobScheduler-Objekt. Anschließend können Sie mit allPendingJobs alle ausstehenden Jobs ermitteln, mit schedule() einen Job planen oder mit cancel() und cancelAll() ausstehende Jobs abbrechen.

Jobs implementieren

Wir haben dem Konstruktor von JobInfo.Builder(…) ein ComponentName-Objekt übergeben. Die angegebene Klasse JobSchedulerDemoService enthält die Implementierung meines Beispieljobs. Sie ist in Listing 6.27 zu sehen. Jobs leiten von der Klasse android.app.job.JobService ab. Die Klasse ist abstrakt. Kinder müssen die Methoden onStartJob() und onStopJob() implementieren.

Erstere enthält die Logik. Da der Aufruf auf dem Mainthread der Anwendung erfolgt, ist es wichtig, dass Sie Ihre Aktionen in einen eigenen Thread verlagern. In diesem Fall liefern Sie als Rückgabewert true. Falls es für den Job nichts zu tun gibt, setzen Sie ihn auf false. Mit jobFinished() teilen Sie Android mit, wenn die Arbeit Ihres Jobs beendet ist. Es ist unerheblich, in welchem Thread Sie die Methode aufrufen. onStopJob() wird aufgerufen, wenn die Rahmenbedingungen für die Ausführung nicht mehr erfüllt sind. In diesem Fall **müssen** Sie Ihre Arbeiten beenden, auch wenn der Job noch nicht vollständig abgearbeitet wurde. Der Rückgabewert steuert, ob er verworfen (false) oder für eine neue Ausführung eingeplant wird (true).

```
package com.thomaskuenneth.androidbuch.jobschedulerdemo

import android.app.job.*
import android.util.Log
import android.widget.Toast
import kotlin.concurrent.thread

private val TAG = JobSchedulerDemoService::class.simpleName
class JobSchedulerDemoService : JobService() {
  override fun onStartJob(params: JobParameters?): Boolean {
    Log.d(TAG, "onStartJob()")
    Toast.makeText(this, R.string.job_started, Toast.LENGTH_LONG)
        .show()
    thread {
```

```
      Log.d(TAG, "Job in Aktion")
      jobFinished(params, false)
    }
    return true
  }

  override fun onStopJob(params: JobParameters?): Boolean {
    Log.d(TAG, "onStopJob()")
    return false
  }
}
```

Listing 6.27 Die Klasse »JobSchedulerDemoService«

android.app.job.JobService ist letztlich ein ganz normaler Service. Deshalb müssen Jobs in die Manifestdatei Ihrer App eingetragen werden. Wie das aussehen kann, ist in Listing 6.28 zu sehen. Das <service />-Tag kennen Sie bereits. android:name gibt die Klasse des Jobs (Services) an. android:permission="android.permission.BIND_JOB_SERVICE" muss vorhanden sein, sonst wird eine IllegalArgumentException geworfen (»Scheduled service ... does not require android.permission.BIND_JOB_SERVICE permission«).

```xml
<?xml version="1.0" encoding="utf-8"?>
<manifest xmlns:android="http://schemas.android.com/apk/res/android"
  package="com.thomaskuenneth.androidbuch.jobschedulerdemo">
  <application
    ...
    <activity android:name=".JobSchedulerDemoActivity">
      ...
    </activity>
    <service
      android:name=".JobSchedulerDemoService"
      android:permission="android.permission.BIND_JOB_SERVICE" />
  </application>
</manifest>
```

Listing 6.28 Die Manifestdatei des Projekts »JobSchedulerDemo«

Sie können mit dem folgenden Kommando einen Job im Android Emulator testen. Die App muss hierzu installiert sein.

```
adb shell cmd jobscheduler run -f
    com.thomaskuenneth.androidbuch.jobschedulerdemo 123
```

Die Option -f besagt, dass der Job in jedem Fall ausgeführt wird, auch wenn die Startbedingungen (zum Beispiel: Gerät lädt) nicht erfüllt sind. Die sich anschließenden Parameter sind:

1. Paketname der App
2. Job-ID; sie wurde dem `JobInfo.Builder`-Konstruktor übergeben

Mit `adb shell dumpsys jobscheduler` können Sie sich sehr ausführliche Informationen zu allen Jobs anzeigen lassen. Es bietet sich an, die Ausgabe in eine Datei umzuleiten. Dann können Sie gezielt nach Ihren Jobs filtern.

6.3.2 WorkManager

Auch die Jetpack-Komponente *WorkManager* ermöglicht das Abarbeiten von regelmäßigen Aufgaben im Hintergrund. Google sieht die Bibliothek als modernen, zeitgemäßen Ersatz für den JobScheduler. Wie Sie gleich sehen werden, wirkt die API schlanker und eleganter. Außerdem leiten *Worker* nicht mehr direkt von Services ab, müssen deshalb nicht in der Manifestdatei registriert werden. Allerdings wird JobScheduler von WorkManager verwendet, wenn die Android-Version des Geräts neu genug ist. Sie sollten deshalb beide Varianten kennen. Um WorkManager in einem Projekt verwenden zu können, müssen Sie die folgende Zeile der modulspezifischen *build.gradle*-Datei hinzufügen:

```
implementation "androidx.work:work-runtime-ktx:2.4.0"
```

Mein Beispielprojekt *WorkManagerDemo* führt nach dem Anklicken eines Buttons eine sehr einfache Hintergrundaktion aus: In einer Schleife wird so lange eine Zufallszahl generiert, bis sie mit einer übergebenen Zahl übereinstimmt. Listing 6.29 zeigt die Activity der App. Um einen Worker regelmäßig auszuführen, verwenden Sie `PeriodicWorkRequestBuilder`. Dieser `PeriodicWorkRequest`-Funktion (sie liefert ein Objekt des Typs `PeriodicWorkRequest.Builder`) wird eine Dauer in Gestalt einer `java.time.Duration`-Instanz übergeben. Irgendwann innerhalb dieser Periode wird die Hintergrundaktion genau einmal ausgeführt, wobei Stromsparmaßnahmen des Systems sowie Startbedingungen (dazu gleich mehr) berücksichtigt werden. Die Dauer darf nicht kleiner sein als in `PeriodicWorkRequest.MIN_PERIODIC_INTERVAL_MILLIS` definiert. Sonst wird der übergebene Wert entsprechend angepasst und eine Logmeldung ausgegeben.

```
package com.thomaskuenneth.androidbuch.workmanagerdemo

import android.os.Bundle
import androidx.appcompat.app.AppCompatActivity
import androidx.work.*
```

```
import kotlinx.android.synthetic.main.activity_main.*
import java.time.Duration

class WorkManagerDemoActivity : AppCompatActivity() {
  override fun onCreate(savedInstanceState: Bundle?) {
    super.onCreate(savedInstanceState)
    setContentView(R.layout.activity_main)
    start.setOnClickListener {
      val constraints = Constraints.Builder()
        .setRequiresCharging(true)
        .build()
      val interval = Duration.ofMillis(
            PeriodicWorkRequest.MIN_PERIODIC_INTERVAL_MILLIS)
      val work = PeriodicWorkRequestBuilder<DemoWorker>(interval)
        .setConstraints(constraints)
        .setInputData(Data.Builder().putInt(KeyNumber, 123).build())
        .build()
      WorkManager.getInstance(this).enqueue(work)
    }
  }
}
```

Listing 6.29 Die Klasse »WorkManagerDemoActivity«

Mit Startbedingungen definieren Sie die Voraussetzungen für die Ausführung eines Workers. Hierfür wird die Klasse Constraints.Builder verwendet. setRequiresCharging() legt beispielsweise fest, ob das Gerät geladen werden muss. Es gibt eine Reihe weiterer Startbedingungen, unter anderem setRequiresDeviceIdle() und setRequiresStorageNotLow(). Sie werden nach dem Setzen mit build() erzeugt und dem PeriodicWorkRequest.Builder mit setConstraints() übergeben. Das vom Builder mit build() erzeugte Objekt wird mit enqueue() in eine Warteschlage gestellt.

Um Werte an einen Worker zu übergeben, erzeugen Sie einen Data.Builder und konfigurieren ihn mit put...(). Jeder Aufruf erzeugt ein Schlüssel-Wert-Paar. In meinem Beispiel ist dies die Zahl 123. Sie wird über eine in der Konstante KeyNumber hinterlegten Zeichenkette referenziert. Wie, zeige ich Ihnen gleich. Das mit build() erzeugte Objekt wird an setInputData() übergeben.

Tipp

Neben PeriodicWorkRequest für wiederkehrende Hintergrundaufgaben gibt es OneTimeWorkRequest für einmalige Aktionen.

Lassen Sie uns nun einen Blick auf die Worker-Implementierung werfen. Sie ist in Listing 6.30 zu sehen. In den meisten Fällen ist es am einfachsten, von androidx.work. Worker abzuleiten. Wenn Sie Koroutinen verwenden möchten, bietet sich androidx.work.CoroutineWorker an. Und falls Sie *RxJava* (Bibliothek zum Bauen asynchroner und ereignisbasierter Programme) nutzen, steht Ihnen androidx.work.RxWorker zur Verfügung.

```
package com.thomaskuenneth.androidbuch.workmanagerdemo

import android.content.Context
import android.util.Log
import androidx.work.Worker
import androidx.work.WorkerParameters

const val KeyNumber = "key"
private val TAG = DemoWorker::class.simpleName
class DemoWorker(appContext: Context, workerParams: WorkerParameters)
  : Worker(appContext, workerParams) {

  override fun doWork(): Result {
    Log.d(TAG, applicationContext.getString(R.string.worker_started))
    val number = inputData.getInt(KeyNumber, 42)
    while (!isStopped) {
      val rnd = (Math.random() * (number + 1)).toInt()
      if (rnd == number) {
        break
      }
      Log.d(TAG, "Math.random(): $rnd")
    }
    return Result.success()
  }
}
```

Listing 6.30 Die Klasse »DemoWorker«

Meine Implementierung nutzt androidx.work.Worker. Die zentrale Methode ist doWork(). In ihr findet die komplette Verarbeitung statt. Sie wird auf einem Hintergrundthread aufgerufen. Aktionen, die die Benutzeroberfläche betreffen, sind also tabu. Ihr Worker muss seine Arbeiten synchron verrichten, das bedeutet, er verlässt doWork() erst nach Abschluss aller Tätigkeiten. Dafür stehen ihm zehn Minuten[3] zur Verfügung, danach wird er beendet. Sofern Sie einen asynchronen Programmfluss

---

[3] *https://developer.android.com/topic/libraries/architecture/workmanager/how-to/managing-work#stop-worker*

benötigen, sollten Sie von der Elternklasse von Worker, androidx.work.ListenableWorker, ableiten.

Ob Ihr Worker seine Arbeit erfolgreich abschließen konnte, signalisieren Sie mit dem Rückgabewert von doWork(). Result.success() bedeutet: alles in Ordnung. Result.retry() fordert einen erneuten Start an. Und Result.failure() dokumentiert eine fehlerhafte Ausführung. Sicher ist Ihnen aufgefallen, dass der Worker-Konstruktor zwei Argumente an seine Elternklasse durchreicht. Sie stehen Ihnen über Instanzvariablen (bzw. get...()-Methoden) zur Verfügung. Mit applicationContext können Sie auf den Anwendungskontext zugreifen. Das ist praktisch, um Ressourcen zu nutzen (getString()). Mit inputData lesen Sie die Parameter aus, die Ihrem Worker übergeben wurden. In meinem Beispiel ist das eine Zahl, mit der die erzeugten Zufallszahlen verglichen werden.

Bitte denken Sie daran, dass Ihr Worker nach einer gewissen Zeit gestoppt wird. Sie sollten deshalb regelmäßig mit isStopped prüfen, ob Sie die Verarbeitung beenden müssen. Es bietet sich an, dies in Schleifen- oder Austrittsbedingungen zu tun. Damit verlassen wir den spannenden Bereich der Hintergrundverarbeitung. Im folgenden Abschnitt stelle ich Ihnen wichtige Konzepte für das Multitasking auf App-Ebene vor.

6.4 Mehrere Apps gleichzeitig nutzen

Grundsätzlich kennt Android mehrere Wege, Apps parallel auszuführen und anzuzeigen. Welche von ihnen zur Verfügung stehen, hängt von der Geräteklasse und teilweise vom Hersteller ab. Die meisten Smartphones und Tablets unterstützen einen Mehrfenstermodus. Ihn gibt es in unterschiedlichen Ausprägungen. Zum einen können zwei Anwendungen gleichzeitig über- und nebeneinander oder als Bild im Bild dargestellt werden. Darüber hinaus existiert noch ein *Freeform* genannter Modus. Er ermöglicht beliebig positionierbare, in ihrer Größe veränderliche Fenster. Was Sie bei der Entwicklung beachten müssen, damit Ihre App in diesen Modi optimal funktioniert, zeige ich Ihnen in diesem Abschnitt.

6.4.1 Zwei-App-Darstellung

Um die Zwei-App-Darstellung (*Splitscreen*) zu aktivieren, ruft der Anwender die horizontal scrollbare Liste der kürzlich verwendeten Apps auf. Anschließend tippt er auf das App-Symbol oberhalb der Vorschau und bleibt mit dem Finger auf dem Bildschirm, bis ein Auswahlmenü erscheint. Mit SPLIT SCREEN wird der Bildschirm geteilt und man kann die zweite Anwendung auswählen. Ist der Zwei-App-Modus aktiv, teilt ein verschiebbarer schwarzer Balken den Bildschirm. Er rastet im oberen bzw. linken Drittel, in der Mitte und im unteren bzw. rechten Drittel ein. Wird er hingegen an den Bildschirmrand geschoben, beendet dies die Zwei-App-Darstellung.

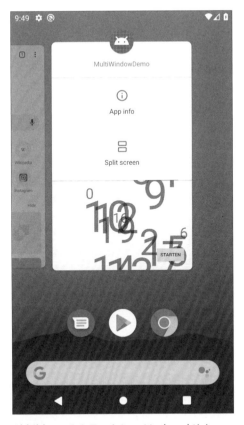

Abbildung 6.6 Zwei-App-Modus aktivieren

Apps, die in der Datei *build.gradle* den API-Level 23 oder niedriger angeben, melden dem System automatisch, dass sie bei geteiltem Bildschirm möglicherweise nicht funktionieren. Bei Programmen ab targetSdkVersion = 24 geht Android hingegen davon aus, dass sie Mehrfenster-Unterstützung bieten. Ist dies nicht der Fall, **müssen** Apps mit android:resizeableActivity="false" mitteilen, dass sie das nicht tun. Das Attribut kann innerhalb des <application />-Tags verwendet werden (dann wirkt die Einstellung App-weit) und innerhalb von <activity /> (dann bezieht es sich auf eine bestimmte Activity). Apps für den Vollbildmodus funktionieren übrigens nicht im Splitscreen-Modus. Gleiches gilt für Anwendungen, die das automatische Drehen der Anzeige nicht unterstützen.

Die Mehrfenstermodi haben grundsätzlich keine Auswirkungen auf den Lebenszyklus von Activities. Sofern Ihre App Animationen oder Clips anzeigt, müssen Sie aber überlegen, wann diese gestartet und gestoppt werden. Bis einschließlich Android 9 war nur die Activity, mit der der Anwender zuletzt interagiert hat, aktiv (im Status *resumed*). Alle anderen Activities pausierten, auch wenn sie dabei ganz oder teilweise sichtbar waren. Bei der Zwei-App-Darstellung ergab sich das Problem, dass zu viele

Apps Animationen in onResume() begonnen und onPause() beendet haben. Google hat deshalb mit Android Q das sogenannte *Multi Resume* eingeführt: Mehrere Activities können sich im Status *resumed* befinden. Damit Ihre App auch unter älteren Plattform-Versionen Mehrfenstermodi unterstützt, sollten Sie trotzdem onStart() und onStop() für das Starten und Stoppen von bewegten Inhalten nutzen. Sie können das anhand meines Beispiels *MultiWindowDemo* nachvollziehen. Listing 6.31 zeigt die Hauptklasse MainActivity.

```
package com.thomaskuenneth.androidbuch.multiwindowdemo

import android.content.Intent
import android.content.res.Configuration
import android.os.Bundle
import android.util.Log
import androidx.appcompat.app.AppCompatActivity
import kotlinx.android.synthetic.main.activity_main.*

private val TAG = MainActivity::class.simpleName
class MainActivity : AppCompatActivity() {

  private val sb = StringBuilder()

  override fun onCreate(savedInstanceState: Bundle?) {
    super.onCreate(savedInstanceState)
    setContentView(R.layout.activity_main)
    button.setOnClickListener {
      val intent = Intent(this, ChildActivity::class.java)
      intent.flags = Intent.FLAG_ACTIVITY_LAUNCH_ADJACENT or
          Intent.FLAG_ACTIVITY_NEW_TASK
      startActivity(intent)
    }
  }

  override fun onStop() {
    super.onStop()
    animation.isEnabled = false
    Log.d(TAG, "onStop()")
  }

  override fun onStart() {
    super.onStart()
    updateTextView()
    animation.isEnabled = true
```

```kotlin
        Log.d(TAG, "onStart()")
    }

    override fun onPictureInPictureModeChanged(
        isInPictureInPictureMode: Boolean,
        newConfig: Configuration?
    ) {
        Log.d(
            TAG, "onPictureInPictureModeChanged(): " +
                    isInPictureInPictureMode
        )
    }

    override fun onMultiWindowModeChanged(
        isInMultiWindowMode: Boolean,
        newConfig: Configuration?
    ) {
        Log.d(
            TAG, "onMultiWindowModeChanged(): " +
                    isInMultiWindowMode
        )
    }

    private fun updateTextView() {
        sb.setLength(0)
        sb.append("isInMultiWindowMode(): ")
            .append(isInMultiWindowMode)
            .append("\n")
        sb.append("isInPictureInPictureMode(): ")
            .append(isInPictureInPictureMode)
            .append("\n")
        textview.text = sb.toString()
    }
}
```

Listing 6.31 Die Klasse »MainActivity«

In onCreate() wird die einfach gehaltene Benutzeroberfläche geladen und angezeigt. Sie besteht aus einem Textfeld, einer Animation sowie einer Schaltfläche. Klickt der Anwender auf STARTEN, so wird eine zweite Activity gestartet, die die aufrufende Aktivität üblicherweise vollständig verdeckt. Befand sich das Gerät aber im Zweifenstermodus, sieht der Bildschirm aus wie in Abbildung 6.7 dargestellt: Beide Activities sind dann gleichzeitig zu sehen.

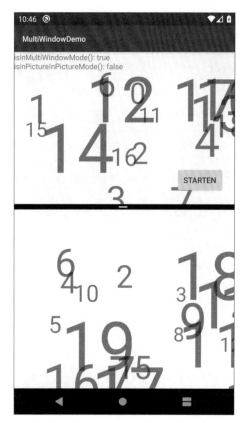

Abbildung 6.7 Die App »MultiWindowDemo«

Beim Start einer neuen Activity mit startActivity() können Sie dem System mit intent.flags = Intent.FLAG_ACTIVITY_LAUNCH_ADJACENT einen Hinweis geben, dass diese nach Möglichkeit neben bzw. unterhalb der aktuellen (aktiven) Activity angezeigt werden soll. Befindet sich das System im Splitscreen-Modus, versucht Android, die neue Activity entsprechend zu positionieren. Dann teilen sich die beiden Activities den Bildschirm. Allerdings ist nicht garantiert, dass dies erfolgreich ist, zum Beispiel weil die zu startende Activity den Fullscreen-Modus nutzt. Ist beim Start der Activity der Mehrfenstermodus nicht aktiv, hat FLAG_ACTIVITY_LAUNCH_ADJACENT keinen Effekt. Die Konstante kann nur in Verbindung mit FLAG_ACTIVITY_NEW_TASK verwendet werden.

Ob der Mehrfenstermodus aktiv ist, kann mit isInMultiWindowMode abgefragt werden. Möchte eine App bei Änderungen des Fenstermodus benachrichtigt werden, kann sie onPictureInPictureModeChanged() und onMultiWindowModeChanged() überschreiben. Die minimale Breite und Höhe im Freeform-Modus (dazu gleich mehr) und im Zweifenstermodus wird in der Manifestdatei mit dem Tag <layout /> und seinen Attributen android:minHeight und android:minWidth festgelegt. Verkleinert der Anwender im

Splitscreen-Modus eine Activity über den hier gesetzten Wert hinaus, beschneidet das System die Größe der Activity entsprechend. Nur für den Freeform-Modus gelten die Attribute android:defaultWidth und android:defaultHeight (sie legen die Standardfenstergröße fest) und android:gravity (gibt die initiale Positionierung an).

6.4.2 Beliebig positionierbare Fenster

Android bietet mit *Freeform* die beliebige Positionierbarkeit von Activities einschließlich des Veränderns ihrer Größe. Allerdings lässt sich dieses Verhalten nicht einfach freischalten, sondern muss vom Gerätehersteller konfiguriert werden. Ziele könnten dank der bereits vorhandenen und in Android 7 verfeinerten Maus- und Zeigerunterstützung Notebooks und Desktop-Systeme sein. Zum Zeitpunkt der Drucklegung gab es solche Hardware aber nur in Gestalt von Chrome OS-Geräten.[4] Der Emulator ließ sich nicht entsprechend konfigurieren. Eine ausführlichere Darstellung muss deshalb einer etwaigen späteren Auflage vorbehalten bleiben.

6.5 Zusammenfassung

Sie haben in diesem Kapitel weitere Anwendungsbausteine kennengelernt. Services strukturieren Apps und lassen sich programmübergreifend nutzen. Gestartete Hintergrundservices (sie zeigen keine andauernde Benachrichtigung an) unterliegen seit Android 8 starken Restriktionen. Google empfiehlt dringend, stattdessen geplante Services oder den Work Manager zu nutzen. Gebundene Services unterliegen keinen Restriktionen, sind aber nicht so einfach verwendbar wie gestartete Services. Ausschlaggebend ist deshalb, wie der Anwender ihre Hintergrundaktivität wahrnimmt. Ist es etwas, auf das der Nutzer Einfluss nehmen kann (zum Beispiel einen Download abbrechen), können Sie gestartete Services nutzen, müssen aber eine andauernde Benachrichtigung anzeigen.

Mit Job Scheduler und Work Manager können Sie Hintergrundaktivitäten ohne Interaktion mit dem Anwender ressourcenschonend umsetzen. Beide Technologien sind in das Energiemanagement des Systems integriert. Und beide Schnittstellen sind einfach nutzbar. Was Sie verwenden, ist deshalb letztlich eine Frage des persönlichen Geschmacks.

---

4 *https://developer.android.com/topic/arc/optimizing*

TEIL III
Gerätefunktionen nutzen

Kapitel 7
Telefonieren und surfen

In diesem Kapitel zeige ich Ihnen, wie Sie Anrufe tätigen, entgegennehmen und den Netzstatus ermitteln. Sie betten ferner die Browserkomponente WebView in Ihre App ein und kommunizieren mit Webservices.

Vielleicht fragen Sie sich, warum Sie in Ihren Apps Anrufe tätigen sollten, obwohl jedes Smartphone eine (mehr oder weniger) komfortable Wählfunktion enthält. Dasselbe gilt für das Anzeigen von Webinhalten. Googles Chrome ist ein sehr mächtiger Browser und entweder bereits vorinstalliert oder mit ein paar Klicks heruntergeladen. Die Kunst der Entwicklung mobiler Anwendungen besteht darin, Vorhandenes in neuem Kontext wiederzuverwenden und so für den Benutzer einen echten Mehrwert zu schaffen. Stellen Sie sich eine Aufgabenverwaltung vor. Sie haben als »To do« eingetragen, einen Termin mit Ihrem Steuerberater zu vereinbaren. Wenn Sie die Aufgabe antippen, bietet Ihnen die App an, eine E-Mail zu erstellen oder einen Anruf zu tätigen. Die technischen Grundlagen sind durch *Intents* vorhanden. Ihnen als App-Entwickler kommt die keinesfalls immer einfache Aufgabe zu, diese Bausteine auf innovative, sinnvolle Weise zu verbinden.

7.1 Telefonieren

Um per App ein Telefonat zu beginnen, sind nur sehr wenige Zeilen Quelltext nötig. Auch das Entgegennehmen von Anrufen verursacht kaum Aufwand.

7.1.1 Anrufe tätigen und SMS versenden

Am einfachsten initiieren Sie ein Gespräch, indem Sie die zu wählende Nummer an die eingebaute Telefonanwendung übergeben, die in Abbildung 7.1 zu sehen ist. Der Aufruf funktioniert so:

```
val intent = Intent(Intent.ACTION_DIAL,
    Uri.parse("tel:+49 (999) 44 55 66"))
startActivity(intent)
```

Die Methode startActivity() ist in allen Klassen vorhanden, die von android.content.Context ableiten, also beispielsweise in Activities und Services. Da der Benutzer in dieser Aufrufvariante sieht, dass er einen Anruf tätigen wird, sind keine speziellen Berechtigungen erforderlich.

Abbildung 7.1 Die Telefon-App

Mein Beispiel *AnrufDemo* demonstriert, wie Sie den Code in eine Activity einbetten. Listing 7.1 zeigt die Hauptklasse AnrufDemoActivity:

```
package com.thomaskuenneth.androidbuch.anrufdemo

import android.Manifest
import android.content.*
import android.content.pm.*
import android.net.Uri
import android.os.Bundle
import android.widget.*
import androidx.appcompat.app.AppCompatActivity
import kotlinx.android.synthetic.main.activity_main.*
```

```kotlin
private const val REQUEST_CALL_PHONE = 123
class AnrufDemoActivity : AppCompatActivity() {

  override fun onCreate(savedInstanceState: Bundle?) {
    super.onCreate(savedInstanceState)
    setContentView(R.layout.activity_main)
    sofort.setOnClickListener {
      // sofort wählen
      val intent = Intent(Intent.ACTION_CALL,
          Uri.parse("tel:+49 (999) 44 55 66"))
      try {
        startActivity(intent)
      } catch (e: SecurityException) {
        Toast.makeText(this,
             R.string.no_permission,
             Toast.LENGTH_LONG).show()
      }
    }
    sofort.isEnabled =
      if (checkSelfPermission(Manifest.permission.CALL_PHONE) !=
                              PackageManager.PERMISSION_GRANTED) {
        requestPermissions(arrayOf(Manifest.permission.CALL_PHONE),
                           REQUEST_CALL_PHONE)
        false
      }
      else
        true
    dialog.setOnClickListener {
      // Wähldialog anzeigen
      val intent = Intent(Intent.ACTION_DIAL,
          Uri.parse("tel:+49 (999) 44 55 66"))
      startActivity(intent)
    }
    sms.setOnClickListener {
      // SMS senden
      val telnr = "123-456-789"
      val smsUri = Uri.parse("smsto:$telnr")
      val sendIntent = Intent(Intent.ACTION_SENDTO,
            smsUri)
      sendIntent.putExtra("sms_body",
            "Hier steht der Text der Nachricht...")
      startActivity(sendIntent)
    }
```

```
    }

    override fun onRequestPermissionsResult(requestCode: Int,
                    permissions: Array<String>,
                    grantResults: IntArray) {
        if (requestCode == REQUEST_CALL_PHONE &&
            (grantResults.isNotEmpty() &&
             grantResults[0] == PackageManager.PERMISSION_GRANTED)) {
          sofort.isEnabled = true
        }
    }
}
```

Listing 7.1 Die Klasse »AnrufDemoActivity«

Die App zeigt die Schaltflächen WÄHLDIALOG, SOFORT WÄHLEN und SMS ERSTELLEN an. Klicken Sie auf SOFORT WÄHLEN, beginnt das Programm ohne weiteren Zwischenschritt den Wählvorgang. Der Code unterscheidet sich gegenüber der Variante mit Wähldialog nur in der Aktion des Intents. Anstelle von ACTION_DIAL verwenden Sie die Konstante ACTION_CALL. Wichtig ist hierbei aber, in der Manifestdatei (siehe Listing 7.2) die Berechtigung android.permission.CALL_PHONE anzufordern. CALL_PHONE ist eine gefährliche Berechtigung.

```
<?xml version="1.0" encoding="utf-8"?>
<manifest xmlns:android="http://schemas.android.com/apk/res/android"
  package="com.thomaskuenneth.androidbuch.anrufdemo">
  <uses-permission android:name="android.permission.CALL_PHONE" />
  <application
    ...
```

Listing 7.2 Auszug aus der Manifestdatei des Projekts »AnrufDemo«

Aus diesem Grund müssen Sie mit checkSelfPermission() prüfen, ob der Anwender die Berechtigung bereits erteilt hat. Falls nicht, rufen Sie mit requestPermissions() den Ihnen bereits bekannten Abfragedialog auf. Das Ergebnis können Sie in der Methode onRequestPermissionsResult() verarbeiten. Mein Beispiel aktiviert SOFORT WÄHLEN. Wichtig ist, auf das Werfen einer SecurityException zu reagieren. Je nachdem, wie Sie den Quelltext Ihrer App gestalten, kann es nämlich durchaus vorkommen, dass nach dem Gewähren einer Berechtigung, aber vor der eigentlichen Aktion – in meinem Fall startActivity() – diese wieder entzogen wird.

Auch das Reagieren auf eingehende Anrufe ist mit Android sehr einfach möglich; wie Sie hierzu vorgehen, zeige ich Ihnen im folgenden Abschnitt. Vorher möchte ich Ihnen aber noch kurz erklären, wie Sie mithilfe eines Intents eine SMS versenden

(Listing 7.1). Das Protokoll ist in diesem Fall smsto:. Unmittelbar darauf folgt die Nummer, an die die Kurznachricht geschickt werden soll. Uri.parse() erzeugt daraus ein Objekt des Typs android.net.Uri. Es wird als zweiter Parameter dem Konstruktor von Intent übergeben. Als Aktion verwenden Sie Intent.ACTION_SENDTO. Auch das Vorbelegen des Nachrichtentextes ist möglich. Hierzu wird einfach mit putExtra("sms_body", "…") die gewünschte Mitteilung übergeben.

7.1.2 Auf eingehende Anrufe reagieren

Mit android.telephony.TelephonyManager können Sie auf zahlreiche telefoniebezogene Statusinformationen zugreifen. Wie, zeige ich Ihnen anhand des Projekts *TelephonyManagerDemo*. Dessen Activity TelephonyManagerDemoActivity ist in Listing 7.3 zu sehen. In onCreate() wird die Benutzeroberfläche geladen und angezeigt. Der Ausdruck getSystemService(TelephonyManager.class) liefert ein Objekt des Typs android.telephony.TelephonyManager. Es enthält die Methode listen(), mit der Sie eine PhoneStateListener-Instanz registrieren. Die Methoden dieses Interface werden aufgerufen, wenn bestimmte Ereignisse eintreten. Vor der Registrierung müssen zwei Berechtigungen eingeholt werden. Deshalb habe ich den Aufruf in die gleichnamige private Methode ausgelagert.

```
package com.thomaskuenneth.androidbuch.telephonymanagerdemo

import android.Manifest
import android.content.pm.PackageManager
import android.os.Bundle
import android.telephony.PhoneStateListener
import android.telephony.TelephonyManager
import androidx.appcompat.app.AppCompatActivity
import kotlinx.android.synthetic.main.activity_main.*

private const val REQUEST_PERMISSIONS = 123
class TelephonyManagerDemoActivity : AppCompatActivity() {

  private lateinit var manager: TelephonyManager

  private val listener = object : PhoneStateListener() {
    override fun onCallStateChanged(
      state: Int, incomingNumber: String
    ) {
      textview.append(
        getString(
          R.string.template1,
```

```kotlin
          state, incomingNumber
        )
      )
    }

    override fun onMessageWaitingIndicatorChanged(mwi: Boolean) {
      textview.append(
        getString(R.string.template2, mwi)
      )
    }
  }

  override fun onCreate(savedInstanceState: Bundle?) {
    super.onCreate(savedInstanceState)
    setContentView(R.layout.activity_main)
    textview.text = ""
    manager = getSystemService(TelephonyManager::class.java)
  }

  override fun onStart() {
    super.onStart()
    if ((checkSelfPermission(Manifest.permission.READ_PHONE_STATE)
          != PackageManager.PERMISSION_GRANTED) ||
      (checkSelfPermission(Manifest.permission.READ_CALL_LOG)
          != PackageManager.PERMISSION_GRANTED)
    ) {
      requestPermissions(
        arrayOf(
          Manifest.permission.READ_PHONE_STATE,
          Manifest.permission.READ_CALL_LOG
        ),
        REQUEST_PERMISSIONS
      )
    } else {
      listen()
    }
  }

  override fun onRequestPermissionsResult(
    requestCode: Int,
    permissions: Array<String>,
    grantResults: IntArray
  ) {
```

```
    if (requestCode == REQUEST_PERMISSIONS &&
      grantResults.size == 2 && grantResults[0] ==
      PackageManager.PERMISSION_GRANTED && grantResults[1] ==
      PackageManager.PERMISSION_GRANTED
    ) {
      listen()
    } else {
      textview.append(getString(R.string.no_permissions))
    }
  }

  override fun onDestroy() {
    super.onDestroy()
    manager.listen(listener, PhoneStateListener.LISTEN_NONE)
  }

  private fun listen() {
    manager.listen(
      listener, PhoneStateListener.LISTEN_CALL_STATE or
          PhoneStateListener.LISTEN_MESSAGE_WAITING_INDICATOR
    )
  }
}
```

Listing 7.3 Die Klasse »TelephonyManagerDemoActivity«

Worüber Android den Listener informieren soll, regelt der zweite Parameter der Methode listen(), beispielsweise LISTEN_CALL_STATE. Meine Beispielimplementierung der für diesen Fall zu überschreibenden Methode onCallStateChanged() fügt ihre Parameter zu einem String zusammen und gibt diese in einem Textfeld aus. Die Variable state gibt Auskunft darüber, aus welchem Grund die Methode aufgerufen wurde:

- CALL_STATE_IDLE
  hat den Wert 0 und kennzeichnet das Ende eines Gesprächs bzw. keine Aktivität.
- CALL_STATE_RINGING
  hat den Wert 1 und signalisiert einen eingehenden Anruf.
- CALL_STATE_OFFHOOK
  hat den Wert 2 und wird gemeldet, wenn der Benutzer das Gespräch angenommen hat.

Möchten Sie informiert werden, wenn Sprachnachrichten vorliegen, übergeben Sie LISTEN_MESSAGE_WAITING_INDICATOR als zweiten Parameter an die Methode listen() und überschreiben Sie die Methode onMessageWaitingIndicatorChanged() des ebenfalls übergebenen `PhoneStateListener`. Um die Benachrichtigung bei Statuswechseln des Telefons zu beenden, rufen Sie die Methode `listen()` mit `LISTEN_NONE` als zweitem Parameter auf. In welcher Activity-Methode Sie dies tun, hängt vom Anwendungsfall ab. `onDestroy()` ist dafür gedacht, vor dem Zerstören einer Aktivität letzte Aufräumarbeiten zu erledigen.

Für das Erfragen der meisten Telefonstatus-Attribute sind Berechtigungen erforderlich. Welche genau das sind, hängt von der verwendeten Konstante (`LISTEN_...`) ab. `LISTEN_MESSAGE_WAITING_INDICATOR` braucht die Berechtigung `android.permission.READ_PHONE_STATE`. Sie muss, wie üblich, in die Manifestdatei eingetragen werden. Um die eingehende Rufnummer auslesen zu können, ist zusätzlich `READ_CALL_LOG` nötig. Fehlt die Berechtigung, ist `incomingNumber` leer. Beides sind gefährliche Berechtigungen. Sie müssen deshalb im Programmcode durch Aufrufe von `checkSelfPermission()` und `requestPermissions()` sicherstellen, dass der Anwender vor der Nutzung abgesicherter Funktionen die relevanten Berechtigungen erteilt hat.

```xml
<?xml version="1.0" encoding="utf-8"?>
<manifest xmlns:android="http://schemas.android.com/apk/res/android"
  package="com.thomaskuenneth.androidbuch.telephonymanagerdemo">
  <uses-permission
    android:name="android.permission.READ_PHONE_STATE" />
  <uses-permission
    android:name="android.permission.READ_CALL_LOG" />
  <application
    ...
```

Listing 7.4 Auszug aus der Manifestdatei des Projekts »TelephonyManagerDemo«

Bitte beachten Sie, dass Apps, die `READ_CALL_LOG` anfordern, nur dann auf Google Play veröffentlicht werden dürfen, wenn die Berechtigung für eine Hauptfunktion der App erforderlich ist.[1] Das muss für jede App über die Play Console beantragt und durch Google genehmigt werden. Weisen Sie in der Store-Beschreibung und beim Anfordern der Berechtigung in der App selbst unmissverständlich darauf hin, um nicht in den Verdacht zu geraten, heimlich Daten zu sammeln.

Um Anrufe zu simulieren, öffnen Sie den in Abbildung 7.2 dargestellten Dialog Extended controls des Android-Emulators. Klicken Sie hierzu auf das Symbol der Emulator-Steuerleiste. Wechseln Sie auf die Seite Phone, geben Sie unterhalb von From eine beliebige Telefonnummer ein, und klicken Sie dann auf CALL DEVICE. Die Schaltfläche heißt nun END CALL. Ein erneuter Klick beendet den simulierten Anruf.

---

1 *https://support.google.com/googleplay/android-developer/answer/9047303*

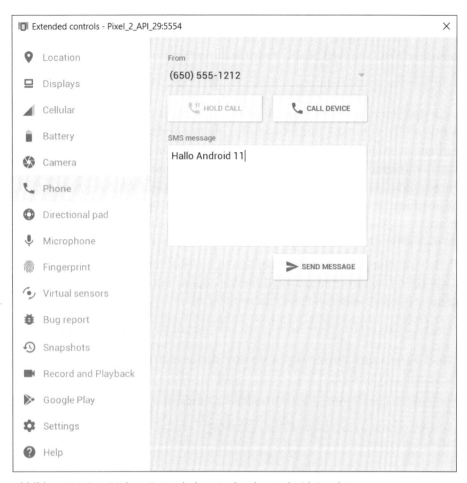

Abbildung 7.2 Der Dialog »Extended controls« des Android-Emulators

7.2 Telefon- und Netzstatus

Android-Geräte haben am liebsten durchgehend Zugang zu Netzen. Die wichtigsten Informationen, beispielsweise die Art der Verbindung oder die Signalstärke, werden deshalb permanent in der Statusleiste angezeigt. Sie lassen sich aber auch durch eigene Apps ermitteln. Wie, zeige ich Ihnen im Folgenden.

7.2.1 Systemeinstellungen auslesen

Über `android.provider.Settings.Secure` ist der lesende Zugriff auf zahlreiche Systemeinstellungen möglich. Die Klasse enthält unter anderem `ANDROID_ID`, eine als Hex-String codierte 64-Bit-Zahl. Diese ist seit Oreo für die Kombination aus Benutzer, Gerät und Signierschlüssel eindeutig, kann sich aber durch das Zurücksetzen des Geräts oder den Austausch des Schlüssels ändern. In früheren Android-Versionen wurde ANDROID_ID beim erstmaligen Einrichten des Geräts als Zufallszahl erzeugt. Auf den aktuellen Wert kann mit folgendem Ausdruck zugegriffen werden:

Settings.Secure.getString(contentResolver, Settings.Secure.ANDROID_ID)

Hierfür sind keine besonderen Berechtigungen erforderlich. Das gilt auch für den Integer-Wert SKIP_FIRST_USE_HINTS. Google hat ihn mit Android 5 eingeführt. Apps, die bei ihrem ersten Start Hinweise zur Benutzung anzeigen möchten, sollten ihn mit getInt() abfragen. 1 bedeutet, der Anwender möchte keine Einführung angezeigt bekommen. Bei 0 können Sie Ihre Onboarding-Informationen hingegen darstellen. Bitte beachten Sie, dass der Wert nicht gesetzt sein muss. Sie sollten deshalb die Ausnahme SettingNotFoundException fangen oder der Methode getInt() einen zusätzlichen Parameter übergeben, der den Standardwert repräsentiert.

Weitere Einstellungen lassen sich über Settings.Global auslesen. Die Klasse gibt es seit API-Level 17 (eine der vielen Jelly-Bean-Versionen). Mit dem folgenden Ausdruck prüfen Sie beispielsweise, ob Bluetooth verfügbar ist:

Settings.Global.getInt(contentResolver, Settings.Global.BLUETOOTH_ON, 0)

Settings bietet außerdem eine Reihe von Konstanten an, die Sie als Aktionen für Intents verwenden können.

Mit ACTION_SETTINGS rufen Sie die Systemeinstellungen auf:

```
val intent = Intent(Settings.ACTION_SETTINGS)
startActivity(intent)
```

Listing 7.5 Systemeinstellungen öffnen

7.2.2 Netzwerkinformationen anzeigen

Mein Projekt *ConnectivityManagerDemo* (Abbildung 7.3) zeigt Ihnen, wie Sie grundlegende Informationen über die aktuell bekannten Netzwerke auslesen. Die Klasse ConnectivityManagerDemoActivity ist in Listing 7.6 dargestellt.

Nach dem Laden und Anzeigen der Benutzeroberfläche wird mit getSystemService(ConnectivityManager::class.java) ein Objekt des Typs android.net.ConnectivityManager ermittelt. Anschließend iteriere ich über das von allNetworks zurückgelieferte Feld, das Elemente des Typs android.net.Network enthält. Die ConnectivityManager-Methode getNetworkInfo() liefert zwar in Objekten des Typs NetworkInfo die gewünschten Informationen, allerdings gilt sie seit API-Level 29 als veraltet und sollte deshalb nicht mehr verwendet werden. Stattdessen müssen wir uns die Werte aus verschiedenen Töpfen zusammensuchen.

Abbildung 7.3 Die App »ConnectivityManagerDemo«

getLinkProperties() liefert ein android.net.LinkProperties-Objekt. Es enthält wichtige Verbindungseinstellungen, beispielsweise den Namen der Schnittstelle (interfaceName), die Liste der DNS-Server und die MTU-Größe (Maximum Transmission Unit), also die maximale Paketgröße in Byte. getNetworkCapabilities() liefert eine android.net.NetworkCapabilities-Instanz. Mit ihr werden die Fähigkeiten eines aktiven Netzwerks beschrieben. Sie können eine Fähigkeit mit hasCapability() abfragen. Beispielsweise gibt NET_CAPABILITY_NOT_ROAMING an, ob Roaming **inaktiv** ist. Sonst könnte Ihre App Datenzugriffe einschränken oder ganz unterlassen. Eine andere Methode, den Roaming-Status zu ermitteln, zeige ich Ihnen in Abschnitt 7.2.3, »Carrier Services«.

Um zu prüfen, ob ein Netzwerk aktuell verwendet werden kann, verwenden Sie die Konstante NET_CAPABILITY_FOREGROUND. Ab Android 10 können Sie mit signalStrength die Signalstärke ermitteln. Ihr Wertebereich ist allerdings vom Verbindungstyp abhängig und war zum Zeitpunkt der Drucklegung nicht dokumentiert.

```kotlin
package com.thomaskuenneth.androidbuch.connectivitymanagerdemo

import android.net.ConnectivityManager
import android.net.NetworkCapabilities
import android.os.Build
import android.os.Bundle
import androidx.appcompat.app.AppCompatActivity
import kotlinx.android.synthetic.main.activity_main.*

class ConnectivityManagerDemoActivity : AppCompatActivity() {
  override fun onCreate(savedInstanceState: Bundle?) {
    super.onCreate(savedInstanceState)
    setContentView(R.layout.activity_main)
    val mgr = getSystemService(ConnectivityManager::class.java)
    mgr?.allNetworks?.forEach {
      val properties = mgr.getLinkProperties(it)
      textview.append("${properties?.interfaceName}\n")
      val capabilities = mgr.getNetworkCapabilities(it)
      val notRoaming = capabilities?.hasCapability(
        NetworkCapabilities.NET_CAPABILITY_NOT_ROAMING) ?: true
      textview.append("Roaming ist ${if (notRoaming) "aus"
                                    else "ein"}\n")
      // ab API-Level 29 vorhanden
      if (Build.VERSION.SDK_INT >= Build.VERSION_CODES.Q) {
        textview.append("Signalstärke: ${
                  capabilities?.signalStrength}\n")
      }
      val foreground = capabilities?.hasCapability(
        NetworkCapabilities.NET_CAPABILITY_FOREGROUND)
          ?: false
      textview.append("Nutzbar durch Apps: $foreground\n\n")
    }
  }
}
```

Listing 7.6 Die Klasse »ConnectivityManagerDemoActivity«

Um die Werte auslesen zu können, muss die Manifestdatei das Tag

```
<uses-permission android:name="android.permission.ACCESS_NETWORK_STATE" />
```

enthalten. Anders als bei READ_PHONE_STATE handelt es sich hierbei um eine normale Berechtigung, die automatisch, also ohne Rückfrage beim Anwender, erteilt wird.

7.2.3 Carrier Services

Netzbetreiber können *Carrier Services* in ihren Apps einsetzen, um Wartungs- oder Provisionierungsaufgaben zu erledigen. Die Anwendungen können ganz regulär über Google Play vertrieben werden, müssen allerdings mit einem speziellen Zertifikat signiert werden. Das lässt sich mit der TelephonyManager-Methode hasCarrierPrivileges() prüfen. Die Klasse android.telephony.SubscriptionManager liefert (auch normalen Apps) Informationen über die aktive SIM-Karte sowie über das aktuelle Netzwerk. Sie können unter anderem abfragen, ob Roaming aktiv ist. Mithilfe eines OnSubscriptionsChangedListener übermittelt Android solche Statusänderungen automatisch. Wie Sie das in Ihren Apps nutzen, ist in Listing 7.7 zu sehen. Es gehört zur Beispiel-App *SubscriptionManagerDemo*.

```kotlin
package com.thomaskuenneth.androidbuch.subscriptionmanagerdemo

import android.Manifest
import android.content.pm.PackageManager
import android.os.Bundle
import android.telephony.SubscriptionManager
import android.telephony.SubscriptionManager.OnSubscriptionsChangedListener
import android.util.Log
import android.view.ViewGroup
import android.widget.ImageView
import android.widget.LinearLayout
import androidx.appcompat.app.AppCompatActivity
import kotlinx.android.synthetic.main.activity_main.*

private const val REQUEST_READ_PHONE_STATE = 123
private val TAG = SubscriptionManagerDemoActivity::class.simpleName
class SubscriptionManagerDemoActivity : AppCompatActivity() {

    private lateinit var manager: SubscriptionManager
    private val listener = object : OnSubscriptionsChangedListener() {
      override fun onSubscriptionsChanged() {
        Log.d(TAG, "onSubscriptionsChanged()")
        output()
      }
    }
    private var listenerWasRegistered = false

    override fun onCreate(savedInstanceState: Bundle?) {
      super.onCreate(savedInstanceState)
      setContentView(R.layout.activity_main)
```

```kotlin
      try {
        manager = getSystemService(SubscriptionManager::class.java)
      } catch (ex: RuntimeException) {
        Log.e(TAG, "getSystemService()", ex)
        finish()
      }
    }

    override fun onRequestPermissionsResult(
      requestCode: Int,
      permissions: Array<String>,
      grantResults: IntArray
    ) {
      if (requestCode == REQUEST_READ_PHONE_STATE &&
        grantResults.isNotEmpty() && grantResults[0] ==
        PackageManager.PERMISSION_GRANTED
      ) {
        output()
      }
    }

    override fun onStart() {
      super.onStart()
      if (checkSelfPermission(Manifest.permission.READ_PHONE_STATE)
        == PackageManager.PERMISSION_GRANTED
      ) {
        output()
      } else {
        requestPermissions(
          arrayOf(Manifest.permission.READ_PHONE_STATE),
          REQUEST_READ_PHONE_STATE
        )
      }
    }

    override fun onPause() {
      super.onPause()
      if (listenerWasRegistered) {
        manager.removeOnSubscriptionsChangedListener(listener)
        listenerWasRegistered = false
      }
    }
```

```kotlin
private fun output() {
  if (!listenerWasRegistered) {
    manager.addOnSubscriptionsChangedListener(listener)
    listenerWasRegistered = true
  }
  layout.removeAllViews()
  val params = LinearLayout.LayoutParams(
    ViewGroup.LayoutParams.WRAP_CONTENT,
    ViewGroup.LayoutParams.WRAP_CONTENT
  )
  try {
    manager.activeSubscriptionInfoList?.forEach {
      Log.d(
        TAG, "getCarrierName(): ${it.carrierName}"
      )
      Log.d(
        TAG, "getDisplayName(): ${it.displayName}"
      )
      Log.d(
        TAG, "getDataRoaming(): ${it.dataRoaming}"
      )
      val imageview = ImageView(this)
      imageview.layoutParams = params
      imageview.setImageBitmap(it.createIconBitmap(this))
      layout.addView(imageview)
    }
  } catch (ex: SecurityException) {
    Log.e(TAG, "activeSubscriptionInfoList", ex)
  }
  layout.invalidate()
}
```

Listing 7.7 Die Klasse »SubscriptionManagerDemoActivity«

getSystemService(SubscriptionManager::class.java) liefert ein Objekt des Typs android.telephony.SubscriptionManager. Es enthält unter anderem die Methoden addOnSubscriptionsChangedListener() und removeOnSubscriptionsChangedListener(), mit denen Sie einen OnSubscriptionsChangedListener registrieren und wieder entfernen. In meinem Beispiel geschieht dies in onPause() und in der privaten Methode output(). activeSubscriptionInfoList liefert eine Liste von SubscriptionInfo-Objekten. Hiermit können Sie unter anderem den Roaming-Status abfragen (dataRoaming) und mit createIconBitmap() ein Symbol erzeugen, das die SubscriptionInfo repräsentiert.

Um die beschriebenen Werte auslesen zu können, ist die gefährliche Berechtigung READ_PHONE_STATE erforderlich. Sie muss in der Manifestdatei eingetragen und zur Laufzeit angefordert werden. Hierfür müssen Sie wie üblich checkSelfPermission() und requestPermissions() aufrufen und onRequestPermissionsResult() implementieren.

7.3 Das Call Log

Das *Call Log* speichert Informationen über getätigte und empfangene Anrufe und ist über den Menübefehl ANRUFLISTE (im Emulator heißt er CALL HISTORY) der App *Telefon* erreichbar. Der Zugriff auf die Daten des Call Logs ist für die verschiedensten Anwendungsfälle interessant. Denken Sie an Statistik-Apps, die das Anrufverhalten in Gestalt einer *Tag Cloud* visualisieren könnten. Oder stellen Sie sich die Integration in einen persönlichen Assistenten vor, der den Anwender daran erinnert, nach einem verpassten Anruf einen wichtigen Kunden zurückzurufen.

7.3.1 Entgangene Anrufe ermitteln

Wie Sie auf die Anrufhistorie zugreifen, zeige ich Ihnen anhand des Projekts *CallLogDemo*. Die in Abbildung 7.4 dargestellte App zeigt eine Liste der entgangenen Anrufe an. Sie können einzelne Einträge antippen, um sie als »zur Kenntnis genommen« zu markieren. Kommt während der Laufzeit des Programms ein verpasster Anruf hinzu, wird die Liste automatisch aktualisiert.

Da das Programm etwas länger ist, zeige ich Ihnen den Code nicht am Stück, sondern in hoffentlich leicht verdaulichen Häppchen.

Das Auslesen der Anrufhistorie findet in der Methode getMissedCalls() statt. Sie baut eine Verbindung zu einer Datenquelle auf und ermittelt alle Einträge, die der Bedingung CallLog.Calls.TYPE = CallLog.Calls.MISSED_TYPE genügen. Sie finden diesen Ausdruck allerdings nicht direkt im nachfolgenden Quelltext. Es ist nämlich bewährte Praxis, die der Variablen selection zugewiesene Anfrage mit Fragezeichen als Platzhalter zu versehen. Die zu substituierenden Werte stehen in selectionArgs. Das hat den Vorteil, nach unterschiedlichen Werten suchen zu können, ohne die eigentliche Abfrage verändern zu müssen. Beide Variablen werden der Abfragemethode query() übergeben.

In projection legen wir fest, welche Spalten einer Datenbanktabelle wir erhalten möchten. In meinem Beispiel sind dies die Nummer des Anrufers, Datum und Uhrzeit des Anrufes, ein Statusflag, das anzeigt, ob der Eintrag neu ist, sowie eine eindeutige Kennung. Letztere brauchen wir später, um einen Eintrag zu aktualisieren.

Abbildung 7.4 Die App »CallLogDemo«

```
@Throws(SecurityException::class)
private fun getMissedCalls(): Cursor? {
   val projection = arrayOf(CallLog.Calls.NUMBER, CallLog.Calls.DATE,
      CallLog.Calls.NEW, CallLog.Calls._ID)
   val selection = CallLog.Calls.TYPE + " = ?"
   val selectionArgs = arrayOf(CallLog.Calls.MISSED_TYPE.toString())
   return contentResolver.query(CallLog.Calls.CONTENT_URI,
      projection, selection,
      selectionArgs, null)
}
```

Listing 7.8 Die Methode »getMissedCalls()« der Klasse »CallLogDemoActivity«

getMissedCalls() benötigt die Referenz auf einen ContentResolver, wie sie beispielsweise die Methode getContentResolver() (in Kotlin einfach contentResolver) liefert. Sie ist in allen von android.content.Context abgeleiteten Klassen vorhanden. *Content Resolver* bilden die Zugriffsschichten auf beliebige Datenquellen, die *Content Provider* genannt werden. Android bringt neben der Anrufhistorie weitere Content Provider mit, die unter anderem Zugriff auf Termine und Kontakte gewähren.

Content Resolver stellen Methoden für die klassischen *CRUD*-Operationen, also Anlegen, Lesen, Ändern und Löschen, zur Verfügung. Die Vorgehensweise erinnert stark an klassische Datenbanksysteme. Die Datenquellen, also die Content Provider, müssen aber keineswegs zwingend SQL-Datenbanken sein. Beispielsweise könnten Webservices über einen Content Provider verfügbar gemacht werden. Wie Sie eigene Content Provider erstellen, zeige ich Ihnen in Kapitel 10, »Datenbanken«.

Damit getMissedCalls() funktioniert, muss die App in der Manifestdatei die Berechtigung android.permission.READ_CALL_LOG anfordern, und der Anwender muss sie erteilt haben. Die gegebenenfalls nötige Fehlerbehandlung findet an anderer Stelle statt, deshalb wirft die Methode eine SecurityException. Lassen Sie uns nun einen Blick darauf werfen, wie die Liste der entgangenen Anrufe angezeigt wird. Sehen Sie sich hierzu die Methode onCreate() der Hauptaktivität CallLogDemoActivity an.

Die Klasse leitet von androidx.appcompat.app.AppCompatActivity ab. Mit listview.adapter = ... wird ein ListAdapter gesetzt, der eine Datenquelle benötigt. Ich verwende hierfür einen SimpleCursorAdapter. Die von der Activity angezeigte ListView erhält ihre Einträge somit aus einem Cursor, der zunächst mit null vorbelegt ist. android.R.layout.simple_list_item_1 wird vom System bereitgestellt und eignet sich prima für einzeilige Textelemente. Die Zuordnung von Spalten eines Cursors zu Views des Elementlayouts geschieht mit den beiden folgenden Array-Parametern. Um die Rufnummer anzuzeigen, mappen wir CallLog.Calls.NUMBER auf android.R.id.text1. Wie aber können wir den Text »(neu)« nach der Rufnummer ausgeben, wenn Android sich vollständig um die Aufbereitung der Listeneinträge kümmert?

Ich verwende hierfür das Interface SimpleCursorAdapter.ViewBinder und setze ein passendes Objekt mit cursorAdapter.viewBinder = ... Die Idee ist, Cursorspalten an Views zu binden. Android ruft die Methode setViewValue() (der Name ist durch die Verwendung eines Lambda-Ausdrucks nicht direkt zu sehen) für jede Spalte auf. Der Rückgabewert true signalisiert dem System, dass ein neuer Wert gesetzt wurde. Auf diese Weise lassen sich Spalten bequem kombinieren. Übrigens liefert die Cursormethode getColumnIndex() den Index einer Tabellenspalte. Es ist bewährte Praxis, sie aufzurufen, auch wenn die Reihenfolge der Spalten »eigentlich« bekannt ist (sie ergibt sich aus dem Array projection in getMissedCalls()).

Im Anschluss daran registriert onCreate() einen OnItemClickListener. Seine Methode onItemClick() wird aufgerufen, wenn Sie ein Listenelement antippen. In diesem Fall ermittle ich mit getItem() einen Cursor, der den zugehörigen Eintrag in der Anrufhistorie repräsentiert. Der Ausdruck c.getLong(c.getColumnIndex(CallLog.Calls._ID)) liefert dessen eindeutige Kennung. Sie wird benötigt, um in der privaten Methode updateCallLogData() den Status »neu« zu ändern. Mehr dazu gleich.

```kotlin
override fun onCreate(savedInstanceState: Bundle?) {
  super.onCreate(savedInstanceState)
  setContentView(R.layout.activity_main)
  cursorAdapter = SimpleCursorAdapter(this,
      android.R.layout.simple_list_item_1,
      null, arrayOf(CallLog.Calls.NUMBER),
      intArrayOf(android.R.id.text1), 0)
  cursorAdapter.viewBinder = SimpleCursorAdapter.ViewBinder {
          view: View, cursor: Cursor, columnIndex: Int ->
    if (columnIndex ==
        cursor.getColumnIndex(CallLog.Calls.NUMBER)) {
      var number = cursor.getString(columnIndex)
      val isNew = cursor.getInt(cursor.getColumnIndex(
          CallLog.Calls.NEW))
      if (isNew != 0) {
        number += " (neu)"
      }
      (view as TextView).text = number
      true
    } else {
      false
    }
  }
  listview.adapter = cursorAdapter
  listview.onItemClickListener = OnItemClickListener {
          _: AdapterView<*>?, _: View?, position: Int, _: Long ->
    val c = cursorAdapter.getItem(position) as Cursor
    val callLogId = c.getLong(c.getColumnIndex(
        CallLog.Calls._ID))
    updateCallLogData(callLogId)
  }
  updateAdapter()
}
```

Listing 7.9 Die Methode »onCreate()« der Klasse »CallLogDemoActivity«

Woher bekommt der SimpleCursorAdapter eigentlich seine Daten? Beim Aufruf des Konstruktors hatte ich ja null übergeben. Die im Folgenden vorgestellte Methode updateAdapter() wird unter anderem in onCreate() aufgerufen. Sofern der Benutzer den Zugriff auf die Anrufhistorie gestattet hat (das wird wie üblich mit checkSelfPermission() geprüft), übergibt sie den von getMissedCalls() gelieferten Cursor an die Methode changeCursor() der abstrakten Klasse CursorAdapter, von der SimpleCursorAdapter ableitet. Dies sorgt dafür, dass die Liste ihre Elemente (neu) einliest und ein eventuell vorher gesetzter Cursor automatisch geschlossen wird.

```kotlin
    private fun updateAdapter() {
      if (checkSelfPermission(Manifest.permission.READ_CALL_LOG)
          != PackageManager.PERMISSION_GRANTED) {
        requestPermissions(arrayOf(Manifest.permission.READ_CALL_LOG),
            REQUEST_READ_CALL_LOG)
      } else {
        // hier kommt später Code zum Registrieren
        // eines ContentObservers
        thread {
          val c = getMissedCalls()
          runOnUiThread { cursorAdapter.changeCursor(c) }
        }
      }
      if (checkSelfPermission(Manifest.permission.WRITE_CALL_LOG)
          != PackageManager.PERMISSION_GRANTED) {
        requestPermissions(arrayOf(
            Manifest.permission.WRITE_CALL_LOG),
            REQUEST_WRITE_CALL_LOG)
      }
    }
```

Listing 7.10 Die Methode »updateAdapter()« der Klasse »CallLogDemoActivity«

Vielleicht fragen Sie sich, warum an dieser Stelle ein neuer Thread gestartet wird. Die Verarbeitung von Datenbankabfragen kann je nach Komplexität einige Zeit in Anspruch nehmen. Solche »Langläufer« dürfen aber, wie ich in Kapitel 6, »Multitasking«, ausführlich erläutere, nicht auf dem Mainthread ausgeführt werden. Das Setzen des neuen Cursors hingegen muss auf diesem geschehen – deshalb die Verwendung von runOnUiThread(). Bitte achten Sie darauf, mit

```
import kotlin.concurrent.thread
```

die Funktion thread zu importieren.

7.3.2 Änderungen vornehmen und erkennen

Die Daten des Call Logs können durch Apps nicht nur gelesen, sondern auch verändert werden. Sie können sich dies beispielsweise zunutze machen, um den Status Calls.NEW auf false zu setzen. Damit werden Anrufe nicht mehr als »neu« angezeigt. Dies funktioniert folgendermaßen:

```kotlin
    private fun updateCallLogData(id: Long) {
      if (checkSelfPermission(Manifest.permission.WRITE_CALL_LOG)
          == PackageManager.PERMISSION_GRANTED) {
```

```
    val values = ContentValues()
    values.put(CallLog.Calls.NEW, 0)
    val where = CallLog.Calls._ID + " = ?"
    val selectionArgs = arrayOf(id.toString())
    contentResolver.update(CallLog.Calls.CONTENT_URI,
        values, where, selectionArgs)
  }
}
```

Listing 7.11 Die Methode »updateCallLogData()« der Klasse »CallLogDemoActivity«

Mit einem Objekt des Typs `android.content.ContentValues` legen Sie fest, welche Spalte einer Tabelle (zum Beispiel `CallLog.Calls.NEW`) einen neuen Wert erhalten soll und wie dieser lautet. Welche Zeilen aktualisiert werden, ergibt sich – analog zur Abfrage mit `query()` – aus einer Bedingung. In meinem Beispiel lautet sie `CallLog.Calls._ID = ?`. Das Fragezeichen als Platzhalter kennen Sie schon: Zur Laufzeit wird es durch den Methodenparameter `id` ersetzt. Die Methode `updateCallLogData()` wird von einem `OnItemClickListener` aufgerufen, den wir in `onCreate()` gesetzt haben.

Da durch die Update-Anweisung Daten verändert werden, müssen Sie im Manifest die Berechtigung `android.permission.WRITE_CALL_LOG` anfordern und sicherstellen, dass sie bei Ausführung des gerade eben gezeigten Codes auch vorliegt. Das Anfordern erfolgt in der Ihnen bereits bekannten Methode `updateAdapter()`.

Benachrichtigung bei Änderungen

Ich habe Ihnen bisher gezeigt, wie Sie entgangene Anrufe ermitteln können. Was aber geschieht, wenn sich Änderungen im Call Log ergeben, zum Beispiel weil Sie einen Anruf verpasst oder selbst ein Telefonat getätigt haben? Sowohl Apps im Vordergrund als auch Widgets sollten dann ihre Anzeigen entsprechend aktualisieren. Ein regelmäßiger Aufruf der Methode `getMissedCalls()` (*Polling*) würde unnötig Rechenzeit und damit Energie verbrauchen, aber Android bietet hierfür eine elegante Lösung: ContentResolver bieten die Möglichkeit, sich bei Änderungen in einer Datenbank informieren zu lassen. Das funktioniert so:

```
private val handler = Handler(Looper.getMainLooper())
private val contentObserver = object : ContentObserver(handler) {
  override fun onChange(selfChange: Boolean) {
    updateAdapter()
  }
}
private var contentObserverWasRegistered = false
...
private fun updateAdapter() {
```

```
...
if (!contentObserverWasRegistered) {
    contentResolver.registerContentObserver(
        CallLog.Calls.CONTENT_URI,
        false, contentObserver)
    contentObserverWasRegistered = true
}
..
```

Listing 7.12 Auszug aus der Methode »updateAdapter()« der Klasse »CallLogDemoActivity«

Zuerst wird ein Objekt des Typs `ContentObserver` erzeugt. Seine Methode `onChange()` wird immer dann aufgerufen, wenn sich Änderungen an einem Datenbestand ergeben. In welchem Thread die Abarbeitung erfolgt, ergibt sich aus dem Handler, den wir dem Konstruktor übergeben haben. In meinem Beispiel ist dies der Mainthread, weil `contentObserver` eine Instanzvariable der Activity `CallLogDemoActivity` ist. Da wir in der Methode `updateAdapter()` für die eigentliche Datenbankabfrage einen neuen Thread starten, hat das keine Auswirkungen auf die Reaktionszeit der Benutzeroberfläche. `registerContentObserver()` registriert den Content Observer. An dieser Stelle wird auch festgelegt, *was* überwacht werden soll. Übrigens ist `contentObserver` eine Instanzvariable, weil wir beim Zerstören der Aktivität die Überwachung beenden möchten.

```
override fun onDestroy() {
    super.onDestroy()
    if (contentObserverWasRegistered) {
        contentResolver.unregisterContentObserver(contentObserver)
    }
}
```

Listing 7.13 Die Methode »onDestroy()« der Klasse »CallLogDemoActivity«

Die beiden Berechtigungen READ_CALL_LOG und WRITE_CALL_LOG ermöglichen Apps den Zugriff auf sehr sensible Daten. Bitte denken Sie daran, dass sie nur dann in Apps angefordert werden dürfen, wenn das für Hauptfunktionen der App unerlässlich ist. Außerdem ist eine entsprechende Freigabe von Google erforderlich, sofern die App über den Play Store vertrieben werden soll.

Sie haben in diesem Abschnitt nicht nur die Anrufhistorie von Android kennengelernt, sondern auch viel über die Nutzung von Datenbanken erfahren. Nun wenden wir uns einem weiteren wichtigen Einsatzgebiet von Smartphones und Tablets zu, dem Anzeigen von Webseiten.

7.4 Webseiten mit WebView anzeigen

Für das Anzeigen von Webseiten in einer Anwendung gibt es unzählige Einsatzgebiete. Denken Sie an Lizenzvereinbarungen, an Links zur Homepage eines Unternehmens oder an Referenzen auf Wikipedia-Artikel. Möchten Sie ein bestehendes Webangebot durch eine Kalender- oder Kontakte-Integration mit dem Smartphone oder Tablet aufwerten? Haben Sie bestehenden HTML5- und JavaScript-Code, den Sie zu einer vollwertigen App erweitern möchten? All dies ist mit Android sehr einfach realisierbar.

7.4.1 Einen einfachen Webbrowser programmieren

Mit den Intents hat Google seiner mobilen Plattform ein äußerst mächtiges und dennoch einfach zu handhabendes Werkzeug mit auf den Weg gegeben. Das Anzeigen einer Webseite ist mit drei Zeilen Quelltext erledigt:

```
val uri = Uri.parse("https://www.rheinwerk-verlag.de/")
val intent = Intent(Intent.ACTION_VIEW, uri)
startActivity(intent)
```

Ihre App muss hierfür keine Berechtigungen anfordern, denn sie delegiert das Anzeigen an die Standardanwendung. Oft ist dies für die Darstellung einfacher statischer Inhalte schon ausreichend, allerdings ist auf diese Weise kaum Interaktion mit einer Seite möglich. Ferner sieht der Benutzer, dass er Ihr Programm verlässt. Ist dies nicht gewünscht, so können Sie mit praktisch genauso wenig Aufwand eine Browserkomponente integrieren. Das folgende Layout gehört zur Beispielanwendung *WebViewDemo1*. Es enthält drei Buttons sowie ein Objekt des Typs android.webkit.WebView.

```
<?xml version="1.0" encoding="utf-8"?>
<RelativeLayout xmlns:android="http://schemas.android.com/apk/res/android"
  android:layout_width="match_parent"
  android:layout_height="match_parent">
  <Button
    android:id="@+id/buttonIntent"
    android:layout_width="wrap_content"
    android:layout_height="wrap_content"
    android:text="@string/intent" />
  <Button
    android:id="@+id/buttonHtml"
    android:layout_width="wrap_content"
    android:layout_height="wrap_content"
    android:layout_toEndOf="@id/buttonIntent"
    android:text="@string/html" />
```

```xml
<Button
    android:id="@+id/buttonBase64"
    android:layout_width="wrap_content"
    android:layout_height="wrap_content"
    android:layout_toEndOf="@id/buttonHtml"
    android:text="@string/base64" />
<WebView
    android:id="@+id/webview"
    android:layout_width="match_parent"
    android:layout_height="wrap_content"
    android:layout_below="@id/buttonBase64"
    android:layout_alignParentStart="true"
    android:layout_alignParentEnd="true"
    android:layout_alignParentBottom="true" />
</RelativeLayout>
```

Listing 7.14 Die Datei »activity_main.xml« des Projekts »WebViewDemo1«

Das Laden und Anzeigen der Benutzeroberfläche erfolgt auf die Ihnen vertraute Weise. Die anzuzeigende Webadresse wird der Komponente im Anschluss daran durch Aufruf der Methode `loadUrl()` übergeben. Dies ist im folgenden Codefragment zu sehen. Schlägt das Laden der Seite fehl, wird übrigens keine Ausnahme ausgelöst.

```
override fun onCreate(savedInstanceState: Bundle?) {
  super.onCreate(savedInstanceState)
  setContentView(R.layout.activity_main)
  webview.loadUrl("https://www.rheinwerk-verlag.de")
  ...
}
```

Listing 7.15 Auszug aus der Methode »onCreate()« des Projekts »WebViewDemo1«

Eine »beliebte« Fehlerquelle in diesem Zusammenhang ist das Fehlen der Berechtigung `android.permission.INTERNET`. Bitte denken Sie daran, sie in der Manifestdatei Ihrer App anzufordern. Da es sich hierbei um eine normale Berechtigung handelt, muss sie im Code nicht explizit angefordert werden.

Um HTML-Seiten anzuzeigen, können Sie statt der Methode `loadUrl()` auch `loadData()` verwenden. Sie bietet sich an, wenn die anzuzeigenden Daten programmatisch erzeugt werden.

```
val html1 = "<html><body><p>Hallo Android</p></body></html>"
webview.loadData(html1, "text/html", null)
```

Listing 7.16 Eine HTML-Seite mithilfe von Code erstellen

Der dritte Parameter gibt das *Encoding* an. base64 bedeutet, dass die Daten im ersten Parameter Base64[2]-codiert sind. Alle anderen Werte einschließlich null (wie in meinem Beispiel) legen eine Codierung entsprechend dem URL-Encoding[3] fest. Reservierte Zeichen wie Leerzeichen, Fragezeichen und Hashtags müssen in ihrer %-Ersatzdarstellung (%20, %3F bzw. %23) erscheinen. Das Erzeugen eines Base64-codierten Strings ist mit der Klasse android.util.Base64 sehr einfach:

```
val html2 = "<html><body><p>Hallo Welt</p></body></html>"
val base64 = Base64.encodeToString(html2.toByteArray(), Base64.DEFAULT)
webview.loadData(base64, "text/html", "base64")
```

Listing 7.17 HTML-Code Base64-codiert anzeigen

Die rudimentäre Integration der Browserkomponente in eine App ist also schnell erledigt. Allerdings sind die Interaktionsmöglichkeiten bislang genauso bescheiden wie beim Auslösen eines Intents. Selbstverständlich kann WebView aber viel mehr. Anhand der Beispiel-App *WebViewDemo2* zeige ich Ihnen, wie Sie einen einfachen Browser mit Seitenverlauf programmieren. Er ist in Abbildung 7.5 zu sehen.

Abbildung 7.5 Die App »WebViewDemo2«

2 *https://de.wikipedia.org/wiki/Base64*
3 *https://de.wikipedia.org/wiki/URL-Encoding*

Die Benutzeroberfläche besteht aus einer Navigationsleiste mit WEITER- und ZU-
RÜCK-Schaltflächen, einem Eingabefeld für die Webadresse und natürlich der Web-
View. Die Klasse WebViewDemo2Activity lädt als Erstes die Layoutdatei *activity_
main.xml* und zeigt sie an. Da das Projekt die Kotlin Android Extensions verwendet,
sind die Bedienelemente direkt über die Variablen edittext, prev, next und webview erreichbar. Anschließend werden für die beiden Schaltflächen < und > OnClickListener
registriert. Sie leiten die jeweilige Aktion (im Seitenverlauf zurück- oder weiterblät-
tern) an WebView weiter. Diese stellt hierfür die Methoden goBack() und goForward()
zur Verfügung. Mit canGoBack() und canGoForward() lässt sich prüfen, ob dies aktuell
möglich ist. Ich nutze dies in der Methode updateNavBar(), um die Schaltflächen zu aktivieren bzw. zu deaktivieren. Übrigens wird diese Methode an nur zwei Stellen aufgerufen. Ich komme etwas später darauf zurück.

Um auf das Action-Kommando der virtuellen Tastatur reagieren zu können, wird für
das Textfeld ein OnEditorActionListener gesetzt. Die einzige zu implementierende
Methode onEditorAction() hat drei Parameter: v (die Komponente, die den Callback
ausgelöst hat), actionId (EditorInfo.IME_NULL, wenn die ⏎-Taste gedrückt wurde;
ansonsten ein Wert, den Sie in der Layoutdatei definiert haben) und event (ein Ereignis, wenn die ⏎-Taste gedrückt wurde, sonst null). Meine Implementierung liest
nur den eingegebenen Text aus und übergibt ihn an loadUrl(). Deshalb tauchen die
letzten beiden Parameter im Listing nur als _ auf. onEditorAction() liefert true, wenn
sie die Aktion konsumiert hat.

```
package com.thomaskuenneth.androidbuch.webviewdemo2

import android.os.Bundle
import android.webkit.WebResourceError
import android.webkit.WebResourceRequest
import android.webkit.WebView
import android.webkit.WebViewClient
import androidx.appcompat.app.AppCompatActivity
import kotlinx.android.synthetic.main.activity_main.*

class WebViewDemo2Activity : AppCompatActivity() {
  override fun onCreate(savedInstanceState: Bundle?) {
    super.onCreate(savedInstanceState)
    setContentView(R.layout.activity_main)
    prev.setOnClickListener { webview.goBack() }
    next.setOnClickListener { webview.goForward() }
    edittext.setOnEditorActionListener { v, _, _ ->
      webview.loadUrl(v.text.toString())
      true
    }
```

```kotlin
    webview.webViewClient = object : WebViewClient() {
      override fun shouldOverrideUrlLoading(view: WebView,
                      r: WebResourceRequest): Boolean {
        view.loadUrl(r.url.toString())
        return true
      }

      override fun onPageFinished(view: WebView, url: String) {
        updateNavBar()
      }

      override fun onReceivedError(view: WebView,
              request: WebResourceRequest,
              error: WebResourceError) {
        updateNavBar()
      }
    }
    webview.settings.builtInZoomControls = true
    webview.settings.loadWithOverviewMode = true
    webview.settings.useWideViewPort = true
    if (savedInstanceState != null) {
      webview.restoreState(savedInstanceState)
    } else {
      webview.loadUrl("https://www.rheinwerk-verlag.de/")
    }
    webview.requestFocus()
  }

  override fun onSaveInstanceState(outState: Bundle) {
    super.onSaveInstanceState(outState)
    webview.saveState(outState)
  }

  private fun updateNavBar() {
    prev.isEnabled = webview.canGoBack()
    next.isEnabled = webview.canGoForward()
    edittext.setText(webview.url)
  }
}
```

Listing 7.18 Die Klasse »WebViewDemo2Activity«

Um auf Ereignisse im Lebenszyklus einer WebView zu reagieren, setzen Sie mit webview.webViewClient = ... ein Objekt, das von der Klasse android.webkit.WebViewClient ableitet. Dessen Methode `shouldOverrideUrlLoading()` wird aufgerufen, wenn eine URL geladen werden soll (zum Beispiel, weil ein Link angeklickt wurde). Der Rückgabewert `true` zeigt an, dass sich die Implementierung selbst um die URL kümmern möchte. Bei `false` tut dies die `WebView`. Falls Sie nur Seitenaufrufe loggen möchten, könnten Sie die Methode überschreiben, aber `false` zurückliefern. Streng genommen ist meine Implementierung also unnötig, weil sie das in diesem Fall greifende Verhalten »nachbaut«.

> **Hinweis**
>
> Wenn für eine `WebView` kein `WebViewClient`-Objekt gesetzt wird, reicht die View die URL als Intent an das System weiter. Das Antippen eines Links würde die korrespondierende Seite deshalb im Standardbrowser anzeigen, nicht mehr in Ihrer eingebetteten Komponente.

Die Methode `onPageFinished()` wird aufgerufen, wenn das Laden einer Seite erfolgreich abgeschlossen wurde. `onReceivedError()` weist auf einen Fehler hin. In beiden Fällen aktualisiere ich die Navigationsleiste einschließlich des Eingabefeldes. Deshalb muss bei `loadUrl()` meine Methode `updateNavBar()` nicht explizit aufgerufen werden.

Damit haben Sie es fast geschafft. `settings` liefert ein Objekt, über das Sie Ihre `WebView` konfigurieren können. Beispielsweise legen Sie mit `builtInZoomControls` fest, ob die eingebaute Zoomfunktion verwendet werden soll. `loadWithOverviewMode = true` skaliert die Darstellung so, dass die Webseite in der Breite vollständig angezeigt wird. `useWideViewPort = true` bedeutet, dass die Browserkomponente die Breite aus dem `viewport`-Metatag der Webseite verwendet, sofern es dort gesetzt ist. Und mit `javaScriptEnabled` können Sie JavaScript ein- und ausschalten. Diesem Thema widmen wir uns im nächsten Abschnitt.

Vorher aber noch ein Tipp: Um bei Orientierungswechseln des Geräts nicht den Seitenverlauf und die gegenwärtig angezeigte URL zu verlieren, sollten Sie (wie in Listing 7.18 zu sehen) `onSaveInstanceState()` überschreiben und die `WebView`-Methode `saveState()` aufrufen. Das Wiederherstellen erfolgt in `onCreate()` durch Aufruf von `restoreState()`, sofern die Variable `savedInstanceState` nicht `null` ist. In diesem Fall gibt es nichts zum Wiederherstellen, und Sie setzen die anzuzeigende Seite mit `loadUrl()`.

7.4.2 JavaScript nutzen

In diesem Abschnitt zeige ich Ihnen anhand des Beispielprojekts *WebViewDemo3* (siehe Abbildung 7.6), wie Sie *JavaScript*-Code in Ihrer Android-App nutzen. Bitte sehen Sie sich als Erstes die folgende *.html*-Datei an. Sie definiert eine einfache Seite, die aus einem Label, einem Eingabefeld und einer Schaltfläche besteht.

Abbildung 7.6 Die App »WebViewDemo3«

Klicken Sie die Schaltfläche an, wird die Funktion hello() aufgerufen. Diese löscht den Seiteninhalt und grüßt den Anwender. hello() wird in einem <script />-Tag definiert. Der Wert dessen Attributs type folgt dabei dem RFC 4329, »Scripting Media Types«. Dort wird das im Netz noch häufig anzutreffende text/javascript als *obsolete* gekennzeichnet.

```
<!DOCTYPE html>
<html>
  <head>
    <title>Hello, World!</title>
  </head>
  <body>
  <h1>Hallo.</h1>
  <form>
    <label for="name">Bitte geben Sie Ihren Namen ein.</label>
    <input type="text" id="name" value="">
    <input type="submit" value="Weiter" onclick="hello()">
```

```
    </form>
    <script type="application/javascript">
      function hello() {
        var input = document.getElementById("name");
        document.write("Hallo, " + input.value);
      }
    </script>
  </body>
</html>
```

Listing 7.19 Die Datei »test1.html« des Projekts »WebViewDemo3«

Sie können die Seite ausprobieren, indem Sie die Datei zum Beispiel mit Chrome öffnen. Klicken Sie hierzu *test1.html* in Android Studio mit der rechten Maustaste an, und wählen Sie dann OPEN IN BROWSER • CHROME. Auf diese Weise können Sie sehr bequem Ihren JavaScript-Code debuggen. Alle modernen Browser haben mächtige Entwicklerwerkzeuge an Bord.

Aber wo befindet sich *test1.html* eigentlich? Sie können Ihren Apps Dateien »beilegen«, indem Sie diese in das Verzeichnis *assets* kopieren. Dieser Ordner ist aber nicht automatisch vorhanden, Sie müssen ihn gegebenenfalls von Hand hinzufügen. Öffnen Sie hierzu das Werkzeugfenster PROJECT, und wechseln Sie in die gleichnamige Sicht PROJECT. Unter *app/src/main* finden Sie *java* und *res*. Klicken Sie *main* mit der rechten Maustaste an, und wählen Sie dann NEW • DIRECTORY. Geben Sie »assets« ein, und schließen Sie den Dialog mit OK.

Lassen Sie uns nun einen Blick auf die Activity werfen, die die *.html*-Datei lädt und anzeigt. Die Klasse `WebViewDemo3Activity` ist sehr kurz. Nach dem Laden und Anzeigen der Benutzeroberfläche wird mit `settings.javaScriptEnabled = true` die JavaScript-Fähigkeit der Browserkomponente aktiviert. Anschließend lädt `loadUrl()` die Webseite. Interessant ist dabei die URL, die wir der Methode übergeben: Dem Protokoll `file:` folgt der absolute Pfad */android_asset/test1.html*. Damit wird die Datei *test1.html* im *assets*-Verzeichnis referenziert. Dieses ist übrigens nicht global sichtbar, auch wenn der absolute Pfad das suggeriert.

```
package com.thomaskuenneth.androidbuch.webviewdemo3

import androidx.appcompat.app.AppCompatActivity
import android.os.Bundle
import kotlinx.android.synthetic.main.activity_main.*

class WebViewDemo3Activity : AppCompatActivity() {
  override fun onCreate(savedInstanceState: Bundle?) {
    super.onCreate(savedInstanceState)
    setContentView(R.layout.activity_main)
```

```
    webview.settings.javaScriptEnabled = true
    webview.loadUrl("file:/android_asset/test1.html")
  }
}
```

Listing 7.20 Die Klasse »WebViewDemo3Activity«

Die Webseite erscheint zwar in einer Activity, führt sonst aber ein Eigenleben und kommuniziert nicht mit dem Rest der App. Dabei wäre es doch praktisch, auf Funktionen des Wirtssystems zuzugreifen. Denken Sie an Texte in unterschiedlichen Sprachen oder an den Zugriff auf Kontakte und Kalender. JavaScript lässt sich über Interfaces problemlos mit nativem Code verbinden. Wie das geht, zeige ich Ihnen nun.

Mit JavaScript-Code kommunizieren

Bitte werfen Sie als Erstes einen Blick auf die Klasse WebAppInterface. Sie definiert die beiden Methoden getHeadline() und message(). Beide sind mit @JavascriptInterface annotiert. Auf diese Weise kennzeichnen Sie Methoden, die in JavaScript zur Verfügung stehen sollen.

```
package com.thomaskuenneth.androidbuch.webviewdemo3

import android.content.Context
import android.webkit.JavascriptInterface
import android.widget.Toast

class WebAppInterface(private val context: Context) {
  @JavascriptInterface
  fun getHeadline(): String {
    return context.getString(R.string.headline)
  }

  @JavascriptInterface
  fun message(m: String) {
    val toast = Toast.makeText(context, m, Toast.LENGTH_LONG)
    toast.show()
  }
}
```

Listing 7.21 Die Klasse »WebAppInterface«

getHeadline() liefert einen String, der in der Datei *strings.xml* mit der ID headline definiert wurde. Er kann deshalb in verschiedenen Sprachen vorliegen. Die Methode message() zeigt eine Nachricht in Form eines Toasts an. Dies ist in Abbildung 7.7 zu sehen. Ausführliche Informationen zu solchen Texteinblendungen finden Sie in Abschnitt 5.3.1 »Toast und Snackbar«.

Abbildung 7.7 Die überarbeitete Version der App »WebViewDemo3«

Um ein Interface mit JavaScript zu verbinden, rufen Sie einfach die WebView-Methode addJavascriptInterface() auf und übergeben ihr das Objekt sowie einen beliebigen Namen, über den die Schnittstelle im JavaScript-Code referenziert wird:

```
webview.addJavascriptInterface(WebAppInterface(this), "Android")
```

this bezieht sich auf die Activity, die die WebView enthält; im Beispiel *WebViewDemo3* ist dies die Klasse WebViewDemo3Activity. Die in Listing 7.22 abgedruckte Datei *test2.html* nutzt das Interface Android (der zweite Parameter von addJavascriptInterface()). Um das auszuprobieren, müssen Sie die URL beim Aufruf der Methode loadUrl() entsprechend anpassen.

```
<!DOCTYPE html>
<html>
  <head>
```

7.4 Webseiten mit WebView anzeigen

```
    <title>Hello, World!</title>
  </head>
  <body>
    <h1 id="headline"> </h1>
    <form>
      <label for="name">Bitte geben Sie Ihren Namen ein.</label>
      <input type="text" id="name" value="">
      <input type="submit" value="Weiter" onclick="hello()">
    </form>
    <script type="application/javascript">

      var headline = document.getElementById("headline");
      headline.innerText = Android.getHeadline();

      function hello() {
        var input = document.getElementById("name");
        Android.message("Hallo, " + input.value);
      }

    </script>
  </body>
</html>
```

Listing 7.22 »test2.html«

Ist Ihnen aufgefallen, dass die Überschrift im h1-Tag leer ist? Sie wird durch die Zuweisung `headline.innerText = Android.getHeadline();` gesetzt. `getHeadline()` ist hierbei eine der Methoden in `WebAppInterface`. Der Aufruf der zweiten Methode, `message()`, findet in der Funktion `hello()` statt. Übrigens müssen Sie Ihre selbst definierten Interfaces JavaScript-seitig nicht initialisieren, sie stehen ohne weiteres Zutun automatisch zur Verfügung. Beachten Sie aber, dass das an JavaScript gebundene Objekt in einem anderen Thread als dem ausgeführt wird, in dem es erzeugt wurde.

Bevor Sie die geänderte App starten können, müssen Sie den Quelltext ein bisschen erweitern und anpassen, zum Beispiel für die `WebView` einen `WebViewClient` setzen. Das ist nötig, damit das Anklicken von Links oder das Absenden von Formularen innerhalb der eigenen App verarbeitet wird. Andernfalls erhalten Sie zur Laufzeit eine `FileUriExposedException`.

```
import android.webkit.WebResourceRequest
import android.webkit.WebView
import android.webkit.WebViewClient
...
webview.addJavascriptInterface(WebAppInterface(this), "Android")
```

```
val client = object : WebViewClient() {
  override fun shouldOverrideUrlLoading(
    view: WebView,
    request: WebResourceRequest
  ): Boolean {
    return false
  }
}
webview.webViewClient = client
…
webview.loadUrl("file:///android_asset/test2.html")
```

Listing 7.23 Einen »WebViewClient« setzen

Hinweis

Das Bereitstellen von Funktionen via addJavascriptInterface() stellt ein potenzielles Sicherheitsrisiko dar, wenn es einem Angreifer gelingt, in Ihre WebView Code einzuschleusen, der Ihre Schnittstelle missbräuchlich nutzt. Aus diesem Grund zeigt Android Studio auch eine Warnung an. Wichtig ist deshalb, dass Sie alle übergebenen Parameter sorgfältig prüfen.

Idealerweise zeigt die WebView auch nur solche Webseiten an, die vollständig Ihrer Kontrolle unterliegen. Nutzen Sie für das Ansurfen beliebiger Ziele stattdessen den Standardbrowser. Feuern Sie hierzu ein Intent, das Sie mit Intent(Intent.ACTION_VIEW, uri) erzeugt haben. WebView ist ein mächtiges Werkzeug, um Webseiten in Ihre App zu integrieren. Wie Sie ganz gezielt Ressourcen herunterladen und wie Sie auf bereitgestellte Dienste zugreifen, sehen Sie im folgenden Abschnitt.

7.5 Webservices nutzen

Java (und damit auch Android) kennt seit vielen Jahren die beiden Klassen HttpURLConnection sowie die von ihr abgeleitete HttpsURLConnection. Beide gestatten mit wenig Aufwand den flexiblen Zugriff auf Ressourcen im World Wide Web. Mein Beispielprojekt *WebserviceDemo1* zeigt Ihnen, wie Sie das aktuelle Wetter in Ihrer Lieblingsstadt ermitteln. Die App ist in Abbildung 7.8 zu sehen. Sie greift auf den Dienst *OpenWeatherMap* zu. Um ihn zu nutzen, müssen Sie auf der Website *openweathermap.org* einen in der Basisversion kostenlosen API-Schlüssel beantragen. Hierzu ist eine kurze Registrierung erforderlich, bei der aber nur Benutzername, Passwort und E-Mail-Adresse abgefragt werden.

Abbildung 7.8 Die App »OpenWeatherMap Weather«

7.5.1 Auf Webinhalte zugreifen

Über eine leicht zu handhabende Webschnittstelle lassen sich neben aktuellen Wetterinformationen auch Vorhersagen und historische Daten abfragen. Der *Uniform Resource Identifier* (URI) *https://api.openweathermap.org/data/2.5/weather?q=Nuremberg,DE&appid=...* (anstelle der drei Punkte geben Sie Ihren API-Schlüssel ein) liefert das gegenwärtige Wetter in Nürnberg als JSON-Datenstruktur. Diese ist in Listing 7.24 zu sehen:

```
{
  "coord": {
    "lon": 11.07,
    "lat": 49.45
  },
  "weather": [
    {
      "id": 804,
```

```
            "main": "Clouds",
            "description": "overcast clouds",
            "icon": "04d"
        }
    ],
    "base": "stations",
    "main": {
        "temp": 290.69,
        "feels_like": 286.55,
        "temp_min": 289.26,
        "temp_max": 292.04,
        "pressure": 1020,
        "humidity": 36
    },
    "visibility": 10000,
    "wind": {
        "speed": 3.6
    },
    "clouds": {
        "all": 99
    },
    "dt": 1590921701,
    "sys": {
        "type": 1,
        "id": 1268,
        "country": "DE",
        "sunrise": 1590894886,
        "sunset": 1590952349
    },
    "timezone": 7200,
    "id": 2861650,
    "name": "Nuremberg",
    "cod": 200
}
```

Listing 7.24 Wetterdaten als JSON-Datenstruktur

Neben den geografischen Koordinaten Breite (lat) und Länge (lon) der Stadt sind unter anderem die aktuelle Temperatur (temp), Höchst- und Tiefstwerte (temp_max bzw. temp_min) sowie Luftfeuchtigkeit (humidity) und Luftdruck (pressure) in der Datenstruktur enthalten. Die Temperatur wird in Kelvin angegeben. Um sie in Grad Celsius umzurechnen, müssen Sie 273,15 subtrahieren. Der Wert in Grad Fahrenheit lässt sich mit der Formel $9 \times (temp - 273.15) / 5 + 32$ berechnen. Das Attribut description fasst die

Wettersituation kompakt zusammen. Als Sprache wird standardmäßig Englisch verwendet. Dies lässt sich aber mit dem Parameter *lang=DE* im Uniform Resource Identifier beeinflussen. Er hat folgenden Aufbau:

https:// – Protokoll

api.openweathermap.org/data/ – Adresse

2.5/ – Version der Schnittstelle

weather – Was soll geliefert werden?

?q=Nuremberg,DE – gesuchte Stadt

&param=wert – optional, kann mehrfach vorkommen

Der erste Parameter wird wie in Webadressen üblich mit ? eingeleitet, alle weiteren sind durch ein & voneinander getrennt. Der API-Schlüssel wird als Parameter *APPID= ...* übergeben, die gesuchte Stadt mit *q=<Stadt>,<Land>* (Land ist ein ISO-3166-Kürzel: Deutschland entspricht *DE*, Großbritannien ist *GB*). Der Suchstring für die Hauptstadt des Vereinigten Königreichs ist demnach *q=London,GB*. Anstelle von Städtenamen sind auch geografische Koordinaten möglich.

WebserviceDemo1 fragt über ein Eingabefeld den Namen einer Stadt ab, baut einen geeigneten URI zusammen und ruft damit den Dienst *OpenWeatherMap* auf. Die Ergebnis-JSON-Struktur enthält fast alle Daten, die für das Anzeigen der Wetterinformationen erforderlich sind. Nur die Grafik, die das Wettergeschehen visualisiert, muss separat geladen werden. Die Steuerung übernimmt die Klasse `WebserviceDemo1Activity`. Sie ist in Listing 7.25 zu sehen.

Nach dem Laden und Anzeigen der Benutzeroberfläche wird ein `OnClickListener` registriert. Tippt der Anwender auf ANZEIGEN, werden mit `getWeather()` die Wetterinformationen heruntergeladen und in einem Objekt des Typs `WeatherData` abgelegt. Wie diese Datenklasse aussieht, zeige ich Ihnen gleich. `getImage()` holt eine kleine Wettergrafik vom Server. Hierzu wird der Wert des Attributs `icon` der JSON-Datenstruktur nach folgendem Muster zu einem Uniform Resource Identifier erweitert:

https://openweathermap.org/img/w/ + icon + *.png*

Beide Download-Operationen laufen in einem gemeinsamen Hintergrund-Thread ab. Die Benutzeroberfläche bleibt auf diese Weise auch bei Problemen mit der Netzwerkverbindung bedienbar. Änderungen an Views müssen hingegen auf dem Mainthread erfolgen. Entsprechende `setText()`- bzw. `setImageBitmap()`-Aufrufe und Zuweisungen werden deshalb in einem `Runnable` gesammelt und an `runOnUiThread()` übergeben.

```
package com.thomaskuenneth.androidbuch.webservicedemo1

import android.os.Bundle
```

```kotlin
import android.util.Log
import androidx.appcompat.app.AppCompatActivity
import kotlinx.android.synthetic.main.activity_main.*
import kotlin.concurrent.thread

private val TAG = WebserviceDemo1Activity::class.simpleName
class WebserviceDemo1Activity : AppCompatActivity() {
  override fun onCreate(savedInstanceState: Bundle?) {
    super.onCreate(savedInstanceState)
    setContentView(R.layout.activity_main)
    button.setOnClickListener {
      thread {
        try {
          val weather = getWeather(city.text.toString())
          val bitmapWeather = getImage(weather)
          runOnUiThread {
            city.setText(weather.name)
            image.setImageBitmap(bitmapWeather)
            beschreibung.text = weather.description
            val temp = weather.temp - 273.15
            temperatur.text = getString(
              R.string.temp_template,
              temp.toInt()
            )
          }
        } catch (e: Exception) {
          Log.e(TAG, "getWeather()", e)
        }
      }
    }
    city.setOnEditorActionListener { _, _, _ ->
      button.performClick()
      true
    }
  }
}
```

Listing 7.25 Die Klasse »WebserviceDemo1Activity«

Die Datenklasse WeatherData enthält keinerlei Logik. Ihr einziger Zweck ist, alle für die App relevanten Wetterdaten in schnell zugreifbarer Form vorzuhalten. Sie wird durch die Funktion getWeather() in der Datei *WeatherUtils.kt* erzeugt und befüllt.

```
package com.thomaskuenneth.androidbuch.webservicedemo1

data class WeatherData(
  var name: String = "",
  var description: String = "",
  var icon: String = "",
  var temp: Double = 0.0
)
```

Listing 7.26 Die Klasse »WeatherData«

Die in Listing 7.27 abgedruckte Datei *WeatherUtils.kt* ist keine Klasse. Sie enthält drei Funktionen: getWeather() liefert das Wetter in der als String übergebenen Stadt. getFromServer() lädt die zu einer Webadresse gehörenden Daten (in unserem Fall eine JSON-Struktur) als String herunter. Die Funktion ist privat, kann also von außen nicht verwendet werden. getImage() schließlich sorgt dafür, dass die App ein schickes Wettersymbol anzeigen kann. Sie liefert ein Objekt des Typs android.graphics.Bitmap.

Um Daten von einem Server zu laden, wird als Erstes ein Objekt des Typs java.net.URL erzeugt, dessen Methode openConnection() eine Instanz von HttpURLConnection liefert, sofern die korrespondierende Webadresse eine geeignete Ressource referenziert. Vor einem Zugriff sollten Sie mit responseCode das Ergebnis prüfen. Ist alles in Ordnung (in meinem Fall reicht HTTP_OK, aber es gibt weitere Statuscodes, die ebenfalls eine erfolgreiche Kommunikation anzeigen), liefert inputStream einen Eingabestrom. Aus Effizienzgründen sollten Sie ihn mit weiteren gepufferten Strömen oder Readern kapseln. Ich packe den InputStream zunächst in einen InputStreamReader und diesen wiederum in einen BufferedReader. Auf diese Weise kann ich das Ergebnis bequem zeilenweise in einen StringBuilder schreiben. Wichtig ist, nach der Datenübertragung selbst geöffnete Kanäle zu schließen und mit disconnect() die Verbindung zu trennen.

Oft müssen Sie eine Datenübertragung aber gar nicht selbst programmieren. Wie es auch ohne geht, zeigt getImage(). Die Funktion ruft die Methode decodeStream() der Klasse android.graphics.BitmapFactory auf, um aus einer Grafik im Format *Portable Network Graphics* ein Objekt zu machen, das direkt in Android genutzt werden kann.

```
package com.thomaskuenneth.androidbuch.webservicedemo1

import android.graphics.Bitmap
import android.graphics.BitmapFactory
import org.json.JSONException
import org.json.JSONObject
import java.io.BufferedReader
import java.io.IOException
```

```kotlin
import java.io.InputStreamReader
import java.net.HttpURLConnection
import java.net.URL
import java.text.MessageFormat

private const val URL =
"https://api.openweathermap.org/data/2.5/weather?q={0}&lang=de&appid={1}"
private const val KEY = "..."
private const val NAME = "name"
private const val WEATHER = "weather"
private const val DESCRIPTION = "description"
private const val ICON = "icon"
private const val MAIN = "main"
private const val TEMP = "temp"

@Throws(JSONException::class, IOException::class)
fun getWeather(city: String): WeatherData {
  val data = WeatherData()
  val jsonObject = JSONObject(
    getFromServer(
      MessageFormat.format(
        URL,
        city,
        KEY
      )
    )
  )
  if (jsonObject.has(NAME)) {
    data.name = jsonObject.getString(NAME)
  }
  if (jsonObject.has(WEATHER)) {
    val jsonArrayWeather = jsonObject.getJSONArray(WEATHER)
    if (jsonArrayWeather.length() > 0) {
      val jsonWeather = jsonArrayWeather.getJSONObject(0)
      data.description = jsonWeather.optString(DESCRIPTION)
      data.icon = jsonWeather.optString(ICON)
    }
  }
  if (jsonObject.has(MAIN)) {
    val main = jsonObject.getJSONObject(MAIN)
    data.temp = main.optDouble(TEMP)
  }
  return data
```

```kotlin
}

@Throws(IOException::class)
fun getImage(w: WeatherData): Bitmap {
  val url = URL("https://openweathermap.org/img/w/${w.icon}.png")
  val connection = url.openConnection() as HttpURLConnection
  val bitmap = BitmapFactory.decodeStream(connection.inputStream)
  connection.disconnect()
  return bitmap
}

private fun getFromServer(url: String): String {
  val sb = StringBuilder()
  val connection = URL(url).openConnection() as HttpURLConnection
  if (connection.responseCode == HttpURLConnection.HTTP_OK) {
    InputStreamReader(
      connection.inputStream
    ).use { inputStreamReader ->
      BufferedReader(
        inputStreamReader
      ).use {
        it.lines().forEach { line ->
          sb.append(line)
        }
      }
    }
  }
  connection.disconnect()
  return sb.toString()
}
```

Listing 7.27 Die Datei »WeatherUtils.kt«

Lassen Sie uns noch einen Blick auf die Methode getWeather() werfen. Ihre Aufgabe ist es, die Wetterdaten vom Server zu laden und anschließend ein WeatherData-Objekt zu füllen. Ersteres ist mithilfe der Funktion getFromServer() ja schnell erledigt. Ihr Rückgabewert ist schon eine JSON-Datenstruktur, allerdings noch als String kodiert. Dieser wird mit JSONObject(...) umgewandelt, sodass wir mit optString() und optDouble() bequem Elemente suchen und auslesen können. Allerdings nicht direkt, denn sie befinden sich zum Teil in Kindelementen. Ob diese vorhanden sind, prüfe ich mit has(). Falls ja, können Sie mit jsonObject.getJSONObject() und jsonObject.getJSONArray() auf die Kinder und damit deren Elemente zugreifen. Falls eine JSON-Struktur kein Element enthält, das zu dem übergebenen Schlüssel passt, liefert optString()

einen Leerstring und optDouble() den Wert Double.NaN. Alternativ könnten Sie auch has...() und get...() kombinieren.

Bitte denken Sie daran, dass Apps in ihrem Manifest die Berechtigung android.permission.INTERNET anfordern müssen, um auf Webserver und Webservices zugreifen zu können. Diese normale Berechtigung wird automatisch gewährt und muss zur Laufzeit nicht angefordert werden.

7.5.2 Senden von Daten

In diesem Abschnitt zeige ich Ihnen, wie Sie Daten an einen Server übermitteln können. Mein Beispiel *WebserviceDemo2* sendet einen vom Benutzer eingegebenen Text (seinen Namen) an ein Backend, das daraus einen Gruß bastelt und an die App zurückgibt. Sehen Sie sich bitte die Klasse WebserviceDemo2Activity an. In der Methode onCreate() wird nur die Benutzeroberfläche geladen und angezeigt sowie ein OnClickListener registriert. Er kümmert sich um die Kommunikation mit dem Server und zeigt das Ergebnis an. setOnEditorActionListener() sorgt dafür, dass die Eingabe des Namens mit ⏎ abgeschlossen werden kann.

```
package com.thomaskuenneth.androidbuch.webservicedemo2

import android.os.Bundle
import android.util.Log
import androidx.appcompat.app.AppCompatActivity
import kotlinx.android.synthetic.main.activity_main.*
import java.io.*
import java.net.*
import java.nio.charset.Charset
import java.util.regex.Pattern
import kotlin.concurrent.thread

private val TAG = WebserviceDemo2Activity::class.simpleName
class WebserviceDemo2Activity : AppCompatActivity() {
  private val pattern = Pattern.compile(".*charset\\s*=\\s*(.*)$")

  override fun onCreate(savedInstanceState: Bundle?) {
    super.onCreate(savedInstanceState)
    setContentView(R.layout.activity_main)
    input.setOnEditorActionListener { _, _, _ -> button.performClick() }
    button.setOnClickListener {
      thread {
        val result = talkToServer(input.text.toString())
        runOnUiThread {
```

```kotlin
          output.text = result
        }
      }
    }
  }
}

private fun talkToServer(name: String): String {
  val sb = StringBuilder()
  val url = URL("http://10.0.2.2:8080/hello")
  try {
    val connection = url.openConnection() as HttpURLConnection
    // Verbindung konfigurieren
    connection.doOutput = true
    connection.requestMethod = "POST"
    val data = name.toByteArray()
    connection.setRequestProperty(
      "Content-Type", "text/plain; charset="
          + Charset.defaultCharset().name()
    )
    connection.setFixedLengthStreamingMode(data.size)
    // Daten senden
    connection.outputStream.write(data)
    connection.outputStream.flush()
    if (connection.responseCode == HttpURLConnection.HTTP_OK) {
      var charSet = "ISO-8859-1"
      val m = pattern.matcher(connection.contentType)
      if (m.matches()) {
        charSet = m.group(1) ?: charSet
      }
      InputStreamReader(
        connection.inputStream, charSet
      ).use {
        BufferedReader(
          it
        ).use { bufferedReader ->
          bufferedReader.lines().forEach { line ->
            sb.append(line)
          }
        }
      }
    } else {
      Log.d(TAG, "responseCode: ${connection.responseCode}")
    }
```

```
        connection.disconnect()
    } catch (tr: Throwable) {
        Log.e(TAG, "Fehler beim Zugriff auf $url", tr)
    }
    return sb.toString()
  }
}
```

Listing 7.28 Die Klasse »WebserviceDemo2Activity«

Die eigentliche Arbeit übernimmt die kombinierte Lese- und Schreibmethode talk-ToServer(). Bevor die Ergebnisstruktur gelesen werden kann, muss die Post-Methode vorbereitet werden (doOutput = true und requestMethod = "POST"). Dabei werden auch die HTTP-Header-Felder *Content-Type* und *Content-Length* gesetzt. Die Methode setFixedLengthStreamingMode() sollten Sie stets benutzen, wenn die Größe des zu sendenden Datenstroms bekannt ist. Das Senden der Daten ist mit zwei Methodenaufrufen erledigt. Bei größeren Strukturen lohnt das Kapseln in einen gepufferten Strom.

Ist Ihnen aufgefallen, dass ich vor dem Lesen der Ergebnisdaten den contentType prüfe und, sofern er nicht null ist, daraus die Zeichensatzcodierung des Servers ermittle? Dies war im vorangehenden Beispiel aus Gründen der Vereinfachung nicht enthalten. Auch sehr viele Beispiele im Internet verzichten darauf. Unter bestimmten Umständen kann das Weglassen aber zu falschen Daten führen. Der von inputStream gelieferte InputStream operiert gemäß der Spezifikation auf vorzeichenlosen Bytes, also in einem Bereich zwischen 0 und 255. Je nachdem, ob ein Server US-ASCII, UTF-8 oder UTF-16 verwendet, entstehen für denselben Text unterschiedliche Bytefolgen. Um diese erfolgreich »rekonstruieren« zu können, muss die Zeichensatzcodierung des Senders also bekannt sein. Dass das Problem oft unbemerkt bleibt, liegt daran, dass sich einige Codierungen zumindest in Teilen sehr ähnlich sind.

Hinweis

Sie finden das Backend zu dem Beispiel in den Begleitmaterialien. Sie können die Spring-Boot-Anwendung über die Kommandozeile mit java -jar ... ausführen. Hierzu muss eine Java-Laufzeitumgebung vorhanden und der Umgebungsvariable PATH hinzugefügt worden sein. Bei Bedarf können Sie *jre/bin* unterhalb des Android-Studio-Installationsverzeichnisses verwenden.

Aus Performancegründen dürfen Netzwerkzugriffe nicht auf dem Haupt-Thread der Anwendung ausgeführt werden, da dieser für die Behandlung der Benutzeroberfläche verwendet wird. Langsame oder gar abreißende Verbindungen können dazu führen, dass Activities nicht mehr reagieren. Android unterbindet entsprechende Versuche und löst eine NetworkOnMainThreadException aus. Glücklicherweise lassen sich Netzwerkzugriffe mit sehr wenig Aufwand in einen eigenen Thread auslagern. Ob Sie dies, wie in meinem Beispiel, selbst erledigen oder beispielsweise auf Koroutinen zurückgreifen, ist letztlich eine Frage des persönlichen Geschmacks.

7.6 Zusammenfassung

Sie haben in diesem Kapitel die Nutzung der Telefoniefunktionen in eigenen Apps kennengelernt und mit dem Call Log gearbeitet. Die Integration von Webseiten und Webservices ermöglicht spannende *Mashups*. Sie sind nun mit der Komponente Web-View vertraut und können HttpURLConnection sicher und effizient nutzen.

Kapitel 8
Sensoren, GPS und Bluetooth

Android-Geräte enthalten zahlreiche Sensoren und Schnittstellen, die sich mit geringem Aufwand in eigenen Apps nutzen lassen. Wie das funktioniert, zeige ich Ihnen in diesem Kapitel.

Geräte schalten ihre Anzeige ab, sobald man sie in Richtung des Kopfes bewegt, und die Darstellung auf dem Bildschirm passt sich der Ausrichtung an. Spiele reagieren auf Bewegungsänderungen. Karten-Apps erkennen automatisch den gegenwärtigen Standort. Restaurant- oder Kneipenführer beschreiben nicht nur den kürzesten Weg zur angesagten Döner-Bude, sondern präsentieren die Meinungen anderer Kunden und bieten Alternativen an. Und mit der Funktechnologie Bluetooth lassen sich im Handumdrehen Geräte in Reichweite ansprechen und vernetzen. Dies und noch viel mehr ist möglich, weil die Android-Plattform eine beeindruckende Sensoren- und Schnittstellenphalanx beinhaltet, die von allen Apps genutzt werden kann.

8.1 Sensoren

Android stellt seine Sensoren über eine Instanz der Klasse SensorManager zur Verfügung. Wie Sie diese verwenden, zeige ich Ihnen anhand des Projekts *SensorDemo1*. Die gleichnamige App (sie ist in Abbildung 8.1 zu sehen) ermittelt alle zur Verfügung stehenden Sensoren und gibt unter anderem deren Namen, Hersteller und Version aus. Außerdem verbindet sich das Programm mit dem Helligkeitssensor des Geräts und zeigt die gemessenen Werte an. Sensoren lassen sich grob in drei Kategorien unterteilen:

- *Bewegungssensoren* messen Beschleunigungs- und Drehkräfte entlang dreier Achsen. Zu dieser Kategorie gehören Accelerometer, Gyroskop und Gravitationsmesser.
- *Umweltsensoren* erfassen verschiedene Parameter der Umwelt, beispielsweise die Umgebungstemperatur, den Luftdruck, Feuchtigkeit und Helligkeit. Zu dieser Kategorie gehören Barometer, Photometer und Thermometer.
- *Positionssensoren* ermitteln die Position bzw. die Lage eines Geräts im Raum. Diese Kategorie beinhaltet Orientierungssensoren sowie Magnetometer.

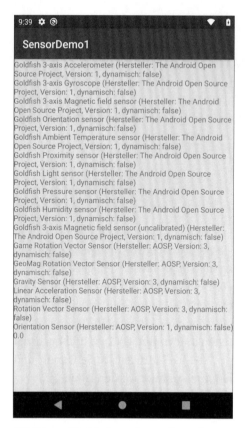

Abbildung 8.1 Die App »SensorDemo1«

Welche Messfühler einer App zur Verfügung stehen, hängt sowohl von der Plattformversion als auch von der Hardware ab, auf der die App ausgeführt wird. Android hat im Laufe der Zeit nämlich kontinuierlich neue Sensoren »gelernt«. Sensoren können durch Hard- oder Software realisiert werden. Je nach Typ verbrauchen sie viel oder wenig Strom. Einige liefern kontinuierlich Daten, andere nur, wenn sich seit der letzten Messung etwas geändert hat. Die Nutzung der Sensoren erfolgt primär über die Klasse android.hardware.SensorManager, die ich nun ausführlich vorstellen werde.

8.1.1 Die Klasse »SensorManager«

Die Methode onCreate() meiner Beispielklasse SensorDemo1Activity kümmert sich nur um das Laden und Anzeigen der Benutzeroberfläche. Alle sensorbezogenen Aktivitäten finden in onResume() und onPause() statt. Beim Fortsetzen der Activity wird mit getSystemService(SensorManager::class.java) die Referenz auf ein Objekt des Typs android.hardware.SensorManager ermittelt. Diese Methode ist in allen von android.content.Context abgeleiteten Klassen vorhanden, beispielsweise android.app.

Activity und android.app.Service. Anschließend können Sie mit getSensorList() herausfinden, welche Sensoren in Ihrer App zur Verfügung stehen. name, vendor und version liefern den Namen, den Hersteller und die Version des Sensors. Mit isDynamicSensor können Sie ermitteln, ob ein Sensor dynamisch ist. Was es damit auf sich hat, erkläre ich Ihnen im folgenden Abschnitt.

Beim Aufruf von getSensorList() können Sie anstelle von TYPE_ALL die übrigen mit TYPE_ beginnenden Konstanten der Klasse Sensor nutzen, um nach einer bestimmten Art von Sensor »Ausschau zu halten«. Beispielsweise begrenzt TYPE_LIGHT die Trefferliste auf Helligkeitssensoren. TYPE_STEP_DETECTOR liefert Schrittdetektoren; solche Sensoren melden sich, wenn der Nutzer einen Fuß mit genügend »Schwung« auf den Boden stellt, also einen Schritt macht. In Abschnitt 8.1.3, »Ein Schrittzähler«, erfahren Sie mehr darüber.

Wenn Sie die Art des gewünschten Sensors schon kennen, ist es meist einfacher, anstelle von getSensorList() die Methode getDefaultSensor() aufzurufen. Allerdings weist die Android-Dokumentation darauf hin, dass diese Methode unter Umständen einen Sensor liefert, der gefilterte oder gemittelte Werte produziert. Möchten Sie dies – zum Beispiel aus Genauigkeitsgründen – nicht, dann verwenden Sie getSensorList(). Neben ihren Namen und Herstellern liefern Sensoren eine ganze Menge an Informationen, beispielsweise zu ihrem Stromverbrauch (power), ihrem Wertebereich (maximumRange) und ihrer Genauigkeit (resolution).

```
package com.thomaskuenneth.androidbuch.sensordemo1

import android.hardware.Sensor
import android.hardware.SensorEvent
import android.hardware.SensorEventListener
import android.hardware.SensorManager
import android.hardware.SensorManager.DynamicSensorCallback
import android.os.*
import android.util.Log
import androidx.appcompat.app.AppCompatActivity
import kotlinx.android.synthetic.main.activity_main.*

private val TAG = SensorDemo1Activity::class.simpleName
class SensorDemo1Activity : AppCompatActivity() {
  private lateinit var manager: SensorManager
  private val map = HashMap<String, Boolean>()
  private val listener = object : SensorEventListener {
    override fun onAccuracyChanged(sensor: Sensor,
                  accuracy: Int) {
      Log.d(TAG, "onAccuracyChanged(): $accuracy")
    }
```

```kotlin
    override fun onSensorChanged(event: SensorEvent) {
      if (event.values.isNotEmpty()) {
        val light = event.values[0]
        var text = light.toString()
        if (SensorManager.LIGHT_SUNLIGHT <= light &&
            light <= SensorManager.LIGHT_SUNLIGHT_MAX) {
          text = getString(R.string.sunny)
        }
        // jeden Wert nur einmal ausgeben
        if (!map.containsKey(text)) {
          map[text] = true
          text += "\n"
          textview.append(text)
        }
      }
    }
  }

  private val callback = object : DynamicSensorCallback() {
    override fun onDynamicSensorConnected(sensor: Sensor) {
      textview.append(getString(R.string.connected,
          sensor.name))
    }

    override fun onDynamicSensorDisconnected(sensor: Sensor) {
      textview.append(getString(R.string.disconnected,
          sensor.name))
    }
  }

  private var listenerWasRegistered = false
  private var callbackWasRegistered = false

  override fun onCreate(savedInstanceState: Bundle?) {
    super.onCreate(savedInstanceState)
    setContentView(R.layout.activity_main)
  }

  override fun onResume() {
    super.onResume()
    map.clear()
    textview.text = ""
```

```kotlin
    manager = getSystemService(SensorManager::class.java)
    // Liste der vorhandenen Sensoren ausgeben
    manager.getSensorList(Sensor.TYPE_ALL).forEach {
      textview.append(getString(R.string.template, it.name,
          it.vendor, it.version, it.isDynamicSensor.toString()))
    }
    // Helligkeitssensor ermitteln
    manager.getDefaultSensor(Sensor.TYPE_LIGHT)?.also { sensor ->
      manager.registerListener(listener, sensor,
          SensorManager.SENSOR_DELAY_NORMAL)
      listenerWasRegistered = true
    } ?: textview.append(getString(R.string.no_seonsor))
    // Callback für dynamische Sensoren
    if (manager.isDynamicSensorDiscoverySupported) {
      manager.registerDynamicSensorCallback(callback,
          Handler(Looper.getMainLooper()))
      callbackWasRegistered = true
    }
  }

  override fun onPause() {
    super.onPause()
    if (listenerWasRegistered) {
      manager.unregisterListener(listener)
    }
    if (callbackWasRegistered) {
      manager.unregisterDynamicSensorCallback(callback)
    }
  }
}
```

Listing 8.1 Die Klasse »SensorDemo1Activity«

Seit *API-Level 21* kennt die Methode getDefaultSensor() einen optionalen zweiten Parameter. Er steuert, ob das System sogenannte *Wake-up-* oder *Non-Wake-up*-Sensoren liefert. Der Unterschied besteht darin, ob Sensoren für das Melden von Daten den SoC (*System on a Chip*) aus dem Ruhezustand aufwecken und das Wechseln in diesen Modus verhindern (wake-up) oder nicht (non-wake-up). Sofern Sensordaten nur während der Ausführung einer Activity erhoben und angezeigt werden, ist die Unterscheidung irrelevant. Für eine möglichst unterbrechungsfreie Aufzeichnung im Hintergrund sind Wake-up-Sensoren die bessere Wahl. Andernfalls muss die App selbstständig dafür sorgen, dass der SoC nicht in den Ruhezustand wechselt. Weitere Informationen finden Sie unter *https://source.android.com/devices/sensors/suspend-mode.html*.

SensorEventListener

Mit den Methoden registerListener() und unregisterListener() der Klasse SensorManager können Sie sich über Sensorereignisse informieren lassen sowie entsprechende Benachrichtigungen wieder deaktivieren. registerListener() erwartet ein Objekt des Typs android.hardware.SensorEventListener, den Sensor sowie eine Angabe zur Häufigkeit, mit der Wertänderungen übermittelt werden sollen. Sie können einen vordefinierten Wert, zum Beispiel SensorManager.SENSOR_DELAY_NORMAL, oder eine Zeitspanne in Mikrosekunden übergeben. Android garantiert die Einhaltung dieses Wertes allerdings nicht. Sensorereignisse können also häufiger oder seltener zugestellt werden.

Das Activity-Methodenpaar onResume() und onPause() bietet sich an, um SensorEventListener zu registrieren bzw. zu entfernen. Prüfen Sie genau, ob das Sammeln von Sensordaten auch dann erforderlich ist, wenn Ihre Activity nicht ausgeführt wird. Je nach Sensor kann das Messen nämlich in erheblichem Maße Strom verbrauchen.

SensorEventListener-Objekte implementieren die Methoden onAccuracyChanged() und onSensorChanged(). Erstere wird aufgerufen, wenn sich die Genauigkeit eines Sensors geändert hat. Wie wichtig diese Information ist, hängt von der Art des verwendeten Messfühlers ab. Sollte es beispielsweise Probleme beim Ermitteln der Herzfrequenz geben, weil der Sensor kalibriert werden muss (SENSOR_STATUS_UNRELIABLE) oder weil er keinen Körperkontakt hat (SENSOR_STATUS_NO_CONTACT), dann sollte Ihre App auf jeden Fall einen entsprechenden Hinweis anzeigen. Ist hingegen die Genauigkeit des Barometers nicht mehr hoch (SENSOR_STATUS_ACCURACY_HIGH), sondern nur noch durchschnittlich (SENSOR_STATUS_ACCURACY_MEDIUM), ist vielleicht keine diesbezügliche Aktion erforderlich.

Die Methode onSensorChanged() wird aufgerufen, wenn neue Sensordaten vorliegen. Die App *SensorDemo1* nutzt den Helligkeitssensor eines Geräts und gibt je nach Helligkeit den gemessenen Wert oder den Text »sonnig« aus. Die Klasse SensorManager enthält zahlreiche Konstanten, die sich auf die vorhandenen Ereignistypen beziehen. Auf diese Weise können Sie, wie im Beispiel zu sehen ist, das Ergebnis der Helligkeitsmessung auswerten, ohne selbst in entsprechenden Tabellen nachschlagen zu müssen.

Tipp

Liefert die Sensor-Methode isAdditionalInfoSupported() den Wert true, kann ein Sensor über einen neuen Mechanismus weitere, zusätzliche Informationen preisgeben. Sie sind in der Klasse SensorAdditionalInfo enthalten. Um solche Objekte zu empfangen, registrieren Sie mit registerListener() anstelle von SensorEventListener ein Objekt des Typs SensorEventCallback und überschreiben zusätzlich die Methode onSensorAdditionalInfo().

Welche Werte in dem `SensorEvent`-Objekt übermittelt werden und wie Sie diese interpretieren, hängt vom verwendeten Sensor ab. Beispielsweise liefert der Umgebungstemperatursensor (`TYPE_AMBIENT_TEMPERATURE`) in `values[0]` die Raumtemperatur in Grad Celsius. Luftdruckmesser (`Sensor.TYPE_PRESSURE`) tragen dort hingegen den atmosphärischen Druck in Millibar ein.

Die von einem Android-Gerät oder dem Emulator zur Verfügung gestellten Sensoren können Sie erst zur Laufzeit Ihrer App ermitteln. Selbstverständlich sollten Sie nicht einfach Ihre Activity beenden, wenn ein benötigter Sensor nicht zur Verfügung steht, sondern einen entsprechenden Hinweis ausgeben.

Mithilfe des Elements `<uses-feature>` der Manifestdatei können Sie die Sichtbarkeit in *Google Play* auf geeignete Geräte einschränken. Hierzu ein Beispiel:

```
<uses-feature android:name="android.hardware.sensor.barometer"
   android:required="true" />
```

Apps, deren Manifest ein solches Element enthält, werden in Google Play nur auf Geräten angezeigt, in die ein Barometer eingebaut ist. Beachten Sie hierbei aber, dass diese Filterung eine Installation nicht verhindert, falls die App auf anderem Wege auf das Gerät gelangt ist. Deshalb ist es wichtig, vor der Nutzung eines Sensors seine Verfügbarkeit wie weiter oben gezeigt zu prüfen.

8.1.2 Dynamische Sensoren und Trigger

Mit Android 7 hat Google sogenannte *dynamische Sensoren* eingeführt. Bisher war es so, dass ein Sensor entweder immer »da ist« (weil er in ein Smartphone oder Tablet eingebaut wurde) oder eben nicht. Was aber wäre, wenn man ein Gerät durch Module erweitern und je nach Bedarf Sensoren andocken oder abklemmen könnte? Google hatte mit dem Projekt *Ara* die Vision eines voll modularen Smartphones. Unglücklicherweise wurde es eingestellt, aber es ist möglich, dass andere Hersteller die Idee irgendwann wieder aufgreifen.

Apps können über `isDynamicSensorDiscoverySupported` abfragen, ob das System das Erkennen von dynamischen Sensoren unterstützt. In diesem Fall lässt sich mit `registerDynamicSensorCallback()` ein Objekt des Typs `DynamicSensorCallback` registrieren. Seine Methoden `onDynamicSensorConnected()` und `onDynamicSensorDisconnected()` werden nach dem Verbinden bzw. Trennen eines dynamischen Sensors aufgerufen. Dies ist in Listing 8.1 zu sehen.

Analog zu `SensorManager.getSensorList()` können Sie übrigens mit `getDynamicSensorList()` die Liste aller aktuell bekannten dynamischen Sensoren eines Typs abfragen.

Trigger-Sensoren

Viele Daten (zum Beispiel Temperatur, Luftdruck und Helligkeit) können bei Bedarf kontinuierlich erfasst werden, denn sie liegen immer vor. Deshalb ist es bewährte Praxis, Listener nur bei Bedarf zu registrieren und nach Gebrauch wieder zu entfernen. Je nach Sensor ist der Akku des Geräts sonst möglicherweise schnell leer. Eine Ausnahme von dieser Regel stelle ich Ihnen übrigens im nächsten Abschnitt vor. Es gibt aber auch Ereignisse, die unvorhersehbar irgendwann eintreten; dann ist eine kontinuierliche Messung sinnlos.

Für solche Fälle kennt Android *Trigger*-Sensoren. Der *Significant-Motion*-Sensor ist ein Trigger. Er meldet sich, wenn das System eine Bewegung erkennt, die wahrscheinlich zu einer Positionsänderung führt. Dies ist beim Laufen, Fahrrad- oder Autofahren der Fall. Trigger-Sensoren liefern beim Zugriff auf reportingMode den Wert REPORTING_MODE_ONE_SHOT. Um einen solchen Sensor zu aktivieren, registrieren Sie nicht mit SensorManager.register() einen SensorEventListener, sondern rufen requestTriggerSensor() auf und übergeben der Methode ein TriggerEventListener-Objekt. Dessen Methode onTrigger() wird vom System aufgerufen, wenn der Trigger aktiviert wurde. Danach wird der Trigger automatisch deaktiviert. Um erneut informiert zu werden, müssen Sie deshalb wieder requestTriggerSensor() aufrufen.

Mein Beispiel *SensorDemo2* fasst dies in einer kompakten App zusammen. Sie funktioniert folgendermaßen: Nach dem Start wartet die App auf eine plötzliche Bewegung und gibt dann die aktuelle Uhrzeit aus. Nach einem Klick auf WEITER beginnt der Vorgang von vorne. Bei Gerätedrehungen merkt sie sich den aktuellen Zustand. Und so sieht die Hauptklasse SensorDemo2Activity aus:

```kotlin
package com.thomaskuenneth.androidbuch.sensordemo2

import android.hardware.Sensor
import android.hardware.SensorManager
import android.hardware.TriggerEvent
import android.hardware.TriggerEventListener
import android.os.Bundle
import android.view.View
import androidx.appcompat.app.AppCompatActivity
import kotlinx.android.synthetic.main.activity_main.*
import java.text.DateFormat
import java.util.*

private const val KEY1 = "shouldCallWaitForTriggerInOnResume"
private const val KEY2 = "tv"
class SensorDemo2Activity : AppCompatActivity() {
    private val dateFormat = DateFormat.getTimeInstance()
```

```kotlin
private val listener = object : TriggerEventListener() {
  override fun onTrigger(event: TriggerEvent) {
    shouldCallWaitForTriggerInOnResume = false
    button.visibility = View.VISIBLE
    textview.text = dateFormat.format(Date())
  }
}
private var shouldCallWaitForTriggerInOnResume = false
private var sensor: Sensor? = null
private lateinit var manager: SensorManager

override fun onCreate(savedInstanceState: Bundle?) {
  super.onCreate(savedInstanceState)
  setContentView(R.layout.activity_main)
  button.setOnClickListener {
    shouldCallWaitForTriggerInOnResume = true
    waitForTrigger()
  }
  manager = getSystemService(SensorManager::class.java)
  sensor = manager.getDefaultSensor(Sensor.TYPE_SIGNIFICANT_MOTION)
  sensor?.also {
    shouldCallWaitForTriggerInOnResume = true
    savedInstanceState?.run {
      shouldCallWaitForTriggerInOnResume = getBoolean(KEY1)
      textview.text = getString(KEY2)
    }
  } ?: run {
    shouldCallWaitForTriggerInOnResume = false
    button.visibility = View.GONE
    textview.setText(R.string.no_sensors)
  }
}

override fun onSaveInstanceState(outState: Bundle) {
  super.onSaveInstanceState(outState)
  outState.putBoolean(KEY1, shouldCallWaitForTriggerInOnResume)
  outState.putString(KEY2, textview.text.toString())
}

override fun onResume() {
  super.onResume()
  sensor?.let {
    if (shouldCallWaitForTriggerInOnResume) {
```

```
          waitForTrigger()
        }
      }
    }

    override fun onPause() {
      super.onPause()
      sensor?.let {
        manager.cancelTriggerSensor(listener, sensor)
      }
    }

    private fun waitForTrigger() {
      button.visibility = View.GONE
      textview.setText(R.string.wait)
      manager.requestTriggerSensor(listener, sensor)
    }
  }
```

Listing 8.2 Die Klasse »SensorDemo2Activity«

In onCreate() wird als Erstes die Benutzeroberfläche angezeigt und danach mit get-DefaultSensor(Sensor.TYPE_SIGNIFICANT_MOTION) der Standard-Trigger-Sensor ermittelt. Aktiviert wird er durch den Aufruf von requestTriggerSensor(). Das geschieht allerdings in onResume(). Hierzu rufe ich die private Methode waitForTrigger() auf. Gleiches passiert beim Anklicken des Buttons button. Beim Pausieren (onPause()) wird der Sensor mit cancelTriggerSensor() deaktiviert.

Um beim Drehen des Geräts den aktuellen Zustand speichern und wiederherstellen zu können, habe ich onSaveInstanceState() überschrieben. Meine Implementierung schreibt zwei Werte, die Boolean-Variable shouldCallWaitForTriggerInOnResume sowie den Inhalt des Textfeldes textview. Beide werden gegebenenfalls in onCreate() wieder gesetzt, wenn savedInstanceState nicht null ist. Möchten Sie, dass Ihre App auch dann informiert wird, wenn keine Activity abgearbeitet wird, müssen Sie die beiden Methodenaufrufe in einen Service auslagern. Geht das Gerät aber in den Ruhezustand, während SensorDemo2Activity aktiv ist, wird die Aktivität nach dem Aufwachen des Geräts aktualisiert. Der *Significant-Motion*-Sensor arbeitet nämlich weiter, während das Gerät schläft.

Vielleicht ist Ihnen beim Stöbern in der Dokumentation aufgefallen, dass die Klasse TriggerEvent einen Zeitstempel enthält, der den Zeitpunkt des Auftretens in Nanosekunden angibt. Dieser Wert ist nicht dafür gedacht, Uhrzeiten oder Datumsangaben abzuleiten. Er sollte nur verwendet werden, um Abstände zwischen Aufrufen eines Sensors zu ermitteln.

8.1.3 Ein Schrittzähler

In diesem Abschnitt sehen wir uns einen weiteren Sensor an, den Schrittzähler. Er meldet die Anzahl der Schritte seit dem letzten Start des Geräts, allerdings nur, solange er aktiviert ist. Google empfiehlt in der Dokumentation deshalb, **nicht** die Methode unregisterListener() aufzurufen, wenn Langzeitmessungen erfolgen sollen. Diese sind unproblematisch, weil der Sensor in Hardware implementiert ist und wenig Strom verbraucht. Befindet sich das Gerät im Ruhemodus, werden bei aktiviertem Sensor weiterhin Schritte gezählt und nach dem Wiederaufwachen gemeldet. Alles in allem eine wirklich praktische Angelegenheit.

Abbildung 8.2 Die App »SensorDemo3«

Vielleicht fragen Sie sich, was passiert, wenn Sie die Anzahl der Schritte ganz bewusst zurücksetzen möchten. Da der Zähler die Schritte seit dem letzten Systemstart zählt, müssten Sie das Smartphone oder Tablet neu starten. Das klingt nicht sehr elegant. In meiner App *SensorDemo3* (sie ist in Abbildung 8.2 zu sehen) zeige ich Ihnen, wie Sie dieses Problem mit SharedPreferences und einem Broadcast Receiver lösen. Bitte sehen Sie sich Listing 8.3 an. Als Erstes fällt auf, dass es neben der Klasse SensorDemo3-Activity die Toplevel-Funktionen updateSharedPrefs() und getSharedPreferences() (sie ist privat) enthält. Wir brauchen sie für das Zurücksetzen des Zählers. Ich komme etwas später darauf zurück.

In der Methode onCreate() wird die Benutzeroberfläche geladen und angezeigt. Da ab Android 10 Schrittzähler-Ereignisse nur dann an Apps gemeldet werden, wenn diese die Berechtigung ACTIVITY_RECOGNITION angefordert haben und der Nutzer sie auch gewährt hat, findet eine Fallunterscheidung statt: Wurde die Berechtigung schon erteilt oder ist das gar nicht nötig, weil die Android-Version älter ist, wird durch Aufruf der Methode showStepCounterUi() die Schrittzähler-Oberfläche dargestellt. Andernfalls erscheint ein Hinwies, dass die Berechtigung noch fehlt, sowie ein Button. Ein Klick auf ANFORDERN führt requestPermissions() aus. In onRequestPermissionsResult() wird ebenfalls showStepCounterUi() aufgerufen.

getSystemService() und getDefaultSensor() liefern wie gehabt Referenzen auf Objekte des Typs SensorManager bzw. Sensor. In showStepCounterUi() wird je nach Zustand des Schalters on_off entweder registerListener() oder unregisterListener() aufgerufen. Das sonst übliche Deaktivieren des Sensors in onPause() entfällt. Sie erinnern sich: Google rät zu diesem Vorgehen, um Langzeitmessungen vornehmen zu können. Sie sollten in Ihrer App auf jeden Fall eine Möglichkeit vorsehen, den Sensor zu deaktivieren.

```
package com.thomaskuenneth.androidbuch.sensordemo3

import android.Manifest
import android.content.Context
import android.content.pm.PackageManager
import android.hardware.Sensor
import android.hardware.SensorEvent
import android.hardware.SensorEventListener
import android.hardware.SensorManager
import android.os.*
import androidx.appcompat.app.AppCompatActivity
import kotlinx.android.synthetic.main.activity_main.*
import kotlinx.android.synthetic.main.no_permission.*

private const val PREFERENCES_KEY = "last"
private const val REQUEST_ACTIVITY_RECOGNITION = 123
fun updateSharedPrefs(
  context: Context?,
  last: Int
) {
  val edit = getSharedPreferences(context)?.edit()
  edit?.putInt(PREFERENCES_KEY, last)
  edit?.apply()
}
```

```kotlin
private fun getSharedPreferences(context: Context?) = context?
  .getSharedPreferences(
    SensorDemo3Activity::class.simpleName,
    Context.MODE_PRIVATE
  )

class SensorDemo3Activity : AppCompatActivity(), SensorEventListener {
  private lateinit var manager: SensorManager
  private var sensor: Sensor? = null
  private var hasSensor = false
  private var last = 0

  override fun onCreate(savedInstanceState: Bundle?) {
    super.onCreate(savedInstanceState)
    manager = getSystemService(SensorManager::class.java)
    sensor = manager.getDefaultSensor(Sensor.TYPE_STEP_COUNTER)
    hasSensor = sensor != null
    if (Build.VERSION.SDK_INT >= Build.VERSION_CODES.Q &&
      checkSelfPermission(Manifest.permission.ACTIVITY_RECOGNITION)
        != PackageManager.PERMISSION_GRANTED
    ) {
      setContentView(R.layout.no_permission)
      button_permission.setOnClickListener {
        requestPermissions(
          arrayOf(Manifest.permission.ACTIVITY_RECOGNITION),
          REQUEST_ACTIVITY_RECOGNITION
        )
      }
    } else {
      showStepCounterUi()
    }
  }

  override fun onRequestPermissionsResult(
    requestCode: Int,
    permissions: Array<out String>,
    grantResults: IntArray
  ) {
    super.onRequestPermissionsResult(requestCode, permissions,
                                     grantResults)
    if (requestCode == REQUEST_ACTIVITY_RECOGNITION &&
      grantResults.isNotEmpty() &&
```

```kotlin
      grantResults[0] == PackageManager.PERMISSION_GRANTED
    ) {
      showStepCounterUi()
    }
}

override fun onSensorChanged(sensorEvent: SensorEvent) {
  val values = sensorEvent.values
  updateSteps(values[0].toInt())
}

override fun onAccuracyChanged(sensor: Sensor?, i: Int) {
}

private fun updateSteps(currentSteps: Int) {
  last = currentSteps
  steps.text = "${currentSteps - getLastStoredStepCount()}"
}

private fun getLastStoredStepCount() = getSharedPreferences(this)
  ?.getInt(PREFERENCES_KEY, 0) ?: 0

private fun showStepCounterUi() {
  setContentView(R.layout.activity_main)
  reset.setOnClickListener {
    updateSharedPrefs(this, last)
    updateSteps(last)
  }
  on_off.setOnCheckedChangeListener { _, isChecked ->
    if (isChecked) {
      manager.registerListener(
        this, sensor,
        SensorManager.SENSOR_DELAY_UI
      )
    } else {
      manager.unregisterListener(this)
    }
  }
  on_off.isEnabled = hasSensor
  on_off.isChecked = hasSensor
  reset.isEnabled = hasSensor
  steps.text = getString(
    if (!hasSensor) {
      R.string.no_sensor
```

```
      } else {
        R.string.waiting
      }
    )
  }
}
```

Listing 8.3 Die Datei »SensorDemo3Activity.kt«

In onSensorChanged() wird aus dem Feld sensorEvent.values die Anzahl der Schritte seit dem letzten Systemstart ausgelesen und der privaten Methode updateSteps() übergeben. Diese sieht in den anwendungsspezifischen Voreinstellungen nach, ob dort ein Schlüssel mit dem Namen »last« (in der String-Konstante PREFERENCES_KEY hinterlegt) gespeichert wurde. Falls ja, wird der gespeicherte Wert von der Anzahl der Schritte seit dem letzten Systemstart abgezogen. Wenn der Anwender die Schaltfläche ZURÜCKSETZEN anklickt, wird in den Voreinstellungen der aktuelle Zählerstand gespeichert. Damit lässt sich ohne großen Aufwand das Zurücksetzen des Schrittzählers nachbauen. Eine Kleinigkeit gibt es aber zu beachten: Wenn das Gerät neu gestartet wurde, muss der gespeicherte Wert selbst auf 0 gesetzt werden, damit die App-Anzeige nicht verfälscht wird. Deshalb registriere ich in der Manifestdatei einen Receiver, der auf android.intent.action.BOOT_COMPLETED reagiert. Die Implementierung ist einfach. Sie ist in Listing 8.4 zu sehen:

```
package com.thomaskuenneth.androidbuch.sensordemo3

import android.content.BroadcastReceiver
import android.content.Context
import android.content.Intent

class BootCompletedReceiver : BroadcastReceiver() {
  override fun onReceive(context: Context?, intent: Intent) {
    if (Intent.ACTION_BOOT_COMPLETED == intent.action) {
      updateSharedPrefs(context, 0)
    }
  }
}
```

Listing 8.4 Die Klasse »BootCompletedReceiver«

Durch Aufruf der Toplevel-Funktion updateSharedPrefs() wird der beim letzten Anklicken der Schaltfläche ZURÜCKSETZEN gespeicherte Wert mit 0 überschrieben, und damit stimmt die Berechnung der Schritte wieder. Damit verlassen wir den spannenden Bereich der klassischen Sensoren. Im Folgenden kümmern wir uns um Standortbestimmungen und um die Integration in Google Maps.

8.2 GPS und ortsbezogene Dienste

Eine sehr nützliche Fähigkeit von Smartphones und Tablets ist, den aktuellen Standort ermitteln zu können. Wer in einer fremden Stadt schon einmal schnellstmöglich den Bahnhof erreichen oder einen Geldautomaten finden musste, möchte den Komfort solcher Apps sicherlich nicht mehr missen. Dabei sind die Einsatzgebiete ortsbezogener Dienste noch lange nicht vollständig ausgelotet. Haben Sie Lust bekommen, sich damit zu beschäftigen? Android bietet komfortable und einfach zu nutzende Programmierschnittstellen an. Lassen Sie Ihrer Kreativität freien Lauf.

8.2.1 Den aktuellen Standort ermitteln

Die App *LocationDemo1* (Abbildung 8.3) gibt den aktuellen Standort aus und zeigt Informationen zu *Location Providern* an – sie sind für die Standortbestimmung zuständig. Die Hauptklasse LocationDemo1Activity (Listing 8.5) lädt in der Methode onCreate() die Benutzeroberfläche und zeigt sie an. Dann wird geprüft, ob der Benutzer die Standortbestimmung bereits erlaubt hat. Falls nicht, wird die entsprechende Berechtigung angefordert. Android kennt drei:

1. ACCESS_COARSE_LOCATION erlaubt eine ungefähre Ortsbestimmung.
2. ACCESS_FINE_LOCATION erlaubt eine genaue Ermittlung des Standortes.
3. ACCESS_BACKGROUND_LOCATION erlaubt die Standortbestimmung im Hintergrund. Sie müssen zusätzlich ACCESS_FINE_LOCATION oder ACCESS_COARSE_LOCATION beantragen.

Alle drei sind gefährliche Berechtigungen. Sie müssen in der Manifestdatei eingetragen und durch Aufruf der Methoden checkSelfPermission() und requestPermissions() geprüft und angefordert werden. Wurde ACCESS_FINE_LOCATION gewährt, gilt dies implizit auch für ACCESS_COARSE_LOCATION. Die eigentliche Arbeit (das Anzeigen aller Provider und Informationen zu ihnen) geschieht in der privaten Methode doIt().

getSystemService(LocationManager::class.java) liefert ein Objekt des Typs android.location.LocationManager und ermöglicht den Zugriff auf alle ortsbezogenen Funktionen des Systems. Sie können mit requestLocationUpdates() einen Listener registrieren, um unterrichtet zu werden, sobald sich der Standort des Geräts ändert. Mein Code ruft diese Methode allerdings in onResume() auf. Wenn möglich, sollten Sie nämlich nur so lange den Standort abfragen, wie die Activity aktiv ist. Um den Listener wieder zu entfernen, rufen Sie removeUpdates() auf. onPause() ist (analog zu onResume()) eine gute Wahl.

Mit der LocationManager-Methode getAllProviders() (oder in Kotlin einfach allProviders) ermitteln Sie, welche Location Provider vorhanden sind. Sie liefert eine Liste mit den Namen der grundsätzlich verfügbaren Provider. Einen solchen Namen übergeben Sie an getProvider().

Abbildung 8.3 Die App »LocationDemo1«

Vorher sollten Sie aber unbedingt mit isProviderEnabled() seine Verfügbarkeit prüfen. Alternativ können Sie getProviders(true) aufrufen – dann erhalten Sie nur die aktiven. getProvider() liefert eine Instanz des Typs android.location.LocationProvider. Die Klasse bietet einige Auskunftsmethoden an. Beispielsweise können Sie ermitteln, ob der Provider für die Standortbestimmung einen Satelliten, einen Sendemast oder ein Netzwerk erfordert (requiresCell(), requiresNetwork() oder requiresSatellite()).

```
package com.thomaskuenneth.androidbuch.locationdemo1

import android.Manifest
import android.content.pm.PackageManager
import android.location.Criteria
import android.location.Location
import android.location.LocationListener
import android.location.LocationManager
import android.os.Bundle
```

```kotlin
import androidx.appcompat.app.AppCompatActivity
import kotlinx.android.synthetic.main.activity_main.*

private const val REQUEST_FINE_LOCATION = 123
class LocationDemo1Activity : AppCompatActivity() {
  private val listener = object : LocationListener {
    override fun onStatusChanged(
      provider: String, status: Int,
      extras: Bundle
    ) {
      tv.append("onStatusChanged()\n")
    }

    override fun onProviderEnabled(provider: String) {
      tv.append("onProviderEnabled()\n")
    }

    override fun onProviderDisabled(provider: String) {
      tv.append("onProviderDisabled()\n")
    }

    override fun onLocationChanged(loc: Location) {
      tv.append("\nonLocationChanged()\n")
      tv.append("Breite: ${loc.latitude}\nLänge: ${loc.longitude}\n")
    }
  }

  private lateinit var manager: LocationManager
  private lateinit var provider: String

  override fun onCreate(savedInstanceState: Bundle?) {
    super.onCreate(savedInstanceState)
    setContentView(R.layout.activity_main)
    tv.text = ""
    if (checkSelfPermission(Manifest.permission.ACCESS_FINE_LOCATION)
      != PackageManager.PERMISSION_GRANTED
    ) {
      requestPermissions(
        arrayOf(Manifest.permission.ACCESS_FINE_LOCATION),
        REQUEST_FINE_LOCATION
      )
    } else {
      doIt()
    }
```

```kotlin
  }

  override fun onRequestPermissionsResult(
    requestCode: Int,
    permissions: Array<String>,
    grantResults: IntArray
  ) {
    if (requestCode == REQUEST_FINE_LOCATION &&
      grantResults.isNotEmpty() && grantResults[0] ==
      PackageManager.PERMISSION_GRANTED
    ) {
      doIt()
    }
  }

  override fun onResume() {
    super.onResume()
    if (checkSelfPermission(Manifest.permission.ACCESS_FINE_LOCATION)
      == PackageManager.PERMISSION_GRANTED
    ) {
      try {
        manager.requestLocationUpdates(provider, 3000L, 0.0f, listener)
      } catch (t: Throwable) {
        tv.append("${t.message}\n")
      }
    }
  }

  override fun onPause() {
    super.onPause()
    if (checkSelfPermission(Manifest.permission.ACCESS_FINE_LOCATION)
      == PackageManager.PERMISSION_GRANTED
    ) {
      manager.removeUpdates(listener)
    }
  }

  private fun doIt() {
    manager = getSystemService(LocationManager::class.java)
    // Liste mit Namen aller Provider ausgeben
    val providers: List<String> = manager.allProviders
    for (name in providers) {
      val enabled: Boolean = manager.isProviderEnabled(name)
      tv.append("Name: $name\n")
```

```
        tv.append(" --> isProviderEnabled(): $enabled\n")
        if (!enabled) {
          continue
        }
        val p = manager.getProvider(name)
        tv.append(" --> requiresCell(): ${p?.requiresCell()}\n")
        tv.append(" --> requiresNetwork(): ${p?.requiresNetwork()}\n")
        tv.append(" --> requiresSatellite(): ${p?.requiresSatellite()}\n")
      }
      // Provider mit grober Auflösung
      // und niedrigem Energieverbrauch
      val criteria = Criteria()
      criteria.accuracy = Criteria.ACCURACY_COARSE
      criteria.powerRequirement = Criteria.POWER_LOW
      provider = manager.getBestProvider(criteria, true) ?: ""
      tv.append("\nVerwende $provider\n")
      val loc = Location(LocationManager.GPS_PROVIDER)
      loc.latitude = Location.convert("49:27")
      loc.longitude = Location.convert("11:5")
      tv.append("latitude: ${loc.latitude}\nlongitude: ${loc.longitude}\n")
    }
}
```

Listing 8.5 Die Klasse »LocationDemo1Activity«

Warum gibt es eigentlich mehrere Location Provider? Sie können den Standort eines Geräts auf unterschiedliche Weise ermitteln. Die Nutzung des *Global Positioning Systems (GPS)* liefert recht genaue Positionen, funktioniert aber nur im Freien zuverlässig und benötigt vergleichsweise viel Strom. Eine andere Möglichkeit besteht darin, Informationen von Sendemasten oder Wi-Fi-Zugangspunkten auszuwerten, was natürlich nur klappt, wenn das Tablet oder Smartphone in ein Netz eingebucht ist. Jede Variante hat also spezifische Vor- und Nachteile. Android bietet deshalb mit getBest-Provider() die Möglichkeit, anhand von bestimmten Kriterien den am besten geeigneten Location Provider zu suchen.

[»] **Hinweis**

Welche Berechtigung Ihre App benötigt, hängt vom verwendeten Location Provider ab. *passive* und *gps* benötigen ACCESS_FINE_LOCATION. *network* gibt sich mit ACCESS_COARSE_LOCATION zufrieden. Schon seit Android 5 sollte in der Manifestdatei mit <uses-feature ... /> zusätzlich zu den Berechtigungen das Feature android.hardware.location.gps oder android.hardware.location.network (oder beide) angefordert werden.

Mein Beispiel ermittelt den Namen eines Providers, der die Position nach Möglichkeit nur grob auflöst und mit einem niedrigen Energieverbrauch auskommt. Hierzu wird ein android.location.Criteria-Objekt erzeugt und durch Setzen von accuracy und powerRequirement konfiguriert. Falls Android keinen Provider findet, der den Kriterien entspricht, wird der am wenigsten abweichende geliefert. Mit dem Namen können Sie wie gewohnt die LocationManager-Methode getProvider() aufrufen. Mein Code tut dies nicht, weil der Name direkt an requestLocationUpdates() übergeben werden kann.

Es gibt zwei Möglichkeiten, den aktuellen Standort zu ermitteln. Die Methode getLastKnownLocation() des Location Managers liefert die letzte bekannte Position, die ein Location Provider ermittelt hat. Diese kann – muss aber nicht – dem aktuellen Aufenthaltsort entsprechen. Insofern bietet sich diese Methode vor allem an, um dem Anwender einen ersten Hinweis darauf zu geben, wo er sich befindet (oder zuletzt befunden hat). Beachten Sie aber, dass getLastKnownLocation() auch null liefern kann. Die zweite Variante besteht darin, einen LocationListener zu registrieren, der bei Positionsänderungen aufgerufen wird. Die hierfür zuständige Methode requestLocationUpdates() steht in zahlreichen Ausprägungen zur Verfügung, beispielsweise können Sie steuern, wie viel Zeit mindestens zwischen zwei Aufrufen der Callback-Methode onLocationChanged() liegen sollte.

Ortswechsel simulieren

Wenn Sie das Projekt *LocationDemo1* im Emulator ausprobieren, können Sie Positionswechsel simulieren, indem Sie die in Abbildung 8.4 gezeigten erweiterten Einstellungen öffnen und ggf. auf LOCATION klicken.

Die Methoden getLastKnownLocation() und onLocationChanged() liefern Instanzen der Klasse android.location.Location. Sie repräsentieren geografische Positionen (angegeben durch Länge und Breite) zu einem bestimmten Zeitpunkt. Informationen über Höhe, Geschwindigkeit und Richtung können zusätzlich vorhanden sein. Die Erde wird in 360 Längen- und 180 Breitengrade unterteilt. Da Letztere vom Äquator aus gezählt werden, liegen die beiden Pole bei 90° Nord bzw. Süd. Der Nullmeridian teilt die Längengrade in westlicher und östlicher Richtung.

Innerhalb eines Location-Objekts werden Länge und Breite als double gespeichert. Die textuelle Darstellung hängt von der gewünschten Genauigkeit ab. Aus diesem Grund können Sie mit der Methode convert() eine Zeichenkette in eine Fließkommazahl umwandeln. Auch die andere Richtung ist möglich. Hierzu ein Beispiel: Die ungefähre geografische Position von Nürnberg ist 49° 27' Nord und 11° 5' Ost. Grad und Minuten werden durch einen Doppelpunkt getrennt und dann als Zeichenkette an convert() übergeben. Dies ist am Ende von Listing 8.5 zu sehen. Soll aus einem double-Wert eine Zeichenkette bestehend aus Grad, Minuten und Sekunden erzeugt werden, übergeben Sie diesen an `convert()`. Der zweite Parameter steuert die Formatierung des Strings. Mögliche Werte sind `Location.FORMAT_DEGREES`, `FORMAT_MINUTES` und `FORMAT_SECONDS`.

Abbildung 8.4 Standort im Emulator simulieren

8.2.2 Positionen auf einer Karte anzeigen

In diesem Abschnitt zeige ich Ihnen, wie Sie den aktuellen Standort auf einer Google-Maps-Karte visualisieren können. Hierfür ist die Bibliothek *Google Play Services* erforderlich. Sie gestattet den Zugriff auf eine ganze Reihe von Google-Diensten, unter anderem *Drive*, *Fit* und *Wallet*. Für Sie als Entwickler hat die Nutzung dieser Komponente den Vorteil, dass neue Funktionen auch den Besitzern älterer Geräte zugutekommen. Auf der anderen Seite sind die Google Play Services recht umfangreich, benötigen also vergleichsweise viel Speicherplatz. Unglücklicherweise ist eine Nutzung von Googles Kartenmaterial ohne diese Bibliothek nur noch mit erheblichem Aufwand möglich.

Damit eine App Google Maps nutzen kann, muss sie einen Schlüssel übermitteln. Melden Sie sich unter *https://console.developers.google.com/* an, und erstellen Sie über die Dropdown-Liste im oberen Bereich ein neues Projekt. Als Nächstes weisen

Sie unter APIs & Dienste • Bibliothek dem Projekt das Maps SDK for Android zu. Jetzt müssen Sie noch unter Anmeldedaten einen neuen Schlüssel erstellen. Klicken Sie hierzu auf Anmeldedaten erstellen, und wählen Sie danach API-Schlüssel. Klicken Sie nicht auf Schliessen, sondern auf Schlüssel einschränken. Aktivieren Sie nun, wie in Abbildung 8.5 zu sehen, Android-Apps.

Der Maps-API-Schlüssel ist an das Zertifikat gebunden, mit dem Sie Ihre Apps signieren. Sie müssen deshalb den SHA1-Fingerabdruck des Zertifikats sowie einen Paketnamen eintragen. Öffnen Sie dazu in Android Studio das Werkzeugfenster Terminal, und wechseln Sie in den Unterordner *.android* Ihres Heimatverzeichnisses. Geben Sie anschließend das folgende Kommando in einer Zeile ein. Es ermittelt den Fingerabdruck für das Debug-Zertifikat, das während der Entwicklung verwendet wird. -storepass und -keypass nennen die Passwörter für den Keystore und den Schlüssel.

```
keytool -list -alias androiddebugkey -keystore debug.keystore -storepass android -keypass android
```

Auf der Webseite klicken Sie auf Hinzufügen und tragen »com.thomaskuenneth.androidbuch.locationdemo2« sowie die durch Doppelpunkt getrennten Hexadezimalwerte ein. Beim Paketnamen handelt es sich um den Inhalt des Attributs package im <manifest />-Element einer Manifestdatei. Klicken Sie zuerst auf Fertig und danach auf Speichern, um den API-Schlüssel zu generieren.

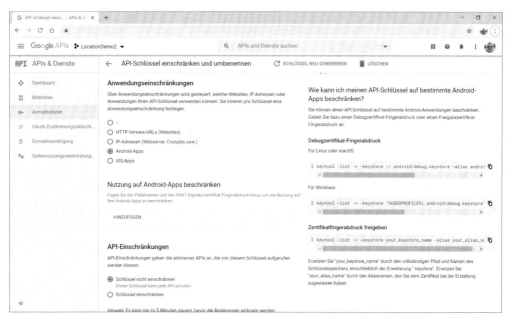

Abbildung 8.5 Die Seite »Zugangsdaten«

> **Hinweis**
> Um einen Schlüssel für den produktiven Einsatz zu generieren, wechseln Sie stattdessen in das Verzeichnis mit dem Schlüsselbund aus Abschnitt 3.3.1, »Die App vorbereiten«. Das einzugebende Kommando weicht ebenfalls leicht ab. Ersetzen Sie bei der Eingabe die Werte nach -alias und -keystore entsprechend Ihren Eingaben beim Anlegen des Schlüsselbundes, zum Beispiel keytool -list -alias thomas -keystore Android-Keyring.

Der Android Studio-Projektassistent enthält die Vorlage GOOGLE MAPS ACTIVITY. Mein Beispiel *LocationDemo2* basiert darauf. Sie ist sehr praktisch, weil unter *src/debug/res/values* und *src/release/res/values* die Datei *google_maps_api.xml* hinzugefügt wird. Diese wird für die Entwicklung bzw. für den Release-Build verwendet. Beide sind in Abbildung 8.6 zu sehen. Wechseln Sie im Werkzeugfenster PROJECT in die Sicht PROJECT, und navigieren Sie zum gewünschten Knoten. Ersetzen Sie den Wert (YOUR_KEY_HERE) des <string />-Elements mit dem Namen google_maps_key durch Ihren API-Schlüssel. Unter *debug* tragen Sie den Schlüssel ein, den Sie mit dem Fingerabdruck aus der Datei *debug.keystore* verbunden haben. Der *release*-Zweig enthält den API-Key, der zu Ihrem eigenen Produktionszertifikat passt.

Abbildung 8.6 Zwei Varianten der Datei »google_maps_api.xml«

> **Hinweis**
>
> Möglicherweise erscheint eine Meldung, dass das Gerät Google Play Services nicht unterstützt. In LOGCAT wird zudem die Meldung »Google Play Store is missing« ausgegeben. Um das Problem zu beheben, müssen Sie den Emulator mit einem Systemabbild betreiben, das die Google APIs beinhaltet. Laden Sie einfach ein entsprechendes Image herunter. Nach dem Start von *LocationDemo2* erwartet Sie in seltenen Fällen eine weitere Meldung, die Sie zum Herunterladen der Google Play Services auffordert. Dieser Download ist nötig, um mithilfe der Google Play Services auf Google Maps zuzugreifen. Nach dem Download ist die App dann aber einsatzbereit.

Bevor ich Ihnen zeige, wie Sie bestimmte geografische Koordinaten »ansteuern«, werfen wir einen kurzen Blick auf die vom Projektassistenten generierte Manifestdatei. Außer der angeforderten Berechtigung ACCESS_FINE_LOCATION ist das <meta-data />-Element mit dem Attribut android:name="com.google.android.geo.API_KEY" interessant. Auf diesem Weg wird den *Google Play Services* der für die Kommunikation mit Google Maps erforderliche API-Schlüssel übermittelt. Er befindet sich, wie Sie bereits wissen, in einem <string />-Tag mit dem Attribut name="google_maps_key" in der zweimal vorhandenen Datei *google_maps_api.xml*.

Abbildung 8.7 Eine Karte mit Marker in Sydney

Die vom Projektassistenten bereitgestellte Implementierung der Karten-Activity zeigt in der Nähe von Sydney eine Markierung mit dem Label *Marker in Sydney*. Dies ist in Abbildung 8.7 zu sehen. Um stattdessen den letzten bekannten Standort »anzusteuern«, genügen ein paar Zeilen Code. Erzeugen Sie ein com.google.android.gms.maps.model.LatLng-Objekt, und übergeben Sie dieses an die Methode position() einer Instanz von com.google.android.gms.maps.model.MarkerOptions. Breite und Länge erfragen Sie mit latitude und longitude. addMarker() fügt der Karte das MarkerOptions-Objekt hinzu.

com.google.android.gms.maps.model.BitmapDescriptorFactory hilft Ihnen beim Erstellen von Markierungssymbolen. defaultMarker() liefert eine Standardmarkierung. Im folgenden Beispiel ist sie blau eingefärbt:

```
@Throws(SecurityException::class)
private fun markerDemo() {
  val options = MarkerOptions()
  val m = getSystemService(LocationManager::class.java)
  // Hier könnte eine SecurityException geworfen werden
  val loc = m.getLastKnownLocation(LocationManager.PASSIVE_PROVIDER)
  loc?.run {
    val pos = LatLng(latitude, longitude)
    options.position(pos)
    options.icon(
      BitmapDescriptorFactory.defaultMarker(
        BitmapDescriptorFactory.HUE_BLUE
      )
    )
    mMap.addMarker(options)
  }
}
```

Listing 8.6 Eine blaue Markierung am letzten bekannten Standort anzeigen

Vor der Verwendung des LocationManager müssen Sie den Benutzer um Erlaubnis fragen. Fügen Sie das folgende Quelltextfragment am besten am Ende der Methode onMapReady() ein. REQUEST_FINE_LOCATION ist eine (private) Int-Konstante mit beliebigem Wert.

```
if (checkSelfPermission(
    Manifest.permission.ACCESS_FINE_LOCATION
  )
  != PackageManager.PERMISSION_GRANTED
) {
  requestPermissions(
    arrayOf(Manifest.permission.ACCESS_FINE_LOCATION),
```

```
    REQUEST_FINE_LOCATION
  )
} else {
  markerDemo()
}
```

Listing 8.7 Anfordern einer Berechtigung

Darüber hinaus müssen Sie wie üblich `onRequestPermissionsResult()` überschreiben:

```
override fun onRequestPermissionsResult(
  requestCode: Int,
  permissions: Array<String?>,
  grantResults: IntArray
) {
  if (requestCode == REQUEST_FINE_LOCATION &&
    grantResults.isNotEmpty() && grantResults[0] ==
    PackageManager.PERMISSION_GRANTED
  ) {
    markerDemo()
  }
}
```

Listing 8.8 Auf das Gewähren oder Verweigern von Berechtigungen reagieren

Die `BitmapDescriptorFactory`-Methode `fromResource()` nutzt Bitmap-Grafiken als Marker. Probieren Sie doch einmal die folgende Anweisung als Alternative zum Setzen des Default-Markers (`defaultMarker()`) aus. `<my_bitmap>` müssen Sie durch den Namen einer Bitmap in *drawable* ersetzen.

```
options.icon(BitmapDescriptorFactory.fromResource(
      R.drawable.<my_bitmap>))
```

Sie können Karten in weiten Grenzen konfigurieren. Der Ausdruck `mMap.uiSettings.isZoomControlsEnabled = true` blendet zum Beispiel Bedienelemente ein, mit denen Sie in die Karte hinein- und aus ihr herauszoomen können. Dies ist in Abbildung 8.8 zu sehen.

Das von `uiSettings` gelieferte Objekt bietet einige weitere Einstellungen. `isCompassEnabled` zeigt den Kompass an oder verbirgt ihn. Bitte beachten Sie dabei, dass er nur dann dargestellt wird, wenn die Kartenansicht gedreht oder geneigt wurde. `isMapToolbarEnabled` steuert die Sichtbarkeit einer kontextabhängigen Werkzeugleiste. Mit ihr kann unter anderem der aktuelle Kartenausschnitt in der Google-Maps-App dargestellt werden. Die Toolbar erscheint üblicherweise erst nach dem Antippen eines Markersymbols.

Abbildung 8.8 Kartenansicht mit Kompass, Zoom-Controls und Map-Toolbar

Kamera

Die Sicht auf eine Karte wird mit der *Kamera* festgelegt. Sie blickt von »schräg oben« auf eine flache Ebene. Dabei können folgende Parameter verändert werden:

1. *Ziel (position)*: das Zentrum der Karte in geografischer Länge und Breite
2. *Zoom*: Hiermit wird der Maßstab festgelegt. Mit steigendem Zoomfaktor werden mehr Details sichtbar. Bei einem Zoomlevel 0 entspricht die Welt in der Breite ca. 256 geräteunabhängigen Pixeln. Bei 1 sind dies in etwa 512 dp. Daraus ergibt sich die Formel 256×2^n dp.
3. *Orientierung (bearing)*: Hiermit legen Sie fest, um wie viel Grad im Uhrzeigersinn die Karte gegenüber nördlicher Richtung gedreht werden soll.
4. *Blickwinkel (tilt)*: Der Blickwinkel steuert die Kameraposition auf einem gedachten Kreisbogen direkt über dem Zentrum der Karte und der Erdoberfläche.

Kameraänderungen erfolgen unter Zuhilfenahme eines `com.google.android.gms.maps.CameraUpdate`-Objekts. Sie instanziieren es nicht direkt, sondern nutzen die Klasse `CameraUpdateFactory` im selben Paket. Beispielsweise liefern Ihnen die beiden

Aufrufe `CameraUpdateFactory.zoomIn()` und `CameraUpdateFactory.zoomOut()` `CameraUpdate`-Instanzen, die den Zoomfaktor um 1.0 vergrößern oder verkleinern, alle anderen Parameter aber unangetastet lassen. Mit `newLatLng()` ändern Sie die Position der Kamera. Auch hier bleiben alle anderen Einstellungen erhalten. `newCameraPosition()` ändert auch Blickwinkel, Zoomlevel und Orientierung. `newLatLngZoom()` ist praktisch, wenn Sie neben einer neuen Position gleich den Zoomlevel setzen möchten. Um ein `CameraUpdate`-Objekt auf eine Karte anzuwenden, rufen Sie entweder die Methode `moveCamera()` oder `animateCamera()` der Karteninstanz auf. Erstere springt unmittelbar zu der neuen Position.

```
val berlin = LatLng(
  Location.convert("52:31:12"),
  Location.convert("13:24:36")
)
val cu1 = CameraUpdateFactory.newLatLngZoom(berlin, 8f)
mMap.moveCamera(cu1)
```

Listing 8.9 Kameraposition unmittelbar verändern

Dies wirkt für den Anwender möglicherweise sehr abrupt, deshalb ist es besser, mit `animateCamera()` eine Kamerafahrt zu initiieren. Im folgenden Beispiel wird nicht nur das Ziel, sondern auch Zoom, Orientierung und Blickwinkel gesetzt. Hierfür verwende ich einen `CameraPosition.Builder`.

```
val nuernberg = LatLng(
  Location.convert("49:27:20"),
  Location.convert("11:04:43")
)
val cameraPosition = CameraPosition.Builder()
  .target(nuernberg)
  .zoom(17f)
  .bearing(90f)
  .tilt(30f)
  .build()
val cu3 = CameraUpdateFactory.newCameraPosition(cameraPosition)
mMap.animateCamera(cu3, 5000, null)
```

Listing 8.10 Eine Kamerafahrt

Der zweite Parameter der Methode `animateCamera()` gibt die Dauer der Kamerafahrt in Millisekunden an. Der dritte ist die Referenz auf ein `com.google.android.gms.maps.GoogleMap.CancelableCallback`-Objekt. Die Methoden `onFinish()` und `onCancel()` werden aufgerufen, wenn die Animation erfolgreich beendet oder abgebrochen wurde. Um eine Kamerafahrt vorzeitig zu beenden, rufen Sie `stopAnimation()` auf.

8.3 Bluetooth

Der Industriestandard *Bluetooth* (IEEE 802.15.1) ermöglicht die verbindungslose sowie verbindungsbehaftete Datenübertragung zwischen Geräten über kurze Distanz per Funk. Sein Name geht auf den dänischen König Harald Blauzahn zurück. Dieser einte verfeindete Teile von Norwegen und Dänemark. Man unterscheidet zwischen klassischem Bluetooth und *Bluetooth Low Energy*. Ersteres wird zum Beispiel verwendet, um Daten zu übertragen. In den folgenden beiden Abschnitten beschäftige ich mich mit *Bluetooth Classic*. In Abschnitt 8.3.3, »Bluetooth Low Energy«, stelle ich Ihnen die stromsparende Variante vor. Sie ist im Internet der Dinge (IoT) sehr beliebt.

Je nach Anwendungsfall können Daten zwischen Bluetooth-Geräten auf Basis von *Profilen* ausgetauscht werden. Profile steuern bestimmte Dienste. Im Schichtenmodell befinden sie sich über der Protokollschicht. Sobald eine Verbindung aufgebaut wird, wählen die beteiligten Geräte das zu verwendende Profil aus und legen damit fest, welche Funktionen sie dem Partner zur Verfügung stellen und welche Daten oder Befehle sie dazu benötigen. Beispielsweise fordert ein Headset von einem Smartphone oder Tablet einen Audiokanal an und steuert über zusätzliche Datenkanäle die Lautstärke.

8.3.1 Geräte finden und koppeln

Die Beispiel-App *BluetoothScannerDemo* zeigt Ihnen, wie Sie Bluetooth-Geräte finden und koppeln. Hierfür ist kein Profil nötig. Die Hauptklasse ist in Listing 8.11 zu sehen. In der Methode onCreate() wird wie üblich die Benutzeroberfläche geladen und angezeigt. Außerdem registriere ich mit registerReceiver() einen Broadcast Receiver. Er kommt ins Spiel, wenn Android ein noch nicht gekoppeltes Bluetooth-Gerät findet. Hierzu filtere ich mit einer android.content.IntentFilter-Instanz auf die Aktion BluetoothDevice.ACTION_FOUND. Wird die BroadcastReceiver-Methode onReceive() mit der richtigen Aktion aufgerufen, enthält das übergebene Intent ein Objekt des Typs BluetoothDevice. Sie greifen mit getParcelableExtra() darauf zu. Es enthält unter anderem den Namen sowie die Adresse des gefundenen Geräts. In meinem Beispiel werden diese Informationen nur angezeigt.

Hinweis

Bitte denken Sie daran, einen in onCreate() registrierten Broadcast Receiver in onDestroy() mit unregisterReceiver() zu entfernen.

Um Bluetooth nutzen zu können (beispielsweise Verbindungen aufbauen und Daten übertragen), muss Ihre App die normale Berechtigung android.permission.BLUETOOTH anfordern. Für die Suche nach Geräten in Reichweite ist zusätzlich android.permission.BLUETOOTH_ADMIN (auch eine normale Berechtigung) erforderlich. Darüber hinaus müssen Sie die gefährliche Berechtigung android.permission.ACCESS_FINE_LOCATION anfordern. Bis einschließlich Android 9 (API-Level 28) war übrigens nur android.permission.ACCESS_COARSE_LOCATION nötig. In meinem Beispiel rufe ich in onStart() die Methode checkSelfPermission() und gegebenenfalls requestPermissions() auf. Die Prüfung, ob der Benutzer die Berechtigung erteilt hat, findet in onRequestPermissionsResult() statt.

Zentrale Klasse bei der Nutzung von Bluetooth ist ein Objekt des Typs BluetoothAdapter. Sie können eine Referenz darauf mit BluetoothAdapter.getDefaultAdapter() ermitteln. Ich weise diese der Instanzvariablen adapter zu. Ist sie null, steht Bluetooth nicht zur Verfügung. In der privaten Methode getBluetoothState() prüfe ich mit isEnabled, ob Bluetooth schon aktiviert ist. Falls nein, wird ein Intent mit der Aktion BluetoothAdapter.ACTION_REQUEST_ENABLE gefeuert. Android fragt daraufhin beim Benutzer nach, ob Bluetooth eingeschaltet werden soll. Der Dialog ist in Abbildung 8.9 zu sehen. Um darauf reagieren zu können, habe ich onActivityResult() überschrieben. Im Erfolgsfall wird die ebenfalls private Methode showDevices() aufgerufen.

```
package com.thomaskuenneth.androidbuch.bluetoothscannerdemo

import android.Manifest.permission.ACCESS_FINE_LOCATION
import android.app.Activity
import android.bluetooth.BluetoothAdapter
import android.bluetooth.BluetoothDevice
import android.content.*
import android.content.pm.PackageManager.PERMISSION_GRANTED
import android.os.Bundle
import androidx.appcompat.app.AppCompatActivity
import kotlinx.android.synthetic.main.activity_main.*

private const val REQUEST_ENABLE_BLUETOOTH = 123
private const val REQUEST_FINE_LOCATION = 321

private enum class BluetoothState {
  NotAvailable, Disabled, Enabled
}

class BluetoothScannerDemoActivity : AppCompatActivity() {
  private val adapter = BluetoothAdapter.getDefaultAdapter()
  private val receiver = object : BroadcastReceiver() {
    override fun onReceive(context: Context?, intent: Intent) {
      if (BluetoothDevice.ACTION_FOUND == intent.action) {
        val device = intent.getParcelableExtra<BluetoothDevice>(
          BluetoothDevice.EXTRA_DEVICE)
```

```kotlin
            tv.append(getString(R.string.template,
                device?.name,
                device?.address))
        }
      }
    }

    private var started = false

    override fun onCreate(savedInstanceState: Bundle?) {
      super.onCreate(savedInstanceState)
      setContentView(R.layout.activity_main)
      val filter = IntentFilter(BluetoothDevice.ACTION_FOUND)
      registerReceiver(receiver, filter)
    }

    override fun onDestroy() {
      super.onDestroy()
      unregisterReceiver(receiver)
    }

    override fun onStart() {
      super.onStart()
      started = false
      if (getBluetoothState() == BluetoothState.NotAvailable) {
        tv.text = getString(R.string.not_available)
      } else {
        if (checkSelfPermission(ACCESS_FINE_LOCATION) !=
              PERMISSION_GRANTED) {
          requestPermissions(arrayOf(ACCESS_FINE_LOCATION),
                            REQUEST_FINE_LOCATION)
        } else {
          showDevices()
        }
      }
    }

    override fun onPause() {
      super.onPause()
      if (started) {
        adapter?.cancelDiscovery()
        started = false
      }
```

```kotlin
  }

  override fun onRequestPermissionsResult(requestCode: Int,
                  permissions: Array<String?>,
                  grantResults: IntArray) {
    if (requestCode == REQUEST_FINE_LOCATION &&
        grantResults.isNotEmpty() &&
        grantResults[0] == PERMISSION_GRANTED) {
      showDevices()
    }
  }

  override fun onActivityResult(requestCode: Int, resultCode: Int,
                                data: Intent?) {
    super.onActivityResult(requestCode, resultCode, data)
    if (resultCode == Activity.RESULT_OK &&
        requestCode == REQUEST_ENABLE_BLUETOOTH) {
      showDevices()
    }
  }

  private fun getBluetoothState(): BluetoothState {
    val state = if (adapter != null) {
      if (adapter.isEnabled) {
        BluetoothState.Enabled
      } else {
        BluetoothState.Disabled
      }
    } else {
      BluetoothState.NotAvailable
    }
    if (state == BluetoothState.Disabled) {
      val enableBtIntent =
              Intent(BluetoothAdapter.ACTION_REQUEST_ENABLE)
      startActivityForResult(enableBtIntent,
                             REQUEST_ENABLE_BLUETOOTH)
    }
    return state
  }

  private fun showDevices() {
    val sb = StringBuilder()
    sb.append(getString(R.string.paired))
```

```
    adapter?.bondedDevices?.forEach {
      sb.append(getString(R.string.template,
          it.name,
          it.address))
    }
    sb.append("\n")
    if (started) {
      adapter?.cancelDiscovery()
    }
    started = adapter?.startDiscovery() ?: false
    if (started) {
      sb.append(getString(R.string.others))
    }
    tv.text = sb.toString()
  }
}
```

Listing 8.11 Die Klasse »BluetoothScannerDemoActivity«

Abbildung 8.9 Rückfrage, ob Bluetooth aktiviert werden soll

Die Methode showDevices() besteht aus zwei Bereichen. Als Erstes wird mit bondedDevices die Liste der gekoppelten Geräte ermittelt und ausgegeben. Danach starte ich mit startDiscovery() die Suche nach Geräten in Reichweite. Wurde die Suche bereits gestartet, breche ich sie mit cancelDiscovery() vorher ab. Der Grund hierfür ist, dass in der BroadcastReceiver-Methode onReceive() direkt mit append() in die TextView geschrieben wird, in showDevices() aber zunächst in einen StringBuilder, der dann den Inhalt des Textfeldes vollständig ersetzt. Bereits gefundene Geräte würden deshalb plötzlich nicht mehr angezeigt.

Die Suche nach Geräten in Reichweite hat signifikante Auswirkungen auf bestehende Verbindungen. Sie sollten sie deshalb so schnell wie möglich wieder beenden – mindestens aber vor einem Verbindungsaufbau.

8.3.2 Daten senden und empfangen

Geräte suchen und anzeigen zu können, ist sicher interessant, aber das eigentliche Ziel ist ja, Daten zu senden oder zu empfangen. Wie das funktioniert, zeige ich Ihnen nun anhand einer simplen Chat-App. Die eingegebenen Texte werden mittels *RFCOMM*[1] (Radio Frequency Communication) übertragen. Damit *BluetoothChatDemo* nicht zu unübersichtlich wird, habe ich auf die dynamische Auswahl des entfernten Geräts verzichtet. Um sie auszuprobieren, tragen Sie bitte die Namen Ihrer beiden Geräte in die Konstanten DEVICE1 und DEVICE2 der Klasse BluetoothChatDemoActivity ein. Auf welchem Gerät Sie die App zuerst starten, ist egal. Bitte beachten Sie aber, dass die Geräte schon miteinander gekoppelt sein müssen. Leider können Sie für Ihre Tests nicht den Android Emulator von Google verwenden, weil dieser derzeit kein Bluetooth unterstützt.

Eine Verbindung aufbauen

RFCOMM-Verbindungen benötigen einen Client und einen Server. Welches Gerät dabei die Rolle des Servers übernimmt, kann sich entweder zufällig ergeben oder durch die Art des Datenaustauschs vorgegeben sein. In meinem Beispiel ist die früher gestartete App der Server. Die eigentliche Datenübertragung geschieht mittels BluetoothSocket-Objekten. Sowohl Server als auch Client ermitteln Instanzen dieser Klasse, allerdings auf unterschiedliche Weise. Sehen wir uns als Erstes an, wie dies ein Server tut. Die Klasse ServerSocketThread ist in Listing 8.12 zu sehen. Sie leitet von SocketThread ab. Wie diese abstrakte Klasse aufgebaut ist, zeige ich Ihnen gleich. Die BluetoothAdapter-Methode listenUsingRfcommWithServiceRecord() liefert ein Objekt des Typs BluetoothServerSocket. Dessen Methode accept() blockiert den aufrufenden Thread, bis ein BluetoothSocket zur Verfügung steht (dann können und sollten Sie das BluetoothServerSocket mit close() schließen) oder eine Ausnahme geworfen wird.

---

[1] *https://de.wikipedia.org/wiki/RFCOMM*

Ich habe den Aufruf von close() in die private Methode closeServerSocket() ausgelagert. Sie wird an zwei Stellen verwendet. Die Methode cancel() wird von anderen Programmteilen aufgerufen, wenn die durch diese Klasse zur Verfügung gestellte BluetoothSocket nicht mehr benötigt wird. Sie gibt Ressourcen frei.

```kotlin
package com.thomaskuenneth.androidbuch.bluetoothchatdemo

import android.bluetooth.BluetoothAdapter
import android.bluetooth.BluetoothServerSocket
import android.bluetooth.BluetoothSocket
import android.util.Log
import java.io.IOException
import java.util.*

private val TAG = ServerSocketThread::class.simpleName
class ServerSocketThread(
  adapter: BluetoothAdapter,
  serviceName: String?,
  uuid: UUID
) : SocketThread() {

  private var serverSocket: BluetoothServerSocket? = null
  private var socket: BluetoothSocket? = null

  init {
    name = TAG!!
    try {
      serverSocket = adapter.listenUsingRfcommWithServiceRecord(
        serviceName, uuid)
    } catch (e: IOException) {
      Log.e(TAG, "listenUsingRfcommWithServiceRecord() failed", e)
    }
  }

  override fun run() {
    var keepRunning = true
    while (keepRunning) {
      try {
        serverSocket?.accept().run {
          closeServerSocket()
          keepRunning = false
        }
      } catch (e: IOException) {
        Log.e(TAG, "accept() failed", e)
```

```kotlin
      keepRunning = false
    }
  }
}

override fun getSocket(): BluetoothSocket? {
  return socket
}

override fun cancel() {
  closeServerSocket()
  socket?.use {
    socket?.close()
  }
  socket = null
}

private fun closeServerSocket() {
  serverSocket?.use {
    serverSocket?.close()
  }
  serverSocket = null
}
}
```

Listing 8.12 Die Klasse »ServerSocketThread«

SocketThread (Listing 8.13) erweitert Threads um die Referenz auf ein BluetoothSocket-Objekt. getSocket() wird später verwendet, um eine Verbindung aufzubauen. Mit cancel() kann sie wieder getrennt werden.

```kotlin
package com.thomaskuenneth.androidbuch.bluetoothchatdemo

import android.bluetooth.BluetoothSocket

abstract class SocketThread : Thread() {
    abstract fun getSocket(): BluetoothSocket?
    abstract fun cancel()
}
```

Listing 8.13 Die abstrakte Klasse »SocketThread«

Der Code zum Ermitteln einer BluetoothSocket-Instanz für Clients sieht recht ähnlich aus, ist aber kürzer. Auch ClientSocketThread leitet von SocketThread ab. Als Erstes wird die `BluetoothDevice`-Methode `createRfcommSocketToServiceRecord()` aufgerufen. Ist dies erfolgreich, können Sie mit `connect()` die Verbindung herstellen. Die Methode `cancel()` wird von anderen Programmteilen aufgerufen, wenn die durch diese Klasse zur Verfügung gestellte `BluetoothSocket` nicht mehr benötigt wird. Sie gibt Ressourcen frei.

```kotlin
package com.thomaskuenneth.androidbuch.bluetoothchatdemo

import android.bluetooth.BluetoothDevice
import android.bluetooth.BluetoothSocket
import android.util.Log
import java.io.IOException
import java.util.*

private val TAG = ClientSocketThread::class.simpleName
class ClientSocketThread(device: BluetoothDevice, uuid: UUID) :
  SocketThread() {

  private var socket: BluetoothSocket? = null

  init {
    name = TAG!!
    try {
      socket = device.createRfcommSocketToServiceRecord(uuid)
    } catch (e: IOException) {
      Log.e(TAG, "createRfcommSocketToServiceRecord() failed", e)
    }
  }

  override fun run() {
    try {
      socket?.connect()
    } catch (connectException: IOException) {
      cancel()
    }
  }

  override fun getSocket(): BluetoothSocket? {
    return socket
  }

  override fun cancel() {
    socket?.use {
      socket?.close()
```

```
        }
        socket = null
    }
}
```

Listing 8.14 Die Klasse »ClientSocketThread«

Ist Ihnen aufgefallen, dass meine beiden Klassen ClientSocketThread und ServerSocketThread ein Objekt des Typs java.util.UUID erhalten? Damit wird der von einer App zur Verfügung gestellte Bluetooth-Dienst eindeutig identifiziert. Sehen wir uns nun die Hauptklasse der Chat-App genauer an (Listing 8.15).

Wie üblich wird in onCreate() die Benutzeroberfläche geladen und angezeigt. In onStart() prüfe ich, ob ACCESS_FINE_LOCATION schon erteilt wurde. Ist das der Fall, wird die private Methode startOrFinish() aufgerufen. Falls nicht, wird die Berechtigung angefordert. isBluetoothEnabled() prüft, ob Bluetooth vorhanden und eingeschaltet ist. Allerdings fehlt der Code zum Aktivieren. Sie müssen diesen gegebenenfalls von Hand ergänzen. Steht Bluetooth nicht zur Verfügung (weil es ausgeschaltet wurde oder das Gerät nicht über die nötige Hardware verfügt), beendet sich die App.

Spannend wird es in der ebenfalls privaten Methode connect(). Sie iteriert über das Ergebnis von bondedDevices und ermittelt anhand ihrer Namen das lokale und entfernte Gerät. Anschließend werden vier Threads gestartet. Zwei davon sind kurzlebig. Sowohl ServerSocketThread als auch ClientSocketThread versuchen, wie Sie bereits wissen, eine BluetoothSocket-Instanz zu ermitteln. Je nachdem, ob die App auf dem lokalen oder dem entfernten Gerät zuerst gestartet wurde, ist der erste oder zweite Thread erfolgreich. Die Threads, die den Variablen serverThread und clientThread zugewiesen werden, sind langlebiger. Über sie wird der eigentliche Chat abgewickelt.

```
package com.thomaskuenneth.androidbuch.bluetoothchatdemo

import android.Manifest
import android.bluetooth.BluetoothAdapter
import android.bluetooth.BluetoothDevice
import android.content.pm.PackageManager
import android.os.Bundle
import android.util.Log
import android.view.KeyEvent
import android.widget.*
import androidx.appcompat.app.AppCompatActivity
import kotlinx.android.synthetic.main.activity_main.*
import java.io.*
import java.util.*
import kotlin.concurrent.thread
```

```kotlin
    private const val DEVICE1 = "..."
    private const val DEVICE2 = "..."
    private const val REQUEST_FINE_LOCATION = 321
    private val MY_UUID = UUID.fromString("dc4f9aa6-ce43-4709-bd2e-7845a3e705f1")
    private val TAG = BluetoothChatDemoActivity::class.simpleName
    class BluetoothChatDemoActivity : AppCompatActivity() {
      private val adapter = BluetoothAdapter.getDefaultAdapter()

      private var serverThread: Thread? = null
      private var clientThread: Thread? = null

      override fun onCreate(savedInstanceState: Bundle?) {
        super.onCreate(savedInstanceState)
        setContentView(R.layout.activity_main)
        input.isEnabled = false
      }

      override fun onStart() {
        super.onStart()
        if (checkSelfPermission(
            Manifest.permission.ACCESS_FINE_LOCATION) !=
          PackageManager.PERMISSION_GRANTED
        ) {
          requestPermissions(
            arrayOf(Manifest.permission.ACCESS_FINE_LOCATION),
            REQUEST_FINE_LOCATION
          )
        } else {
          startOrFinish()
        }
      }

      override fun onPause() {
        super.onPause()
        serverThread?.interrupt()
        serverThread = null
        clientThread?.interrupt()
        clientThread = null
      }

      override fun onRequestPermissionsResult(
        requestCode: Int,
        permissions: Array<String?>,
        grantResults: IntArray
      ) {
```

```kotlin
    if (requestCode == REQUEST_FINE_LOCATION &&
      grantResults.isNotEmpty() &&
      grantResults[0] == PackageManager.PERMISSION_GRANTED
    ) {
      startOrFinish()
    }
  }

  private fun startOrFinish() {
    if (isBluetoothEnabled()) {
      connect()
    } else {
      finish()
    }
  }

  private fun isBluetoothEnabled(): Boolean {
    val enabled = adapter?.isEnabled ?: false
    if (!enabled) {
      Toast.makeText(this, R.string.enable_bluetooth,
                  Toast.LENGTH_LONG).show()
    }
    return enabled
  }

  private fun connect() {
    val myName = adapter?.name
    val otherName = if (DEVICE1 == myName) DEVICE2 else DEVICE1
    for (device in adapter?.bondedDevices ?:
                    emptyList<BluetoothDevice>()) {
      if (otherName == device.name) {
        val serverSocketThread = ServerSocketThread(adapter, TAG, MY_UUID)
        serverThread = createAndStartThread(serverSocketThread)
        val clientSocketThread = ClientSocketThread(device, MY_UUID)
        clientThread = createAndStartThread(clientSocketThread)
        input.isEnabled = true
        break
      }
    }
  }

  private fun createAndStartThread(t: SocketThread): Thread
        = thread {
    var keepRunning = true
    try {
```

```kotlin
        t.start()
        Log.d(TAG, "joining " + t.name)
        t.join()
        t.getSocket()?.run {
          Log.d(TAG, String.format("connection type %d for %s",
              connectionType, t.name)
          )
          input.setOnEditorActionListener { _: TextView?, _: Int,
                                            _: KeyEvent? ->
            send(outputStream, input.text.toString())
            runOnUiThread { input.setText("") }
            true
          }
          while (keepRunning) {
            receive(inputStream)?.let {
              runOnUiThread { output?.append(it) }
            }
          }
        }
      } catch (thr: Throwable) { // InterruptedException, IOException
        Log.e(TAG, thr.message, thr)
        keepRunning = false
      } finally {
        Log.d(TAG, "calling cancel() of " + t.name)
        t.cancel()
      }
    }

    private fun send(stream: OutputStream, text: String) {
      stream.use {
        stream.write(text.toByteArray())
      }
    }

    private fun receive(stream: InputStream): String? {
      stream.use {
        val num = stream.available()
        if (num > 0) {
          val buffer = ByteArray(num)
          var bytesToRead = num
          while (bytesToRead > 0) {
            val read = stream.read(buffer, num - bytesToRead, bytesToRead)
            if (read == -1) {
              break
            }
```

```
            bytesToRead -= read
        }
        return String(buffer)
      }
    }
    return null
  }
}
```

Listing 8.15 Die Klasse »BluetoothChatDemoActivity«

Um zu verstehen, was dort passiert, sehen wir uns die Methode `createAndStartThread()` genauer an. Ihr wird ein noch nicht laufender Thread übergeben, der eine `BluetoothSocket`-Instanz ermittelt. Die ist ja für Client und Server unterschiedlich. Nach Start des Threads mit `start()` warte ich mit `join()`, bis er beendet wurde. Jetzt kann ich die Methode `getSocket()` aufrufen. Dieser ganze Aufwand ist nötig, weil nicht absehbar ist, ob die App als Bluetooth-Client oder -Server fungieren soll. Ein `join()` kehrt zurück, das andere wartet.

`BluetoothSocket`-Instanzen stellen die Methoden `getOutputStream()` und `getInputStream()` zur Verfügung. In idiomatischem Kotlin-Code schreibt man stattdessen `inputStream` und `outputStream`. Sie werden verwendet, um Daten zu schreiben oder zu lesen. Wie das funktioniert, ist in den kurzen privaten Methoden `send()` und `receive()` zu sehen. Letztlich reduziert sich die Aufgabe darauf, Strings und Byte-Arrays umzuwandeln. Bitte denken Sie daran, in Ihrer App die Methode `runOnUiThread()` aufzurufen, wenn Sie in einem eigenen Thread auf Bedienelemente zugreifen möchten.

> **Hinweis**
> Um den Programmcode kurz zu halten, habe ich weitgehend auf eine Fehlerbehandlung verzichtet. Beispielsweise funktioniert das Chatten nicht mehr, wenn Sie eines der beiden Geräte drehen. Um das Problem zu beheben, könnten Sie in regelmäßigen Abständen einen kurzen Text senden. Den müsste die App beim Eintreffen ignorieren. Schlägt der Sendevorgang fehl, wissen Sie, dass keine Verbindung mehr besteht. Sie könnten diese dann erneut initiieren.

Wenn `BluetoothChatDemoActivity` verlassen wird, müssen alle laufenden Threads mit `interrupt()` gestoppt werden. Das geschieht in `onPause()`. Hierzu fangen die Threads unter anderem `InterruptedException` und `IOException` ab, sorgen für das Beenden der `run()`-Methode und erledigen Aufräumarbeiten (`cancel()`). Damit möchte ich meinen Rundgang durch klassisches Bluetooth beenden. Im folgenden Abschnitt sehen wir uns das sehr stromsparende Bluetooth Low Energy an.

8.3.3 Bluetooth Low Energy

Bluetooth Low Energy (*BLE*) ist seit Android 4.3 (API-Level 18) in die Plattform integriert. Der Stromverbrauch ist im Vergleich zu klassischem Bluetooth deutlich geringer. Deshalb wird die Technologie gern im Internet der Dinge (Internet of Things, IoT) eingesetzt. Anwendungsfälle sind beispielsweise die Übertragung kleiner Datenmengen sowie die Interaktion mit Näherungssensoren wie *Google Beacons*[2] und *iBeacons*[3]. Wie Sie auf BLE-Geräte zugreifen, demonstriere ich Ihnen anhand meines Beispiels *BLEScannerDemo*. Die App ist in Abbildung 8.10 zu sehen. Sie sucht nach Geräten in Reichweite und zeigt deren Adressen als Liste an. Tippen Sie einen Eintrag an, um technische Informationen zu dem Gerät anzuzeigen.

Abbildung 8.10 Die App »BLEScannerDemo«

Auch für Bluetooth LE muss Ihre App android.permission.BLUETOOTH und android.permission.ACCESS_FINE_LOCATION anfordern. Um Geräte zu finden, ist auch android.permission.BLUETOOTH_ADMIN erforderlich. Ferner sollten Sie im Manifest Ihrer App mit

---

2 *https://developers.google.com/beacons/*
3 *https://developer.apple.com/ibeacon/*

```xml
<uses-feature android:name="android.hardware.bluetooth_le"
              android:required="true"/>
```

sicherstellen, dass Bluetooth vorhanden ist. Lassen Sie uns nun einen Blick auf die Hauptklasse BLEScannerActivity werfen. Sie ist in Listing 8.16 zu sehen. Ihr grundsätzlicher Aufbau ähnelt den vorangehenden Beispielen. Zuerst wird geprüft, ob der Benutzer die Berechtigung ACCESS_FINE_LOCATION erteilt hat. Ist dies der Fall, wird in isBluetoothEnabled() die Referenz auf ein Objekt des Typs BluetoothAdapter ermittelt. Allerdings verwende ich diesmal die Methode getAdapter() der Klasse BluetoothManager. Ein entsprechendes Objekt wird mit getSystemService(BluetoothManager::class.java) ermittelt. Welche Variante Sie wählen, hängt davon ab, ob Sie weitere Methoden von BluetoothManager aufrufen wollen.

In der privaten Methode scan() wird die Suche nach Geräten gestartet bzw. beendet. Hierfür wird ein Objekt des Typs BluetoothLeScanner verwendet. Werden Geräte gefunden, ruft Android die Methoden onScanResult() oder onBatchScanResults() der Klasse ScanCallback auf. Meine Implementierungen verzweigen in die private Methode updateData(). Sie erweitert die Geräteliste um einen Eintrag, sofern das Gerät nicht schon vorher hinzugefügt wurde. Tippen Sie ein Listenelement an, werden in der unteren Bildschirmhälfte technische Informationen angezeigt. Dies geschieht in der Methode info().

```kotlin
package com.thomaskuenneth.androidbuch.blescannerdemo

import android.Manifest.permission.ACCESS_FINE_LOCATION
import android.bluetooth.BluetoothAdapter
import android.bluetooth.BluetoothGatt
import android.bluetooth.BluetoothGattCallback
import android.bluetooth.BluetoothManager
import android.bluetooth.le.ScanCallback
import android.bluetooth.le.ScanResult
import android.content.pm.PackageManager.PERMISSION_GRANTED
import android.os.Bundle
import android.util.Log
import android.widget.*
import androidx.appcompat.app.AppCompatActivity
import kotlinx.android.synthetic.main.activity_main.*

private const val REQUEST_FINE_LOCATION = 321
private val TAG = BLEScannerDemoActivity::class.simpleName
class BLEScannerDemoActivity : AppCompatActivity() {

    private val scanCallback = object : ScanCallback() {
        override fun onScanFailed(errorCode: Int) {
```

```kotlin
      Toast.makeText(this@BLEScannerDemoActivity,
          getString(R.string.error, errorCode), Toast.LENGTH_LONG).show()
    }

    override fun onScanResult(callbackType: Int,
                              result: ScanResult?) {
      updateData(result)
    }

    override fun onBatchScanResults(results: List<ScanResult?>) {
      for (result in results) {
        updateData(result)
      }
    }
  }

  private val gattCallback = object : BluetoothGattCallback() {
    override fun onServicesDiscovered(gatt: BluetoothGatt,
                                      status: Int) {
      if (status == BluetoothGatt.GATT_SUCCESS) {
        logGattServices(gatt)
      } else {
        Log.d(TAG, "onServicesDiscovered: $status")
      }
      gatt.close()
    }

    override fun onConnectionStateChange(gatt: BluetoothGatt,
                    status: Int, newState: Int) {
      Log.d(TAG, "Status der Verbindung: $newState")
    }
  }

  private lateinit var listAdapter: ArrayAdapter<String>
  private val scanResults = HashMap<String?, ScanResult?>()
  private var adapter: BluetoothAdapter? = null

  override fun onCreate(savedInstanceState: Bundle?) {
    super.onCreate(savedInstanceState)
    setContentView(R.layout.activity_main)
    listAdapter = ArrayAdapter(this,
        android.R.layout.simple_list_item_1)
    lv.adapter = listAdapter
    lv.setOnItemClickListener { _, _, pos, _ ->
```

```kotlin
      val address = listAdapter.getItem(pos)
      val result = scanResults[address]
      info(result)
    }
  }

  override fun onStart() {
    super.onStart()
    adapter = null
    listAdapter.clear()
    scanResults.clear()
    tv.text = ""
    if (checkSelfPermission(ACCESS_FINE_LOCATION) !=
           PERMISSION_GRANTED) {
      requestPermissions(arrayOf(ACCESS_FINE_LOCATION),
          REQUEST_FINE_LOCATION)
    } else {
      startOrFinish()
    }
  }

  override fun onPause() {
    super.onPause()
    if (adapter != null) {
      scan(false)
    }
  }

  override fun onRequestPermissionsResult(requestCode: Int,
                    permissions: Array<String?>,
                    grantResults: IntArray) {
    if (requestCode == REQUEST_FINE_LOCATION &&
        grantResults.isNotEmpty() &&
        grantResults[0] == PERMISSION_GRANTED) {
      startOrFinish()
    } else {
      finish()
    }
  }

  private fun startOrFinish() {
    if (isBluetoothEnabled()) {
      scan(true)
    } else {
```

```kotlin
      finish()
    }
}

private fun isBluetoothEnabled(): Boolean {
  adapter = null
  var enabled = false
  getSystemService(BluetoothManager::class.java)?.let {
    adapter = it.adapter
    enabled = adapter?.isEnabled ?: false
  }
  if (!enabled) {
    Toast.makeText(this, R.string.enable_bluetooth, Toast.LENGTH_LONG)
        .show()
  }
  return enabled
}

private fun scan(enable: Boolean) {
  val scanner = adapter?.bluetoothLeScanner
  if (enable) {
    scanner?.startScan(scanCallback)
  } else {
    scanner?.stopScan(scanCallback)
  }
}

private fun updateData(result: ScanResult?) {
  result?.device?.address.let {
    if (!scanResults.containsKey(it)) {
      listAdapter.add(it)
      listAdapter.notifyDataSetChanged()
    }
    scanResults.put(it, result)
  }
}

private fun info(result: ScanResult?) {
  tv.text = result?.toString()
  val device = result?.device
  val gatt = device?.connectGatt(this,
      true, gattCallback)
  val started = gatt?.discoverServices()
  Log.d(TAG, "discoverServices(): $started")
```

```
    }

    private fun logGattServices(gatt: BluetoothGatt) {
      gatt.services.forEach {
        Log.d(TAG, "Service " + it.uuid.toString())
      }
    }
  }
```

Listing 8.16 Die Klasse »BLEScannerActivity«

Auch BLE-Geräte basieren auf Profilen. Ein Profil beschreibt, wie ein Gerät in einem bestimmten Anwendungsfall arbeitet. Bei der Messung der Herzfrequenz werden andere Daten übertragen als beim Ermitteln des Akkustandes. Daraus ergibt sich, dass Geräte mehrere Profile implementieren können. Das *Generic Attribute Profile* (GATT) ist eine allgemeine Spezifikation, um kleine Datenmengen zu senden und zu empfangen. Diese werden *Attribute* genannt. GATT bildet die Basis für die meisten aktuellen BLE-Profile. Attribute werden mit dem *Attribute Protocol* (ATT) übertragen. Sie gibt es in verschiedenen Ausprägungen, beispielsweise *Charakteristiken* und *Services*. Ein Service fasst Charakteristiken zusammen. Beispielsweise gehört zum Service Herzfrequenzmonitor die Charakteristik Herzfrequenzmessung.

Um nach Diensten zu suchen, rufen Sie die `BluetoothDevice`-Methode `connectGatt()` mit einem Objekt des Typs `BluetoothGattCallback` auf. Meine Implementierung überschreibt zum Beispiel die Methode `onServicesDiscovered()`. Wurden Dienste gefunden (`status == BluetoothGatt.GATT_SUCCESS`), verzweige ich nach `logGattServices()`. Nach der Verwendung muss die `BluetoothGatt`-Instanz mit `close()` geschlossen werden.

Welche Services und Charakteristiken ein BLE-Gerät zur Verfügung stellt, sollte dessen Dokumentation zu entnehmen sein. Dort ist dann hoffentlich auch beschrieben, welche Werte Sie mit Ihrer App setzen und abfragen können. Damit verlassen wir den Bereich der Nahfunktechnik. Im folgenden Abschnitt zeige ich Ihnen, wie Sie Fingerabdrucksensoren und Irisscanner verwenden, um Nutzer Ihrer App zu authentifizieren.

8.4 Authentifizierung durch biometrische Merkmale

Viele Smartphones und Tablets haben Fingerabdrucksensoren oder Irisscanner, mit denen sich die Benutzer Ihrer App authentifizieren können. Das geht schneller als das Eingeben eines Passworts und ist halbwegs sicher. Wie Sie biometrische Merkmale abfragen, zeige ich Ihnen anhand der Beispiel-App *BiometricPromptDemo*. Damit Sie sie auch ohne entsprechende Hardware ausprobieren können, werfen wir zunächst einen Blick auf die Konfiguration des Emulators.

8.4.1 Fingerabdrucksensor im Emulator einrichten

In den Systemeinstellungen erreichen Sie unter SECURITY • FINGERPRINT die Seite zum Hinterlegen und Löschen von Fingerabdrücken. Damit Sie sich auf diese Weise authentifizieren können, muss eine zusätzliche Sperrmethode aktiv sein. Da Sie diese im Emulator sehr wahrscheinlich nicht konfiguriert haben, sehen Sie als Erstes die Seite zum Einrichten der Bildschirmsperre (Abbildung 8.11). Wählen Sie am besten FINGERPRINT + PIN, und geben Sie dann zweimal hintereinander dieselbe Folge aus vier Ziffern ein. Anschließend können Sie einstellen, welche Inhalte Sie auf dem Sperrbildschirm sehen möchten. DONE beendet die Konfiguration der Bildschirmsperre.

Jetzt können Sie das Entsperren mit Fingerabdruck einrichten. Die erste Seite des Assistenten ist in Abbildung 8.12 zu sehen. Klicken Sie auf NEXT.

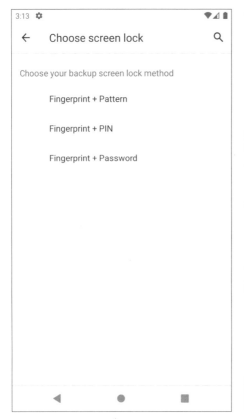

Abbildung 8.11 Bildschirmsperre einrichten

Abbildung 8.12 Entsperren mit Fingerabdruck einrichten

8.4 Authentifizierung durch biometrische Merkmale

Öffnen Sie nun mit ⋯ die Emulatoreinstellungen, und wechseln Sie auf die Seite FINGERPRINT (Abbildung 8.13). Klicken Sie auf TOUCH THE SENSOR.

Abbildung 8.13 Die Emulator-Einstellungsseite »Fingerprint«

Folgen Sie den Anweisungen im Emulator, und legen Sie den Finger wiederholt auf den virtuellen Sensor, indem Sie TOUCH THE SENSOR erneut anklicken (Abbildung 8.14). Nachdem Sie den virtuellen Fingerabdruck erfolgreich hinterlegt haben, beenden Sie den Assistenten mit DONE (Abbildung 8.15).

Die Seite FINGERPRINT des simulierten Geräts sollte nun in etwa Abbildung 8.16 entsprechen.

Abbildung 8.14 Finger wiederholt auf den virtuellen Sensor legen

Abbildung 8.15 Der Fingerabdruck wurde erfolgreich hinzugefügt.

8.4.2 Jetpack Biometric

Unterstützung für Fingerabdrucksensoren gibt es schon seit Android 6.0; die Klasse android.hardware.fingerprint.FingerprintManager hat Google mit API-Level 23 eingeführt. Sie koordiniert den Zugriff auf entsprechende Hardware. Allerdings mussten Entwickler selbst für die Interaktion mit dem Anwender sorgen, denn einen systemweiten Dialog gab es noch nicht. Andere biometrische Merkmale waren ebenfalls nicht vorgesehen. Hersteller haben notgedrungen ihr eigenes Süppchen gekocht. Seit Android 9 (API-Level 28) gibt es android.hardware.biometrics.BiometricPrompt. Sie löst den alten FingerprintManager ab. Die Klasse unterstützt zusätzliche Scannertypen (zum Beispiel in das Display eingearbeitete Sensoren) und stellt eine einheitliche Benutzeroberfläche zur Verfügung.

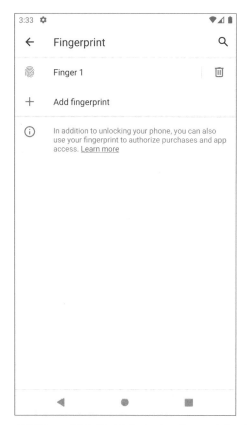

Abbildung 8.16 Ein hinterlegter Fingerabdruck

Jetpack Biometric erleichtert den nicht immer einfachen Umgang mit verschiedenen Plattformversionen. Die Bibliothek stellt eine einheitliche API zur Verfügung und zeigt entweder die systemweite Oberfläche oder einen Nachbau an. Sie steht ab Android 6 zur Verfügung. Um die Komponente in eigenen Programmen zu integrieren, fügen Sie die Zeile

```
implementation "androidx.biometric:biometric:1.0.1"
```

Ihrer modulspezifischen *build.gradle*-Datei hinzu. Die Authentifizierung mittels biometrischer Merkmale ist dann in wenigen Schritten erledigt. Diese zeigt meine Klasse BiometricPromptDemoActivity (Listing 8.17). Als Erstes sollten Sie mit canAuthenticate() abfragen, ob das Gerät die biometrische Authentifizierung unterstützt. Hierfür benötigen Sie ein Objekt des Typs androidx.biometric.BiometricManager. Sie erhalten es durch Aufruf von BiometricManager.from().

```kotlin
package com.thomaskuenneth.androidbuch.biometricprompt

import android.os.Bundle
import android.widget.Toast
import androidx.appcompat.app.AppCompatActivity
import androidx.biometric.BiometricManager
import androidx.biometric.BiometricManager.BIOMETRIC_SUCCESS
import androidx.biometric.BiometricPrompt
import androidx.biometric.BiometricPrompt.AuthenticationCallback
import androidx.biometric.BiometricPrompt.AuthenticationResult
import androidx.biometric.BiometricPrompt.PromptInfo
import kotlinx.android.synthetic.main.activity_main.*

class BiometricPromptDemoActivity : AppCompatActivity() {

  override fun onCreate(savedInstanceState: Bundle?) {
    super.onCreate(savedInstanceState)
    setContentView(R.layout.activity_main)
    button.setOnClickListener { showDialog() }
    val biometricManager = BiometricManager.from(this)
    button.isEnabled =
        biometricManager.canAuthenticate() == BIOMETRIC_SUCCESS
  }

  private fun toast(resid: Int) = Toast.makeText(this, resid,
                                    Toast.LENGTH_LONG).show()

  private fun showDialog() {
    val info = PromptInfo.Builder()
        .setDescription(getString(R.string.descr))
        .setTitle(getString(R.string.title))
        .setConfirmationRequired(true)
        .setSubtitle(getString(R.string.subtitle))
        .setNegativeButtonText(getString(R.string.cancel))
        .build()
    BiometricPrompt(this, mainExecutor,
        object : AuthenticationCallback() {
          override fun onAuthenticationError(errorCode: Int,
                                    errString: CharSequence) {
            toast(R.string.error)
          }

          override fun onAuthenticationSucceeded(
```

```
                    result: AuthenticationResult) {
        toast(R.string.ok)
      }

      override fun onAuthenticationFailed() {
        toast(R.string.failed)
      }
    }).authenticate(info)
  }
}
```

Listing 8.17 Die Klasse »BiometricPromptDemoActivity«

Um den Dialog anzuzeigen, erzeugen Sie einen `PromptInfo.Builder`. Mit `setTitle()`, `setSubtitle()` und `setDescription()` vergeben Sie einen Titel, Untertitel und eine Beschreibung. `setConfirmationRequired()` steuert, ob nach einer erfolgreichen Authentifizierung der Dialog automatisch geschlossen werden darf. `setNegativeButtonText()` blendet einen Button ein, mit dem der Nutzer die Interaktion abbrechen kann. `build()` erzeugt ein `androidx.biometric.BiometricPrompt.PromptInfo`-Objekt. Es wird der Methode `authenticate()` einer `BiometricPrompt`-Instanz übergeben.

Dessen Konstruktor erwartet eine `FragmentActivity`, einen `Executor` und einen `AuthenticationCallback`. Activities, die den Dialog anzeigen möchten, müssen von `androidx.fragment.app.FragmentActivity` oder deren Kinder (zum Beispiel `AppCompatActivity`) ableiten. Die Methoden von `AuthenticationCallback` werden aufgerufen, je nachdem ob

- der Benutzer erfolgreich authentifiziert wurde (`onAuthenticationSucceeded()`),
- eine Authentifizierung nicht geklappt hat, zum Beispiel weil der Finger nicht richtig auf dem Sensor lag (`onAuthenticationFailed()`),
- ein Fehler aufgetreten ist (`onAuthenticationError()`).

Der `Executor` legt fest, auf welchem Thread der Callback aufgerufen wird. Mein Beispiel verwendet den Mainthread. Die Methode `getMainExecutor()` gehört zur Klasse `android.content.ContextWrapper`. Alternativ könnten Sie `ContextCompat.getMainExecutor` verwenden. Das bietet sich vor allem an, wenn Ihre App auch auf älteren Versionen laufen soll.

8.5 Zusammenfassung

Wie Sie gesehen haben, ist Google Maps eine faszinierende Spielwiese. Karten lassen sich hervorragend mit den Standortfunktionen von Android kombinieren. Auch die beeindruckende Sensorenphalanx wartet nur darauf, auf kreative Weise integriert zu werden. Wie wäre es, den dargestellten Ort durch bestimmte Bewegungen des Geräts zu verändern? Ich bin sehr gespannt, zu welchen innovativen Anwendungen Sie die vorhandenen Bausteine kombinieren. Auch die Kommunikation mit Bluetooth bzw. Bluetooth Low Energy ist ein spannendes Betätigungsfeld. Sicher fallen Ihnen viele aufregende Ideen ein, wie Sie vom Internet der Dinge in Ihren Apps profitieren können.

TEIL IV
Dateien und Datenbanken

Kapitel 9
Dateien lesen, schreiben und drucken

Das Lesen und Schreiben von Dateien gehört seit jeher zu den Grundfunktionen vieler Apps. Wie dies unter Android funktioniert, zeige ich Ihnen in diesem Kapitel. Außerdem erfahren Sie, wie einfach Sie die Inhalte Ihrer Anwendung zu Papier bringen können.

Um Informationen längerfristig zu speichern, können Sie entweder Datenbanken oder klassische Dateien verwenden. Welche Variante Sie wählen, hängt von zahlreichen Faktoren ab. Termine und Kontakte sind sehr strukturierte Daten, d. h., jeder »Datensatz« hat denselben Aufbau. Deshalb lassen sich solche Informationen sehr gut in relationalen Datenbanken ablegen. Musikstücke oder Videoclips hingegen haben eine weniger offensichtliche Struktur. Sie fühlen sich in herkömmlichen Dateien wohler.

Auch die Frage der Weitergabe spielt eine wichtige Rolle. Noch immer haben zahlreiche Android-Geräte einen Steckplatz für Speicherkarten. Informationen, die auf einem solchen Medium abgelegt wurden, lassen sich sehr leicht transportieren und in einem anderen Smartphone oder Tablet weiterverwenden, sofern der Benutzer das Medium nicht verschlüsselt hat. Haben Sie beispielsweise mit der eingebauten Kamera einen tollen Schnappschuss gemacht, können Sie einfach die Speicherkarte entnehmen und vom Fotolabor einen Abzug anfertigen lassen.

9.1 Grundlegende Dateioperationen

Android erbt die Datei- und Verzeichnisoperationen von Java. Das Lesen und Schreiben von Dateien basiert also in weiten Teilen auf den Klassen und Interfaces des Pakets `java.io`. Wie Sie diese einsetzen, möchte ich Ihnen anhand der Beispiel-App *FileDemo1* demonstrieren. Sie sehen sie in Abbildung 9.1. Das Programm besteht aus einem Eingabefeld sowie aus den drei Schaltflächen LADEN, SPEICHERN und LEEREN. Mit ihnen wird der eingegebene Text gespeichert, geladen bzw. gelöscht.

9.1.1 Dateien lesen und schreiben

Die für die beiden Schaltflächen LADEN und SPEICHERN registrierten OnClickListener rufen die privaten Methoden load() bzw. save() auf. Letztere erhält als einzigen Parameter die zu speichernde Zeichenkette. Der Dateiname ist in FILENAME abgelegt.

Abbildung 9.1 Die App »FileDemo1«

Daten werden in Ströme (Streams) geschrieben oder aus ihnen gelesen. Android stellt die Methoden openFileOutput() und openFileInput() zur Verfügung, um Ströme für das Schreiben oder Lesen von Dateien zu öffnen. openFileOutput() benötigt zwei Parameter. Neben dem Namen der zu schreibenden Datei geben Sie an, ob nur die eigene App sowie Apps mit derselben User-ID auf sie zugreifen (MODE_PRIVATE) oder ob auch Dritte lesen und schreiben dürfen (MODE_WORLD_READABLE und MODE_WORLD_WRITEABLE). Die beiden letztgenannten Konstanten gelten schon lange (seit API-Level 17) als veraltet und sollen nicht mehr verwendet werden. Google gibt als Grund an, dass es ein potenzielles Sicherheitsrisiko darstellt, wenn beliebige Apps auf eine Datei oder auf ein Verzeichnis zugreifen.

```
package com.thomaskuenneth.androidbuch.filedemo1

import android.content.Context
import android.os.Bundle
import android.util.Log
import androidx.appcompat.app.AppCompatActivity
import kotlinx.android.synthetic.main.activity_main.*
import java.io.BufferedReader
import java.io.IOException
import java.io.InputStreamReader
import java.io.OutputStreamWriter

private val TAG = FileDemo1Activity::class.simpleName
private val FILENAME = "$TAG.txt"
class FileDemo1Activity : AppCompatActivity() {

  override fun onCreate(savedInstanceState: Bundle?) {
    super.onCreate(savedInstanceState)
    setContentView(R.layout.activity_main)
    clear.setOnClickListener { edit.setText("") }
    load.setOnClickListener { load() }
    save.setOnClickListener { save(edit.text.toString()) }
    Log.d(TAG, "filesDir: ${filesDir.absolutePath}")
    load()
  }

  private fun load() {
    val sb = StringBuilder()
    try {
      openFileInput(FILENAME).use { fis ->
        InputStreamReader(fis).use { isr ->
          BufferedReader(isr).use { br ->
            while (true) {
              val line = br.readLine() ?: break
              if (sb.isNotEmpty()) {
                sb.append('\n')
              }
              sb.append(line)
            }
          }
```

```
            }
          }
        } catch (ex: IOException) {
          Log.e(TAG, "load()", ex)
        }
        edit.setText(sb.toString())
      }

      private fun save(s: String) {
        try {
          openFileOutput(FILENAME,
              Context.MODE_PRIVATE).use { fos ->
            OutputStreamWriter(fos).use { osw ->
              osw.write(s)
            }
          }
        } catch (ex: IOException) {
          Log.e(TAG, "save()", ex)
        }
      }
    }
```

Listing 9.1 Die Klasse »FileDemo1Activity«

Existiert die zu schreibende Datei noch nicht, dann wird sie angelegt. Ist sie bereits vorhanden, geht der alte Inhalt verloren, sofern Sie nicht den Modus MODE_APPEND wählen. In diesem Fall »wächst« die Datei. Die Methode openFileOutput() liefert eine Instanz der Klasse java.io.FileOutputStream. Diese bietet einige write()-Methoden an, die allerdings auf Bytes operieren. Android setzt bei Zeichenketten auf Unicode; einzelne Zeichen werden in jeweils einem Char abgelegt. Eine Umwandlung in Bytes ist mit der Methode getBytes() der Klasse String zwar prinzipiell möglich, allerdings kann es bei einer späteren Rückumwandlung Probleme geben, wenn der gespeicherte Block nicht in einem Stück eingelesen werden kann. Aus diesem Grund verlässt sich FileDemo1Activity auf die Klasse OutputStreamWriter. Sie enthält eine Implementierung von write(), die Strings richtig verarbeitet.

In welchem Verzeichnis wird eigentlich die durch openFileOutput() erzeugte Datei abgelegt? Ihr Name (*FileDemo1Activity.txt*) enthält ja keine Pfadangaben. Die Methode getFilesDir() der Klasse android.content.Context (in Kotlin einfach filesDir) liefert die gewünschte Information. Sie können im Werkzeugfenster DEVICE FILE EXPLORER das Android-Dateisystem inspizieren.

Die private Methode load() lädt einen zuvor gespeicherten Text und zeigt ihn an. Analog zu openFileOutput() liefert auch openFileInput() einen Strom, allerdings eine

Instanz von `FileInputStream`. Da die `read()`-Methoden dieser Klasse keine `Strings` kennen, greife ich auf `java.io.InputStreamReader` und `java.io.BufferedReader` als Hüllen zurück. `load()` liest die Datei zeilenweise (`readLine()`) ein. Die einzelnen Teile werden durch Zeilenumbrüche miteinander verbunden und in einem `StringBuilder` gespeichert. Erst zum Schluss wird mit `toString()` ein String erzeugt.

> **Tipp**
>
> Kotlins Klassenbibliothek enthält im Paket `kotlin.io` die beiden Erweiterungsfunktionen `readText()` und `writeText()`. Mit ihnen können Sie sehr kompakt Dateien lesen und schreiben.

Automatische Backups

Alle Apps mit `targetSdkVersion` 23 oder höher nehmen an dem automatischen, systemweiten Sicherungs- und Wiederherstellungsprozess *Auto Backup* teil, außer sie enthalten in ihrem Manifest die Zuweisung `android:allowBackup="false"`. Damit votieren sie **gegen** diesen genialen Mechanismus. Dateien, die in anwendungsspezifischen Verzeichnissen abgelegt werden (`getFilesDir()`, `getDatabasePath()`, `getDir()` und `getExternalFilesDir()`), sowie Shared Preferences schreibt Android in regelmäßigen Abständen verschlüsselt in ein privates Verzeichnis des *Google Drive* des Benutzers, sofern dieser sich beim Einrichten des Geräts nicht dagegen entschieden oder die Sicherung später deaktiviert hat. Dateien in den Verzeichnissen `getCacheDir()`, `getCodeCacheDir()` und `getNoBackupFilesDir()` werden ignoriert. Pro App stehen 25 MB zur Verfügung. Backup-Daten werden nicht auf den dem Nutzer zur Verfügung stehenden Speicherplatz angerechnet.

> **Tipp**
>
> Weitere Informationen (zum Beispiel Backup-Intervalle) finden Sie auf der Seite *Auto Backup for Apps*.[1] Dort ist auch beschrieben, wie Ihre App mit dem Manifestattribut `android:fullBackupContent` und einer XML-Datei Einfluss darauf nehmen kann, welche Daten gesichert bzw. ausgelassen werden.

Wird eine App deinstalliert und später erneut heruntergeladen (zum Beispiel nach dem Zurücksetzen auf die Werkseinstellungen) oder auf einem neuen Gerät des Benutzers installiert, sichert die Plattform automatisch die gespeicherten Daten zurück. Genial, nicht wahr? Übrigens setzen die meisten meiner Beispiele `android:allowBackup` auf `false`, um keinen unnötigen »Müll« auf einem von Ihnen möglicherweise konfigurierten Google Drive zu hinterlassen. Sie produzieren schließlich keine sicherungswürdigen Daten.

---

[1] https://developer.android.com/guide/topics/data/autobackup.html

FileDemo1 nimmt an der Sicherung teil, damit ich Ihnen den Backup-Restore-Zyklus zeigen kann. Geben Sie hierzu in der App einen beliebigen Text ein, und klicken Sie auf SPEICHERN. Anschließend prüfen Sie bitte, ob in den Einstellungen Ihres Geräts bzw. Emulators unter SYSTEM • BACKUP das Backup aktiviert und mit einem Google-Konto verknüpft ist. Wie das aussehen kann, ist in Abbildung 9.2 zu sehen.

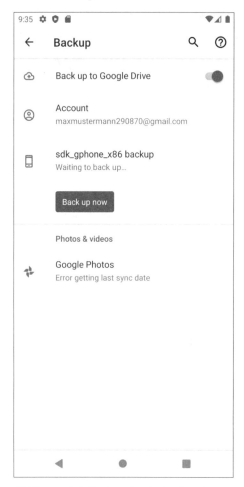

Abbildung 9.2 Backup-Konto im Emulator

Bitte klicken Sie nicht auf BACK UP NOW, sondern tippen Sie danach im TERMINAL-Fenster von Android Studio die folgenden Anweisungen ein:

- `adb shell bmgr list transports`
  Damit können Sie die Liste der *Transporte* abfragen. Ohne einen solchen *Backup Transport* funktionieren Backup und Restore nicht. Ein Sternchen kennzeichnet den Standard.

- `adb shell bmgr transport ...`
  aktiviert einen Transport. Sollte die Wiederherstellung mit der Voreinstellung nicht funktionieren, kann es lohnen, einen der anderen gelisteten Transporte auszuprobieren.
- `adb shell bmgr enabled`
  prüft, ob der *Backup Manager* aktiv ist.
- `adb shell bmgr enable true`
  aktiviert ihn. Bitte beachten Sie nochmals, dass Sie im Emulator bzw. auf dem Gerät die Backup-Funktionalität mit einem Google-Konto verknüpft haben müssen.
- `adb shell bmgr help`
  Mit diesem Befehl erhalten Sie Hilfestellung.

Jetzt können Sie die Sicherung auslösen:

`adb shell bmgr backupnow com.thomaskuenneth.androidbuch.filedemo1`

Die App wird automatisch geschlossen. Um die Wiederherstellung auszuprobieren, ist es nicht nötig, sie zu deinstallieren. Klicken Sie stattdessen in *FileDemo1* zuerst auf LEEREN, dann auf SPEICHERN. Der Wiederherstellungsvorgang startet nach der Eingabe des Kommandos

`adb shell bmgr restore <...> com.thomaskuenneth.androidbuch.filedemo1`

Der Platzhalter <...> repräsentiert ein Token. Leider ist das Ermitteln dieses Tokens etwas mühsam. Bitte geben Sie die folgende Anweisung ein, woraufhin recht viele Informationen angezeigt werden:

`adb shell dumpsys backup`

Das Token ist die Hexadezimalzahl nach `Current:`.

Hinweis

Die hier skizzierten Komponenten *Backup Manager* und *Transport* sind seit Android 2.2 vorhanden. Vor *Marshmallow* mussten Apps aber selbstständig sogenannte *Backup Agents* implementieren (ein nicht ganz triviales Unterfangen) und bei Bedarf die `BackupManager`-Methode `dataChanged()` aufrufen. Dies ist zum Glück nicht mehr nötig. Informationen zu dieser alten, *Key/Value Backup* genannten Variante finden Sie im gleichnamigen Dokument.[2]

Datei- und Verzeichnisfunktionen

Da Android die Datei- und Verzeichnisfunktionen von Java erbt, ist es sehr einfach, die Länge einer Datei zu ermitteln oder sie zu löschen. Wie das funktioniert, zeige ich

---

2 https://developer.android.com/guide/topics/data/keyvaluebackup.html

Ihnen anhand der App *FileDemo2*, die Sie in Abbildung 9.3 sehen. Die Hauptklasse FileDemo2Activity (Listing 9.2) ist recht kurz. In der Methode onCreate() lege ich zunächst zehn Dateien an, deren Namen aus dem Präfix *Datei_* und einer Zahl zwischen 1 und 10 bestehen. Diese Zahl gibt auch die Länge in Bytes an. *Datei_7* ist also 7 Bytes groß. Die zu speichernden Daten werden in einem ByteArray gesammelt. Alle Elemente haben den gleichen Inhalt, nämlich eine Zahl, die der Länge des Feldes und damit der Datei entspricht. Das Feld wird durch Aufruf der FileOutputStream-Methode write() geschrieben.

Abbildung 9.3 Die App »FileDemo2«

Sie können mit filesDir (die Methode getFilesDir() gehört zur Klasse android.content.Context) den Pfad des Verzeichnisses erfragen, in dem die mit openFileOutput() erzeugten Dateien abgelegt werden. Deren Namen erfahren Sie mit fileList(). Aus diesen beiden Informationen lässt sich ein java.io.File-Objekt bauen, um beispielsweise die Länge einer Datei zu ermitteln (mit length()) oder die Datei zu löschen. Der Rückgabewert von delete() signalisiert, ob das Löschen erfolgreich war. Dateien und Verzeichnisse einer App, die mit openFileOutput() bzw. getDir() erzeugt wurden, liegen unterhalb eines anwendungsspezifischen Basisverzeichnisses. Im Rahmen der Deinstallation werden sie gelöscht.

```
package com.thomaskuenneth.androidbuch.filedemo2

import android.content.Context
import android.os.Bundle
import androidx.appcompat.app.AppCompatActivity
import kotlinx.android.synthetic.main.activity_main.*
import java.io.File
import java.io.IOException

class FileDemo2Activity : AppCompatActivity() {
  override fun onCreate(savedInstanceState: Bundle?) {
    super.onCreate(savedInstanceState)
    setContentView(R.layout.activity_main)
    tv.text = ""
    // 10 Dateien mit unterschiedlicher Länge anlegen
    for (i in 1..10) {
      val name = "Datei_$i"
      try {
        openFileOutput(name, Context.MODE_PRIVATE).use { fos ->
          // ein Feld der Länge i mit dem Wert i füllen
          val bytes = ByteArray(i) { i.toByte() }
          fos.write(bytes)
        }
      } catch (t: IOException) {
        tv.append("$name: ${t.message}")
      }
    }
    // Dateien ermitteln
    val files = fileList()
    // Verzeichnis ermitteln
    for (name in files) {
      val f = File(filesDir, name)
      // Länge in Bytes ermitteln
      tv.append("Länge von $name in Byte: ${f.length()}\n")
```

```
    // Datei löschen
    tv.append("Löschen ${if (!f.delete())
                          "nicht " else ""}erfolgreich\n")
    }
  }
}
```

Listing 9.2 Die Klasse »FileDemo2Activity«

Erzeugt eine App nur wenige Dateien, ist das Ablegen in verschiedenen Verzeichnissen nicht nötig. Spielen Dateien jedoch eine zentrale Rolle, kann es sich lohnen, sie in unterschiedlichen Ordnern zu speichern. Sehen wir uns an, wie dies funktioniert.

9.1.2 Mit Verzeichnissen arbeiten

android.content.Context enthält die Methode getDir(), die als ersten Parameter den Namen eines Verzeichnisses erwartet. Sofern dieses noch nicht existiert, wird es automatisch erzeugt. Das zweite Argument steuert, wer darauf zugreifen darf. Sie kennen diesen Parameter schon aus den vorherigen Abschnitten. Da der Zugriff durch Dritte nicht mehr erlaubt ist, übergeben Sie bitte stets MODE_PRIVATE. Die App *FileDemo3* demonstriert, wie Sie getDir() verwenden. FileDemo3Activity (Listing 9.3) erzeugt die Dateien *A* und *B* im Standardverzeichnis der App. Sie können den Pfad mit filesDir ermitteln. Außerdem werden die beiden Ordner *audio* und *video* angelegt. Beide erhalten jeweils zwei Dateien, *C* und *D* bzw. *E* und *F*.

```
package com.thomaskuenneth.androidbuch.filedemo3

import android.content.Context
import android.os.Bundle
import android.util.Log
import androidx.appcompat.app.AppCompatActivity
import java.io.*

private val TAG = FileDemo3Activity::class.simpleName
class FileDemo3Activity : AppCompatActivity() {
  override fun onCreate(savedInstanceState: Bundle?) {
    super.onCreate(savedInstanceState)
    setContentView(R.layout.activity_main)
    // zwei leere Dateien erzeugen
    createFile(filesDir, "A")
    createFile(filesDir, "B")
    // Verzeichnis audio erstellen
    val dirAudio = getDir("audio", Context.MODE_PRIVATE)
```

```kotlin
    // zwei leere Dateien erzeugen
    createFile(dirAudio, "C")
    createFile(dirAudio, "D")
    // Verzeichnis video erstellen
    val dirVideo = getDir("video", Context.MODE_PRIVATE)
    // zwei leere Dateien erzeugen
    createFile(dirVideo, "E")
    createFile(dirVideo, "F")
    // temporäre Datei anlegen
    try {
      Log.d(TAG, "java.io.tmpdir: ${
                  System.getProperty("java.io.tmpdir")}")
      File.createTempFile("Datei_", ".txt").apply {
        Log.d(TAG, "---> $absolutePath")
      }
    } catch (e: IOException) {
      Log.e(TAG, " createTempFile()", e)
    }
    // temporäre Datei im Cache-Verzeichnis
    Log.d(TAG, "cacheDir: ${cacheDir.absolutePath}")
    try {
      File.createTempFile("Datei_", ".txt", cacheDir).apply {
        Log.d(TAG, "---> $absolutePath")
      }
    } catch (e: IOException) {
      Log.e(TAG, " createTempFile()", e)
    }
  }

  private fun createFile(dir: File, name: String) {
    val file = File(dir, name)
    try {
      FileOutputStream(file).use { fos ->
        Log.d(TAG, file.absolutePath)
        fos.write("Hallo".toByteArray())
      }
    } catch (e: IOException) {
      Log.e(TAG, "createFile()", e)
    }
  }
}
```

Listing 9.3 Die Klasse »FileDemo3Activity«

Die Verzeichnisstruktur nach dem Start von *FileDemo3* ist in Abbildung 9.4 zu sehen. Sie können sie im Werkzeugfenster DEVICE FILE EXPLORER überprüfen. Die Pfade werden in LOGCAT ausgegeben. Allerdings müssen Sie aufpassen: Bitte suchen Sie nicht nach */data/user/0*, sondern */data/data*. Die Ordner *audio* und *video* werden kurioserweise nicht innerhalb desselben Verzeichnisses (*files*) erzeugt, in dem auch *A* und *B* liegen. Sie finden die Verzeichnisse stattdessen eine Ebene weiter oben, also in *com.thomaskuenneth.filedemo3*. Bitte beachten Sie in beiden Fällen das automatisch hinzugefügte Präfix *app_*. Hierbei handelt es sich allerdings um ein Android-internes Detail, das auf Ihre Programmierung keinen Einfluss hat und auf das Sie sich auch nicht verlassen sollten.

Name	Permissions	Date	Size
▼ com.thomaskuenneth.androidbuch.filedemo3	drwxrwx--x	2020-06-10 20:57	4 KB
▼ app_audio	drwxrwx--x	2020-06-11 11:58	3,4 KB
C	-rw-------	2020-06-11 11:58	5 B
D	-rw-------	2020-06-11 11:58	5 B
▼ app_video	drwxrwx--x	2020-06-11 11:58	3,4 KB
E	-rw-------	2020-06-11 11:58	5 B
F	-rw-------	2020-06-11 11:58	5 B
▼ cache	drwxrws--x	2020-06-11 11:58	3,4 KB
Datei_7055152613550796607.txt	-rw-------	2020-06-11 11:58	0 B
Datei_889006814402959278.txt	-rw-------	2020-06-11 11:58	0 B
▶ code_cache	drwxrws--x	2020-06-11 11:58	3,4 KB
▼ files	drwxrwx--x	2020-06-11 11:58	3,4 KB
A	-rw-------	2020-06-11 11:58	5 B
B	-rw-------	2020-06-11 11:58	5 B

Abbildung 9.4 Von »FileDemo3« erzeugte Dateien und Verzeichnisse

Meine private Methode `createFile()` nutzt übrigens nicht die aus dem vorherigen Abschnitt bekannte Methode `openFileOutput()`, weil dieser Methode kein Verzeichnisname (bzw. kein Pfad) übergeben werden kann. Stattdessen wird direkt ein `FileOutputStream`-Objekt erzeugt. Hierzu verwende ich eine Instanz der Klasse `java.io.File`, der ein Verzeichnis sowie der Dateiname übergeben werden.

Temporäre Dateien und Caches

Es ist häufig nötig, temporäre Dateien zu erzeugen. Denken Sie an eine App, die Newsfeeds anzeigt: Um die Nachrichten darstellen zu können, muss die korrespondierende Datei zuerst von einem Server geladen werden. Sobald sie geparst wurde, wird sie jedoch nicht mehr benötigt. Solche kurzlebigen Dateien sollten nicht im Applikationsverzeichnis abgelegt werden. Java enthält in der Klasse `java.io.File` die statische Methode `createTempFile()`. Sie erleichtert das Erzeugen von temporären Dateien. Zwischen dem mindestens drei Zeichen langen Präfix (in meinem Beispiel ist das *Datei_*) und dem Suffix *.txt* fügt das System einen automatisch erzeugten Teil (eine zufällige ganze Zahl) ein. Das Suffix kann null sein, in diesem Fall wird *.tmp* verwendet.

In welchem Verzeichnis die Datei angelegt wird, ergibt sich aus einem optionalen dritten Parameter, den die in meinem Beispiel verwendete Zweiparametervariante auf null setzt. Das führt dazu, dass die Java-System-Property java.io.tmpdir ausgewertet wird. Ich gebe den Wert in LOGCAT aus. Wenn Sie sich nicht auf die System Property verlassen möchten, übergeben Sie als dritten Parameter von createTempFile() einfach das Ergebnis des Aufrufes getCacheDir() bzw. cacheDir (ebenfalls in der Klasse Context enthalten).

> **Tipp**
>
> Grundsätzlich kann das System Verzeichnisse für temporäre Dateien bei Bedarf (zum Beispiel bei Speichermangel) selbstständig leeren. Allerdings sollten Sie als Entwickler sorgsam mit unter Umständen knappen Ressourcen umgehen und deshalb nicht mehr benötigte Dateien möglichst schnell wieder löschen.

9.2 Externe Speichermedien

Android unterstützt zusätzlich zum internen Speicher externe Medien, auf denen Apps Daten ablegen können. Dabei kann es sich um austauschbare Medien (beispielsweise SD-Karten) oder um fest eingebauten Speicher handeln. Das mag paradox klingen: ein externer, fest eingebauter Speicher? Google rät in der Entwicklerdokumentation, sich nicht vom Begriff *extern* verwirren zu lassen. Letztlich ist damit *gemeinsamer Speicher* oder *Speicher für Medien* (zum Beispiel Fotos, Videos, Audiodaten) gemeint. *Gemeinsam* bedeutet übrigens nicht (mehr), dass Apps stets auf alle Daten, also auch die von fremden Apps, zugreifen können. Mit Android 10 hat Google den medienweiten Zugriff zum Schutz der Privatsphäre drastisch eingeschränkt.

9.2.1 Mit externem Speicher arbeiten

Wie Sie mit externen Medien umgehen, zeige ich Ihnen anhand des Projekts *ExternalStorageDemo*. Beispielsweise sollten Sie vor Lese- oder Schreibzugriffen mit android.os.Environment die Verfügbarkeit prüfen (Listing 9.4). Denn Medien müssen nicht permanent vorhanden (eingelegt) sein. Die Methode getExternalStorageState() gibt den Wert MEDIA_MOUNTED zurück, wenn lesender und schreibender Zugriff möglich ist. Bei MEDIA_MOUNTED_READ_ONLY kann nur lesend zugegriffen werden.

isExternalStorageRemovable() liefert true, wenn der Anwender das primäre externe Medium physikalisch entnehmen kann. false signalisiert, dass es fest eingebaut wurde. isExternalStorageEmulated() liefert true, wenn Android das externe Medium emuliert. In diesem Fall ist es einfach eine eigene Partition oder ein eigener Bereich des internen Speichers. Dann müssen Sie sich nicht die Mühe machen, Daten dort abzulegen. Denn die Vorteile des *einfach mit anderen Apps teilen* sind ja mit Android 10 weggefallen. Was es damit auf sich hat, sehen wir uns nun an.

```kotlin
private fun showExternalStorageState() {
  tv.append(
    getString(
      if (Environment.isExternalStorageRemovable())
        R.string.removable else R.string.not_removable
    )
  )
  // Status abfragen
  val state: String = Environment.getExternalStorageState()
  val canRead: Boolean
  val canWrite: Boolean
  when (state) {
    Environment.MEDIA_MOUNTED -> {
      canRead = true
      canWrite = true
    }
    Environment.MEDIA_MOUNTED_READ_ONLY -> {
      canRead = true
      canWrite = false
    }
    else -> {
      canRead = false
      canWrite = false
    }
  }
  tv.append(getString(if (canRead) R.string.can_read
                     else R.string.cannot_read))
  tv.append(getString(if (canWrite) R.string.can_write
                     else R.string.cannot_write))
  tv.append("Wird emuliert: ${Environment.isExternalStorageEmulated()}\n")
}
```

Listing 9.4 Status eines externen Mediums abfragen

Environment.getExternalStorageDirectory() liefert den Zugriffspfad auf das Basisverzeichnis des primären externen Mediums. Mit der Variante getExternalStoragePublicDirectory() können Sie öffentliche Verzeichnisse für Medienarten (Fotos, Klingeltöne, …) ermitteln. Beide Methoden gelten seit Android 10 aber als veraltet und sollten nicht mehr verwendet werden. Sie liefern weiterhin gültige Pfade, allerdings sind diese nicht mehr ohne Weiteres durch Apps verwendbar. Google hat mit API-Level 29 temporär einen sogenannten *Legacy Mode* eingeführt, um Entwicklern Zeit für den Umstieg auf andere APIs zu geben. Haben Apps diesen in ihrem Manifest aktiviert, sehen die Apps auch weiterhin fremde Daten.

Der Legacy Mode kann mit `isExternalStorageLegacy()` abgefragt werden. Er wirkt aber nur bei Apps, die als Ziel-Plattform API-Level 29 angegeben haben. Sie sollten ihn deshalb nicht verwenden, zumal es die von mir angesprochenen anderen APIs seit der ersten Android-Version gibt. Die Methode `getExternalFilesDir()` aus der Klasse `Context` erhält als Parameter eine Zeichenkette, die die Art der abzulegenden Dateien repräsentiert (zum Beispiel `Environment.DIRECTORY_PICTURES`). Solche Verzeichnisse werden der App zugerechnet. Deshalb sind für einen Zugriff keine Berechtigungen erforderlich. Dort abgelegte Daten werden bei der Deinstallation der App gelöscht.

Damit Sie das ausprobieren können, enthält *ExternalStorageDemo* die Methode `saveBitmap()` (Listing 9.5). Sie erzeugt mit `createBitmap()` ein Objekt des Typs `Bitmap`, das aus zwei sich kreuzenden Linien und dem Text »Hallo Android!« besteht. Die 100 Pixel breite und 100 Pixel hohe Grafik wird durch den Aufruf von `compress()` als *.png*-Grafik in einen `OutputStream` geschrieben. Der zweite Parameter gibt die gewünschte Qualität an. 0 bedeutet »auf kleine Dateigröße hin komprimieren«. 100 entspricht maximaler Qualität. Bei verlustfreien Formaten wie *PNG* spielt der Wert keine Rolle.

```kotlin
private fun saveBitmap(stream: OutputStream) {
  val w = 100
  val h = 100
  val bm = Bitmap.createBitmap(w, h, Bitmap.Config.RGB_565)
  val c = Canvas(bm)
  val paint = Paint()
  paint.textAlign = Align.CENTER
  paint.color = Color.WHITE
  c.drawRect(0f, 0f, w - 1f, h - 1f, paint)
  paint.color = Color.BLUE
  c.drawLine(0f, 0f, w - 1f, h - 1f, paint)
  c.drawLine(0f, h - 1f, w - 1f, 0f, paint)
  paint.color = Color.BLACK
  c.drawText("Hallo Android!", w / 2f, h / 2f, paint)
  bm.compress(CompressFormat.PNG, 100, stream)
}
```

Listing 9.5 Eine Grafik erzeugen und speichern

Zeichenoperationen erfolgen übrigens nicht direkt in die Bitmap, sondern auf einem Objekt des Typs `android.graphics.Canvas`. Es enthält unter anderem Methoden zum Zeichnen von Rechtecken (`drawRect()`), Linien (`drawLine()`) und Text (`drawText()`). Wichtige Eigenschaften von zu zeichnenden Elementen werden über Objekte des Typs `android.graphics.Paint` gesteuert. Zum Beispiel setzt `textAlign` die Ausrichtung eines auszugebenden Textes. `paint.color = Color.BLACK` sorgt dafür, dass der Text in Schwarz erscheint. Nach einer Zuweisung an `color` werden die nachfolgenden Malfunktionen mit der eben eingestellten Farbe ausgeführt.

Nach diesem kurzen Ausflug in die Welt des Zeichnens wenden wir uns wieder Speichermedien zu. Sicher möchten Sie wissen, wie `saveBitmap()` verwendet wird. `FileOutputStream`-Objekte können durch Übergabe einer `File`-Instanz an den Konstruktor erzeugt werden. `getExternalFilesDir()` liefert uns hierfür das Elternverzeichnis, den eigentlichen Dateinamen habe ich fest verdrahtet (*grafik.png*).

```
val dir = getExternalFilesDir(Environment.DIRECTORY_PICTURES)
val file = File(dir, "grafik.png")
try {
    FileOutputStream(file).use { fos -> saveBitmap(fos) }
    tv.append("\n${file.absolutePath}")
} catch (e: IOException) {
    Log.e(TAG, "FileOutputStream()", e)
}
```

Listing 9.6 Aufruf der Methode »saveBitmap()«

Vielleicht fragen Sie sich, warum ich gelegentlich vom *primären externen Medium* gesprochen habe. Je nach Gerät und Konfiguration kann es durchaus mehrere gemeinsam genutzte bzw. *externe* Medien geben. Die Methode `getExternalFilesDirs()` der Klasse `android.content.Context` liefert ein `File`-Feld (Achtung, einzelne Elemente können `null` sein), das die entsprechenden Pfade enthält. `getExternalStorageState()` und `isExternalStorageRemovable()` der Klasse `Environment` können `File`-Referenzen übergeben werden, um den Status zu prüfen oder um zu erfragen, ob das Medium entfernt werden kann. Element 0 des `File`-Arrays entspricht übrigens dem Rückgabewert von `getExternalFilesDir()`.

In Googles Dokumentation ist zu lesen, dass `getExternalFilesDirs()` nur solche Verzeichnisse liefert, die als stabiler Bestandteil des Geräts angesehen werden können, zum Beispiel SD-Karten, die durch eine Abdeckung geschützt sind, nicht aber über *USB On The Go* angebundene Flash-Laufwerke. Um auch solche Ressourcen sauber anzusprechen, verwenden Sie den *Storage Manager*. Wie, das zeige ich Ihnen im folgenden Abschnitt.

9.2.2 Storage Manager

Die Klasse StorageManagerDemoActivity in Listing 9.7 gehört zu dem Projekt *StorageManagerDemo* (siehe Abbildung 9.5). In onCreate() wird mit getSystemService(StorageManager::class.java) die Referenz auf ein Objekt des Typs StorageManager ermittelt. storageVolumes liefert eine Liste von StorageVolumes, auf die der Benutzer aktuell zugreifen kann. Neben dem primären externen Medium kann es sich hierbei auch um SD-Karten und USB-Laufwerke handeln. getDescription() liefert eine Beschreibung des Volumes, state den aktuellen Status. Das primäre externe Medium liefert bei isPrimary den Wert true. isRemovable kennzeichnet Speicher, der entfernt werden kann. isEmulated schließlich gibt an, ob das externe Medium nur emuliert wird. Dies betrifft beispielsweise Smartphones und Tablets ohne Slot für SD-Karten.

Abbildung 9.5 Die App »StorageManagerDemo«

Um Zugriff auf ein Volume zu erhalten, rufen Sie bis einschließlich Android 9 createAccessIntent() auf. Die Methode liefert ein Objekt des Typs android.content.Intent, das Sie an startActivityForResult() weiterreichen. Als Parameter übergeben Sie createAccessIntent() das gewünschte Verzeichnis oder null für das gesamte Volume. Letzteres ist aber nur möglich, wenn es sich nicht um das primäre externe Medium handelt. Mit API-Level 29 wurde createAccessIntent() für veraltet erklärt. Für neuere Android-Versionen sollten Sie deshalb die Methode createOpenDocumentTreeIntent() aufrufen. Auch sie liefert ein Intent, das Sie an startActivityForResult() übergeben. Der Anwender muss sich in beiden Fällen entscheiden, ob er der App den gewünschten Zugriff erlauben möchte.

```
package com.thomaskuenneth.androidbuch.storagemanagerdemo

import android.app.Activity
import android.content.Intent
import android.os.*
import android.os.storage.StorageManager
import androidx.appcompat.app.AppCompatActivity
import androidx.documentfile.provider.DocumentFile
import kotlinx.android.synthetic.main.activity_main.*

class StorageManagerDemoActivity : AppCompatActivity() {
  private val requestCode = 123

  override fun onCreate(savedInstanceState: Bundle?) {
    super.onCreate(savedInstanceState)
    setContentView(R.layout.activity_main)
    tv.text = ""
    getSystemService(StorageManager::class.java).let {
      for (volume in it.storageVolumes) {
        if (tv.text.isNotEmpty()) tv.append("\n")
        tv.append("${volume.getDescription(this)}\n")
        tv.append("  --> state: ${volume.state}\n")
        tv.append("  --> isPrimary: ${volume.isPrimary}\n")
        tv.append("  --> isRemovable: ${volume.isRemovable}\n")
        tv.append("  --> isEmulated: ${volume.isEmulated}\n")
        if (volume.isPrimary) {
          val intent =
            if (Build.VERSION.SDK_INT >= Build.VERSION_CODES.Q)
              volume.createOpenDocumentTreeIntent()
            else
              volume.createAccessIntent(Environment.DIRECTORY_DOWNLOADS)
          startActivityForResult(intent, requestCode)
```

```
          }
        }
      }
    }

    override fun onActivityResult(requestCode: Int,
               resultCode: Int,
               data: Intent?) {
      super.onActivityResult(requestCode, resultCode, data)
      if (requestCode == this.requestCode &&
          resultCode == Activity.RESULT_OK &&
          data != null) {
        val dir = DocumentFile.fromTreeUri(this,
            data.data!!)
        tv.append("\n${dir?.uri.toString()}\n")
        for (file in dir?.listFiles() ?: emptyArray()) {
          tv.append("  --> ${file.name}\n")
        }
      }
    }
  }
}
```

Listing 9.7 Die Klasse »StorageManagerDemoActivity«

Nach dem Bestätigen oder Ablehnen des Zugriffswunsches wird die Methode onActivityResult() mit RESULT_OK oder RESULT_CANCELED aufgerufen. Bei Letzterem hat das ebenfalls übergebene Intent den Wert null. Darf die App hingegen auf das Verzeichnis (und damit implizit auch auf alle Unterverzeichnisse) zugreifen, liefert data eine Uri-Instanz, die der statischen Methode fromTreeUri() der Klasse androidx.documentfile.provider.DocumentFile übergeben wird. Sie gehört zu Jetpack. In der Datei *build.gradle* des Moduls *app* muss deshalb eine implementation-Abhängigkeit zu androidx.documentfile:documentfile:... eingetragen werden. DocumentFile definiert Methoden, die sich am klassischen File-Objekt orientieren. Eine Liste der enthaltenen Elemente kann beispielsweise mit listFiles() ermittelt werden.

> **Tipp**
>
> Um nicht jedes Mal den Anwender beim Zugriff auf ein Verzeichnis um Erlaubnis fragen zu müssen, können Sie bei Bedarf die Methode takePersistableUriPermission() aufrufen.

Wie erfährt eine App eigentlich, dass der Nutzer eine SD-Karte eingelegt oder ein Flash-Laufwerk angeschlossen hat? Hierzu müssen Sie nur in der Manifestdatei einen *Broadcast Receiver* registrieren, der auf `android.intent.action.MEDIA_MOUNTED` reagiert. Listing 9.8 zeigt einen Auszug des Manifests von *StorageManagerDemo*.

```xml
<?xml version="1.0" encoding="utf-8"?>
<manifest xmlns:android="http://schemas.android.com/apk/res/android"
  package="com.thomaskuenneth.androidbuch.storagemanagerdemo">
  <application
    ...
    <activity
      ...
    </activity>
    <receiver
      android:name=".MediaMountedReceiver"
      android:enabled="true"
      android:exported="true">
      <intent-filter>
        <action android:name=
          "android.intent.action.MEDIA_MOUNTED" />
        <data android:scheme="file" />
      </intent-filter>
    </receiver>
  </application>
</manifest>
```

Listing 9.8 Auszug der Manifestdatei von »StorageManagerDemo«

Wichtig ist, neben der Aktion (`<action .. />`) auch ein `<data ../>`-Tag mit dem Attribut `android:scheme="file"` hinzuzufügen. Sonst wird das Ereignis nicht an die App gemeldet. Die Implementierung meiner Klasse `MediaMountedReceiver` ist trivial: Es wird nur ein Toast mit dem Namen des gemounteten Volumes angezeigt.

```kotlin
package com.thomaskuenneth.androidbuch.storagemanagerdemo

import android.content.*
import android.os.storage.StorageVolume
import android.widget.Toast

class MediaMountedReceiver : BroadcastReceiver() {
  override fun onReceive(context: Context?, intent: Intent?) {
    if (Intent.ACTION_MEDIA_MOUNTED == intent?.action) {
      intent.getParcelableExtra<StorageVolume>(
        StorageVolume.EXTRA_STORAGE_VOLUME
      )?.let { volume ->
        Toast.makeText(
```

```
          context, volume.getDescription(context),
          Toast.LENGTH_LONG
        ).show()
      }
    }
  }
}
```

Listing 9.9 Die Klasse »MediaMountedReceiver«

Mit `getParcelableExtra(StorageVolume.EXTRA_STORAGE_VOLUME)` können Sie abfragen, welches Volume sich geändert hat. Zugriff erhalten Sie dann auf die weiter oben beschriebene Weise. Um den Broadcast Receiver zu testen, können Sie in den Systemeinstellungen eines virtuellen Geräts (SETTINGS • STORAGE) die Speicherkarte zunächst entfernen und danach wieder mounten.

9.3 Drucken

Wenn man sich vergegenwärtigt, wie lange es Android schon gibt, mag es verwunderlich erscheinen, dass die Plattform erst Ende Oktober 2013 mit API-Level 19 die Fähigkeit erhalten hat, Dokumente zu drucken. Apple hatte sein Betriebssystem iOS schon viel früher (Ende 2010) damit ausgestattet. Aber klassische Smartphone-Anwendungen (Telefonie, SMS, Kalender und Kontakte) brauchen nichts zu Papier zu bringen, und lange Zeit waren die Displays einfach zu klein, um Textdokumente oder Tabellenblätter zu bearbeiten. Warum hätte man sie also drucken sollen?

Ohne Frage hat der Tablet-Boom dazu beigetragen, die Grenzen der mobilen Betriebssysteme auszuloten. Die Anwender wollten plötzlich Tätigkeiten verrichten, für die früher ein PC nötig war. Die Anzeige eines durchschnittlich großen Tablets ist ausreichend, um Änderungen an einer Präsentation oder an einem Geschäftsbrief vorzunehmen. Klar, dass man das Dokument dann auch ausdrucken möchte.

9.3.1 Druckgrundlagen

Am Druckprozess sind drei Komponenten beteiligt:

1. Die App kennt die Daten, die der Anwender zu Papier bringen möchte.
2. Der *Print Manager* nimmt den Druckauftrag des Programms entgegen, zeigt einen Auswahl- und Konfigurationsdialog an und leitet die Daten an einen *Print Service* weiter.
3. Ein *Print Service* nimmt die Druckinformationen entgegen und überträgt sie mit einem geeigneten Protokoll an einen Drucker. Print Services sind also im klassi-

schen Sinne Druckertreiber. Sie werden üblicherweise von Geräteherstellern angeboten und können wie ganz normale Apps heruntergeladen, installiert und aktualisiert werden. Um ein bestimmtes Druckermodell nutzen zu können, müssen Sie den passenden Print Service einrichten.

Lange Zeit war auf den meisten Geräten *Google Cloud Print* vorinstalliert. Dieser Print Service wurde nicht für ein bestimmtes Modell oder eine spezielle Geräteklasse entwickelt. Vielmehr registrieren Sie beliebig viele Drucker, auf die Sie an unterschiedlichen Orten Zugriff haben. Bei einem Druckvorgang wählen Sie dann das gewünschte Gerät aus und erhalten Ihren Ausdruck an dem Ort, an dem Sie sich gerade befinden. Der Dienst hat seinen Ursprung im Unternehmensumfeld, denn gerade in Firmen mit vielen Standorten kann es aufwendig sein, »überall« drucken zu können. Allerdings hat Google den Dienst zum Jahresende 2020 abgekündigt. Welche Alternativen sich durchsetzen werden, ist derzeit schwer abzuschätzen.

Abbildung 9.6 Druckerauswahl mit Seitenvorschau

Lassen Sie uns nun anhand des Beispiels *DruckDemo1* einen ersten Blick darauf werfen, wie Apps einen Druck auslösen können. Das Programm erzeugt eine einfache HTML-Seite mit Grafik, zeigt sie mit `loadDataWithBaseURL()` an und übergibt sie an den Print Manager. Der daraufhin erscheinende Konfigurationsdialog ist in Abbildung 9.6 zu sehen. Mit ihm kann der Benutzer die Zahl der Kopien sowie das Papierformat einstellen und den zu verwendenden Drucker auswählen.

Der Quelltext der Klasse `DruckDemo1Activity` ist in Listing 9.10 dargestellt. Da eine HTML-Seite gedruckt werden soll, erzeuge ich als Erstes eine `WebView`-Instanz und setze dann mit `webViewClient =` ein geeignetes Callback-Objekt. Erst nach dem vollständigen Laden der Seite wird `onPageFinished()` aufgerufen, deshalb finden dort alle weiteren Aktionen statt.

> **Hinweis**
>
> Das `WebView`-Objekt muss einer Instanzvariablen zugewiesen werden, um zu verhindern, dass der *Garbage Collector* es zu früh freigibt. Andernfalls kann der Druckvorgang scheitern.

Durch den Aufruf von `getSystemService(PrintManager::class.java)` wird eine `PrintManager`-Instanz ermittelt. Anschließend erstelle ich durch Aufruf der `WebView`-Methode `createPrintDocumentAdapter()` ein Objekt des Typs `PrintDocumentAdapter`, welches das Dokument für den Druck beschreibt. Sie werden die Callback-Methoden dieses Objekts später noch genauer kennenlernen. Schließlich wird ein Druckauftrag erstellt und abgeschickt. Einige Druckeigenschaften wie Farbe, Ränder und Auflösung lassen sich mit einem `PrintAttributes.Builder` konfigurieren. In meiner Implementierung belasse ich es bei den Standardeinstellungen.

```kotlin
package com.thomaskuenneth.androidbuch.druckdemo1

import android.os.Bundle
import android.print.PrintAttributes
import android.print.PrintJob
import android.print.PrintManager
import android.util.Log
import android.webkit.*
import androidx.appcompat.app.AppCompatActivity

private val TAG = DruckDemo1Activity::class.simpleName
class DruckDemo1Activity : AppCompatActivity() {
    private lateinit var webView: WebView

    override fun onCreate(savedInstanceState: Bundle?) {
        super.onCreate(savedInstanceState)
```

```kotlin
        // WebView für den Druck instanziieren
        webView = WebView(this)
        webView.webViewClient = object : WebViewClient() {
            override fun shouldOverrideUrlLoading(view: WebView,
                            request: WebResourceRequest): Boolean {
                return false
            }

            override fun onPageFinished(view: WebView, url: String) {
                // PrintManager-Instanz ermitteln
                getSystemService(PrintManager::class.java)?.let {
                    // Der Adapter stellt den Dokumentinhalt bereit
                    val adapter =
                        webView.createPrintDocumentAdapter("Dokumentname")
                    // Druckauftrag erstellen und übergeben
                    val jobName = getString(R.string.app_name) + " Dokument"
                    val attributes = PrintAttributes.Builder().build()
                    val printJob: PrintJob = it.print(jobName, adapter, attributes)
                    Log.d(TAG, printJob.info.toString())
                }
            }
        }
        val htmlDocument = """

            <html><body>
            <h1>Hallo Android</h1>
            <p><img src="ic_launcher.png" />
            <br />Ein Test</p>
            </body></html>

        """.trimIndent()
        webView.loadDataWithBaseURL("file:///android_asset/",
            htmlDocument, "text/html", "UTF-8", null)
    }
}
```

Listing 9.10 Die Klasse »DruckDemo1Activity«

Die Nutzung des Android-Druck-Frameworks reduziert sich auf wenige Zeilen Quelltext, sofern Sie die Daten Ihrer Anwendung in HTML verpacken können. Dann profitieren Sie von der WebView-Methode createPrintDocumentAdapter(). Sie liefert einen fertigen PrintDocumentAdapter, der alle Informationen enthält, die das System für den Druck eines Dokuments braucht. Wie Sie ihn selbst implementieren, zeige ich Ihnen als Nächstes.

9.3.2 Eigene Dokumenttypen drucken

Das Projekt *DruckDemo2* generiert Dokumente, die je nach Einstellung der Seitenorientierung (Hochkant- bzw. Quermodus) aus einer oder zwei Seiten bestehen. Die erste Seite zeigt eine Sinus-, die zweite eine Cosinuskurve. In Abbildung 9.7 ist der Android-Druckdialog mit der Vorschau eines solchen Dokuments dargestellt.

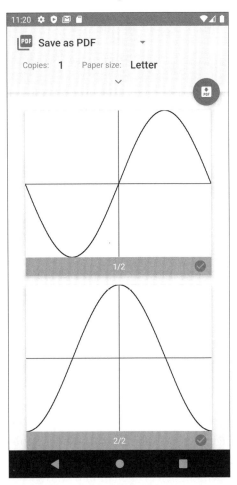

Abbildung 9.7 Druckdialog mit dem Dokument aus »DruckDemo2«

Lassen Sie uns einen kurzen Blick auf Listing 9.11 werfen, das die Hauptaktivität der App, die Klasse DruckDemo2Activity, zeigt. Als Erstes wird wieder mit getSystemService(PrintManager::class.java) eine PrintManager-Instanz ermittelt. Anschließend erzeugt print() einen Druckauftrag und übergibt ihn an das System. Alle Informationen, die Android für das Drucken des Dokuments benötigt, werden über die Methoden der Klasse DemoPrintDocumentAdapter abgefragt. Wie Sie gleich sehen werden, ist PDF das Standardformat für das Drucken unter Android. Das bedeutet, dass Apps sauber paginierte PDF-Dokumente erzeugen und an das Druck-Framework übermitteln müssen. Das hört sich aber komplizierter an, als es ist. Denn glücklicherweise stellt die Plattform hierfür Klassen zur Verfügung, die leicht einsetzbar sind und das Erstellen von PDFs fast schon zu einem Kinderspiel machen.

```
package com.thomaskuenneth.androidbuch.druckdemo2

import android.os.Bundle
import android.print.PrintManager
import androidx.appcompat.app.AppCompatActivity

class DruckDemo2Activity : AppCompatActivity() {
  override fun onCreate(savedInstanceState: Bundle?) {
    super.onCreate(savedInstanceState)
    setContentView(R.layout.activity_main)
    getSystemService(PrintManager::class.java)?.let {
      val jobName = "${getString(R.string.app_name)} Document"
      it.print(
        jobName,
        DemoPrintDocumentAdapter(this), null
      )
    }
  }
}
```

Listing 9.11 Die Klasse »DruckDemo2Activity«

Bei dem Dokumenterstellungsprozess geht es darum, Inhalt und Struktur eines Dokuments (also das, was der Anwender Ihrer App zu Papier bringen möchte) so umzuformen, dass es in ein PDF gepackt und auf Seiten verteilt werden kann. Hierzu ein Beispiel: Nehmen Sie an, ein Text besteht aus 2.500 Wörtern. Wie viele davon auf eine Seite passen, hängt unter anderem vom eingestellten Papierformat und der Randgröße ab. Natürlich sind auch Schriftart und -größe wichtig, aber beide sind fester Bestandteil des Dokuments. Anders verhält es sich mit den erstgenannten Werten, die vom Anwender unmittelbar vor dem Druck vorgegeben werden können.

In Listing 9.12 sehen Sie die Klasse DemoPrintDocumentAdapter, die von PrintDocument-Adapter ableitet. Letztere definiert die Callback-Methoden onStart(), onFinish(), onLayout() und onWrite(). Die ersten beiden Methoden können Sie überschreiben. Sie werden einmal zu Beginn bzw. am Ende des Druckprozesses aufgerufen. Es bietet sich an, sie für Initialisierungs- und Aufräumarbeiten zu nutzen. Ich habe onFinish() überschrieben, um mit disposePdf() meine PrintedPdfDocument-Instanz freigeben zu können. Leider kann ich sie nicht in onStart() erzeugen, weil der Konstruktor einen

Parameter erwartet, der dort nicht zur Verfügung steht (`newAttributes: PrintAttributes`).

Die letzten zwei Callback-Methoden sind abstrakt und müssen deshalb implementiert werden. `onLayout()` wird immer nach Änderungen von Druckeinstellungen aufgerufen, die Auswirkungen auf die Ausgabe haben, beispielsweise Drucker, Papierart und Seitenorientierung. Die Aufgabe Ihrer App ist es, das Layout der Seiten zu berechnen. Dabei müssen Sie die erwartete Seitenzahl zurückliefern. `onWrite()` schließlich rendert die zu druckenden Seiten in eine Datei. Diese Methode kann nach einem `onLayout()` ein- oder mehrmals aufgerufen werden.

> **Hinweis**
> Alle Adapter-Methoden werden auf dem Mainthread der App aufgerufen. Zeitintensive Berechnungen sowie das Nachladen von Daten sollten Sie deshalb auf jeden Fall in einen separaten Thread oder eine Koroutine auslagern.

```kotlin
package com.thomaskuenneth.androidbuch.druckdemo2

import android.content.Context
import android.graphics.*
import android.graphics.pdf.PdfDocument
import android.os.*
import android.print.PageRange
import android.print.PrintAttributes
import android.print.PrintDocumentAdapter
import android.print.PrintDocumentInfo
import android.print.pdf.PrintedPdfDocument
import java.io.*
import kotlin.math.cos
import kotlin.math.sin

class DemoPrintDocumentAdapter(private val context: Context) :
    PrintDocumentAdapter() {
  private var numPages = 0
  private var pdf: PrintedPdfDocument? = null

  override fun onLayout(
    oldAttributes: PrintAttributes?,
    newAttributes: PrintAttributes,
    cancellationSignal: CancellationSignal,
    callback: LayoutResultCallback,
    extras: Bundle?
  ) {
```

```kotlin
      // sofern vorhanden, altes freigeben
      disposePdf()
      // neues PDF-Dokument mit den gewünschten Attributen erzeugen
      pdf = PrintedPdfDocument(context, newAttributes)
      // auf Abbruchwunsch reagieren
      if (cancellationSignal.isCanceled) {
        callback.onLayoutCancelled()
        disposePdf()
        return
      }
      // erwartete Seitenzahl berechnen
      numPages = computePageCount(newAttributes)
      if (numPages > 0) {
        // Informationen an das Print-Framework zurückliefern
        val info = PrintDocumentInfo.Builder("sin_cos.pdf")
          .setContentType(PrintDocumentInfo.CONTENT_TYPE_DOCUMENT)
          .setPageCount(numPages)
          .build()
        callback.onLayoutFinished(info, true)
      } else {
        // einen Fehler melden
        callback.onLayoutFailed("Fehler beim Berechnen der Seitenzahl")
      }
    }

    override fun onWrite(
      pages: Array<PageRange?>?,
      destination: ParcelFileDescriptor,
      cancellationSignal: CancellationSignal,
      callback: WriteResultCallback
    ) {
      pdf?.let { pdf ->
        // über alle Seiten des Dokuments iterieren
        for (i in 0 until numPages) {
          // Abbruch?
          if (cancellationSignal.isCanceled) {
            callback.onWriteCancelled()
            disposePdf()
            return
          }
          val page = pdf.startPage(i)
          drawPage(page)
          pdf.finishPage(page)
```

```kotlin
      }
      // PDF-Dokument schreiben
      try {
        FileOutputStream(
          destination.fileDescriptor
        ).let { stream ->
          pdf.writeTo(stream)
        }
      } catch (e: IOException) {
        callback.onWriteFailed(e.toString())
        return
      }
      try {
        destination.close()
      } catch (e: IOException) {
        callback.onWriteFailed(e.toString())
        return
      }
    }
    callback.onWriteFinished(pages)
  }

  override fun onFinish() {
    disposePdf()
  }

  private fun computePageCount(
               printAttributes: PrintAttributes): Int {
    val size = printAttributes.mediaSize
    return if (size == null || !size.isPortrait) 2 else 1
  }

  // Einheiten entsprechen 1/72 Zoll
  private fun drawPage(page: PdfDocument.Page) {
    val nr = page.info.pageNumber.toFloat()
    // Breite und Höhe
    val w = page.canvas.width.toFloat()
    val h = page.canvas.height.toFloat()
    // Mittelpunkt
    val cx = w / 2f
    val cy = h / 2f
    val paint = Paint()
    paint.strokeWidth = 3f
```

```
    paint.color = Color.BLUE
    page.canvas.drawLine(cx, 0f, cx, h - 1f, paint)
    page.canvas.drawLine(0f, cy, w - 1f, cy, paint)
    paint.color = Color.BLACK
    var i = 0f
    while (i < w) {
      val y = if (nr == 0f) {
        (sin(i * (2f * Math.PI / w)) * cy + cy).toFloat()
      } else {
        (cos(i * (2f * Math.PI / w)) * cy + cy).toFloat()
      }
      page.canvas.drawPoint(i, y, paint)
      i++
    }
  }


  private fun disposePdf() {
    pdf?.close()
    pdf = null
  }
}
```

Listing 9.12 Die Klasse »DemoPrintDocumentAdapter«

Es ist die Hauptaufgabe von `onLayout()`, das Layout des Dokuments an die aktuellen Druckeinstellungen anzupassen und dabei die erwartete Seitenzahl zu ermitteln. Meine Implementierung ruft hierfür die Methode `computePageCount()` auf. Diese führt natürlich keine echte Berechnung durch, sondern liefert je nach Seitenorientierung immer 1 oder 2. Das Ergebnis des Layoutvorgangs teilen Sie dem System mit, indem Sie eine der Methoden des `LayoutResultCallback`-Objekts aufrufen, das an `onLayout()` übergeben wurde. Dabei kann es drei Situationen geben:

- Der Vorgang war erfolgreich. In diesem Fall rufen Sie `onLayoutFinished()` auf und übergeben hierbei in einem Objekt des Typs `PrintDocumentInfo` die Seitenanzahl und den Typ des Dokuments. Ein Flag kennzeichnet, ob sich das Layout inhaltlich geändert hat. Es ist wichtig, diesen Wert sorgsam zu setzen, denn Android nutzt ihn für die Steuerung von `onWrite()`-Aufrufen.
- Es ist ein Fehler aufgetreten. Die Seitenzahl konnte nicht berechnet werden. In diesem Fall übergeben Sie eine Fehlermeldung an `onLayoutFailed()`.
- Der Druckvorgang soll abgebrochen werden. In diesem Fall müssen Sie `onLayoutCancelled()` aufrufen. Aufforderungen, den Druck abzubrechen, werden an `onLayout()` und `onWrite()` mit einem `CancellationSignal`-Objekt (`isCanceled`) übergeben.

Ein Objekt des Typs `PrintedPdfDocument` repräsentiert das zu druckende Dokument während seiner Erstellung. Es wird in `onLayout()` auf Basis der aktuellen Druckparameter instanziiert und in `onWrite()` bestückt. Die Hauptaufgabe dieser Methode ist es, jede angeforderte Seite zu rendern und in eine Datei zu schreiben. Falls der Druckvorgang abgebrochen werden soll, rufen Sie die Methode `onWriteCancelled()` des übergebenen `WriteResultCallback`-Objekts auf. Haben Sie alle angeforderten Seiten erzeugt, schreiben Sie das Ergebnis mit `writeTo()` in eine Datei. Tritt hierbei ein Fehler auf, müssen Sie dies dem System mit `onWriteFailed()` mitteilen. Die Methode `onWriteFinished()` signalisiert einen erfolgreichen Rendering-Vorgang. Bitte denken Sie daran, den an `onWrite()` übergebenen `ParcelFileDescriptor` durch Aufruf von `close()` zu schließen.

> **Hinweis**
> Um den Quelltext kurz zu halten, ignoriert meine Implementierung etwaige an `onWrite()` übergebene Seitenbereiche.

Ich habe den eigentlichen Seitenaufbau in die Methode `drawPage()` ausgelagert. Sie erhält ein `PdfDocument.Page`-Objekt, das die aktuell zu rendernde Seite repräsentiert. Das Zeichnen erfolgt auf ein ganz normales `Canvas`-Objekt. Sie erhalten es mit `canvas`. Die Auflösung dieser Zeichenfläche entspricht 1/72 Zoll, was ein im Satzbereich lange bekannter Wert ist.

9.4 Zusammenfassung

Sie haben in diesem Kapitel sehr viel über Dateien und Verzeichnisse erfahren. Sie können die Daten Ihrer App privat halten oder durch das Speichern auf externen Medien mit anderen Programmen teilen. Das mit Android 4.4 eingeführte Druck-Framework erweitert die Einsatzmöglichkeiten der Plattform deutlich. Insbesondere die großen Bildschirme von Tablets machen Programme möglich, die lange Zeit den Desktops vorbehalten waren. Dank PDF steht einer qualitativ hochwertigen Ausgabe auf Papier nichts im Wege.

Kapitel 10
Datenbanken

Datenbanken eignen sich hervorragend, um viele gleichförmige Informationen abzuspeichern. Mit Content Providern können Sie anderen Programmen die Daten Ihrer App zur Verfügung stellen. Wie Sie beides kombinieren, zeige ich Ihnen in diesem Kapitel.

Oft folgen die Daten, die mit einem Programm verarbeitet werden, einer wohldefinierten Struktur. Kontakte beispielsweise enthalten fast immer einen Namen, eine Anschrift, eine oder mehrere Telefonnummern sowie ein Geburtsdatum. In einem Literaturverzeichnis erwarten Sie den Titel des Buches, den Namen des Verfassers und das Erscheinungsjahr. Und um Termine zu speichern, sollten Beginn und Ende eines Termins (jeweils mit Datum und Uhrzeit), der Ort und eine Beschreibung vorhanden sein. Meine drei Beispiele zeigen *Datensätze*. Ein Datensatz fasst *Datenfelder* zusammen. Name, Titel und Beschreibung sind solche Felder.

Wie oder wo Datensätze gespeichert werden, ist in erster Linie eine technische Frage. Indem Sie eine Karteikarte aus Papier beschriften und einsortieren, legen Sie einen Datensatz an. Programme können Daten in klassischen Dateien speichern. Wie das funktioniert, beschreibe ich im vorangehenden Kapitel 9, »Dateien lesen, schreiben und drucken«. Welche Struktur hierbei entsteht, bestimmt die schreibende Anwendung. Möchten andere Programme darauf zugreifen, dann müssen sie das Format dieser Datei kennen. Eine interessante Alternative ist deshalb, die Speicherung einem Datenbanksystem zu überlassen. Android bringt eine solche Komponente mit.

10.1 Erste Schritte mit SQLite

Sehr häufig werden Datensätze als Tabellen dargestellt, wobei die Spaltenüberschriften Datenfelder repräsentieren und die Zeilen der Tabelle die eigentlichen Nutzdaten enthalten. Dies ist die zentrale Idee von *relationalen Datenbanksystemen*. Sie folgen dem *relationalen Modell*, das E. F. Codd erstmals 1970 vorgeschlagen hat. Die Grundlage dieses Modells bildet die *mathematische Relation*. Relationen bestehen aus einer Menge von *Tupeln*. Ein Tupel wiederum entspricht einer Zeile einer Tabelle. Welche Operationen auf eine Relation angewendet werden können, wird durch die *relationale Algebra* bestimmt.

Glücklicherweise tritt dieser stark mathematische Aspekt beim Programmieren in den Hintergrund, denn mit relationalen Datenbanken hat sich auch die Datenbanksprache *SQL (Structured Query Language)* etabliert. Mit ihr ist es unter anderem möglich, Daten abzufragen, zu verwalten und zu verändern.

10.1.1 Einstieg in SQLite

Eine Software zur Eingabe, Verwaltung und Bearbeitung von in Datenbanken abgelegten Informationen wird traditionell *Datenbankmanagementsystem* genannt. Oft werden die Programme, die die eigentliche Speicherung und Wiedergewinnung übernehmen, auf einem eigenen *Datenbankserver* installiert. Ein Client verbindet sich über ein Netzwerk mit ihm, übermittelt SQL-Anweisungen und empfängt Ergebnisse (zum Beispiel von Suchanfragen).

Damit das klappt, müssen beide Maschinen entsprechend konfiguriert, gegebenenfalls Benutzerkonten angelegt oder abgeglichen und Zugriffsrechte vergeben werden. Für den Einsatz in einem Unternehmen ist dieser Aufwand zweifellos gerechtfertigt. Möchten Sie in einer Anwendung »einfach nur« Daten speichern und abfragen, sind andere Qualitäten wichtig. Hierzu gehören unter anderem:

- ein geringer Speicherverbrauch
- eine möglichst einfache Konfiguration
- eine schlanke Programmierschnittstelle

SQLite[1] erfüllt diese Anforderungen. Es handelt sich hierbei um eine in sich geschlossene, serverlose und ohne Konfigurationsaufwand nutzbare *transaktionale* SQL-Datenbankmaschine. Google hat diese sehr kompakte, nur wenige 100 KB große *In-Process-Bibliothek* in Android integriert und stellt sie App-Entwicklern über einige leicht einsetzbare Klassen zur Verfügung. Wie Sie in den folgenden Abschnitten sehen werden, gelingt der Einstieg in die faszinierende Welt der Datenbanken ohne große Mühe. Und wenn Sie tiefer in die Materie einsteigen möchten, empfehle ich Ihnen zusätzlich einen Blick in das Literaturverzeichnis in Anhang D.

Wie Sie bereits wissen, werden Nutzdaten (zum Beispiel der Name einer Person und ihr Alter) als Zeilen einer benannten Tabelle gespeichert. Auch deren Spaltenüberschriften haben Namen, die nötig sind, um eine ganz bestimmte Spalte ansprechen zu können. Welche Werte sie aufnehmen kann, wird bei der Definition der Tabelle festgelegt. Auch Datenbanken selbst erhalten – Sie ahnen es sicher – einen Namen.

Nun fragen Sie sich bestimmt, wie Sie Datenbanken oder Tabellen anlegen und Inhalte einfügen, abfragen und verändern können. Vieles ist über SQL standardisiert möglich, anderes hängt vom verwendeten Datenbankmanagementsystem ab. Vor al-

---

[1] *https://www.sqlite.org*

lem große Systeme kennen beispielsweise die Anweisung CREATE DATABASE, um eine neue Datenbank anzulegen. In SQLite entspricht eine Datenbank hingegen genau einer Datei, deshalb müssen Sie eine Datei erzeugen, um mit einer neuen Datenbank zu arbeiten. Ein zusätzlicher Befehl ist nicht nötig.

Bevor ich Ihnen zeige, wie Sie in Ihren Programmen auf SQLite zugreifen, möchte ich Ihnen ein paar grundlegende SQL-Kenntnisse vermitteln. Falls Sie bereits mit SQL vertraut sind, können Sie diesen Abschnitt gefahrlos überspringen. Da man sich Dinge am leichtesten merken kann, wenn man sie selbst ausprobiert hat, werden Sie diese Befehle auf der Kommandozeile eingeben. Damit das funktioniert, müssen Sie die Kommandozeilentools des Android SDK dem Standardsuchpfad hinzugefügt haben. Weitere Hinweise finden Sie in Abschnitt 1.3.1, »Android Studio und Android SDK installieren«.

Datenbanken und Tabellen anlegen

Als Erstes müssen Sie SQLite starten. Wechseln Sie in der Eingabeaufforderung, dem Terminal oder einer anderen Shell in ein Verzeichnis, in dem Sie die Datenbank ablegen möchten. Geben Sie dann `sqlite3 test.db` ein, und drücken Sie die ⏎-Taste. *test.db* ist der Name der Datenbankdatei, mit der Sie arbeiten möchten. Da diese Datei noch nicht existiert, legt das System sie für Sie an. Als Nächstes erzeugen Sie eine – zunächst leere – Tabelle. Hierfür ist CREATE TABLE zuständig. Geben Sie den folgenden Befehl in einer Zeile ein, und bestätigen Sie mit der ⏎-Taste:

```
CREATE TABLE testtabelle (age INTEGER, name VARCHAR(32));
```

Achten Sie dabei auf den Strichpunkt am Ende. Ihre Eingabe besteht aus den drei folgenden Bereichen:

1. der auszuführenden Operation (CREATE TABLE)
2. dem Namen der anzulegenden Tabelle
3. einer zwischen runde Klammern gesetzten Liste mit Spaltendefinitionen, deren Elemente durch ein Komma voneinander getrennt werden

Wie Sie bereits wissen, werden den Spalten einer Datenbanktabelle Namen und Datentypen zugewiesen. testtabelle besteht aus den beiden Spalten age und name. Der Name einer Person kann in diesem Fall bis zu 32 Zeichen enthalten. Das Alter wird als ganze Zahl angegeben. Anstelle des Spaltentyps VARCHAR können Sie übrigens auch TEXT verwenden. Dann entfällt die Längenangabe in Klammern.

Datensätze ablegen

Mit INSERT INTO fügen Sie einer Tabelle Datensätze hinzu:

```
INSERT INTO testtabelle (age, name) VALUES (49, 'Thomas');
```

Ihre Eingabe besteht aus fünf Bereichen:

1. der auszuführenden Operation (INSERT INTO)
2. dem Namen der zu befüllenden Tabelle
3. einer zwischen runde Klammern gesetzten Liste mit Spaltennamen, deren Elemente durch ein Komma voneinander getrennt werden
4. dem Schlüsselwort VALUES
5. einer zwischen runde Klammern gesetzten Liste mit Werten, deren Elemente durch ein Komma voneinander getrennt werden

Die erste geklammerte Liste gibt an, welche Spalten einer Tabelle mit Werten gefüllt werden sollen. Die zweite Liste enthält die abzulegenden Daten. Der SQL-Befehl INSERT INTO ist sehr mächtig. Beispielsweise können Sie unter bestimmten Umständen Spalten auslassen. Fügen Sie der Tabelle noch ein paar Zeilen hinzu. Diesmal lassen wir die zu befüllenden Spalten weg. Das ist möglich, wenn die Liste nach VALUES für jede Spalte der Datenbank einen Wert enthält und die Werte in derselben Reihenfolge wie bei der Definition der Tabellen übergeben werden.

```
INSERT INTO testtabelle VALUES (53, 'Andreas');
INSERT INTO testtabelle VALUES (82, 'Rudolf');
```

Daten abfragen

Mit der Anweisung

```
SELECT * FROM testtabelle;
```

können Sie sich die Tabelle ansehen. Anstelle des Asterisks (*) können Sie eine durch Kommata getrennte Liste von Spaltennamen übergeben. Das Kommando

```
SELECT age, name FROM testtabelle;
```

liefert hier also dasselbe Ergebnis. Lassen Sie uns noch ein wenig mit SQL experimentieren. Um die Anzahl der Zeilen von testtabelle zu zählen, verwenden Sie folgenden Befehl:

```
SELECT COUNT(*) FROM testtabelle;
```

Das Durchschnittsalter der gespeicherten Personen erfragen Sie mit folgender Anweisung:

```
SELECT AVG(age) FROM testtabelle;
```

Geben Sie zum Schluss noch folgendes Kommando ein:

```
SELECT age FROM testtabelle WHERE name IS 'Thomas';
```

Diese Anweisung liefert das Alter einer Person mit dem Namen Thomas. Falls mehrere solcher Datensätze existieren (was natürlich problemlos möglich ist), werden entsprechend viele Zahlen ausgegeben. Mit .exit (achten Sie auf den führenden Punkt) beenden Sie SQLite. Die vollständige Sitzung mit allen ausgeführten SQL-Anweisungen ist in Abbildung 10.1 zu sehen.

> **Tipp**
>
> In Bezug auf Schlüsselwörter (CREATE, SELECT, ...) unterscheidet SQL nicht zwischen Groß- und Kleinschreibung. Allein schon aus Gründen der Lesbarkeit sollten Sie aber der Konvention folgen, diese in Großbuchstaben zu notieren, Bezeichner hingegen, zum Beispiel Tabellen- und Spaltennamen, in Kleinbuchstaben.

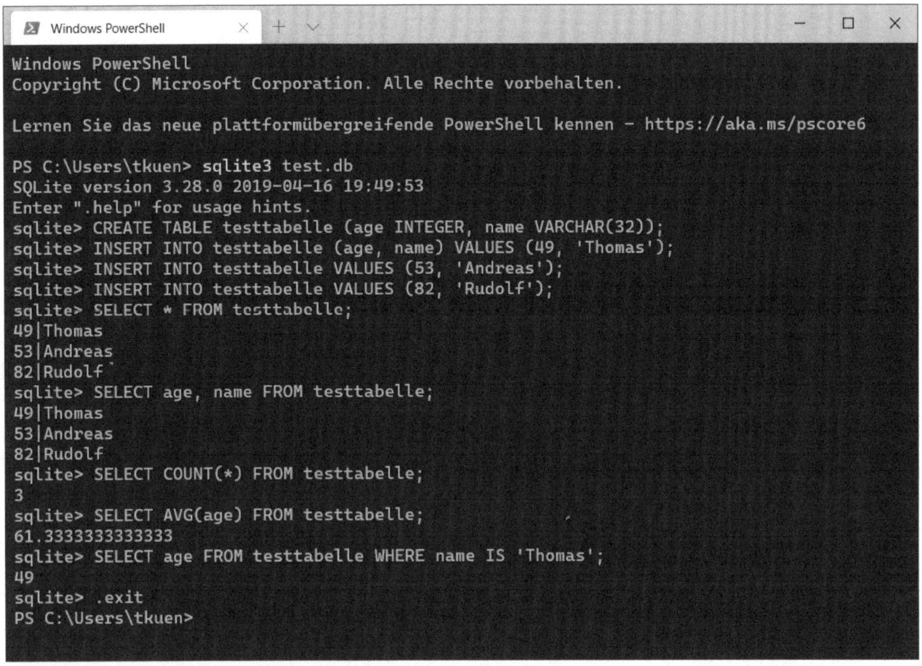

```
Windows PowerShell
Copyright (C) Microsoft Corporation. Alle Rechte vorbehalten.

Lernen Sie das neue plattformübergreifende PowerShell kennen - https://aka.ms/pscore6

PS C:\Users\tkuen> sqlite3 test.db
SQLite version 3.28.0 2019-04-16 19:49:53
Enter ".help" for usage hints.
sqlite> CREATE TABLE testtabelle (age INTEGER, name VARCHAR(32));
sqlite> INSERT INTO testtabelle (age, name) VALUES (49, 'Thomas');
sqlite> INSERT INTO testtabelle VALUES (53, 'Andreas');
sqlite> INSERT INTO testtabelle VALUES (82, 'Rudolf');
sqlite> SELECT * FROM testtabelle;
49|Thomas
53|Andreas
82|Rudolf
sqlite> SELECT age, name FROM testtabelle;
49|Thomas
53|Andreas
82|Rudolf
sqlite> SELECT COUNT(*) FROM testtabelle;
3
sqlite> SELECT AVG(age) FROM testtabelle;
61.3333333333333
sqlite> SELECT age FROM testtabelle WHERE name IS 'Thomas';
49
sqlite> .exit
PS C:\Users\tkuen>
```

Abbildung 10.1 Interaktive sqlite3-Sitzung

Sie haben jetzt erste Erfahrungen mit der Datenbanksprache SQL gesammelt und interaktiv mit SQLite gearbeitet. Nun wollen wir uns ansehen, wie Sie in Ihren Apps auf Datenbanken zugreifen.

10.1.2 SQLite in Apps nutzen

In diesem Abschnitt stelle ich Ihnen die Beispiel-App *DBDemo1* vor. Ihre Benutzeroberfläche ist in Abbildung 10.2 zu sehen. Sie besteht aus vier Schaltflächen – drei

Smileys sowie VERLAUF. Die nicht ganz ernst gemeinte Idee ist, durch Anklicken eines der drei Gesichter Ihre aktuelle Stimmung zu dokumentieren. Das Programm legt den Zeitpunkt des Klicks sowie den Smiley-Typ in einer Datenbanktabelle ab.

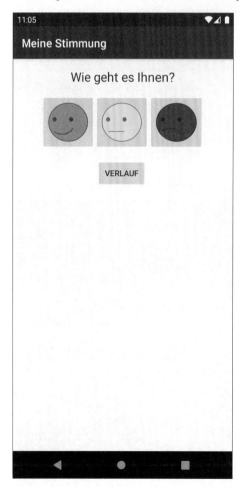

Abbildung 10.2 Die App »TKMoodley«

onCreate() (Listing 10.1) registriert für drei der vier Schaltflächen einen OnClickListener. Alle Smileys rufen imageButtonClicked() auf. Diese private Methode erzeugt einen neuen Eintrag in einer Datenbank (wie das funktioniert, erkläre ich gleich) und gibt die Meldung GESPEICHERT in einem Toast aus. Ein Klick auf VERLAUF bewirkt im Moment noch nichts. Das holen wir in Abschnitt 10.2.1, »Klickverlauf mit SELECT ermitteln«, nach.

```
package com.thomaskuenneth.androidbuch.dbdemo1
```

```
import android.os.Bundle
```

```
import android.widget.Toast
import androidx.appcompat.app.AppCompatActivity
import kotlinx.android.synthetic.main.activity_main.*

class DBDemo1Activity : AppCompatActivity() {
  private lateinit var openHelper: DBDemo1OpenHelper

  override fun onCreate(savedInstanceState: Bundle?) {
    super.onCreate(savedInstanceState)
    setContentView(R.layout.activity_main)
    fine.setOnClickListener { imageButtonClicked(MOOD_FINE) }
    ok.setOnClickListener { imageButtonClicked(MOOD_OK) }
    bad.setOnClickListener { imageButtonClicked(MOOD_BAD) }
    openHelper = DBDemo1OpenHelper(this)
  }

  override fun onPause() {
    super.onPause()
    openHelper.close()
  }

  private fun imageButtonClicked(mood: Int) {
    openHelper.insert(mood, System.currentTimeMillis())
    Toast.makeText(this, R.string.saved, Toast.LENGTH_SHORT)
      .show()
  }
}
```

Listing 10.1 Die Klasse »DBDemo1Activity«

openHelper = DBDemo1OpenHelper(this) instanziiert ein Objekt des Typs DBDemo1Open-Helper. Auf diese Instanzvariable wird in den Methoden imageButtonClicked() (Aufruf von insert()) und onPause() (Aufruf von close()) zugegriffen. Damit eine App eine Datenbank verwenden kann, muss diese unter anderem angelegt und geöffnet werden. Hierbei hilft Ihnen android.database.sqlite.SQLiteOpenHelper. Die abstrakte Klasse vereinfacht die Kommunikation mit SQLite. Kinder müssen deren Methoden onCreate() und onUpgrade() implementieren.

> **Hinweis**
>
> In meinem Beispiel wird onPause() überschrieben, um eine geöffnete Datenbank beim Pausieren der Activity zu schließen. Ein explizites erneutes Öffnen ist aber nicht nötig. Das geschieht in DBDemo1OpenHelper implizit beim Zugriff.

Möchte eine App auf eine Datenbank zugreifen, prüft Android, ob diese schon existiert. Ist dies nicht der Fall, ruft das System onCreate() auf. In dieser Methode sollten mit CREATE TABLE alle Tabellen angelegt und gegebenenfalls mit Grunddaten versorgt werden. Um das Anlegen der Datenbank selbst müssen Sie sich nicht kümmern. onUpgrade() wird aufgerufen, wenn sich die Version einer Datenbank geändert hat. Diese Nummer übermitteln Sie bei der Instanziierung Ihrer SQLiteOpenHelper-Ableitung an das System. Benötigen Sie in einer Tabelle zusätzliche Spalten oder müssen Sie die komplette Struktur Ihrer Datenbank ändern, erhöhen Sie die Versionsnummer um 1. Einfache Änderungen an der Tabellenstruktur sind mit ALTER TABLE möglich.

Die im Folgenden abgedruckte Beispielimplementierung löscht mit dem SQL-Befehl DROP TABLE die einzige Tabelle der Datenbank und ruft anschließend onCreate() auf. Das hat natürlich zur Folge, dass vorhandene Datensätze verloren gehen. Wenn Sie Ihre App im Google Play Store anbieten oder auf andere Weise veröffentlichen, sollten Sie diese Datensätze stattdessen in geeigneter Weise »parken« und nach der Aktualisierung der Tabellenstruktur wieder einspielen.

```kotlin
package com.thomaskuenneth.androidbuch.dbdemo1

import android.content.ContentValues
import android.content.Context
import android.database.sqlite.SQLiteDatabase
import android.database.sqlite.SQLiteException
import android.database.sqlite.SQLiteOpenHelper
import android.util.Log

// Konstanten für die Stimmungen
const val MOOD_FINE = 1
const val MOOD_OK = 2
const val MOOD_BAD = 3

// Name und Version der Datenbank
private const val DATABASE_NAME = "tkmoodley.db"
private const val DATABASE_VERSION = 1

private val TAG = DBDemo1OpenHelper::class.simpleName
class DBDemo1OpenHelper(context: Context) :
    SQLiteOpenHelper(context, DATABASE_NAME, null, DATABASE_VERSION) {

    // Name und Attribute der Tabelle "mood"
    private val id = "_id"
    private val tableMoodName = "mood"
    private val moodTime = "timeMillis"
```

```kotlin
  private val moodMood = "mood"

  // Tabelle "mood" anlegen
  private val tableMoodCreate = """
    CREATE TABLE $tableMoodName (
    $id INTEGER PRIMARY KEY AUTOINCREMENT,
    $moodTime INTEGER,
    $moodMood INTEGER);")
  """.trimIndent()

  // Tabelle "mood" löschen
  private val tableMoodDrop = "DROP TABLE IF EXISTS $tableMoodName"

  override fun onCreate(db: SQLiteDatabase) {
    db.execSQL(tableMoodCreate)
  }

  override fun onUpgrade(
    db: SQLiteDatabase, oldVersion: Int,
    newVersion: Int
  ) {
    Log.w(
      TAG, """
        Upgrade der Datenbank von Version $oldVersion zu $newVersion.
        Alle Daten werden gelöscht."
      """.trimIndent()
    )
    db.execSQL(tableMoodDrop)
    onCreate(db)
  }

  fun insert(mood: Int, timeMillis: Long) {
    var rowId = -1L
    try {
      // Datenbank öffnen
      Log.d(TAG, "Pfad: " + writableDatabase.path)
      // die zu speichernden Werte
      val values = ContentValues()
      values.put(moodMood, mood)
      values.put(moodTime, timeMillis)
      // in die Tabelle "mood" einfügen
      rowId = writableDatabase.insert(tableMoodName, null, values)
    } catch (e: SQLiteException) {
      Log.e(TAG, "insert()", e)
```

```
      } finally {
        Log.d(TAG, "insert(): rowId=$rowId")
      }
    }
  }
}
```
Listing 10.2 Die Klasse »DBDemo1OpenHelper«

Die Methode `insert()` wird aus `DBDemo1Activity` aufgerufen, wenn der Benutzer einen Smiley angeklickt hat. Sie baut ein `ContentValues`-Objekt zusammen und speichert es mit `writableDatabase.insert()` in der Datenbank. Es enthält Informationen darüber, welchen Spalten welche Werte zugewiesen werden sollen. `writableDatabase` verweist auf ein Objekt des Typs `SQLiteDatabase`. Außer für das Einfügen von Tabellenzeilen brauchen Sie solche Objekte unter anderem auch für das Anlegen oder Löschen von Tabellen. Es wird beispielsweise `onUpgrade()` und `onCreate()` übergeben. Dort verwende ich es, um mit `execSQL()` SQL-Anweisungen auszuführen.

Sehen Sie sich die Definition der Instanzvariablen `tableMoodCreate` an. Die Variable enthält eine vollständige `CREATE TABLE`-Anweisung, mit der die Tabelle `mood` erstellt wird. Diese besteht aus den drei Spalten `_id`, `timeMillis` und `mood`. Die Spalte `_id` wird aufgrund des Schlüsselwortes `AUTOINCREMENT` selbsttätig befüllt. Aus diesem Grund finden Sie in `insert()` nur zwei Aufrufe der Methode `put()`, nämlich einmal für `timeMillis` und einmal für `mood`.

Das Erfassen von Stimmungen funktioniert jetzt also schon tadellos. Im folgenden Abschnitt zeige ich Ihnen, wie Sie den Verlauf Ihrer Klicks anzeigen. Außerdem werden wir die App um die Möglichkeit erweitern, den Smiley-Typ nachträglich zu ändern und einen Eintrag komplett zu löschen.

10.2 Fortgeschrittene Operationen

Sie finden die verbesserte Fassung im Projekt *DBDemo2*. Beide Versionen lassen sich auf diese Weise gut miteinander vergleichen und parallel testen. SQLite-Datenbanken werden im privaten Anwendungsverzeichnis abgelegt. Da der Paketname Bestandteil dessen Pfades ist, hat jede Variante der App ihre eigene Datenbank.

10.2.1 Klickverlauf mit SELECT ermitteln

DBDemo2 zeigt den Klickverlauf in einem `ListFragment` an, das in die Activity `HistoryActivity` eingebettet ist. Um diese starten zu können, setzen wir für den Button VERLAUF den `OnClickListener` wie folgt:

```kotlin
history.setOnClickListener {
  val intent = Intent(this, HistoryActivity::class.java)
  intent.flags = Intent.FLAG_ACTIVITY_LAUNCH_ADJACENT or
            Intent.FLAG_ACTIVITY_NEW_TASK
  startActivity(intent)
}
```
Listing 10.3 Den Verlauf öffnen

Damit das funktioniert, muss die Activity in der Manifestdatei eingetragen sein (durch Einfügen von `<activity android:name=".HistoryActivity" />` als Kind von `<application />`). Die beiden Flags sorgen dafür, dass bei geteilten Bildschirmen die gestartete Activity nach Möglichkeit neben oder unter der Hauptaktivität angezeigt wird.

Mit CursorAdaptern arbeiten

Die Klassen `ListActivity`, `ListView` und `ListFragment` beziehen die anzuzeigenden Daten von Objekten, die `android.widget.ListAdapter` implementieren. Android enthält eine ganze Reihe von Adaptern, die Ihnen einen Großteil der sonst nötigen Implementierungsarbeit abnehmen. `android.widget.CursorAdapter` beispielsweise stellt die Daten eines Cursors zur Verfügung. Diese äußerst praktische Klasse ist abstrakt. Kinder müssen die Methoden `newView()` und `bindView()` implementieren. DBDemo2-Adapter (Listing 10.5) tut dies. `newView()` wird vom System aufgerufen, wenn eine neue View benötigt wird, was zum Beispiel während der erstmaligen Befüllung einer Liste der Fall ist. Die Beispielimplementierung entfaltet mit `inflate()` die im Folgenden abgedruckte Layoutdatei *icon_text_text.xml*. Sie stellt zur Laufzeit ein Symbol sowie zwei Zeilen Text mit unterschiedlicher Größe dar.

```xml
<?xml version="1.0" encoding="utf-8"?>
<RelativeLayout xmlns:android="http://schemas.android.com/apk/res/android"
  android:layout_width="match_parent"
  android:layout_height="?android:attr/listPreferredItemHeight"
  android:padding="16dip">

  <ImageView
    android:id="@+id/icon"
    android:layout_width="48dp"
    android:layout_height="48dp"
    android:layout_alignParentStart="true"
    android:layout_alignParentTop="true"
    android:layout_marginEnd="16dip"
    android:contentDescription="@null"
    android:scaleType="centerInside" />
```

```xml
<TextView
  android:id="@+id/text1"
  android:layout_width="match_parent"
  android:layout_height="wrap_content"
  android:layout_marginTop="8dip"
  android:layout_toEndOf="@id/icon"
  android:textAppearance="?android:attr/textAppearanceMedium" />

<TextView
  android:id="@+id/text2"
  android:layout_width="match_parent"
  android:layout_height="wrap_content"
  android:layout_below="@id/text1"
  android:layout_alignStart="@id/text1"
  android:textAppearance="?android:attr/textAppearanceSmall" />
</RelativeLayout>
```

Listing 10.4 Die Datei »icon_text_text.xml«

Die zweite von `DBDemo2Adapter` implementierte Methode `bindView()` überträgt konkrete Daten aus einem Cursor in eine bereits vorhandene View. Sie wird aufgerufen, wenn eine Liste befüllt wird oder wenn durch Scrollen verdeckte oder neue Bereiche sichtbar werden. Das Vorgehen ist stets gleich:

- Auslesen eines Datenbankfeldes mit `cursor.getXYZ()`
- Ermitteln der View mit `findViewById()`
- Setzen des Wertes mit `view.text = ...` oder Ähnlichem

Die Umsetzung dieser Schritte ist in Listing 10.5 zu sehen:

```kotlin
package com.thomaskuenneth.androidbuch.dbdemo2

import android.content.Context
import android.database.Cursor
import android.view.*
import android.widget.*
import java.text.*
import java.util.*

class DBDemo2Adapter(context: Context?) : CursorAdapter(context, null, 0) {
  private val dateFormat = SimpleDateFormat
    .getDateInstance(DateFormat.MEDIUM)
```

```kotlin
    private val timeFormat = SimpleDateFormat
      .getTimeInstance(DateFormat.MEDIUM)

    private val inflater = LayoutInflater.from(context)
    private val date = Date()

    override fun newView(context: Context?, cursor: Cursor?,
                         parent: ViewGroup?): View {
      return inflater.inflate(R.layout.icon_text_text, null)
    }

    override fun bindView(view: View?, context: Context?,
                          cursor: Cursor?) {
      cursor ?: return
      val ciMood = cursor.getColumnIndex(MOOD_MOOD)
      val mood = cursor.getInt(ciMood)
      val image = view?.findViewById<ImageView>(R.id.icon)
      image?.setImageResource(
        when (mood) {
          MOOD_FINE -> R.drawable.ic_smiley_fine
          MOOD_OK -> R.drawable.ic_smiley_ok
          else -> R.drawable.ic_smiley_bad
        }
      )
      val ciTimeMillis = cursor.getColumnIndex(MOOD_TIME)
      val timeMillis = cursor.getLong(ciTimeMillis)
      date.time = timeMillis
      val textview1 = view?.findViewById<TextView>(R.id.text1)
      textview1?.text = dateFormat.format(date)
      val textview2 = view?.findViewById<TextView>(R.id.text2)
      textview2?.text = timeFormat.format(date)
    }
}
```

Listing 10.5 Die Klasse »DBDemo2Adapter«

DBDemo2 speichert neben dem Smiley-Typ und dem Zeitpunkt der Erfassung eine eindeutige Kennung. Dieses _id-Feld wird vom System verwendet, um Tabellenzeilen auf Listenelemente abzubilden. Es muss vorhanden sein, wenn Sie CursorAdapter nutzen möchten. In welchem Zusammenhang dies geschieht, zeige ich Ihnen im folgenden Abschnitt.

Die Klasse »HistoryFragment«

HistoryActivity ist sehr kurz. Die Klasse erzeugt nur ein HistoryFragment und zeigt es an. Das Fragment (Listing 10.6) leitet von ListFragment ab. Es ist für die Anzeige der Smileys zuständig. Wenn der Benutzer einen Eintrag antippt und hält, erscheint ein Kontextmenü (Abbildung 10.3). Wie Sie bereits aus Kapitel 5, »Benutzeroberflächen«, wissen, fügen Sie es mit registerForContextMenu() hinzu. Das darf aber erst in onCreateContextMenu() erfolgen. Sonst wird zur Laufzeit eine Ausnahme geworfen. Außerdem müssen Sie die Methoden onCreateContextMenu() und onContextItemSelected() überschreiben.

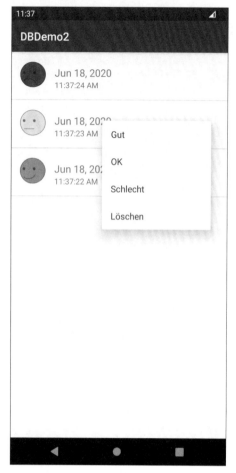

Abbildung 10.3 Das Kontextmenü der Activity »History«

Allerdings haben Fragmente keinen MenuInflater. Meine Implementierung nutzt deshalb den derjenigen Activity, in die das Fragment eingebettet ist. Ich habe das mit einem Getter realisiert, um Problemen bei einer zu frühen Zuweisung entgegenzuwirken.

```kotlin
package com.thomaskuenneth.androidbuch.dbdemo2

import android.os.Bundle
import android.view.*
import android.widget.*
import androidx.fragment.app.ListFragment

class HistoryFragment : ListFragment() {
    private val menuInflater: MenuInflater?
        get() = activity?.menuInflater

    private lateinit var cursorAdapter: CursorAdapter
    private lateinit var dbHelper: DBDemo2OpenHelper

    override fun onCreate(savedInstanceState: Bundle?) {
        super.onCreate(savedInstanceState)
        cursorAdapter = DBDemo2Adapter(context)
        dbHelper = DBDemo2OpenHelper(context)
        listAdapter = cursorAdapter
    }

    override fun onDestroy() {
        super.onDestroy()
        dbHelper.close()
    }

    override fun onViewCreated(view: View,
                               savedInstanceState: Bundle?) {
        registerForContextMenu(listView)
        updateList()
    }

    override fun onCreateContextMenu(
        menu: ContextMenu, v: View,
        menuInfo: ContextMenu.ContextMenuInfo?
    ) {
        super.onCreateContextMenu(menu, v, menuInfo)
        menuInflater?.inflate(R.menu.context_menu, menu)
    }

    override fun onContextItemSelected(item: MenuItem): Boolean {
        val info = item
            .menuInfo as AdapterView.AdapterContextMenuInfo
```

```kotlin
            return when (item.itemId) {
                R.id.menu_good -> {
                    dbHelper.update(
                        info.id,
                        MOOD_FINE
                    )
                    updateList()
                    true
                }
                R.id.menu_ok -> {
                    dbHelper.update(
                        info.id,
                        MOOD_OK
                    )
                    updateList()
                    true
                }
                R.id.menu_bad -> {
                    dbHelper.update(
                        info.id,
                        MOOD_BAD
                    )
                    updateList()
                    true
                }
                R.id.menu_delete -> {
                    dbHelper.delete(info.id)
                    updateList()
                    true
                }
                else -> super.onContextItemSelected(item)
            }
        }

        private fun updateList() {
            // Cursor tauschen - der alte wird geschlossen
            cursorAdapter.changeCursor(dbHelper.query())
        }
    }
```

Listing 10.6 Die Klasse »HistoryFragment«

HistoryFragment nutzt eine Kopie der Klasse DBDemo1OpenHelper als Schnittstelle zur Datenbank. Auch die neue Implementierung leitet von SQLiteOpenHelper ab. Wie Sie wissen, liefert writableDatabase ein Objekt des Typs SQLiteDatabase. Mit der Methode query() formulieren Sie Suchanfragen. Ergebnisse werden in Gestalt eines Cursors übertragen. Das folgende Quelltextfragment aus DBDemo2OpenHelper liefert alle Zeilen der Tabelle mood in absteigender zeitlicher Reihenfolge. In der Listenansicht erscheinen neue Einträge also weiter oben.

```
fun query(): Cursor? {
  val db = writableDatabase
  return db.query(
    tableMoodName,
    null, null, null,
    null, null,
    "$MOOD_TIME DESC"
  )
}
```

Listing 10.7 Einträge in absteigender zeitlicher Reihenfolge ermitteln

Das Quelltextfragment wird in der Methode updateList() der Klasse HistoryFragment aufgerufen. Der neue Cursor wird mit changeCursor() einem CursorAdapter-Objekt (meiner Klasse DBDemo2Adapter) übergeben.

10.2.2 Daten mit UPDATE ändern und mit DELETE löschen

Die Methode onContextItemSelected() der Klasse HistoryFragment wird aufgerufen, wenn der Benutzer einen Befehl des Kontextmenüs auswählt. Dieses bietet an, einen neuen Smiley-Typ zu setzen oder den korrespondierenden Eintrag zu löschen. Die Aktualisierung eines Eintrags findet in der Methode update() der Klasse DBDemo2OpenHelper statt. Sie erhält als Parameter dessen eindeutige Kennung sowie den neuen Smiley-Typ. Die ID wird aus einer Instanz des Typs AdapterContextMenuInfo gelesen, die durch Aufruf der Methode getMenuInfo() (im Code ist, Kotlin-Standards folgend, nur menuInfo zu sehen) ermittelt wurde. Die private Methode updateList() sorgt nach Änderungen an der Datenbank für eine Aktualisierung des Cursors sowie des ListFragment.

Aktualisierung von Einträgen

Um einen oder mehrere Werte in einer Datenbank ändern zu können, müssen Sie ermitteln, welche dies sind. Die Änderung des Smiley-Typs bezieht sich immer auf genau eine Tabellenzeile, nämlich auf die Zeile, die zum Zeitpunkt der Kontextmenüauswahl aktiv ist. Deren ID wird, wie Sie gerade gesehen haben, von Android zur

Verfügung gestellt. Welche Werte geändert werden sollen, übermitteln Sie dem System mit einem Objekt des Typs ContentValues. Dessen Methode put() wird der Name der zu ändernden Spalte sowie der neue Wert übergeben.

Nun können Sie die SQLiteOpenHelper-Methode update() aufrufen. Sie erwartet den Namen einer Tabelle, eine Bedingung, die die zu ändernden Zeilen festlegt, sowie das Objekt mit den neuen Werten. Die Änderungsbedingung wird in zwei Teilen übergeben. _ID + " = ?" legt das Suchkriterium fest. Das Fragezeichen wird aus der Wertemenge arrayOf(id.toString()) substituiert.

```
fun update(id: Long, smiley: Int) {
  val db = writableDatabase
  val values = ContentValues()
  values.put(MOOD_MOOD, smiley)
  val numUpdated = db.update(
    tableMoodName,
    values, "$columnId = ?", arrayOf(id.toString())
  )
  Log.d(TAG, "update(): id=$id -> $numUpdated")
}
```

Listing 10.8 Einen Eintrag aktualisieren

Löschen eines Eintrags

Auch der zu löschende Eintrag wird in Gestalt seiner ID von Android übermittelt. Deshalb ist die Vorgehensweise beim Löschen analog zur Aktualisierung eines Datensatzes. Die SQLiteOpenHelper-Methode delete() erwartet den Namen einer Tabelle sowie eine Bedingung, die die zu löschenden Zeilen festlegt. Die Löschbedingung wird wiederum in zwei Teilen übergeben. _ID + " = ?" legt das Suchkriterium fest. Das Fragezeichen wird analog zum Aktualisieren aus der Wertemenge arrayOf(id.toString()) substituiert.

```
fun delete(id: Long) {
  val db = writableDatabase
  val numDeleted = db.delete(
    tableMoodName,
    "$columnId = ?",
    arrayOf(id.toString())
  )
  Log.d(TAG, "delete(): id=$id -> $numDeleted")
}
```

Listing 10.9 Löschen eines Eintrags

Android stellt eine Vielzahl von Funktionen zur Verfügung, um Dateien und Verzeichnisse zu lesen und zu schreiben. Üblicherweise werden diese im privaten Anwendungsverzeichnis abgelegt, sind also für andere Programme nicht erreichbar. Ist ein Austausch mit fremden Apps gewünscht, können Sie Dateien auf einer SD-Karte bzw. einem externen Speichermedium ablegen. Potenzielle Nutzer Ihrer Dateien müssen aber deren Aufbau kennen. Deshalb bietet sich ein Datenaustausch auf Dateiebene in der Regel nur für Standardformate an.

Strukturierte Daten sind besonders gut für eine Ablage in SQLite-Datenbanken geeignet. Auf diese greifen Sie mit der standardisierten Datenbanksprache SQL zu. Eigentlich prädestiniert die Verwendung von SQL die strukturierten Daten für einen Zugriff durch Drittanwendungen. Allerdings sind auch Datenbanken für fremde Apps unsichtbar, weil sie in einer Datei im privaten Anwendungsverzeichnis gespeichert werden. Auf Content Provider hingegen können beliebige Apps zugreifen. Deshalb sind sie ideal, um Daten zu veröffentlichen. Wir sehen Sie uns im folgenden Abschnitt genauer an.

10.3   Implementierung eines eigenen Content Providers

In Kapitel 7, »Telefonieren und surfen«, zeige ich Ihnen die Nutzung der systemweiten Anrufhistorie (Call Log). Mit der Methode query() einer ContentResolver-Instanz wurden alle entgangenen Anrufe ermittelt und in einer Liste abgelegt. Hierzu haben wir in einer Schleife einen Cursor zeilenweise weiterbewegt und auf einzelne Ergebnisspalten zugegriffen. Auch das Verändern von Werten mit der Methode update() wurde demonstriert. Cursor, query() und update() klingen zwar nach SQL, gehören in diesem Fall aber zu einer weiteren Datenzugriffsschicht von Android.

Content Provider stellen Informationen als Datensätze zur Verfügung. Alle interessierten Apps können mit einem *Content Resolver* auf sie zugreifen. Die Vorgehensweise ist stets die gleiche: Zuerst ermitteln Sie die Referenz auf ein Objekt des Typs android.content.ContentResolver. Üblicherweise geschieht dies durch Aufruf von getContentResolver() bzw. einfach contentResolver in Kotlin. Diese Methode ist in allen von android.content.Context abgeleiteten Klassen vorhanden. Anschließend nutzen Sie query(), insert(), update() und delete(), um Daten zu suchen, einzufügen, zu verändern und zu löschen. Operationen können sich auf eine oder mehrere Zeilen oder aber auf eine bestimmte Anzahl von Spalten beziehen.

Wo diese Tabelle gespeichert wird und in welchem Format dies geschieht, ist ein Implementierungsdetail des Providers und für den Nutzer der Daten unerheblich. Es kann sich also um eine lokale Datei, einen Webservice oder um eine beliebige andere Datenquelle handeln. Der Konsument greift ausschließlich auf Methoden der Klasse ContentResolver zu. Einige erinnern an die Klasse android.database.sqlite.SQLiteDatabase. Zwar unterscheiden sich die Methodensignaturen geringfügig, Grundlegende Konzepte wie die Übergabe von Werten in ContentValues-Instanzen sind aber gleich. Tatsächlich lassen sich SQLite-Datenbanken sehr elegant als Content Provider wiederverwenden.

10.3.1 Auf einen Content Provider zugreifen

Im bisherigen Verlauf dieses Kapitels haben wir uns zwei Versionen eines Stimmungsbarometers angesehen. Der ausgewählte Smiley sowie der Zeitpunkt der Erfassung werden in einer SQLite-Datenbank gespeichert. Lassen Sie uns nun eine dritte Variante implementieren, die nicht mehr direkt auf die SQLite-Datenbank, sondern auf einen Content Provider zugreift.

Die Klasse »DBDemo3Activity«

Die Activity DBDemo2Activity des Projekts *DBDemo2* aus dem letzten Abschnitt greift an drei Stellen auf ein DBDemo2OpenHelper-Objekt zu. Diese Klasse leitet von android.database.sqlite.SQLiteOpenHelper ab und bildet die Datenzugriffsschicht der App. Um stattdessen einen Content Provider zu verwenden, müssen nur die Referenzen auf das Objekt entfernt und stattdessen die Methoden von ContentResolver aufgerufen werden (in diesem Fall nur insert() in imageButtonClicked()). Das Projekt *DBDemo3* enthält diese und alle im Folgenden besprochenen Änderungen.

```
package com.thomaskuenneth.androidbuch.dbdemo3

import android.content.*
import android.os.Bundle
import android.widget.Toast
import androidx.appcompat.app.AppCompatActivity
import kotlinx.android.synthetic.main.activity_main.*

class DBDemo3Activity : AppCompatActivity() {
  override fun onCreate(savedInstanceState: Bundle?) {
    super.onCreate(savedInstanceState)
    setContentView(R.layout.activity_main)
    fine.setOnClickListener { imageButtonClicked(MOOD_FINE) }
    ok.setOnClickListener { imageButtonClicked(MOOD_OK) }
    bad.setOnClickListener { imageButtonClicked(MOOD_BAD) }
    history.setOnClickListener {
      val intent = Intent(this, HistoryActivity::class.java)
      intent.flags = Intent.FLAG_ACTIVITY_LAUNCH_ADJACENT or
          Intent.FLAG_ACTIVITY_NEW_TASK
      startActivity(intent)
```

```kotlin
    }
  }

  private fun imageButtonClicked(mood: Int) {
    val values = ContentValues()
    values.put(MOOD_MOOD, mood)
    values.put(
      MOOD_TIME,
      System.currentTimeMillis()
    )
    contentResolver
      .insert(CONTENT_URI, values)
    Toast.makeText(this, R.string.saved, Toast.LENGTH_SHORT)
      .show()
  }
}
```

Listing 10.10 Die Klasse »DBDemo3Activity«

insert() erwartet als ersten Parameter einen URI, der den zu nutzenden Content Provider referenziert. Welchen Wert die Konstante CONTENT_URI in diesem Fall hat, zeige ich Ihnen etwas später. Der zweite Parameter, ein Objekt des Typs ContentValues, enthält die einzufügenden Daten. Im konkreten Fall sind dies:

- die Stimmung (MOOD_MOOD)
- der Zeitpunkt, an dem die Schaltfläche angeklickt wurde (MOOD_TIME)

Auch die Klasse HistoryFragment des Projekts *DBDemo2* (sie zeigt einen Verlauf der vom Benutzer erfassten Stimmungen) enthält Verweise DBDemo2OpenHelper und muss geringfügig angepasst werden, um stattdessen einen Content Provider zu nutzen.

Die auf Content Provider umgestellte Klasse »HistoryFragment«

Historieneinträge erscheinen in einer Liste, die ihre Daten von einem CursorAdapter bezieht, den ein android.database.Cursor-Objekt bestückt. Eine entsprechende Referenz wird in der Methode updateList() ermittelt. Der Benutzer kann über ein Kontextmenü den Smiley-Typ bereits erfasster Einträge ändern. Den Aufruf der korrespondierenden ContentResolver-Methode update() habe ich in eine eigene private Methode gleichen Namens ausgelagert. Das Löschen findet in delete() statt.

```kotlin
package com.thomaskuenneth.androidbuch.dbdemo3

import android.content.ContentValues
import android.net.Uri
import android.os.Bundle
```

```kotlin
import android.view.*
import android.widget.*
import androidx.fragment.app.ListFragment

class HistoryFragment : ListFragment() {
  private val menuInflater: MenuInflater?
    get() = activity?.menuInflater

  private lateinit var cursorAdapter: CursorAdapter

  override fun onCreate(savedInstanceState: Bundle?) {
    super.onCreate(savedInstanceState)
    cursorAdapter = DBDemo3Adapter(context)
    listAdapter = cursorAdapter
  }

  override fun onViewCreated(view: View, savedInstanceState: Bundle?) {
    registerForContextMenu(listView)
    updateList()
  }

  override fun onCreateContextMenu(
    menu: ContextMenu, v: View,
    menuInfo: ContextMenu.ContextMenuInfo?
  ) {
    super.onCreateContextMenu(menu, v, menuInfo)
    menuInflater?.inflate(R.menu.context_menu, menu)
  }

  override fun onContextItemSelected(item: MenuItem): Boolean {
    val info = item
      .menuInfo as AdapterView.AdapterContextMenuInfo
    return when (item.itemId) {
      R.id.menu_good -> {
        update(
          info.id,
          MOOD_FINE
        )
        updateList()
        true
      }
      R.id.menu_ok -> {
        update(
```

```kotlin
          info.id,
          MOOD_OK
        )
        updateList()
        true
      }
      R.id.menu_bad -> {
        update(
          info.id,
          MOOD_BAD
        )
        updateList()
        true
      }
      R.id.menu_delete -> {
        delete(info.id)
        updateList()
        true
      }
      else -> super.onContextItemSelected(item)
    }
  }

  private fun updateList() {
    val cursor = context?.contentResolver?.query(
      CONTENT_URI, null, null,
      null, "$MOOD_TIME DESC"
    )
    cursorAdapter.changeCursor(cursor)
  }

  private fun update(id: Long, mood: Int) {
    val uri = Uri.withAppendedPath(
      CONTENT_URI,
      id.toString()
    )
    val values = ContentValues()
    values.put(MOOD_MOOD, mood)
    context?.contentResolver?.update(uri, values, null, null)
  }

  private fun delete(id: Long) {
    val uri = Uri.withAppendedPath(
```

```
        CONTENT_URI,
        id.toString()
      )
      context?.contentResolver?.delete(uri, null, null)
  }
}
```

Listing 10.11 Die auf Content Provider umgestellte Klasse »HistoryFragment«

In beiden Fällen, dem Ändern und dem Löschen, wird die Methode withAppended-Path() aufgerufen. Content Provider gestatten den Zugriff auf individuelle Datensätze, indem an den CONTENT_URI eine eindeutige Kennung (id: Long) angehängt wird. Aus diesem Grund müssen Sie kein Auswahlkriterium festlegen, das Sie an update() bzw. delete() übergeben müssten. Damit haben wir alle notwendigen Anpassungen abgeschlossen, um über einen Content Provider auf die Stimmungsdatenbank zuzugreifen. Wie dieser realisiert wird, ist unser nächstes Thema.

10.3.2 Die Klasse »android.content.ContentProvider«

Content Provider leiten üblicherweise von der abstrakten Klasse android.content.ContentProvider ab. Sie müssen deshalb mindestens die Methoden onCreate(), query(), insert(), update(), delete() und getType() implementieren. Außerdem sollten Sie bestimmte Konstanten definieren. Besonders wichtig ist CONTENT_URI, denn dieser Verweis auf einen Content Provider wird, wie Sie bereits wissen, an sehr viele Methoden der Klasse ContentResolver übergeben.

Tabellenmodell und URIs

Content Provider verwalten einen oder mehrere Datentypen. Die App *DBDemo3* kennt nur die Tabelle mood, in der Smiley-Typen und Erfassungszeitpunkte abgelegt werden. Die beiden Spalten dieser Tabelle bilden den Datentyp mood. Der in diesem Abschnitt entwickelte Content Provider kennt ausschließlich diesen Datentyp.

Denkbar ist aber auch, dass ein Content Provider mehrere Datentypen verwaltet. Zum Beispiel könnte er zwischen Personen, Adressen und Telefonnummern unterscheiden, und auch eine Gliederung in Untertypen ist möglich. Ein Content Provider, der Fahrzeuge verwaltet, könnte beispielsweise zwischen Land- und Wasserfahrzeugen unterscheiden. Interessant ist nun, wie beim Aufruf einer Methode aus ContentResolver der gewünschte »Datentopf« ausgewählt wird, weil ja üblicherweise nur **ein** URI übergeben wird.

Der URI eines Content Providers besteht aus mehreren Teilen. Er beginnt mit dem Standardpräfix content://, auf das die *Authority* folgt. Sie identifiziert einen Content Provider und sollte aus einem vollqualifizierten Klassennamen bestehen, der in

Kleinbuchstaben umgewandelt wurde. Wie Sie später noch sehen werden, muss die Authority in der Manifestdatei eingetragen werden.

Der nun folgende Pfad kennzeichnet den von mir angesprochenen Datentyp. Sofern ein Content Provider nur einen Datentyp kennt, könnte er leer bleiben. Aus Gründen der Übersichtlichkeit rate ich Ihnen aber dazu, ihn trotzdem anzugeben. Hier bietet sich der Name der verwendeten Datenbanktabelle an (im Fall von *DBDemo3* ist dies mood).

Um zwischen Untertypen zu unterscheiden, können Sie einen Pfad durch Slashes (/) in mehrere Segmente teilen. URIs, die diesem Schema folgen, repräsentieren den gesamten Datenbestand eines Content Providers; auch die Konstante CONTENT_URI hat dieses Format. Um einen ganz bestimmten Datensatz auszuwählen (zum Beispiel in der Klasse HistoryFragment beim Verändern und Löschen von Einträgen), wird dem URI noch eine eindeutige Kennung als Suffix hinzugefügt.

Die Klasse »DBDemo3Provider«

DBDemo3Provider leitet von android.content.ContentProvider ab. Sie definiert die beiden öffentlichen Konstanten AUTHORITY und CONTENT_URI. MOOD und MOOD_ID hingegen sind privat; sie werden verwendet, um bei Zugriffen auf den Content Provider zwischen dem gesamten Bestand und einzelnen Datensätzen zu unterscheiden. Auch die Variable uriMatcher wird in diesem Zusammenhang verwendet. Sie verweist auf ein Objekt des Typs android.content.UriMatcher. Ein solcher Baum verknüpft Authoritys und URIs mit einem Code, der zurückgeliefert wird, wenn die Methode match() mit einem entsprechenden URI aufgerufen wird.

onCreate() instanziiert ein Objekt des Typs DBDemo3OpenHelper und weist es der Variablen dbHelper zu. Der Rückgabewert true signalisiert, dass die Initialisierung des Content Providers erfolgreich war. getType() liefert zu einem übergebenen URI einen MIME-Typ (er beginnt mit vnd.android.cursor.). Hierzu wird die Methode match() des durch uriMatcher referenzierten UriMatcher aufgerufen. Der Aufbau Ihrer eigenen Typen muss streng dem Schema folgen, das in Listing 10.12 gezeigt ist.

```
package com.thomaskuenneth.androidbuch.dbdemo3

import android.content.*
import android.database.*
import android.database.sqlite.SQLiteQueryBuilder
import android.net.Uri
import android.text.TextUtils
import java.util.*

val AUTHORITY =
    DBDemo3Provider::class.qualifiedName!!.toLowerCase(Locale.US)
```

```kotlin
val CONTENT_URI: Uri = Uri.parse("content://$AUTHORITY/$TABLE_MOOD_NAME")
private const val MOOD = 1
private const val MOOD_ID = 2
class DBDemo3Provider : ContentProvider() {
  private val uriMatcher = UriMatcher(UriMatcher.NO_MATCH)

  init {
    uriMatcher.addURI(AUTHORITY, TABLE_MOOD_NAME, MOOD)
    uriMatcher.addURI(
      AUTHORITY, "$TABLE_MOOD_NAME/#",
      MOOD_ID
    )
  }

  private lateinit var dbHelper: DBDemo3OpenHelper

  override fun onCreate(): Boolean {
    dbHelper = DBDemo3OpenHelper(context)
    return true
  }

  override fun query(
    uri: Uri, projection: Array<String?>?, selection: String?,
    selectionArgs: Array<String?>?, sortOrder: String?
  ): Cursor? {
    val builder = SQLiteQueryBuilder()
    builder.tables = TABLE_MOOD_NAME // Ein bestimmter Eintrag?
    if (uriMatcher.match(uri) == MOOD_ID) {
      builder.appendWhere("$COLUMN_ID = ${uri.pathSegments[1]}")
    }
    val cursor = builder.query(
      dbHelper.writableDatabase, projection,
      selection, selectionArgs,
      null, null, if (sortOrder.isNullOrBlank()) MOOD_TIME else sortOrder
    )
    // bei Änderungen benachrichtigen
    context?.contentResolver.let {
      cursor?.setNotificationUri(it, uri)
    }
    return cursor
  }

  override fun update(
    uri: Uri,
```

```kotlin
    values: ContentValues?,
    selection: String?,
    selectionArgs: Array<out String>?
): Int {
  val count = when (uriMatcher.match(uri)) {
    MOOD -> dbHelper.writableDatabase.update(
      TABLE_MOOD_NAME,
      values, selection, selectionArgs
    )
    MOOD_ID -> dbHelper.writableDatabase.update(
      TABLE_MOOD_NAME,
      values, "$COLUMN_ID = ${uri.pathSegments[1]}"
          + if (!TextUtils.isEmpty(selection)) " AND ($selection)"
            else "",
      selectionArgs
    )
    else -> throw IllegalArgumentException("Unknown URI $uri")
  }
  notifyChange(uri)
  return count
}

override fun delete(uri: Uri, selection: String?,
                    selectionArgs: Array<out String>?): Int {
  val count = when (uriMatcher.match(uri)) {
    MOOD -> dbHelper.writableDatabase.delete(
      TABLE_MOOD_NAME,
      selection, selectionArgs
    )
    MOOD_ID -> {
      dbHelper.writableDatabase.delete(
        TABLE_MOOD_NAME,
        "$COLUMN_ID = ${uri.pathSegments[1]}"
            + if (!TextUtils.isEmpty(selection))
                " AND ($selection)"
              else "",
        selectionArgs
      )
    }
    else -> throw IllegalArgumentException("Unknown URI $uri")
  }
  notifyChange(uri)
  return count
}
```

```kotlin
  override fun insert(uri: Uri, values: ContentValues?): Uri? {
    val rowID = dbHelper.writableDatabase
      .insert(
        TABLE_MOOD_NAME,
        "", values
      )
    if (rowID > 0) {
      val result = ContentUris.withAppendedId(
        CONTENT_URI,
        rowID
      )
      notifyChange(result)
      return result
    }
    throw SQLException("Failed to insert row into $uri")
  }

  override fun getType(uri: Uri): String? {
    return when (uriMatcher.match(uri)) {
      MOOD ->
        "vnd.android.cursor.dir/vnd.$AUTHORITY/$TABLE_MOOD_NAME"
      MOOD_ID ->
        "vnd.android.cursor.item/vnd.$AUTHORITY/$TABLE_MOOD_NAME"
      else -> throw IllegalArgumentException(
        "Unsupported URI: "
            + uri
      )
    }
  }
}

  private fun notifyChange(uri: Uri) {
    context?.contentResolver?.notifyChange(uri, null)
  }
}
```

Listing 10.12 Die Klasse »DBDemo3Provider«

insert() ermittelt zunächst mit writableDatabase eine Referenz auf ein SQLite-Datenbankobjekt und fügt diesem einen neuen Datensatz hinzu. Sofern diese Aktion erfolgreich war, **muss** meine private Funktion notifyChange() aufgerufen werden. Dies stellt sicher, dass Interessierte bei Änderungen des Content Providers informiert werden.

query() nutzt eine Instanz des Typs SQLiteQueryBuilder, anstatt direkt auf eine mit writableDatabase ermittelte Datenbank zuzugreifen. Dies ist nötig, weil zusätzlich zu der in den beiden Parametern selection und selectionArgs übergebenen Auswahlbedingung eine Prüfung stattfinden muss, wenn nicht im gesamten Datenbestand, sondern nach einem Datensatz gesucht werden soll.

update() prüft zunächst anhand des übergebenen URI, ob sich Änderungen auf den gesamten Datenbestand oder nur auf einen bestimmten Datensatz beziehen sollen. In diesem Fall wird die Auswahlbedingung um ein entsprechendes Kriterium erweitert. Auch bei Aktualisierungen müssen Interessierte durch notifyChange() informiert werden.

delete() schließlich prüft zunächst anhand des übergebenen URIs, ob sich Löschoperationen auf den gesamten Datenbestand oder nur auf einen bestimmten Datensatz beziehen sollen. Im letzteren Fall wird die Auswahlbedingung um ein entsprechendes Kriterium erweitert. Auch diese Funktion ruft notifyChange() auf.

notifyChange() erhält eine Uri. Diese wird *nur* an die gleichnamige ContentResolver-Methode weitergeleitet. Damit Interessierte tatsächlich informiert werden, wird in meiner query()-Implementierung mit cursor?.setNotificationUri() festgelegt, welche Uri zu dem Cursor gehört.

Damit ist die Implementierung des Content Providers abgeschlossen. Um ihn nutzen zu können, müssen Sie ihn mit <provider ... /> in die Manifestdatei eintragen. android:name enthält den Klassennamen. android:authorities listet die Authority(s), über die der Zugriff auf den Provider erfolgt. Und mit android:exported legen Sie fest, ob Ihr Content Provider auch von anderen Apps genutzt werden darf. In diesem Fall sollten Sie ihn mit Berechtigungen absichern. Mein Beispiel-Provider ist nur für *DBDemo3* sichtbar.

```xml
<?xml version="1.0" encoding="utf-8"?>
<manifest xmlns:android="http://schemas.android.com/apk/res/android"
  package="com.thomaskuenneth.androidbuch.dbdemo3">
  <application
    ...
    <activity android:name=".HistoryActivity" />
    <provider
    android:name=".DBDemo3Provider"
    android:authorities=
      "com.thomaskuenneth.androidbuch.dbdemo3.dbdemo3provider"
    android:exported="false" />
  ...
</manifest>
```

Listing 10.13 Auszug der Manifestdatei des Projekts »DBDemo3«

Hinweis

DBDemo3Helper ist im Grunde ein Klon der Klasse DBDemo2Helper des Projekts *DBDemo2*. Die Methoden insert(), query(), update() und delete() sind mit der Nutzung des Content Providers aber überflüssig geworden. Sie wurden deshalb entfernt.

Content Provider stellen tabellenartige Daten anwendungsübergreifend zur Verfügung. Die Schnittstelle wurde so konzipiert, dass sich vorhandene SQLite-Datenbanken mit minimalem Aufwand anbinden lassen. Aus welcher Quelle ein Content Provider seine Nutzdaten letztendlich bezieht, ist für den nutzenden Client vollkommen transparent. Deshalb können auch Webdienste oder RSS-Feeds als »Datentöpfe« dienen.

10.4 Zusammenfassung

Sie haben in diesem Kapitel relationale Datenbanktabellen verwendet, um strukturierte Daten zu speichern. Mit SQLite steht unter Android hierfür ein einfach zu handhabendes Werkzeug zur Verfügung. In Verbindung mit Content Providern können Sie die Inhalte Ihrer App jedermann zugänglich machen. Die Nutzung dieser Technologie orientiert sich an SQL. Allerdings sind Content Provider nicht auf klassische Datenbanken beschränkt, sondern können ihre Informationen auch aus Dateien oder Webservices beziehen.

TEIL V
Multimedia und Produktivität

Motivation und Produktivität

Kapitel 11
Multimedia

Android bietet vielfältige Möglichkeiten, Audio aufzunehmen und wiederzugeben sowie Fotos zu schießen und Videos zu drehen. Lassen Sie Ihrer Kreativität freien Lauf.

In diesem Kapitel möchte ich Sie mit den multimedialen Fähigkeiten der Plattform vertraut machen. Beispielsweise kann Android nicht nur die unterschiedlichsten Audioformate abspielen, sondern die Ausgabe auch mit akustischen Effekten versehen. Weitere spannende Aspekte sind die Umwandlung von geschriebener in gesprochene Sprache (Sprachsynthese) und Spracherkennung. Mit Android war es schon immer möglich, Fotos zu machen und Videos zu drehen. Allerdings sind die beteiligten Programmierschnittstellen nicht ganz einfach zu handhaben. Glücklicherweise hat Google mit Jetpack CameraX eine schlanke Alternative im Angebot. Beide Varianten zeige ich Ihnen im zweiten Teil dieses Kapitels.

11.1 Audio

Der Begriff »Diktiergerät« stammt aus einer Zeit lange vor der Smartphone-Ära. Sie sind eine ausgesprochen praktische Erfindung – einfach den Aufnahmeknopf drücken und das Mikrofon in Richtung der Tonquelle halten. Da sich an so einem Beispiel sehr schön zeigen lässt, wie Sie mit Android Audiosignale aufzeichnen und wieder abspielen können, habe ich die App *RR* (die beiden Buchstaben stehen für »Rasender Reporter«) entwickelt.

11.1.1 Audio aufnehmen und abspielen

Nach dem ersten Start sehen Sie einen fast leeren Bildschirm. Am unteren Rand befindet sich die Schaltfläche AUFNEHMEN. Ein Klick startet bzw. stoppt die Aufnahme. Haben Sie auf diese Weise ein Signal gespeichert, erscheint die korrespondierende Datei in einer Liste, wie sie in Abbildung 11.1 zu sehen ist. Um eine Aufnahme abzuspielen, klicken Sie einfach den entsprechenden Eintrag an. BEENDEN bricht die Wiedergabe ab. Löschen können Sie eine Aufnahme durch Antippen und Halten.

Abbildung 11.1 Die Benutzeroberfläche der App »RR«

Die App besteht aus den Klassen RRActivity, RRFile und RRListAdapter. Neben dem Anzeigen der Benutzeroberfläche kümmert sich RRActivity um das Aufnehmen und Abspielen. RRListAdapter wird benötigt, um die aufgenommenen Audioschnipsel in einer Liste anzuzeigen. Hierbei unterstützt RRFile. Diese Klasse leitet von java.io.File ab und überschreibt deren Methode toString(). Der Name einer Datei ohne Erweiterung (wie Sie später noch sehen werden, lautet diese *.3gp*) wird als Zahl interpretiert (toLong()) und in ein java.util.Date-Objekt umgewandelt. Dieses Datum wiederum wird in Klartext als Ergebnis zurückgegeben (DateFormat.getInstance().format()).

package com.thomaskuenneth.androidbuch.rr

import android.util.Log

```
import java.io.File
import java.text.DateFormat
import java.util.*

const val EXT_3GP = ".3gp"
private val TAG = RRFile::class.simpleName
class RRFile(path: File?, name: String) : File(path, name) {

  override fun toString(): String {
    val lc = name.toLowerCase(Locale.US)
    try {
      val number = lc.substring(0, lc.indexOf(EXT_3GP))
      val d = Date(number.toLong())
      return DateFormat.getInstance().format(d)
    } catch (tr: Throwable) {
      Log.e(TAG, "Fehler beim Umwandeln oder Formatieren", tr)
    }
    return lc
  }
}
```

Listing 11.1 Die Klasse »RRFile«

Warum sollte das Überschreiben von `toString()` hilfreich sein? Lassen Sie uns zum Verständnis einen Blick auf `RRListAdapter` werfen. Diese Klasse leitet von `android.widget.ArrayAdapter` ab und speichert die Daten, die von einem `ListView` angezeigt werden, in einem zur Laufzeit veränderbaren Feld ab. Das Aussehen eines Listenelements wird durch die Methode `getView()` bestimmt, die im Interface `android.widget.Adapter` definiert ist. Die Implementierung in der Klasse `ArrayAdapter` entfaltet eine Layoutdatei, die zuvor dem Konstruktor übergeben wurde. Meine Implementierung verwendet `android.R.layout.simple_list_item_1`. Dieses Layout besteht aus einem einzigen Element, einer `TextView`.

Der anzuzeigende Text ergibt sich aus dem Aufruf der Methode – Sie ahnen es sicher – `toString()` des mit dem Listenelement verknüpften Wertes. Die private Methode `findAndAddFiles()` ermittelt durch den Aufruf von `listFiles` alle Dateien, die in einem bestimmten Basisverzeichnis (die Funktion `getBaseDir()` zeige ich Ihnen gleich) liegen. Die Dateien bzw. ihre korrespondierenden `File`-Objekte werden mit `add()` einem internen Feld als `RRFile`-Instanzen hinzugefügt.

```
package com.thomaskuenneth.androidbuch.rr

import android.content.Context
import android.widget.ArrayAdapter
```

```
import java.io.File
import java.util.*

class RRListAdapter(context: Context) :
  ArrayAdapter<File>(context, android.R.layout.simple_list_item_1) {

  init {
    findAndAddFiles()
  }

  private fun findAndAddFiles() {
    val d: File = getBaseDir(context)
    val files =
      d.listFiles { dir: File?, filename: String ->
        if (filename.toLowerCase(Locale.US).endsWith(EXT_3GP)) {
          val f = File(dir, filename)
          f.canRead() && !f.isDirectory
        } else
          false
      }
    files?.forEach {
      add(RRFile(it.parentFile, it.name))
    }
  }
}
```

Listing 11.2 Die Klasse »RRListAdapter«

Meine Klasse leitet von `ArrayAdapter` ab. Ist Ihnen der Lambda-Ausdruck als Parameter von `listFiles` aufgefallen? Hier wird ein `FilenameFilter` übergeben. Der Rückgabewert dessen einziger Methode `accept()` kontrolliert, welche Elemente in das Ergebnis (`File []`) übernommen werden. In meinem Fall bedeutet dies: alle lesbaren Dateien (`canRead()`), jedoch keine Verzeichnisse (`!f.isDirectory`).

Aufnahme und Wiedergabe

`RRActivity` stellt die Benutzeroberfläche des Rasenden Reporters dar und kümmert sich um das Aufnehmen und Wiedergeben von Audiosignalen. Die Klasse kennt drei Zustände, die der Aufzählungstyp `Mode` durch die Werte `Waiting`, `Recording` und `Playing` repräsentiert. Das Programm zeichnet also entweder auf, spielt ab oder wartet auf Aktionen des Benutzers.

Der aktuelle Zustand wird in der Instanzvariablen `mode` abgelegt und steuert sowohl die Beschriftung als auch das Verhalten der Schaltfläche am unteren Bildschirmrand. Was beim Anklicken passiert, können Sie in der `when`-Abfrage im Lambda-Ausdruck des entsprechenden `OnClickListener` sehen. `updateButtonText()` setzt den Text der Schaltfläche. Um Aufnahmen erstellen zu können, muss die App die gefährliche Berechtigung `android.permission.RECORD_AUDIO` besitzen. Sie wird in `onStart()` mit `checkSelfPermission()` geprüft und gegebenenfalls angefordert (`requestPermissions()`). Nur wenn sie erteilt wurde, kann die Schaltfläche angeklickt werden.

`onPause()` wird immer aufgerufen, wenn die Arbeit mit einer Activity unterbrochen wird. In so einem Fall sollte die Wiedergabe oder die Aufnahme beendet werden. Meine Implementierung ruft hierzu die beiden privaten Methoden `releasePlayer()` und `releaseRecorder()` auf. Was diese tun, erkläre ich Ihnen etwas später.

```kotlin
package com.thomaskuenneth.androidbuch.rr

import android.Manifest
import android.content.Context
import android.content.pm.PackageManager
import android.media.MediaPlayer
import android.media.MediaRecorder
import android.os.Bundle
import android.util.Log
import androidx.appcompat.app.AppCompatActivity
import com.thomaskuenneth.androidbuch.rr.Mode.*
import kotlinx.android.synthetic.main.activity_main.*
import java.io.File
import java.io.IOException

fun getBaseDir(ctx: Context): File? {
  // für Zugriff auf dieses Verzeichnis sind
  // ab KitKat keine Berechtigungen nötig
  val dir = File(
    ctx.getExternalFilesDir(null),
    ".RR"
  )
  if (!dir.mkdirs()) {
    Log.d(TAG, "Verzeichnisse schon vorhanden")
  }
  return dir
}

private enum class Mode {
  Waiting, Recording, Playing
}

private const val REQUEST_RECORD_AUDIO = 123
```

```kotlin
private val TAG = RRActivity::class.simpleName
class RRActivity : AppCompatActivity() {
  private var mode = Waiting
  private var currentFile: File? = null
  private var player: MediaPlayer? = null
  private var recorder: MediaRecorder? = null

  override fun onCreate(savedInstanceState: Bundle?) {
    super.onCreate(savedInstanceState)
    setContentView(R.layout.activity_main)
    val listAdapter = RRListAdapter(this)
    lv.adapter = listAdapter
    lv.setOnItemClickListener { _, _, position, _ ->
      listAdapter.getItem(position)?.let {
        playAudioFile(it.absolutePath)
      }
    }
    lv.setOnItemLongClickListener { _, _, position, _ ->
      listAdapter.getItem(position)?.let {
        if (it.delete()) {
          listAdapter.remove(it)
        }
      }
      true
    }
    b.setOnClickListener {
      when (mode) {
        Waiting -> {
          currentFile = recordToFile()
        }
        Recording -> {
          // die Aufnahme stoppen
          recorder?.stop()
          releaseRecorder()
          listAdapter.add(currentFile)
          currentFile = null
          mode = Waiting
          updateButtonText()
        }
        Playing -> {
          player?.stop()
          releasePlayer()
          mode = Waiting
          updateButtonText()
```

```kotlin
      }
    }
  }
  currentFile = null
  mode = Waiting
  player = null
  recorder = null
  updateButtonText()
}

override fun onStart() {
  super.onStart()
  if (checkSelfPermission(Manifest.permission.RECORD_AUDIO)
    != PackageManager.PERMISSION_GRANTED
  ) {
    b.isEnabled = false
    requestPermissions(
      arrayOf(Manifest.permission.RECORD_AUDIO),
      REQUEST_RECORD_AUDIO
    )
  } else {
    b.isEnabled = true
  }
}

override fun onRequestPermissionsResult(
  requestCode: Int,
  permissions: Array<String>,
  grantResults: IntArray
) {
  if (requestCode == REQUEST_RECORD_AUDIO &&
    grantResults.isNotEmpty() && grantResults[0] ==
    PackageManager.PERMISSION_GRANTED
  ) {
    b.isEnabled = true
  }
}

override fun onPause() {
  super.onPause()
  releasePlayer()
  releaseRecorder()
}
```

```kotlin
    private fun updateButtonText() {
      b.text = getString(if (mode != Waiting) R.string.finish
                         else R.string.record)
    }

    private fun recordToFile(): File? {
      recorder = MediaRecorder()
      recorder?.setAudioSource(MediaRecorder.AudioSource.MIC)
      recorder?.setOutputFormat(MediaRecorder.OutputFormat.THREE_GPP)
      recorder?.setAudioEncoder(MediaRecorder.AudioEncoder.AMR_NB)
      RRFile(
        getBaseDir(this), System
          .currentTimeMillis().toString() + EXT_3GP
      ).let { f ->
        try {
          if (!f.createNewFile()) {
            Log.d(TAG, "Datei schon vorhanden")
          }
          recorder?.setOutputFile(f.absolutePath)
          recorder?.prepare()
          recorder?.start()
          mode = Recording
          updateButtonText()
        } catch (e: IOException) {
          Log.e(TAG, "Konnte Aufnahme nicht starten", e)
        }
        return f
      }
    }

    // Recorder-Ressourcen freigeben
    private fun releaseRecorder() {
      recorder?.release()
      recorder = null
    }

    private fun playAudioFile(filename: String) {
      player = MediaPlayer()
      player?.setOnCompletionListener {
        releasePlayer()
        mode = Waiting
        updateButtonText()
      }
      try {
```

```
        player?.setDataSource(filename)
        player?.prepare()
        player?.start()
        mode = Playing
        updateButtonText()
      } catch (thr: Exception) {
        Log.e(TAG, "konnte Audio nicht wiedergeben", thr)
      }
    }

    // Player-Ressourcen freigeben
    private fun releasePlayer() {
      player?.release()
      player = null
    }
  }
```

Listing 11.3 Die Klasse »RRActivity«

Die Toplevel-Funktion getBaseDir() (sie gehört nicht zur Klasse RRActivity) liefert das Verzeichnis, in dem Aufnahmen abgelegt werden. Ich erzeuge auf dem primären externen Medium den Ordner *.RR*. Der führende Punkt des Verzeichnisnamens sorgt dafür, dass die Audiodateien des Rasenden Reporters nicht automatisch in die Android-Mediendatenbank übernommen werden. Wenn Sie eine Indizierung wünschen, entfernen Sie ihn einfach. Bei der Deinstallation der App werden alle Aufnahmen gelöscht. Der lesende und schreibende Zugriff auf Dateien unterhalb des von getExternalFilesDir() gelieferten Pfades ist seit Android 4.4 ohne spezielle Berechtigungen möglich.

> **Tipp**
>
> In Kapitel 9, »Dateien lesen, schreiben und drucken«, beschreibe ich, wie Sie mit Environment.getExternalStorageState() den Status des externen Speichermediums abfragen können. Um Ihre App möglichst robust zu machen, sollten Sie vor Zugriffen prüfen, ob Schreib- bzw. Lesevorgänge aktuell möglich sind. Ich habe dies weggelassen, um den Programmcode möglichst kompakt zu halten.

Das Anklicken eines Listenelements startet die Wiedergabe. Hierzu wird die private Methode playAudioFile() aufgerufen. Sie instanziiert zunächst ein Objekt des Typs android.media.MediaPlayer und weist es der Variablen player zu. Anschließend wird ein OnCompletionListener registriert. Der Aufruf von dessen Methode onCompletion() signalisiert das Ende eines Abspielvorgangs. In diesem Fall werden alle Ressourcen freigegeben, die durch das MediaPlayer-Objekt belegt werden.

Um eine Audiodatei wiederzugeben, müssen Sie zunächst die Quelle festlegen. Hierfür gibt es die Methode setDataSource(). Die Methode prepare() bereitet das Abspielen vor. Mit start() beginnt die Wiedergabe. Das Freigeben von Ressourcen habe ich in die Methode releasePlayer() ausgelagert. Auf diese Weise kann sehr leicht geprüft werden, ob überhaupt eine MediaPlayer-Instanz aktiv ist.

> **Tipp**
> Sie können die hier beschriebene Vorgehensweise ohne Änderungen übernehmen, wenn Sie Musikdateien abspielen möchten. Alles, was Sie hierfür benötigen, ist in der Methode playAudioFile() zu finden.

Um eine Audiodatei aufzuzeichnen, müssen Sie als Erstes ein Objekt des Typs android.media.MediaRecorder instanziieren und anschließend durch Aufruf von dessen Methode setAudioSource() die Aufnahmequelle festlegen. Das Ausgabeformat setzen Sie mit setOutputFormat(). Die Methode setAudioEncoder() bestimmt den *Codec*, der verwendet werden soll. Nachdem Sie den Recorder konfiguriert haben, legen Sie einen Dateinamen fest und instanziieren ein entsprechendes File-Objekt. Sie müssen die korrespondierende Datei noch anlegen, und zwar indem Sie nun die Methode createNewFile() aufrufen. prepare() bereitet die Aufnahme vor. Nach dem Aufruf von start() beginnt sie.

Um eine Aufnahme zu beenden, müssen Sie die Methode stop() Ihrer MediaRecorder-Instanz aufrufen. Anschließend sollten Sie die nicht mehr benötigten Ressourcen freigeben. Ich habe hierzu die Methode releaseRecorder() implementiert. Sie prüft analog zu releasePlayer(), ob überhaupt ein MediaRecorder-Objekt in Verwendung ist. Die Klassen MediaRecorder und MediaPlayer ermöglichen Ihnen den unkomplizierten Einstieg in die faszinierende Welt der Audioverarbeitung. Auf diesen Grundlagen aufbauend möchte ich Ihnen nun zeigen, wie man Audioeffekte einsetzt.

11.1.2 Effekte

Android bietet Ihnen zahlreiche Audioeffekte an. Wie Sie gleich sehen werden, lassen sich diese beliebig mischen und sowohl global als auch für einzelne Tonspuren zuschalten. Die Grundlage für meine Erläuterungen bildet die App *AudioEffekteDemo*. Nach dem Start des in Abbildung 11.2 gezeigten Programms spielen Sie mit START einen kurzen Audioschnipsel ab. Sie können die Wiedergabe mit STOP anhalten. Klicken Sie abermals auf START, um den Abspielvorgang fortzusetzen.

Die App demonstriert die drei Effekte BASS BOOST, Klangverbreiterung (VIRTUALIZER) und HALL. Außer diesen kennt Android unter anderem noch *EnvironmentalReverb*, *Equalizer* und *Loudness Enhancer*, die Sie in beliebiger Kombination zuschalten können.

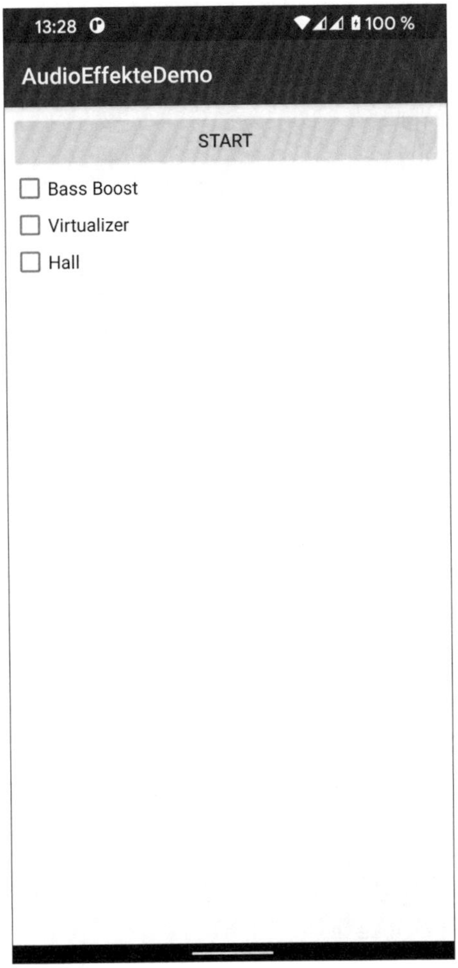

Abbildung 11.2 Die App »AudioEffekteDemo«

Allerdings lässt sich mit dem Beispiel-Sample nur HALL vernünftig demonstrieren. Um eine eigene MP3-Datei abzuspielen, kopieren Sie diese in das Verzeichnis *res/raw*. Dort befindet sich bereits *guten_tag.mp3*. Da aus dem Dateinamen eine Konstante (zum Beispiel R.raw.guten_tag) erzeugt wird, sollte dieser keine Leerzeichen enthalten und idealerweise nur aus Kleinbuchstaben, Ziffern und dem Unterstrich bestehen. Damit die App Ihre Datei abspielt, müssen Sie in der Zeile

```
mediaPlayer = MediaPlayer.create(this, R.raw.guten_tag)
```

die Konstante entsprechend ersetzen.

Hinweis

Im Verzeichnis *res/raw* abgelegte Dateien werden ohne Änderungen oder Konvertierungen in die Installationsdatei (*.apk*) einer App übernommen. Sie können über Konstanten in R.raw auf sie zugreifen. Allerdings hat die Größe solcher Dateien direkten Einfluss auf die Größe der Installationsdatei. Sie sollten dies trotz stetig schneller werdender Datenverbindungen berücksichtigen.

Die private Methode updateButtonText() setzt die Beschriftung der einzigen Schaltfläche. Ob aktuell eine Audiodatei abgespielt wird, ist in der Instanzvariablen playing hinterlegt. In der Methode onCreate() werden ein MediaPlayer-Objekt instanziiert und ein OnCompletionListener registriert. Das ist notwendig, um am Ende des Abspielvorgangs die Schaltfläche aktualisieren zu können. Die Freigabe des Players durch Aufruf von mediaPlayer.release() erfolgt aber erst, wenn die Activity zerstört wird. In diesem Fall ruft Android die Methode onDestroy() auf.

```
package com.thomaskuenneth.androidbuch.audioeffektedemo

import android.media.MediaPlayer
import android.media.audiofx.AudioEffect
import android.media.audiofx.BassBoost
import android.media.audiofx.PresetReverb
import android.media.audiofx.Virtualizer
import android.os.Bundle
import android.util.Log
import android.widget.CompoundButton
import androidx.appcompat.app.AppCompatActivity
import kotlinx.android.synthetic.main.activity_main.*

private val TAG = AudioEffekteDemoActivity::class.simpleName
class AudioEffekteDemoActivity : AppCompatActivity() {
  private var mediaPlayer: MediaPlayer? = null
  private var bassBoost: BassBoost? = null
  private var virtualizer: Virtualizer? = null
  private var reverb: PresetReverb? = null
  private var playing = false

  override fun onCreate(savedInstanceState: Bundle?) {
    super.onCreate(savedInstanceState)
    setContentView(R.layout.activity_main)
    // MediaPlayer instanziieren
    mediaPlayer = MediaPlayer.create(this, R.raw.guten_tag)
    mediaPlayer?.setOnCompletionListener {
      playing = false
```

```kotlin
    updateButtonText()
}
val sessionId = mediaPlayer?.audioSessionId
// BassBoost instanziieren und an Audio Session binden
bassBoost = BassBoost(0, sessionId ?: 0)
Log.d(TAG, "roundedStrength: ${bassBoost?.roundedStrength}")
if (bassBoost?.strengthSupported == true) {
  bassBoost?.setStrength(1000.toShort())
}
// Checkbox schaltet BassBoost aus und ein
cbBassBoost.setOnCheckedChangeListener { _: CompoundButton?,
                                         isChecked: Boolean ->
  val result = bassBoost?.setEnabled(isChecked)
  if (result != AudioEffect.SUCCESS) {
    Log.e(TAG, "Bass Boost: setEnabled($isChecked) = $result")
  }
}
cbBassBoost.isChecked = false
// Virtualizer instanziieren und an Audio Session binden
virtualizer = Virtualizer(0, sessionId ?: 0)
virtualizer?.setStrength(1000.toShort())
// Checkbox schaltet Virtualizer aus und ein
cbVirtualizer.setOnCheckedChangeListener { _: CompoundButton?,
                                           isChecked: Boolean ->
  val result = virtualizer?.setEnabled(isChecked)
  if (result != AudioEffect.SUCCESS) {
    Log.e(TAG, "Virtualizer: setEnabled($isChecked) = $result")
  }
}
cbVirtualizer.isChecked = false
// Hall
reverb = PresetReverb(0, 0)
reverb?.preset = PresetReverb.PRESET_PLATE
reverb?.id?.let {
  mediaPlayer?.attachAuxEffect(it)
}
mediaPlayer?.setAuxEffectSendLevel(1f)
// Checkbox schaltet Hall aus und ein
cbReverb.setOnCheckedChangeListener { _: CompoundButton?,
                                      isChecked: Boolean ->
  val result = reverb?.setEnabled(isChecked)
  if (result != AudioEffect.SUCCESS) {
    Log.e(TAG, "PresetReverb: setEnabled($isChecked) = $result")
  }
```

```kotlin
      }
      cbReverb.isChecked = false
      // Schaltfläche
      button.setOnClickListener {
        if (playing) {
          mediaPlayer?.pause()
        } else {
          mediaPlayer?.start()
        }
        playing = !playing
        updateButtonText()
      }
      playing = false
      updateButtonText()
    }

    override fun onDestroy() {
      super.onDestroy()
      mediaPlayer?.stop()
      bassBoost?.release()
      virtualizer?.release()
      reverb?.release()
      mediaPlayer?.release()
    }

    private fun updateButtonText() {
      button.text = getString(if (playing) R.string.stop
                              else R.string.start)
    }
  }
```

Listing 11.4 Die Klasse »AudioEffekteDemoActivity«

Die mit `audioSessionId` ermittelte Audiosession-ID verknüpft Audioeffekte mit einem Audiostrom. Jeder Effekt wird durch ein Ankreuzfeld aktiviert oder deaktiviert. Hierzu gibt es drei `OnCheckedChangeListener`.

Bass Boost und Virtualizer

Bass Boost verstärkt die niedrigen Frequenzen eines Audiostroms. `android.media.audiofx.BassBoost` erbt von der Basisklasse aller Audioeffekte `android.media.audiofx.AudioEffect`. Diese implementiert Standardverhalten, zum Beispiel das Ein- oder Ausschalten eines Effekts mit `setEnabled()` sowie das Freigeben von Ressourcen mit `release()`. Vor dem Start eines Abspielvorgangs durch `mediaPlayer.start()` müssen alle gewünschten Effekte mit `setEnabled(true)` aktiviert werden.

Nach dem Erzeugen eines `BassBoost`-Objekts lässt sich dessen Intensität mit `setStrength()` in einem Bereich zwischen 0 und 1.000 einstellen. Beachten Sie, dass der tatsächlich gesetzte Wert vom übergebenen Wert abweichen kann, wenn die Implementierung keine entsprechend feine Abstufung unterstützt. Sie können das mit `roundedStrength` prüfen. Mit `strengthSupported` können Sie herausfinden, ob die BassBoost-Implementierung das Einstellen der Intensität grundsätzlich zulässt. Ist dies nicht der Fall (der Wert ist dann `false`), kennt sie nur eine Stufe. Jeder Aufruf von `setStrength()` rundet dann auf den korrespondierenden Wert.

Die meisten Audioeffekte können entweder dem systemweiten gemixten Audiostrom oder »nur« einer bestimmten `MediaPlayer`-Instanz hinzugefügt werden. Dies wird über den zweiten Parameter (`audioSession`) des Effektkonstruktors gesteuert. 0 kennzeichnet den globalen Mix. Damit das klappt, muss eine App in ihrer Manifestdatei die Berechtigung `android.permission.MODIFY_AUDIO_SETTINGS` anfordern. Allerdings gilt dieses Vorgehen bei bestimmten Effekten, zum Beispiel bei Bass Boost und Virtualizer, mittlerweile als veraltet. Jeder andere Wert repräsentiert eine systemweit eindeutige AudioSession-ID, die Sie mit `mediaPlayer.audioSessionId` ermitteln können.

Der Effekt *Virtualizer* verändert die räumliche Wirkung eines Audiosignals. Wie er sich im Detail auswirkt, hängt von der Anzahl der Eingabekanäle sowie von Art und Anzahl der Ausgabekanäle ab. Eine in Stereo aufgenommene *.mp3*-Datei klingt über einen Kopfhörer »breiter«, wenn der Virtualizer aktiviert ist.

Hall

Je nach räumlicher Umgebung wird Schall unterschiedlich oft und stark reflektiert. Große Konzertsäle haben selbstverständlich eine andere Akustik als beispielsweise kleine Zimmer oder Kathedralen. `android.media.audiofx.PresetReverb` implementiert einen solchen Effekt. Anders als die beiden bereits vorgestellten Klassen `Virtualizer` und `BassBoost` wird `PresetReverb` immer an den globalen Mixer (AudioSession 0) gebunden. Damit das Ausgabesignal einer `MediaPlayer`-Instanz eingespeist werden kann, ermitteln Sie zunächst mit `reverb.id` die Effekt-ID des `PresetReverb`-Objekts und übergeben diese an die `MediaPlayer`-Methode `attachAuxEffect()`. Anschließend setzen Sie noch den `setAuxEffectSendLevel()` und legen damit die Intensität fest.

Soundeffekte verleihen Musik-Apps nicht nur den nötigen Pep – sie sind schlicht ein Muss. Übrigens stellt Android einige weitere interessante Klassen im Bereich Audioverarbeitung zur Verfügung. Mit `android.media.audiofx.Visualizer` können Sie beispielsweise am Ausgabestrom lauschen, um diesen zu visualisieren. Denken Sie an Zeigerinstrumente früherer Hi-Fi-Tage oder an opulente Farbspiele. Experimentieren Sie mit den Programmierschnittstellen.

11.2 Sprachverarbeitung

Schon seit Android 1.6 (*Donut*) enthält die Plattform eine Komponente zur Sprachsynthese. Zunächst wurde das quelloffene *Pico* verwendet. Mittlerweile ist die *Google Sprachausgabe* Standard. Diese kann in vielen Sprachen Texte vorlesen, unter anderem auf Deutsch, Englisch, Italienisch, Französisch und Spanisch. In diesem Abschnitt zeige ich Ihnen, wie Sie Ihre Apps um die Fähigkeit erweitern, mit dem Anwender zu »sprechen«. Wie praktisch das ist, wissen wir spätestens durch die Benutzung von Navigationshilfen, aber die Einsatzmöglichkeiten sind weitaus vielfältiger. Lassen Sie sich doch Ihre E-Mails vorlesen. Oder programmieren Sie eine App, die Ihnen auf Knopfdruck die aktuelle Uhrzeit ansagt.

11.2.1 Sprachsynthese

Welche Schritte notwendig sind, um geschriebene in gesprochene Sprache umzuwandeln, möchte ich Ihnen anhand der App *TextToSpeechDemo* zeigen. Bevor ich Sie mit der Implementierung vertraut mache, sollten Sie die App kurz starten. Die Benutzeroberfläche sehen Sie in Abbildung 11.3.

Abbildung 11.3 Die App »TextToSpeechDemo«

Tippen Sie einen beliebigen Text ins Eingabefeld, und wählen Sie dann die gewünschte Sprache. Bitte beachten Sie, dass Sprachpakete möglicherweise erst über die Systemeinstellungen heruntergeladen und aktiviert werden müssen. Ein Klick auf TEXT VORLESEN startet den Synthesevorgang und anschließend die Wiedergabe. Während der Text vorgelesen wird, ist die Schaltfläche nicht anwählbar.

Die Klasse TextToSpeechDemoActivity leitet von AppCompatActivity ab und implementiert unter anderem onCreate() und onDestroy(). Wenn Sie einen Blick auf Listing 11.5 werfen, fällt Ihnen bestimmt auf, dass onCreate() nicht wie üblich die Benutzeroberfläche initialisiert und anzeigt. Stattdessen wird »nur« die Variable tts mit null belegt und mit startActivityForResult() eine neue Activity aufgerufen. tts zeigt auf ein Objekt des Typs android.speech.tts.TextToSpeech. Diese Klasse bildet die Zugriffsschicht auf die Sprachsynthesekomponente. onDestroy() gibt alle Ressourcen frei, die von der Syntheseeinheit reserviert wurden. Hierzu ruft sie deren Methode shutdown() auf.

Installation prüfen

Die eigentliche Sprachsynthesesoftware ist zwar Bestandteil der Plattform, allerdings steht es Geräteherstellern frei, die Sprachdaten nicht vorzuinstallieren, um Platz zu sparen. Deshalb wird ein Intent mit der Action ACTION_CHECK_TTS_DATA gefeuert, um deren Verfügbarkeit zu prüfen. Meldet das System beim Aufruf von startActivityForResult() mit CHECK_VOICE_DATA_PASS, dass alles in Ordnung ist, kann das Text-to-Speech-Modul mit tts = TextToSpeech(this, this) initialisiert werden. Andernfalls müssen Sie mit einem weiteren Intent mit der Aktion ACTION_INSTALL_TTS_DATA den Download der fehlenden Daten initiieren. Meine Implementierung beendet sich nach dem Aufruf der Methode startActivityForResult() mit finish(). Alternativ könnten Sie zum Beispiel einen Fortschrittsbalken anzeigen.

```
package com.thomaskuenneth.androidbuch.texttospeechdemo

import android.content.Intent
import android.os.*
import android.speech.tts.TextToSpeech
import android.speech.tts.UtteranceProgressListener
import android.util.Log
import android.widget.ArrayAdapter
import androidx.appcompat.app.AppCompatActivity
import kotlinx.android.synthetic.main.activity_main.*
import java.io.File
import java.util.*

private const val CHECK_TTS_DATA = 1
private val TAG = TextToSpeechDemoActivity::class.simpleName
class TextToSpeechDemoActivity : AppCompatActivity(), TextToSpeech.OnInitListe
```

```kotlin
ner {
  private val supportedLanguages = Hashtable<String, Locale>()
  private var tts: TextToSpeech? = null
  private var lastUtteranceId: String? = null

  override fun onCreate(savedInstanceState: Bundle?) {
    super.onCreate(savedInstanceState)
    // die Sprachsynthesekomponente wurde
    // noch nicht initialisiert
    tts = null
    // prüfen, ob Sprachpakete vorhanden sind
    val intent = Intent()
    intent.action = TextToSpeech.Engine.ACTION_CHECK_TTS_DATA
    startActivityForResult(intent, CHECK_TTS_DATA)
  }

  // ggf. Ressourcen freigeben
  override fun onDestroy() {
    super.onDestroy()
    tts?.shutdown()
  }

  override fun onActivityResult(
    requestCode: Int,
    resultCode: Int,
    data: Intent?
  ) {
    super.onActivityResult(requestCode, resultCode, data)
    // Sind Sprachpakete vorhanden?
    if (requestCode == CHECK_TTS_DATA) {
      if (resultCode ==
        TextToSpeech.Engine.CHECK_VOICE_DATA_PASS
      ) {
        // Initialisierung der Sprachkomponente starten
        tts = TextToSpeech(this, this)
      } else {
        // Installation der Sprachpakete vorbereiten
        val installIntent = Intent()
        installIntent.action =
            TextToSpeech.Engine.ACTION_INSTALL_TTS_DATA
        startActivity(installIntent)
        // Activity beenden
        finish()
      }
```

```kotlin
    }
}

override fun onInit(status: Int) {
  if (status != TextToSpeech.SUCCESS) {
    // die Initialisierung war nicht erfolgreich
    finish()
  }
  Log.d(TAG, "Standard: ${tts?.defaultEngine}")
  tts?.engines?.forEach {
    Log.d(TAG, "${it.label} (${it.name})")
  }
  // Activity initialisieren
  setContentView(R.layout.activity_main)
  button.setOnClickListener {
    val text = input.text.toString()
    val key = spinner.selectedItem as String
    supportedLanguages[key]?.let {
      button.isEnabled = false
      tts?.language = it
      lastUtteranceId = System
        .currentTimeMillis().toString()
      tts?.speak(
        text, TextToSpeech.QUEUE_FLUSH,
        null, lastUtteranceId
      )
      // in Datei schreiben
      val file = File(filesDir, "${lastUtteranceId}.wav")
      tts?.synthesizeToFile(text, null, file, lastUtteranceId)
      Log.d(TAG, file.absolutePath)
    }
  }
  tts?.setOnUtteranceProgressListener(
    object : UtteranceProgressListener() {
      override fun onStart(utteranceId: String) {
        Log.d(TAG, "onStart(): $utteranceId")
      }

      override fun onDone(utteranceId: String) {
        Log.d(TAG, "onDone(): $utteranceId")
        if (utteranceId == lastUtteranceId) {
          Handler(Looper.getMainLooper()).post {
            button.isEnabled = true
          }
```

```kotlin
        }
      }

      override fun onError(utteranceId: String) {
        Log.d(TAG, "onError(): $utteranceId")
      }
    })
    // Liste der Sprachen ermitteln
    val languages = Locale.getISOLanguages()
    for (lang in languages) {
      val loc = Locale(lang)
      when (tts?.isLanguageAvailable(loc)) {
        TextToSpeech.LANG_MISSING_DATA,
            TextToSpeech.LANG_NOT_SUPPORTED -> {
          Log.d(TAG, "language not available for $loc")
        }
        else -> {
          val key = loc.displayLanguage
          if (!supportedLanguages.containsKey(key)) {
            supportedLanguages[key] = loc
          }
        }
      }
    }
    val adapter = ArrayAdapter<Any>(
      this,
      android.R.layout.simple_spinner_item, supportedLanguages
        .keys.toTypedArray()
    )
    adapter.setDropDownViewResource(
      android.R.layout.simple_spinner_dropdown_item
    )
    spinner.adapter = adapter
  }
}
```

Listing 11.5 Die Klasse »TextToSpeechDemoActivity«

Das Sprachausgabemodul darf erst nach einer erfolgreichen Initialisierung verwendet werden. Aus diesem Grund wird dem Konstruktor der Klasse TextToSpeech als zweites Argument ein Objekt des Typs android.speech.tts.TextToSpeech.OnInitListener übergeben. Da die Activity TextToSpeechDemoActivity dieses Interface implementiert, finden Sie an dieser Stelle nur ein this.

Meine Implementierung der Methode onInit() erledigt einige Aufgaben, die sonst üblicherweise in onCreate() ausgeführt werden, beispielsweise das Anzeigen der Benutzeroberfläche mit setContentView(). Das ist notwendig, weil unter anderem die Aufklappliste für die Sprachauswahl erst nach einer erfolgreichen Initialisierung der Synthesekomponente gefüllt werden kann. Vielleicht fragen Sie sich, warum ich die bekannten Sprachen nicht einfach »fest verdrahte«. Ganz einfach: Sollten irgendwann weitere Sprachen hinzukommen, erkennt mein Programm (und Ihre App, sollten Sie auch so vorgehen) diese automatisch.

> **Tipp**
> Treffen Sie niemals Annahmen über die Beschaffenheit eines Systems, wenn es stattdessen Auskunftsfunktionen gibt.

Sie können mit isLanguageAvailable() prüfen, ob eine bestimmte Sprache der Synthesekomponente zur Verfügung steht.

Texte vorlesen und Sprachausgaben speichern

Um einen Text vorlesen zu lassen, rufen Sie die Methode speak() eines TextToSpeech-Objekts auf. Ihr wird unter anderem ein Bundle übergeben, das Daten für die Anfrage enthält. Dieses Bundle kann auf null gesetzt werden. Die Utterance-ID ist eine eindeutige Kennung, mit der der vorzulesende Text identifiziert wird.

Ist Ihnen in der Implementierung der Methode onInit() der Aufruf der Methode setOnUtteranceProgressListener() aufgefallen? Die abstrakte Klasse UtteranceProgressListener enthält die Methoden onStart(), onDone() und onError(), die im Verlauf einer Sprachausgabe angesprungen werden können. Beispielsweise signalisiert der Aufruf von onDone(), dass eine Textausgabe vollständig durchgeführt wurde. Welche das war, können Sie anhand der Utterance-ID erkennen. Die Implementierung in der Klasse TextToSpeechDemoActivity macht die Schaltfläche TEXT VORLESEN wieder anwählbar. Wenn Sie in onDone() den Status von Bedienelementen verändern möchten, sollten Sie sicherstellen, dass Ihre Anweisungen auf dem UI-Thread ausgeführt werden. Instanziieren Sie hierzu mit Handler(Looper.getMainLooper()) ein Objekt des Typs android.os.Handler, und rufen Sie dessen post()-Methode auf. Weitere Informationen hierzu finden Sie in Kapitel 6, »Multitasking«.

Sie können TextToSpeech-Objekte nicht nur für die direkte Ausgabe von Sprache verwenden. Die Klasse enthält die Methode synthesizeToFile(), mit der sich das akustische Signal als *.wav*-Datei abspeichern lässt. Meine Implementierung nutzt hierfür das private Verzeichnis (filesDir). Um das Speichern auszuprobieren, geben Sie nach dem Start der App einen beliebigen Text ein, und wählen Sie die gewünschte Sprache. Klicken Sie anschließend auf TEXT VORLESEN. Sobald Android die Sprachausgabe beendet, erscheint die Datei im DEVICE FILE EXPLORER (Abbildung 11.4).

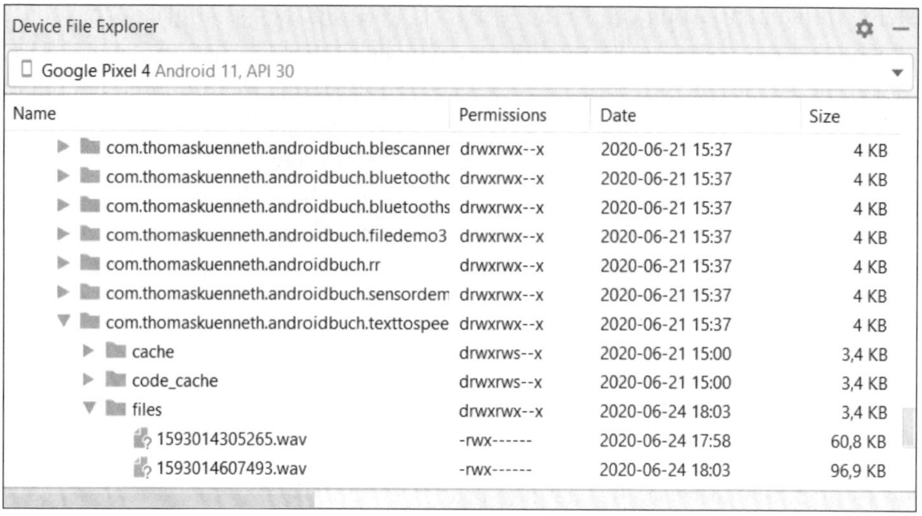

Device File Explorer			
Google Pixel 4 Android 11, API 30			
Name	Permissions	Date	Size
▶ com.thomaskuenneth.androidbuch.blescanner	drwxrwx--x	2020-06-21 15:37	4 KB
▶ com.thomaskuenneth.androidbuch.bluetoothc	drwxrwx--x	2020-06-21 15:37	4 KB
▶ com.thomaskuenneth.androidbuch.bluetooths	drwxrwx--x	2020-06-21 15:37	4 KB
▶ com.thomaskuenneth.androidbuch.filedemo3	drwxrwx--x	2020-06-21 15:37	4 KB
▶ com.thomaskuenneth.androidbuch.rr	drwxrwx--x	2020-06-21 15:37	4 KB
▶ com.thomaskuenneth.androidbuch.sensordem	drwxrwx--x	2020-06-21 15:37	4 KB
▼ com.thomaskuenneth.androidbuch.texttospee	drwxrwx--x	2020-06-21 15:37	4 KB
▶ cache	drwxrws--x	2020-06-21 15:00	3,4 KB
▶ code_cache	drwxrws--x	2020-06-21 15:00	3,4 KB
▼ files	drwxrwx--x	2020-06-24 18:03	3,4 KB
1593014305265.wav	-rwx------	2020-06-24 17:58	60,8 KB
1593014607493.wav	-rwx------	2020-06-24 18:03	96,9 KB

Abbildung 11.4 Mit »synthesizeToFile()« erzeugte Dateien

Android kann Sprache nicht nur synthetisieren, sondern auch erkennen. Ihre App könnte also ausschließlich in gesprochener Sprache mit dem Anwender kommunizieren. Nutzer von Navigationssystemen haben diese Form der Bedienung schätzen gelernt, und auch in vielen anderen Bereichen ist Spracherkennung äußerst praktisch. Denken Sie an das automatische Wählen nach Nennung eines Kontakts oder an die Steuerung des Telefons durch einfache mündliche Anweisungen. Im folgenden Abschnitt zeige ich Ihnen, wie Sie die in die Plattform integrierte Spracherkennungsfunktion in Ihren Apps nutzen.

11.2.2 Spracherkennung

Mein Beispiel *SpeechRecognitionDemo* zeigt, wie einfach sich eine Spracherkennung in eigenen Programmen einsetzen lässt. Nach dem Start begrüßt die App den Benutzer mit einem bis auf den Button SPRACHERKENNUNG STARTEN leeren Bildschirm. Ein Klick darauf startet die Spracheingabe (Abbildung 11.5).

Im Anschluss daran wird der Audiostrom analysiert und in geschriebene Sprache umgeformt. Sofern auf dem Gerät Offline-Sprachpakete installiert wurden, ist hierfür keine aktive Netzwerkverbindung erforderlich. Andernfalls müssen die Daten an einen Google-Server geschickt und dort ausgewertet werden. Unabhängig davon kann dies auch zur Verbesserung der Spracherkennung erfolgen. Nach der Umwandlung zeigt die App die erkannten Wörter an (Abbildung 11.6).

Falls die benötigte Komponente nicht zur Verfügung steht, lautet die Beschriftung SPRACHERKENNUNG NICHT VERFÜGBAR, und die Schaltfläche kann in diesem Fall nicht angeklickt werden.

Abbildung 11.5 Der Aufnahmevorgang

Abbildung 11.6 Die App zeigt den erkannten Text an.

Verfügbarkeit prüfen

SpeechRecognitionDemoActivity leitet von AppCompatActivity ab und überschreibt onCreate() und onActivityResult(). Nach dem Laden und Anzeigen der Benutzeroberfläche wird mit queryIntentActivities() der Klasse PackageManager eine Liste von Activities ermittelt, die das Intent RecognizerIntent.ACTION_RECOGNIZE_SPEECH verarbeiten können. Ist diese Liste leer, steht die Spracherkennung nicht zur Verfügung. Damit diese Abfrage funktioniert, muss in der Manifestdatei die Berechtigung android.permission.QUERY_ALL_PACKAGES angefordert werden.

```
package com.thomaskuenneth.androidbuch.speechrecognitiondemo

import android.app.Activity
```

```kotlin
import android.content.Intent
import android.os.Bundle
import android.speech.RecognizerIntent
import androidx.appcompat.app.AppCompatActivity
import kotlinx.android.synthetic.main.activity_main.*

private const val REQUEST_VOICE_RECOGNITION = 1
class SpeechRecognitionDemoActivity : AppCompatActivity() {

  override fun onCreate(savedInstanceState: Bundle?) {
    super.onCreate(savedInstanceState)
    setContentView(R.layout.activity_main)
    button.setOnClickListener { startVoiceRecognitionActivity() }
    // Verfügbarkeit der Spracherkennung prüfen
    val activities = packageManager.queryIntentActivities(Intent(
        RecognizerIntent.ACTION_RECOGNIZE_SPEECH), 0)
    if (activities.size == 0) {
      button.isEnabled = false
      button.text = getString(R.string.not_present)
    }
  }

    override fun onActivityResult(requestCode: Int,
                                  resultCode: Int,
                                  data: Intent?) {
    if (requestCode == REQUEST_VOICE_RECOGNITION
        && resultCode == Activity.RESULT_OK) {
      val matches =
          data?.getStringArrayListExtra(RecognizerIntent.EXTRA_RESULTS)
      matches?.let {
        if (it.size > 0) {
          textview.text = matches[0]
        }
      }
    }
    super.onActivityResult(requestCode, resultCode, data)
  }

  private fun startVoiceRecognitionActivity() {
    val intent = Intent(
        RecognizerIntent.ACTION_RECOGNIZE_SPEECH)
    intent.putExtra(RecognizerIntent.EXTRA_LANGUAGE_MODEL,
        RecognizerIntent.LANGUAGE_MODEL_FREE_FORM)
    intent.putExtra(RecognizerIntent.EXTRA_PROMPT,
        getString(R.string.prompt))
```

```
    intent.putExtra(RecognizerIntent.EXTRA_LANGUAGE, "de-DE")
    intent.putExtra(RecognizerIntent.EXTRA_MAX_RESULTS, 1)
    startActivityForResult(intent, REQUEST_VOICE_RECOGNITION)
  }
}
```

Listing 11.6 Die Klasse »SpeechRecognitionDemoActivity«

Die *Google*-App enthält eine Activity, die auf Intents mit der Aktion RecognizerIntent.ACTION_RECOGNIZE_SPEECH reagiert. Grundsätzlich kann dies aber jedes andere Programm ebenfalls tun. Es muss nur in der Lage sein, RecognizerIntent.ACTION_RECOGNIZE_SPEECH zu verarbeiten. Die Klasse android.speech.RecognizerIntent enthält zahlreiche weitere Konstanten, auf die ich gleich noch ausführlicher eingehen werde. Die Spracherkennung wird in startVoiceRecognitionActivity() gestartet. Die Methode wird nach dem Anklicken des Buttons SPRACHERKENNUNG STARTEN aufgerufen.

Da die Activity ein Ergebnis (nämlich die hoffentlich erkannten Wörter) an Sie übermitteln muss, starten Sie sie mit startActivityForResult(). Mit putExtra() können Sie deren Funktionsweise beeinflussen. Beispielsweise legen Sie mit RecognizerIntent.EXTRA_LANGUAGE die Sprache fest, zum Beispiel de-DE oder en-US. Mit EXTRA_MAX_RESULTS steuern Sie die maximale Anzahl an Ergebnissen. Besonders wichtig ist EXTRA_LANGUAGE_MODEL, denn hiermit charakterisieren Sie die bevorstehende Eingabe. LANGUAGE_MODEL_FREE_FORM bedeutet, dass der Anwender eher ganze Sätze formulieren wird. Denken Sie an einen Texteditor, mit dem Sie E-Mails oder Kurznachrichten erfassen. LANGUAGE_MODEL_WEB_SEARCH hingegen verwenden Sie bei Suchanfragen oder grammatisch unvollständigen Verb-Substantiv-Phrasen. Mit der Konstanten EXTRA_PROMPT können Sie eine kurze Beschreibung festlegen, die während der Eingabe angezeigt wird.

Wenn die Spracherkennungs-Activity ihre Arbeit beendet hat, ruft Android die Methode onActivityResult() auf. Wie üblich müssen Sie zunächst die beiden Werte requestCode und resultCode prüfen. getStringArrayListExtra() ermittelt dann eine Liste mit Ergebnissen.

Sie haben in diesem Kapitel zahlreiche Facetten der Audioverarbeitung unter Android kennengelernt. In den folgenden Abschnitten sehen wir uns an, wie Sie Fotos aufnehmen und Videos drehen. Die Zeiten, in denen die Kameras in Mobiltelefonen gerade einmal zu Spaßfotos taugten, sind glücklicherweise längst vorbei. Aktuelle Android-Geräte liefern durchweg gute Ergebnisse. Dabei sind die Möglichkeiten, die sich aus dem Einsatz der Kamerahardware ergeben, praktisch grenzenlos. Denken Sie an die Überlagerung von Live-Daten mit computergenerierten Grafiken oder mit Informationen aus dem Netz (*Augmented Reality*) oder an die Erkennung von Sehenswürdigkeiten, Texten, Bildern sowie allerlei anderer Informationen.

11.3 Fotos und Video

Mit Intents können Komponenten unterschiedlicher Apps kombiniert werden. Die Nutzung vorhandener Bausteine hat für Sie als Entwickler den Vorteil, das Rad nicht neu erfinden zu müssen. Und der Anwender findet sich schneller zurecht, weil er die Bedienung einer wiederverwendeten Komponente bereits kennt.

11.3.1 Vorhandene Funktionen nutzen

Wie leicht Sie die in Android eingebaute Kamera-App nutzen können, zeige ich Ihnen anhand des Programms *KameraDemo1*. Nach dem Start sehen Sie die Benutzeroberfläche aus Abbildung 11.7.

Abbildung 11.7 Die App »KameraDemo1«

Klicken Sie auf FOTO AUFNEHMEN, um die Kamera-App im Still-Image-Modus zu betreiben. Diesen sehen Sie in Abbildung 11.8. Mit VIDEO AUFNEHMEN drehen Sie Filme. Zwischen dem Videomodus, der in Abbildung 11.9 dargestellt ist, und dem Fotomodus kann der Anwender jederzeit umschalten. Beachten Sie in diesem Zusammenhang, dass die Benutzeroberfläche auf unterschiedlichen Geräten zum Teil stark variiert.

Die Klasse KameraDemo1Activity ist sehr kurz. Das Starten der Kamera-App findet in zwei Implementierungen von onClick() statt (der Methodenname ist durch die Verwendung eines Lambdas nicht zu sehen). Wie Sie aus vielen anderen Beispielen in diesem Buch bereits wissen, werden android.view.View.OnClickListener-Instanzen verwendet, um auf das Anklicken von Buttons zu reagieren.

Abbildung 11.8 Die Kamera-App im Still-Image-Modus

Abbildung 11.9 Die Kamera-App im Videomodus

Die Klasse android.provider.MediaStore gestattet den Zugriff auf die Mediendatenbank von Android-Geräten. Für uns sind im Moment vor allem die beiden Konstanten INTENT_ACTION_STILL_IMAGE_CAMERA und INTENT_ACTION_VIDEO_CAMERA interessant, denn sie werden als Actions für Intents verwendet, um die Kamera-App mit startActivity() zu starten.

```
package com.thomaskuenneth.androidbuch.kamerademo1

import android.content.Intent
import android.os.Bundle
import android.provider.MediaStore
import androidx.appcompat.app.AppCompatActivity
import kotlinx.android.synthetic.main.activity_main.*

class KameraDemo1Activity : AppCompatActivity() {
  override fun onCreate(savedInstanceState: Bundle?) {
    super.onCreate(savedInstanceState)
    setContentView(R.layout.activity_main)
    foto.setOnClickListener {
      val intent = Intent(
          MediaStore.INTENT_ACTION_STILL_IMAGE_CAMERA)
      startActivity(intent)
    }
    video.setOnClickListener {
      val intent = Intent(
          MediaStore.INTENT_ACTION_VIDEO_CAMERA)
      startActivity(intent)
    }
  }
}
```

Listing 11.7 Die Klasse »KameraDemo1Activity«

Eine auf diese Weise gestartete Kamera-App sendet allerdings keine Daten an den Aufrufer. Die beiden Intents INTENT_ACTION_STILL_IMAGE_CAMERA und INTENT_ACTION_VIDEO_CAMERA eignen sich deshalb vor allem für Fire-and-forget-Szenarien. Damit ist gemeint, dass Sie dem Anwender Ihrer App zwar den Komfort bieten, ein Foto oder Video aufzunehmen, aber die auf diese Weise entstandenen Dateien nicht unmittelbar integrieren oder weiterverarbeiten. Wie Sie das bewerkstelligen, möchte ich Ihnen nun zeigen.

Aufgenommene Fotos weiterverarbeiten

Um Daten von der Kamera-App in Ihrem Programm zu verwenden, rufen Sie startActivityForResult() auf. Das gesendete Intent enthält die Action ACTION_IMAGE_CAPTURE. Außerdem müssen Sie einen Uniform Resource Identifier (URI) übergeben, der das aufgenommene Foto in der Mediendatenbank repräsentiert. Wie das funktioniert, zeigt das Projekt *KameraDemo2*. Nach dem Auslösen in der Kamera-App erscheinen mehrere Buttons (Abbildung 11.10). Mit ↶ verwerfen Sie die Aufnahme und beginnen von vorne. ✓ bringt Sie zu *KameraDemo2* zurück. Dort wird das aufgenommene Foto angezeigt (Abbildung 11.11). Mit ✗ brechen Sie die Aufnahme ab.

Abbildung 11.10 Die Kamera-App nach dem Auslösen

KameraDemo2Activity überschreibt die vier Methoden onCreate(), onStart(), onRequestPermissionsResult() und onActivityResult(). In onCreate() wird nur die Benutzeroberfläche angezeigt und ein OnClickListener registriert. Ein Klick auf FOTO AUF-

NEHMEN ruft startCamera() auf. Diese erzeugt mit contentResolver.insert() einen neuen Eintrag in der systemweiten Mediendatenbank und feuert anschließend ein Intent mit der Action ACTION_IMAGE_CAPTURE. Titel, Beschreibung und der MIME-Type werden als ContentValues-Objekt übergeben. Dieses wird durch entsprechende put()-Aufrufe gefüllt. Den URI des angelegten Datensatzes erhält das Intent mittels putExtra().

Abbildung 11.11 Das aufgenommene Foto in »KameraDemo2«

Damit *KameraDemo2* funktioniert, muss mit WRITE_EXTERNAL_STORAGE der Zugriff auf externe Medien angefordert werden. Da es sich hierbei um eine gefährliche Berechtigung handelt, ist neben dem obligatorischen Eintrag in der Manifestdatei auch die Behandlung zur Laufzeit nötig. In onStart() wird mit checkSelfPermission() geprüft, ob die App auf externe Medien schreiben darf. Falls nicht, wird die Berechtigung angefordert. Bis sie erteilt wurde, kann FOTO AUFNEHMEN nicht angeklickt werden.

```kotlin
package com.thomaskuenneth.androidbuch.kamerademo2

import android.Manifest
import android.app.Activity
import android.content.*
import android.content.pm.PackageManager
import android.graphics.*
import android.net.Uri
import android.os.Bundle
import android.provider.MediaStore
import android.util.Log
import androidx.appcompat.app.AppCompatActivity
import kotlinx.android.synthetic.main.activity_main.*

private const val REQUEST_WRITE_EXTERNAL_STORAGE = 123
private const val REQUEST_IMAGE_CAPTURE = 1
private val TAG = KameraDemo2Activity::class.simpleName
class KameraDemo2Activity : AppCompatActivity() {
  private lateinit var imageUri: Uri

  override fun onCreate(savedInstanceState: Bundle?) {
    super.onCreate(savedInstanceState)
    setContentView(R.layout.activity_main)
    button.setOnClickListener { startCamera() }
  }

  override fun onStart() {
    super.onStart()
    if (checkSelfPermission(
            Manifest.permission.WRITE_EXTERNAL_STORAGE)
        != PackageManager.PERMISSION_GRANTED) {
      requestPermissions(arrayOf(
          Manifest.permission.WRITE_EXTERNAL_STORAGE),
          REQUEST_WRITE_EXTERNAL_STORAGE)
      button.isEnabled = false
    } else {
      button.isEnabled = true
    }
  }
```

```kotlin
        override fun onRequestPermissionsResult(requestCode: Int,
                        permissions: Array<String>,
                        grantResults: IntArray) {
    if (requestCode ==
        REQUEST_WRITE_EXTERNAL_STORAGE &&
        grantResults.isNotEmpty() && grantResults[0] ==
        PackageManager.PERMISSION_GRANTED) {
      button.isEnabled = true
    }
  }

        override fun onActivityResult(requestCode: Int,
                    resultCode: Int,
                    data: Intent?) {
    super.onActivityResult(requestCode, resultCode, data)
    if (requestCode == REQUEST_IMAGE_CAPTURE) {
      if (resultCode == Activity.RESULT_OK) {
        val source = ImageDecoder.createSource(this.contentResolver,
                                                imageUri)
        val bitmapSource = ImageDecoder.decodeBitmap(source)
        // Größe des aufgenommenen Bildes
        val wSource = bitmapSource.width
        val hSource = bitmapSource.height
        // auf eine Höhe von maximal 300 Pixel skalieren
        val hDesti = if (hSource > 300) 300 else hSource
        val wDesti = (wSource.toFloat() / hSource.toFloat()
            * hDesti.toFloat()).toInt()
        val bitmapDesti = Bitmap.createScaledBitmap(bitmapSource,
            wDesti, hDesti, false)
        imageView.setImageBitmap(bitmapDesti)
      } else {
        val rowsDeleted = contentResolver.delete(imageUri,
            null, null)
        Log.d(TAG, "$rowsDeleted rows deleted")
      }
    }
  }

        private fun startCamera() {
    val values = ContentValues()
    values.put(MediaStore.Images.Media.TITLE,
```

```
            getString(R.string.app_name))
    values.put(MediaStore.Images.Media.DESCRIPTION,
            getString(R.string.descr))
    values.put(MediaStore.Images.Media.MIME_TYPE,
            "image/jpeg")
    contentResolver.insert(
            MediaStore.Images.Media.EXTERNAL_CONTENT_URI,
            values)?.let {
        imageUri = it
    }
    val intent = Intent(MediaStore.ACTION_IMAGE_CAPTURE)
    intent.putExtra(MediaStore.EXTRA_OUTPUT, imageUri)
    startActivityForResult(intent, REQUEST_IMAGE_CAPTURE)
  }
}
```

Listing 11.8 Die Klasse »KameraDemo2Activity«

Nach einer Aufnahme wird die Methode onActivityResult() aufgerufen. Hat die Kamera-App als resultCode den Wert RESULT_OK gemeldet (der Benutzer hat ein Foto geschossen), ist alles in Ordnung und das Foto kann angezeigt werden. Andernfalls muss der Eintrag mit delete() wieder aus der Mediendatenbank entfernt werden. Der Anwender hat die Aufnahme ja abgebrochen.

Mit den beiden Methoden createSource() und decodeBitmap() der Klasse ImageDecoder lässt sich ein Bild, das in der Mediendatenbank gespeichert wurde, sehr einfach als Bitmap zur Verfügung stellen. Sie wiederum kann bequem in ImageViews angezeigt werden. Rufen Sie einfach setImageBitmap() einer android.widget.ImageView-Instanz auf. Allerdings können die von der Kamera gelieferten Fotos zu groß sein. Um eine Ausnahme zur Laufzeit zu vermeiden, sollten Sie das Bild, wie im Beispiel gezeigt, mit createScaledBitmap() skalieren.

Mit der Galerie arbeiten

Die App *Fotos* oder *Galerie* zeigt alle Fotos und Videos der systemweiten Mediendatenbank an. Sie ist auf praktisch allen Geräten vorhanden. Wie Sie sie in Ihre eigenen Programme integrieren, zeige ich Ihnen anhand des Beispiels *GalleryDemo*. Unmittelbar nach dem Start ruft die App die Auswahlseite der Galerie auf (Abbildung 11.12).

Tippt der Benutzer ein Bild an, startet *GalleryDemo* abermals die Galerie. Diese zeigt die ausgewählte Datei in einer Art Detailansicht an, die in Abbildung 11.13 zu sehen ist.

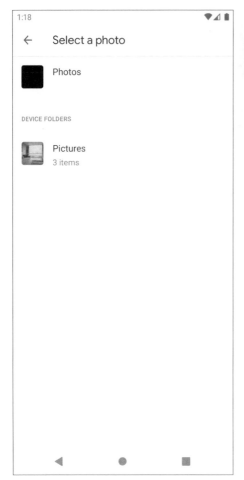 

Abbildung 11.12 Die Auswahlseite der App »Galerie«

Abbildung 11.13 Anzeige einer Datei in der »Galerie«

Die Klasse `GalleryDemoActivity` erzeugt in `onCreate()` ein Intent mit der Aktion `AC-TION_PICK` und dem URI `EXTERNAL_CONTENT_URI` und übergibt es an die Methode `startActivityForResult()`.

```
package com.thomaskuenneth.androidbuch.gallerydemo

import android.app.Activity
import android.content.Intent
import android.os.Bundle
import android.provider.MediaStore
import androidx.appcompat.app.AppCompatActivity

private const val REQUEST_GALLERY_PICK = 1
```

```kotlin
class GalleryDemoActivity : AppCompatActivity() {

  override fun onCreate(savedInstanceState: Bundle?) {
    super.onCreate(savedInstanceState)
    val intent = Intent(Intent.ACTION_PICK,
        MediaStore.Images.Media.EXTERNAL_CONTENT_URI)
    startActivityForResult(intent, REQUEST_GALLERY_PICK)
  }

  override fun onActivityResult(requestCode: Int,
                resultCode: Int,
                data: Intent?) {
    super.onActivityResult(requestCode, resultCode, data)
    if (requestCode == REQUEST_GALLERY_PICK) {
      if (resultCode == Activity.RESULT_OK) {
        data?.let {
          val intentView = Intent(Intent.ACTION_VIEW, it.data)
          startActivity(intentView)
        }
      } else {
        finish()
      }
    }
  }
}
```

Listing 11.9 Die Klasse »GalleryDemoActivity«

In onActivityResult() wird mit resultCode == Activity.RESULT_OK geprüft, ob der Benutzer ein Bild ausgewählt hat. Falls ja, wurde der URI der Datei in den Extras eines Intents (data) übermittelt. Er kann dann mit it.data abgefragt werden. Um keine Fehler zur Laufzeit zu riskieren, sollten Sie auf jeden Fall mit data?.let { sicherstellen, dass nicht anstelle eines Intents null übergeben wurde. Um ein Bild anzuzeigen, packen Sie einfach dessen URI in ein Intent mit der Action ACTION_VIEW und rufen anschließend startActivity() auf.

11.3.2 Die eigene Kamera-App

Sie haben gesehen, wie schnell Sie Ihre Apps mit einer Aufnahmefunktion für Bilder und Videos versehen können. Bislang haben wir hierfür Teile der mitgelieferten Kamera-App verwendet. In diesem Abschnitt zeige ich Ihnen, wie Sie diese in einer sehr einfachen Version nachbauen. Schritt für Schritt lernen Sie anhand des in Abbildung 11.14 dargestellten Beispiels *KameraDemo3*, wie eine Live-Vorschau programmmiert wird, wie Sie aus den unterschiedlichen Kameras eines Android-Geräts die gewünschte auswählen und wie die eigentliche Aufnahme funktioniert.

Abbildung 11.14 Die App »KameraDemo3« im Emulator

Die Layoutdatei von *KameraDemo3* (Listing 11.10) enthält nur ein RelativeLayout mit einer in beiden Richtungen zentrierten android.view.SurfaceView als einziges Kind. Eine SurfaceView stellt einen dedizierten Zeichenbereich zur Verfügung, der zwar innerhalb einer View-Hierarchie angeordnet, aber von einem anderen Thread gezeichnet wird. Das hat den Vorteil, dass der Zeichen-Thread nicht auf die App warten muss, wenn diese mit anderen Aktionen beschäftigt ist. Der Zugriff auf die Oberfläche (engl. *Surface*) geschieht mithilfe von android.view.SurfaceHolder-Objekten. Diese Klasse enthält unter anderem die Methoden addCallback() und removeCallback(), mit denen Sie ein SurfaceHolder.Callback-Objekt registrieren oder entfernen.

```xml
<?xml version="1.0" encoding="utf-8"?>
<RelativeLayout xmlns:android="http://schemas.android.com/apk/res/android"
  android:layout_width="match_parent"
  android:layout_height="match_parent">
  <SurfaceView
    android:id="@+id/surfaceview"
    android:layout_width="wrap_content"
    android:layout_height="wrap_content"
    android:layout_centerInParent="true" />
</RelativeLayout>
```

Listing 11.10 Die Layoutdatei des Projekts »KameraDemo3«

Die Methoden des Interface SurfaceHolder.Callback (Listing 11.11) werden bei Änderungen an der Oberfläche aufgerufen, surfaceCreated() beispielsweise unmittelbar nach dem Erzeugen. `surfaceChanged()` informiert über strukturelle Änderungen. `surfaceDestroyed()` kündigt die unmittelbar bevorstehende Zerstörung einer Oberfläche an.

```
private val surfaceHolderCallback: SurfaceHolder.Callback =
    object : SurfaceHolder.Callback {
  override fun surfaceDestroyed(holder: SurfaceHolder) {
    Log.d(TAG, "surfaceDestroyed()")
  }

  override fun surfaceCreated(holder: SurfaceHolder) {
    Log.d(TAG, "surfaceCreated()")
    try {
      openCamera()
    } catch (e: Exception) {
      // SecurityException, CameraAccessException
      Log.e(TAG, "openCamera()", e)
    }
  }

  override fun surfaceChanged(
    holder: SurfaceHolder,
    format: Int, width: Int,
    height: Int
  ) {
    Log.d(TAG, "surfaceChanged()")
  }
}
```

Listing 11.11 Verwendung von »SurfaceHolder.Callback«

Die Klasse `KameraDemo3Activity` überschreibt `onCreate()`, `onPause()`, `onResume()` und `onRequestPermissionsResult()`. `onCreate()` lädt die Benutzeroberfläche und zeigt sie an. Um später auf die Kamera zugreifen zu können, wird mit `getSystemService(CameraManager::class.java)` ein Objekt des Typs `CameraManager` ermittelt und der Variable `manager` zugewiesen. Außerdem muss die App in der Manifestdatei die gefährliche Berechtigung `android.permission.CAMERA` anfordern und im Code entsprechend behandeln. Die Prüfung findet in `onResume()` statt. Hat der Anwender zugestimmt, wird `configureHolder()` aufgerufen.

```
override fun onCreate(savedInstanceState: Bundle?) {
  super.onCreate(savedInstanceState)
  manager = getSystemService(CameraManager::class.java)
  setContentView(R.layout.activity_main)
```

```kotlin
    camera = null
  }

  override fun onPause() {
    super.onPause()
    surfaceview.visibility = View.GONE
    activeSession?.close()
    activeSession = null
    camera?.close()
    camera = null
    surfaceview.holder.removeCallback(surfaceHolderCallback)
  }

  override fun onResume() {
    super.onResume()
    if (checkSelfPermission(Manifest.permission.CAMERA)
      != PackageManager.PERMISSION_GRANTED
    ) {
      requestPermissions(
        arrayOf(Manifest.permission.CAMERA),
        requestCamera
      )
    } else {
      configureHolder()
    }
  }

  override fun onRequestPermissionsResult(
    requestCode: Int,
    permissions: Array<String>,
    grantResults: IntArray
  ) {
    if (requestCode == requestCamera &&
      grantResults.isNotEmpty() && grantResults[0] ==
      PackageManager.PERMISSION_GRANTED
    ) {
      configureHolder()
    }
  }

  private fun configureHolder() {
    surfaceview.holder.addCallback(surfaceHolderCallback)
    val sizes = findCameraFacingBack()
    if (sizes.isEmpty()) {
```

```
      Log.d(TAG, "keine passende Kamera gefunden")
      finish()
    }
    val metrics = resources.displayMetrics
    for (size in sizes) {
      if (size.width > metrics.widthPixels
        || size.height > metrics.heightPixels
      ) {
        continue
      }
      surfaceview.setOnClickListener { takePicture() }
      surfaceview.holder.setFixedSize(size.width, size.height)
      surfaceview.visibility = View.VISIBLE
      imageReader = ImageReader.newInstance(
        size.width, size.height,
        ImageFormat.JPEG, 2
      )
      imageReader.setOnImageAvailableListener(
        {
          Log.d(TAG, "setOnImageAvailableListener()")
          val image = imageReader.acquireLatestImage()
          val planes = image.planes
          val buffer = planes[0].buffer
          saveJPG(buffer)
          image.close()
        }, null
      )
      return
    }
    Log.d(TAG, "Zu groß")
    finish()
  }
```

Listing 11.12 Die üblichen Methoden des Activity-Lebenszyklus

In onPause() mache ich mit surfaceview.visibility die SurfaceView unsichtbar und blende sie in configureHolder() wieder ein. Das ist erforderlich, damit die Methoden meiner SurfaceHolder.Callback-Implementierung zuverlässig aufgerufen werden. Haben Sie die Aufrufe von addCallback() und removeCallback() bemerkt? Mit ihnen wird eine Instanz der Klasse SurfaceHolder.Callback registriert oder entfernt.

configureHolder() verzweigt nach findCameraFacingBack(). Dort wird nach einer vom Benutzer weg zeigenden Kamera gesucht und ihre Kennung der Variablen cameraId zugewiesen. findCameraFacingBack() liefert eine Liste von Ausgabegrößen. Sie wird in configureHolder() verwendet, um die Vorschau mit setFixedSize() zu konfigurieren. Steht keine passende Größe zur Verfügung, beendet sich die Activity mit finish(). Bestimmt fragen Sie sich, wann ich endlich etwas über Kameras schreibe. Bislang haben Sie zwar einiges über SurfaceView gelernt, aber das Ziel dieses Abschnitts ist doch die Implementierung einer Live-Vorschau, oder?

Kameras auswählen und verwenden

Der Zugriff auf eine Kamera erfolgt über Instanzen des Typs CameraDevice. In findCameraFacingBack() (Listing 11.13) wird mit cameraIdList über eine Liste der zur Verfügung stehenden Kameras iteriert. Die Methode getCameraCharacteristics() hilft Ihnen bei der Auswahl. Hierzu fragen Sie mit get() gewünschte Eigenschaften ab. Liefert beispielsweise get(CameraCharacteristics.LENS_FACING) den Wert LENS_FACING_BACK, haben Sie die Kamera an der Rückseite des Geräts gefunden. Wichtig ist, als Nächstes mithilfe einer StreamConfigurationMap die möglichen Ausgabegrößen des Geräts zu ermitteln. Die Klasse stellt hierfür die Methode getOutputSizes() zur Verfügung. Um eine StreamConfigurationMap zu ermitteln, rufen Sie cc.get(CameraCharacteristics.SCALER_STREAM_CONFIGURATION_MAP) auf.

```
private fun findCameraFacingBack(): Array<Size> {
  cameraId = ""
  try {
    val ids = manager.cameraIdList
    for (id in ids) {
      val cc = manager.getCameraCharacteristics(id)
      Log.d(TAG, "$id: $cc")
      val lensFacing = cc.get(CameraCharacteristics.LENS_FACING)
      if (lensFacing != null &&
        lensFacing ==
        CameraCharacteristics.LENS_FACING_BACK
      ) {
        cameraId = id
        cc.get(
          CameraCharacteristics.SCALER_STREAM_CONFIGURATION_MAP
        )?.run {
          return getOutputSizes(SurfaceHolder::class.java)
        }
      }
    }
  } catch (e: CameraAccessException) {
    Log.e(TAG, "findCameraFacingBack()", e)
  } catch (e: NullPointerException) {
    Log.e(TAG, "findCameraFacingBack()", e)
```

```
  }
  return emptyArray()
}
```

Listing 11.13 Eine geeignete Kamera suchen

Meine Implementierung in configureHolder() sucht das Element, dessen Breite und Höhe am besten zur Größe des einer Activity zur Verfügung stehenden Bereichs passt. Das muss vor der Inbetriebnahme der Kamera erfolgen. Eigentlich müssen Sie dazu nur die Methode openCamera() der Klasse CameraManager aufrufen, allerdings ist eine ganze Reihe von Callback-Objekten beteiligt. Diese sehen wir uns nun etwas genauer an (Listing 11.14). Die abstrakte Klasse CameraDevice.StateCallback erfordert die Implementierung von drei Methoden. onOpened() wird aufgerufen, nachdem das Öffnen (Hochfahren) der Kamera abgeschlossen ist. Ich verwende sie, um die nachfolgenden Schritte der Kamerakonfiguration zu beginnen. Die Methode onDisconnected() signalisiert, dass die Kamera nicht mehr verfügbar ist. Es bietet sich an, in dieser Methode Aufräumarbeiten durchzuführen. onError() wird bei schwerwiegenden Fehlern aufgerufen.

```
private fun openCamera() {
  manager.openCamera(
    cameraId,
    object : CameraDevice.StateCallback() {
      override fun onOpened(_camera: CameraDevice) {
        Log.d(TAG, "onOpened()")
        camera = _camera
        createPreviewCaptureSession()
      }

      override fun onDisconnected(camera: CameraDevice) {
        Log.d(TAG, "onDisconnected()")
      }

      override fun onError(
        camera: CameraDevice,
        error: Int
      ) {
        Log.d(TAG, "onError()")
      }
    }, null
  )
}
```

Listing 11.14 Kamera in Betrieb nehmen

Darüber hinaus müssen Sie zwei weitere Aktionen durchführen, damit eine Kamera verwendet werden kann. In createPreviewCaptureSession() (Listing 11.15) erzeuge ich mit createCaptureRequest() ein Objekt des Typs CaptureRequest.Builder und weise es der Instanzvariablen builderPreview zu. Dieser Builder erhält mit addTarget() eine Referenz auf das Surface, das die Vorschau repräsentiert.

```
private fun createPreviewCaptureSession() {
  val outputs = mutableListOf<OutputConfiguration>()
  outputs.add(OutputConfiguration(surfaceview.holder.surface))
  outputs.add(OutputConfiguration(imageReader.surface))
  val sessionConfiguration = SessionConfiguration(
    SessionConfiguration.SESSION_REGULAR,
    outputs, mainExecutor, captureSessionCallback
  )
  try {
    camera?.createCaptureRequest(
      CameraDevice.TEMPLATE_PREVIEW
    )?.let {
      builderPreview = it
      it.addTarget(surfaceview.holder.surface)
      camera?.createCaptureSession(sessionConfiguration)
    }
  } catch (e: Exception) {
    Log.e(TAG, "createPreviewCaptureSession()", e)
  }
}
```

Listing 11.15 Die Live-Vorschau vorbereiten

Nun folgt das letzte Puzzleteil: Ich erzeuge eine CameraCaptureSession, indem ich die Methode createCaptureSession() eines CameraDevice-Objekts aufrufe. Dabei wird ein – Sie ahnen es wahrscheinlich – Callback-Objekt übergeben. In meiner Beispielimplementierung (Listing 11.16) ist dies die Instanzvariable captureSessionCallback. Das ebenfalls übergebene SessionConfiguration-Objekt konfiguriert die Session. Vielleicht wundern Sie sich in diesem Zusammenhang über das Array outputs. Es enthält nämlich zwei OutputConfiguration-Objekte. Eines (dessen Konstruktor hatte ich surfaceview.holder.surface übergeben) sorgt dafür, dass ein kontinuierlicher Datenstrom in der SurfaceView angezeigt wird. Das ist die Live-Vorschau. Das zweite brauchen wir etwas später für die eigentliche Aufnahme.

```
private val captureSessionCallback =
    object : CameraCaptureSession.StateCallback() {
```

```
  override fun onConfigured(session: CameraCaptureSession) {
    try {
      session.setRepeatingRequest(builderPreview.build(), null, null)
      activeSession = session
    } catch (e: CameraAccessException) {
      Log.e(TAG, "onConfigured()", e)
    }
  }

  override fun onConfigureFailed(session: CameraCaptureSession) {
    Log.e(TAG, "onConfigureFailed()")
  }
}
```

Listing 11.16 Ein »CameraCaptureSession.StateCallback«-Objekt

Die abstrakte Klasse CameraCaptureSession.StateCallback erwartet die Implementierung der beiden Methoden onConfigured() und onConfigureFailed(). Letztere wird aufgerufen, wenn die Session aufgrund eines Fehlers nicht genutzt werden kann. onConfigured() signalisiert, dass die Konfiguration der Session erfolgreich war und diese nun verwendet werden kann. In meiner Beispielimplementierung sorgt session.setRepeatingRequest() dafür, dass die Live-Vorschau aktiviert wird. Hierfür wird ein CaptureRequest-Objekt benötigt, das mit builderPreview.build() erzeugt wird.

> **Tipp**
>
> Wenn Sie Ihre App nicht nur für den Eigengebrauch entwickeln, sondern über *Google Play* vertreiben möchten, ist es wichtig, in der Manifestdatei zu vermerken, wenn Ihr Programm zwingend eine Kamera voraussetzt. Fügen Sie einfach die Zeile
>
> ```
> <uses-feature android:name="android.hardware.camera"
>     android:required="true" />
> ```
>
> hinzu. Ihre App wird dann nur auf Geräten mit eingebauter Kamera zum Download angeboten. Dies bewahrt Anwender vor Frust und schützt Sie vor unnötigen schlechten Kommentaren. Wenn Ihre App auch ohne Kamera funktioniert, brauchen Sie den Eintrag natürlich nicht. In diesem Fall ist es aber wichtig, sauber auf das nicht Vorhandensein der Hardware zu reagieren, also beispielsweise einen entsprechenden Hinweis anzuzeigen.

Sicherlich fragen Sie sich, wie man eigentlich ein Foto aufnimmt. Eine Live-Vorschau ist zweifellos eine feine Sache, aber irgendwann möchte man schließlich den Auslöser drücken. Was Sie dazu tun müssen, zeige ich Ihnen im folgenden Abschnitt.

Fotos aufnehmen

Um eine Aufnahme auszulösen, soll der Anwender die Live-Vorschau antippen. In der Methode configureHolder() (Listing 11.12) wird mit setOnClickListener() ein Listener gesetzt, der die folgende Methode takePicture() aufruft.

```
private fun takePicture() {
  try {
    val builder = camera?.createCaptureRequest(
      CameraDevice.TEMPLATE_STILL_CAPTURE
    )
    builder?.addTarget(imageReader.surface)
    builder?.build()?.let {
      activeSession?.capture(it, null, null)
    }
  } catch (e: CameraAccessException) {
    Log.e(TAG, "takePicture()", e)
  }
}
```

Listing 11.17 Auf das Antippen der Live-Vorschau reagieren

activeSession verweist auf ein CameraCaptureSession-Objekt. Wir haben es in der Implementierung der Methode onConfigured() von CameraCaptureSession.StateCallback verwendet, um mit setRepeatingRequest() die Live-Vorschau zu aktivieren. Nun rufen wir capture() auf, um das Foto zu schießen. Dafür ist ein CaptureRequest.Builder nötig, den wir mit createCaptureRequest() erzeugen. Das Ziel der Aufnahme (addTarget()) ist jetzt nicht der SurfaceHolder der Live-Vorschau, sondern ein Objekt, das ich über eine Instanzvariable namens imageReader referenziere. Das folgende Codefragment finden Sie in der Methode configureHolder().

```
imageReader = ImageReader.newInstance(
  size.width, size.height,
  ImageFormat.JPEG, 2
)
imageReader.setOnImageAvailableListener(
  {
    Log.d(TAG, "setOnImageAvailableListener()")
    val image = imageReader.acquireLatestImage()
    val planes = image.planes
    val buffer = planes[0].buffer
    saveJPG(buffer)
```

```
      image.close()
   }, null
)
```

Listing 11.18 Die Aufnahme auslesen

Nachdem der `ImageReader` mit `newInstance()` erzeugt wurde, muss mit `setOnImage-AvailableListener()` ein `OnImageAvailableListener` gesetzt werden. Dessen Methode `onImageAvailable()` ermittelt mit `acquireLatestImage()` das zuletzt aufgenommene Foto. Objekte des Typs `android.media.Image` können im Prinzip mehrere Farbebenen haben. Bei `ImageReader`-Objekten mit dem Format `ImageFormat.JPEG` liefert `getPlanes()` aber immer ein Feld der Länge 1. Das Speichern der Bilddaten in eine Datei findet in der Methode `saveJPG()` statt. Ihr wird als einziges Argument ein `ByteBuffer` übergeben. Diesen liefert `buffer` des Objekts `Image.Plane` (`planes[0]`).

```
private fun saveJPG(data: ByteBuffer) {
  getExternalFilesDir(Environment.DIRECTORY_PICTURES)?.let {
    if (it.mkdirs()) {
      Log.d(TAG, "dirs created")
    }
    val f = File(it, "${TAG}_${System.currentTimeMillis()}.jpg")
    try {
      FileOutputStream(f).use { fos ->
        BufferedOutputStream(fos).use { bos ->
          while (data.hasRemaining()) {
            bos.write(data.get().toInt())
          }
          Toast.makeText(
            this, R.string.click,
            Toast.LENGTH_SHORT
          ).show()
          addToMediaProvider(f)
        }
      }
    } catch (e: IOException) {
      Log.e(TAG, "saveJPG()", e)
    }
  }
}
```

Listing 11.19 Die Methode »saveJPG()«

`saveJPG()` speichert Fotos im anwendungsspezifischen Verzeichnis für Bilder auf dem primären externen Medium. Dies geschieht byteweise, solange die `ByteBuffer-`

Methode `hasRemaining()` den Wert `true` liefert. Dies ist dennoch effizient, da der Filterstrom `BufferedOutputStream` vor dem Schreiben genügend große Häppchen ansammelt. Die zum Schluss aufgerufene Methode `addToMediaProvider()` in Listing 11.20 fügt die Datei der systemweiten Mediendatenbank hinzu und zeigt das Bild an.

```
private fun addToMediaProvider(f: File) {
  MediaScannerConnection.scanFile(
    this,
    arrayOf(f.toString()),
    arrayOf("image/jpeg")
  ) { _, uri ->
    val i = Intent(
      Intent.ACTION_VIEW,
      uri
    )
    startActivity(i)
  }
}
```

Listing 11.20 Bild in der zentralen Mediendatenbank speichern

Mit zugegebenermaßen nicht ganz wenig Programmcode haben Sie eine einfache Kamera-App erhalten, die Bilder im JPEG-Format speichert. Zu tun gäbe es aber noch eine ganze Menge. Zum Beispiel ist es schade, dass das Foto keine Informationen bezüglich der Ausrichtung des Sensors speichert. Für Aufnahmen bei ungünstigen Lichtverhältnissen wäre die Ansteuerbarkeit des Blitzes sehr wichtig. Und wie stellt die Kamera eigentlich scharf? Der Weg zu diesen weiter fortgeschrittenen Techniken führt über `CameraCaptureSession.CaptureCallback`-Objekte.

`CaptureCallback` implementiert die Methoden `onCaptureStarted()`, `onCapturePartial()`, `onCaptureProgressed()`, `onCaptureCompleted()` sowie `onCaptureFailed()`. Mit ihnen wird ein komplexer Lebenszyklus beschrieben, der verschiedene Phasen eines *Capture Requests* repräsentiert. In den Methodenimplementierungen wird der aktuelle Zustand des Capture Requests geprüft und durch Umkonfigurieren des korrespondierenden Builders und Absetzen eines **neuen** Capture Requests modifiziert.

11.3.3 Videos drehen

In diesem Abschnitt zeige ich Ihnen anhand des Projekts *KameraDemo4*, wie Sie Videoclips aufzeichnen können. Die Dateien werden im Cacheverzeichnis der App gespeichert und mit dem zentralen Teilen-Dialog an einen beliebigen Empfänger weitergereicht. Dieses Mal verwende ich aber nicht die Klassen der Android-Plattform, sondern die Jetpack-Komponente *CameraX*. Um sie in Apps verwenden zu können, müssen Sie in der modulspezifischen *build.gradle*-Datei die folgenden Zeilen eintragen:

```
def camerax_version = "1.0.0-beta08"
implementation "androidx.camera:camera-core:${camerax_version}"
implementation "androidx.camera:camera-camera2:${camerax_version}"
implementation "androidx.camera:camera-view:1.0.0-alpha15"
```

Listing 11.21 Jetpack CameraX hinzufügen

Die Namensbestandteile *alpha* und *beta* weisen darauf hin, dass sich die Komponente noch sehr schnell weiterentwickelt. Den jeweils aktuellen Stand finden Sie auf der Seite *https://developer.android.com/jetpack/androidx/releases/camera*. Leider ist auch die Programmierschnittstelle noch nicht fertig. Sie müssen deshalb damit rechnen, dass Versionswechsel brechende Änderungen enthalten, sie also Anpassungen an Ihrem Code vornehmen müssen, wenn Sie auf neuere Versionen aktualisieren. Allerdings gilt dies auch für andere Jetpack-Komponenten.

CameraX bringt ein einfaches UI-Element mit, das sich nicht nur um das Anzeigen der Vorschau kümmert, sondern auch gleich die ganze Logik mitbringt, um Fotos zu schießen und Videos zu drehen. Listing 11.22 zeigt, wie Sie die Komponente androidx.camera.view.CameraView verwenden.

```xml
<?xml version="1.0" encoding="utf-8"?>
<RelativeLayout xmlns:android="http://schemas.android.com/apk/res/android"
  android:layout_width="match_parent"
  android:layout_height="match_parent">
  <Button
    android:id="@+id/button"
    android:layout_width="wrap_content"
    android:layout_height="wrap_content"
    android:layout_alignParentBottom="true"
    android:layout_centerHorizontal="true"
    android:text="@string/start" />
  <androidx.camera.view.CameraView
    xmlns:app="http://schemas.android.com/apk/res-auto"
    xmlns:tools="http://schemas.android.com/tools"
    android:id="@+id/preview"
    android:layout_width="match_parent"
    android:layout_height="0dp"
    android:layout_above="@+id/button"
    android:layout_alignParentTop="true"
    app:captureMode="video"
    app:flash="auto"
```

```
        app:lensFacing="back"
        app:pinchToZoomEnabled="false"
        app:scaleType="fitCenter"
        tools:context=".KameraDemo4Activity" />
</RelativeLayout>
```

Listing 11.22 Die Datei »activity_main.xml«

captureMode legt den Aufnahmemodus fest. flash konfiguriert den Blitz. lensFacing wählt die zu verwendende Kamera aus. Und mit scaleType beeinflussen Sie, ob die Vorschau skaliert und ggf. beschnitten wird. Es ist praktisch, die View schon in der Layoutdatei zu konfigurieren. Natürlich können Sie die Werte aber auch im Code setzen. Um die Kamera verwenden und Ton aufzeichnen zu können, müssen Sie in der Manifestdatei die Berechtigungen android.permission.RECORD_AUDIO und android.permission.CAMERA anfordern und zur Laufzeit prüfen. Die Klasse KameraDemo4Activity (Listing 11.23) überschreibt hierzu wie üblich onRequestPermissionsResult(). Die Prüfung habe ich in die private Methode checkPermissions() ausgelagert.

```
package com.thomaskuenneth.androidbuch.kamerademo4

import android.Manifest
import android.content.Intent
import android.content.pm.PackageManager
import android.os.Bundle
import android.widget.Toast
import androidx.appcompat.app.AppCompatActivity
import androidx.camera.core.VideoCapture.*
import androidx.core.content.FileProvider
import kotlinx.android.synthetic.main.activity_main.*
import java.io.File
import android.util.Log

private const val REQUEST_PERMISSIONS = 123
private val TAG = KameraDemo4Activity::class.simpleName
class KameraDemo4Activity : AppCompatActivity() {
  private val requestCameraRecordAudio =
    arrayOf(Manifest.permission.CAMERA, Manifest.permission.RECORD_AUDIO)
  private var isRecording = false

  override fun onCreate(savedInstanceState: Bundle?) {
    super.onCreate(savedInstanceState)
    setContentView(R.layout.activity_main)
    button.isEnabled = false
```

```kotlin
  button.setOnClickListener { toggleRecord() }
  updateButton()
  if (checkPermissions()) {
    preview.post { startCamera() }
  } else {
    requestPermissions(
      requestCameraRecordAudio, REQUEST_PERMISSIONS
    )
  }
}

override fun onRequestPermissionsResult(
  requestCode: Int, permissions: Array<String>,
  grantResults: IntArray
) {
  if (requestCode == REQUEST_PERMISSIONS) {
    if (checkPermissions()) {
      preview.post { startCamera() }
    } else {
      Toast.makeText(
        this,
        "Permissions not granted by the user.",
        Toast.LENGTH_SHORT
      ).show()
      finish()
    }
  }
}

private fun checkPermissions(): Boolean {
  for (permission in requestCameraRecordAudio) {
    if (checkSelfPermission(
        permission
      ) != PackageManager.PERMISSION_GRANTED
    ) {
      return false
    }
  }
  return true
}

@Throws(SecurityException::class)
private fun startCamera() {
```

```kotlin
      button.isEnabled = true
      preview.bindToLifecycle(this)
  }

  private fun toggleRecord() {
    isRecording = !isRecording
    updateButton()
    if (isRecording) {
      val dir = File(cacheDir, "videos")
      dir.mkdirs()
      val file = File(dir, "${System.currentTimeMillis()}.mp4")
      preview.startRecording(file, mainExecutor,
        object : OnVideoSavedCallback {
          override fun onVideoSaved(outputFileResults:
                                      OutputFileResults) {
            Toast.makeText(
              this@KameraDemo4Activity,
              file.absolutePath,
              Toast.LENGTH_LONG
            ).show()
            val uri = FileProvider.getUriForFile(
              this@KameraDemo4Activity,
              "com.thomaskuenneth.androidbuch.kamerademo4.fileprovider",
              file
            )
            val intent = Intent(Intent.ACTION_SEND)
            intent.type = "video/*"
            intent.putExtra(Intent.EXTRA_STREAM, uri)
            val chooser = Intent.createChooser(intent,
                                getString(R.string.share))
            val l = packageManager.queryIntentActivities(
              chooser,
              PackageManager.MATCH_DEFAULT_ONLY
            )
            for (resolveInfo in l) {
              val packageName = resolveInfo.activityInfo.packageName
              grantUriPermission(
                packageName,
                uri,
                Intent.FLAG_GRANT_WRITE_URI_PERMISSION or
                Intent.FLAG_GRANT_READ_URI_PERMISSION
              )
            }
```

```
            startActivity(chooser)
          }

          override fun onError(
            videoCaptureError: Int,
            message: String,
            cause: Throwable?
          ) {
            Log.e(TAG, message, cause)
          }
        })
    } else
      preview.stopRecording()
  }

  private fun updateButton() {
    button.text = getString(if (isRecording) R.string.stop
                            else R.string.start)
  }
}
```

Listing 11.23 Die Klasse »KameraDemo4Activity«

Das Hochfahren der Kamera findet in startCamera() statt. Hierzu ist nur der Aufruf der Methode bindToLifecycle() nötig. Um das Entfernen kümmert sich die Komponente selbstständig; Sie müssen nichts weiter tun. Um die Aufnahme zu starten oder zu beenden, rufen Sie startRecording() bzw. stopRecording() auf. Beides geschieht in toggleRecord(). Das Interface VideoCapture.OnVideoSavedCallback definiert die zwei Methoden onVideoSaved() und onError(). Sie werden im Erfolgs- bzw. im Fehlerfall aufgerufen. Letzteren ignoriert mein Beispiel geflissentlich. Konnte der Clip hingegen gespeichert werden, wird zunächst mit FileProvider.getUriForFile() ein Uri ermittelt und dieser in ein Intent mit der Aktion ACTION_SEND verpackt. startActivity() übergibt es an den Teilen-Dialog des Systems.

11.4 Zusammenfassung

Android stellt Ihnen als Entwickler mächtige Werkzeuge zur Verfügung, um leistungsfähige und innovative Multimedia-Apps zu entwickeln. Insbesondere die Jetpack-Komponente CameraX vereinfacht die Entwicklung ungemein. Wenn Sie sich ausführlicher damit beschäftigen möchten, könnten Sie als Übung versuchen, das Projekt *KameraDemo4* so umzubauen, dass Sie damit Fotos schießen können.

Kapitel 12
Kontakte und Organizer

Mit Smartphone und Tablet haben Sie jederzeit Zugriff auf Ihre Termine und Kontakte. In diesem Kapitel zeige ich Ihnen, wie Sie diese wertvollen Datenquellen mit Ihren eigenen Apps »anzapfen«.

Die hohe Kunst der App-Entwicklung besteht in der kreativen Kombination von vorhandener Hard- und Software zu etwas Neuem. Denken Sie an Apps, die Sensordaten mit Audio- und Videosignalen kombinieren und mit zusätzlichen Informationen aus dem Netz anreichern (Stichwort *Augmented Reality*). Für Sie als Entwickler gilt deshalb: Je mehr »Datentöpfe« Ihnen zur Verfügung stehen, desto größer sind Ihre Kombinationsmöglichkeiten.

Verglichen mit der Auswertung und Visualisierung von Ortsinformationen mag der Zugriff auf das Adressbuch oder den Kalender zunächst unspektakulär, vielleicht sogar langweilig wirken. Aber wäre es nicht toll, wenn Ihr Handy Sie bei einem eingehenden Anruf über anstehende Termine mit dem Gesprächspartner informieren oder an dessen Geburtstag erinnern würde? Oder stellen Sie sich eine App vor, die nach dem Anklicken der Notiz »Max Mustermann anrufen« eine Liste seiner Rufnummern einblendet und anbietet, automatisch zu wählen.

12.1 Kontakte

Android verteilt Kontaktdaten auf eine ganze Reihe von Tabellen, die Ihnen über *Content Provider* zur Verfügung stehen. Wie Sie diese Puzzleteile zusammensetzen müssen, ist in Googles Dokumentation leider nur recht oberflächlich beschrieben. Deshalb möchte ich Ihnen in den folgenden Abschnitten einige wichtige Zugriffstechniken vorstellen.

12.1.1 Emulator konfigurieren

Über einen langen Zeitraum hat Google Emulator-Images in zwei Varianten zum Download angeboten: mit und ohne *Google APIs*. Die folgenden Beispiele setzen einen Emulator **mit** Google APIs voraus. Sofern Sie Ihren Emulator eingerichtet haben wie in Kapitel 1, »Android – eine offene, mobile Plattform«, beschrieben, ist diese Voraussetzung erfüllt. Auch auf echter Hardware sind die Google-Dienste üblicherweise installiert. Konten werden auf der Seite SETTINGS • ACCOUNTS verwaltet. Um ein Konto hinzuzufügen, klicken Sie auf ADD ACCOUNT. Die nun angezeigte Seite ADD AN ACCOUNT ist in Abbildung 12.1 zu sehen.

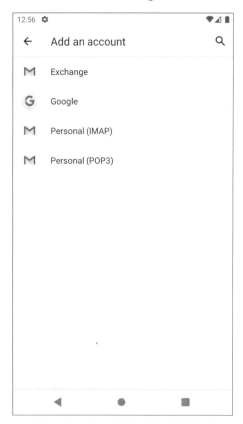

Abbildung 12.1 Seite zum Hinzufügen von Konten

Klicken Sie auf GOOGLE. Daraufhin wird ein Assistent zum Hinzufügen eines Google-Kontos gestartet. Sie müssen, wie in Abbildung 12.2 zu sehen ist, auswählen, ob Sie ein neues Konto anlegen oder sich mit einem bestehenden anmelden möchten. Falls Sie ein vorhandenes Konto verwenden, geben Sie Ihren Benutzernamen und Ihr Passwort ein. Um ein neues anzulegen, klicken Sie auf CREATE ACCOUNT.

Nach dem Beenden des Assistenten gelangen Sie wieder zu der Hauptseite der Kontoeinstellungen. Ihr frisch hinzugefügtes Google-Konto wird in der Liste angezeigt (siehe Abbildung 12.3).

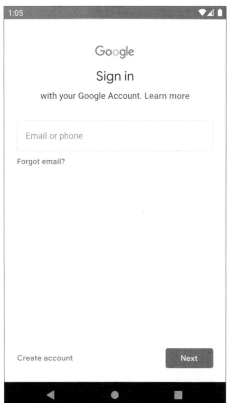 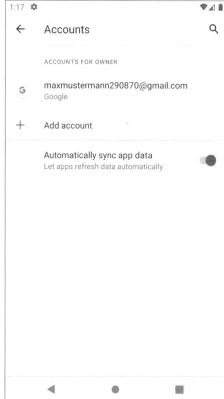

Abbildung 12.2 Anmeldung an einem Google-Konto

Abbildung 12.3 Das neu hinzugefügte Konto in den Systemeinstellungen

12.1.2 Eine einfache Kontaktliste ausgeben

Das Projekt *KontakteDemo1* gibt in einem Textfeld eine Liste der im Adressbuch gespeicherten Kontakte aus. Es greift hierzu auf einen Content Provider zu, dessen *Uniform Resource Identifier* (URI) in der Konstante ContactsContract.Contacts.CONTENT_URI definiert ist. Die Klasse android.provider.ContactsContract fungiert als Schnittstelle oder *Vertrag* zwischen Apps und dem Datenbestand. Letzterer besteht aus drei Schichten, die sich in den Tabellen bzw. Klassen ContactsContract.Data, ContactsContract.RawContacts und ContactsContract.Contacts manifestieren. Data speichert beliebige persönliche Informationen wie Telefonnummer oder E-Mail-Adresse. RawContacts bündelt alle Informationen, die zu einer Person und einem Konto (zum Beispiel Twitter, Facebook oder Gmail) gehören. Contacts schließlich fasst einen RawContact oder mehrere zu einem Gesamtkontakt zusammen.

In Kapitel 10, »Datenbanken«, zeige ich, dass der Zugriff auf einen Content Provider über ein android.content.ContentResolver-Objekt erfolgt. Die Klasse KontakteDemo1-

Activity (Listing 12.1) ruft in der privaten Methode listContacts() dessen Methode query() auf und iteriert über den zurückgelieferten Cursor. Damit das funktioniert, muss die Berechtigung android.permission.READ_CONTACTS in der Manifestdatei eingetragen und zur Laufzeit der App angefordert werden. Dies geschieht wie gewohnt in der Methode onStart() durch Aufruf von checkSelfPermission() und requestPermissions(). onCreate() ist nur für das Laden und Anzeigen der Benutzeroberfläche zuständig.

```
package com.thomaskuenneth.androidbuch.kontaktedemo1

import android.Manifest.permission.*
import android.content.pm.PackageManager.*
import android.os.Bundle
import android.provider.ContactsContract
import android.provider.ContactsContract.CommonDataKinds.*
import android.provider.ContactsContract.Data
import androidx.appcompat.app.AppCompatActivity
import kotlinx.android.synthetic.main.activity_main.*
import java.util.*
import java.util.regex.*
import java.text.*
import android.util.*

private const val REQUEST_READ_CONTACTS = 123
class KontakteDemo1Activity : AppCompatActivity() {

    override fun onCreate(savedInstanceState: Bundle?) {
        super.onCreate(savedInstanceState)
        setContentView(R.layout.activity_main)
    }

    override fun onStart() {
        super.onStart()
        if (checkSelfPermission(READ_CONTACTS)
                != PERMISSION_GRANTED) {
            requestPermissions(arrayOf(READ_CONTACTS),
                    REQUEST_READ_CONTACTS)
        } else {
            listContacts()
        }
    }
```

```kotlin
    override fun onRequestPermissionsResult(requestCode: Int,
                                permissions: Array<String>,
                                grantResults: IntArray) {
        if (requestCode == REQUEST_READ_CONTACTS &&
                grantResults.isNotEmpty() && grantResults[0] ==
                PERMISSION_GRANTED) {
            listContacts()
        }
        else
            textview.text = getString(R.string.no_permission)
    }

    private fun listContacts() {
        // IDs und Namen aller sichtbaren Kontakte ermitteln
        val mainQueryProjection = arrayOf(
                ContactsContract.Contacts._ID,
                ContactsContract.Contacts.DISPLAY_NAME)
        val mainQuerySelection =
            "${ContactsContract.Contacts.IN_VISIBLE_GROUP} = ?"
        val mainQuerySelectionArgs = arrayOf("1")
        contentResolver.query(
                ContactsContract.Contacts.CONTENT_URI,
                mainQueryProjection,
                mainQuerySelection,
                mainQuerySelectionArgs, null)?.run {
            // Trefferliste abarbeiten...
            while (moveToNext()) {
                val contactId = getString(0)
                val displayName = getString(1)
                textview.append("===> $displayName ($contactId)\n")
            }
            close()
        }
    }
}
```

Listing 12.1 Die Klasse »KontakteDemo1Activity«

Nachdem der Benutzer dem Zugriff auf Kontakte zugestimmt hat, werden die Namen und IDs aller Kontakte angezeigt. Wie das aussehen kann, sehen Sie in Abbildung 12.4.

Abbildung 12.4 Die App »KontakteDemo1«

Ist Ihnen aufgefallen, dass ich in der Methode listContacts() eine Auswahlbedingung definiert habe, die nur Einträge liefert, deren Tabellenspalte IN_VISIBLE_GROUP den Wert 1 enthält? Auf diese Weise erhalten Sie ausschließlich »richtige« Kontakte. Android merkt sich nämlich auch Absender von E-Mails. Diese würden ohne Verwendung der Bedingung ebenfalls geliefert, was in der Regel nicht gewünscht ist. Im Emulator fällt dieses Verhalten sehr wahrscheinlich nicht auf, wohl aber auf echter Hardware. IN_VISIBLE_GROUP wird in der Klasse ContactsContract.Contacts definiert. Viele weitere Konstanten sind dort nicht vorhanden. Interessante Daten wie Geburtsdatum, E-Mail-Adresse oder Telefonnummer müssen anderweitig ermittelt werden. Wie Sie hierzu vorgehen, zeige ich Ihnen anhand des Geburtsdatums.

12.1.3 Weitere Kontaktdaten ausgeben

Lassen Sie uns die Klasse KontakteDemo1Activity erweitern, indem wir unmittelbar unterhalb der Anweisung

```
textview.append("===> $displayName ($contactId)\n")
```

die folgende Zeile hinzufügen:

infosAuslesen(contactId)

Die Implementierung dieser neuen Methode sehen Sie in Listing 12.2.

```kotlin
private fun infosAuslesen(contactId: String) {
  val dataQueryProjection = arrayOf( Event.TYPE, Event.START_DATE,
      Event.LABEL)
  val dataQuerySelection =
      "${Data.CONTACT_ID} = ? AND ${Data.MIMETYPE} = ?"
  val dataQuerySelectionArgs = arrayOf(contactId,
      Event.CONTENT_ITEM_TYPE)
  contentResolver.query(Data.CONTENT_URI, dataQueryProjection,
      dataQuerySelection, dataQuerySelectionArgs,
      null)?.run {
    while (moveToNext()) {
      val type = getInt(0)
      val label = getString(2)
      if (Event.TYPE_BIRTHDAY == type) {
        val stringBirthday = getString(1)
        textview.append("     birthday: $stringBirthday\n")
      } else {
        val stringAnniversary = getString(1)
        textview.append(
            "     event: $stringAnniversary (type=$type, label=$label)")
        when {
          Event.TYPE_ANNIVERSARY == type -> {
            textview.append("     TYPE_ANNIVERSARY\n")
          }
          Event.TYPE_CUSTOM == type -> {
            textview.append("     TYPE_CUSTOM\n")
          }
          else -> {
            textview.append("     TYPE_OTHER\n")
          }
        }
      }
    }
    close()
  }
}
```

Listing 12.2 Geburtstage und Jahrestage auslesen

Der Kern ist auch hier der Aufruf der Methode query(), wobei diesmal als URI ContactsContract.Data.CONTENT_URI übergeben wird. Diese Tabelle enthält beliebige einzelne Daten, unter anderem Jahres- und Geburtstage. Die Zuordnung zu einem Kontakt geschieht über die Spalte CONTACT_ID. Da wir eine solche ID als Parameter übergeben haben, können wir sehr einfach eine entsprechende Auswahlbedingung (dataQuerySelection) formulieren. Mit dem Ausdruck nach AND wird die Treffermenge auf einen bestimmten MIME-Type eingeschränkt:

```
val dataQuerySelection =
        "${Data.CONTACT_ID} = ? AND ${Data.MIMETYPE} = ?"
```

Wir übergeben in der Variablen dataQuerySelectionArgs den Wert ContactsContract.CommonDataKinds.Event.CONTENT_ITEM_TYPE. Er kennzeichnet Ereignisse. Die Abfrage liefert entsprechend der Definition der Variablen dataQueryProjection die drei Spalten Event.TYPE (Ereignistyp), Event.START_DATE (Startdatum des Ereignisses) und Event.LABEL (eine Beschreibung). Leider ist das Format des Startdatums nicht fest vorgegeben. Das folgende Quelltextfragment liefert meiner Erfahrung nach aber sehr oft das gewünschte Ergebnis. Die Methode getDateFromString1() parst den ihr übergebenen String als Datum im Format 19700829. Zwischen Jahr und Monat sowie zwischen Monat und Tag können beliebige Zeichen stehen.

```
private val FORMAT_YYYYMMDD = SimpleDateFormat("yyyyMMdd", Locale.US)
private val TAG = KontakteDemo1Activity::class.simpleName
...
fun getDateFromString1(string: String): Date {
  val p = Pattern.compile("(\\d\\d\\d\\d).*(\\d\\d).*(\\d\\d)",
                    Pattern.DOTALL)
  val m = p.matcher(string)
  if (m.matches()) {
    val date = "${m.group(1)}${m.group(2)}${m.group(3)}"
    try {
      return FORMAT_YYYYMMDD.parse(date) ?: Date()
    } catch (tr: Throwable) {
      Log.e(TAG, "getDateFromString1()", tr)
    }
  }
  return Date()
}
```

Listing 12.3 Datum von »String« nach »Date« umwandeln

Bislang haben wir nur lesend auf Kontaktdaten zugegriffen. Wie das Ändern und Hinzufügen funktioniert, zeige ich Ihnen im folgenden Abschnitt.

Tipp

Versuchen Sie als kleine Übung, die Methode getDateFromString1() an den richtigen Stellen aufzurufen. Damit Sie das zurückgelieferte Date-Objekt in lesbarer Form ausgeben können, sollten Sie ein weiteres SimpleDateFormat-Objekt erzeugen und dessen Methode format() aufrufen.

12.1.4 Geburtstage hinzufügen und aktualisieren

Das Projekt *KontakteDemo2* sucht nach einem Kontakt, dessen angezeigter Name »Testperson« lautet. Wird ein solcher Datensatz gefunden und hat dieser noch kein Geburtsdatum, setzt das Programm es auf das aktuelle Datum. War hingegen schon ein Geburtstag eingetragen, wird das Geburtsjahr um 1 herabgesetzt – der Kontakt wird also mit jedem Programmstart ein Jahr älter. Wenn Sie die App das erste Mal ausführen, wird die Meldung »Testperson nicht gefunden« ausgegeben. Legen Sie deshalb wie in Abbildung 12.5 dargestellt einen neuen Kontakt mit dem Namen »Testperson« an. Lassen Sie außer dem Vornamen alle Felder leer.

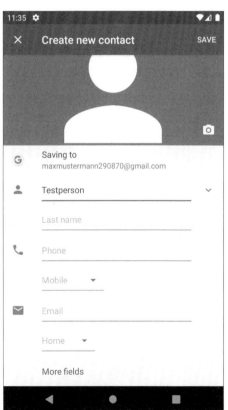

Abbildung 12.5 Einen Kontakt hinzufügen

Ist die Testperson vorhanden, ermittelt das Programm die ID dieses Datensatzes. Wie Sie bereits wissen, wird diese für eine Suche in der Tabelle Data benötigt. Wurde dort schon ein Geburtstag eingetragen, so aktualisieren wir diesen, andernfalls wird ein neuer Datensatz hinzugefügt. Das können Sie in der Methode updateOrInsertBirthday() (Listing 12.4) einfach nachvollziehen. Ein Geburtstag wurde schon eingetragen, wenn es in der Tabelle Data eine Zeile gibt, deren Spalte CONTACT_ID der übergebenen Kontakt-ID entspricht, MIMETYPE den Wert Event.CONTENT_ITEM_TYPE und TYPE den Wert Event.TYPE_BIRTHDAY hat. In diesem Fall muss nur das aktuelle Geburtsdatum ausgelesen und das Jahr um 1 verringert werden. update() schreibt das geänderte Attribut zurück in die Tabelle.

```
private fun updateOrInsertBirthday(
  contentResolver: ContentResolver,
  contactId: String
) {
  val dataQueryProjection = arrayOf(
    CommonDataKinds.Event._ID,
    CommonDataKinds.Event.START_DATE
  )
  val dataQuerySelection = """
    ${Data.CONTACT_ID} = ? AND
    ${Data.MIMETYPE} = ? AND
    ${CommonDataKinds.Event.TYPE} = ?
  """.cleanup()
  val dataQuerySelectionArgs = arrayOf(
    contactId,
    CommonDataKinds.Event.CONTENT_ITEM_TYPE,
    CommonDataKinds.Event.TYPE_BIRTHDAY.toString()
  )
  // Gibt es einen Geburtstag zu Kontakt #contactId?
  contentResolver.query(
    Data.CONTENT_URI, dataQueryProjection,
    dataQuerySelection, dataQuerySelectionArgs, null
  )?.run {
    if (moveToNext()) {
      // ja, Eintrag gefunden
      val dataId = getString(0)
      var date = getString(1)
      output("Geburtstag (_id=$dataId): $date")
      // Jahr um 1 verringern
      try {
        DATE_FORMAT.parse(date)?.let { d ->
          val cal = Calendar.getInstance()
```

```kotlin
      cal.time = d
      cal.add(Calendar.YEAR, -1)
      date = DATE_FORMAT.format(cal.time)
      output("neues Geburtsdatum: $date")
    }
    // Tabelle aktualisieren
    val updateWhere = """
      ${CommonDataKinds.Event._ID} = ? AND
      ${Data.MIMETYPE} = ? AND
      ${CommonDataKinds.Event.TYPE} = ?
    """.cleanup()
    val updateSelectionArgs = arrayOf(
      dataId,
      CommonDataKinds.Event.CONTENT_ITEM_TYPE,
      CommonDataKinds.Event.TYPE_BIRTHDAY.toString()
    )
    val values = ContentValues()
    values.put(
      CommonDataKinds.Event.START_DATE,
      date
    )
    val numRows = contentResolver.update(
      Data.CONTENT_URI, values,
      updateWhere, updateSelectionArgs
    )
    output("update() war ${
        if (numRows == 0) "nicht " else ""}erfolgreich")
  } catch (e: ParseException) {
    output(e.toString())
  }
} else {
  output("keinen Geburtstag gefunden")
  // Strings für die Suche nach RawContacts
  val rawProjection = arrayOf(RawContacts._ID)
  val rawSelection = "${RawContacts.CONTACT_ID} = ?"
  val rawSelectionArgs = arrayOf(contactId)
  // Werte für Tabellenzeile vorbereiten
  val values = ContentValues()
  values.put(
    CommonDataKinds.Event.START_DATE,
    DATE_FORMAT.format(Date())
  )
  values.put(
```

```
        Data.MIMETYPE,
        CommonDataKinds.Event.CONTENT_ITEM_TYPE
      )
      values.put(
        CommonDataKinds.Event.TYPE,
        CommonDataKinds.Event.TYPE_BIRTHDAY
      )
      // alle RawContacts befüllen
      contentResolver.query(
        RawContacts.CONTENT_URI,
        rawProjection, rawSelection,
        rawSelectionArgs, null
      )?.run {
        while (moveToNext()) {
          val rawContactId = getString(0)
          values.put(
            CommonDataKinds.Event.RAW_CONTACT_ID,
            rawContactId
          )
          val uri = contentResolver.insert(
            Data.CONTENT_URI,
            values
          )
          output(
            """
            ---> Hinzufügen des Geburtstags
            für RawContacts-Id $rawContactId war
            ${if (uri == null) "nicht" else ""} erfolgreich
            """.cleanup()
          )
        }
        close()
      }
    }
    close()
  }
}
```

Listing 12.4 Die Klasse »KontakteDemo2«

Sicher ist Ihnen aufgefallen, dass ich an mehreren Stellen die Funktion `cleanup()` aufrufe. Raw Strings behalten ja Einrückungen und Zeilenumbrüche. Um diese bequem zu eliminieren, habe ich eine sehr kurze Erweiterungsfunktion definiert. Sie entfernt Einrückungen und ersetzt Zeilenumbrüche durch ein Leerzeichen:

```
private fun String.cleanup(): String =
    trimIndent().replace("\n", " ")
```

Das Anlegen einer neuen Tabellenzeile folgt dem Schema, das ich in Kapitel 10, »Datenbanken«, ausführlich vorstelle. Die Methode `insert()` erhält ein `ContentValues`-Objekt, das mit Spalte-Wert-Paaren gefüllt wurde. Zu beachten ist allerdings, dass Sie im Gegensatz zu einem Update in der Tabelle `RawContacts` nach einer Zeile suchen müssen, die in der Spalte `CONTACT_ID` die übergebene Kontakt-ID enthält. Den Inhalt der Spalte `RawContacts._ID` müssen Sie mit der Anweisung

```
values.put(CommonDataKinds.Event.RAW_CONTACT_ID, rawContactId)
```

in das `ContentValues`-Objekt übernehmen, sonst bricht `insert()` zur Laufzeit mit einer Ausnahme ab. Beachten Sie, dass Sie für das Ändern oder Hinzufügen von Kontaktdaten die gefährliche Berechtigung `android.permission.WRITE_CONTACTS` in der Manifestdatei sowie zur Laufzeit Ihrer App anfordern müssen.

> **Hinweis**
>
> Die Beziehungen zwischen den Tabellen der Kontaktdatenbank sind recht komplex, deshalb sollten Sie Schreiboperationen sehr ausführlich im Emulator testen. Machen Sie vor Experimenten auf echter Hardware auf jeden Fall ein Backup Ihrer Kontakte. Eine kleine Unachtsamkeit bei der Entwicklung kann sonst zu ernsthaften Problemen führen.

12.2 Kalender und Termine

Vor *Ice Cream Sandwich* bot Android erstaunlich wenige öffentliche und dokumentierte Schnittstellen für Apps, um Termine auszulesen und zu bearbeiten. Glücklicherweise hat die Plattform seitdem deutlich dazugelernt.

12.2.1 Termine anlegen und auslesen

Das Projekt *KalenderDemo1* demonstriert, wie Sie durch das Versenden eines *Intents* mit der Standardkalender-App einen Termin anlegen können. Deren Eingabeseite für Termine ist in Abbildung 12.6 zu sehen.

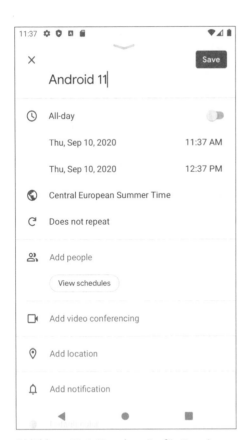

Abbildung 12.6 Eingabeseite für Termine

In der Klasse `KalenderDemo1Activity` (Listing 12.5) werden zwei `java.util.Date`-Objekte mit dem Beginn (aktuelles Datum und Uhrzeit) und dem Ende (eine Stunde später) des anzulegenden Termins initialisiert. Hierbei hilft ein Objekt des Typs `android.icu.util.Calendar`. Danach ruft die App die private Methode `createEntry()` auf. Diese erzeugt ein Intent mit der Action `Intent.ACTION_INSERT` und setzt mit `putExtra()` die Terminattribute *Beginn*, *Ende*, *Titel* und *Beschreibung*. `allDay` kennzeichnet einen Termin als ganztägig. In meinem Beispiel ist der Wert vom Ende des Termins abhängig: Liegt es vor 12 Uhr, ist der Termin ganztägig. Die Stunde wird mit `cal.get(Calendar.HOUR_OF_DAY)` ermittelt.

```
package com.thomaskuenneth.androidbuch.kalenderdemo1

import android.content.ActivityNotFoundException
import android.content.Intent
import android.icu.util.Calendar
import android.os.Bundle
import android.provider.CalendarContract
```

```kotlin
import android.provider.CalendarContract.Events
import android.util.Log
import androidx.appcompat.app.AppCompatActivity
import kotlinx.android.synthetic.main.activity_main.*
import java.util.*

private val TAG = KalenderDemo1Activity::class.simpleName
class KalenderDemo1Activity : AppCompatActivity() {

  override fun onCreate(savedInstanceState: Bundle?) {
    super.onCreate(savedInstanceState)
    setContentView(R.layout.activity_main)
    button.setOnClickListener {
      // Beginn und Ende eines Termins
      val cal = Calendar.getInstance()
      val from = cal.time
      cal.add(Calendar.HOUR_OF_DAY, 1)
      val to = cal.time
      // Termin anlegen
      createEntry(getString(R.string.title),
          getString(R.string.hello), from, to,
          cal.get(Calendar.HOUR_OF_DAY) < 12)
    }
  }

  private fun createEntry(title: String, description: String,
                          from: Date, to: Date, allDay: Boolean) {
    val intent = Intent(Intent.ACTION_INSERT,
        Events.CONTENT_URI)
    intent.putExtra(Events.TITLE, title)
    intent.putExtra(Events.DESCRIPTION, description)
    intent.putExtra(CalendarContract.EXTRA_EVENT_BEGIN_TIME,
                    from.time)
    intent.putExtra(CalendarContract.EXTRA_EVENT_END_TIME, to.time)
    intent.putExtra(Events.ALL_DAY, allDay)
    try {
      startActivity(intent)
    } catch (e: ActivityNotFoundException) {
      Log.e(TAG, "keine passende Activity", e)
    }
  }
}
```

Listing 12.5 Die Klasse »KalenderDemo1Activity«

[+] **Tipp**

Sie sollten den Aufruf von startActivity() wie in meinem Beispiel immer in einem try-catch-Block kapseln und die ActivityNotFoundException fangen. Es ist nämlich nicht garantiert, dass eine Kalender-App installiert ist, die das Intent verarbeiten kann.

Würden Sie Ihre App gern um eine Alarmfunktion erweitern? Auch das ist möglich. Wie Sie hierzu vorgehen, zeige ich Ihnen im folgenden Abschnitt.

12.2.2 Alarme und Timer

Die Klasse android.provider.AlarmClock beinhaltet unter anderem die Konstanten ACTION_SET_TIMER, ACTION_SET_ALARM, EXTRA_MESSAGE, EXTRA_HOUR und EXTRA_MINUTES, mit denen Sie eine Activity zum Stellen eines Alarms oder Timers starten können. Wie das funktioniert, zeige ich Ihnen anhand des Beispiels *AlarmClockDemo1*. Die App ist in Abbildung 12.7 zu sehen.

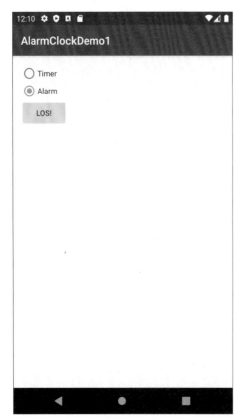

Abbildung 12.7 Die App »AlarmClockDemo1«

In der Klasse `AlarmClockDemo1Activity` (Listing 12.6) kann ein Alarm für 20 Uhr gesetzt werden. Wird er aktiviert, erscheint der Hinweis »Ein Alarm«. Alternativ ist das Starten eines 90-Sekunden-Timers mit der Nachricht »Ein Timer« möglich. Welche der beiden Aktionen ausgeführt wird, steuern Sie über zwei *Radiobuttons*. Ich habe sie in einer `RadioGroup` zusammengefasst. Mithilfe dieser Klasse kann sehr bequem der aktuell ausgewählte Knopf abgefragt (`group.checkedRadioButtonId`) und gesetzt (`check()`) werden. Aber das ist nicht die Hauptfunktion einer `RadioGroup`. Sie erweisen sich als besonders nützlich, wenn Sie mehrere unabhängige `RadioButton`-Gruppen in einer Activity benötigen. Stellen Sie sich ein Programm zum Umrechnen von Einheiten vor, in dem Sie zwischen Millimeter, Zentimeter und Meter sowie zwischen Radius, Umfang und Flächeninhalt wählen können. In jedem der beiden Bereiche ist stets ein Element aktiv.

```kotlin
package com.thomaskuenneth.androidbuch.alarmclockdemo1

import android.content.Intent
import android.os.Bundle
import android.provider.AlarmClock
import androidx.appcompat.app.AppCompatActivity
import kotlinx.android.synthetic.main.activity_main.*

class AlarmClockDemo1Activity : AppCompatActivity() {

  override fun onCreate(savedInstanceState: Bundle?) {
    super.onCreate(savedInstanceState)
    setContentView(R.layout.activity_main)
    group.check(R.id.alarm)
    go.setOnClickListener {
      when (group.checkedRadioButtonId) {
        R.id.alarm -> fireAlarm()
        R.id.timer -> fireTimer()
      }
    }
  }

  private fun fireAlarm() {
    val alarm = Intent(AlarmClock.ACTION_SET_ALARM)
    alarm.putExtra(AlarmClock.EXTRA_MESSAGE, "Ein Alarm")
    alarm.putExtra(AlarmClock.EXTRA_HOUR, 20)
    alarm.putExtra(AlarmClock.EXTRA_MINUTES, 0)
    alarm.putExtra(AlarmClock.EXTRA_SKIP_UI, false)
    startActivity(alarm)
  }
```

```
    private fun fireTimer() {
      val timer = Intent(AlarmClock.ACTION_SET_TIMER)
      timer.putExtra(AlarmClock.EXTRA_MESSAGE, "Ein Timer")
      timer.putExtra(AlarmClock.EXTRA_LENGTH, 90)
      timer.putExtra(AlarmClock.EXTRA_SKIP_UI, false)
      startActivity(timer)
    }
}
```

Listing 12.6 Die Klasse »AlarmClockDemo1Activity«

Die eigentlichen Funktionen, nämlich das Setzen eines Alarms bzw. das Starten eines Timers, stecken in den beiden privaten Methoden `fireAlarm()` und `fireTimer()`. Ihr Aufbau ist sehr ähnlich. Es wird ein Intent zusammengesetzt und mittels `startActivity()` gefeuert. Um das Programm möglichst kurz zu halten, habe ich den Aufruf diesmal nicht in einen `try-catch`-Block gekapselt. In Ihren produktiven Apps sollten Sie die Ausnahme `ActivityNotFoundException` fangen und den Anwender informieren.

Die meisten übergebenen Werte sind sprechend. `EXTRA_SKIP_UI` legt fest, ob Apps, die das Intent auswerten, eine Benutzeroberfläche (zum Beispiel Activities oder Dialoge) darstellen dürfen (`false`) oder nicht (`true`). Damit das Setzen von Timern und Alarmen funktioniert, müssen Sie die normale Berechtigung `com.android.alarm.permission.SET_ALARM` anfordern.

Welche App sich um Alarme und Timer kümmert, ist Android-typisch nicht festgelegt. Es kann sich um die standardmäßig mitgelieferte *Uhr*-App handeln oder um eine selbst geschriebene. Lassen Sie mich das näher erläutern.

Auf das Setzen von Alarmen und Timern reagieren

Mein Beispiel *AlarmClockDemo2* zeigt Ihnen, wie Sie in Ihren Apps auf das Setzen von Alarmen und Timern reagieren können. Lassen Sie uns zunächst einen Blick auf die Manifestdatei werfen. Sie definiert eine Activity, die drei *Intent-Filter* enthält. Der erste (mit der Aktion `MAIN` und der Kategorie `LAUNCHER`) sorgt dafür, dass die Activity mit dem *Android-Programmstarter* ausgeführt werden kann. Die folgenden beiden Intent-Filter haben die Kategorie `DEFAULT` und die Aktionen `SET_TIMER` bzw. `SET_ALARM`. Sie sorgen dafür, dass sich die App für das Setzen von Alarmen und Timern »zuständig fühlt«.

```
<?xml version="1.0" encoding="utf-8"?>
<manifest xmlns:android="http://schemas.android.com/apk/res/android"
  package="com.thomaskuenneth.androidbuch.alarmclockdemo2">
```

```xml
<application
  android:allowBackup="false"
  ...
  android:theme="@style/AppTheme">
  <activity android:name=".AlarmClockDemo2Activity">
    <intent-filter>
      <action android:name="android.intent.action.MAIN" />
      <category android:name="android.intent.category.LAUNCHER" />
    </intent-filter>
    <intent-filter>
      <action android:name="android.intent.action.SET_ALARM" />
      <category android:name="android.intent.category.DEFAULT" />
    </intent-filter>
    <intent-filter>
      <action android:name="android.intent.action.SET_TIMER" />
      <category android:name="android.intent.category.DEFAULT" />
    </intent-filter>
  </activity>
</application>
</manifest>
```

Listing 12.7 Manifestdatei des Projekts »AlarmClockDemo2«

Wenn Sie **nach** der Installation von *AlarmClockDemo2* die App *AlarmClockDemo1* aufrufen und einen Alarm oder Timer starten, erscheint die in Abbildung 12.8 dargestellte Rückfrage, welche App für die Aktion verwendet werden soll.

Tippen Sie auf ALARMCLOCKDEMO2 und danach auf JUST ONCE oder ALWAYS. Die App wird daraufhin von Android gestartet (Abbildung 12.9). Activities können abfragen, welches Intent ihnen beim Aufruf übergeben wurde. Wie das funktioniert, ist in Listing 12.8 zu sehen. Die Klasse `AlarmClockDemo2Activity` lädt in `onCreate()` die Benutzeroberfläche und zeigt sie an. `onStart()` gibt die Daten des übergebenen Intents aus.

Nach einer Prüfung auf `null` ermittle ich mit extras ein Objekt des Typs `android.os.Bundle`. Ein solches Bündel ist ein Schlüssel-Wert-Speicher. Alle Schlüssel erhalten Sie mit der Methode `keySet()`. Der Zugriff auf einzelne Werte erfolgt mit `get...()`-Aufrufen. Wissen Sie beispielsweise, dass sich hinter einem Schlüssel eine Fließkommazahl verbirgt, erhalten Sie diese direkt mit `getFloat()`. Meine Implementierung ermittelt in einer Schleife mit `bundle[it]` den Wert jedes Schlüssels und gibt ihn aus. Wenn Sie das Programm ausführen lassen, können Sie sehr schön die Werte sehen, die Sie schon aus *AlarmClockDemo1* kennen.

12 Kontakte und Organizer

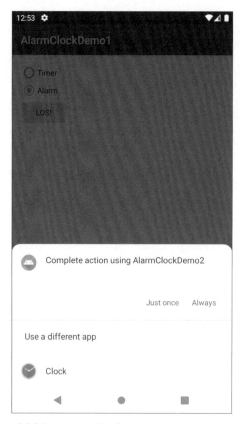

Abbildung 12.8 Rückfrage, welche App sich um den Timer oder Alarm kümmern soll

Abbildung 12.9 Die App »AlarmClock-Demo2«

> **Tipp**
>
> Sie können mit `action` die Aktion des Intents abfragen. Vor einer Auswertung der übergebenen Parameter sollten Sie die gelieferte mit der erwarteten Aktion vergleichen. Da ich nur alle übergebenen Daten ausgebe, ist eine solche Prüfung natürlich nicht nötig.

```
package com.thomaskuenneth.androidbuch.alarmclockdemo2

import android.os.Bundle
import androidx.appcompat.app.AppCompatActivity
import kotlinx.android.synthetic.main.activity_main.*

class AlarmClockDemo2Activity : AppCompatActivity() {

    override fun onCreate(savedInstanceState: Bundle?) {
```

554

```
    super.onCreate(savedInstanceState)
    setContentView(R.layout.activity_main)
  }

  override fun onStart() {
    super.onStart()
    textview.text = getString(R.string.no_intent)
    intent?.run {
      textview.text = String.format("%s\n", action)
      extras?.let { bundle ->
        bundle.keySet()?.let { keys ->
          keys.forEach {
            textview.append("$it\n")
            textview.append("${bundle[it]}\n\n")
          }
        }
      }
    }
  }
}
```

Listing 12.8 Die Klasse »AlarmClockDemo2«

Vielleicht fragen Sie sich, warum Sie einen eigenen Dialog zur Eingabe von Alarmen anzeigen sollten. Dies bietet sich in erster Linie für Apps an, die den eingebauten Wecker vollständig ersetzen sollen. In diesem Fall müssen Sie Weckzeiten und Nachrichten in einer eigenen Datenbank verwalten. Ausführliche Informationen zu SQLite-Datenbanken finden Sie in Kapitel 10, »Datenbanken«. Auch das Setzen der Alarme selbst liegt dann in Ihrer Verantwortung. Die Klasse android.app.AlarmManager stellt die Methode set() zur Verfügung, die zu einem bestimmten Zeitpunkt ein PendingIntent feuert. Mit ihm können Sie weitere Aktionen auslösen, zum Beispiel einen Text ausgeben oder einen Sound abspielen. Hierbei handelt es sich allerdings um fortgeschrittene Themen, die an dieser Stelle nicht weiter behandelt werden können.

12.2.3 Die Klasse »CalendarContract«

Wie ich Ihnen in den vorangegangenen Kapiteln zeige, spielen *Content Provider* eine äußerst wichtige Rolle in Android. Insofern liegt es nahe, dass die Plattform auch für Termine und Ereignisse auf dieses mächtige Instrument baut. Tatsächlich können Sie über einen *Content Resolver* Kalenderdaten ausgeben. Wie, zeige ich Ihnen anhand des Beispiel-Projekts *KalenderDemo2*.

In der privaten Methode logEvents() der Klasse KalenderDemo2Activity (Listing 12.9) iteriert eine Schleife mit moveToNext() über einen von query() gelieferten Cursor. In meinem Beispiel ist die Abfrage sehr einfach: Sie wählt alle vorhandenen Spalten und Zeilen aus, es gibt keine Einschränkung des Suchraumes. Deshalb sind mit Ausnahme des *Uniform Resource Identifiers* (Events.CONTENT_URI) alle übergebenen Werte null. Die Spalten _ID und TITLE der gefundenen Tabellenzeilen werden in einem Textfeld ausgegeben. Das Auslesen der Werte erfolgt mittels getString(). Der Methode wird ein Spaltenindex übergeben. Da dieser abhängig von dem Parameter projection des query()-Aufrufes ist, ist es am sichersten, den Index mittels getColumnIndex() zu erfragen.

> **Tipp**
>
> query()-Aufrufe können null liefern. Um nicht zur Laufzeit in eine NullPointer-Exception zu laufen, sollten Sie den Zugriff auf den Cursor (zum Beispiel die moveToNext()-Schleife oder getColumnIndex()-Aufrufe) wie in meinem Beispiel absichern. Denken Sie auch daran, den Cursor nach Gebrauch mit close() zu schließen.

```kotlin
package com.thomaskuenneth.androidbuch.kalenderdemo2

import android.Manifest.permission
import android.content.pm.PackageManager.PERMISSION_GRANTED
import android.os.Bundle
import android.provider.CalendarContract.Events
import androidx.appcompat.app.AppCompatActivity
import kotlinx.android.synthetic.main.activity_main.*

private const val REQUEST_READ_CALENDAR = 123
class KalenderDemo2Activity : AppCompatActivity() {

  override fun onCreate(savedInstanceState: Bundle?) {
    super.onCreate(savedInstanceState)
    setContentView(R.layout.activity_main)
  }

  override fun onStart() {
    super.onStart()
    if (checkSelfPermission(permission.READ_CALENDAR)
        != PERMISSION_GRANTED) {
      requestPermissions(arrayOf(permission.READ_CALENDAR),
          REQUEST_READ_CALENDAR)
    } else {
      logEvents()
```

```
    }
  }

  override fun onRequestPermissionsResult(requestCode: Int,
                  permissions: Array<String>,
                  grantResults: IntArray) {
    if (requestCode == REQUEST_READ_CALENDAR &&
        grantResults.isNotEmpty() &&
        grantResults[0] == PERMISSION_GRANTED) {
      logEvents()
    } else {
      textview.text = getString(R.string.no_permission)
    }
  }

  private fun logEvents() {
    contentResolver.query(Events.CONTENT_URI, null, null,
        null, null)?.run {
      val indexId = getColumnIndex(Events._ID)
      val indexTitle = getColumnIndex(Events.TITLE)
      while (moveToNext()) {
        textview.append("_ID: ${getString(indexId)}\n")
        textview.append("TITLE: ${getString(indexTitle)}\n\n")
      }
      close()
    }
  }
}
```

Listing 12.9 Die Klasse »KalenderDemo2Activity«

Um auf den Kalender zugreifen zu können, müssen Sie in der Manifestdatei sowie zur Laufzeit die gefährliche Berechtigung `android.permission.READ_CALENDAR` anfordern. Nach bewährtem Muster habe ich hierzu die beiden Methoden `onStart()` und `onRequestPermissionsResult()` überschrieben. Für schreibende Zugriffe ist `android.permission.WRITE_CALENDAR` erforderlich.

12.3 Zusammenfassung

Android bietet mächtige Kalender- und Organizer-Funktionen. Noch sind längst nicht alle Google-Dienste über Content Provider in die Plattform integriert. Glücklicherweise erlauben die Netzwerkfähigkeiten der Java-Standardklassenbibliothek den einfachen und komfortablen Zugriff auf beliebige Webservices. Ich bin schon sehr gespannt darauf, auf welche innovative Weise Sie die vorhandenen Puzzleteile zu etwas ganz Neuem zusammenfügen werden.

Anhang

A	Einführung in Kotlin	561
B	Jetpack Compose	593
C	Häufig benötigte Codebausteine	607
D	Literaturverzeichnis	615
E	Die Begleitmaterialien	617

Anhang A
Einführung in Kotlin

Sie kennen schon eine Programmiersprache und möchten sich kompakt über die Syntax und die wichtigsten Konzepte von Kotlin informieren? Dieser Anhang bietet einen schnellen Überblick.

Im Juli 2011 stellte die in Sankt Petersburg ansässige Firma JetBrains »Project Kotlin« als Sprache für die Java Virtual Machine (JVM) vor. Kotlin-Quelltext wird hierzu in Java-Bytecode übersetzt. Seit Februar 2012 ist Kotlin Open Source und steht unter der Apache-2-Lizenz. Die nach einer russischen Insel im Finnischen Meerbusen (30 km westlich von Sankt Petersburg in der Ostsee gelegen) benannte Sprache ist statisch typisiert und objektorientiert. Sie kann bei Bedarf nach JavaScript transpiliert werden. Die Technologie Kotlin/Native ermöglicht zudem die Ausführung auf Plattformen ohne virtuelle Maschine, beispielsweise iOS, sowie den Raspberry Pi. Ein *LLVM*[1]-basiertes Compiler-Backend erzeugt dann Maschinensprache.

A.1 Überblick

Kotlin möchte eine moderne Alternative zu Java sein. Ihre Syntax ist zu Java nicht kompatibel. Allerdings spielt die Interoperabilität eine wichtige Rolle. So können vorhandene Java-Bibliotheken in vollem Umfang genutzt werden. Seit Googles Entwicklermesse IO 2017 wird die Sprache offiziell in Android Studio unterstützt. Und zwei Jahre später löste Kotlin Java als bevorzugte Sprache für neue App-Projekte ab. Auch außerhalb von Android findet Kotlin immer mehr Freunde und wird oft für das Erstellen von Geschäftsanwendungen und Microservices verwendet. Neben IntelliJ und Android Studio können unter anderem Eclipse, NetBeans sowie Visual Studio Code für das Entwickeln mit Kotlin verwendet werden.

A.1.1 Hello, Kotlin

Wenn Sie außerhalb eines App-Projekts mit Kotlin experimentieren möchten, bietet sich die Seite *https://play.kotlinlang.org/* (Abbildung A.1) an.

---

[1] *https://llvm.org/*

Dort können Sie Code ausprobieren, ohne weitere Software herunterladen und installieren zu müssen. Ein sehr einfaches Beispiel zeigt Listing A.1.

Abbildung A.1 Der offizielle Kotlin-Onlinespielplatz

Alternativ können Sie in Android Studio sogenannte *Scratch Files* verwenden, um Kotlin-Codeschnipsel auszuprobieren. Scratch Files werden mit FILE • NEW • SCRATCH FILE erzeugt. Die daraufhin angezeigte Auswahlliste NEW SCRATCH FILE ist in Abbildung A.2 zu sehen.

Bitte beachten Sie, dass das FILE-Menü nur zugänglich ist, wenn das Hauptfenster angezeigt wird, nicht aber über den Willkommensbildschirm. Sie müssen deshalb ein Projekt geöffnet haben.

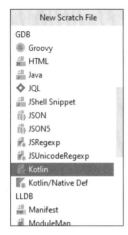

Abbildung A.2 Ein neues Scratch File erzeugen

Ein Klick auf KOTLIN öffnet das Scratch File in einem Editorfenster (Abbildung A.3). Die Checkboxen INTERACTIVE MODE und USE REPL steuern, wann Codeänderungen übernommen und welche Bereiche des Quelltextes neu ausgewertet werden. Für den Einstieg empfehle ich Ihnen, beide zu deaktivieren und nach Ihrer Eingabe einfach den grünen Play-Button in der linken oberen Ecke des Editorfensters anzuklicken. Scratch Files werden im Werkzeugfenster PROJECT unterhalb des Knotens SCRATCHES AND CONSOLES • SCRATCHES angezeigt. Allerdings muss hierzu die Sicht PROJECT aktiv sein.

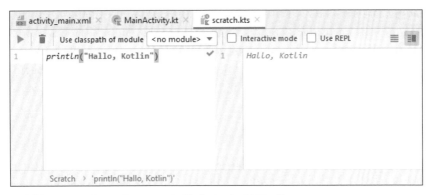

Abbildung A.3 Ein Kotlin-Scratch File in Android Studio

Die Funktion main() bildet den Einstiegspunkt in Kotlin-Programme. Sie gehört nicht zu einer Klasse und wird in einer beliebigen Datei mit der Endung *.kt* abgelegt. Solche Funktionen werden *Toplevel-Funktionen* genannt. Die aufgerufene Funktion print() gibt den übergebenen Text ohne Zeilenumbruch aus.

```
fun main() {
  print("Hello, Kotlin")
}
```

Listing A.1 Das »Hello, world«-Beispiel in Kotlin

Neben Toplevel-Funktionen gibt es auch Toplevel-Variablen, also Variablen ohne Bezug zu einer Klasse.

```
val greeting = "Hello, Kotlin"

fun main() {
  println(greeting)
}
```

Listing A.2 Ausgabe einer Toplevel-Variablen

Der Play-Button im Scratch-File-Editorfenster ruft **nicht** die `main()`-Funktion auf, sondern beginnt nur mit der Auswertung des Codeschnipsels. Beim Nachvollziehen meiner Beispiele müssen Sie deshalb in der letzten Zeile Ihrer Eingabe mit `main()` selbst für den Aufruf sorgen.

Kommentare und Dokumentation

Wenn Sie Ihr Programm mit Kommentaren versehen möchten, stehen Ihnen die aus vielen anderen Sprachen bekannten Zeilen- (// ...) und Blockkommentare (/* ... */) zur Verfügung. Die Sprache zur Erstellung von Dokumentation wird analog zu Java KDoc[2] genannt. Das korrespondierende Kommandozeilentool heißt Dokka. KDoc-Dokumentation beginnt mit /** und endet mit */. Jede Kommentarzeile kann mit einem * beginnen. Dieser gehört nicht zu dem Kommentartext. Block Tags beginnen mit @ und beschreiben unter anderem Parameter (`@param`) und Rückgabewerte (`@return`).

Konventionen

Dateinamen folgen dem CamelCase-Muster. Die in Java übliche Regel »Jede Klasse in ihre eigene *.java*-Datei« gibt es in Kotlin nicht. Sie könnten deshalb beliebig viele Funktionen oder Klassen in einer Quelltextdatei zusammenfassen. Ratsam ist das aber nicht. *.kt*-Dateien sollten nur Code enthalten, der inhaltlich eine Einheit bildet. Mehr als ein paar Hundert Zeilen Quelltext sind ohnehin kaum noch zu überblicken. Aber das gilt für alle Programmiersprachen.

Paketnamen werden vollständig kleingeschrieben. Sie enthalten keine Unterstriche. Paket-Definitionen beginnen mit dem Schlüsselwort `package` und bilden die erste Anweisung des Quelltextes (nach etwaigen Kommentarzeilen mit Lizenz- oder Copyrightinformationen). Namen von Klassen und Objekten beginnen mit einem Großbuchstaben und folgen dem CamelCase-Muster. Namen von Funktionen, Eigenschaften und lokalen Variablen beginnen mit einem Kleinbuchstaben und folgen dem camelCase-Muster. Sie enthalten keine Unterstriche.

Weitere Informationen finden Sie unter *https://kotlinlang.org/docs/reference/coding-conventions.html*.

A.1.2 Beim Start Argumente übergeben

Wenn Sie einem Programm beim Start Parameter übergeben möchten, sieht die `main()`-Funktion aus, wie in Listing A.3 zu sehen. Sie erhält einen Parameter, nämlich ein Feld mit Zeichenketten. Die Klasse `Array` enthält unter anderem die Methode `forEach()`. Für jedes Element wird eine sogenannte Aktion aufgerufen. Das ist der Lamb-

---

[2] *https://kotlinlang.org/docs/reference/kotlin-doc.html*

da-Ausdruck in geschweiften Klammern. Das Beispiel gibt nur das Element aus. Es wird dem Code über die Variable arg mitgegeben.

```
fun main(args: Array<String>) {
    args.forEach( { arg -> println(arg) })
}
```

Listing A.3 Beim Start Parameter übergeben

> **Tipp**
> Über die SETTINGS ( ) im Kotlin Playground können Sie Startparameter festlegen.

Anders als beispielsweise in Java beginnen Variablendefinitionen nicht mit dem Typ, sondern dem Bezeichner. Beide sind durch einen Doppelpunkt getrennt: args: Array<String>. Außerhalb von Funktions- bzw. Methodensignaturen müssen Sie den Ausdruck mit var (mehrfache Zuweisungen sind erlaubt) oder val (der Variable kann nur einmal ein Wert zugewiesen werden) beginnen. Zum Schluss kommt der Wert, den die Variable annehmen soll.

```
var i: Int = 42
var j: String = "Hallo"
val k: Double = 3.14
```

Wenn Kotlin den Typ durch den zugewiesenen Ausdruck ermitteln kann, braucht er nicht angegeben zu werden. Diese Fähigkeit wird *Typinferenz* genannt.

```
var i = 42
var j = "Hallo"
val k = 3.14
```

Funktionsparameter sind in Kotlin unveränderlich. In Java müssen sie hingegen explizit auf final gesetzt werden. Deshalb ist Listing A.4 nicht korrekt (»Val cannot be reassigned«).

```
fun main(args: Array<String>) {
  args = emptyArray<String>()
}
```

Listing A.4 Zuweisungen an Funktionsparameter sind nicht zulässig

Die Funktion emptyArray() erzeugt ein leeres Feld des angegebenen Typs. Welche Datentypen Kotlin kennt, sehen wir uns im folgenden Abschnitt etwas genauer an.

A.2 Datentypen

Anders als beispielsweise Java und C++ kennt Kotlin keine primitiven Datentypen. Die Anweisung println(1::class.simpleName) gibt deshalb »Int« aus. :: liefert die Referenz auf diejenige Klasse, die zur Laufzeit den Wert 1 repräsentiert.

A.2.1 Zahlen

Tabelle A.1 zeigt die in Kotlin eingebauten Datentypen für ganze Zahlen. Vorzeichenlose Typen (sie beginnen mit U) wurden erst mit Kotlin 1.3 eingeführt. Zum Zeitpunkt der Drucklegung waren sie noch als experimentell gekennzeichnet.

Typ	Bits	Kleinster Wert	Größter Wert
Byte	8	−128	127
UByte	8	0	255
Short	16	−32.768	32.767
UShort	16	0	65.535
Int	32	−2.147.483.648 (-2^{31})	2.147.483.647 ($2^{31} - 1$)
UInt	32	0	$2^{32} - 1$
Long	64	−9.223.372.036.854.775.808 (-2^{63})	9.223.372.036.854.775.807 ($2^{63} - 1$)
ULong	64	0	$2^{64} - 1$

Tabelle A.1 Ganzzahlige Datentypen

Gleitkommazahlen (Tabelle A.2) können in Kotlin zwei Genauigkeiten haben. Sie sind entweder 32 oder 64 Bit groß. Beim Inferieren wird Double angenommen. Soll ausdrücklich Float verwendet werden, muss dem Literal f oder F nachgestellt werden: val pi = 3.14f.

Typ	Bits	Signifikant	Bit Exponent	Dezimalstellen
Float	32	24	8	6–7
Double	64	53	11	15–16

Tabelle A.2 Gleitkommazahlen in Kotlin

Alle Datentypen bieten Konvertierungsfunktionen an. Beispielsweise liefert 3.14.toInt() das Ergebnis 3. Welche Umwandlungen möglich sind, hängt vom Datentyp ab. toString() steht immer zur Verfügung, da sie in der Wurzel des Kotlin-Typsystems definiert ist. Mehr dazu etwas später.

A.2.2 Zeichen und Zeichenketten

Für einzelne Zeichen gibt es den Typ Char. Anders als beispielsweise in Java kann dieser nicht direkt als Zahl verwendet werden. Die Zeile

```
var a: Char = 65
```

ist ungültig und provoziert die Fehlermeldung »The integer literal does not conform to the expected type Char«. Für Literale werden einfache Hochkommata benutzt: 'a'. Häufige Escape-Sequenzen sind \t, \b, \n, \r, \', \", \\ und \$. Ein beliebiges 16-Bit-Unicodezeichen sprechen Sie mit '\u...' an. Der Ausdruck print('\u00a9') gibt das Copyright-Symbol aus. Allerdings lassen sich damit nicht beliebige Unicode-Codepunkte ansprechen. Hierfür brauchen wir einen weiteren Datentyp, String. Zeichenketten bestehen aus Chars und sind unveränderlich. Mit [ ] können Sie lesend auf eine bestimmte Position zugreifen. Die Länge wird mit length abgefragt. Für die Position gilt somit 0 <= pos < length. Vergleiche erfolgen mit == und !=. Weitere Informationen hierzu finden Sie in Abschnitt A.5.3, »Gleichheit und Identität«.

```
val s = "Hello, world!\n"
print(s[s.length - 1].toInt())
```

Jedes Unicodezeichen entspricht einem sogenannten Codepunkt. Der Smiley hat den hexadezimalen Wert 1F642. Character.toChars() liefert die enthaltenen Zeichen. Diese können dem String-Konstruktor übergeben werden (Listing A.5). Die Variable smiley besteht aus zwei Zeichen, aber nur einem Codepunkt. Sie können ihn mit codePointAt() ermitteln. Der Zugriff auf Codepunkte ist vermutlich nur in Ausnahmefällen nötig. In den meisten Fällen dürfte der Char-basierte Index ausreichend sein.

```
val codepoint = 0x1F642
val smiley = String(Character.toChars(codepoint))
println(smiley)
println("smiley.length: ${smiley.length}")
println("smiley.codePointCount(): ${smiley.codePointCount(0, smiley.length)}")
println(codepoint == smiley.codePointAt(0))
```

Listing A.5 Unicode-Codepunkte

Praktisch ist, dass Sie mit sogenannten Raw Strings Zeichenketten definieren können, die sich über mehrere Zeilen erstrecken und Sonderzeichen enthalten, die sonst escaped werden müssten.

```
val text = """
    for (c in "Kotlin")
        print(c)
"""
println(text)
```

Listing A.6 Raw Strings

Ebenfalls äußerst nützlich sind String Templates. Sie ermöglichen das Erzeugen von Zeichenketten, die Werte von Variablen enthalten, ohne die in vielen anderen Programmiersprachen nötigen variablen Argumente für printf() und Co.

```
val i = 10
println("i = $i")
val s = "abc"
println("$s.length ist ${s.length}")
```

Listing A.7 String Templates

Um einfache Variablen anzusprechen, muss diesen nur ein $ vorangestellt werden. Soll das Ergebnis eines Ausdrucks oder Funktionsaufrufs integriert werden, wird der Ausdruck mit ${ ... } geklammert.

A.2.3 Wahrheitswerte

Wahrheitswerte haben den Typ Boolean. Variablen können die Werte true und false annehmen. Die von Java bekannten Operatoren wie ||, && und ! können wie gewohnt verwendet werden.

```
val a = true
val b = false
println(a && b)
println(a && !b)
println(a || b)
```

Listing A.8 Wahrheitswerte in Kotlin

Alternativ können or und and verwendet werden. Allerdings werden Ausdrücke dann vollständig ausgewertet.

```kotlin
fun main() {
  println(false && test())
  println("---")
  println(false and test())
}

fun test(): Boolean {
  println("Hallo")
  return false
}
```

Listing A.9 Unterschiede zwischen »&&« und »and«

and repräsentiert eine normale Funktion. Sie könnten deshalb alternativ auch `println(false.and(test()))` schreiben. Natürlich ist die Verwendung als Infix-Operator besser lesbar.

A.2.4 Felder

Felder werden mit der Klasse `Array` abgebildet. Den Typ ihrer Elemente geben Sie mit `< ... >` an. `arrayOf()` initialisiert ein Feld mit einer übergebenen Liste. Alternativ können Sie dem Konstruktor einen Lambda-Ausdruck übergeben. Er wird für jeden Index einmal aufgerufen.

```kotlin
val intArray = arrayOf(1, 2, 3)
println(intArray[intArray.size - 1])
val ints = Array(4, { i -> i * i })
ints.forEach { println(it) }
```

Listing A.10 Felder initialisieren

Neben dem typisierten `Array` gibt es Spezialisierungen, beispielsweise `IntArray` und `BooleanArray`. Allerdings unterscheiden sich diese in ihrer Verwendung. Während `val a: Array<Int> = arrayOf(1, 2)` richtig ist, wird die Zeile `val b: IntArray = arrayOf(1, 2)` mit der Fehlermeldung »Type inference failed« quittiert. Sie müssen stattdessen `intArrayOf(1, 2)` verwenden. Grund hierfür sind unterschiedliche Datentypen zur Laufzeit. `Array<Int>` erzeugt Felder mit `Int`-Elementen, wohingegen `IntArray` Felder mit `int` (Javas primitiver Datentyp) entspricht.

A.3 Programmlogik

In diesem Abschnitt sehen wir uns an, wie Sie Variablen und Datentypen in Ihren Programmen verwenden.

A.3.1 Funktionen

Anders als in Java oder C# können Sie in Kotlin Programme schreiben, ohne eine einzige Klasse zu definieren. Bei funktionalen Programmiersprachen spielen erwartungsgemäß Funktionen eine zentrale Rolle. Sie haben main() als Einstiegspunkt in ein Programm bereits kennengelernt. Den allgemeinen Aufbau einer Funktion zeigt Listing A.11. Vor fun können weitere Schlüsselwörter stehen, beispielsweise suspend (wird im Zusammenhang mit Koroutinen verwendet), private und internal (beide verändern die Sichtbarkeit der Funktion).

```
fun name(p1: Typ [= wert][, ...]): Typ {
  ...
  return ...
}
```

Listing A.11 Struktur von Funktionen

Der Typ des Rückgabewerts wird nach einem Doppelpunkt angegeben. Fehlt die Typangabe, wird implizit Unit verwendet. Unit entspricht dem Schlüsselwort void in Java und wird verwendet, wenn eine Funktion keinen sinnvollen Wert zurückgibt. Anders als void ist Unit aber eine echte Klasse mit genau einer Instanz (Singleton). Darüber hinaus gibt es noch einen interessanten Spezialfall. Eine Funktion, die nie verlassen wird, weil sie eine gewollte Endlosschleife enthält oder die Verarbeitung mit throw abbricht, kann mit Nothing definieren, dass sie **nichts** zurückgibt (Listing A.12).

```
fun main() {
  try {
    a()
  } catch (ex: Exception) {
    println(ex.message)
  }
}

fun a(): Nothing {
  throw Exception("Nothing!")
}
```

Listing A.12 Verwendung des Typs »Nothing«

Nothing kann (natürlich) nicht instanziiert werden. Das ist mehr als reine Spielerei, denn wenn Sie versuchen, nach dem Aufruf von a() beispielsweise Text auszugeben, erhalten Sie die Warnung »Unreachable code«. Wie in vielen anderen Programmiersprachen werden Funktionen mit return verlassen. Je nach Rückgabetyp folgt dem Schlüsselwort ein dazu passender Wert. Im Falle von Unit entfällt dieser. Für formelartige Funktionen gibt es eine sehr kompakte Form ohne Funktionsrumpf:

```
fun name(p1: Typ [= wert][, ...]) = ...
```

Listing A.13 zeigt die Quadratfunktion in klassischer Schreibweise. In Listing A.14 sehen Sie denselben Code als kompakte Formel.

```
fun pow2(n: Int): Int {
  return n * n
}
```

Listing A.13 Quadratfunktion in klassischer Schreibweise

```
fun pow2(n: Int) = n * n
```

Listing A.14 Quadratfunktion als einzeilige Formel

Kotlins Funktionen haben noch mehr zu bieten. Beispielsweise können Sie mit = ... Standardwerte vergeben. In diesem Fall muss der Wert beim Aufruf nicht übergeben werden – er ist optional. Je nach Position des optionalen Parameters müssen Sie aber für die anderen Argumente festlegen, für welche sie gelten. Solche benannten Parameter sind in Listing A.15 zu sehen.

```
fun main() {
  f()
  f(1, 2)
  f(p2 = 42)
}

fun f(p1: Int = 2, p2: Int = 1) {
  println("p1 = $p1, p2 = $p2")
}
```

Listing A.15 Benannte und optionale Funktionsparameter

Beim Aufruf f(1, 2) werden alle Parameter übergeben. Eine Benennung ist deshalb nicht nötig. f(42) ließe aber offen, ob p1 oder p2 gemeint ist. Deshalb muss hier die zu füllende Variable angegeben werden: f(p2 = 42).

A.3.2 Programmfluss

Mit Funktionen allein können Sie schon viele Programmierprobleme lösen. Um komplexe Abläufe bequem umsetzen zu können, sind aber Kontrollstrukturen (Schleifen sowie Verzweigungen mit und ohne Bedingungen) hilfreich. Diese sehen wir uns im Folgenden an.

Schleifen

Java, JavaScript und C# erben ihre flexiblen for-Schleifen von C. Außer der obligatorischen Abbruchbedingung gibt es dort die jeweils optionale Initialisierung und Inkrementierung. Der klassische Anwendungsfall, das Iterieren über einen Bereich, lässt sich in Kotlin ähnlich flexibel, aber in kompakterer Form darstellen. Listing A.16 gibt die Zahlen 1, 2 und 3 in aufsteigender Reihenfolge aus.

```
for (i in 1..3) {
  println(i)
}
```

Listing A.16 Die Zahlen von 1 bis 3 in aufsteigender Reihenfolge ausgeben

Um die Schleifenvariable bei jedem Durchlauf zu verkleinern, wird downTo verwendet. step gibt die Schrittweite an. Listing A.17 gibt die Zahlen 6, 4, 2 und 0 in absteigender Reihenfolge aus.

```
for (i in 6 downTo -1 step 2) {
  println(i)
}
```

Listing A.17 Die Zahlen 6, 4, 2, 0 ausgeben

Obwohl als unteres Intervallende -1 angegeben wurde, wird dieser Wert nicht ausgegeben, weil step 2 die Schleifenvariable i ausgehend vom Startwert 6 immer um 2 vermindert. Möchten Sie das Intervallende nicht berücksichtigen, ist es oftmals einfacher, until zu verwenden. Listing A.18 gibt die Zahlen 1 und 2 in dieser Reihenfolge aus.

```
for (i in 1 until 3) {
  println(i)
}
```

Listing A.18 Ausgabe der Zahlen 1 und 2

In vielen Programmiersprachen gibt es das Muster, in Schleifen auf Array-Elemente zuzugreifen. Im folgenden Beispiel liefert array.indices einen Bereich, der alle Indizes des Felds enthält, von 0 bis zur Anzahl der Elemente −1. Über diesen kann dann mit for iteriert werden.

```
val array = arrayOf("Eins", "Zwei", "Drei")
for (i in array.indices) {
  println(array[i])
}
```

Listing A.19 Über die Elemente eines Arrays iterieren

Einfacher ist, direkt Listen zu durchlaufen (Listing A.20). Die Ausgabe entspricht der von Listing A.19.

```
val list = listOf("Eins", "Zwei", "Drei")
for (i in list) {
    println(i)
}
```

Listing A.20 Über eine Liste iterieren

Noch kompakter wird der Code, wenn Sie die Methode forEach() einer Liste aufrufen.

```
list.forEach( {i -> println(i) } )
```

Während for über Bereiche iteriert, führt while einen Codeblock so lange aus, wie die Schleifenbedingung erfüllt ist. Listing A.21 simuliert eine for-Schleife mit while. Unschön an diesem Beispiel ist, dass die Laufvariable explizit deklariert und initialisiert werden muss. Hier sollten Sie stattdessen for verwenden.

```
var i = 0
while (i++ < 3) {
  println(i)
}
```

Listing A.21 Nachbildung der for-Schleife mit while

while bietet sich an, wenn die Schleifenbedingung das Ergebnis eines Funktionsaufrufs prüft. In Listing A.22 wird so lange ein Punkt ausgegeben, bis eine Zufallszahl zwischen 0 und 99 der Zahl 42 entspricht.

```
while ((Math.random() * 100).toInt() != 42) {
  print(".")
}
```

Listing A.22 while-Schleife ohne Laufvariable

for und while arbeiten mit Bedingungen. Darüber hinaus kennen die meisten Programmiersprachen das Schlüsselwort if, um den Programmfluss zu steuern. Natürlich auch Kotlin. Diese und weitere bedingte Verzweigungen sehen wir uns im folgenden Abschnitt an.

Bedingungen

Im Quelltext folgt auf if stets ein Ausdruck. Ist dieser im Sinne der Datentypen einer Programmiersprache wahr, wird die darauffolgende Anweisung bzw. Block abgearbeitet. Falls nicht, kommt die dem Schlüsselwort else folgende Anweisung bzw. der

Block zum Zuge. Der else-Zweig ist üblicherweise optional. Listing A.23 zeigt die grundsätzliche Vorgehensweise in Kotlin. % ist der Modulo-Operator. Sollen mehrere Anweisungen ausgeführt werden, müssen diese mit { } geklammert werden.

```kotlin
fun main() {
  val num = (Math.random() * 4).toInt()
  if (isEven(num))
    println("$num ist gerade")
  else
    println("$num ist ungerade")
}

fun isEven(n: Int): Boolean = n % 2 == 0
```

Listing A.23 »if« als Anweisung

In Kotlin kann if aber auch als Ausdruck verwendet werden. Dessen Ergebnis ist das Ergebnis des letzten Ausdrucks im jeweiligen Zweig. Wie das funktioniert, zeigt Listing A.24.

```kotlin
fun main() {
  val num = (Math.random() * 4).toInt()
  println("""$num ist ${
  if (isEven(num))
    "gerade"
  else
    "ungerade"
  }""")
}
...
```

Listing A.24 »if« als Ausdruck

Mit """ wird ein Raw String eingeleitet, deshalb sind ohne Probleme Zeilenumbrüche möglich. ${ ... } sorgt dafür, dass das Ergebnis des if-Ausdrucks ein Bestandteil des Raw Strings wird. Für gerade Zahlen ist dies »gerade«, für ungerade der Text »ungerade«.

Auswahl mit »when«

Die in vielen Programmiersprachen vorhandenen switch-case-Konstrukte werden in Kotlin mit when abgebildet. Listing A.25 zeigt einen einfachen Anwendungsfall. Zunächst wird mit (0..3) ein Bereich (IntRange) definiert und mit shuffled() in eine Liste umgewandelt. first() liefert das erste Element der Liste. Ist es 0, wird der String

»0« ausgegeben, bei 2 »2«. Alle anderen Werte (1 oder 3) führen zur Ausgabe von »1 oder 3«.

```
val num = (0..3).shuffled().first()
println(num)
when (num) {
  0 -> println("0")
  2 -> println("2")
  else -> println("1 oder 3")
}
```

Listing A.25 Ein einfaches Beispiel mit »when«

when prüft das Argument der Reihe nach auf Übereinstimmung mit den Bedingungen der Zweige. Hier sind auch mehrere Werte je Zweig zulässig. Anstelle von else könnten Sie deshalb 1, 3 schreiben. when kann wie if als Ausdruck verwendet werden. Allerdings ist dann der else-Zweig obligatorisch, es sei denn, der Compiler kann beweisen, dass die übrigen Zweige alle möglichen Werte abdecken.

A.3.3 Variablen und Eigenschaften

Bei der Verwendung des Begriffs *Variable* muss man eigentlich genau definieren, welche Art gemeint ist, zum Beispiel lokale, statische oder Instanzvariable. In Kotlin existieren Variablen in dem Bereich oder Codeblock, in dem sie deklariert wurden, beispielsweise in der Signatur einer Funktion oder im Funktionsrumpf. Sie werden mit = gesetzt und gelesen.

Darüber hinaus gibt es, wie beispielsweise in C#, *Eigenschaften*. Auch auf diese greifen Sie mit = zu. Allerdings haben Sie viel mehr Einfluss darauf, *wie* Werte gelesen und geschrieben werden. Java kennt (leider) keine Eigenschaften, sie werden mit get...()-, is...()- und set...()-Methoden simuliert. Androids Klassenbibliothek macht exzessiv von solchen *Getter-* und *Setter-*Methoden Gebrauch. In Kotlin sind Eigenschaften mit Getter und Setter fester Bestandteil der Sprache. Deshalb schlägt Android Studio bei der Eingabe von Code auch immer vor, Zugriffe mit = zu machen. textView.text = getString(R.string.name) ist also *besser* als textView.setText(getString(R.string.name)). Dumm nur, dass sie in der API-Doku nichts über text finden, sondern nach setText() oder getText() suchen müssen.

```
var a: Int = 0
  get() = field
  set(value) {
    field = value
  }
```

```
fun main() {
  a = 42
  println(a)
}
```

Listing A.26 Eigenschaften mit Getter und Setter

Listing A.26 zeigt, wie Sie Eigenschaften definieren. `field` ist eine von Kotlin automatisch zur Verfügung gestellte Variable. Sie übernimmt die Speicherung des Werts. Falls der Getter das Ergebnis eines Funktionsaufrufs liefert, ist das aber nicht nötig. Nach `val` ist `set()` ungültig, darf also nicht angegeben werden.

Späte Initialisierung mit »lateinit«

Eigenschaften können, sofern sie zur Laufzeit nicht als primitive Datentypen dargestellt werden, bei erstmaligem Gebrauch initialisiert werden. Hierfür wird das Schlüsselwort `lateinit` (Listing A.27) verwendet.

```
lateinit var a: String

fun main() {
  if (! ::a.isInitialized)
    a = "Hallo, Kotlin"
  println(a)
}
```

Listing A.27 Späte Initialisierung mit »lateinit«

Wenn Sie eine `lateinit`-Eigenschaft vor dem Setzen des Wertes auslesen, wird zur Laufzeit eine `UninitializedPropertyAccessException` (»lateinit property a has not been initialized«) geworfen. Deshalb können Sie bei Bedarf mit `isInitialized` prüfen, ob die Eigenschaft schon initialisiert wurde.

Konstanten

Steht bei der erstmaligen Zuweisung der Wert zur Compilezeit fest, können Sie die betreffende Eigenschaft mit dem Schlüsselwort `const` als (echte) Konstante kennzeichnen. Allerdings ist das nur außerhalb von Klassen und innerhalb von `object` zulässig (Listing A.28). Zur Laufzeit berechnete Werte (beispielsweise Ergebnisse von Funktionsaufrufen) sind nicht zulässig.

```
const val a = 10

object C {
  const val c = 42
```

```
}

fun main() {
  println(C.c)
}
```

Listing A.28 Verwendung von Konstanten

Wo Sie eine Konstante oder eine wie eine Konstante verwendete Variable definieren, hat Auswirkung auf die Regeln zu Groß- und Kleinschreibung. Unter Android ist es bewährte Praxis, bei Logausgaben ein sogenanntes *Tag* zu übergeben, eine Zeichenkette mit dem Namen TAG. Die Großschreibung gehört zum Java-Erbe von Android. Um dieser Konvention auch in Kotlin folgen zu können, muss sie folgendermaßen definiert werden:

```
private val TAG = SubscriptionManagerDemoActivity::class.simpleName
```

Also außerhalb der Klasse SubscriptionManagerDemoActivity oder in einem companion Objekt. Denn innerhalb einer Klasse folgen Variablennamen dem camelCase-Muster und beginnen mit einem Kleinbuchstaben.

A.4 Null-Sicherheit

Nicht nur in Java sind null-Referenzen oft ein Grund für Abstürze und Ausnahmen. Viele Programmiersprachen mit Referenztypen haben damit zu kämpfen. Solche Fehler sind nicht selten schwer zu finden, weil sie nur unter ganz bestimmten Bedingungen auftreten und vom Compiler nicht entdeckt werden. Der Computerwissenschaftler Tony Hoare hat die Einführung der Null-Referenz in ALGOL W als seinen *billion-dollar mistake* bezeichnet.[3]

A.4.1 Nullbare Typen

Standardmäßig kann kein Referenztyp in Kotlin den Wert null annehmen. Die Zeile val s: String = null ist ungültig. Wenn Sie in Ihrem Code null-Referenzen verwenden müssen, fügen Sie am Ende des Typs ? hinzu (String?, Int?, ...). Das kommt vor allem bei der Verwendung von Java-Bibliotheken vor, also auch unter Android. Listing A.29 ermittelt eine Zufallszahl. Ist sie 3, wird die Referenz auf null gesetzt. Damit println (...) übersetzt und ausgeführt werden kann, ist if (a != null) nötig.

---

3 *https://en.wikipedia.org/wiki/Null_pointer*

```
var a: Int? = (10 * Math.random()).toInt()
if (a == 3)
  a = null
if (a != null)
  println(a.toString(2))
```

Listing A.29 Verwendung von nullbaren Typen

Allerdings ist das kein schöner Code. Anstelle der if-Anweisung können Sie schreiben:

```
println(a?.toString(2))
```

Das ? sorgt dafür, dass toString(2) nur aufgerufen wird, wenn a nicht null ist. Allerdings, und das ist ein wichtiger Unterschied, wird println() auf jeden Fall ausgeführt. Hat a den Wert null, wird auch »null« ausgegeben. Falls gewünscht, können Sie auf folgende Weise das Verhalten bei if erreichen:

```
a?.let( {println(it.toString(2))} )
```

Der Funktion let wird ein Lambda-Ausdruck übergeben. Er erhält den Wert von a in der Variable it, falls a nicht null ist. Sehen Sie sich hierzu ein weiteres Beispiel an:

```
val l: List<String?> = listOf("Eins", null, "Drei")
for (i in l) {
  i?.let { println(it)}
}
```

Listing A.30 Verwendung von »let«

In Listing A.30 wird eine Liste mit drei Strings definiert. Der zweite ist null. Beim Iterieren über l stellt i? sicher, dass let nur bei "Eins" und "Drei" aufgerufen wird. let ist eine sogenannte *Scope-Funktion*.[4] Die Kotlin-Standardbibliothek enthält mehrere solcher Funktionen. Deren Zweck ist die Ausführung eines Code-Blocks im Kontext eines Objektes. Beim Aufruf einer solchen Funktion mit einem Lambda-Ausdruck wird ein temporärer Scope erzeugt, in dem auf das Objekt ohne seinen Namen zugegriffen werden kann. Außer let gibt es run, with, apply und also. In Listing A.31 werden alle Elemente einer Liste, die ungleich null sind, als Zahl interpretiert und quadriert. also zählt, wie viele dies sind.

```
var c = 0
val l: List<Int?> = listOf(1, null, 3, 4)
for (i in l) {
    i?.let { println(it * it) }
```

---

[4] https://kotlinlang.org/docs/reference/scope-functions.html

```
        ?.also { c++ }
}
println("${l.toString()} hat $c Elemente ungleich null")
```

Listing A.31 Verwendung der Scope-Funktion »also«

Listing A.32 zeigt die Verwendung von run. Mit indexOf() wird die Position des Kommas in der Zeichenkette »Hallo, Kotlin« ermittelt. Das Ergebnis plus 2 wird an substring() übergeben. println() gibt dann »Kotlin« aus.

```
val s = "Hallo, Kotlin"
s.run {
  println(substring(indexOf(',') + 2))
}
```

Listing A.32 Verwendung der Scope-Funktion »run«

Ist es nicht äußerst praktisch, die zwei eigentlich notwendigen this weglassen zu können? Der Code wirkt sehr kompakt, bleibt aber verständlich.

A.4.2 Elvis Operator und unsicherer Zugriff

Ich hatte Ihnen die let-Funktion in Verbindung mit ? gezeigt, weil ich Code nur ausführen wollte, wenn eine Referenz ungleich null ist. Um auch hier möglichst schlanken und doch verständlichen Quelltext schreiben zu können, kennt Kotlin den *Elvis Operator*. Er ist in Listing A.33 zu sehen. Seinen Namen hat der Operator in Anspielung an die Frisur des berühmten Rock- and-Roll-Sängers erhalten. Wenn Sie den Kopf beim Betrachten der Zeichenfolge ?: in Richtung linke Schulter neigen, sehen Sie, was ich meine ...

```
val s: String? = null
println(s?.length ?: -1)
```

Listing A.33 Verwendung des Elvis Operators

Bitte beachten Sie, dass sich zwischen den zwei Zeichen kein Leerzeichen befinden darf. Das Ergebnis des Operators ist der linke Ausdruck, sofern dieser ungleich null ist, sonst der rechte. Java-Programmierer kennen den *ternary operator* ? : (mit Leerzeichen). Er funktioniert ähnlich, ist aber flexibler. Dafür kann in Kotlin if als Ausdruck verwendet werden.

Wenn Sie sicher sind, dass die Referenz auf einen nullbaren Typ nicht null ist, können Sie anstelle von ? vor den Zugriff mit . den Operator !! stellen. Das ist in Listing A.34 zu sehen. Da die Variable s mit null initialisiert wird, führt der Zugriff auf length unweigerlich zu einer NullPointerException.

```
try {
  val s: String? = null
  println(s!!.length)
} catch (e: NullPointerException) {
  println("Crash")
}
```

Listing A.34 Unsicherer Zugriff mit »!!«

Im folgenden Abschnitt widmen wir uns dem Thema Objektorientierung. Ich zeige Ihnen unter anderem, wie Sie Klassen definieren und Objekte instanziieren.

A.5 Objektorientierung

Klassen sind die wichtigsten Grundbausteine in der objektorientierten Programmierung. Mit Ihnen werden Daten und Verhalten modelliert. Letzteres steckt in den Methoden und deren wechselseitigen Aufrufen. Die Daten stecken (zur Laufzeit) in Instanzvariablen der Objekte. Vereinfacht ausgedrückt sind Methoden Funktionen im Kontext einer Klasse.

A.5.1 Einfache Klassen

Listing A.35 zeigt eine vollständige Klasse in Kotlin. Auf das Schlüsselwort class folgt der Name der Klasse, etwaige Typparameter, das Schlüsselwort constructor und eine Liste von Argumenten. Der sogenannte *primäre Konstruktor* gehört zum Klassenkopf. Seine Signatur gibt die bevorzugte Instanziierung an. Er kann keinen Code enthalten. Ist dies nötig, werden init-Blöcke verwendet. Dazu komme ich etwas später. Das Schlüsselwort constructor kann entfallen, wenn im Konstruktor keine Annotationen und Zugriffsmodifizierer angegeben werden.

```
class Person constructor(var name: String, var age: Int) {
}
```

Listing A.35 Eine vollständige Klasse in Kotlin

Auffällig ist, dass weder Eigenschaften noch Methoden definiert wurden. Aber was tut Person dann? Listing A.36 erzeugt ein Objekt des Typs Person und weist es der Variablen p zu. Danach werden die beiden Eigenschaften name und age mit neuen Werten überschrieben. Der Aufruf von println() führt dann zur Ausgabe von »Max Mustermann ist 42 Jahre alt.«. Ist Ihnen aufgefallen, dass im Gegensatz zu Java und C# kein new für die Instanziierung verwendet wird? Tatsächlich kennt Kotlin dieses Schlüsselwort überhaupt nicht. Auch Swift kommt ohne aus.

```kotlin
fun main() {
  val p = Person("Max", 123)
  p.name = "Max Mustermann"
  p.age = 42
  println("${p.name} ist ${p.age} Jahre alt.")
}
```

Listing A.36 Verwendung der Klasse »Person«

Parameter des primären Konstruktors werden zu Eigenschaften, die gelesen und geschrieben (var) oder nur gelesen (val) werden können. Zugriffe auf Eigenschaften lassen sich mit Sichtbarkeitsmodifikatoren steuern. Wird var bzw. val weggelassen, kann die Variable nur in init-Blöcken verwendet werden.

Datenklassen

Sie können die Klasse Person mit dem Schlüsselwort data vor class zu einer *Datenklasse* machen, eine der wichtigsten Neuerungen in Kotlin gegenüber Java. Häufig braucht man Klassen, die ausschließlich Datenstrukturen repräsentieren oder als Transferobjekte fungieren. Diese speichern Werte und ermöglichen den Zugriff darauf, enthalten aber keine Fachlogik. Da Java keine echten Eigenschaften mit Getter und Setter auf Sprachebene kennt, müssen Zugriffsmethoden explizit ausprogrammiert werden. Das entfällt in Kotlin. Zusätzlich bezieht der Compiler bei Datenklassen in den Methoden equals(), hashCode() und toString() automatisch alle Eigenschaften mit ein.

Beispielsweise führt println(Person("Max", 123).toString()) bei der Klassendefinition in Listing A.36 zu etwas wie »Person@5a07e868«. Haben Sie mit data die Klasse Person aber zu einer Datenklasse gemacht, erscheint stattdessen »Person(name=Max, age=123)«. Außerdem enthalten Datenklassen eine Funktion zum Kopieren. Mit copy() können gezielt Eigenschaften geändert werden.

A.5.2 Sekundäre Konstruktoren und init-Blöcke

Sekundäre Konstruktoren ermöglichen die Instanziierung der Klasse mit anderen Parametern als über den primären Konstruktor. Falls die Klasse einen primären Konstruktor definiert, muss jeder sekundäre Konstruktor diesen aufrufen, entweder direkt oder über einen anderen sekundären Konstruktor. Hierfür wird das Schlüsselwort this verwendet. Listing A.37 zeigt, wie Sie einen sekundären Konstruktor definieren.

```kotlin
fun main() {
  val p = Person()
  println("${p.age}")
}
```

```kotlin
class Person(var name: String, var age: Int) {
  init {
    println("name: $name, age: $age")
  }

  constructor(): this("???",-1) {
    println("Instanziierung über parameterlosen Konstruktor")
  }
}
```

Listing A.37 Verwendung eines sekundären Konstruktors

Auf das Schlüsselwort constructor folgt die Parameterliste. In meinem Beispiel ist sie leer. Ihr folgt ein Doppelpunkt und, sofern nötig, der Aufruf eines anderen Konstruktors – hier der primäre Konstruktor mit den Argumenten "???" und -1. Da der primäre Konstruktor keinen Code enthalten kann, packen Sie Initialisierungsaufgaben in einen oder mehrere init-Blöcke. Während der Instanziierung werden diese in der Reihenfolge, in der sie im Quelltext stehen, abgearbeitet. Eigenschaften, die vor einem init-Block definiert wurden, können darin verwendet werden. Wie das aussehen kann, zeigt Listing A.38.

```kotlin
class InitBlockDemo(name: String) {
  val a = name.also(::println)

  init {
    println("Erster Block: $a")
  }

  val b = "${a.toUpperCase()}".also(::println)

  init {
    println("Zweiter Block: $b")
  }

  constructor() : this("Hallo") {
    println("Sekundärer Konstruktor")
  }
}

fun main() {
  InitBlockDemo()
}
```

Listing A.38 Gestufte Initialisierung mit init-Blöcken

Die Bildschirmausgaben sind in Abbildung A.4 zu sehen. init-Blöcke werden vor Konstruktor-Code ausgeführt. Der Rumpf meines parameterlosen sekundären Konstruktors wird zuletzt abgearbeitet.

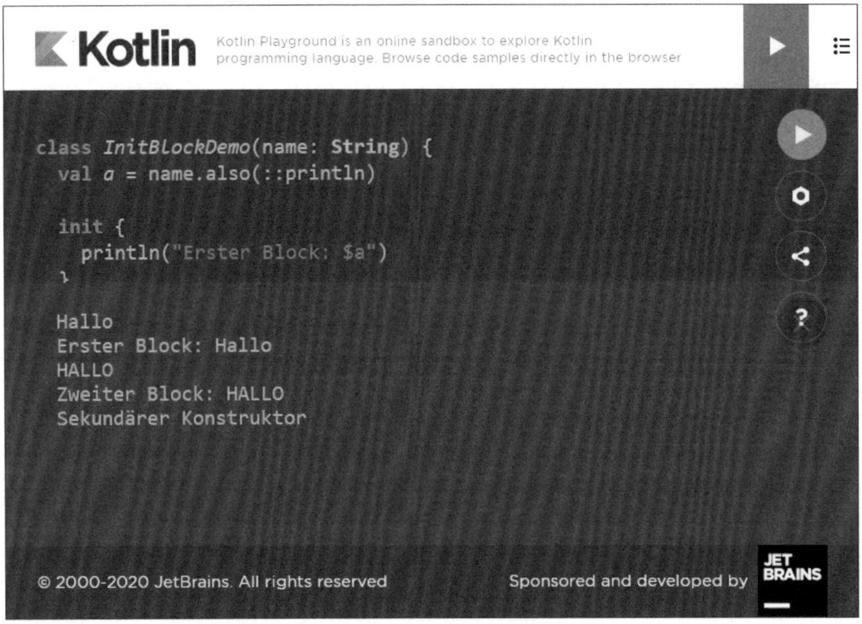

```
class InitBlockDemo(name: String) {
   val a = name.also(::println)

   init {
      println("Erster Block: $a")
   }

Hallo
Erster Block: Hallo
HALLO
Zweiter Block: HALLO
Sekundärer Konstruktor
```

Abbildung A.4 Bildschirmausgaben von Listing A.38

A.5.3 Gleichheit und Identität

Sofern keine explizite Elternklasse angegeben wird, leiten Klassen in Kotlin von Any ab. Wie Object in Java enthält die Wurzel des Typsystems die grundlegenden Methoden equals(), hashCode() und toString(). Die ersten beiden werden unter anderem verwendet, um Objekte auf Gleichheit und Identität zu prüfen. toString() liefert eine Darstellung des Objekts als Zeichenkette. Für Any ist dies eine Referenz in der Form »java.lang.Object@5a07e868« (sofern die Erzeugung in einer Java Virtual Machine stattfindet).

Kotlin unterscheidet zwischen *struktureller* und *referenzieller Gleichheit*. Die Unterschiede demonstriert Listing A.39. === prüft, ob zwei Referenzen auf dasselbe Objekt verweisen. Da b als neuer String erzeugt wird, ist das nicht der Fall, auch wenn er den gleichen Inhalt wie a hat. == hingegen vergleicht die Zeichen. Diese sind gleich, da b aus einem ByteArray von a erzeugt wurde.

```
val a = "Hallo Kotlin"
val b = String(a.toByteArray())
// Referenzielle Gleichheit
println("a === b: ${a === b}")
```

```
// Strukturelle Gleichheit
println("a == b: ${a == b}")
```

Listing A.39 Strukturelle und referenzielle Gleichheit

== entspricht equals, Sie könnten also auch ${a.equals(b)} schreiben. Wenn Sie bereits in Java programmiert haben, vergegenwärtigen Sie sich bitte, dass == in Java Objektreferenzen vergleicht und deshalb dem === von Kotlin entspricht. Nur bei primitiven Datentypen verhält sich == in Java so wie in Kotlin.

A.5.4 Vererbung

Soll eine Klasse von einer bestimmten Elternklasse erben, wird diese im Klassenkopf nach der Parameterliste des primären Konstruktors in der Form : <Name der Elternklasse> angegeben. Hat die Basisklasse einen primären Konstruktor, muss dieser aufgerufen werden. Das ist in Listing A.40 zu sehen. Im Klassenkopf von B wird mit : A(24) der Konstruktor der Elternklasse A aufgerufen. Wie Java kennt Kotlin, anders als C++, **keine** Mehrfachvererbung.

```
fun main() {
  A(42).hallo()
  B().hallo()
}

open class A(a: Int) {
  init {
    print("A").also { println(" mit a=$a")}
  }

  open fun hallo() = println("Hallo")
}

class B : A(24) {
  init {
    println("B")
  }

  override fun hallo() = println("Kotlin")
}
```

Listing A.40 Einfaches Beispiel von Vererbung

Abbildung A.5 zeigt, in welcher Reihenfolge die init-Blöcke der beiden Klassen abgearbeitet werden. »A mit ...« erscheint zweimal. Die erste Ausgabe ergibt sich aus der

Zeile A(42) in der Funktion main(). Die zweite ist die Folge des Konstruktoraufrufs A(24) im Klassenkopf von B.

```
A mit a=42
Hallo
A mit a=24
B
Kotlin
```

Abbildung A.5 Die Bildschirmausgabe von Listing A.40

Ist Ihnen das Schlüsselwort open im Klassenkopf von A aufgefallen? Kotlin-Klassen sind final, können also standardmäßig nicht abgeleitet werden. Ist Vererbung gewünscht, **müssen** Sie open verwenden. Gleiches gilt für Methoden. Nur die Klasse zu öffnen, reicht nicht. Gleichzeitig müssen abgeleitete Klassen bei Methoden, die sie überschreiben, das Schlüsselwort override verwenden. Sie können Methoden der Elternklasse wie in Java mit super. aufrufen.

Abstrakte Klassen und Methoden müssen mit dem Schlüsselwort abstract versehen werden. Im Klassenkopf kann open entfallen. Die ableitende Klasse muss überschriebene Methoden aber mit override kennzeichnen (Listing A.41).

```kotlin
fun main(args: Array<String>) {
  B().hallo("Kotlin")
}

abstract class A {
  abstract fun hallo(s: String)
}

class B : A() {
  override fun hallo(s: String) = println("Hallo, $s")
}
```

Listing A.41 Abstrakte Klassen und Methoden

Darüber hinaus gibt es noch eine interessante Verwendung von abstract. Anders als beispielsweise in Java können Sie abstrakte Eigenschaften definieren. Wie, sehen Sie in Listing A.42. Die abstrakte Klasse A ist mit T typisiert. Diesen Typ verwendet die abstrakte Eigenschaft value. var bedeutet, dass Werte gesetzt und gelesen werden können.

```kotlin
fun main() {
  println(B().value)
  println(C().value)
}

abstract class A<T> {
  abstract var value: T
}

class B : A<String>() {
  override var value = "Hallo"
}

class C : A<Int>() {
  override var value = 42
}
```

Listing A.42 Abstrakte Eigenschaften

Die Klasse B leitet von A<String> ab, value nimmt deshalb Zeichenketten auf. C typisiert A mit Int, deshalb enthält value in C ganze Zahlen.

Interfaces werden mit dem Schlüsselwort interface definiert. Klassen, die es implementieren möchten, verwenden wie bei der Ableitung den Doppelpunkt (Listing A.43). Interfaces können neben den klassischen Methodendeklarationen auch vollständige Implementierungen anbieten. Auch die Definition von Eigenschaften ist möglich.

```kotlin
fun main() {
  val greeter = ConsoleGreeter()
  greeter.sayHello(greeter.defaultName)
}

interface Greeter {
  val defaultName: String
    get() = "world"

  fun sayHello(name: String)

  fun console(s: String) {
    println(s)
  }
}
```

```
class ConsoleGreeter: Greeter {
  override val defaultName = "Kotlin"
  override fun sayHello(name: String) = console("Hallo, $name")
}
```

Listing A.43 Interfaces in Kotlin

Allerdings können Sie Eigenschaften nicht direkt initialisieren (val defaultName = "world"). Das führt zur Fehlermeldung »Property initializers are not allowed in interfaces«. Sie müssen wie gezeigt den Wert in einem Getter setzen. Sollen die implementierenden Klassen den Wert vorgeben, muss die Eigenschaft abstract sein.

In Java ist es – anders als beispielsweise in C# – mit anonymen inneren Klassen einfach, ein Interface zu implementieren, ohne extra eine Klasse definieren zu müssen. Das geht auch in Kotlin. Die Vorgehensweise zeigt Listing A.44.

```
val greeter = object: Greeter {
  override val defaultName = "Kotlin"
  override fun sayHello(name: String) = console("Hallo, $name")
}
greeter.sayHello(greeter.defaultName)
```

Listing A.44 Direkte Implementierung eines Interfaces

A.6 Fortgeschrittene Themen

In diesem Abschnitt stelle ich Ihnen fortgeschrittene Themen und Kotlin-Spezialitäten vor. Ich habe sie in diese Einführung gepackt, weil Sie beim Schreiben von Apps auf jeden Fall darauf stoßen werden.

A.6.1 Singletons und Companion-Objekte

Kotlin kennt im Gegensatz zu Java nicht das Schlüsselwort static. Variablen oder Funktionen ohne Bezug zu einer Klasse oder Instanz werden einfach auf Wurzel- oder Paketebene definiert, also in einer beliebigen .kt-Quelltextdatei (vor oder nach einer Klassendefinition). Aber wie geht man vor, wenn man auf private Daten oder Methoden einer Klasse zugreifen muss? Denken Sie an Zufallszahlengeneratoren. Die Funktion nextInt() könnte eigentlich prima ohne Klassen- oder Objektbezug funktionieren, aber wo wird dann der Zustand gehalten?

```
fun main() {
  for (i in 1..3) {
    println(NotSoRandom.nextInt())
  }
```

```
}

object NotSoRandom {
  private var a = 42

  fun nextInt(): Int {
    a *= 2
    return a
  }
}
```

Listing A.45 Singletons in Kotlin

Zugegeben, der Zustand des Singletons (eine Klasse mit genau einer Instanz) NotSo-Random in Listing A.45 ist überschaubar: eine Variable. Aber sie – und genau das möchte ich Ihnen mit dem Beispiel zeigen – kann sich bei mehreren Aufrufen ändern, ohne dass sich der Aufrufer einen Zustand merken und zum Beispiel als zusätzlichen Methodenparameter übergeben muss. Die Initialisierung von Singletons ist Threadsicher. Sie werden wie Klassen definiert, nur verwenden Sie anstelle von class das Schlüsselwort object. Sie können dann einfach über den Namen auf Eigenschaften und Funktionen des Singletons zugreifen. Wenn es innerhalb einer Klasse verwendet wird, wirkt der benannte Zugriff aber unschön:

```
fun main() {
  for (i in 1..6) {
    println(NotSoRandom2().nextInt())
  }
}

class NotSoRandom2 {
  object Magic {
    private val l = listOf(1, 2, 3)
    private var pos = 0

    fun next(): Int {
      if (pos >= l.size)
        pos = 0
      return l[pos++]
    }
  }

  fun nextInt() = Magic.next()
}
```

Listing A.46 Beispiel für unschönen benannten Zugriff

In Listing A.46 wird mit `Magic.nextInt()` die nächste (nicht zufällige) Zahl ermittelt. Da das Singleton `Magic` direkt in der Klasse `NotSoRandom2` verwendet wird, stört die notwendige Nennung des Namens, zumal Kotlin-Code sonst sehr kompakt ist. Glücklicherweise lässt sich das Problem sehr leicht beheben. Machen Sie aus dem Singleton einfach ein sogenanntes Companion-Objekt, indem Sie vor `object` das Schlüsselwort `companion` setzen. Companion-Objekte können einen Namen haben, `Magic` kann also stehen bleiben. Sie können das Wort aber auch entfernen. In diesem Fall wäre ein benannter Zugriff mit dem Namen der umschließenden Klasse (`NotSoRandom2`) möglich. Methodenaufrufe – und das ist ja der Sinn davon – brauchen aber kein Präfix mehr, `Magic.` kann also entfallen.

> **Hinweis**
> Member des Companion-Objekts sind normale Instanz-Member der umschließenden Klasse. Soll das Programm in einer Java Virtual Machine ausgeführt werden, kann mit der Annotation `@JvmStatic` ein statischer Member erzeugt werden.

Klassen, Objekte, Interfaces, Konstruktoren, Funktionen, Eigenschaften und deren Setter können in ihrer Sichtbarkeit eingeschränkt werden. Welche Stufen es gibt und wie sie sich auswirken, zeige ich Ihnen im folgenden Abschnitt.

A.6.2 Sichtbarkeit

Kotlin kennt die Sichtbarkeitsstufen `private`, `protected`, `internal` und `public`. Wird kein Modifizierer angegeben, gilt `public`. Wenn Sie die Sichtbarkeit einschränken möchten, müssen Sie dies explizit angeben.

Schlüsselwort	Bedeutung
public	Zugriff nicht eingeschränkt
private	▸ Private Toplevel-Deklarationen nur innerhalb der Datei sichtbar ▸ Klassen, Interfaces und Properties nur innerhalb der Klasse bzw. des Interfaces
protected	▸ Für Toplevel-Deklarationen nicht verfügbar ▸ Klassen, Interfaces und Properties innerhalb der Klasse bzw. des Interfaces sowie in abgeleiteten Klassen
internal	▸ Interne Toplevel-Deklarationen innerhalb eines Moduls sichtbar ▸ Jeder innerhalb desselben Moduls, der die deklarierende Klasse sieht, sieht auch einen internen Member.

Tabelle A.3 Zugriffsmodifizierer und ihre Bedeutung

Module bestehen aus zusammen übersetzten Kotlin-Dateien. Mögliche Quellen sind IntelliJ IDEA-Module, Maven-Projekte, Gradle source sets sowie mehrere Quelltextdateien, die in einem <kotlinc> Ant Task übersetzt wurden.

A.6.3 Erweiterungen

Mit Erweiterungen können Sie Klassen um neue Funktionen erweitern, ohne von ihr abzuleiten oder auf klassische Entwurfsmuster (beispielsweise Decorator) zurückzugreifen. Das ist sehr praktisch, wenn der Quelltext einer Klasse nicht zur Verfügung steht, weil sie zu einer vorübersetzten Bibliothek gehört. Listing A.47 zeigt eine Erweiterung für Strings.

```
fun main() {
  val s = "AB"
  println(s.toAsterisk())
}

fun String.toAsterisk(): String {
  return String(CharArray(this.length, { '*' }))
}
```

Listing A.47 Eine Erweiterungsfunktion für die Klasse »String«

this im Rumpf der Funktion ist optional. Erweiterungen werden statisch aufgelöst. Sie modifizieren Klassen nicht. Die *neuen* Funktionen werden nur über die Punkt-Notation aufrufbar. Der Receivertyp kann bei Bedarf nullbar oder generisch sein. Das ist in Listing A.48 zu sehen. Der Cast (this as Any) ist nötig, weil sonst die Ermittlung des Klassennamens nicht erlaubt ist.

```
fun main() {
  "123".info()
  123.info()
  null.info()
}

fun <T> T?.info() {
  println(
    if (this == null)
      "ist null"
    else
      (this as Any)::class.simpleName
  )
}
```

Listing A.48 Erweiterungsfunktion mit nullbarem und generischem Receiver

Die zu erweiternde Klasse wird zur Compilezeit bestimmt. Abgeleitete Klassen werden deshalb anders behandelt, als man vielleicht erwarten würde. In Listing A.49 werden zwei Klassen definiert. B leitet von A ab. Beide erhalten eine Erweiterungsfunktion getName(). Diese liefern je nach Klasse "A" oder "B". Die Funktion printClassName() erhält ein Objekt des Typs A und ruft darauf die Erweiterungsfunktion getName() auf. Wenn eine B-Instanz übergeben wird, müsste demnach "B" zurückgegeben werden, oder?

```kotlin
fun main() {
  printClassName(A())
  printClassName(B())
}

open class A
class B: A()

fun A.getName() = "A"
fun B.getName() = "B"

fun printClassName(s: A) {
  println(s.getName())
}
```

Listing A.49 Ermittlung der zu erweiternden Klasse zur Compilezeit

Der Typ des Receivers wird zur Compilezeit bestimmt. Das ist A, weshalb unabhängig vom Typ zur Laufzeit immer A.getName() aufgerufen wird.

A.6.4 Kompakter Code

Kotlin-Code soll kompakt, aber dennoch gut lesbar sein. Deshalb können Strukturelemente wie { } und ( ) unter bestimmten Umständen weggelassen werden. Beispielsweise würde man

```kotlin
(1..3).forEach( { i -> println(i * i)})
```

zu

```kotlin
(1..3).forEach { println(it * it) }
```

verkürzen.

Praktisch ist auch, dass Sie nicht verwendete Parameter in Lambda-Ausdrücken mit _ als *wird nicht verwendet* kennzeichnen können (Listing A.50).

```
var count = 0
(1..3).forEach( { _ -> count++ } )
println(count)
```

Listing A.50 Nicht verwendeter Parameter in einem Lambda-Ausdruck

Das wird üblicherweise noch weiter reduziert auf:

```
(1..3).forEach { count++ }
```

Es fällt also nicht nur der nicht verwendete Parameter weg, sondern auch der Lambdapfeil `->` und die `forEach`-Funktionsklammern.

A.7 Zusammenfassung

Sie haben in diesem Anhang eine sehr kurze Einführung in die wichtigsten Konzepte von Kotlin erhalten. Wie Sie gesehen haben, übernimmt Kotlin viele bewährte Konzepte, hat aber auch den Mut, alte Zöpfe abzuschneiden. Wenn Sie tiefer in die Sprache einsteigen möchten, finden Sie entsprechende Buchempfehlungen im Literaturverzeichnis in Anhang D.

Anhang B
Jetpack Compose

Mit Jetpack Compose wird sich der Bau von Android-UIs radikal verändern. Noch ist die Bibliothek nicht fertig. Dieser Anhang zeigt Ihnen den aktuellen Stand und gibt eine Einführung in wichtige Konzepte.

Jetpack Compose ist ein modernes Framework für den Bau nativer Android-Benutzeroberflächen. Die Bibliothek basiert auf einem deklarativen Programmiermodell: Sie beschreiben nur noch, wie die Oberfläche aktuell aussehen soll. Das Framework kümmert sich um alle notwendigen Anpassungen.

B.1 Deklaratives Programmiermodell

Die Idee, Oberflächen zu beschreiben, ist nicht neu. Das Auslagern in Layoutdateien und die damit einhergehende Trennung vom Code ist ja eine Beschreibung. Hinter deklarativen Programmiermodellen steckt aber viel mehr. Damit Sie die Unterschiede nachvollziehen können, möchte ich mit Ihnen zunächst das bisherige Vorgehen reflektieren. Natürlich beziehe ich mich dabei auf Android. Sie sollten aber im Hinterkopf behalten, dass praktisch alle (noch) aktuellen UI-Frameworks so ähnlich funktionieren.

B.1.1 Imperative Ansätze

Android fasst Bedienelemente zur Laufzeit zu baumartigen Strukturen zusammen. Deren Knoten sind Objekte. Die Wurzel hängen Sie beispielsweise mit setContentView() in eine Activity ein oder liefern sie in Fragmenten bei onCreateView() zurück. Kinder sind entweder einfache Elemente wie Button, TextView oder ImageView oder aber ViewGroups. Diese können – wie die Wurzel – wiederum normale Bedienelemente sowie weitere ViewGroups enthalten. Jeder Knoten speichert elementare Werte wie Position, Breite und Höhe. ViewGroups kümmern sich um das Layout, sie berechnen also Position und Größe ihrer Kinder. Weitere Werte der Knoten sind oft elementspezifisch, beispielsweise der Text eines Buttons, dessen Farbe und seine Schriftart.

Um eine Benutzeroberfläche zum Leben zu erwecken, muss der Entwickler das Objektgeflecht zunächst erstellen und dann situationsgerecht manipulieren. Die meisten Attribute der UI-Komponenten können deshalb gelesen und geschrieben werden. Unter Android wird das Layout in einer XML-Datei definiert und in einer Activity oder einem Fragment entfaltet und angezeigt. UI-Frameworks anderer Plattformen gehen hier ähnlich vor, trennen also Beschreibung und Manipulation. Wirklich nötig ist das aber nicht – alle Frameworks (auch Android) können Oberflächen rein programmatisch erstellen und manipulieren. Aber was meine ich eigentlich mit *manipulieren*?

Da die Benutzeroberfläche zur Laufzeit ein Objektgeflecht ist, müssen Sie jede gewünschte Änderung haarklein vorgeben. Soll ein Teil des Baumes nicht zu sehen sein, müssen Sie diesen mit `visibiliy = View.GONE` ausblenden. Darf ein Button nicht angeklickt werden, deaktivieren Sie ihn mit `isEnabled = false`. Und soll je nach Auswahl eines RadioButtons ein anderer Teilbaum angezeigt werden, müssen Sie entweder alle Teilbäume in der Oberfläche vorsehen und entsprechend ein- und ausblenden (dann ist der Komponentenbaum unnötig groß) oder dynamisch nachladen.

Natürlich funktioniert das alles in kleinen (und grundsätzlich auch in großen) Projekten problemlos. Aber je mehr Daten Sie in Ihrer App halten, umso aufwendiger wird es für Sie, den Überblick zu behalten. Welche Auswirkungen hat die Änderung von Daten auf die Oberfläche? Wann ist was zu sehen? Listing B.1 zeigt einen Auszug aus meinem Beispiel *Hallo Android* (Kapitel 2, »Hallo Android!«). `message` (eine `TextView`) wird mit »Guten Tag. Schön, dass Sie mich ...« vorbelegt. Die Schaltfläche `nextFinish` hat zunächst den Text »Weiter«. Nach dem Anklicken des Buttons lautet sein Text »Fertig«, `message` zeigt eine Grußfloskel, und ein Eingabefeld (`input`) wird unsichtbar. Ein weiterer Buttonklick beendet die Activity. Konzeptionell hängt die (kleine) Oberfläche von der Variable `firstClick` ab. Das ist aber in einer unscheinbaren if-Anweisung versteckt.

```
message.setText(R.string.welcome)
nextFinish.setText(R.string.next)
nextFinish.setOnClickListener(fun(_: View) {
  if (firstClick) {
    message.text = getString(
      R.string.hello,
      input.text
    )
    input.visibility = View.INVISIBLE
    nextFinish.setText(R.string.finish)
    firstClick = false
  } else {
    finish()
  }
})
```

Listing B.1 Auszug aus dem Projekt »Hallo Android«

B.1.2 Besser deklarativ

Deklarative Programmiermodelle stellen nicht mehr das *Was?*, sondern das *Wie?* in den Mittelpunkt. Statt die Oberfläche auf Basis von Zustandsänderungen zu modifizieren, kann man sie nämlich auch situationsabhängig beschreiben. Für das *Hallo Android*-Beispiel bedeutet das:

- Die Oberfläche ist von genau einem Wert abhängig: der Variablen firstClick.
- Der Button zeigt entweder WEITER oder FERTIG an.
- Wurde er noch nicht angeklickt, erscheint über ihm eine Willkommensmeldung.
- Wurde er mindestens einmal angeklickt, erscheint stattdessen die Grußfloskel.

Bei deklarativ erzeugten Benutzeroberflächen spielen nur die Bedienelemente eine Rolle, die aktuell dargestellt werden sollen. Ob sie früher schon vorhanden waren und deshalb aktualisiert oder neu hinzukommen und deshalb in den Komponentenbaum eingefügt werden müssten, kann dem Entwickler egal sein. Auch, ob Elemente wegfallen. Ihn interessiert nur die augenblickliche Situation. Deshalb beschreibt er auch nur diese. Wie, zeige ich Ihnen anhand der App *Hallo Android Compose* (Abbildung B.1).

Abbildung B.1 Die App »Hallo Android Compose«

Hinweis
Jetpack Compose muss sehr genau Buch führen, welche Änderungen nötig sind. Ein vollständiges Neuzeichnen würde zu deutlichem Flackern führen und unnötig Rechenzeit kosten. Aber um solche Interna müssen Sie sich zum Glück nicht kümmern.

Zum Zeitpunkt der Drucklegung ist für die Verwendung von Jetpack Compose eine Vorschauversion von Android Studio im Kanal Canary nötig. Diese enthält aktualisierte Projektvorlagen und eine Voransicht für Compose-Benutzeroberflächen.

Die Hauptklasse `HalloAndroidComposeActivity` ist in Listing B.2 zu sehen. Schon beim ersten Überfliegen fallen mehrere Funktionen auf, die mit `@Composable` annotiert sind. Damit definieren Sie die Bausteine, aus denen die Benutzeroberfläche Ihrer App zusammengesetzt wird.

Composable functions

Mein Beispiel besteht demnach aus `ContentView`, `FirstPage`, `SecondPage`, `GreetingText` und `MyButton`. Die Funktion `DefaultPreview` nimmt eine Sonderstellung ein. Sie wird für das Anzeigen der Voransicht benötigt. Deshalb auch `@Preview`. *Composable functions* beginnen gemäß Googles Kotlin Style Guide im Unterschied zu normalen Funktionen mit einem Großbuchstaben.[1] Verwenden Sie Substantive, als wären die Funktionen Datentypen. Wie die Benutzeroberfläche zusammengesetzt wird, können Sie schön nachvollziehen, indem Sie der Aufrufkette folgen. Sie beginnt in `onCreate()`. `setContent()` erweitert die Klasse `ComponentActivity`. Die ihr übergebene Funktion (`ContentView()`) liefert die Wurzel, analog zu `setContentView()` in der alten Welt.

In meinem Beispiel ist die Wurzel das Composable `Column`. Es nimmt ein oder mehrere Kinder auf und ordnet sie untereinander an. Mit `horizontalAlignment = Alignment.CenterHorizontally` werden sie zentriert. `fillMaxWidth()` sorgt dafür, dass die `Column` die komplette Breite einnimmt. `padding(16.dp)` gibt ihr einen Rahmen, der an allen vier Seiten 16 geräteunabhängige Pixel groß ist. Die Kinder werden durch `firstPage.value` festgelegt. Was es damit auf sich hat, sehen wir etwas später. Lassen Sie uns vorher noch einen Blick auf `FirstPage()` und `SecondPage()` werfen.

```
package com.thomaskuenneth.androidbuch.halloandroidcompose

import android.os.Bundle
import androidx.appcompat.app.AppCompatActivity
import androidx.compose.foundation.*
import androidx.compose.foundation.layout.*
import androidx.compose.material.*
```

---

1 *https://developer.android.com/kotlin/style-guide#function_names*

B.1 Deklaratives Programmiermodell

```kotlin
import androidx.compose.runtime.*
import androidx.compose.ui.*
import androidx.compose.ui.platform.setContent
import androidx.compose.ui.res.stringResource
import androidx.compose.ui.text.*
import androidx.compose.ui.text.input.*
import androidx.compose.ui.text.style.*
import androidx.compose.ui.unit.*
import androidx.ui.tooling.preview.Preview

private val HEIGHT = 96.dp
class HalloAndroidComposeActivity : AppCompatActivity() {

    override fun onCreate(savedInstanceState: Bundle?) {
        super.onCreate(savedInstanceState)
        setContent {
            ContentView { finish() }
        }
    }
}

@Composable
fun ContentView(finish: () -> Unit) {
    val firstPage = remember { mutableStateOf(true) }
    val name = remember { mutableStateOf("") }
    Column(
        horizontalAlignment = Alignment.CenterHorizontally,
        modifier = Modifier.fillMaxWidth().padding(16.dp)
    ) {
        if (firstPage.value) {
            FirstPage(HEIGHT, name.value) { currentName: String ->
                firstPage.value = false
                name.value = currentName
            }
        } else {
            SecondPage(HEIGHT, name.value) { finish() }
        }
    }
}

@Composable
fun FirstPage(height: Dp, initial: String, onClick: (name: String)
        -> Unit) {
    val name = remember { mutableStateOf(initial) }
```

```kotlin
    val enabled = remember { mutableStateOf(false) }
    GreetingText(
      stringResource(R.string.welcome)
    )
    Box(
      alignment = Alignment.TopCenter,
      modifier = Modifier.preferredHeight(height)
    ) {
      OutlinedTextField(
        value = name.value,
        placeholder = { Text(stringResource(R.string.firstname_surname)) },
        onValueChange = {
          name.value = it
          enabled.value = name.value.isNotEmpty()
        },
        imeAction = ImeAction.Next,
        onImeActionPerformed = { _, _ ->
          if (enabled.value)
            onClick(name.value)
        },
        modifier = Modifier.fillMaxWidth(),
        label = { Text(stringResource(R.string.your_name)) }
      )
    }
    MyButton(stringResource(R.string.next), enabled.value) {
      onClick(name.value)
    }
  }
}

@Composable
fun SecondPage(height: Dp, name: String, onClick: () -> Unit) {
  GreetingText(
    stringResource(R.string.hallo, name)
  )
  Spacer(modifier = Modifier.preferredHeight(height))
  MyButton(stringResource(R.string.done), true) { onClick() }
}

@Composable
fun GreetingText(text: String) {
  Text(
    text = text,
    textAlign = TextAlign.Start,
    modifier = Modifier.preferredHeight(48.dp)  )
```

```
}

@Composable
fun MyButton(text: String, enabled: Boolean, onClick: () -> Unit) {
  Button(
    onClick = onClick,
    enabled = enabled
  ) {
    Text(text = text)
  }
}

@Preview
@Composable
fun DefaultPreview() {
  MaterialTheme {
    ContentView {}
  }
}
```

Listing B.2 Die Klasse »HalloAndroidComposeActivity«

FirstPage() fügt unserer Benutzeroberfläche mehrere Composables hinzu. Greeting-Text() und MyButton() habe ich implementiert. Box() und OutlinedTextField() gehören zu Jetpack Compose. Das Textfeld wird in eine Box gepackt, weil unterhalb des Textfeldes ein definierter Platz frei bleiben soll. Andernfalls würde nach dem ersten Anklicken die Schaltfläche »springen«, also ihre vertikale Position verändern. Das lässt sich zwar auch auf anderem Wege realisieren (beispielsweise könnten Sie OutlinedTextField() einen zusätzlichen Modifier übergeben), aber so haben Sie gleich Box() kennengelernt.

Ist Ihnen aufgefallen, dass placeholder und label keine Strings sind, sondern ebenfalls Composables (Text())? Die Philosophie von Jetpack Compose ist, die Oberfläche vollständig mit Composables umzusetzen. So können sich der Platzhalter und das Label individuell der aktuellen Situation anpassen. SecondPage() fügt der Column() einen GreetingText(), MyButton() und einen Spacer() hinzu. Er sorgt für freien Platz. Der Button bleibt so an seiner Position. Modifier steuern, wie ein Composable innerhalb der UI angezeigt wird. preferredHeight() legt die gewünschte Höhe fest, fillMax-Width() sorgt für eine maximale Breite.

Jetpack Compose beinhaltet zahlreiche Bedienelemente: Ein paar haben Sie in meinem Beispiel gesehen. Sie sollten Ihre Oberfläche in möglichst viele sinnvolle eigene Composables zerlegen. Bitte beachten Sie hierbei, dass Ihre Funktionen möglicherweise sehr häufig aufgerufen werden. Der Code darf deshalb keine rechenintensiven

Operationen durchführen. Werte übergeben Sie als Parameter von außen. Das gilt üblicherweise auch für Aktionen, beispielsweise nach dem Anklicken eines Buttons. Nur wenn ein Ereignis Auswirkungen auf das Composable selbst hat, wird es dort verarbeitet. `FirstPage()` beispielsweise enthält ein Eingabefeld und eine Schaltfläche. Diese kann nur angeklickt werden, wenn mindestens ein Zeichen eingetippt wurde. Deshalb findet die Reaktion auf Tastendrücke (`onValueChange`) direkt in `FirstPage()` statt. Hierzu wird der Status mit `enabled.value = name.value.isNotEmpty()` ermittelt und an `MyButton()` übergeben.

Hier sehen Sie sehr schön den größten Unterschied zwischen deklarativen und imperativen Programmiermodellen. Es wird aus Sicht des Programmierers nicht der Status einer Instanz geändert, sondern das Composable wird mit den aktuell gewünschten Werten aufgerufen. Wie das zur Laufzeit abgebildet wird, ist für die Entwicklung unerheblich.

B.2   Zustand und Ereignisse

Composable Functions lassen sich einer von zwei Gruppen zuordnen. Sie sind entweder zustandslos oder zustandsbehaftet. `SecondPage()`, `GreetingText()` und `MyButton()` halten keine eigenen Zustände. Das bedeutet: Alle relevanten veränderlichen Informationen werden von außen zugeführt. `ContentPage()` und `FirstPage()` hingegen werden nicht alle Daten als Parameter übergeben. Sie *erinnern* sich an bestimmte Werte. Wie Composables Zustände speichern und wieder darauf zugreifen, zeige ich Ihnen im folgenden Abschnitt.

B.2.1   remember {}

Die Zeile `val firstPage = remember { mutableStateOf(true) }` in `ContentView()` weist der lokalen Variable `firstPage` das Ergebnis des Funktionsaufrufs `remember()` – eine Toplevel-Funktion im Paket `androidx.compose.runtime` – zu. Der übergebene Lambda-Ausdruck wird nur beim ersten Mal ausgeführt. Alle weiteren Aufrufe liefern dessen Ergebnis zurück. Das ist sehr praktisch, weil Sie auf diese Weise einen Wert speichern und später wieder darauf zugreifen können. Damit Sie bei Bedarf den Lambda-Ausdruck erneut ausführen können, gibt es `remember` mit verschiedenen Signaturen.

Mit `mutableStateOf()` können sich Composables veränderliche Werte merken. Diese Toplevel-Funktion gehört ebenfalls zum Paket `androidx.compose.runtime`. Sie liefert eine `MutableState`-Instanz, die mit dem übergebenen Wert initialisiert wurde. Auf die gespeicherten Werte greifen Sie über die Eigenschaft `value` zu. Schreibzugriffe führen dazu, dass von der Änderung betroffene Teile der Benutzeroberfläche neu zusammengebaut werden. Mein Beispiel speichert die drei Werte `firstPage`, `name` und `enabled`. Ist Ihnen aufgefallen, dass ich nie die `MutableState`-Instanzen selbst an andere

Composables weiterreiche, sondern nur die Werte? Sie sollten bei Composables niemals Zustände weiterreichen. Im Idealfall braucht ein Composable gar keinen. Falls doch, speichert es ihn mit `remember` selbst.

B.2.2 Auf Benutzereingaben reagieren

Sicher ist Ihnen aufgefallen, dass ich `MyButton()`, `SecondPage()` und `FirstPage()` Lambdas übergebe, die in der Funktion nur aufgerufen werden. Die Philosophie von Jetpack Compose in diesem Zusammenhang ist, (nicht nur) im Hinblick auf eine möglichst häufige Wiederverwendung composable functions so dumm wie möglich zu halten. Bildlich gesprochen wandern Benutzeraktionen in der Hierarchie Ihrer Oberfläche so lange nach oben, bis sich jemand dafür zuständig fühlt. Im Sinne einer *inversion of control* geben Sie den auszuführenden Code dem Composable einfach mit.

Eine Ausnahme von dieser Regel hatte ich ja schon angesprochen. Wenn ein Composable ein Ereignis allgemeingültig intern verarbeiten kann, darf es das natürlich. Denken Sie an einen Schieberegler, unter dem der aktuelle Wert als Text angezeigt wird. Klar, nach einer Bewegung des Reglers muss der Wert nach außen kommuniziert werden. Gleichzeitig ist aber das Anzeigen des Textes innerhalb der Funktion wünschenswert und sinnvoll. Wie Sie so etwas in Jetpack Compose realisieren, ist in Listing B.3 zu sehen. Mit `SliderView { println(it) }` zeigen Sie das Composable an (Abbildung B.2).

Da wir unter dem Slider einen Text ausgeben möchten, habe ich beides wieder in eine Column gepackt. Sie nimmt die gesamte zur Verfügung stehende Breite ein (`fillMaxWidth()`) und hat standardmäßig an allen Seiten einen 16 geräteunabhängige Pixel großen Rand (`padding(16.dp)`). Dieser kann bei Bedarf durch Übergabe eines eigenen Modifiers geändert werden. Der Wertebereich des Sliders wird mit `valueRange` festgelegt. Den aktuellen Wert speichert die lokale Variable `position`. Durch `by` entfällt der explizite Zugriff über `.value`. `onValueChange` wird beim Schieben des Sliderknopfs aufgerufen. Meine Implementierung ändert dann den angezeigten Text und ruft den als Parameter `onValueChange` übergebenen Callback auf.

```
@Composable
fun SliderView(modifier: Modifier = Modifier.padding(16.dp),
               onValueChange: (Float) -> Unit) {
  var position by remember { mutableStateOf(4f) }
  Column(
    modifier = modifier.fillMaxWidth(),
  ) {
    Slider(
      value = position,
      valueRange = 0f..10f,
      onValueChange = {
```

```
        position = it
        onValueChange(it)
      })
    Text(
      text = position.toInt().toString(),
      modifier = Modifier.fillMaxWidth(),
      style = TextStyle(fontSize = TextUnit.Companion.Sp(32)),
      textAlign = TextAlign.Center
    )
  }
}
```

Listing B.3 Einen Slider mit Jetpack Compose erstellen

Das Composable `Text()` wird mit `text = position.toInt().toString()` parametriert. Da `position` eine `MutableState`-Instanz als Wert enthält, führen Änderungen am Wert zu einer Neukomposition.

Abbildung B.2 Ein Slider mit Text in Jetpack Compose

Um ein Composable in Aktion zu sehen, müssen Sie keine App starten. Ein paar Annotationen genügen. Wie diese verwendet werden, zeige ich Ihnen im folgenden Abschnitt.

B.2.3 Voransichten von Composables anzeigen

Sicher ist Ihnen in Listing B.2 folgendes Quelltextfragment aufgefallen:

```
@Preview
@Composable
fun DefaultPreview() {
  MaterialTheme {
    ContentView {}
  }
}
```

Listing B.4 Voransicht eines Composables erstellen

Wenn Sie im Editorfenster auf SPLIT oder DESIGN klicken, sehen Sie in etwa die in Abbildung B.3 gezeigte Vorschau. Damit eine composable function in diesem Bereich erscheint, muss sie keinen bestimmten Namen haben. Wichtig ist nur, dass sie mit @Preview versehen ist.

Abbildung B.3 Voransicht des Composables »DefaultPreview()«

Die Annotation erlaubt eine Reihe von Parametern. Beispielsweise können Sie mit name den anzuzeigenden Namen setzen. Mit group = " ... " lassen sich Composables zu Gruppen zusammenfassen. Zwischen diesen können Sie mit einer Dropdownliste umschalten. showDecoration = true zeigt das Composable in einer Activity. Auch die Statusleiste des Systems ist dann am oberen Rand zu sehen.

> **Tipp**
> Sie können in der Ansicht SPLIT ein Composable anklicken. Der Cursor im Editor springt dann in die korrespondierende Zeile im Quelltext.

wechselt in den interaktiven Modus. Damit können Sie die Bedienung Ihrer composable function ausprobieren. bringt sie auf ein echtes Gerät oder den Emulator.

B.3 Integration in Projekte

Damit Sie Jetpack Compose in Ihren Projekten verwenden können, müssen in den beiden *build.gradle*-Dateien einige Einträge und Elemente vorhanden sein. Welche dies sind, zeige ich Ihnen in diesem Abschnitt.

B.3.1 Nur ab Kotlin 1.4

Stellen Sie als Erstes bitte sicher, dass Sie mindestens Kotlin 1.4.10 verwenden. In der projektübergreifenden build.gradle-Datei sollten in buildscript { ... } folgende Zeilen auftauchen:

```
ext {
  compose_version = '1.0.0-alpha04'
}
ext.kotlin_version = "1.4.10"
```

Listing B.5 Auszug aus der projektübergreifenden »build.gradle«-Datei

Zum Zeitpunkt der Drucklegung ist die Entwicklung von Jetpack Compose noch in vollem Gange. Die hier enthaltenen Versionsnummern sind deshalb mit großer Wahrscheinlichkeit nicht mehr aktuell. Auch beim Öffnen des Projekts aus den Begleitmaterialien kann es zu Fehlermeldungen wie »The project is using an incompatible version ... of the Android Gradle plugin.« kommen. Folgen Sie in solchen Fällen bitte der Aufforderung zur Aktualisierung.

B.3.2 Modulspezifische »build.gradle«-Datei

Um Jetpack Compose einsetzen zu können, muss das ausführende Gerät mindestens API-Level 21 unterstützen. Ferner müssen sowohl der Java- als auch der Kotlin-Compiler für Java 8 konfiguriert sein. Diese und alle weiteren relevanten Einstellungen sind in Listing B.6 zu sehen.

```
android {
  defaultConfig {
    ...
    minSdkVersion 21
  }
  buildFeatures {
    compose true
  }
  ...
  compileOptions {
    sourceCompatibility JavaVersion.VERSION_1_8
    targetCompatibility JavaVersion.VERSION_1_8
  }
  kotlinOptions {
    jvmTarget = "1.8"
    useIR = true
  }
  ...
}
```

Listing B.6 Auszug aus der modulspezifischen »build.gradle«-Datei

Zu guter Letzt müssen Sie im Bereich dependencies { ... } eine Reihe von Abhängigkeiten definieren. Sofern es neue Versionen einer Bibliothek gibt, macht Sie Android Studio zum Glück darauf aufmerksam.

```
implementation "org.jetbrains.kotlin:kotlin-stdlib:$kotlin_version"
implementation 'androidx.core:core-ktx:1.3.2'
implementation 'androidx.appcompat:appcompat:1.2.0'
implementation 'com.google.android.material:material:1.2.1'
implementation "androidx.compose.ui:ui:$compose_version"
implementation "androidx.compose.material:material:$compose_version"
implementation "androidx.ui:ui-tooling:$compose_version"
implementation 'androidx.lifecycle:lifecycle-runtime-ktx:2.3.0-beta01'
testImplementation 'junit:junit:4.13'
androidTestImplementation 'androidx.test.ext:junit:1.1.2'
androidTestImplementation 'androidx.test.espresso:espresso-core:3.3.0'
```

Listing B.7 Benötigte Bibliotheken

B.4 Zusammenfassung

Google unterstreicht als Vorteile für Jetpack Compose die folgenden Aspekte:

- *Weniger Code*: Viele zum Teil fehleranfällige Konstrukte fallen weg. Der Code wird einfacher und damit leichter wartbar.
- *Intuitiv*: Sie müssen sich nicht mehr um Zustandswechsel in Ihrer Anwendung kümmern. Stattdessen beschreiben Sie die Benutzeroberfläche so, wie sie aktuell sein soll. Den Rest erledigt das Framework.
- *Schnellere Entwicklung*: Jetpack Compose ist mit Ihrem bestehenden Code kompatibel, Sie können Stück für Stück auf die neue Bibliothek umstellen. Und die Live-Vorschau ermöglicht ein schnelles Prototyping.
- *Mächtig*: Sie können mit Jetpack Compose ästhetische Apps mit direktem Zugriff auf alle Plattform-APIs und eingebauter Unterstützung von Material Design, dem Dunkelmodus und Animationen bauen.

Natürlich könnte diese Einführung nur einen kurzen Einblick in die neue Komponente geben. Ich hoffe aber, ich konnte Ihr Interesse für die neue Technologie wecken. Denn ohne Frage wird sie die Art, auf die unter Android Oberflächen erstellt werden, radikal verändern. Dazu muss sie aber fertiggestellt werden. Zum Zeitpunkt der Drucklegung war das noch lange nicht so weit.

Anhang C
Häufig benötigte Codebausteine

C.1 Manifestdatei

Rumpf

```xml
<?xml version="1.0" encoding="utf-8"?>
<manifest
    xmlns:android="http://schemas.android.com/apk/res/android"
    package="paket.name.der.app">
    <!-- angeforderte Berechtigungen -->
    <uses-permission android:name="..." />
    <application
        android:icon="@mipmap/ic_launcher"
        android:roundIcon="@mipmap/ic_launcher_round"
        android:theme="@style/ ..."
        android:label="@string/app_name">
    <activity
        android:name=".Name_der_Activity_Klasse"
        android:label="@string/app_name">
            <!-- Hauptaktivität kennzeichnen -->
            <intent-filter>
                <action
                    android:name="android.intent.action.MAIN" />
                <category
                    android:name="android.intent.category.LAUNCHER" />
            </intent-filter>
        </activity>
    </application>
</manifest>
```

Broadcast Receiver

```xml
<receiver
    android:name=".Name_der_Broadcast_Receiver_Klasse">
    <intent-filter>
```

```xml
    <action
        android:name="..." />
    </intent-filter>
</receiver>
```

Service

```xml
<service
    android:label="@string/..."
    android:name=".Name_der_Service_Klasse"
    <!-- gegebenenfalls Berechtigungen voraussetzen -->
    android:permission="...">
    <!-- gegebenenfalls Metadaten setzen -->
    <meta-data
        android:name="..."
        android:resource="@xml/..." />
</service>
```

Unterschiedliche Bildschirme unterstützen

```xml
<supports-screens
    android:smallScreens="..."
    android:normalScreens="..."
    android:largeScreens="..."
    android:xlargeScreens="..." />
```

Content Provider

```xml
<provider
    android:name=".Name_der_Content_Provider_Klasse"
    android:authorities="..." />
```

Benötigte Features

```xml
<uses-feature
    android:name="..."
    android:required="..." />
```

C.2 build.gradle

C.2.1 Struktur

Projektübergreifend

```
buildscript {
  ext.kotlin_version = "1.4.0"
  repositories {
    google()
    jcenter()
  }
  dependencies {
    classpath 'com.android.tools.build:gradle:4.0.1'
    classpath "org.jetbrains.kotlin:kotlin-gradle-plugin:$kotlin_version"
  }
}

allprojects {
  repositories {
    google()
    jcenter()
  }
}

task clean(type: Delete) {
  delete rootProject.buildDir
}
```

Modulspezifische Datei

```
apply plugin: 'com.android.application'
apply plugin: 'kotlin-android'
apply plugin: 'kotlin-android-extensions'

android {
  compileSdkVersion 30
  buildToolsVersion "30.0.2"

  defaultConfig {
    applicationId " ... "
    minSdkVersion 28
    targetSdkVersion 30
    versionCode 1
```

```
      versionName "1.0"
      testInstrumentationRunner "androidx.test.runner.AndroidJUnitRunner"
  }

  buildTypes {
    release {
      minifyEnabled false
      proguardFiles getDefaultProguardFile(
                     'proguard-android-optimize.txt'),
                     'proguard-rules.pro'}
    }
  }
}

dependencies {
  implementation fileTree(dir: "libs", include: ["*.jar"])
  implementation "org.jetbrains.kotlin:kotlin-stdlib:$kotlin_version"
  ...
  testImplementation 'junit:junit:4.13'
  androidTestImplementation 'androidx.test.ext:junit:1.1.2'
  androidTestImplementation 'androidx.test.espresso:espresso-core:3.3.0'
  ...
}
```

C.2.2 Erweiterungen

Kotlin und Java 8 nutzen

```
android {
  ...
  compileOptions {
    sourceCompatibility JavaVersion.VERSION_1_8
    targetCompatibility JavaVersion.VERSION_1_8
  }
  ...
  kotlinOptions {
    jvmTarget = '1.8'
    useIR = true
  }
  ...
}
```

Jetpack Compose

```
android {
  ...
  composeOptions {
    kotlinCompilerExtensionVersion compose_version
    kotlinCompilerVersion '1.4.0'
  }
  ...
}
```

C.3 Berechtigungen

Die Kennzeichnung *gefährlich* bedeutet, dass die Berechtigung in der Manifestdatei und im Programmcode angefordert werden muss. *Normale Berechtigungen* werden vom System implizit gewährt. In diesem Fall reicht die Deklaration im Manifest.

Prüfen und Anfordern einer Berechtigung

```
if (checkSelfPermission(Manifest.permission.READ_PHONE_NUMBERS)
  != PackageManager.PERMISSION_GRANTED) {
  if (shouldShowRequestPermissionRationale(
      Manifest.permission.READ_PHONE_NUMBERS)) {
    ..
  } else {
    requestPermissions(arrayOf(
      Manifest.permission.READ_PHONE_NUMBERS),
        REQUEST_READ_PHONE_NUMBER)
  }
} else {
  ...
}
```

Auf Gewähren oder Verweigern einer Berechtigung reagieren

```
override fun onRequestPermissionsResult(requestCode: Int,
                  permissions: Array<String>,
                  grantResults: IntArray) {
  super.onRequestPermissionsResult(requestCode, permissions,
    grantResults)
  if (requestCode == REQUEST_READ_PHONE_NUMBER) {
    if (grantResults.isNotEmpty() && grantResults[0]
      == PackageManager.PERMISSION_GRANTED) {
```

```
      // erlaubt
    } else {
      // nicht erlaubt
    }
  }
}
```

C.3.1 Hardware, Telefonie und Netzwerk

Anrufe tätigen

android.permission.CALL_PHONE (gefährlich)

Telefonstatus auslesen

android.permission.READ_PHONE_STATE (gefährlich)

Netzwerkstatus abrufen

android.permission.ACCESS_NETWORK_STATE (normal)

Zugriff auf Location Provider

android.permission.ACCESS_COARSE_LOCATION (gefährlich)

android.permission.ACCESS_FINE_LOCATION (gefährlich)

Bluetooth

android.permission.BLUETOOTH (normal)

android.permission.BLUETOOTH_ADMIN (normal)

Hinweis

Zusätzlich ist entweder android.permission.ACCESS_COARSE_LOCATION oder android.permission.ACCESS_FINE_LOCATION erforderlich.

C.3.2 Internet

Zugriff auf Internet

android.permission.INTERNET (normal)

C.3.3 Audio und Video

Audioeinstellungen ändern

android.permission.MODIFY_AUDIO_SETTINGS (normal)

Audio aufnehmen

android.permission.RECORD_AUDIO (gefährlich)

Auf Kamera zugreifen

android.permission.CAMERA (gefährlich)

> **Hinweis**
> Wird diese Berechtigung angefordert, sollte ein entsprechendes <uses-feature />-Element in der Manifestdatei vorhanden sein.

C.3.4 Kontakte und Kalender

Auf Kalender zugreifen

android.permission.READ_CALENDAR (gefährlich)

android.permission.WRITE_CALENDAR (gefährlich)

Alarm setzen

com.android.alarm.permission.SET_ALARM (normal)

Auf Kontakte zugreifen

android.permission.READ_CONTACTS (gefährlich)

android.permission.WRITE_CONTACTS (gefährlich)

Auf die Anrufhistorie zugreifen

android.permission.READ_CALL_LOG (gefährlich)

android.permission.WRITE_CALL_LOG (gefährlich)

C.3.5 Sonstiges

Aktivitäten und Sensoren

android.permission.ACTIVITY_RECOGNITION (gefährlich)

android.permission.USE_BIOMETRIC (normal)

Information am Ende des Boot-Vorgangs

android.permission.RECEIVE_BOOT_COMPLETED (normal)

Services

android.permission.FOREGROUND_SERVICE (normal)

Nach Paketen suchen

android.permission.QUERY_ALL_PACKAGES (normal)

Anhang D
Literaturverzeichnis

Beighley, Lynn: *SQL von Kopf bis Fuß*. 1. Auflage. O'Reilly, 2008.

Ebel, Nate: *Mastering Kotlin: Learn advanced Kotlin programming techniques to build apps for Android, iOS, and the web*. 1. Auflage. Packt Publishing, 2019.

Jemerov, Dmitry; Isakova, Svetlana: *Kotlin in Action*. 1. Auflage. Manning, 2017.

Gleason, Lance; Sproviero, Fernando; Gonda, Victoria: *Android Test-Driven Development by Tutorials*. 1. Auflage. Razeware LLC, 2019.

Griffiths, Dawn; Griffiths, David: *Kotlin von Kopf bis Fuß: Eine Einführung in die Kotlin-Programmierung*. 1. Auflage. O'Reilly, 2019.

Kreibich, Jay A.: *Using SQLite*. 1. Auflage. O'Reilly, 2010.

Martin, Robert C.: *Clean Code. Refactoring, Patterns, Testen und Techniken für sauberen Code*. 1. Auflage. mitp, 2009.

Theis, Thomas: *Einstieg in Kotlin: Apps entwickeln mit Android Studio*. 1. Auflage. Rheinwerk Computing, 2019.

Zelenchuk, Denys: *Android Espresso Revealed: Writing Automated UI Tests*. 1. Auflage. Apress, 2019.

Anhang E
Die Begleitmaterialien

Zu diesem Buch gehört eine Sammlung von über 80 Beispielen, die jeweils genau einen Aspekt der Android-Entwicklung beleuchten. Wenn Sie wissen möchten, wie man Anrufe initiiert, sehen Sie sich *AnrufDemo* an. Den Umgang mit Berechtigungen zeigt *PermissionDemo*. Und *WebserviceDemo1* demonstriert die Nutzung von Webdiensten. Auf diese Weise konzentrieren Sie sich stets auf die Fragestellung, die Sie aktuell interessiert.

Sie können alle Projekte von der Seite *https://www.rheinwerk-verlag.de/android-11_4891/* herunterladen. In welchem Verzeichnis Sie das Archiv entpacken, spielt eigentlich keine Rolle. Es bietet sich aber an, den entstandenen Ordner in Ihrem Heimatverzeichnis abzulegen. Auf diese Weise haben Sie leichten Zugriff auf alle Beispiele meines Buches. Unter *https://github.com/tkuenneth/begleitmaterialien-zu-android-11* finden Sie das GitHub-Repository zum Buch. Wenn Sie es (in ein beliebiges Verzeichnis) klonen, kommen Sie noch bequemer an etwaige Projekt-Updates. Ein einfaches `git pull` genügt.

Abbildung E.1 Der Willkommensbildschirm

Um ein Projekt zu öffnen, klicken Sie im Willkommensbildschirm von Android Studio (Abbildung E.1) auf OPEN AN EXISTING ANDROID STUDIO PROJECT und wählen in der daraufhin erscheinenden Ordnerauswahl das gewünschte Beispiel aus. Haben Sie schon ein Projekt geöffnet, ist also das Hauptfenster der IDE zu sehen, erreichen Sie den Dialog über den Menübefehl FILE • OPEN.

Falls der Bau eines Projekts fehlschlägt, weil eine oder mehrere benötigte Komponenten noch nicht mit dem SDK Manager heruntergeladen wurden oder nicht in der von dem Projekt benötigten Version vorliegen, können Sie mit einem Klick den Download starten. Das ist in Abbildung E.2 zu sehen.

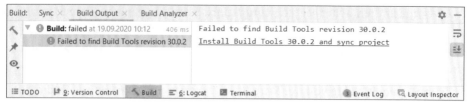

Abbildung E.2 Build Tools liegen nicht in der benötigten Version vor.

Sie können das automatische Herunterladen von fehlenden Komponenten konfigurieren, indem Sie in der Datei *gradle.properties* im Wurzelverzeichnis eines Projekts die Zeile

```
android.builder.sdkDownload=...
```

einfügen. Anstelle von ... schreiben Sie `true` oder `false`.

Scheinbar unerklärliche Probleme lassen sich überraschend oft beheben, indem Sie im Werkzeugfenster GRADLE das Projekt mit der rechten Maustaste anklicken und REIMPORT GRADLE PROJECT oder REFRESH GRADLE DEPENDENCIES ausführen. Das ist in Abbildung E.3 zu sehen.

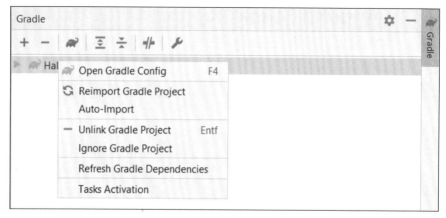

Abbildung E.3 Kontextmenü im Werkzeugfenster »Gradle«

Beim Anlegen eines neuen Projekts fügt Android Studio diesem automatisch eine Datei *.gitignore* hinzu. Sie enthält Dateien und Verzeichnisse, die nicht versioniert werden sollen. Ich habe mich bei der Bereitstellung der Begleitmaterialien an diesen Voreinstellungen orientiert. Falls Google die Datei überarbeitet, bemühe ich mich, dies zeitnah zu berücksichtigen.

Index

?: → Elvis Operator
.3gp 484
.dex 28
.wav 503
@+id/ 75
@Composable 596
@OnLifecycleEvent → androidx.lifecycle.
  OnLifecycleEvent
@string 119
@Volatile 268, 279
<background /> 64
<foreground /> 64
<permission /> 297
<service /> 302
<uses-feature> 367
<uses-permission /> 297
== 583
=== 583

A

ABI 39
abstract 585
Accelerometer 361
accept() 395, 486
ACCESS_BACKGROUND_LOCATION 376
ACCESS_COARSE_LOCATION 376, 380
ACCESS_FINE_LOCATION 376, 380, 405
action 135
Action Bar 24, 117, 175, 196, 228
Action Item 230
Action View 230
ACTION_BOOT_COMPLETED 144
ACTION_CALL 318
ACTION_CHECK_TTS_DATA 499
ACTION_DIAL 318
ACTION_IMAGE_CAPTURE 511
ACTION_INSERT 137, 548
ACTION_RECOGNIZE_SPEECH 505, 507
ACTION_SET_ALARM 550
ACTION_SET_TIMER 550
ACTION_VIEW 517
ACTION_WEB_SEARCH 135
ActionBarDemo1 228
actionGo 184

Activity 60, 71, 117, 119, 125, 135,
                        244, 273, 284–285, 363
  onCreate() 596
  onPause() 255, 308, 457
  onResume() 255, 308
  requestPermissions() 330
  resumed 307
  setContentView() 593, 596
Activity Manager 30, 32
ActivityGroup 145
ActivityNotFoundException 550, 552
Adapter 92, 95, 485
AdapterContextMenuInfo 467
Adaptive Launcher-Symbole 107
add() 485
addAction() 239
addCallback() 232–233, 236, 518
addJavascriptInterface() 346, 348
addMarker() 386
addOnSubscriptionsChangedListener() 329
addPreferencesFromResource() 213
addRemoteInput() 240
addTarget() 524, 526
addToBackStack() 152
addView() 188, 191
AIDL → Android Interface Definition Language
Aktion 170, 173
AlarmClock 550
AlarmClockDemo1 .... 550, 553
AlarmClockDemo2 552–553
AlarmManager 555
AlertDialog 217
ALGOL W 577
allowBackup 423
Alternative Ressource 198
AnalogClock 186
Android 8 284
Android App Bundle 108, 111
Android Architecture Components 251
Android Auto 23
Android Automotive 23
Android Gradle Plugin 42
Android Interface Definition Language 291
Android KTX 32, 80
Android Runtime 25, 28
Android SDK Build Tools 39, 42
Android SDK location 35

621

Index

Android SDK Manager → SDK Manager
Android SDK Platform-Tools 39
Android SDK → Android Software Development Kit
Android SDK Tools 39
Android Software Development Kit 33, 57
Android Studio 28, 33, 64, 67, 136, 230
Android TV 23
Android Virtual Device 43
Android Virtual Device Manager 43, 45
Android Wear → Wear OS by Google
ANDROID_ID 323
Android, Inc. 22
android:allowBackup 423
android:background 158
android:defaultHeight 311
android:defaultWidth 311
android:drawable 64
android:exported 281
android:gravity 311
android:icon 64, 225
android:layout_height 68, 184
android:layout_weight 195
android:layout_width 68, 184
android:minHeight 310
android:minWidth 310
android:name 302
android:orientation 68, 194
android:parentActivityName 231
android:permission 293
android:process 281
android:requiresSmallestWidthDp 205
android:roundIcon 64, 108, 119, 121
android:targetClass 244
android:theme 119
android.content.ContentProvider 474–475
android.content.ContentResolver 469
android.content.Context 331, 362, 422, 426, 428, 434
android.content.ContextWrapper 415
android.content.Intent 319, 436
android.content.UriMatcher 475
android.database.Cursor 471
android.database.sqlite.SQLiteDatabase 470
android.database.sqlite.SQLiteOpenHelper 467, 470
android.graphics.Bitmap 353, 515
android.graphics.BitmapFactory 353
android.graphics.Canvas 434
android.graphics.Paint 434

android.hardware.biometrics.BiometricPrompt 412
android.hardware.bluetooth_le 405
android.hardware.fingerprint.FingerprintManager 412
android.hardware.SensorEventListener 366
android.hardware.SensorManager 362
android.icu.util.Calendar 548
android.intent.action.BOOT_COMPLETED 375
android.intent.action.MAIN 244
android.intent.action.MEDIA_MOUNTED 438
android.intent.category.LAUNCHER 244
android.location.Criteria 381
android.location.Location 381
android.location.LocationManager 376
android.location.LocationProvider 377
android.media.audiofx.AudioEffect 496
android.media.audiofx.BassBoost 496
android.media.audiofx.PresetReverb 497
android.media.Image 527
android.media.MediaPlayer 491
android.net.LinkProperties 325
android.net.Network 324
android.net.NetworkCapabilities 325
android.net.Uri 319
  parse() 319
android.os.Bundle 553
android.os.IBinder 286
android.permission.ACCESS_FINE_LOCATION 391, 404
android.permission.BIND_JOB_SERVICE 302
android.permission.BLUETOOTH 390, 404
android.permission.BLUETOOTH_ADMIN 390, 404
android.permission.CAMERA 519
android.permission.INTERNET 356
android.permission.MODIFY_AUDIO_SETTINGS 497
android.permission.QUERY_ALL_PACKAGES 505
android.permission.READ_CALL_LOG 332
android.permission.READ_PHONE_STATE 322
android.permission.RECORD_AUDIO 487
android.permission.WRITE_EXTERNAL_STORAGE 512
android.provider.ContactsContract 537
android.provider.MediaStore 510
android.speech.RecognizerIntent 507
android.speech.tts.TextToSpeech 499

android.speech.tts.TextToSpeech.
   OnInitListener 502
android.telephony.Subscription-
   Manager 327, 329
android.telephony.TelephonyManager 327
   listen() 319
android.util.Log 99
android.view.SurfaceHolder 518
android.view.View.OnClickListener 509
android.widget.Adapter 485
android.widget.ArrayAdapter 485
android.widget.ImageView 515
android.widget.ListAdapter 461
android.widget.ListView 206
android.widget.TextView 80
AndroidManifest.xml 59, 118
androidTestImplementation 60
AndroidX 207
androidx.activity.ComponentActivity 596
androidx.appcompat.app.AppCompat-
   Activity 255, 332
androidx.biometric.BiometricManager 413
androidx.biometric.BiometricPrompt 415
androidx.biometric.BiometricPrompt.
   PromptInfo 415
androidx.camera.view.CameraView 529
androidx.documentfile.provider.
   DocumentFile 437
androidx.fragment.app.FragmentActivity   415
androidx.fragment.app.ListFragment 460
androidx.lifecycle.Lifecycle 255
androidx.lifecycle.LifecycleObserver 255
androidx.lifecycle.LifecycleOwner 255
androidx.lifecycle.OnLifecycleEvent 255
androidx.navigation.NavDirections 174
androidx.navigation.Navigation 170
androidx.preference.PreferenceManager   216
animateCamera() 389
Annotation 268
ANR 271
Any
   equals() 583
   hashCode() 583
   toString() 583
Apache Harmony 29
Apache Software Foundation 29
API Manager 383
API-Level 23, 25, 28, 38, 58, 62, 69, 74, 140,
   145, 212, 231, 307, 324, 365, 412, 420, 439
apk 108
APK → Application Package

App Shortcuts 26
AppBarConfiguration 175
AppBarConfiguration.Builder 175
AppCompat 32, 119
Appcompat 126, 196
appcompat 61
AppCompatActivity 126, 175, 177, 196,
   198, 222, 224, 227, 415
AppCompatActivity → androidx.appcompat.
   app.AppCompatActivity
AppCompatButton 196
AppCompatEditText 196
application 59, 119, 143
Application Bundle 108
Application Framework 31
Application ID 51
Application not responding 271
Application Package 108, 111
applicationContext 306
AppShortcutDemo 242
Architecture 32
Architecture Components 274
   Lifecycle 251
   LiveData 251
   ViewModel 251
Architecture Components → Android Archi-
   tecture Components
arguments 157, 222
Array 564, 569, 572
ArrayAdapter 92, 154, 485–486
ArrayList 95
arrayOf() 569
ART 28
ART → Android Runtime
Aspect Ratio → Seitenverhältnis
Asset Studio 64, 106–107, 230
ATT → Attribute Protocol
attachAuxEffect() 497
attr
   detailsElementBackground 158
attr.xml 260
Attribut 409
Attribute Protocol 409
Attributes 196
AudioEffect 496
   id 497
Auflösung 62
Augmented Reality 507
AuthenticationCallback
   onAuthenticationError() 415
   onAuthenticationFailed() 415

Index

AuthenticationCallback (Forts.)
  onAuthenticationSucceeded() 415
Authentifizierung 26
Authority 474
Auto Backup 423
Autofill framework 78
Autovervollständigung 78
AVD Manager 39
AVD Manager → Android Virtual Device Manager
AVD → Android Virtual Device

B

Back Stack 118, 131
background 192
Background Layer 107
Backup 424
Backup Agent 425
Backup Manager 425
Backup Transport 424
BackupManager 425
Barometer 361
base64 339
BaseAdapter 95
BaseBundle
  keySet() 553
Bass Boost 496
BassBoost 496
  roundedStrength 497
  setStrength() 497
  strengthSupported 497
Bedingte Haltepunkte 103
beginTransaction() 151, 154
Begleitmaterialien 16
Behavior 32
Benachrichtigung 26, 231, 285
Benachrichtigungskanal 26, 237
Benutzeroberfläche 68, 71, 84, 89, 184, 198
Berechtigung 113, 118, 160–161, 206
  ACCESS_FINE_LOCATION 399
  gefährliche 161, 318
  normale 142, 161
  READ_CALL_LOG 322, 336
  WRITE_CALL_LOG 336
Berechtigungssystem 25
Bewegungssensor 361
BigTextStyle 239
Bildschirmgröße 62
Bildschirmkonfiguration 205
Bildschirmsperre 410

Binder 287
Binder IPC 31
bindService() 288, 294
bindView() 462
BiometricManager
  from() 413
BiometricPrompt
  authenticate() 415
BiometricPrompt → androidx.biometric.BiometricPrompt
Bitmap 433, 515
  createScaledBitmap() 515
BitmapDescriptorFactory 386–387
BitmapFactory
  decodeStream() 353
Bitmapgrafik 62
BLE → Bluetooth Low Energy
Bluetooth 390
Bluetooth Classic 390
Bluetooth Low Energy 390, 404
BluetoothAdapter 391, 395, 405
  ACTION_REQUEST_ENABLE 391
  bondedDevices 395, 399
  isEnabled 391
BluetoothAdapter.getDefaultAdapter() 391
BluetoothDevice 390, 398, 409
BluetoothDevice.ACTION_FOUND 390
BluetoothGatt 409
BluetoothGattCallback 409
BluetoothLeScanner 405
BluetoothManager 405
BluetoothServerSocket 395
BluetoothSocket 395–399, 403
  inputStream 403
  outputStream 403
Boolean 568
BooleanArray 569
BOOT_COMPLETED 375
BottomNavigationView 178
  setOnNavigationItemSelectedListener() .. 179
Broadcast 140
Broadcast Receiver 140, 236, 390, 438
BroadcastReceiver 390
BufferedOutputStream 528
Build System 61
Build Tools 58, 74
build.gradle 28, 33, 42, 59–60, 80, 118, 169–170, 177, 212, 246, 248, 251, 254, 274, 303, 307, 413
build() 237, 525
Builder 237

buildToolsVersion 58–59
Bundle 127, 157, 503
   get...() 553
   getFloat() 553
Button 69, 184, 196, 201, 204
ByteArray 426, 583
ByteBuffer 527
Bytecode 561

C

Cache Flush 268, 279
Calendar 198, 204
Calendar.HOUR_OF_DAY 548
Call Log 163, 330
CALL_PHONE 318
CALL_STATE_IDLE 321
CALL_STATE_OFFHOOK 321
CALL_STATE_RINGING 321
CalledFromWrongThreadException 272
CallLog.Calls.NUMBER 332
CamelCase 70, 564
Camera Service 30
CameraCaptureSession 524, 526
CameraCaptureSession.CaptureCallback 528
CameraCaptureSession.State-
   Callback 525–526
CameraCharacteristics.LENS_FACING 522
CameraCharacteristics.SCALER_STREAM_
   CONFIGURATION_MAP 522
CameraDevice 522, 524
   createCaptureRequest() 524, 526
CameraDevice.StateCallback 523
CameraManager 519, 523
   cameraIdList 522
CameraPosition
   Builder 389
CameraUpdate 388
CameraUpdateFactory 388
CameraView
   bindToLifecycle() 533
   captureMode 530
   flash 530
   lensFacing 530
   scaleType 530
   startRecording() 533
   stopRecording() 533
CameraX 32, 528
Canary 596
cancel() 237, 241, 277–278, 285
cancelDiscovery() 395

CancellationSignal 448
cancelTriggerSensor() 370
canGoBack() 340
canGoForward() 340
Canvas 449
Capture Request 528
capture() 526
CaptureRequest 525
CaptureRequest.Builder 524, 526
CATEGORY_BROWSABLE 135
center 192
changeCursor() 467
Char 567
Charakteristik 409
Chat Bubbles 26
Check for Update 55
CheckBox 189–190, 269
CheckBoxPreference 213
checkSelfPermission() 322, 333, 376, 391,
   487, 512, 538
CHOICE_MODE_NONE 155
CHOICE_MODE_SINGLE 155
choiceMode 155
Choose existing 109
Chrome OS 311
Class 188
clearFindViewByIdCache() 248
close() 395, 409, 449
Codd, E. F. 451
Codepunkt 567
colorAccent 91
colors.xml 260
com.android.alarm.permission.SET_
   ALARM 552
com.google.android.gms.maps.
   CameraUpdate 388
com.google.android.gms.maps.model.
   BitmapDescriptorFactory 386
com.google.android.gms.maps.model.
   LatLng 386
com.google.android.gms.maps.model.
   MarkerOptions 386
commit() 152, 154
companion 577, 589
companion object 219–220
compileSdkVersion 58–59, 185
Component Tree 196
ComponentActivity
   setContent() 596
ComponentActivity → androidx.activity.
   ComponentActivity

ComponentName 281
Composable function → @Composable
compress() 433
Configure Your Project 51
Confirm application exit 55
connect() 398
connectGatt() 409
ConnectivityManager
   getLinkProperties() 325
   getNetworkCapabilities() 325
const 576
ConstraintLayout 91, 171, 178
constraintlayout 61
Constraints.Builder 304
   build() 304
   setRequiresCharging() 304
   setRequiresDeviceIdle() 304
   setRequiresStorageNotLow() 304
CONTACT_ID 542, 544
Contacts 537, 540
ContactsContract 537, 540
ContactsContract.CommonDataKinds.Event.
   CONTENT_ITEM_TYPE 542
contains() 216–217
Content Provider 31, 206, 332
Content Resolver 331, 555
CONTENT_URI 471, 474–475, 537, 542
content:// 474
ContentObserver 336
ContentProvider 474–475
ContentResolver 331, 335, 469–471, 479, 537
   query() 556
ContentValues 138, 335, 468, 470–471,
   512, 547
   put() 512
Context 140, 316, 331, 431, 434, 469
   contentResolver 512
   filesDir 426, 428
ContextCompat
   getMainExecutor() 415
ContextWrapper
   bindService() 297
   checkSelfPermission 330
convert() 381–382
convertView 211
Coroutine Builder 275–276, 278
Coroutine Dispatcher 275
CoroutineContext 275
CoroutineScope 274, 277
   cancel() 277
Create New Virtual Device 43

createBitmap() 433
createNewFile() 492
createNotificationChannel() 238
createPrintDocumentAdapter() 441–442
createRfcommSocketToServiceRecord() 398
createTempFile() 430–431
Criteria
   accuracy 381
   powerRequirement 381
CRUD 332
Cupcake 24, 58
Cursor 469, 471, 479
   close() 556
   getColumnIndex() 556
   getString() 556
   moveToNext() 556
   setNotificationUri() 479
CursorAdapter 467, 471
   bindView() 461
   newView() 461
CursorLoader 208

D

Dalvik 28
Dalvik Executable 28
Danger, Inc. 23
Dark Mode 177
Dark Mode → Dunkelmodus
DarkActionBar 119
Data 537, 544
data 437
Data Binding 32
Data.Builder 304
   build() 304
dataChanged() 425
Date 484
Datei öffnen 55
Datenbankmanagementsystem 452
Datenfeld 451
Datenklasse 581
Datenquelle 332
Datensatz 451
DatePicker 186, 198, 201, 204, 217
DatePickerDialog 217
Daydream 25
DayNight 257
DecorView 196
DEFAULT 552
Default directory 55
defaultMarker() 386–387

delay() 274, 276
delete() 427, 468–469, 474, 479, 515
deleteNotificationChannel() 238
Density-independent Pixel 63
Design 70
Designsprache 176
Device Build Configuration 64
Device File Explorer 422, 430, 503
DialogFragment 146, 219
dismiss() 236
Display Cutout 26
doAfterTextChanged 80
DocumentFile 437
  fromTreeUri() 437
Dokka 564
Donut 24, 498
downTo 572
Doze 26
dp 63
dpi 62
drawable 59
drawable-hdpi 62
drawable-mdpi 62
drawable-xhdpi 62
drawable-xxhdpi 62
drawable-xxxhdpi 62
drawLine() 434
drawRect() 434
drawText() 434
Dunkelmodus 257
Duration 303
dx 28
DynamicSensorCallback 367
Dynamische Sensoren 367

E

Eclair 24
Eclipse 561
Editor 217
Editorfenster 52, 563
EditText 69, 77, 184, 195–196, 198
EditTextPreference 213, 217
Eigenschaft 575
  synthetische 248
Einfache Ressource 124
Eingabefeld 67
Einstellungen 121
Elvis Operator 579
emptyArray() 565
Emulator 39

Emulatorfenster 74
enabled 143
ensureActive 278
Entwickleroptionen 104
Entwurfsmuster 251
  MVC 251
  MVP 251
  MVVM 251
  Observer 251
Environment 434, 491
  getExternalStoragePublic-
    Directory() 432
  isExternalStorageEmulated() 432
  isExternalStorageLegacy() 433
Environment.DIRECTORY_PICTURES 433
Environment.getExternalStorage-
  Directory() 432
Environment.getExternalStorageState() ... 491
Environment.MEDIA_MOUNTED 431
EnvironmentalReverb 492
Equalizer 492
Erweiterungsfunktion 80
Event 544
  CONTENT_ITEM_TYPE 544
  TYPE_BIRTHDAY 544
Events.CONTENT_URI 556
ExampleInstrumentedTest 59
Executor 415
Explizites Intent 134, 294
exported 143, 288
Extended controls 322
Extern 431
EXTRA_HOUR 550
EXTRA_LANGUAGE 507
EXTRA_MESSAGE 550
EXTRA_MINUTES 550
EXTRA_SKIP_UI 552
EXTRA_STORAGE_VOLUME 439

F

Fenstermanager 132
Fibonacci-Folge 101, 265
File 426, 430, 437, 484, 492
  canRead() 486
  isDirectory 486
  listFiles 485–486
FileInputStream 423
fileList() 426
FilenameFilter 486
FileOutputStream 422, 426, 430, 434

FileProvider
  getUriForFile() 533
FileReadWrite.kt
  readText() 423
  writeText() 423
fileTree() 60
FileUriExposedException 347
fill_parent 69
fillMaxWidth() 599
findFragmentById() 154, 222
findFragmentByTag() 222
findViewById()   72, 96, 185, 187, 246, 248, 282
finish() 131, 285, 499
first() 574
FLAG_ACTIVITY_LAUNCH_ADJACENT 310
FLAG_ACTIVITY_NEW_TASK 310
for 573
Force Dark 261
forceLayout() 188
forEach() 564, 573, 592
Foreground Layer 107
FOREGROUND_SERVICE 285
FORMAT_MINUTES 382
FORMAT_SECONDS 382
forName() 188
Foundation 32
Fragment 24, 32, 145
  onCreateContextMenu() 464
  onCreateView() 593
Fragment Manager 215
FragmentContainerView 171
FragmentManager 151, 180
  findFragmentByTag() 172
FragmentTransaction 152
Fragment-Transaktion 150, 214
FrameLayout 154, 158, 184, 188, 191
Freeform 306, 311
from() 142
fromResource() 387
Froyo 24
Funktionsparameter 565

G

G1 .... 15, 21, 23, 62, 198
Garbage Collector 441
GATT → Generic Attribute Profile
Gefährliche Berechtigung 330, 519
Gemeinsamer Speicher 431
Generate Signed Bundle / APK 108
Generate Signed Bundle or APK 109

Generic Attribute Profile 409
Geplanter Service 299
getActivity() 236
getAdapter() 405
getAllProviders() 376
getBestProvider() 380
getBinder() 291
getBondedDevices() 395
getBroadcast() 236
getBuffer() 527
getBytes() 422
getCacheDir() 423, 431
getCameraCharacteristics() 522
getCameraIdList() 522
getCharSequence() 241
getCodeCacheDir() 423
getContentResolver() 331, 469
getCount() 95
getDatabasePath() 423
getDeclaredConstructor() 188
getDefaultSensor() 363, 372
getDefaultSharedPreferences() 216
getDir() 423, 428
getDynamicSensorList() 367
getExternalFilesDir() 423, 433–434, 491
getExternalFilesDirs() 434
getExternalStorageDirectory() 432
getExternalStorageState() 431, 434, 491
getFilesDir() 423
getHeight() 186
getInputStream() 403
getInstance() 198, 207
getInt() 154, 324
getIntent() 240, 244
getItem() 95, 332
getJSONArray() 355
getJSONObject() 355
getLastKnownLocation() 381
getLeft() 185
getLong() 127
getMainLooper() 503
getMeasuredHeight() 185
getMeasuredWidth() 185
getMenuInfo() 467
getMinPeriodMillis() 300
getNetworkInfo() 324
getNoBackupFilesDir() 423
getOutputSizes() 522
getOutputStream() 403
getPaddingBottom() 186
getPaddingLeft() 186

getPaddingRight() ... 186
getPaddingTop() ... 186
getParcelableExtra() ... 439
getPlanes() ... 527
getProvider() ... 376, 381
getProviders() ... 377
getResources() ... 123
getResultsFromIntent() ... 241
getSensorList() ... 363
getService() ... 287
getString() ... 77, 87, 123, 306
getStringArrayListExtra() ... 507
getSystemService() ... 246, 319, 324, 329, 362, 372, 376, 435, 441, 443, 519
Getter ... 575
getTop() ... 185
getType() ... 474–475
getView() ... 95, 185, 485
getWidth() ... 186
getWritableDatabase() ... 478
Gingerbread ... 24, 58
Gleichheit
  referenzielle ... 583
  strukturelle ... 583
Global Positioning System → GPS
GlobalScope ... 274, 276
goBack() ... 340
goForward() ... 340
Google APIs ... 535
Google Assistant ... 25
Google Beacons ... 404
Google Cloud Print ... 440
Google Drive ... 423
Google Lens ... 507
Google Now ... 25
Google Now on Tap ... 26
Google Play ... 51, 58, 65, 84, 96, 106, 108, 111, 121, 322, 327, 367, 525
Google Play Console ... 108
Google Play Store Icon ... 108
google() ... 61
GoogleMap
  uiSettings ... 387
GPS ... 380
gps ... 380
Gradle ... 42, 61, 173
  Refresh Gradle Dependencies ... 618
  Reimport Gradle Project ... 618
gradle.properties ... 618
Gradle-Plugin ... 246
gradle-wrapper.properties ... 57

Gravitationsmesser ... 361
gravity ... 194
Group Tabs ... 56
Grundbaustein ... 67
Gyroskop ... 361

H

HAL → Hardware Abstraction Layer
handleMessage() ... 293, 297
Handler ... 273, 297
Hardware Abstraction Layer ... 30
Hardwarearchitektur ... 39
Hardwaretastatur ... 198
hasCarrierPrivileges() ... 327
hasRemaining() ... 528
Hauptaktivität ... 118
  Activity ... 244
Hauptfenster ... 40, 49, 52
HAXM → Intel Hardware Accelerated Execution Manager
HD Voice ... 25
Helligkeitssensor ... 361
Hierarchie ... 69
Hintergrundservice ... 284
Hiptop ... 23
Homescreen ... 241
Honeycomb ... 24, 145, 228
HTTP_OK ... 353
HttpsURLConnection ... 348
HttpURLConnection ... 348, 353
  disconnect() ... 353
  responseCode ... 353
Hypervisor ... 40

I

iBeacons ... 404
IBinder ... 279, 286, 289
Ice Cream Sandwich ... 25, 145, 547
Icon ... 63
icon ... 108, 121
Icon Type ... 107
IllegalArgumentException ... 294, 302
Image Asset ... 106–107
Image.Plane ... 527
  buffer ... 527
ImageDecoder
  createSource() ... 515
  decodeBitmap() ... 515
ImageView ... 90, 515

629

imeOptions 184
implementation 60
Implizites Intent 134, 294
import 79, 248
importance 238
IN_VISIBLE_GROUP 540
indices 572
inflate() 227
init() 198, 204
initLoader() 207
Inkscape 106
Input Method Framework 24
inputData 306
InputStream 353, 358
InputStreamReader 353, 423
insert() 469, 471, 474, 478, 547
Instance State 127, 159
Instrumentation Test 61
Int 88
IntArray 569
intArrayOf() 569
Intel Hardware Accelerated Execution
   Manager 34, 40
IntelliJ 29, 33, 561
IntelliJ IDEA 29
IntelliJ IDEA Community Edition 33
Intent 134, 169, 242, 244, 284, 390,
                437, 510, 517, 533, 547–548
   action 554
   ACTION_PICK 516
   ACTION_SEND 533
   ACTION_VIEW 517
   explizites 134, 136, 281, 294
   extras 553
   getParcelableExtra() 390
   implizites 134, 136, 294
   putExtra() 512
INTENT_ACTION_STILL_IMAGE_CAMERA 510
INTENT_ACTION_VIDEO_CAMERA 510
Intent-Filter 119, 125, 134–135, 143,
                244, 294, 552
IntentFilter 390
Interactive mode 563
Internet der Dinge 404
Internet of Things → Internet der Dinge
interrupt() 267, 403
InterruptedException 267
IntRange 574
invalidateOptionsMenu() 225
IoT → Internet der Dinge
iPhone 23

is 219, 222
isActive 278
isAdditionalInfoSupported() 366
isAlive 264
isChecked 189, 191
isCompassEnabled 387
isExternalStorageRemovable() 431, 434
isInitialized 246, 576
isInMultiWindowMode 310
isLanguageAvailable() 503
isMapToolbarEnabled 387
ISO-Sprachschlüssel 120
isProviderEnabled() 377
isStopped 306

J

Jack 28
java 59
Java 8 .... 26, 28, 610
Java Development Kit 35, 108
Java Virtual Machine 561
java.io.BufferedReader 423
java.io.File 426, 430, 484
java.io.FileOutputStream 422
java.io.InputStreamReader 423
java.lang.AutoCloseable 29
java.util.Calendar 548
java.util.Date 484, 548
java.util.function 28
java.util.stream 28
java.util.Timer 254, 257
java.util.TimerTask 254
java.util.UUID 399
javac 28
JavaFX 191
jcenter() 61
Jelly Bean 25, 324
JetBrains 29, 33, 246, 248, 561
Jetpack 27, 61, 80, 126, 142, 146, 196, 268,
                274, 286, 303, 437, 483, 528
   Biometric 413
   CameraX 483
   Compose 33
   WorkManager 303
Jetpack Compose 16
Jetpack Navigation 180
Job 278
   cancel() 277
   isActive 277
   isCancelled 277

Job (Forts.)
 isCompleted 277
 join() 277
jobFinished() 301
JobInfo 300–301
JobService 302
 onStartJob() 301
 onStopJob() 301
join() 403
JSON 349, 351
JSONObject 355
 optString() 355
JUnit 60
Just-in-time-Compiler 28
JVM → Java Virtual Machine

K

KDoc 564
Kellerautomat 28
Kernel Based Virtual Machine 35, 40
Kette 91
Key/Value Backup 425
KeyEvent 79
Keystore 109, 111
keytool 383–384
KitKat 25
Klassenbibliothek 126
Kommentar 564
Komponentenbaum 186
Komponentenname 134, 281, 294
Konstruktor, primärer 580
Kontextmenü 225, 464
Konzeptionsphase 84
Koroutine 274, 305, 570
Kotlin 29, 61, 222, 246, 268
Kotlin Android Extensions 246, 248, 340
Kotlin Playground 565
Kotlin/Native 561
kotlin-stdlib 61
KVM → Kernel Based Virtual Machine

L

LABEL 542
label 119
labelVisibilityMode 180
Lambda 28, 486, 509
Lambda-Ausdruck 565
LANGUAGE_MODEL_FREE_FORM 507
LANGUAGE_MODEL_WEB_SEARCH 507

lateinit 576
LatLng 386
Laufzeit-Berechtigung 32
launch 274
launch() 275–276
LAUNCHER 552
Layout 32, 67–68
layout 59, 68, 183
Layout Inspector 195
layout_above 198
layout_alignParentBottom 198
layout_alignParentEnd 198
layout_alignParentStart 204
layout_below 204
layout_constraintBottom_toBottomOf 91
layout_constraintBottom_toTopOf 91
layout_constraintStart_toEndOf 91
layout_constraintTop_toBottomOf 91
layout_gravity 192
layout_height 69, 184
layout_toEndOf 91, 204
layout_weight 158, 195
layout_width 69, 184
Layoutbeschreibung → Layoutdatei
Layoutdatei 68, 89
LayoutInflater 153
 inflate() 461
LayoutInflator 96
layout-land 204
LayoutParams 188
layout-port 204
LayoutResultCallback 448
Lebenszyklus 132
Legacy Mode 433
LENGTH_INDEFINITE 235
LENGTH_LONG 232, 235
LENGTH_SHORT 232, 235
length() 427
Lifecycle 255
 addObserver() 254
Lifecycle → androidx.lifecycle.Lifecycle
Lifecycle.Event
 ON_PAUSE 255
 ON_RESUME 255
LifecycleObserver 254–255
LifecycleObserver → androidx.lifecycle.LifecycleObserver
LifecycleOwner 255
 getLifecycle() 255
LifecycleOwner → androidx.lifecycle.LifecycleOwner

LifeData
   observe() 254
   postValue() 257
Line Breakpoint 102
LinearLayout 68–69, 149, 158, 184, 191,
                                    193, 195, 201
LinkProperties
   interfaceName 325
Linux 29, 40, 52, 263
ListActivity 206, 461
ListAdapter 93, 95, 461
LISTEN_CALL_STATE 321
LISTEN_MESSAGE_WAITING_INDICATOR ... 322
LISTEN_NONE 322
listen() 319, 322
Listenansicht 84
listenUsingRfcommWithServiceRecord() ... 395
listFiles() 437
ListFragment 154, 211, 461, 464
ListView 89, 92–93, 225, 332, 461, 485
Live Wallpaper 24
LiveData 251
   addObserver() 255
LLVM 561
Load Overlay 196
loadDataWithBaseURL() 441
Loader 207
LoaderCallbacks 207
LoaderManager 207
loadUrl() 338
Location 381
   latitude 386
   longitude 386
Location Provider 376
Location.FORMAT_DEGREES 382
LocationDemo2 385
LocationListener 381
LocationManager 376, 386
LocationProvider 377
Log 99
Log Tag 129
Logcat 97–98, 102–103, 128–129, 264, 266,
                               268, 272, 277, 279, 385, 431
Loglevel 98
Lokalisierung 67
Lollipop 25
loop() 273
Looper 273, 503
   getMainLooper() 273
Loudness Enhancer 492

M

macOS 33, 40, 52
Magic 62, 198
Magic Cap 23
Magnetometer 361
MAIN 135, 552
main() 563, 570, 585
Mainthread 141, 269, 272–273
make() 234
makeText() 188, 229, 232–233
manifest 59
Manifestdatei 125, 280, 302, 557
Margin 79
MarkerOptions 386
Markersymbol 387
Marshmallow 25, 162, 425
Mashup 359
match_parent 69
match() 475
Material Components 176, 235, 258
Material Design 25, 176
Material Design Icons 230
Media 30
MEDIA_MOUNTED_READ_ONLY 431
MediaPlayer 491–492, 494, 497
   audioSessionId 496–497
MediaRecorder 492
MediaScannerConnection 528
MediaStore 510–511, 516
   ACTION_IMAGE_CAPTURE 512
   INTENT_ACTION_STILL_IMAGE_
      CAMERA 510
   INTENT_ACTION_VIDEO_CAMERA 510
MediaStore.ACTION_IMAGE_CAPTURE 511
MediaStore.Images.Media
   EXTERNAL_CONTENT_URI 516
Mehrfachvererbung 584
MenuInflater 224, 227, 464
MenuInflator 228
MenuItem 179, 225, 227
Message 293
   obtain() 293
Messages 42
Messenger 291, 297
   send() 293
MIMETYPE 544
Miner, Richard 23
minSdkVersion 58, 285
mipmap 121
mipmap-hdpi 62

mipmap-mdpi 62
mipmap-xhdpi 62
mipmap-xxhdpi 62
mipmap-xxxhdpi 62
Modaler Dialog 217
MODE_APPEND 422
MODE_PRIVATE 428
MODE_WORLD_READABLE 420
MODE_WORLD_WRITEABLE 420
Model View Controller 251
Model View Presenter 251
Model View ViewModel 251
MODIFY_AUDIO_SETTINGS 497
Modul 50, 57
Move To 52
Move To Group 55
Multi Resume 308
Multitasking 263
  präemptives 263
MultiWindowDemo 308
MVC → Model View Controller
MVP → Model View Presenter
MVVM → Model View ViewModel
myLooper() 273

N

name 66, 135
NavController 170, 175
NavDirections → androidx.navigation.
  NavDirections
NavHostFragment 171, 180
Navigation 169
Navigation Controller 170
Navigation Editor 169, 172
Navigation Graph 169, 180
Navigation Host 170
Navigation → androidx.navigation.Navigation
NavigationUI
  navigateUp() 176
  setupActionBarWithNavController() 175
NetBeans 561
network 380
NetworkCapabilities 325
  hasCapability() 325
  signalStrength 325
NetworkInfo 324
NetworkOnMainThreadException 358
Netzbetreiber 327
Netzwerkkommunikation 30

New Project Group 55
newInstance() 188
No Activity 125
non-wake-up 365
Normale Berechtigung 356
Nothing 570
Notification 231
Notification Manager 32
NotificationChannel 238
NotificationCompat 142, 237
NotificationManager 285
NotificationManagerCompat 142, 237–238
Notifications 32, 142
notify() 239, 241
notifyChange() 478
Nougat 26, 28, 58
NullPointerException 100, 128, 556, 579
Null-Referenz 577

O

Oberflächenbeschreibung 70
object 576
Objektbaum 74
obtain() 294
OHA 22
OHA → Open Handset Alliance
onAccuracyChanged() 366
onActivityCreated() 149
onActivityResult() 138, 215, 391, 437, 505,
  507, 511, 515
onAttach() 149, 219
onBatchScanResults() 405
onBind() 279, 286–287, 291
onCallStateChanged() 321
onCancel() 389
onCaptureCompleted() 528
onCapturePartial() 528
onCaptureProgressed() 528
onCaptureStarted() 528
OnCheckedChangeListener 191, 496
onClick() 77, 221–222, 486, 509
OnClickListener 77, 187, 189–190, 215, 222,
  340, 351, 356, 420, 456, 460, 487, 509, 511
onCompletion() 491
OnCompletionListener 491, 494
onConfigured() 525–526
onConfigureFailed() 525
onContextItemSelected() 226–227

onCreate() 72, 74, 79, 97, 126–129, 149, 154, 168, 213, 227, 233, 244, 249, 268, 279, 282, 309, 319, 332, 356, 362, 372, 376, 390, 399, 426, 456–457, 474–475, 494, 499, 503, 505, 511, 516, 519, 538, 553
onCreateContextMenu() 226–227
onCreateDialog() 218–220
onCreateLoader() 207
onCreateOptionsMenu() 223–225, 228
onCreatePreferences() 213
onCreateView() 147, 149
onDateChanged() 204
OnDateChangedListener 204
onDateSet() 219, 222
OnDateSetListener 217, 222
onDestroy() ... 131, 149, 279, 322, 390, 494, 499
onDestroyView() 147
onDetach() 149
onDisconnected() 523
onDone() 503
onDraw() 184
onDynamicSensorConnected() 367
onDynamicSensorDisconnected() 367
onEditorAction() 78, 184, 340
OnEditorActionListener 78, 184, 187, 340
onError() 503, 523
OneTimeWorkRequest 304
onFinish() 389, 444
onImageAvailable() 527
OnImageAvailableListener 527
onInit() 503
OnInitListener 502
onItemClick() 93, 332
OnItemClickListener 93, 332
onItemClickListener 93
onLayout() 444, 448
onLayoutCancelled() 448
onLayoutFailed() 448
onLayoutFinished() 448
onListItemClick() 154, 210
onLoaderReset() 207–208
onLoadFinished() 207–208
onLocationChanged() 381
onMapReady() 386
onMessageWaitingIndicatorChanged() 321
onMultiWindowModeChanged() 310
OnNavigationItemSelectedListener 179
    onNavigationItemSelected() 179
onOpened() 523
onOptionsItemSelected() 225, 228
onPageFinished() 342

onPause() 128, 130, 149, 277, 329, 362, 366, 370, 372, 376, 403, 487, 519, 521
onPictureInPictureModeChanged() 310
onPrepareDialog() 218
onPrepareOptionsMenu() 225
onReceive() 140–141, 390
onReceivedError() 342
onRequestPermissionsResult() 206, 318, 387, 391, 511, 519, 557
OnRequestPermissionsResultCallback
    onRequestPermissionsResult() 330
onRestart() 131
onRestoreInstanceState() 128–129
onResume() 129, 362, 366, 370, 376, 519
onSaveInstanceState() 128, 154, 342, 370
onScanResult() 405
onSensorAdditionalInfo() 366
onSensorChanged() 366, 375
onServiceConnected() 289–290
onServiceDisconnected() 289, 294
onServicesDiscovered() 409
onStart() 128–129, 146, 168–169, 231, 244, 268, 288, 294, 308, 391, 399, 444, 487, 503, 511–512, 538, 553, 557
onStartCommand() 284
onStop() 149, 289, 294, 308
OnSubscriptionsChangedListener 327, 329
onSupportNavigateUp() 176
onToastHidden() 232–233
onToastShown() 232–233
onTrigger() 368
onUpgrade() 457
OnVideoSavedCallback
    onError() 533
    onVideoSaved() 533
onViewCreated() 149, 154
onViewStateRestored() 154
onWrite() 444, 449
onWriteCancelled() 449
onWriteFailed() 449
onWriteFinished() 449
Open Handset Alliance 22
Open Source 22
Open Translations Editor 120
openCamera() 523
openConnection() 353
openFileInput() 420
openFileOutput() 420, 422, 426, 430
OpenJDK 29, 33
optDouble() 356
Options 107

Optionsmenü 117, 223
optString() 355
Oreo 26, 64, 142, 185, 284, 323
orientation 194
Orientierungssensor 361
Orientierungswechsel 127
OutputStream 433
OutputStreamWriter 422

P

package 119, 134, 564
Package Name 51, 58
PackageManager 505
Padding 79, 186
Paint
    color 434
    textAlign 434
Paketname → Package Name
Parameter, benannter 571
Parcelable 127
ParcelFileDescriptor 449
parseLong() 484
passive 380
PATH 39
PdfDocument 449
PdfDocument.Page 449
    canvas 449
PendingIntent 236–237, 239, 555
PeriodicWorkRequest 303–304
    MIN_PERIODIC_INTERVAL_MILLIS 303
PeriodicWorkRequest.Builder 304
PeriodicWorkRequestBuilder 303
Peripherie 30
permission 143
PermissionDemo 617
Permissions 32
Personennamen 78
Phone and Tablet 50
PhoneStateListener 319, 322
Photometer 361
Pico 498
Pie 26
Pinned Shortcuts 244
Pixeldichte 59, 62
    hohe (hdpi) 62
    mittlere (mdpi) 62
    sehr hohe (xhdpi) 62
    sehr, sehr hohe (xxhdpi) 62
    sehr, sehr, sehr hohe (xxxhdpi) 62
Plattform 27

Play Console 322
Play Store 26–27, 108, 162, 336, 458
PNG 433
Pop-up-Menü 53
Portable Network Graphics 353
position() 386
Positionssensor 361
post() 273, 503
Präemptives Multitasking 263
Preference 212
PreferenceCategory 213
PreferenceGroup 212
PreferenceManager 216
Preferences 32
prepare() 273, 492
PresetReverb 497
Primäres externes Medium 431, 434
Print Manager 439
Print Service 439
print() 563, 567
PrintAttributes 441
PrintAttributes.Builder 441
PrintDocumentAdapter 441–442, 444
PrintDocumentInfo 448
PrintedPdfDocument 449
printf() 568
println() 97–98, 566, 569, 577
PrintManager 441
process 143, 282
Profil 390, 409
Programmlogik 74, 117
Programmstart 118
Programmstarter 63, 241, 552
proguard-rules.pro 57
Project 55
Project Mainline 26
Project Opening 55
Project Structure 59
Project Treble 27
Projekt 49
Projekt Ara 367
Projektassistent 65
PromptInfo → androidx.biometric.Biomet-
    ricPrompt.PromptInfo
PromptInfo.Builder
    build() 415
    setConfirmationRequired() 415
    setDescription() 415
    setNegativeButtonText() 415
    setSubtitle() 415
    setTitle() 415

Protokolldatei	101
Prozess	263
Prozess-ID	98
Prozesssteuerung	29
put()	468
putBoolean()	217
putExtra()	137, 507, 548
putInt()	154
putLong()	127
putString()	217

Q

QUERY_ALL_PACKAGES	297
query()	467, 469, 474, 479, 538, 542
queryIntentActivities()	505
Quick Settings	25

R

R.string	85
RadioButton	551
Radiobutton	551
RadioGroup	551
check()	551
checkedRadioButtonId	551
Rastergrafik	62
RatingBar	186
Raw String	65
RawContacts	537, 547
READ_CALENDAR	557
READ_CALL_LOG	322
READ_CONTACTS	206, 538
READ_PHONE_NUMBERS	166
READ_PHONE_STATE	330
RECEIVE_BOOT_COMPLETED	142
Receiver	375
receiver	143
Rechtesystem	31
RecognizerIntent	505, 507
RecognizerIntent.ACTION_RECOGNIZE_SPEECH	505, 507
RecognizerIntent.EXTRA_LANGUAGE	507
RecognizerIntent.EXTRA_MAX_RESULTS	507
RecognizerIntent.EXTRA_PROMPT	507
Refactoring	32, 129
Reflection	188
Register	28
registerContentObserver()	336
registerDynamicSensorCallback()	367
registerForContextMenu()	226–227
registerListener()	366, 372
registerReceiver()	141, 390
Relationales Datenbanksystem	451
RelativeLayout	197–198, 201, 204, 518
release()	494, 496
Remote Procedure Call	287
RemoteInput	241
removeAllViews()	188
removeCallback()	518
removeOnSubscriptionsChanged-Listener()	329
replace()	154
replyTo	297
REPORTING_MODE_ONE_SHOT	368
Request Code	138
requestLocationUpdates()	376, 381
requestPermissions()	169, 322, 376, 391, 487, 538
requestTriggerSensor()	368, 370
requireContext()	154, 219
requiresCell()	377
requiresNetwork()	377
requiresSatellite()	377
res	59, 68, 120, 183
Resource Manager	31
Restore	424
Restore Default Layout	52
Result	
failure()	306
retry()	306
success()	306
Result Code	139
RESULT_CANCELED	437
RESULT_OK	437, 515
resultCode	515
return	570
RFCOMM	395
Roaming	327
Rubin, Andy	23
Ruhezustand	104
run()	264, 403
Runnable	264, 273, 351
runOnUiThread()	273, 276, 334, 403
Runtime Permission	162, 181
RxJava	305

S

Sandbox	161
Save location	51
Scalable Vector Graphics	106

Index

ScanCallback 405
Schaltfläche 67, 77, 494
Scoped Storage 26
Scope-Funktion 578
Scratch File 562
Scribble 89
SDK Manager 35, 37, 58
SDK Platforms 37
SDK Tools 37
SDK_INT 233
SD-Karte 26
SDK-Plattform 38
SDK-Source 38
Sears, Nick 23
Secondary Market 113
SecurityException 332
Seitenverhältnis 62
Select Process 196
send() 294
Sensor 361, 372
   isDynamicSensor 363
   isDynamicSensorDiscoverySupported ... 367
   maximumRange 363
   name 363
   power 363
   reportingMode 368
   resolution 363
   vendor 363
   version 363
SENSOR_STATUS_ACCURACY_HIGH 366
SENSOR_STATUS_ACCURACY_MEDIUM 366
SENSOR_STATUS_NO_CONTACT 366
SENSOR_STATUS_UNRELIABLE 366
Sensor.TYPE_PRESSURE 367
SensorAdditionalInfo 366
SensorEvent 367
sensorEvent.values 375
SensorEventCallback 366
SensorEventListener 366, 368
SensorManager 361, 366, 372
SensorManager.getSensorList() 367
SensorManager.register() 368
SensorManager.SENSOR_DELAY_
   NORMAL 366
Service 284, 291, 409
service 279–280, 282, 363
ServiceConnection 289, 294
ServiceDemo3_Service 293
SessionConfiguration 524
SET_ALARM 552

SET_ALARM → com.android.alarm.
   permission.SET_ALARM
SET_TIMER 552
set() 555
setAction() 234
setAudioEncoder() 492
setAudioSource() 492
setAutoCancel() 237
setAuxEffectSendLevel() 497
setContentIntent() 237, 285
setContentText() 142, 237
setContentTitle() 142, 237
setContentView() 72, 74, 126, 151, 153,
   163, 184, 187, 198, 204, 233, 249, 503
setDataSource() 492
setDisplayHomeAsUpEnabled() 231
setDoOutput() 358
setDynamicShortcuts() 245
setEmptyText() 211
setEnabled() 496
setFixedLengthStreamingMode() 358
setFixedSize() 523
setGravity() 232
setIcon() 245
setImageBitmap() 351, 515
setIntent() 245
setItemChecked() 155
setLightColor() 238
setListAdapter() 332
setListShown() 211
setMargin() 232
setOnClickListener() 151, 191, 233, 282, 526
setOnEditorActionListener() 184, 356
setOngoing() 239
setOnImageAvailableListener() 527
setOnUtteranceProgressListener() .. 503
setOutputFormat() 492
setPadding() 186
setPeriodic() 301
setPositiveButton() 220
setPreferenceScreen() 213
setPriority() 237
setRepeatingRequest() 525–526
setRequestMethod() 358
setResult() 140
setShortLabel() 245
setSmallIcon(.... 141
setSmallIcon() 142, 237
setStrength() 497
setTag() 96
Setter 575

setText() 72
SettingNotFoundException 324
Settings 53, 323
  ACTION_SETTINGS 324
Settings.Secure 323
SettingsFragment 212
setTransition() 154
setVibrationPattern() 238
setView() 232
setViewBinder() 332
setVisibility 77
Shared Memory 26
Shared Preferences 169, 217, 423
SharedPreferences 217
ShortcutManager 245
shouldOverrideUrlLoading() 342
show() 232–234
showDialog() 218
shuffled() 574
Shutdown 54
shutdown() 499
Sicherheit 30
Sicht
  Project 563
Significant Motion 368, 370
SIM-Karte 327
SimpleCursorAdapter 93, 206, 211, 332
SIP 24
SKIP_FIRST_USE_HINTS 324
sleep() 266, 274
Snackbar 235
Software Development Kit → Android Software
  Development Kit
SparseArray 88
speak() 503
Speicher für Medien 431
Speicherort 51
Speicherverwaltung 30
Sperrbildschirm 410
Sperrmethode 410
Splitscreen 306–307
SQL 452
SQLite 451–452
SQLiteDatabase 460, 470
  execSQL() 460
SQLiteOpenHelper 458, 467–468, 470
  onCreate() 460
  onUpgrade() 460
  writableDatabase 460, 467
SQLiteQueryBuilder 479
Stable Channel 55

Stacktrace 100
Stapel 71
START_DATE 542
START_NOT_STICKY 284
START_REDELIVER_INTENT 284
START_STICKY 284
start() 403, 492, 496
startActivity() 136, 154, 169, 211, 310, 316,
                                510, 517, 533, 550, 552
startActivityForResult() 139, 169, 215, 436,
                                499, 507, 511, 516
startDiscovery() 395
startForeground() 285
startForegroundService() 285
startService() 281, 283–285
Startup 54
Statuszeile 284
step 572
stop() 267, 492
stopAnimation() 389
stopSelf() 283
stopSelfResult() 283
stopService() 283
Storage Manager 434
StorageManager 435
  storageVolumes 435
StorageManagerDemo 435, 438
StorageVolume 435
  createAccessIntent() 436
  createOpenDocumentTreeIntent() 436
  getDescription() 435
  isEmulated 435
  isPrimary 435
  isRemovable 435
  state 435
StreamConfigurationMap 522
String
  codePointAt() 567
  indexOf() 579
  length 567, 579
  substring() 579
string 66
String Template 568
StringBuilder 353
strings.xml 65–66, 75, 85–86, 119
StringsKt
  toLong() 484
Structured Query Language 452
styles.xml 119, 177
SubscriptionInfo 329
  createIconBitmap() 329

SubscriptionInfo (Forts.)
dataRoaming 329
SubscriptionManager
activeSubscriptionInfoList 329
SubscriptionManagerDemo 327
SuperNotCalledException 74, 126
SupervisorJob 278
Support Library 126
supportFragmentManager 151, 214–215, 222
surfaceDestroyed() 519
SurfaceHolder 518, 521, 526
setFixedSize() 522
SurfaceHolder.Callback 518
SurfaceView 518, 521–522
suspend 276
swapCursor() 208
synchronized 268
synthesizeToFile() 503
System 30
currentTimeMillis() 253
System Bar 24, 118, 131
Systemabbild 38–39
Systemarchitektur 29
Systemeinstellungen 410
System-Property 431

T

t.start() 264
TAG 577
Tag Cloud 330
takePersistableUriPermission() 437
targetSdkVersion 58, 112, 162, 232, 307, 423
TELEPHONY_SERVICE 319
TelephonyManager 319, 327
Terminal 424
ternary operator 579
Testframework 60
testImplementation 60
TEXT 453
textColor 192
Textfeld 67
textNoSuggestions 184
TextToSpeech 499, 503
TextToSpeech.Engine 499
TextToSpeech.Engine.ACTION_CHECK_
  TTS_DATA 499
TextView 69, 78, 90, 146, 178,
  201, 204, 241, 485
append() 395
Theme 91, 119

Theme.AppCompat.DayNight 258
Theme.Material 261
Theme.Material.Light 261
Theme.MaterialComponents.DayNight 258
Thermometer 361
Thread 264, 267, 274
start() 273
throw 570
Tierkreiszeichen 87
Timer
scheduleAtFixedRate() 257
T-Mobile 21
Toast 188, 229, 232, 438, 456
Toast.Callback 232
Toplevel-Funktion 563
toString() 484, 567, 578
Translations Editor 67, 120
Transport 424–425
Treiber 104
Trigger 368
TriggerEventListener 368
trimIndent() 65
Tupel 451
TYPE 542
TYPE_ALL 363
TYPE_AMBIENT_TEMPERATURE 367
TYPE_LIGHT 363
TYPE_STEP_DETECTOR 363
Typinferenz 565

U

Uhr 552
UI 32
UiSettings
isZoomControlsEnabled 387
uiSettings 387
UI-Thread → Mainthread
Umweltsensor 361
unbindService() 289, 294
Underscore 70
Unicode 567
Uniform Resource Identifier 349, 475, 479,
  511, 537, 556
UninitializedPropertyAccessException 576
Unit 570
unregisterListener() 366, 371–372
unregisterReceiver() 390
Unterstrich 77
until 572
update() 469, 471, 474, 479

639

Index

Uri 437, 479, 533
URI → Uniform Resource Identifier
UriMatcher 475
URL 353
URLConnection
   inputStream 353, 358
USB 43
USB On The Go 434
USB-Debugging 104
USB-Port 104
Use custom font 54
Use REPL 563
uses-feature 367, 380, 405
useSimpleSummaryProvider 213
uses-permission 142, 161

V

values 59, 65–66, 120, 260
values-en 66
values-fr 66
values-night 260
VARCHAR 453
Vector Asset 106–107
Vector Drawable 106–107
Vendor Implementation 27
versionCode 58
versionName 58
VideoCapture.OnVideoSavedCallback 533
View 31, 67, 184, 192
View Binding 248
View Mode
   Dock UNpinned 52
   Float 52
ViewBinder 332
ViewGroup 67, 145, 186, 191
ViewHolder 96, 185, 211
ViewInflater 236
ViewModel 252, 254
Virtual Device Configuration 43
Virtualizer 497
Visual Studio Code 561
VoIP 24
volatile 268
Vollbildmodus 307
Vordergrundservice 284

W

wake-up 365
Waterfall Displays 26

Wear OS by Google 23
Wearable 50
Webservice 348
WebSettings
   builtInZoomControls 342
   javaScriptEnabled 342
   loadWithOverviewMode 342
   useWideViewPort 342
WebView 346–347, 441
   loadUrl() 342
   restoreState() 342
   settings 342
   webViewClient 441
WebViewClient 341, 347
weightSum 158
Werkzeugfenster 42, 53, 102, 422, 563
   ein-/ausblenden 52
   Project 260, 563
when 87
while 573
White, Chris 23
Willkommensbildschirm 35, 54, 562
Window 52
Windows Phone 15
Wireframe 67, 89
withAppendedPath() 474
withContext() 276
Worker
   doWork() 305
WorkManager 32, 268
   enqueue() 304
   Worker 303
WorkRequest.Builder
   build() 304
   setConstraints() 304
   setInputData() 304
wrap_content 69, 192
writableDatabase 478
WRITE_CALENDAR 557
WRITE_CALL_LOG 335
WRITE_CONTACTS 547
write() 422, 426
WriteResultCallback 449

XYZ

XML 68
yield() 266
Ziel 170
Zurück-Schaltfläche 118